日本民法典
修正案 I

第一编　总则
附 立法提案及修正理由

民法改正研究会　［日］加藤雅信／著
朱晔　张挺／译

北京大学出版社
PEKING UNIVERSITY PRESS

著作权合同登记号　图字：01-2017-0511
图书在版编目(CIP)数据

日本民法典修正案.I.第一编：总则/民法改正研究会，(日)加藤雅信著；朱晔，张挺译.—北京：北京大学出版社，2017.7
ISBN 978-7-301-28023-2

Ⅰ.①日… Ⅱ.①民…②加…③朱…④张… Ⅲ.①民法—法典—日本 Ⅳ.①D931.33

中国版本图书馆CIP数据核字(2017)第022635号

简体中文版由元照出版公司(Taiwan)授权出版发行
《日本民法典修正案Ⅰ 第一编：总则》(精装)，民法改正研究会(代表 加藤雅信)著，朱晔、张挺译
2016年10月版，ISBN 978-986-255-823-2

书　　　名	日本民法典修正案Ⅰ 第一编 总则 Riben Minfadian Xiuzheng'an Ⅰ Di-yi Bian Zongze
著作责任者	民法改正研究会　〔日〕加藤雅信　著　朱晔　张挺　译
特邀编辑	刘　颖
责任编辑	王建君
标准书号	ISBN 978-7-301-28023-2
出版发行	北京大学出版社
地　　　址	北京市海淀区成府路205号　100871
网　　　址	http://www.pup.cn　http://www.yandayuanzhao.com
电子信箱	yandayuanzhao@163.com
新浪微博	@北京大学出版社　@北大出版社燕大元照法律图书
电　　　话	邮购部62752015　发行部62750672　编辑部62117788
印刷者	北京中科印刷有限公司
经销者	新华书店
	880毫米×1230毫米　A5　17.375印张　720千字 2017年7月第1版　2017年7月第1次印刷
定　　　价	88.00元

未经许可，不得以任何方式复制或抄袭本书之部分或全部内容。
版权所有，侵权必究
举报电话：010-62752024　电子信箱：fd@pup.pku.edu.cn
图书如有印装质量问题，请与出版部联系，电话：010-62756370

推荐序

如所周知,民法典的核心在于体现自由、平等、人格尊严等基本价值理念,且作为左右社会经济发展的基本法律,民法典起到了无可比拟的重要作用。一部符合市场经济规律的民法典不仅可以促进各类交易的顺畅进行,而且还能够通过保障民事主体的意思自由以及财产权益继而激发社会整体之巨大活力。由此可见,完善一部能充分体现上述理念与基本功效的民法典可谓学界同仁所追求的方向。

纵观世界,就亚洲地区而言,日本可谓是摸索法律制度健全化国家的先驱,其民法典制定于1896年,虽历经"二战"等重要历史变革,但民法典主体部分尚未出现重大变动。在长达百余年的制度适用期,该民法典为推进日本社会经济的发展起到了功不可没的作用。

然而,日本民法典中某些条文间的龃龉难以仅通过解释得以解决。此外,伴随着民法典的长期适用,各类判例积累众多。尽管日本于2004年对民法典作了口语化的努力,但对于未经法律专业训练的普通民众而言仍难以概观、掌握其基本内容及精神。加之,由于全球经济一体化的潮流显现,修订财产法规则以适应国际社会变迁的呼声日益高涨。基于以上背景,民法典口语化完成之后,日本国内有关民法典修订的探讨及研究如火如荼般地展开。其中,以日本著名民法学者加藤雅信教授为代表的民法改正研究会集思广益,在结合了既有判例及最新社会动态的基础上完成了《日本民法典修正案Ⅰ 第一编 总则》一书。该书逐条对修订理由作了详述,故对于纵览、探究民法典的前沿问题具有深远的参考意义。

尤其值得一提的是,日本民法典虽在形式上采用潘德克顿体系,但由于在制定过程中汲取了法国法及德国法的原则,这使得某些条文之间难免产生龃龉。为解决条文整合性等适用上的具体问题,学者往往会通过对母法及法律制定时期的该国社会背景进行深入考察继而探寻符合日本社会的学术见解。这种长期以来的学术积累使得日本的民法解释学趋于精致,而民法改正研究会所提出的修改案同样延续了这种风格。

大陆自实施改革开放制度以来发生了天翻地覆般的变化,尤其是在经济制度领域,市场经济体制逐步替代计划经济体制,并由此创造了举世瞩目的经济发展奇迹。在此期间,各项契合市场经济体制的民事法律制度逐步得以完善,与此同时,各种弥补条文不足的司法解释也是以雨后春笋之势不断涌现。毋庸置疑,之所以能够取得引以为豪的经济发展成就,这与民事法律制度的逐步健全密不可分。

纵览大陆民事法律体系,其中潜藏着一些值得深入思考的问题。譬如,现行重要民事规则多以单行法的形式出现,民法通则、担保法、合同法、物权法、侵权责任法等法律固然为解决与日俱增的民事纠纷提供了重要依据。然而,由于各单行法制定的时期迥异,各项制度所反映的社会需求有所不同。因此,法律规则之间的体系整合性问题未能获得充分考虑,这无疑对于今后民法解释学的日臻完善形成了无法逾越的瓶颈。

所幸大陆已启动民法典编撰计划,其中总则部分已先于分则得以制定。鉴于本次立法乃破旧立新之举,现今民事规则中所蕴含的亟待解决的问题可以此为契机,通过缜密的考察探寻对应之策,并在焕然一新的民法典中给予解决。

以加藤雅信教授为代表的民法改正研究会集结了诸多优秀学者,可以预见该研究会的学术结晶不仅对于了解民法典制定过程中所需要考虑的问题具有不可忽视的借鉴意义,而且对思考民法总则的解释适用亦具有重要的参考价值。

王泽鉴

2017 年 4 月

序

本书将历经长年累月制定而成的日本民法典修正案（以下简称"本民法修正案"）的条文及其解说，用一本书的形式展现出来，以追求民法典的理想状态，方便我国能够为下一代准备新的《日本民法典》。本书收录了修正案中的第一编"总则"。

本民法修正案制定的基本方针是实现"由国民进行的、为国民而作的国民的民法修正"。这个"由国民进行的、为国民而作的国民的民法修正"的内容具体说明如下：

首先，何谓"国民的民法修正"呢？民法典应该是国民的共同财产，其内容必须是让适用的国民易于理解，从程序上来说，制定时也需要反映各阶层国民的意见。现今的民法典，经历了三个阶段制定而成。第一阶段是明治初期采用了法国民法的翻译路线。第二阶段，由受雇的外国人，即法国的法学家博瓦索纳德拟定旧民法典，然后又经过了公布后的"法典论争"。第三阶段以三位日本的民法起草人为中心，通过法典编撰制定而成。这部民法典，对日本国民已适用超过一个世纪，业已在日本社会深入人心。从这一观点出发，在起草本民法修正案之际，我们一方面努力维持与现行民法之间的连续性，以及与通过迄今为止的判例等所形成的规范内容之间的连续性；另一方面将其改写成通俗易懂的现代化内容，并一直努力坚持着这种姿态。也就是说，使其成为一部既维持与传统之间的连续性，同时又尽量现代化，以适应现在的甚至将来的国民生活和日本社会的法典。这就是构成本书基调的走向民法修正的姿态。

其次，何谓"为国民而作的民法修正"呢？不仅是民法，所有的法律都适用于国民。法律的内容不能连所适用的国民都搞不懂。"通俗易懂的民法典"，是否达到了这个要求，只要将现在的民法典，尤其是正上呈至国会的"修正部分民法的法律案"（以下在本书中称为"债权法修正法案"）与本民法修正案一起对比读一下，就能明白了。

此外，何谓"由国民进行的民法修正"呢？迄今为止的日本的法律，几乎都是由官僚制定的，往往被认为代表的是部级利益而非国家利益，因而其内容有时候并不是为国民而订的。鉴于不少此类经验，在本修正案起草之际，我们力争让这次的民法修正成为倾听广大普通国民心声，站在国民角度的一次修正。

在起草本民法修正案之际，发挥核心作用的是"民法改正研究会"。该民法改正研究会在总则编修正工作开始的时候是由超过 20 位学者组成的研究团队，如今会员数已超过 30 人。本民法修正案是在不仅反映了上述研究团队成员的意见，还反映了广大各阶层国民意见的基础上制定而成的。其间的历程简单叙述如下：

民法改正研究会是在 2005 年 10 月正式设立的。那是几年前冈孝先生主张民法研究者有必要展现民法修正的理想姿态，加藤对此作出响应，其他研究者也作出呼应后的结果。

民法改正研究会一边着手准备民法修正条文案，一边自 2008 年起在聘请各国民法修正负责人参加的国际研讨会、日本私法学会研讨会及各类研究会上披露其内容，听取各方的意见和批评后反复进行修改。再由以市民法为主的律师团队和以企业法务为主的律师团队（"市民法研究会""企业法务研究会"）的成员对修正条文案进行逐条讨论，同时，对于讨论过的方案进一步向后叙的各界人员听取意见，并将综合修改后的修正案在"民法修正国民研讨会"上公开发表。以此为基础，民法改正研究会逐条进行第四次全面讨论，并加以必要修订后的内容，就是这次在本书中公开的"本民法修正案"。其间的具体程序，将在本书第三部第三章中详述。

在此次附理由书的《日本民法典修正案》公开刊发之前，我们已经公开发表了数个先行试案，若将其按照时间序列展示出来，为如下所述：

第一次案：2008 年日本私法学会提出案
《日本民法修正试案》（有斐阁，日本私法学会会场限定发行品）
［民法改正研究会编：《民法修正与世界的民法典》（信山社，2009 年），第 403 页以后收录］。

第二次案：2009 年法曹提交案
《日本民法典财产法修正试案》
判例 TIMES 1281 号（2009 年新年号），第 39 页以后
（民法改正研究会编：《民法修正与世界的民法典》，第 545 页以后收录）。

第三次案：2009 年国民、法曹、学界有志案
《民法修正 国民、法曹、学界有志案》（《法律时报增刊》，2009 年）
注：本案自身曾在 2009 年 10 月 25 日举办的"民法修正国民研讨会"上公开发表过。

从以上经过来看，本次公开发表的"本民法修正案"相当于第四次案，但如果把为了提交包括物权编和债权编在内的财产法整体最终修正案而作的今后的讨论也包含

在内,整体上可以说是历经了十几年讨论期后的成果。虽然在上述第三次案之前,已从各阶层的国民听取了意见,但其后直至最终案的第四次案之前,又经历了6年以上的岁月,因而这次对所有的条文包括细节部分进行了反复仔细的研究讨论。关于长期以来修正案变迁的历程,在第四部之"修正理由"的各条文中以及各法律制度的"议论的经过"中有详述。

在此,就关于在国会持续审议中的债权法修正法案与本民法修正案之间的关系简单叙述如下:

关于开始讨论两个方案的最初阶段,如前所述,起草本民法修正案的本民法改正研究会是在2005年秋成立的,而债权法修正法案的非公开实质性讨论,是由第二年即2006年秋成立的民法(债权法)改正检讨委员会(以下简称"债权法改正检讨委员会")开启的。

从中间阶段来看,如前所述,本民法修正案是第四次案,但之前的第三次案——《民法修正 国民、法曹、学界有志案》曾在2009年10月下旬的民法修正国民研讨会上公开发表过。为了设立对债权法修正法案进行官方讨论的法制审议会·民法(债权关系)部会(以下简称"民法部会")而向法务大臣提出咨询,是在那三天之后的事。

关于研讨的最终阶段,本书草稿经民法改正研究会全体会议最终批准是在2014年7月。从该最终批准到本书校对完成为止的期间内,法务省公布了债权法修正纲要草案、纲要案,2015年3月31日,债权法修正法案被上呈至国会,之后又继续审议,目前是处于在国会等待实质审议的状况。

如上所述,本民法修正案与债权法修正的讨论并无关系,一直是被独立讨论的。但是,考虑到目前债权法修正已经是国会审议的对象这一状况,想必读者应该会对债权法修正法案与本民法修正案的内容对比也有所关心。而且,这种对比在评价债权法修正法案和本民法修正案之时也是很重要的。

但是,当前的债权法修正法案的内容,是在民法改正研究会的最终案被批准后、本书的校对过程中确定的。为此,本民法修正案与债权法修正法案的条文本身的对比,将在其他书中进行[加藤雅信:《迫在眉睫的债权法修正》(信山社,2015年,第307页以后),在总则编、物权编、债权编中,刊登了两个修正案与现行民法条文案的对照表]。这个对比之外的、为比较两个方案的规范内容所需的民法改正研究会对于债权法修正法案的正式见解尚未确定[作为个人意见,研究会的部分成员已公开发表了各自对于纲要草案、纲要案、修正法案的见解,请适当参考以下论稿。矶村保:《解除与危险负担》(附册NBL 147号)、《错误撤销》(《法律时报》1079号);大塚直:《与违法行为的关系——以中间利息的扣除为中心》(《法律时报》1079号);加藤雅信:《迫在眉睫的债权法修正》;河上正二:《通过约款进行的交易》(《法律时报》1079号)、《〈定型约款〉规定的问题点》(法学Seminar 726号);松冈久和:《经济教室 民法修正 商务交易也有变化》(日本经济新闻2015年2月20日朝刊);山野目章夫:《新连载 民法修正的观点》(NBL 1038—1053号);横山美夏:《合同的解除》(《法律时报》1079号);渡边达德:《债务不履行》(《法律时报》1079号)等]。

如上所述,虽然民法改正研究会对于债权法修正法案的正式见解尚未确定,但从现阶段读者的方便考虑,以及从比较两个方案的社会性意义来考虑,如果完全不对两个方案进行比较,可能也是不负责任的做法。但是,考虑到债权法修正的国会实质审议已经迫在眉睫,不仅时间上受限,甚至连仅在民法改正研究会作正式讨论的余地都没有。为此,在事务局的文责中另行公开发表题为《债权法修正法案的综合讨论》的论文[《债权法修正史·私论(上卷)》(加藤雅信著作集9卷)(信山社,预定2016年公开刊发)第二章],作为与本民法修正案的客观比较。

以下将本书的构成叙述如下:

本书作为由第一编"总则"、第二编"物权"、第三编"债权"所构成的三部曲的第一卷公开刊发。在尽量接近该第一编"总则"公开刊发的时期,第三编"债权"以及包括担保物权法在内的第二编"物权"在不久的将来会陆续公开刊发(这三部曲中,物权编和债权编原则上都是由第一部"日本民法典修正条文案一览"、第二部"日本民法典修正条文案对照表"、第三部"修正理由"构成的,但以第一编"总则"为对象的本书,在第二部之后编入第三部"日本民法典修正案制作的基本方针",来记叙民法财产编整体的修正方针)。

在本书公开刊发之前,我们听取了很多人的意见。因人数太多,无法在此一一介绍,但还是要对在2008年"民法修正国际研讨会——日本、欧洲、亚洲的修正动向比较研究"中提出意见的欧洲、亚洲各国或地区的各位立法负责人及相关人员,在"第72届日本私法学会研讨会"上提出意见的日本私法学会各位会员,就第二年的法曹提交案提出意见的、以已故星野英一先生为首的出席"民法修正论坛"的关东的各位先生,以奥田昌道先生为首的出席"民法修正论坛"的关西的各位先生,出席"民法修正论坛 全国、民法研究者集会"(发起人:椿寿夫先生、伊藤进先生、圆谷峻先生)的全国众多的民法专家,在"民法修正学际研讨会:民法与其他法的对话——为了学际性民法修正"上作为嘉宾来参加的商法的江头宪治郎先生和洲崎博史先生、民事诉讼法的笠井正俊先生和山本和彦先生、行政法的小早川光郎先生以及在该研讨会上给予大力指导的各位先生表示诚挚的谢意!

此外,除了研究者之外,我们还持续向前述的"市民法研究会""企业法务研究会"听取了意见,并向几个律师会、日本司法书士会联合会、经济界、企业法务、劳务界、消费者团体,以及数位法官听取了宝贵的意见。这些活动的具体内容,将在本书第三部第三章叙述。借此机会,向不吝赐教的各位表示衷心的感谢!

除了上述的研讨会外,我们还与邻近各国或地区的民法修正负责人进行了意见交换。具体而言,2009年由韩国法务部作为后援,民法改正研究会与韩国民事法学会共同举办了"民法修正日韩共同研讨会";与中国大陆法学家和全国人大常务委员会法制工作委员会民法室的立法负责人进行了数次意见交换;与中国台湾地区民法修正的核心人物王泽鉴先生等人也进行过意见交换。借此机会也向提供宝贵意见的各位外国或地区友人表示深深的谢意!

最后,如果没有从条文案立案到修正理由为本书的公开刊发提供了许多宝贵提案和意见的总则编分科会负责人矶村保,以及从立法技术性观点对条文案的所有内容进行精心检查从而提高了修正条文案完成度的川崎政司,对本书整体提出众多提案并与本人一起编写原案及理由书(草案)的中野邦保,本书将无法以这种形式面世。本书是民法改正研究会、市民法研究会、企业法务研究会的众多成员进行热烈讨论后的一项成果,借此机会,向长期参加讨论的众多研究会成员,尤其是为设立本研究会尽心尽力的事务局长冈孝,不顾路途遥远一直坚持参会的五十川直行,承担研究会事务局主要工作的宫下修一,为各研究会的组织运营不遗余力的北泽正明、杉山真一、桥本阳介、大规健介、平林美纪、伊藤荣寿、谷江阳介、大原宽史、大塚哲也,还有对本书最终稿进行彻底字斟句酌的平林美纪、做仔细校对的谷江阳介深表感谢!

正如在本书第三部第一章所介绍的,目前,中国大陆已经进入了民法编撰的最终阶段,民法总则编的制定正在进行中。* 在此背景下,在民法学界有着极大影响力的王泽鉴教授听说本书要出版后,为本书在中国的翻译出版而奔波,并将在今年公开刊发,以期能为中国的立法作出哪怕些许的贡献。对于王泽鉴教授以及承担翻译的朱晔教授、张挺讲师也在此表示衷心的感谢! 另外,虽然不是研究会的成员,但安德森•毛利•友常法律事务所的木本真理子律师在读了本书的初校原稿后提出了很多宝贵的意见,在此也要衷心感谢她的无私帮助!

关于本研究,包括其作为前提的、为了比较法的研究而于2008年3月举办的国际研讨会在内,曾获得了科学研究费补助金,还有学习院国际交流基金、学术振兴野村基金、社会科学国际交流江草基金、村田学术振兴财团的研究赞助费(按照日语五十音图顺序)。本书能够公开刊发,是与这些团体的大力赞助密不可分的。

至于本书的出版,虽然近来出版界不太景气,但信山社欣然接受了本书的公开刊发,袖山贵社长,编辑稻叶文子、今井守给予了大力协助。在本书公开刊发之际,在此记下这些不吝赐教并提供宝贵意见和帮助的各位人士,并表示深深的诚挚的谢意!

民法改正研究会代表

加藤雅信

2016年2月1日

---

* 《中华人民共和国民法总则》已于2017年3月15日中华人民共和国第十二届全国人民代表大会第五次会议通过。——编者注

研究会介绍

民法改正研究会会员(日语五十音图顺序)

青木则幸(早稻田大学)☆ 　　秋山靖浩(早稻田大学)
荒木新五(学习院大学)☆ 　　池田真朗(庆应义塾大学)
池田雅则(名古屋大学)☆ 　　石田刚(大阪大学)☆
五十川直行(九州大学)　　　　矶村保(早稻田大学)
伊藤荣寿(上智大学)　　　　　大塚直(早稻田大学)
大塚哲也(流通经济大学)☆　　大原宽史(名古屋学院大学)☆
冈孝(学习院大学)　　　　　　冲野真巳(东京大学)
加藤雅信(名古屋学院大学)　　鹿野菜穗子(庆应义塾大学)
河上正二(东京大学)　　　　　川崎政司(庆应义塾大学)
北居功(庆应义塾大学)　　　　古积健三郎(中央大学)☆
水津太郎(庆应义塾大学)☆　　田高宽贵(庆应义塾大学)☆
谷江阳介(东海大学)☆　　　　中野邦保(桐荫横滨大学)
野泽正充(立教大学)　　　　　平林美纪(南山大学)
广濑久和(青山学院大学)　　　堀龙儿(早稻田大学)☆
松冈久和(京都大学)　　　　　宫下修一(静冈大学)
武川幸嗣(庆应义塾大学)☆　　山野目章夫(早稻田大学)
横山美夏(京都大学)　　　　　渡边达德(东北大学)

　　带☆者是在 2013 年时为了顾及担保法修正工作而修改研究会体制之际加入的成员。所属大学为截至 2015 年 1 月的信息。

为了市民进行的民法改正研究会

代　表　杉山真一

顾　问　庭山正一郎（自由人权协会原代表理事、原第二东京律师会会长）
　　　　高须顺一（日本律师联合会司法制度调查会债权法改正主查会议主查）
　　　　加藤雅信

副会长　彦阪浩一　　岩田拓朗　　小町谷育子

会　员　加户茂树　　市川充　　　内田昌彦　　　　山本晋平
　　　　大田纯　　　高泽文俊　　杉村亚纪子　　　青木耕一
　　　　牧野友香子　岩田修一　　西山温　　　　　横山佳枝
　　　　秋山淳　　　岩崎泰一　　岛村那生　　　　西村启聪
　　　　井桁大介　　片冈邦弘　　桥本阳介（事务局）中北裕士

有利于企业法务的民法改正研究会

代　表	北泽正明
顾　问	阪田雅裕（原内阁法制局长官） 加藤雅信
副会长	片山达　　伊藤哲哉　　森胁章　　仲田信平 大久保圭　塚本宏达　　山中淳二　十市崇 户塚贵晴
会　员	小林英治　　　泽崎淳一　　　出张智己　　原悦子 渡边雅之　　　有吉尚哉　　　赤沼洋　　　足立格 宇野伸太郎　　久山亚耶子　　桑原秀介　　上林英彦 大桥SAYAKA　　大西一成　　　佐佐木庆　　荻原宏美 山田将之　　　中村俊弘　　　小杉绫　　　副田达也 山田纯　　　　小泉宏文　　　殿村桂司　　宇田川法也 大规健介(事务局)　久保贤太郎　前田和孝　　臼杵善治 岩崎大　　　　阪井瑛美　　　飞冈和明　　藤原利树 高宫雄介　　　永井亮　　　　村泽惠子　　今井裕贵 江本康能　　　池田彩穗里　　诹访公一

凡例

- 关于民法典的称呼以及条文案的记载

在本书中,关于由民法改正研究会提出的民法典修正提案,适当使用了"本民法修正案"或者"修正案"这两个词。另外,关于目前施行的民法典,根据文脉,适当使用了"民法典""民法""现行民法典""现行民法"等词语(以前曾统一过称呼,但文章变得过于生硬,所以现在根据文脉变更称呼)。

本民法修正案是民法改正研究会的第四次案,使用了以下条文引用和略记。

- 私法学会提出案
(第一次案) = 民法改正研究会起草的《日本民法修正试案 第一分册 总则·物权》、《日本民法修正试案 第二分册 债权法》(均为第72届日本私法学会研讨会资料)均被后述的《民法修正与世界的民法典》收录。

- 法曹提交案
(第二次案) = 民法改正研究会负责起草的《日本民法典财产法修正试案》[判夕281号(2009年)]被后述的《民法修正与世界的民法典》收录。

- 国民有志案
(第三次案) = 民法改正研究会负责起草的《民法修正 国民、法曹、学界有志案》(草案的提交)(《法律时报增刊》)(日本评论社,2009年)

- 本民法修正案
(第四次案) = 本书第一部《日本民法典修正条文案 总则编》

- 国民有志案修正案原案或修正案原案 = 相对于上述本民法修正案是在民法改正研究会上获得批准的最终案,物权编及债权编的条文案有一部分是将国民有志案修改后的条文经民法改正研究会批准的,但这只是少数。趁着讨论总则编和其他机会时,秘书处制作了物权编及债权编条文案的修正案原案,以便今后交予民法改正研究会审议。其内容如与国民有志案存异的,还在本书中作为"国民有志案修正案原案"或者单单是"修正案原案"介绍了其内容。可以理解为是第四次案的基础方案[关于现阶段的包括"日本民法典修正条文案 总则编"以及物权编和债权编的"修正案原案"在内的修正案的整体框架,请参考加藤雅信《迫在眉睫的债权法修正》(第一版)(信山社,2015年),第309页以后的第十三章"国民有志案·现行民法·纲要·修正法案"]。

关于条文引用,本次引用"本民法修正案"的条文时,在条数前面加了"新"的字样。此外,在本书中,本民法修正案总则编的条文数,照搬了本书第一部记载的条文数,而在其他两编中,引用了上述四案的条数,或者考虑到今后条数可能会变更,就写作N条,而不是用数字来表示条数。

为了表现与本书第一部本民法修正案的"修正条文案一览"中记载的民法典条文的异同,以略记表示如下:

与现行法(或民法N条)相同 = 表示照搬了现行民法的条文。
修改 = 表示修改了现行民法的条文内容。
  标有"修改"字样的条文案中,带下划线的内容表示该条款的修改仅限于该下划线部分,为微修改条文案(标有"移修"字样的条文案也与此相同。对于是否为加下划线的微修改,若条文分成正文、但书、前段、后段的,则在各部分分别作出判断)。*
移动 = 表示照搬了现行法的条文内容,只是将现行法的复数条或款合并到了一起,或者分割了条或款,或者变更了项列、所属章或节等。此外,在其他法律中规定民法的条文的,或者在民法中规定其他法律的条文的,如果句子相同,则也标记为"移动"。
移修 = 表示同时进行了上述的"移动"和句子的"修改"。
  其他比如将正文与但书甚至前段与后段合并为一句的、将两款合并到正文或但书中的、将条文句子以主文和项的形式分开写的、将一款分割成两款甚至两条的,均作为"移修"处理。
新增 = 表示对现行民法中不存在的条文作出新规定。
  若存在类似意思的条文,则可能会加上"(参考○○条)"的附记。
删除 = 表示删除了现行民法的规定。对于现行民法总则编的删除条文中,在其他法律中有规定的内容,或者在本修正民法典的其他编中有规定的内容,在本书的末尾记载了其具体的修正条文案。

注:若条文①分为前段、后段的,②分为正文、但书的,③分为主文、各项的,在各句子与各引用的现行条文有异时,则分别记载引用条文。

---

* 某些修改仅体现为假名汉字间的变化、标点的增加以及日语表述的简洁化,因此部分带有下划线的修改无法呈现出内容变更。——译者注

简称、标记一览

- 理由书 第一编 总则＝民法改正研究会《日本民法修正案·理由书 第一编 总则》
- 理由书 第二编 物权＝民法改正研究会《日本民法修正案·理由书 第二编 物权》
- 理由书 第三编 债权＝民法改正研究会《日本民法修正案·理由书 第三编 债权》
- 民法修正国民有志案＝民法改正研究会编《民法修正 国民、法曹、学界有志案》(草案的提交)(法律时报增刊)(日本评论社,2009年)
- 民法修正与世界的民法典＝民法改正研究会编《民法修正与世界的民法典》(信山社,2009年)
- 基本方针＝民法(债权法)改正检讨委员会编《债权法修正的基本方针》(附册NBL126号)(商事法务,2009年)
- 详解·基本方针Ⅰ—Ⅴ＝《详解 债权法修正的基本方针Ⅰ—Ⅴ》(商事法务,2009—2010年)
- 中间论点整理＝商事法务编《关于民法(债权关系)修正的中间论点整理的补充说明》(商事法务,2011年)
- 公众意见征集的意见概要[中间论点整理]＝金融财政事情研究会《针对"关于民法(债权关系)修正的中间论点整理"所征集到的意见概要》(金融财政事情研究会,2012年)
- 中间试案(附概要)＝商事法务编《关于民法(债权关系)修正的中间试案(附概要)》(附册NBL143号)(商事法务,2013年)
- 中间试案＝商事法务编《关于民法(债权关系)修正的中间试案的补充说明》(商事法务,2013年)

作者、译者简介

作者简介

民法改正研究会，由30余位日本著名的民法学者组成，其代表为加藤雅信教授。

加藤雅信，生于1946年，法学博士。东京大学法学部毕业后，历任名古屋大学法学部教授，上智大学教授，哥伦比亚大学、北京大学客座教授等；现为名古屋学院大学教授，名古屋大学名誉教授。

译者简介

朱晔，生于1973年，法学博士。2003年毕业于立命馆大学大学院法学研究科（日本政府奖学金获得者），历任浙江大学光华法学院副教授，现为日本静冈大学大学院法务研究科教授。

张挺，生于1984年，法学博士。2012年毕业于立命馆大学大学院法学研究科（留学基金委员会公派留学生），现为杭州师范大学沈钧儒法学院专任讲师。

目 录

第一部 日本民法典修正条文案一览 总则编

第一编 总 则 ··· 7
  第一章 通 则 ·· 7
  第二章 权利的主体 ··· 8
    第一节 人 ··· 8
      第一款 权利能力 ··· 8
      第二款 意思能力 ··· 9
      第三款 行为能力 ··· 10
        第一目 未成年 ·· 10
        第二目 监 护 ··· 12
        第三目 保 佐 ··· 13
        第四目 辅 助 ··· 15
        第五目 判决保护制度的相互关系 ····························· 17
        第六目 限制行为能力人的相对人的保护 ···················· 17
      第四款 意思表示的受领能力 ······································ 18
    第二节 法 人 ·· 19
  第三章 权利的客体 ·· 23
    第一节 总 则 ·· 23
    第二节 物的分类 ·· 23

第四章　权利的变动 …………………………………… 24
　　　第一节　总　　则 …………………………………… 24
　　　第二节　法律行为 …………………………………… 24
　　　　第一款　总　　则 …………………………………… 24
　　　　第二款　意思表示 …………………………………… 25
　　　　第三款　代　　理 …………………………………… 29
　　　　　第一目　有权代理 …………………………………… 29
　　　　　第二目　无权代理 …………………………………… 33
　　　　　第三目　表见代理等 ………………………………… 35
　　　　第四款　无效及撤销 ………………………………… 36
　　　　　第一目　无　　效 …………………………………… 36
　　　　　第二目　撤　　销 …………………………………… 37
　　　　第五款　条件及期限 ………………………………… 39
　　　　　第一目　条　　件 …………………………………… 39
　　　　　第二目　期　　限 …………………………………… 41
　　　第三节　时　　效 …………………………………… 42
　　第五章　权利的实现 …………………………………… 47
　　附表　定义用语一览 …………………………………… 49

附论（总则编以外） "第三编　债权：第三章　无因管理等：第二节　法定财产管理"的新增以及"法令通则法"的制定提案 …………………………… 51
第三编　债　权 …………………………………………… 52
　　第三章　无因管理等 …………………………………… 52
　　　第一节　无因管理 …………………………………… 52
　　　第二节　法定财产管理 ……………………………… 52
法令通则法 ………………………………………………… 55
　　第一章　总　　则 …………………………………… 55
　　第二章　法令的公布及施行 ………………………… 55
　　第三章　习惯法 ……………………………………… 56
　　第四章　住　　所 …………………………………… 56
　　第五章　期间的计算 ………………………………… 56
　　第六章　通过公示传达 ……………………………… 58
　　　第一节　行政程序中的公示送达 …………………… 58
　　　第二节　基于公示的意思表示 ……………………… 59

第二部　日本民法典修正条文案对照表　总则编

- 第一编　总　则 ··· 63
  - 第一章　通　则 ··· 63
  - 第二章　权利的主体 ··· 64
    - 第一节　人 ··· 64
      - 第一款　权利能力 ··· 64
      - 第二款　意思能力 ··· 66
      - 第三款　行为能力 ··· 68
        - 第一目　未成年 ··· 68
        - 第二目　监　护 ··· 71
        - 第三目　保　佐 ··· 73
        - 第四目　辅　助 ··· 77
        - 第五目　判决保护制度的相互关系 ······························· 81
        - 第六目　限制行为能力人的相对人的保护 ··························· 82
      - 第四款　意思表示的受领能力 ······································· 84
    - 第二节　法　人 ··· 84
  - 第三章　权利的客体 ··· 96
    - 第一节　总　则 ··· 96
    - 第二节　物的分类 ··· 97
  - 第四章　权利的变动 ··· 98
    - 第一节　总　则 ··· 98
    - 第二节　法律行为 ··· 98
      - 第一款　总　则 ··· 98
      - 第二款　意思表示 ··· 99
      - 第三款　代　理 ··· 106
        - 第一目　有权代理 ··· 106
        - 第二目　无权代理 ··· 112
        - 第三目　表见代理等 ··· 115
      - 第四款　无效及撤销 ··· 117
        - 第一目　无　效 ··· 117
        - 第二目　撤　销 ··· 118
      - 第五款　条件及期限 ··· 121
        - 第一目　条　件 ··· 121
        - 第二目　期　限 ··· 124

第三节　时　效 ………………………………………………… 125
　第五章　权利的实现 …………………………………………… 134
附论(总则编以外) "第三编　债权;第三章　无因管理等;第二节　法定财产管理"的新增 ……………………………………………………… 135
第三编　债　权 …………………………………………………… 135
　第三章　无因管理等 …………………………………………… 135
　　第一节　无因管理 ……………………………………………… 135
　　第二节　法定财产管理 ………………………………………… 135
"法令通则法"的制定提案 ………………………………………… 140
法令通则法 ………………………………………………………… 140
　第一章　总　则 ………………………………………………… 140
　第二章　法令的公布及施行 …………………………………… 140
　第三章　习惯法 ………………………………………………… 141
　第四章　住　所 ………………………………………………… 141
　第五章　期间的计算 …………………………………………… 142
　第六章　通过公示传达 ………………………………………… 144
　　第一节　行政程序中的公示送达 ……………………………… 144
　　第二节　基于公示的意思表示 ………………………………… 145

第三部　日本民法典修正案制定的基本方针

　第一章　民法修正的基本精神 ………………………………… 149
　　一、导论 ………………………………………………………… 149
　　二、民法修正的基本精神
　　　　——"为国民而进行民法修改" ……………………………… 149
　　三、民法典的现代化
　　　　——判例法之可视化 ………………………………………… 151
　　四、回归民法典作为私法综合法典的属性
　　　　——导入准据规定 …………………………………………… 152
　　五、民法典之构成 ……………………………………………… 153
　　六、强制性规定与任意性规定的修改 ………………………… 157
　　七、世界各国或地区的民法修正 ……………………………… 159
　第二章　日本民法典修正案的基本框架 ……………………… 167
　　一、力争成为利于国民的民法典 ……………………………… 167
　　二、法典构成应有之义 ………………………………………… 167
　　三、规范内容之构成与条文规定之方法 ……………………… 172

四、民法、商法、消费者法之关系 …………………………… 182
　　五、现有立法技术规则之审视 ………………………………… 185
　第三章　日本民法典修正案公布之前的历程
　　一、民法修正作业之开端 ……………………………………… 189
　　二、日本私法学会草案的提出 ………………………………… 190
　　三、法曹提交案之公布 ………………………………………… 191
　　四、"国民有志案"之公布 ……………………………………… 191
　　五、本民法修正案的公布 ……………………………………… 195

第四部　日本民法典修正条文案修正理由　总则编

第一编　总　则 …………………………………………………… 199
　序章　总则编的构成 ……………………………………………… 199
　　一、本民法修正案与现行民法典的体系比较 ………………… 199
　　二、本民法修正案中重大修改 ………………………………… 202
　第一章　通　则 …………………………………………………… 204
　【前注】……………………………………………………………… 204
　【条文案】…………………………………………………………… 205
　【修正理由】………………………………………………………… 206
　　一、法典最开头的"新"第1条和"新"第2条 ………………… 206
　　二、人格权不可侵之规定 ……………………………………… 208
　　三、"新"第3条诚实信用与禁止权利滥用原则 ……………… 211
　　四、本民法修正案中未规定的一般原则
　　　　——"情势变更原则"与"权利失效原则" ………………… 214
　第二章　权利的主体 ……………………………………………… 217
　【前注】……………………………………………………………… 217
　　一、第二章"权利的主体"的基本构造 ………………………… 217
　　二、"权利能力"规定的集约、整序 …………………………… 217
　　三、关于商人、消费者、事业者等的概念
　　　　——"人的属性"不作规定 …………………………………… 217
　　第一节　人 ……………………………………………………… 219
　　【前注】…………………………………………………………… 219
　　　一、第一节"人"的基本构造 ………………………………… 219
　　　二、关于条文内容的规则性和整序
　　　　——迈向"使国民通俗易懂的民法典"的道路 …………… 220
　　　第一款　权利能力 …………………………………………… 221

【条文案】 221
【修正理由】 222
 一、权利能力平等的原则 222
 二、权利能力的"始期"和"终期" 223
 三、胎儿的处理 223
 四、删除"外国人权利能力"的规定
  ——明治时期排外主义的《民法》第3条第2款 225
 五、"推定同时死亡"的规定 226
 六、宣告失踪的判决 227
 七、撤销失踪宣告的判决 229
 八、"善意"等定义的规定 235
 第二款　意思能力 235
【前注】 235
 一、新设"意思能力"的规定
  ——摆脱恶劣的省略主义 235
 二、"意思能力"在法律体系中的定位 236
 三、欠缺意思能力的效果
  ——从"无效"到"可撤销" 238
【条文案】 239
【修正理由】 240
 一、撤销权人 240
 二、撤销权者的限定和能够对抗"撤销"的范围
  ——导入类似"原因自由行为"的观点 240
 三、"意思表示"的撤销与"法律行为"的撤销 240
 四、意思能力欠缺者的相对人的催告权等 241
 第三款　行为能力 242
【前注】 242
 一、行为能力的体系性位置 242
 二、行为能力制度的体系化 243
 三、要件、效果的一体化规定 244
 四、"同意权"和"代理权"的并置 245
 五、撤销权人的明示 246
 六、判决的非裁量性的明示
  ——从"可以判决"到"应当判决""须判决" 246
 七、正常化社会的扩张与差异化 248
 八、用词调整 248

九、未来的课题
　　——民法如何反映障碍者权利公约 ·············· 249
　　第一目　未成年 250
【条文案】 250
【修正理由】 252
　　一、导论
　　　　——基本方针 252
　　二、成年年龄 252
　　三、撤销权与代理权 256
　　四、未成年人单独可行的法律行为的规定的整理 256
　　五、成年拟制 258
　　六、关于"未成年"的各种提案 260
　　第二目　监　护 263
【条文案】 263
【修正理由】 265
　　一、导论 265
　　二、监护规定的修正之处 265
　　三、零散规定的合理化和简明化 268
　　第三目　保　佐 268
【条文案】 268
【修正理由】 270
　　一、导论 270
　　二、保佐规定的修正之处 270
　　第四目　辅　助 274
【条文案】 274
【修正理由】 276
　　一、导论 276
　　二、辅助规定的修正之处 277
　　第五目　判决保护制度的相互关系 278
【条文案】 278
【修正理由】 278
　　第六目　限制行为能力人的相对人的保护 278
【条文案】 278
【修正理由】 279
　　一、限制行为能力人的相对人的催告权 279
　　二、限制行为能力人的欺诈手段 280

　　　　第四款　意思表示的受领能力 ································· 280
　【条文案】·· 280
　【修正理由】·· 281
　　一、意思表示的受领能力的法体系定位
　　　　——能力规定的一览性 ·· 281
　　二、"意思表示"相关规定的纯化 ···································· 281
　　第二节　法　人 ·· 282
　【前注】·· 282
　　一、关于法人制度,恢复民法典作为"私法一般法"的属性 ············· 282
　　二、法人制度的基本框架 ·· 283
　　三、民法的法人规定与一般法人法、公司法的关系 ···················· 284
　　四、从章到节
　　　　——"法人制度"的定位 ·· 284
　　五、法人的目的的范围与交易安全 ·································· 284
　【条文案】·· 286
　【修正理由】·· 290
　　一、何谓法人 ·· 290
　　二、公益法人、营利法人二分论残渣的剔除 ·························· 290
　　三、法人的设立 ·· 291
　　四、法人的组织与"法人的能力" ···································· 291
　　五、法人的消灭 ·· 292
　　六、法人登记 ·· 292
　　七、外国法人 ·· 293
第三章　权利的客体 ·· 297
　【前注】·· 297
　　一、民法总则中设置"物"的规定的经过 ······························ 297
　　二、从第四章"物"到"新"第三章"权利的客体" ······················· 298
　　三、无体物与权利的客体 ·· 298
　　四、概括性财产、金钱性价值的规定 ································ 299
　　五、法国民法的动向 ·· 299
　　第一节　总　则 ·· 299
　【条文案】·· 299
　【修正理由】·· 300
　　一、作为总则性规定的"权利的客体"的条文引进 ····················· 300
　　二、"物"的概念 ·· 301
　　第二节　物的分类 ·· 301

【条文案】……301
【修正理由】……303
　一、动产、不动产……303
　二、主物、从物……303
　三、天然孳息、法定孳息……304
　四、非有体物之准用……304

第四章　权利的变动……305
【前注】……305
　第一节　总　则……305
【条文案】……305
【修正理由】……305
　第二节　法律行为……306
　第一款　总　则……306
【条文案】……306
【修正理由】……307
　一、法律行为的开头规定……307
　二、公序良俗、强制性规定、任意性规定……307
　三、与任意性规定不同的习惯……309
　四、本民法修正案未采纳的有关法律行为的修正提议……311
　第二款　意思表示……316
【前注】……316
　一、第二款"意思表示"的构成……316
　二、意思表示的体系论
　　——"无效、撤销'原因'的认定基准"的提出……317
　三、撤销权人之明示……317
【条文案】……317
【修正理由】……321
　一、意思表示的生效时间
　　——第二款"意思表示"的开头规定……321
　二、真意保留……324
　三、虚假表示……325
　四、错误……326
　五、不实表示与不提供信息……332
　六、欺诈……333
　七、胁迫……334

八、意思表示的基础理论
　　　　——"无效、撤销"的理论 ·················· 335
　　九、善意第三人、善意无过失的第三人保护规定的统合 ······ 337
　　十、关于双重效等 ···························· 341
　　十一、外观法理 ······························ 342
　　十二、本民法修正案中未规定的"复合性撤销权"
　　　　——因复合性瑕疵而撤销意思表示 ············ 345
　第三款　代　理 ································ 347
【前注】······································ 347
　　一、代理制度的基本构造 ······················ 347
　　二、无权代理、表见代理的顺序 ·················· 349
　　三、用语的统一
　　第一目　有权代理 ···························· 349
【条文案】···································· 349
【修正理由】·································· 354
　　一、有权代理的整体构造 ······················ 354
　　二、代理权的发生原因 ························ 354
　　三、代理权的范围 ···························· 356
　　四、代理行为的要件及效果 ···················· 357
　　五、未表明是为本人而为的意思表示 ·············· 359
　　六、自我合同、双方代理以及利益相反行为 ········ 360
　　七、代理人的行为能力等 ······················ 361
　　八、与代理人相关的事由的效力 ·················· 365
　　九、复代理 ·································· 368
　　十、代理权的消灭 ···························· 373
　　十一、商行为的代理 ·························· 374
　　第二目　无权代理 ···························· 374
【前注】······································ 374
　　一、导论
　　　　——无权代理的定位 ···················· 374
　　二、是"合同"的无权代理还是一般"意思表示"的无权代理 ······ 374
　　三、合同的无权代理
　　　　——民法的无序规定方法的整序 ·············· 375
　　四、单独行为的无权代理
　　　　——民法的无序规定方法的整序 ·············· 375
【条文案】···································· 375

【修正理由】…… 377
  一、因无权代理而不发生法律效果 …… 377
  二、从本人的立场看合同的无权代理 …… 380
  三、从相对人的立场看合同的无权代理 …… 381
  四、无权代理人的责任 …… 382
  五、单独行为的无权代理 …… 385
    第三目 表见代理等 …… 387
【前注】…… 387
  一、新设表见代理一目 …… 387
  二、三种表见代理中保护程度的差异 …… 390
  三、从"第三人"到"无权代理行为的相对人" …… 392
【条文案】…… 392
【修正理由】…… 394
  一、由越权行为引发的表见代理 …… 394
  二、代理权消灭后的表见代理 …… 395
  三、通过代理权授予表示进行的表见代理等 …… 396
  四、表见代理规定的重叠适用 …… 403
  五、名义借贷人的责任 …… 404
    第四款 无效及撤销 …… 406
【前注】…… 406
  一、规定的分节化 …… 406
  二、无效的基本构造 …… 406
  三、撤销的基本构造 …… 406
    第一目 无 效 …… 406
【条文案】…… 406
【修正理由】…… 407
  一、法律行为的无效 …… 407
  二、无效法律行为的转换 …… 409
  三、无效法律行为的追认 …… 410
    第二目 撤 销 …… 411
【条文案】…… 411
【修正理由】…… 414
  一、撤销的开头规定 …… 414
  二、追认致使撤销权消灭 …… 417
  三、撤销权的消灭事由 …… 418
  四、撤销权的行使期间 …… 420

第五款　条件及期限 ······ 423
【前注】 ······ 423
　　第一目　条　件 ······ 423
【条文案】 ······ 423
【修正理由】 ······ 425
　一、条件的开头规定 ······ 425
　二、附条件权利的处理 ······ 426
　三、条件的"视为成就、不成就"
　　　——"视为条件不成就"条款的新设 ······ 427
　四、附特殊条件的法律行为的效力 ······ 429
　　第二目　期　限 ······ 431
【条文案】 ······ 431
【修正理由】 ······ 432
　一、期限的开头规定 ······ 432
　二、期限利益及其放弃和丧失 ······ 433
　　第三节　时　效 ······ 434
【前注】 ······ 434
　一、本民法修正案的时效制度特色 ······ 434
　二、时效制度的再构成
　　　——概况 ······ 436
【条文案】 ······ 438
【修正理由】 ······ 443
　一、时效的一般原则 ······ 443
　二、取得时效 ······ 445
　三、消灭时效 ······ 449
　四、有关时效完成的法律行为的效力 ······ 455
　五、从"时效的停止"到"时效完成的推迟" ······ 457
　六、"时效中断"的再构成
　　　——"时效援用的限制"与"时效的再次进行与权利的承认" ······ 458
　七、未被采纳的时效修改建议案 ······ 467
　第五章　权利的实现 ······ 471
【前注】 ······ 471
【条文案】 ······ 471
【修正理由】 ······ 472
　一、规定的整体构造及与现行民法的关联 ······ 472
　二、因任意履行导致的权利和请求权消灭 ······ 472

三、履行的强制 …………………………………………………… 474
　　四、禁止自力救济规定的新增 …………………………………… 475
　　五、形成权的规定 ………………………………………………… 476
　第六章　"附表　定义用语一览"的新增 ……………………………… 477
　【前注】 ……………………………………………………………… 477
　　附表　定义用语一览 ……………………………………………… 478

附论　日本民法典修正条文案及修正理由

　第一章　序论：伴随民法总则编修正的法律修正
　　　　　——债权编的修正以及"法令通则法"的制定 ……………… 480
　　一、导论 …………………………………………………………… 480
　　二、"不在者的财产管理"的修正提案 …………………………… 480
　　三、"法令通则法"的制定提案 …………………………………… 481
　第二章　债权编"第三章　无因管理等：第二节　法定财产管理"的新增 …… 483
　【前注】 ……………………………………………………………… 483
　　一、现行民法"不在者的财产管理"制度的问题及其无因管理的属性 ……… 483
　　二、不在者的财产管理制度与无因管理的关联性与差异性
　　　　——一章中两节构成的背景 ………………………………… 484
　　三、在哪里规定不在者财产管理的核心规范
　　　　——民法典还是家事程序法 ………………………………… 485
　　四、不在者财产管理的三阶段构造
　　　　——法定管理人与受托管理人 ……………………………… 487
　　五、明确"判决"性 ………………………………………………… 488
　【条文案】 …………………………………………………………… 489
　　第三编　债权　第三章　无因管理等　第二节　法定财产管理 ……… 489
　【修正理由】 ………………………………………………………… 492
　　一、导论 …………………………………………………………… 492
　　二、管理人及家庭法院的参与 …………………………………… 493
　　三、法定管理人的选任及其权限 ………………………………… 494
　　四、受托管理人与法定管理人的财产管理 ……………………… 495
　　五、财产目录的制作义务 ………………………………………… 496
　　六、受托管理人和法定管理人的担保提供及报酬 ……………… 497
　第三章　"法令通则法"的制定提案 …………………………………… 499
　【前注】 ……………………………………………………………… 499
　　一、"法令通则法"的制定目的 …………………………………… 499
　　二、"法令"的公布与实施 ………………………………………… 499
　　三、《法律适用通则法》与国际私法的纯化 …………………… 502

四、删除部分现行民法规定
　　　　——"住所""基于公示的意思表示""期间的计算" …………… 504
【条文案】………………………………………………………… 505
法令通则法 ………………………………………………………… 505
第一章　总　则 …………………………………………………… 505
第二章　法令的公布及施行 ……………………………………… 506
第三章　习惯法 …………………………………………………… 506
第四章　住　所 …………………………………………………… 506
第五章　期间的计算 ……………………………………………… 507
第六章　通过公示传达 …………………………………………… 508
　第一节　行政程序中的公示送达 ……………………………… 508
　第二节　基于公示的意思表示 ………………………………… 509
【修正理由】……………………………………………………… 509
　一、关于第一章"总则" ………………………………………… 509
　二、关于第二章"法令的公布及施行" ………………………… 510
　三、关于第三章"习惯法" ……………………………………… 514
　四、关于第四章"住所" ………………………………………… 515
　五、关于第五章"期间的计算" ………………………………… 516
　六、关于第六章"通过公示传达" ……………………………… 517

第一部

日本民法典修正条文案一览

总则编

法令目录 I
日本民法典·修正条文案

第一编 总 则
第一章 通 则
第二章 权利的主体
第一节 人
第一款 权利能力
第二款 意思能力
第三款 行为能力
第一目 未成年
第二目 监 护
第三目 保 佐
第四目 辅 助
第五目 判决保护制度的相互关系
第六目 限制行为能力人的相对人的保护
第四款 意思表示的受领能力
第二节 法 人
第三章 权利的客体
第一节 总 则
第二节 物的分类
第四章 权利的变动
第一节 总 则
第二节 法律行为
第一款 总 则
第二款 意思表示

第三款　代　理
　　　　第一目　有权代理
　　　　第二目　无权代理
　　　　第三目　表见代理等
　　　第四款　无效及撤销
　　　　第一目　无　效
　　　　第二目　撤　销
　　　第五款　条件及期限
　　　　第一目　条　件
　　　　第二目　期　限
　　第三节　时　效
　第五章　权利的实现
第二编　物　权
第三编　债　权
第四编　亲　属
第五编　继　承
附表　定义用语一览

附论 总则编以外

"第三编 债权:第三章 无因管理等:第二节 法定财产管理"以及"法令通则法"制定提案

民法第一编"总则"的规定中,"不在者"在本民法修正案第三编"债权"的无因管理一章中作为"法定财产管理"作出规定,而"住所""基于公示的意思表示"的部分规定、"期间的计算"移动(同时修改现行条文内容)至民法改正研究会作为新法进行提案的"法令通则法"。

这些具体的条文案放在第一部末尾,同时将其修正理由作为"附论 总则编以外"放在本书末尾。该内容分为"第三编 债权:第三章 无因管理等:第二节 法定财产管理"的新增和"法令通则法"的制定提案两个部分。其目录如下:

法令目录Ⅱ
第三编 债权
 第三章 无因管理等
  第一节 无因管理
  第二节 法定财产管理

法令目录Ⅲ
法令通则法
 第一章 总 则

第二章　法令的公布及施行
第三章　习惯法
第四章　住　所
第五章　期间的计算
第六章　通过公示传达
　第一节　行政程序中的公示送达
　第二节　基于公示的意思表示

第一编　总　　则

第一章　通　　则

(宗旨)
第一条　本法以个人的尊严、自由及平等为基本,就私人间的法律关系作出规定。

本条:对《民法》第 2 条(解释的标准)的修改

(基本原则)
第二条　财产权、人格权及其他私权均不得侵犯。
2　私人自律形成的法律关系是私人的权利及自由的基础,应当受到尊重。
3　家庭以两性的本质性平等为基本,其亦是社会的基础,应当受到尊重。
4　私权与私人间的法律关系应当与公共福祉相协调。

本条第 1 款:新增
　第 2 款:新增
　第 3 款:新增
　第 4 款:《民法》第 1 条(基本原则)第 1 款移修

(诚实信用与禁止权利滥用原则)
第三条　权利义务的发生以及权利的行使和义务的履行,应当恪守诚实信用原则,不得有以下行为。
(一) 违反自身的先前行为,主张背信弃义;
(二) 有明显不当行为者请求对其行为进行法律上的救济。
2　禁止权利滥用。

本条第 1 款主文:《民法》第 1 条(基本原则)第 2 款移修
　　　第 1 项:新增
　　　第 2 项:新增
　第 2 款:《民法》第 1 条(基本原则)第 3 款移动

第二章　权利的主体

第一节　人

第一款　权利能力

（人的权利能力）
　　第四条　人的权利能力[指能成为权利义务主体的地位,以下第三十一条(外国法人)第一款至第三款亦同]始于出生,终于死亡。
　　2　尽管有前款规定,胎儿视为已出生。但若未出生的,溯及为地位丧失。

本条第1款:对《民法》第3条[承继第一节标题(权利能力)]第1款的移修
　　第2款正文:新增
　　　　　但书:新增

（同时死亡的推定）
　　第五条　多人死亡时,如无法确定死亡先后顺序,则推定该多人同时死亡。

本条:《民法》第32条之2[承继第五节标题(同时死亡的推定)]移修

（因失踪宣告判决作出的死亡拟制）
　　第六条　离开以往住所或居所者于七年间生死不明时,家庭法院可以根据利害关系人的请求,判决*宣告普通失踪。
　　2　遭遇飞机坠落、船舶沉没、天灾、战争及其他可构成死亡原因之危难的人,于该危难消除后一年内生死不明时,家庭法院可以根据利害关系人的请求,判决宣告特别失踪。
　　3　被判宣告普通失踪者于第一款所定期间届满时,被判宣告特别失踪者于该危难消除时,视为死亡。

本条第1款:《民法》第30条(失踪宣告)第1款移修
　　第2款:《民法》第30条(失踪宣告)第2款移修
　　第3款:《民法》第31条(失踪宣告的效力)移修

---

　　*　家庭法院所作的判决是指,家庭法院不采用诉讼程序而直接依照《家事审判法》(1947年法律第152号)对与人有关的事项以及有关家庭的事件所作的判决,原著中称为"审判"。该"审判"具有非诉讼的性质,其中包括旨在对家庭生活起监护作用的甲类,以及对家庭争议作出弹性处理的乙类(《家事审判法》第9条)。为减少歧义,本译作采用"判决"一词,以下亦同。——译者注

(撤销失踪宣告的判决及其效果)

第七条 如有因前条第一款或第二款规定被判失踪宣告者(在第三款中简称"被失踪宣告者")尚生存的证明,或者前条第三款规定之时未死亡的证明,家庭法院应当根据本人、利害关系人或检察官的请求,判决撤销失踪宣告。

2 依前款规定判决撤销失踪宣告时,因该失踪宣告判决而开始的继承或遗赠视为未发生。于此情形,因失踪宣告判决而获得财产或其他利益(以下在本款及下一款中简称"财产等")者,根据第 N 条(基于所有权的物权请求权)或第 N 条(不当得利)的规定,负有返还该财产等的义务。

3 判决失踪宣告后,因法律行为而致与被失踪宣告者的财产等存在法律上的利害关系者,对于被失踪宣告者生存或者与前条第三款规定时间不同的时间死亡属于善意(指不知一定的事实,下同)时,不能以前款前段规定判决撤销失踪宣告的效果而与该人对抗。

4 第一款撤销失踪宣告的判决,不影响该判决之前成立的婚姻及养子亲子关系。于此情形,撤销失踪宣告的判决之前成立的身份关系中,如与该婚姻或该养子亲子关系相悖的,则不再恢复。

本条第 1 款:《民法》第 32 条(失踪宣告的撤销)第 1 款前段移修
    第 2 款前段:新增[参照《民法》第 32 条(失踪宣告的撤销)第 2 款正文]
        后段:新增[参照《民法》第 32 条(失踪宣告的撤销)第 2 款但书]
    第 3 款:《民法》第 32 条(失踪宣告的撤销)第 1 款后段移修
    第 4 款前段:新增
        后段:新增

第二款 意思能力

(意思能力的欠缺)

第八条 在辨识事理能力(以下简称"意思能力")欠缺的状态下作出意思表示者,可以在其意思能力恢复后撤销基于该意思表示的法律行为(包含意思表示,以下在本款及下一款中亦同)。

2 前款规定的法律行为,如作出意思表示的人(以下简称"表意人")有法定代理人时(包括在该意思表示后付以法定代理人的情况,下一款及下一条第二款亦同),该法定代理人亦可撤销。

3 表意人及其法定代理人在表意人因故意或重大过失造成意思能力欠缺时,不可撤销基于其意思表示的法律行为。但是,法律行为的相对人获知表意人的意思能力欠缺,或因重大过失而未知时,则不在此限。

4 于前款但书情形,不能因第一款或第二款规定的撤销而对抗善意第三人。

本条第 1 款:新增
　　第 2 款:新增
　　第 3 款正文:新增
　　　　但书:新增
　　第 4 款:新增

(意思能力欠缺者之相对人等的催告权)
　　第九条　因前条规定可撤销的法律行为的相对人或者可对抗该撤销的第三人,在表意人恢复意思能力时,可对该表意人设定相当的期间,催告其在该期间内明确回答是否追认可撤销的法律行为。但是,若意思能力欠缺的表意人不知该法律行为内容的,则不在此限。
　　2　在意思能力欠缺状态下进行意思表示者如有法定代理人时,其相对人可对法定代理人设定一个月以上的期间,催告其在该期间内明确回答是否追认可撤销的法律行为。
　　3　于前两款情形,受到催告者未在该期间内明确回答时,视为追认了该法律行为。

本条第 1 款正文:新增
　　　　但书:新增
　　第 2 款:新增
　　第 3 款:新增

第三款　行　为　能　力
第一目　未　成　年

(未成年人)
　　第十条　年龄满二十岁为成年。
　　2　未成年人实施法律行为,应当征得其法定代理人(指未成年人的亲权人或未成年监护人,以下在本目中亦同)同意。
　　3　未成年人或其法定代理人可撤销未成年人在未经前款同意下实施的法律行为。
　　4　依照第四编(亲属)的规定,法定代理人有权就未成年人的法律行为代理未成年人。但是,被认为是应由未成年人自行决定的法律行为,不在此限。
　　5　法定代理人行使前款规定的代理权,实施的法律行为会产生以未成年人的行为为标的的债务时,应当经本人同意。

本条第 1 款:《民法》第 4 条(成年)移动
　第 2 款:《民法》第 5 条(未成年人的法律行为)第 1 款正文移修
　第 3 款:《民法》第 5 条(未成年人的法律行为)第 2 款、第 120 条(撤销权者)第 1 款移修
　第 4 款正文:《民法》第 824 条(财产的管理及代表)正文、第 859 条(财产的管理及代表)第 1 款移修
　　但书:新增
　第 5 款:《民法》第 824 条(财产的管理及代表)但书、第 859 条(财产的管理及代表)第 2 款移修

(可单独实施的法律行为)
　第十一条　尽管有前条第二款的规定,未成年人可不经其法定代理人同意就实施以下法律行为。
　(一)单纯取得权利或免除义务的法律行为;
　(二)在法定代理人许可处分的财产范围内(确定目的而许可处分时,仅限于该目的范围内)实施的法律行为;
　(三)购买日常生活必需品及其他日常生活中必要的法律行为。
　2　得到法定代理人许可从事一种或多种营业的未成年人,在其营业上具有与成年人同等的行为能力(指单独实施确定而有效的法律行为,以下同)。于此情形,出现未成年人不能胜任其营业的事由时,其法定代理人可依第八百二十三条(职业的许可)第二款及第八百五十七条(有关未成年被监护人人身监护的权利义务)的规定,撤回其许可,或予以限制。

本条第 1 款主文:新增
　　第 1 项:《民法》第 5 条(未成年人的法律行为)第 1 款但书移修
　　第 2 项:《民法》第 5 条(未成年人的法律行为)第 3 款前段、后段移修
　　第 3 项:新增
　第 2 款前段:《民法》第 6 条(未成年人的营业许可)第 1 款移修
　　后段:《民法》第 6 条(未成年人的营业许可)第 2 款移修

(成年拟制)
　第十二条　未成年人结婚后,该未成年人与成年人具有同等的行为能力。
　2　前款规定的成年拟制效果,不因离婚而消灭。
　3　对于满十八周岁的未成年人,家庭法院若认为该未成年人与成年人具有同等的行为能力,且无须法定代理人进行财产管理的,可根据其法定代理人的请求,作出成年拟制宣告的判决(是指认为与成年人具有同等的行为能力的判决,以下在本条中亦同)。于此情形,家庭法院在作出成年拟制宣告的判决之前,应听取

该未成年人的意见。

4　于前款情形，未成年人无法定代理人时，该未成年人经三亲等之内成年亲属[第二十三条(限制行为能力人的相对人的催告权)第一款规定的限制行为能力人除外]中任何一人的同意后，可请求成年拟制宣告的判决。

5　对于受到成年拟制宣告判决者，家庭法院若认为明显必要与受到行为能力限制的未成年人作同等对待时，可以经本人或请求作出成年拟制宣告判决的法定代理人的请求，作出终止成年拟制的判决。

本条第1款：《民法》第753条(基于婚姻的成年拟制)移修
　　第2款：新增
　　第3款前段：新增
　　　　　后段：新增
　　第4款：新增
　　第5款：新增

第二目　监　　护

(监护开始的判决)

第十三条　对于因精神障碍而日常处于意思能力欠缺状况者，家庭法院应当根据本人、配偶、四亲等内的亲属、未成年监护人、未成年监护监督人、保佐人、保佐监督人、辅助人、辅助监督人或检察官的请求，作出监护开始的判决。

2　家庭法院应当作出为受到监护开始判决的人(以下简称"被监护人")选任监护人的判决。

本条第1款：《民法》第7条(监护开始的判决)、第838条[承继第一节标题(监护的开始)]第2项移修
　　第2款：《民法》第8条(成年被监护人及成年监护人)、第843条(成年监护人的选任)第1款移修

(被监护人的法律行为等)

第十四条　被监护人或其监护人可撤销被监护人的法律行为。但是，购买日常生活必需品及其他日常生活中必要的法律行为，不在此限。

2　根据第四编(亲属)的规定，监护人就被监护人的法律行为有权代理被监护人。但是，应由被监护人自行决定的法律行为，不在此限。

3　监护人行使前款规定的代理权，实施的法律行为会产生以被监护人的行为为标的的债务时，应当经本人同意。

本条第 1 款正文:《民法》第 9 条(成年被监护人的法律行为)正文、第 120 条(撤销权者)第 1 款移修

　　但书:《民法》第 9 条(成年被监护人的法律行为)但书移修

　第 2 款正文:《民法》第 859 条(财产的管理及代表)第 1 款移修

　　但书:新增

　第 3 款:《民法》第 859 条(财产的管理及代表)第 2 款移修

(监护终止的判决)

　　第十五条　第十三条(监护开始的判决)第一款所规定的原因消灭后,家庭法院应当根据本人、配偶、四亲等内的亲属、监护人、监护监督人、未成年监护人、未成年监护监督人或检察官的请求,作出监护终止的判决。

本条:对《民法》第 10 条(监护开始判决的撤销)的修改

第三目　保　　佐

(保佐开始的判决)

　　第十六条　对于因精神障碍而使意思能力程度明显不足者,家庭法院应当根据本人、配偶、四亲等内的亲属、监护人、监护监督人、未成年监护人、未成年监护监督人、辅助人、辅助监督人或检察官的请求,作出保佐开始的判决。但是,有第十三条(监护开始的判决)第一款规定之原因者,不在此限。

　　2　家庭法院应当作出为受到保佐开始判决的人(以下简称"被保佐人")选任保佐人的判决。

本条第 1 款正文:《民法》第 11 条(保佐开始的判决)正文、第 876 条(保佐的开始)移修

　　但书:《民法》第 11 条(保佐开始的判决)但书移修

　第 2 款:《民法》第 12 条(被保佐人及保佐人)、第 876 条之 2(保佐人及临时保佐人的选任等)第 1 款移修

(被保佐人的法律行为等)

　　第十七条　被保佐人实施以下行为时,应当征得其保佐人同意。但与日常生活相关的行为不在此限。

　　(一)　不动产及其他重要财产的买卖、租赁[不超过(新)第 N 条(短期租赁)规定期间的租赁除外]及其他以重要权利的变动为目的的法律行为;

　　(二)　赠与、拒绝赠与要约,或承诺附负担的赠与要约;

　　(三)　以新建、改建、增建或重大修缮为目的的法律行为;

(四)签订金钱消费借贷合同或类似的合同及其他利用或领取本金,或者作出保证;

(五)达成和解或仲裁合意[指仲裁法(二〇〇三年法律第一百三十八号)第二条(定义)第一款规定的仲裁合意];

(六)接受或放弃继承,放弃遗赠或接受附负担的遗赠,或者分割遗产;

(七)除了上述各项之外,无偿向相对人或第三人提供利益的法律行为。

2 家庭法院可以根据前条第一款正文规定的人员或保佐人或保佐监督人的请求,判决即使被保佐人实施前款各项行为以外的法律行为,亦应当征得其保佐人同意。

3 对于应当征得保佐人同意的行为,虽无损害被保佐人利益之虞,但保佐人未同意时,家庭法院可以根据被保佐人的请求,判决予以许可,以替代保佐人的同意。

4 被保佐人或其保佐人可以撤销或撤回被保佐人未经第一款或第二款的保佐人同意或前款家庭法院许可而实施的法律行为。

5 家庭法院可以根据前条第一款正文规定的人员或者保佐人或保佐监督人的请求,作出判决,为被保佐人就特定法律行为赋予保佐人代理权。但是,根据本人以外人员的请求作出该判决时,应当经本人同意。

6 依照前款规定作出判决时,根据第四编(亲属)的规定,保佐人有权就该法律行为代理被保佐人。于此情形,准用第十四条(被监护人的法律行为等)第三款规定。

7 保佐人依照第四款规定撤销或撤回被保佐人的法律行为时,尽管有第五款但书的规定,家庭法院可不经本人同意就作出判决,赋予保佐人恢复原状的代理权。

本条第 1 款正文:《民法》第 13 条(需保佐人同意的行为等)第 1 款正文移动

  但书:《民法》第 13 条(需保佐人同意的行为等)第 1 款但书移修

  第 1 项:《民法》第 13 条(需保佐人同意的行为等)第 1 款第 3 项、第 9 项移修

  第 2 项:《民法》第 13 条(需保佐人同意的行为等)第 1 款第 5 项、第 7 项移修

  第 3 项:《民法》第 13 条(需保佐人同意的行为等)第 1 款第 8 项移修

  第 4 项:《民法》第 13 条(需保佐人同意的行为等)第 1 款第 1 项、第 2 项移修

  第 5 项:《民法》第 13 条(需保佐人同意的行为等)第 1 款第 5 项移修

  第 6 项:《民法》第 13 条(需保佐人同意的行为等)第 1 款第 6 项、第 7 项移修

第 7 项:新增
第 2 款:《民法》第 13 条(需保佐人同意的行为等)第 2 款正文、但书移修
第 3 款:《民法》第 13 条(需保佐人同意的行为等)第 3 款修正
第 4 款:《民法》第 13 条(需保佐人同意的行为等)第 4 款、第 120 条(撤销权者)第 1 款移修
第 5 款正文:《民法》第 876 条之 4(赋予保佐人代理权的判决)第 1 款移修
　　但书:《民法》第 876 条之 4(赋予保佐人代理权的判决)第 2 款移修
第 6 款前段:《民法》第 876 条之 5(保佐的事务及保佐人的任务终止等)第 2 款移修
　　后段:《民法》第 876 条之 5(保佐的事务及保佐人的任务终止等)第 2 款移修
第 7 款:新增

(保佐终止的判决等)
　　第十八条　第十六条(保佐开始的判决)第一款正文规定的原因消灭后,家庭法院应当根据本人、配偶、四亲等内的亲属、未成年监护人、未成年监护监督人、保佐人、保佐监督人或检察官的请求,作出保佐终止的判决。
　　2　家庭法院可以根据前款规定人员的请求,作出判决,全部或部分终止前条第二款、第五款或第七款的判决。

本条第 1 款:《民法》第 14 条(保佐开始判决等的撤销)第 1 款移修
第 2 款:《民法》第 14 条(保佐开始判决等的撤销)第 2 款、第 876 条之 4(赋予保佐人代理权的判决)第 3 款移修

第四目　辅　　助

(辅助开始的判决等)
　　第十九条　对于因精神障碍而意思能力程度不足者,家庭法院应当根据本人、配偶、四亲等内的亲属、监护人、监护监督人、未成年监护人、未成年监护监督人、保佐人、保佐监督人或检察官的请求,作出辅助开始的判决。但是,有第十三条(监护开始的判决)第一款或第十六条(保佐开始的判决)第一款正文规定原因者,不在此限。
　　2　家庭法院应当作出为受到辅助开始判决的人(以下简称"被辅助人")选任辅助人的判决。
　　3　在作出第一款的判决时,家庭法院应当根据同款正文规定的人员或辅助人或辅助监督人的请求,同时作出以下第一项和第二项的任一种或两种判决。

(一)被辅助人实施第十七条(被保佐人的法律行为等)第一款各项规定行为中的部分行为时,应当征得其辅助人同意的判决[以下在下一条第一款、第二十一条(辅助终止的判决)第二款及第二十三条(限制行为能力人的相对人的催告权)第一款中简称为"赋予同意权的判决"];

　　(二)为被辅助人就特定法律行为赋予其辅助人代理权的判决[以下在下一条第四款及第二十一条(辅助终止的判决)第二款中简称"赋予代理权的判决"]。

　　4　根据本人以外人员的请求作出第一款及前款判决时,应当征得本人同意。

本条第1款正文:《民法》第15条(辅助开始的判决)第1款正文、第876条之6(辅助的开始)移修

　　但书:《民法》第15条(辅助开始的判决)第1款但书移修

第2款:《民法》第16条(被辅助人及辅助人)、第876条之7(辅助人及临时辅助人的选任等)第1款移修

第3款主文:《民法》第15条(辅助开始的判决)第3款移修

　　第1项:《民法》第17条(需辅助人同意的判决等)第1款正文、但书移修

　　第2项:《民法》第876条之9(赋予辅助人代理权的判决)第1款移修

第4款:《民法》第15条(辅助开始的判决)第2款、第17条(需辅助人同意的判决等)第2款、第876条之9(赋予辅助人代理权的判决)第2款移修

(被辅助人的法律行为等)

　　第二十条　被辅助人实施在赋予同意权的判决中需经辅助人同意的行为时,应当征得其辅助人的同意。但与日常生活相关的行为不在此限。

　　2　对于应当征得辅助人同意的行为,虽无损害被辅助人利益之虞,但辅助人未同意时,家庭法院可以根据被辅助人的请求,判决予以许可,以替代辅助人的同意。

　　3　被辅助人或其辅助人可以撤销或撤回未经第一款的同意或前款家庭法院的许可而实施的被辅助人的法律行为。

　　4　作出赋予代理权的判决时,辅助人依照第四编(亲属)的规定,有权就该法律行为代理被辅助人。于此情形,准用第十四条(被监护人的法律行为等)第三款规定。

本条第1款正文:《民法》第17条(需辅助人同意的判决等)第1款正文移修

　　但书:《民法》第17条(需辅助人同意的判决等)第1款但书移修

第2款:《民法》第17条(需辅助人同意的判决等)第3款移修

第3款:《民法》第17条(需辅助人同意的判决等)第4款、第120条(撤销权者)第1款移修

第4款前段:《民法》第876条之10(辅助的事务及辅助人的任务终止等)第1款移修

后段:《民法》第876条之10(辅助的事务及辅助人的任务终止等)第1款移修

(辅助终止的判决等)

　　第二十一条　第十九条(辅助开始的判决等)第一款正文规定的原因消灭时,家庭法院应当根据本人、配偶、四亲等内的亲属、未成年监护人、未成年监护监督人、辅助人、辅助监督人或检察官的请求,作出辅助终止的判决。

　　2　家庭法院可以根据前款规定人员的请求,就因同意权赋予的判决而赋予同意权,或者因代理权赋予的判决而赋予代理权,作出终止该全部或部分的判决。于此情形,因该判决而将使该被辅助人相关的同意权及代理权全部消灭时,家庭法院应当同时作出辅助终止的判决。

本条第1款:对《民法》第18条(辅助开始判决等的撤销)第1款的修改

第2款前段:《民法》第18条(辅助开始判决等的撤销)第2款、第876条之9(赋予辅助人代理权的判决)第2款移修

后段:《民法》第18条(辅助开始判决等的撤销)第3款移修

第五目　判决保护制度的相互关系

(重复判决的回避)

　　第二十二条　在作出监护开始判决的情形下,若本人为被保佐人或被辅助人时,家庭法院应同时作出有关该本人的保佐终止判决或辅助终止判决。

　　2　在作出保佐开始判决的情形下,若本人为被监护人或被辅助人时;或者在作出辅助开始判决的情形下,若本人为被监护人或被保佐人时,准用前款规定。

本条第1款:对《民法》第19条(判决的相互关系)第1款的修改

第2款:对《民法》第19条(判决的相互关系)第2款的修改

第六目　限制行为能力人的相对人的保护

(限制行为能力人的相对人的催告权)

　　第二十三条　限制行为能力人(指未成年人、被监护人、被保佐人及被判赋予同意权的被辅助人,以下亦同)的相对人,可以对该限制行为能力人的法定代理人、保佐人或辅助人设定一个月以上的期间,催告在该期间内作出是否追认可撤销法律行为的确答。于此情形,当限制行为能力人成为完全行为能力人时,应在之后对该人进行该催告。

> 2 受到前款催告者能够单独追认,却在该期间内未发出确答时,则视为追认了该法律行为。但是,若曾经为被监护人的人员,不知该法律行为的内容的,则不在此限。
>
> 3 受到第一款催告者无法单独追认的情况下,若该人员在该期间内未发出确答时,则视为撤销该法律行为。

本条第 1 款前段:《民法》第 20 条(限制行为能力人的相对人的催告权)第 2 款、第 4 款前段移修

  后段:《民法》第 20 条(限制行为能力人的相对人的催告权)第 1 款前段移修

 第 2 款正文:《民法》第 20 条(限制行为能力人的相对人的催告权)第 1 款后段、第 2 款移修

  但书:新增

 第 3 款:《民法》第 20 条(限制行为能力人的相对人的催告权)第 3 款、第 4 款后段移修

> (限制行为能力人的欺诈手段)
> 第二十四条　限制行为能力人为了让相对人相信自己是完全行为能力人,或者让相对人相信已征得有同意权者的同意而使用欺诈手段时,不得撤销其法律行为。但是,相对人知道其为限制行为能力人或未征得有同意权者的同意时,则不在此限。

本条正文:对《民法》第 21 条(限制行为能力人的欺诈手段)的修改

 但书:新增

第四款　意思表示的受领能力

> (意思表示的受领能力)
> 第二十五条　接受意思表示的相对人为意思能力欠缺者或未成年人或被监护人时,表意人不可以该意思表示而对抗其相对人。但是,该相对人的法定代理人知道该意思表示后,不在此限。
>
> 2 表意人向意思能力欠缺者进行书面意思表示的情形下,在该意思能力欠缺者恢复意思能力后,知道该书面意思表示时,不适用前款正文的规定。
>
> 3 表意人向未成年人或被监护人进行书面意思表示的情形下,在该些人员恢复行为能力,知道该书面意思表示时,与前款同样。

本条第1款正文:《民法》第98条之2(意思表示的受领能力)正文移修
　　　　但书:《民法》第98条之2(意思表示的受领能力)但书移修
　　第2款:新增
　　第3款:新增

第二节　法　人

(法人)
　　第二十六条　法人非依本法及其他法律的规定,不得成立。
　　2　法人依照法令规定,在其名下享有权利,承担义务。

本条第1款:《民法》第33条(法人的成立等)第1款移动
　　第2款:《民法》第34条(法人的能力)移修

(法人的设立)
　　第二十七条　设立法人,应当由发起人及其他设立人(以下在本款及下一款中简称为"设立人")制定章程及其他基本约款(以下在本条及下一条中简称为"章程等"),并签字或盖章。于此情形,设立人如为两人以上的,应当由设立人共同制定章程等,并由全员签字或盖章。
　　2　章程等可用电磁记录(指以电子方式、磁力方式及其他仅凭人的知觉无法识别的方式制作的记录,是一种专供电子计算机信息处理用的、法务省令中所规定的记录,以下同)制作。于此情形,对于该电磁记录方式中所记录的信息,应当采取措施以替代法务省令规定的签字或盖章。
　　3　在章程等之中除了应记载或记录以下事项之外,还应记载或记录一般社团法人及一般财团法人相关的法律(二〇〇六年法律第四十八号)、公司法(二〇〇五年法律第八十六号)及其他法律规定的事项。
　　(一) 目的;
　　(二) 名称或商号;
　　(三) 主要事务所或总公司的所在地;
　　(四) 设立人姓名或名称及住所;
　　(五) 如为社团法人时,成员的资格;
　　(六) 如为财团法人时,出资的情况。
　　4　除了前款各项规定的事项之外,可在章程等之中记载或记录一般社团法人及一般财团法人相关的法律、公司法及其他法律规定的若章程无规定则无效的事项,以及不违反法律规定的其他事项。

本条第 1 款前段:《一般法人法》第 10 条(章程的制定)第 1 款、第 152 条(章程的制定)第 1 款,《公司法》第 26 条(章程的制定)第 1 款、第 575 条(章程的制定)第 1 款移修

后段:《一般法人法》第 10 条(章程的制定)第 1 款、152 条(章程的制定)第 1 款,《公司法》第 26 条(章程的制定)第 1 款、第 575 条(章程的制定)第 1 款移修

第 2 款前段:《一般法人法》第 10 条(章程的制定)第 2 款前段、第 152 条(章程的制定)第 3 款,《公司法》第 26 条(章程的制定)第 2 款前段、第 575 条(章程的制定)第 2 款前段移修

后段:《一般法人法》第 10 条(章程的制定)第 2 款后段移动、第 152 条(章程的制定)第 3 款移修,《公司法》第 26 条(章程的制定)第 2 款后段移动、第 575 条(章程的制定)第 2 款后段移动

第 3 款主文:《一般法人法》第 11 条(章程的记载或记录事项)第 1 款主文、第 153 条(章程的记载或记录事项)第 1 款主文,《公司法》第 27 条(章程的记载或记录事项)主文、第 576 条(章程的记载或记录事项)主文移修

第 1 项:《一般法人法》第 11 条(章程的记载或记录事项)第 1 款第 1 项、第 153 条(章程的记载或记录事项)第 1 款第 1 项,《公司法》第 27 条(章程的记载或记录事项)第 1 项、第 576 条(章程的记载或记录事项)第 1 款第 1 项移动

第 2 项:《一般法人法》第 11 条(章程的记载或记录事项)第 1 款第 2 项、第 153 条(章程的记载或记录事项)第 1 款第 2 项,《公司法》第 27 条(章程的记载或记录事项)第 2 项、第 576 条(章程的记载或记录事项)第 1 款第 2 项移修

第 3 项:《一般法人法》第 11 条(章程的记载或记录事项)第 1 款第 3 项、第 153 条(章程的记载或记录事项)第 1 款第 3 项,《公司法》第 27 条(章程的记载或记录事项)第 3 项、第 576 条(章程的记载或记录事项)第 1 款第 3 项移修

第 4 项:《一般法人法》第 11 条(章程的记载或记录事项)第 1 款第 4 项移修、第 153 条(章程的记载或记录事项)第 1 款第 4 项移动,《公司法》第 27 条(章程的记载或记录事项)第 5 项移修、第 576 条(章程的记载或记录事项)第 1 款第 4 项移修

第 5 项:《一般法人法》第 11 条(章程的记载或记录事项)第 1 款第 5 项移修

第 6 项:《一般法人法》第 153 条(章程的记载或记录事项)第 1 款第 5 项移修

第 4 款:《一般法人法》第 12 条[第 11 条标题(章程的记载或记录事项)承继]、第 154 条[第 27 条标题(章程的记载或记录事项)承继]、《公司法》第 29 条[第 27 条标题(章程的记载或记录事项)承继]、第 577 条[第 576 条标题(章程的记载或记录事项)承继]移修

(法人的组织等)
　第二十八条　法人应当设置一人或两人以上的理事及其他代表。
　2　法定代表人在章程等规定的目的范围内,代表其法人。但是,以营利为目的的法人的法定代表人的代表权不受章程等所规定的目的的限制。
　3　关于法人的组织、运营及管理,除了本法规定的之外,遵照一般社团法人及一般财团法人相关的法律、公司法及其他法律规定。

本条第 1 款:《一般法人法》第 60 条(员工大会以外的机构设置)第 1 款、第 170 条(机构的设置)第 1 款;《公司法》第 349 条(股份有限公司的代表)第 1 款、第 2 款、第 3 款、第 4 款,第 599 条(控股公司的代表)第 1 款、第 2 款、第 3 款、第 4 款移修
　第 2 款本文:《民法》第 34 条(法人的能力)移修
　　　但书:新增
　第 3 款:《民法》第 33 条(法人的成立等)第 2 款移修

(法人的消灭)
　第二十九条　法人根据一般社团法人及一般财团法人相关法律或公司法规定的解散或清算的终结及其他法律规定的程序而消灭。

本条:新增

(法人的登记)
　第三十条　法人在其主要事务所或总公司所在地进行设立登记后成立。
　2　法人清算终结时,清算人应当依照一般社团法人及一般财团法人相关法律、公司法及其他法律规定,进行清算终结的登记。
　3　依法律规定应登记的事项(第一款登记相关事项除外)若未作登记的,则不能以此对抗第三人。但是,第三人已知应登记事项的,不在此限。
　4　即使登记了前款应登记事项,若第三人因正当理由不知有该登记的,则不能以已登记事项对抗该第三人。
　5　因故意或过失登记了不实事项者,不能以该已登记事项属于不实而对抗第三人。但是,若第三人为恶意(是指知道一定的事实,以下同)的,则不在此限。

本条第1款:《民法》第36条(登记),《一般法人法》第22条[承继第5款的标题(一般社团法人的成立)]、第163条(一般财团法人的成立),《公司法》第49条(股份有限公司的成立)、第579条(控股公司的成立)移修

第2款:《一般法人法》第311条(清算终结的登记)、《公司法》第929条(清算终结的登记)移修

第3款正文:《一般法人法》第299条(登记的效力)第1款前段、《公司法》第908条(登记的效力)第1款前段移修

但书:《一般法人法》第299条(登记的效力)第1款前段、《公司法》第908条(登记的效力)第1款前段移修

第4款:《一般法人法》第299条(登记的效力)第1款后段、《公司法》第908条(登记的效力)第1款后段移修

第5款正文:《一般法人法》第299条(登记的效力)第2款、《公司法》第908条(登记的效力)第2款移修

但书:《一般法人法》第299条(登记的效力)第2款、《公司法》第908条(登记的效力)第2款移修

(外国法人)

第三十一条 外国法人中,国家、地方政府、地方公共团体及公司与在日本成立的同类法人具有同等的权利能力。但是,法律或条约中有特别规定的,不在此限。

2 前款规定之外国法人以外的外国法人,依照法律或条约规定被认可权利能力的,与该款相同。

3 即使是前两款规定的外国法人以外的外国法人,法院认为有必要时,亦可作为与日本同类法人具有同等的权利能力者处理。

4 第二十七条(法人的设立)规定不适用于前三款规定的外国法人。

5 外国法人(仅限于第一款至第三款规定的外国法人)在日本设立事务所时,须在该事务所所在地依照法律规定登记应登记事项。

6 关于前款登记,准用前条第三款至第五款的规定。

本条第1款正文:《民法》第35条(外国法人)第1款正文、第2款正文移修

但书:《民法》第35条(外国法人)第2款但书移修

第2款:《民法》第35条(外国法人)第1款但书移修

第3款:新增

第4款:新增

第5款:《民法》第37条(外国法人的登记)第1款主文移修

第6款:《民法》第37条(外国法人的登记)第2款、第5款移修

第三章　权利的客体

第一节　总　　则

（权利的客体）
　　第三十二条　物权的客体为物(是指有体物,以下同)。但是,本法及其他法律另有规定的,不在此限。
　　2　债权的客体为人的作为或不作为。
　　3　第四编(亲属)及第五编(继承)中规定的权利的客体,其各自的权利依照各自的规定。

本条第 1 款正文:《民法》第 85 条(定义)移修
　　　　但书:新增
　第 2 款:新增
　第 3 款:新增

第二节　物的分类

（不动产及动产）
　　第三十三条　土地及其定着物为不动产。
　　2　不动产以外之物均为动产。
　　3　无记名债权视为动产。

本条第 1 款:同《民法》第 86 条(不动产及动产)第 1 款
　第 2 款:对《民法》第 86 条(不动产及动产)第 2 款的修改
　第 3 款:同《民法》第 86 条(不动产及动产)第 3 款

（主物及从物）
　　第三十四条　物的所有人为了其物供日常使用,将属于自己所有的他物附属于其物时,该附属物为从物。
　　2　主物的处分及于从物。但是,法律行为有另行规定的,不在此限。

本条第 1 款:同《民法》第 87 条(主物及从物)第 1 款
　第 2 款正文:对《民法》第 87 条(主物及从物)第 2 款的修改
　　　　但书:新增

(天然孳息及其归属)

　　第三十五条　按物的用法收取的产出物,为天然孳息。
　　2　天然孳息从其原物分离时,归属于有权收取它的人。

本条第 1 款:《民法》第 88 条(天然孳息及法定孳息)第 1 款移动
　第 2 款:《民法》第 89 条(孳息的归属)第 1 款移动

(法定孳息及其归属)

　　第三十六条　作为物的使用对价而收取的金钱或其他物,为法定孳息。
　　2　法定孳息根据收取权利的存续期间,按日计算收取。

本条第 1 款:《民法》第 88 条(天然孳息及法定孳息)第 2 款移动
　第 2 款:《民法》第 89 条(孳息的归属)第 2 款移动

(对非有体物的准用)

　　第三十七条　前三条规定,只要不违反其性质,准用于权利及其他非物的利益。

本条:新增

第四章　权利的变动

第一节　总　　则

(权利的变动)

　　第三十八条　权利的发生、变更和消灭依照下一节及第三节(时效)和其他法律规定。

本条:新增

第二节　法律行为

第一款　总　　则

(法律行为)

　　第三十九条　法律行为以意思表示为要件而成立,并根据该意思表示的内容发生效力。

本条:新增

(法律行为的效力)
　　第四十条　法律行为[包含意思表示,以下本款及下一款(第四十四条[虚假表示]除外)中亦同]违反公序良俗时无效。违反其他法律法规中有关公共秩序的规定时亦同。
　　2　法律行为的内容即使与法律法规中无关于公共秩序的规定(下一条中称为"任意性规定")的内容不同时,亦不妨碍其效力。

本条第1款前段:《民法》第90条(公序良俗)移修
　　　　后段:新增[《民法》第91条(与任意性规定不同的意思表示)的反面解释]
　　第2款:《民法》第91条(与任意性规定不同的意思表示)移修

(习惯)
　　第四十一条　当存在与任意性规定不同的习惯时,若法律行为的当事人无排除该习惯的适用的意思表示,则推定为其具有根据该习惯产生的意思。

本条:对《民法》第92条(与任意性规定不同的习惯)的修改

第二款　意　思　表　示

(意思表示及其效力)
　　第四十二条　除该意思表示有特别规定的情形外,意思表示根据以下各项的区分,自该项规定的时间起生效。
　　(一)存在相对人的意思表示;　　该意思表示到达相对人时
　　(二)不存在相对人的意思表示;　　作出该意思表示时
　　(三)相对人不明确或相对人所在　　法令通则法(〇〇年法律第〇〇号)
　　　　地不明确基于公示作出意思　　第十二条(基于公示的意思表示)第
　　　　表示的。　　　　　　　　　　三款规定的时间
　　2　在前款第一项的意思表示发出或第三项的意思表示公示后,在其到达前或该公示的意思表示生效前,表意人死亡,或者欠缺意思能力或成为限制行为能力人的,不影响该意思表示的效力。但是,法律法规或合同另有规定的,不在此限。

本条第1款主文:新增
　　　　第1项:新增[参照《民法》第97条(对远距离者的意思表示)第1款、《商法》第507条(对话者之间的合同的要约)的反面解释]

第 2 项:新增

第 3 项:新增[参照《民法》第 98 条(基于公示的意思表示)第 1 款]

第 2 款正文:《民法》第 97 条(对远距离者的意思表示)第 2 款移修

但书:新增

(真意保留)
第四十三条 表意人在明知非其真意的情况下作出的法律行为不影响其效力。但是,当相对人知道其非表意人的真意,或对其不知具有重大过失时,该法律行为无效。

本条正文:对《民法》第 93 条(心里保留)正文的修改

但书:对《民法》第 93 条(心里保留)但书的修改

(虚假表示)
第四十四条 表意人与相对人串通作出虚假的意思表示的,根据该意思表示作出的法律行为无效。于此情形,法律行为的当事人真正意图的其他法律行为的效力不受影响。

本条前段:《民法》第 94 条(虚假表示)第 1 款移修

后段:新增

(错误)
第四十五条 表意人方因错误作出的意思表示,仅在该错误与法律行为的重要部分相关时,方可撤销据此作出的法律行为。

2 尽管有前款规定,但当表意人对错误具有重大过失时,表意人不能撤销根据该意思表示作出的法律行为。但是,当表意人与相对人双方均陷入错误状态或相对人知道表意人陷入错误的状态时,不在此限。

3 表意人根据第一款的规定撤销法律行为的,其应就相对人因该撤销受到的损失承担赔偿责任。但是,前款但书规定的情形不在此限。

4 表意人根据前款规定应赔偿的损失的范围,仅限于因该撤销产生的对相对人无益的支出以及相对人失去交易机会产生的损失。但是,因失去交易机会产生的损失的赔偿额不能超过当该法律行为有效时相对人可获得的利益的金额。

5 尽管有第二款正文的规定,当消费者作出电子消费者合同[指与关于电子消费者合同及电子承诺通知的民法的特例相关的法律(二〇〇一年法律第九十五号)第二条(定义)第一款规定的电子消费者合同]的要约或承诺的意思表示中存在错误时,适用该法第三条(关于电子消费者合同的民法特例)的规定。

本条第 1 款:《民法》第 95 条(错误)正文移修
　　第 2 款正文:《民法》第 95 条(错误)但书移修
　　　　但书:新增
　　第 3 款正文:新增
　　　　但书:新增
　　第 4 款正文:新增
　　　　但书:新增
　　第 5 款:新增

(不真实表示及信息的不提供)
　　第四十六条　表意人在相对人提供的信息与事实不符,且相信该信息为真实的情况下作出意思表示时,可以撤销据此作出的法律行为。但是,提供的信息的真伪不影响普通当事人的判断时,不在此限。
　　2　表意人在第三人提供的信息与事实不符,且相信该信息为真实的情况下作出意思表示时,只有在相对人知道该情况或相对人就不知该情况具有重大过失的情形下,才可以撤销据此作出的法律行为。于此情形,准用前款但书的规定。
　　3　因相对人违反第三条(诚实信用与禁止权利滥用原则)第一款的规定,未提供应提供的信息或未作应作的说明,表意人作出意思表示的,视为存在基于与第一款规定的事实不符的信息而作出的意思表示。

本条第 1 款正文:新增[参照《消费者合同法》第 4 条(消费者合同的要约或承诺的意思表示的撤销)第 1 款第 1 项]
　　　　但书:新增[参照《消费者合同法》第 4 条(消费者合同的要约或承诺的意思表示的撤销)第 4 款主文]
　　第 2 款前段:新增[参照《消费者合同法》第 5 条(受中介委托的第三人及代理人)第 1 款、第 2 款]
　　　　后段:新增
　　第 3 款:新增[参照《消费者合同法》第 4 条(消费者合同的要约或承诺的意思表示的撤销)第 2 款正文]

(欺诈)
　　第四十七条　表意人基于欺诈作出意思表示时,可以撤销据此作出的法律行为。
　　2　前款规定的欺诈为第三人作出时,只有在相对人知道该事实或就其不知具有过失时,方可撤销据此作出的法律行为。

本条第1款:《民法》第96条(欺诈或胁迫)第1款移修

第2款:《民法》第96条(欺诈或胁迫)第2款移修

(胁迫)

第四十八条 表意人因受到相对人或第三人胁迫作出意思表示时,可以撤销据此作出的法律行为。

本条:《民法》第96条(欺诈或胁迫)第1款移修

(对第三人的保护)

第四十九条 关于以下法律行为的无效或撤销,不能以该无效或撤销的原因对抗善意第三人。

（一）第四十三条(真意保留)规定的无效;

（二）第四十四条(虚假表示)正文规定的无效;

（三）第四十五条(错误)第一款及第二款规定的撤销。

2 关于以下法律行为的撤销,不能以该撤销的原因对抗善意且无过失的第三人。

（一）第四十六条(不真实表示及信息的不提供)第一款及第二款规定的撤销;

（二）第四十七条(欺诈)规定的撤销。

3 前条规定的撤销可以对抗第三人。

本条第1款主文:新增

第1项:新增

第2项:《民法》第94条(虚假表示)第2款移修

第3项:新增

第2款主文:新增

第1项:新增

第2项:《民法》第96条(欺诈)第3款移修

第3款:新增

(外观法理)

第五十条 故意制造有悖于真实的权利外观之人,不得以该权利不存在而对抗善意第三人。承认他人制造的有悖于真实的权利外观之人亦同。

2 除前款规定的情形外,对自身制造的权利外观的存续负有责任的人以及对他人制造的有悖于真实的权利外观的存续负有重大责任的人,不能以该权利不存在对抗善意且无过失的第三人。

3 对于曾经存在的权利在缺乏实体后,对该权利外观的存续负有责任的人准用前款的规定。

本条第1款:新增[参照《民法》第94条(虚假表示)第2款]
　　第2款:新增
　　第3款:新增

第三款　代　　理
第一目　有权代理

(代理权的产生)
　　第五十一条　任意代理权基于本人与代理人之间签订的委托或其他合同而产生。
　　2　法定代理权基于法律规定而产生。

本条第1款:新增
　　第2款:新增

(代理权的范围)
　　第五十二条　任意代理权的范围除法律有特别规定外,根据委托或其他产生代理权的合同的内容而定。
　　2　前款中的合同对任意代理权的范围没有约定的,任意代理人只拥有实施以下法律行为的权限。
　　(一)保存行为;
　　(二)在不改变代理标的的物体或权利的性质的范围内,以对其进行利用或改良为目的的法律行为。
　　3　法定代理权的范围根据法律规定或法院的裁定确定。

本条第1款:新增
　　第2款主文:对《民法》第103条(未规定权限的代理人的权限)主文的修改
　　　　第1项:同《民法》第103条(未规定权限的代理人的权限)第1项
　　　　第2项:对《民法》第103条(未规定权限的代理人的权限)第2项的修改
　　第3款:新增

(代理行为的要件及效果)
　　第五十三条　代理人在其权限范围内,表明为本人作出的意思表示直接对本人生效。
　　2　前款规定准用于相对人对代理人作出的意思表示。
　　3　代理人违反本人的利益,为自身或代理行为的相对人或第三人的利益行使权限的,不妨碍该代理行为的效力。但是,任意代理中,代理行为的相对人知道该情况或对其不知具有过失时,以及法定代理中,代理行为的相对人知道该情况或对其不知具有重大过失时,不能主张代理行为的效力。

本条第 1 款:对《民法》第 99 条(代理行为的要件及效果)第 1 款的修改
　　第 2 款:对《民法》第 99 条(代理行为的要件及效果)第 2 款的修改
　　第 3 款正文:新增
　　　　但书:新增

(未表明是为本人而为的意思表示)
　　第五十四条　代理人未表明是为本人而为的意思表示,视为为自己作出的意思表示。但是,代理行为的相对人知道代理人为本人作出或对其不知具有过失时,准用前条第一款的规定。
　　2　在前款正文规定的情形下,代理人不得以其在作出意思表示时没有自己作为法律行为当事人的意思为由,主张该法律行为无效。

本条第 1 款正文:同《民法》第 100 条(未表明是为本人而为的意思表示)正文
　　　　但书:对《民法》第 100 条(未表明是为本人而为的意思表示)但书的修改
　　第 2 款:新增

(自我合同及双方代理等)
　　第五十五条　代理人没有以自己为相对人实施法律行为的权限以及在同一法律行为中为双方当事人实施代理行为的权限。但是,为履行债务以及本人事先许可的法律行为不在此限。
　　2　外观上本人与代理人的利益相反的法律行为准用前款的规定。同一个人为不同的多个当事人实施代理行为的,一方当事人与另一方当事人的利益在外观上相悖的法律行为亦同。

本条第 1 款正文:对《民法》第 108 条(自我合同及双方代理)正文的修改
　　　　但书:对《民法》第 108 条(自我合同及双方代理)但书的修改
　　第 2 款前段:新增
　　　　后段:新增

(代理人的行为能力等)
　　第五十六条　任意代理人不需要为完全行为能力人。
　　2　家庭法院不得选任限制行为能力人为法定代理人。
　　3　限制行为能力人为亲权人的,仅在能够自己单独实施行为的范围内行使亲权。对于限制行为能力人不能单独实施的行为,该限制行为能力人的法定代理人或有同意权的人可以为该限制行为能力人的未成年子女,行使其对该限制行为能力人的同意权、代理权或撤销权。

　　4　虽有前款规定,未成年人成为亲权人的,根据第八百三十三条(替代子女行使亲权)及第八百六十七条(替代未成年被监护人行使亲权)第一款的规定执行。

　　5　根据第八百三十九条(未成年监护人的指定)第一款或第二款的规定,限制行为能力人被指定为未成年监护人的,准用第三款的规定。

本条第1款:对《民法》第102条(代理人的行为能力)的修改
　　第2款:新增
　　第3款前段:新增
　　　　　后段:新增
　　第4款:新增
　　第5款:新增

(与代理人相关的事由的效力)
　　第五十七条　与代理行为相关的以下事实根据代理人来决定。
　　(一)意思能力欠缺、真意保留、虚假表示、错误、不真实表示或信息的不提供、欺诈或胁迫;
　　(二)对于某情况是善意还是恶意或就不知该情况是否具有过失以及过失的程度。
　　2　任意代理人受委托实施特定的法律行为,或者根据本人的指示实施代理行为时,本人对于自己知道或者因过失而不知的事情,不得主张代理人为善意或代理人无过失。

本条第1款主文:《民法》第101条(代理行为的瑕疵)第1款移修
　　第1项:《民法》第101条(代理行为的瑕疵)第1款移修
　　第2项:《民法》第101条(代理行为的瑕疵)第1款移修
　　第2款:《民法》第101条(代理行为的瑕疵)第2款前段、后段移修

(复代理人及其权限)
　　第五十八条　复代理人[指代理人以自己的名义选任的本人的代理人,在下一款、下一条以及第六十条(由法定代理人选任的复代理)中亦同]在代理人授权的范围内享有代理本人的权限。
　　2　复代理人对本人及代理行为的相对人享有与代理人同等的权利,负有同等的义务。

本条第 1 款:对《民法》第 107 条(复代理人的权限等)第 1 款的修改

第 2 款:对《民法》第 107 条(复代理人的权限等)第 2 款的修改

(由任意代理人选任的复代理)

第五十九条 任意代理人不得选任复代理人。但是,获得本人许可或有不得已的情况时,不在此限。

2 任意代理人选任复代理人后,应就复代理人的行为对本人负责。但是,代理人已经对复代理人的选任及监督给予了相当的注意义务,或者即使给予相当的注意也会产生损害的情况不在此限。

3 任意代理人根据本人的指定选任复代理人的,无须就复代理人的行为对本人负前款规定的责任。但是,若该代理人知道复代理人不合适或不诚实却不通知本人,或者该代理人被赋予了解任复代理人的权限,却不当地怠于解任的,不在此限。

本条第 1 款正文:《民法》第 104 条(由任意代理人选任复代理人)移修

但书:《民法》第 104 条(由任意代理人选任复代理人)移修

第 2 款正文:《民法》第 105 条(选任代理人的代理人的责任)第 1 款移修

但书:《民法》第 105 条(选任复代理人的代理人的责任)第 1 款移修[参照《民法》第 715 条(雇主等的责任)第 1 款但书]

第 3 款正文:《民法》第 105 条(选任复代理人的代理人的责任)第 2 款正文移修

但书:《民法》第 105 条(选任复代理人的代理人的责任)第 2 款但书移修

(由法定代理人选任的复代理)

第六十条 法定代理人只要不违反其法定代理的性质,可以选任复代理人。

2 法定代理人选任复代理人的,应就复代理人的行为对本人负责。但是,若就选任复代理人存在不得已的事由的,准用前条第二款但书的规定。

本条第 1 款:《民法》第 106 条(由法定代理人选任复代理人)前段移修

第 2 款正文:《民法》第 106 条(由法定代理人选任复代理人)前段移修

但书:《民法》第 106 条(由法定代理人选任复代理人)后段移修

(代理权的消灭事由)

第六十一条 代理权因以下事由而消灭。但是,若合同或法律另有规定的,或其权限的性质不允许的,不在此限。

(一) 本人死亡;

(二) 代理人死亡或代理人收到开始破产清算程序的裁定,或被判开始监护。

2 任意代理权除前款各项规定的事由外,还因委托或其他导致发生代理权的合同的终止而消灭。

本条第1款主文正文:同《民法》第111条(代理权的消灭事由)第1款正文
  但书:新增
  第1项:同《民法》第111条(代理权的消灭事由)第1款第1项
  第2项:同《民法》第111条(代理权的消灭事由)第1款第2项
  第2款:对《民法》第111条(代理权的消灭事由)第2款的修改

(商行为的代理)
  第六十二条 关于商行为的代理,除适用本法规定外,还适用商法(一八九九年法律第四十八号)第五百零四条(商行为的代理)至第五百零六条(因商行为的委托产生的代理权的消灭事由的特例)的规定。

本条:新增

第二目 无 权 代 理

(无权代理)
  第六十三条 无实施法律行为(包含意思表示,在本款中下同)的代理权的人(以下在本目中称为"无权代理人")作为本人的代理人实施的法律行为(以下在本目和下一目中称为"无权代理行为")对本人无效。
  2 前款规定准用于相对人对无权代理人作出的意思表示。

本条第1款:《民法》第113条(无权代理)第1款移修
  第2款:新增

(本人的追认)
  第六十四条 无权代理人签订的合同经本人追认后有效。本人拒绝追认的,确定为无效。
  2 前款的追认只要本人没有经相对人同意而作出其他意思表示,溯及至合同签订时生效。但是,不得损害第三人的权利。
  3 第一款的追认以及拒绝追认只要不对相对人作出,就不能以此对抗相对人。但是,相对人知道该事实的,不在此限。

本条第1款:《民法》第113条(无权代理)第1款移修
  第2款正文:《民法》第116条(无权代理行为的追认)正文移修
    但书:《民法》第116条(无权代理行为的追认)但书移动
  第3款正文:《民法》第113条(无权代理)第2款正文移修
    但书:《民法》第113条(无权代理)第2款但书移动

（相对人的权利）

第六十五条　与无权代理人签订合同的相对人可以对本人设定一定的期间，催告其在该期间内确答是否追认。于此情形，本人在该期间内未确答的，视为拒绝追认。

2　与无权代理人签订合同的相对人在本人尚未追认期间，可以自行撤回合同的要约或承诺。但是，该相对人在签订合同时对没有代理权具有恶意的，不在此限。

本条第1款前段：《民法》第114条（无权代理的相对人的催告权）前段移修
　　后段：《民法》第114条（无权代理的相对人的催告权）后段移动
　　第2款正文：《民法》第115条（无权代理的相对人的撤销权）正文移修
　　但书：《民法》第115条（无权代理的相对人的撤销权）但书移修

（无权代理人的责任）

第六十六条　作为代理人签订合同的人若不能证明本人和相对人之间存在有效的合同的，根据相对人的选择，应对相对人承担履行合同或赔偿损失的责任。但是，下列情况不在此限。

（一）相对人知道是无权代理人作出的意思表示，或因重大过失而不知的；

（二）无权代理人欠缺意思能力的[第八条（意思能力的欠缺）第三款正文规定的情况除外]；

（三）无权代理人为限制行为能力人的[第二十四条（限制行为能力人的欺诈手段）规定的情况除外]。

本条正文：《民法》第117条（无权代理人的责任）第1款移修
　　但书：新增
　　第1项：《民法》第117条（无权代理人的责任）第2款移修
　　第2项：新增
　　第3项：《民法》第117条（无权代理人的责任）第2款移修

（单独行为的无权代理）

第六十七条　对于无权代理人作出的单独行为，本人不得追认。

2　虽有前款规定，在有相对人的单独行为中，符合以下各项的任何一项的，准用前三条的规定。

（一）单独行为的相对人同意无权代理行为的；

（二）单独行为的相对人未就该单独行为无代理权提出争议的。

3　在相对人对无权代理人作出单独行为时，亦同于第一款。但是，相对人在获得无权代理人的同意后进行单独行为的，同于前款。

本条第 1 款:新增
　　第 2 款主文:《民法》第 118 条(单独行为的无权代理)前段移修
　　　　第 1 项:《民法》第 118 条(单独行为的无权代理)前段移修
　　　　第 2 项:《民法》第 118 条(单独行为的无权代理)前段移修
　　第 3 款正文:新增
　　　　但书:《民法》第 118 条(单独行为的无权代理)后段移修

第三目　表见代理等

(因越权行为产生的表见代理)
　　第六十八条　本人就代理人超越代理权限范围实施的无权代理行为,对善意的相对人负责。但是,相对人因其过失不知其为超越代理权限范围的无权代理行为的,不在此限。

本条正文:《民法》第 110 条(越权行为的表见代理)移修
　　但书:《民法》第 110 条(越权行为的表见代理)移修

(代理权消灭后的表见代理)
　　第六十九条　代理人在其代理权消灭后实施无权代理行为的,本人就代理权的消灭对善意的相对人负责。但是,相对人因过失不知代理权消灭的情况的,不在此限。

本条正文:对《民法》第 112 条(代理权消灭后的表见代理)正文的修改
　　但书:对《民法》第 112 条(代理权消灭后的表见代理)但书的修改

(因授予代理权的表示而产生的表见代理)
　　第七十条　虽未授予代理权,却作出已对他人授予代理权的表示的人,对该他人实施的法律行为的相对人,在其表示的代理权范围内承担责任。但是,相对人知道没有授予代理权的情况,或因过失而不知的,不在此限。
　　2　明知未授予代理权却作出前款表示的人即使在前款但书的情形下,仅限于相对人就未授予代理权具有恶意,方可免除其责任。

本条第 1 款正文:对《民法》第 109 条(因授予代理权的表示而产生的表见代理)正文的修改
　　　　但书:对《民法》第 109 条(因授予代理权的表示而产生的表见代理)但书的修改
　　第 2 款:新增

(表见代理的重叠适用)
　　第七十一条　符合第六十九条(代理权消灭后的表见代理)规定的无权代理的行为有超越其在消灭前存在的代理权的范围的情况的,准用第六十八条(因越权行为产生的表见代理)的规定。
　　2　符合前条第一款规定的因授予代理权的表示而产生的无权代理的行为超越表示的代理权的范围的,准用第六十八条(因越权行为产生的表见代理)的规定。
　　3　符合前条第一款规定的因授予代理权的表示而产生的无权代理的行为在表示的代理权消灭后作出的,准用第六十九条(代理权消灭后的表见代理)的规定。于此情形,该代理行为超越表示的代理权的范围的,准用第一款的规定。

本条第1款:新增
　　第2款:新增
　　第3款前段:新增
　　　　　后段:新增

(出借名义者的责任)
　　第七十二条　允许他人使用自己的姓名、名称或其他名义的人,对相信该他人就是名义人本人而实施法律行为的相对人,就因此法律行为产生的债务,与使用其名义的他人承担连带责任。但是,该相对人知道出借名义的情况,或因重大过失而不知的,不在此限。

本条正文:新增
　　但书:新增

第四款　无效及撤销
第一目　无　　效

(无效)
　　第七十三条　法律行为无效时,不得依据该法律行为请求履行。
　　2　已根据无效的法律行为进行了给付的,可以根据第N条(基于所有权的物权请求权)或第N条(不当得利)的规定,请求返还该给付之物。
　　3　法律行为部分无效时,仅就该无效部分适用前二款的规定。

本条第1款:新增
　　第2款:新增
　　第3款:新增

(无效法律行为的转换)

　　第七十四条　即使在某法律行为无效时,若其满足发生法律上与该法律行为的效果类似效果的其他法律行为的要件的,不影响其具有该其他法律行为的效力。

本条:新增

(无效法律行为的追认)

　　第七十五条　无效法律行为(包括意思表示,以下在下一款及第三款中亦同)虽经追认也不发生效力。

　　2　尽管有前款规定,当事人明知该法律行为无效却进行追认的,视为作出新的法律行为。

　　3　在前款规定的情况下,当事人可通过合意,使新的法律行为的效力溯及至作出最初的法律行为时生效。但是,不得损害第三人的权利。

本条第1款:《民法》第119条(无效行为的追认)正文移修
　　第2款:《民法》第119条(无效行为的追认)但书移修
　　第3款正文:新增
　　　　　但书:新增

第二目　撤　　销

(撤销)

　　第七十六条　当法律行为[包括意思表示,以下在本目(第三款及第七十八条[撤销权的消灭事由]除外)中亦同]被撤销时,视为该法律行为溯及至该行为作出时无效。

　　2　撤销法律行为的意思表示可以由以下可行使撤销权的人(下一条第一款中称为"撤销权人")及其承继人作出。

　　(一) 第八条(意思能力的欠缺)规定的撤销权;

　　(二) 第十条(未成年人)第三款规定的撤销权;

　　(三) 第十四条(被监护人的法律行为等)第一款规定的撤销权;

　　(四) 第十七条(被保佐人的法律行为等)第四款规定的撤销权;

　　(五) 第二十条(被辅助人的法律行为等)第三款规定的撤销权;

　　(六) 第四十五条(错误)规定的撤销权;

　　(七) 第四十六条(不真实表示及信息的不提供)规定的撤销权;

　　(八) 第四十七条(欺诈)规定的撤销权;

　　(九) 第四十八条(胁迫)规定的撤销权。

3 尽管有第七十三条(无效)第二款的规定,当因行使前款第一项至第五项的撤销权而撤销法律行为的,意思能力欠缺者以及限制行为能力人仅以现存的由该法律行为获取的利益为限,承担返还义务。

4 可撤销的法律行为的相对人确定时,撤销法律行为的意思表示应对该相对人作出。

本条第1款:《民法》第121条(撤销的效果)正文移修
 第2款主文:新增[参照《民法》第120条(撤销权人)第1款、第2款]
  第1项:新增
  第2项:《民法》第120条(撤销权人)第1款移修
  第3项:《民法》第120条(撤销权人)第1款移修
  第4项:《民法》第120条(撤销权人)第1款移修
  第5项:《民法》第120条(撤销权人)第1款移修
  第6项:新增
  第7项:新增
  第8项:《民法》第120条(撤销权人)第2款移修
  第9项:《民法》第120条(撤销权人)第2款移修
 第3款:《民法》第121条(撤销的效果)但书移修
 第4款:《民法》第123条(撤销及追认的方法)移修

(因追认引起的撤销权的消灭)

第七十七条 撤销权在撤销权人或其承继人追认可撤销的法律行为时消灭。

2 前款规定的追认若不在导致撤销的事由消灭后进行,则不发生效力。但是,意思能力欠缺者或被监护人进行的追认即使在导致撤销的事由消灭后作出,若上述人员不知该法律行为的内容的,则不发生效力。

3 前款规定在法定代理人或保佐人或辅助人追认时不适用。

4 可撤销的法律行为的相对人确定时,追认的意思表示应对该相对人作出。

本条第1款:《民法》第122条(对可撤销行为的追认)正文移修
 第2款正文:《民法》第124条(追认的要件)第1款移修
  但书:《民法》第124条(追认的要件)第2款移修
 第3款:《民法》第124条(追认的要件)第3款移修
 第4款:《民法》第123条(撤销及追认的方法)移修

(撤销权的消灭事由)

第七十八条 自前条规定的可追认时起,可撤销的法律行为发生以下事实的,撤销权消灭。

（一）请求履行；
　　（二）通过可撤销的法律行为获得的全部或部分权利被转让；
　　（三）全部或部分履行或相对人接受履行；
　　（四）具有设定担保权或用益权的合意；
　　（五）缔结更改合同；
　　（六）强制执行。
　　2　在实施与同款各项规定的事实相关的行为时,若保留将来的撤销权的,不适用前款的规定。

本条第1款主文:《民法》第125条(法定追认)正文移修
　　　第1项:《民法》第125条(法定追认)第2项移动
　　　第2项:《民法》第125条(法定追认)第5项移修
　　　第3项:《民法》第125条(法定追认)第1项移修
　　　第4项:《民法》第125条(法定追认)第4项修改
　　　第5项:《民法》第125条(法定追认)第3项移修
　　　第6项:同《民法》第125条(法定追认)第6项
　　第2款:《民法》第125条(法定追认)但书移修

(撤销权的行使期间)
　　第七十九条　撤销权自可追认时起二年内不行使即消灭。自法律行为发生十年后亦同。
　　2　根据前款规定,限制行为能力人的法定代理人或无代理权的保佐人或辅助人的撤销权消灭的,限制行为能力人的撤销权也消灭。

本条第1款前段:对《民法》第126条(对撤销权期间的限制)前段的修改
　　　　后段:对《民法》第126条(对撤销权期间的限制)后段的修改
　　第2款:新增

第五款　条件及期限

第一目　条　　件

(条件)
　　第八十条　可在法律行为中附条件(指不能确定将来是否会发生的事实,以下亦同)。但是,法律行为的性质不允许附条件的,不在此限。
　　2　附条件的法律行为的效力根据以下各项确定。
　　（一）附停止条件的法律行为在条件成就[指发生作为条件的事实,以下在本条及第八十二条(条件成就的妨碍等)中亦同]时生效；
(二)附解除条件的法律行为在条件成就时失效。
3 尽管有前款规定,当事人可通过合意,使条件成就的效果溯及至条件成就前发生。

本条第 1 款正文:新增
　　　　但书:新增
第 2 款主文:新增
　　　　第 1 项:《民法》第 127 条(条件成就时的效果)第 1 款移修
　　　　第 2 项:《民法》第 127 条(条件成就时的效果)第 2 款移修
第 3 款:《民法》第 127 条(条件成就时的效果)第 3 款移修

(附条件的权利的保护和处分等)
　　第八十一条　附条件的法律行为的各方当事人在尚未确定该条件是否成就期间,不得损害条件成就时该法律行为产生的相对人的利益。
　　2　基于附条件的法律行为产生的各方当事人的权利义务在尚未确定该条件是否成就期间,可根据一般规定,进行保存、处分或为此提供担保。

本条第 1 款:《民法》第 128 条(尚未确定条件是否成就期间侵害相对人利益的禁止)
　　　　移修
第 2 款:《民法》第 129 条(尚未确定条件是否成就期间权利的处分等)移修

(条件成就的妨碍等)
　　第八十二条　因条件成就受到不利影响的当事人故意妨碍条件的成就的,相对人可视为该条件已成就。
　　2　因条件成就获得利益的当事人违反第三条(诚实信用与禁止权利滥用原则)第一款的规定使条件成就的,相对人可视为该条件未成就。

本条第 1 款:对《民法》第 130 条(条件成就的妨碍)的修改
　　第 2 款:新增

(确定条件)
　　第八十三条　附有确定条件的法律行为的效力依照以下各项规定。
　　(一)作出法律行为时已确定停止条件成就的,则为无条件；
　　(二)作出法律行为时已确定停止条件不会成就的,则无效；
　　(三)作出法律行为时已确定解除条件成就的,则无效；
　　(四)作出法律行为时已确定解除条件不会成就的,则为无条件。

本条主文:新增
　　第 1 项:《民法》第 131 条(既成条件)第 1 款移修
　　第 2 项:《民法》第 131 条(既成条件)第 2 款移修
　　第 3 项:《民法》第 131 条(既成条件)第 1 款移修
　　第 4 项:《民法》第 131 条(既成条件)第 2 款移修

(不能成就的条件)
　　第八十四条　附不能成就之条件的法律行为的效力依照以下各项规定。
　　(一)作出法律行为时停止条件不能成就的,则无效;
　　(二)作出法律行为时解除条件不能成就的,则为无条件。

本条主文:新增
　　第 1 项:《民法》第 133 条(不能成就的条件)第 1 款移修
　　第 2 项:《民法》第 133 条(不能成就的条件)第 2 款移修

(任意条件)
　　第八十五条　法律行为中所附的停止条件是否成就为仅与债务人的意思相关的任意条件时,不得依据该法律行为向法院提出履行请求。

本条:《民法》第 134 条(任意条件)修改

第二目　期　　限

(期限)
　　第八十六条　法律行为中可以附期限[指将来一定会到来的时间,以下本条、下一条以及第八十八条(期限利益的丧失)亦同]。
　　2　附期限的法律行为的效力或履行的时期依照以下各项规定。
　　(一)法律行为附开始期限的,自期限届至时起,可以主张该法律行为生效,或请求履行;
　　(二)法律行为附终止期限的,该法律行为的效力在期限届满时消灭。
　　3　期限不考虑届至的时间是否确定。

本条第 1 款:新增
　　第 2 款主文:新增
　　　　第 1 项:《民法》第 135 条(期限届至的效果)第 1 款移修
　　　　第 2 项:《民法》第 135 条(期限届至的效果)第 2 款移动
　　第 3 款:新增

(期限利益及其放弃)

> 第八十七条 期限应推定为为债务人的利益所设。
>
> 2 期限利益(指当事人因开始期限或终止期限未届至而获得的利益,下一条亦同)可以放弃。但是,因放弃给相对人造成损失的,应承担填补该损失的义务。

本条第 1 款:同《民法》第 136 条(期限利益及其放弃)第 1 款
  第 2 款正文:对《民法》第 136 条(期限利益及其放弃)第 2 款正文的修改
    但书:对《民法》第 136 条(期限利益及其放弃)第 2 款但书的修改

(期限利益的丧失)

> 第八十八条 债务人在发生以下事由时,不得主张期限利益。
> (一) 债务人收到开始破产清算程序的裁定;
> (二) 债务人使担保灭失、损伤或减少;
> (三) 债务人在负有提供担保的义务时,不予提供。

本条主文:《民法》第 137 条(期限利益的丧失)主文修改
  第 1 项:与《民法》第 137 条(期限利益的丧失)第 1 项相同
  第 2 项:与《民法》第 137 条(期限利益的丧失)第 2 项相同
  第 3 项:与《民法》第 137 条(期限利益的丧失)第 3 项相同

第三节 时　效

(时效)

> 第八十九条 时效在本法或其他法律规定的时效期间届满时完成,在其完成后,经可享受时效利益的当事人(下一项称为"援用权人")援用,产生取得权利或权利消灭的效果。于此情形,时效的效果溯及至其起算日。
>
> 2 有多个援用权人的,其中一人援用时效的效果不对其他援用权人产生影响。

本条第 1 款前段:《民法》第 145 条(时效的援用)移修
   后段:《民法》第 144 条(时效的效力)移修
  第 2 款:新增

(取得时效的完成)

> 第九十条 所有权的取得时效在物的占有人连续二十年以所有的意思,平稳、公然地占有后完成。该占有人在开始占有时,对该物为他人之物是善意且无过失的,时效期间为十年。

2　所有权以外的财产权的取得时效在行使该财产权的人按照前款的区别,连续二十年或十年以为己而为之的意思,平稳、公然地行使该权利后完成。

3　第一款规定的取得时效在占有人任意中止该占有,或该占有被他人夺取时,该时效期间终止,此后占有人再次开始占有的,时效期间重新起算。但是,适用第 N 条(占有消灭的例外)规定时,视为该占有持续。

4　前款规定准用于第二款规定的所有权以外的财产权的取得时效。

5　与不动产或其他以登记或注册为对抗要件的物相关的第一款规定的取得时效在时效完成前,被占有之物由占有人以外的人登记或注册的,该时效期间终止,自该登记或注册时起计算新的时效期间。但是,所有权或财产权的取得时效的争议是在相邻土地之间发生的,不在此限。

本条第 1 款前段:《民法》第 162 条(所有权的取得时效)第 1 款移修
　　　　后段:《民法》第 162 条(所有权的取得时效)第 2 款移修
　第 2 款:《民法》第 163 条(所有权以外的财产权的取得时效)移修
　第 3 款正文:《民法》第 164 条(因占有中止等引起的取得时效的中断)移修
　　　　但书:新增
　第 4 款:《民法》第 165 条[承继前条标题(因占有中止等引起的取得时效的中断)]移修
　第 5 款:新增

(消灭时效的完成)

第九十一条　财产权的消灭时效因享有该权利的人十年未行使而完成。但是,所有权以及基于所有权发生的请求权不因时效而消灭。

2　虽有前款规定,债权的消灭时效因五年未行使该债权而完成。但是,未满政令规定金额的小额债权(因终局判决或裁判上的和解、调解或其他与终局判决有同等效力的诉讼程序等确定,且已至履行期的债权除外)的消灭时效因二年未行使该债权而完成。

3　前两款规定的消灭时效的时效期间自可行使权利时起算。

本条第 1 款正文:《民法》第 167 条(债权等的消灭时效)第 2 款移修
　　　　但书:《民法》第 167 条(债权等的消灭时效)第 2 款移修
　第 2 款正文:《民法》第 167 条(债权等的消灭时效)第 1 款移修
　　　　但书:新增、括号内《民法》第 174 条之 2(经判决确定的权利的消灭时效)第 1 款、第 2 款移修
　第 3 款:《民法》第 166 条(消灭时效的起算等)第 1 款移修

(与时效完成相关的法律行为的效力)
　　第九十二条 时效完成前作出的以下法律行为无效。
　　(一) 时效完成后不援用时效的合意或单独行为;
　　(二) 对本法或其他法律规定的时效期间进行延长的合意,或其他使完成时效变得困难的合意。

本条主文:新增
　　第 1 项:《民法》第 146 条(时效利益的放弃)移修
　　第 2 项:新增

(时效完成的推迟)
　　第九十三条 在以下各项规定的情况下,时效自该项规定的时间起六个月内不得完成。

(一) 未成年人或被监护人在时效完成前六个月内无法定代理人的;	上述人员成为完全行为能力人时,或在法定代理人选出时
(二) 时效与遗产相关时;	继承人确定时,或在管理人选出时,或作出开始破产清算程序的裁定时
(三) 发生天灾或其他无法避免的事件产生障碍的[仅限于不能进行下一条第一款规定的催告、同条第二款规定的交涉或第九十五条(因诉讼程序等引起的时效援用的限制)第一款各项规定的程序时,或不能请求第九十六条(时效的重新起算和权利的承认)第二款规定的承认时]。	在该事件引起的障碍消灭时

　2　以下各项规定的权利的时效自该项规定的时间起六个月内不得完成。

(一) 未成年人或被监护人对法定代理人享有的权利;	上述人员成为完全行为能力人时,或在后任法定代理人选出时
(二) 夫妇一方对另一方享有的权利。	婚姻解除时

本条第 1 款主文:新增
　　第 1 项:《民法》第 158 条(未成年人或成年被监护人与时效的中止)第 1 款移修
　　第 2 项:《民法》第 160 条(与继承财产相关的时效的中止)移修

第 3 项:《民法》第 161 条(因天灾等引起的时效的中止)移修
第 2 款主文:新增
第 1 项:《民法》第 158 条(未成年人或成年被监护人与时效的中止)第 2 项移修
第 2 项:《民法》第 159 条(夫妇间权利的时效的中止)移修

(因催告或交涉引起的时效援用的限制)
第九十四条 催告在时效完成前六个月内作出的,在时效完成后六个月内,在催告的当事人之间,即使援用时效,时效的效果也不能确定。
2 在时效完成前六个月内主张权利的人与相对人之间就该权利进行交涉的,在时效完成后六个月内或其后继续进行交涉时,自最后一次交涉时起六个月内,在交涉的当事人之间,即使援用时效,时效的效果也不能确定。但是,即使在此期间之后,在交涉的当事人之间,也不得违反第三条(诚实信用与禁止权利滥用原则)的规定,援用时效。
3 在进行前款规定的交涉的情况下,交涉的一方当事人通过文件或电磁记录宣布终止交涉,或通知即使继续交涉也不能产生本条规定的时效援用的限制的效果的,该宣布或通知的时间视为最后交涉的时间。
4 时效完成前六个月内进行的第二款规定的交涉的要约被拒绝的,视为第一款规定的催告。
5 在作出第一款规定的催告或第二款规定的交涉的情况下,自时效应完成时或其后六个月内继续进行的最后一次交涉时起六个月内,存在下一条第一款各项规定的程序的,视为该程序在时效完成前已开始。

本条第 1 款:《民法》第 153 条(催告)移修
第 2 款正文:新增
但书:新增
第 3 款:新增
第 4 款:新增
第 5 款:新增[参照《民法》第 153 条(催告)]

(因诉讼程序等引起的时效援用的限制)
第九十五条 自时效完成前起为行使或实现以下权利的程序持续存在的,在该程序的当事人之间,即使援用时效,时效的效果也不能确定。但是,在该程序中未能认定权利的存在,或支付督促根据民事诉讼法(一九九六年法律第一百零九号)第三百九十二条(支付督促因过期引起的失效)的规定失效,或扣押、临时扣押或临时处分被撤销的,不在此限。

(一) 诉讼程序;

(二) 支付督促;

(三) 法院的和解程序或调解程序、仲裁程序或关于促进利用法庭外纠纷解决程序的法律(二〇〇四年法律第一百五十一号)第二条(定义)第三项规定的认证纠纷解决程序;

(四) 参加破产清算程序、再生程序或重整程序;

(五) 扣押、临时扣押或临时处分。

2 在前款第三项规定的程序中,即使法院的和解或调解不成,或因不存在达成和解的可能而终止认证纠纷解决程序,或有对上述申请的撤销的,在此后一个月内起诉的,视为在申请该项规定的程序时,该款第一项规定的诉讼程序已开始。

3 在第一款第五项规定的程序中,当扣押、临时扣押或临时处分为对享受时效利益的人以外的人作出时,只有在对享受时效利益的人作出通知后,才适用第一款的规定。

本条第1款主文正文:新增

　　　　但书:新增

　　第1项:《民法》第149条(诉讼请求)移修

　　第2项:《民法》第150条(支付督促)移修

　　第3项:《民法》第151条(申请和解及调解)移修

　　第4项:《民法》第152条(破产清算程序的参加等)移修

　　第5项:《民法》第154条(扣押、临时扣押及临时处分)移修

第2款:《民法》第151条(申请和解及调解)移修

第3款:《民法》第155条[承继前条标题(扣押、临时扣押及临时处分)]移修

(时效的重新起算和权利的承认)

第九十六条 在时效完成前,在前条第一款各项规定的程序中对权利的存在予以承认的,在该程序的当事人之间,该权利的时效自以下各项规定的时间起重新起算。

(一) 在诉讼程序中,确认权利存在的判决确定时;

(二) 在支付督促、法院和解或调解、破产债权的确定或其他与确定判决有同等效力的程序中,该程序确定时;

(三) 在扣押、临时扣押或临时处分中,该程序完结时。

2 在时效完成前,因时效完成而受益的当事人承认相对人的权利的,在该程序的当事人之间,自该承认之时起时效期间重新起算。虽为因时效完成而受益的当事人之代理人但对该权利无处分权的人,承认相对人的权利的亦同。

3 意思能力欠缺者、未成年人或被监护人进行前款规定的承认的,不产生效

力。但是,未成年人获得法定代理人的同意进行该款规定的承认的,不在此限。

4 对他人占有之物享有附开始期限的权利或附停止条件的权利的人,随时可请求占有人在时效完成前予以承认。于此情形,在该承认作出时,视为作出第二款规定的承认。

本条第1款主文:《民法》第157条(中断后时效的计算)第1款移修
  第1项:《民法》第157条(中断后时效的计算)第2款移修
  第2项:新增[参照《民法》第157条(中断后时效的计算)第1款]
  第3项:新增[参照《民法》第157条(中断后时效的计算)第1款]
第2款前段:《民法》第147条(时效的中断事由)第3项、第157条(中断后时效
    的计算)第1款移修
  后段:《民法》第156条(承认)移修
第3款正文:《民法》第156条(承认)移修
  但书:新增
第4款前段:《民法》第166条(消灭时效的计算等)第2款但书移修
  后段:新增

(时效援用的限制及适用时效重新起算的当事人的范围)
  第九十七条 第九十四条(因催告或交涉引起的时效援用的限制)第一款及第二款、第九十五条(因诉讼程序等引起的时效援用的限制)第一款及前条第一款及第二款规定的当事人中包括该当事人的承继人。

本条:《民法》第148条(时效中断的效力所及之人的范围)移修

第五章 权利的实现

(权利的实现)
  第九十八条 权利或基于该权利的请求权在该权利的义务人或该请求权的相对人履行时消灭。只要不违反该权利或请求权的性质或当事人的意思,即使是权利的义务人或请求权的相对人以外的人履行,亦同。
  2 权利或基于该权利的请求权未能任意履行的,权利人可以根据民事执行法或其他法律的规定,向法院请求根据该权利的性质进行强制履行。但是,权利的性质不允许强制履行的,不在此限。
  3 权利人未经法律规定的程序,不得以自力实现权利。但是,存在紧急、不得已的情形,且未超过必要的限度的,不在此限。
  4 形成权,不适用前三款的规定。

本条第 1 款前段:新增
　　　　后段:新增[参照《民法》第 474 条(第三人的清偿)第 1 款正文、但书]
　　第 2 款正文:《民法》第 414 条(强制履行)第 1 款正文移修
　　　　但书:《民法》第 414 条(强制履行)第 1 款但书移修
　　第 3 款正文:新增
　　　　但书:新增
　　第 4 款:新增

附表　定义用语一览

本法中出现的下表左列所示的用语含义如中间列所述。

用语	含义	相关条文
恶意	知道一定的事实	第三十条(法人的登记)第五款
意思能力	辨识事理的能力	第八条(意思能力的欠缺)第一款
期限	将来一定会到来的时间	第八十六条(期限)第一款
期限利益	当事人因开始期限或终止期限未届至而获得的利益	第八十七条(期限利益及其放弃)第二款
权利能力	能成为权利义务主体的地位	第四条(人的权利能力)第一款
行为能力	单独实施确定而有效的法律行为的能力	第十一条(可单独实施的法律行为)第二款
(时效的)援用权人	可享受时效利益的当事人	第八十九条(时效)第一款
条件	不能确定将来是否会发生的事实	第八十条(条件)第一款
条件成立	发生作为条件的事实	第八十条(条件)第二款第一项
限制行为能力人	未成年人、被监护人、被保佐人及被判赋予同意权的被辅助人	第二十三条(限制行为能力人的相对人的催告权)第一款
善意	不知一定的事实	第七条(撤销失踪宣告的判决及其效果)第三款
赋予代理权的判决	对被辅助人就特定法律行为赋予其辅助人代理权的判决	第十九条(辅助开始的判决等)第三款第二项
赋予同意权的判决	被辅助人在实施第十七条(被保佐人的法律行为等)第一款各项规定行为中的部分行为时,应当征得其辅助人同意的判决	第十九条(辅助开始的判决等)第三款第一项

(续表)

用语	含义	相关条文
电磁记录	电子方式、磁力方式或其他仅凭人的知觉无法识别的方式制作的记录,是一种专供电子计算机信息处理用的、法务省令中所规定的记录	第二十七条(法人的设立)第二款
任意性规定	无关于公共秩序的规定	第四十条(法律行为的效力)第二款
被监护人	受到监护开始判决的人	第十三条(监护开始的判决)第二款
被保佐人	受到保佐开始判决的人	第十六条(保佐开始的判决)第二款
被辅助人	受到辅助开始判决的人	第十九条(辅助开始的判决)第二款
表意人	作出意思表示的人	第八条(意思能力的欠缺)第二款
复代理人	代理人以自己的名义选任的本人的代理人	第五十八条(复代理人及其权限)第一款
不在者	离开以往的住处或居所的人	第七百零二条之二(受托管理人及家庭法院的参与)第一款
无权代理行为	无权代理人作为本人的代理人作出的意思表示或实施的法律行为	第六十三条(无权代理)第一款
无权代理人	无实施意思表示或法律行为的代理权的人	第六十三条(无权代理)第一款
物	有体物	第三十二条(权利的客体)第一款

  本"定义用语一览"是将"日本民法典修正案"各条文中规定的定义按照日语五十音图的顺序整理而成的,是为了方便读者阅读民法典而编写的。用语的定义本身是"日本民法典修正案"中规定的内容,本表归根结底只具有索引表的意义(至于为什么避免采取许多法律中常见的在法律开头部分列出表示定义一览的条文的做法,而仅仅采用这样的形式,请参考本书第四部第六章)。这里刊载的表只收录了民法总则编中规定的用语定义,但在最后,收录民法五编中规定的全部用语定义并附在民法典之后。此外,"日本民法典修正案"规定的定义中,凡是缺乏一般意义的用语,在该表中未收录,敬请谅解。

  此外,"日本民法典修正案"中给出"定义"的方式,则遵循一般规则,即仅对此后条文中会反复出现的文字进行"定义"。这样一来,比如本表中有关于"任意性规定"的定义,却没有与其相对应的关于"强制性规定"的定义。

附论(总则编以外)

"第三编 债权:第三章 无因管理等:第二节 法定财产管理"的新增
以及
"法令通则法"的制定提案

第三编 债　权

第三章　无因管理等

第一节　无 因 管 理

第二节　法定财产管理

（受托管理人及家庭法院的参与）
第七百零二条之（二）　离开以往的住处或居所的人（以下简称"不在者"）设置了其财产管理人（以下在本节简称"受托管理人"）时，受托管理人依照与委托有关的本法规定，实施不在者的财产管理。

2　不在者已经生死不明或者不在者难以向受托管理人发出指示的情况下，当必须变更委托合同中规定的受托管理人的权限时，家庭法院根据受托管理人、利害关系人或检察官的请求，为了对不在者的财产进行适当管理，可以在受托管理人原权限基础上作出追加新权限的判决、限制原有权限的判决，以及实施其他必要处分的判决。

本条第1款：新增
第2款：《民法》第28条（管理人的权限）后段移修

（法定管理人的选任及其权限）
第七百零二条之（三）　不在者未设置受托管理人时，或在无法得到本人指示期间受托管理人的权限已消灭时，家庭法院根据利害关系人或检察官的请求，为了管理其财产，可以作出设置管理人（以下在本节简称为"法定管理人"）的判决及实施其他必要处分的判决。

2　不在者设置了受托管理人，但该不在者已经生死不明时，或者不在者难以采取适当措施时，家庭法院根据利害关系人或检察官的请求，可以作出解任受托管理人并设置法定管理人的判决及实施其他必要处分的判决。

3　按照前两款规定由家庭法院选任的法定管理人的权限消灭时,家庭法院应当根据利害关系人或检察官的请求或根据职权,作出判决选任新的法定管理人。

　　4　法定管理人在第五十二条(代理权的范围)第二款规定的权限范围内,有权管理不在者的财产。

　　5　家庭法院认为必要时,可对法定管理人作出判决,责令其为不在者的财产保管进行必要的处分。

　　6　法定管理人需要处理超出第四款规定权限的事务时,家庭法院根据法定管理人、利害关系人或检察官的请求,可作出判决授予法定管理人处理该事务所需的新权限。

　　7　作出第一款或第二款所述的判决后,当发生如下事由时,家庭法院应当根据曾经的不在者、法定管理人、利害关系人或检察官的请求,作出让法定管理人停止管理不在者财产的判决。

　　(一)曾经的不在者已返回住所地时,或出现其他诸如其本人已经可以自己管理财产等情况时;

　　(二)不在者设置了受托管理人时;

　　(三)关于不在者,其死亡已明确或根据第六条(因失踪宣告判决作出的死亡拟制)第一款或第二款规定作出了失踪宣告的判决时。

本条第1款:《民法》第25条(不在者的财产管理)第1款前段、后段移修
　　第2款:《民法》第26条(管理人的改任)移修
　　第3款:新增
　　第4款:《民法》第28条(管理人的权限)前段移修
　　第5款:《民法》第27条(管理人的职务)第3款移修
　　第6款:《民法》第28条(管理人的权限)前段移修
　　第7款主文:新增
　　　　第1项:新增
　　　　第2项:《民法》第25条(不在者的财产管理)第2款移修
　　　　第3项:新增

(由受托管理人及法定管理人进行的财产管理)
　　第七百零二条之(四)　受托管理人及法定管理人应尽善良管理者的注意义务,管理不在者的财产。

　　2　受托管理人及法定管理人准用第六百四十六条(由受托人进行的接收物转交等)、第六百四十七条(受托人的金钱消费相关的责任)及第六百五十条(受托人提出的费用等的偿还请求等)的规定。

3　不在者与受托管理人之间的委托合同中另有规定时,则不适用前两款。但是,按照第七百零二条之二(受托管理人及家庭法院的参与)第二款的判决所赋予的新权限进行的事务处理,不在此限。

本条第 1 款:新增[参照《家事案件程序法》第 146 条(管理人的改任等)第 6 款]
　第 2 款:新增[参照《家事案件程序法》第 146 条(管理人的改任等)第 6 款]
　第 3 款:新增

(受托管理人及法定管理人编制财产目录)
　　第七百零二条之(五)　根据第七百零二条之二(受托管理人及家庭法院的参与)第二款的规定,当利害关系人或检察官有请求的情况下,家庭法院认为必要时,可以判决并责令受托管理人编写其应管理财产的目录。
　　2　法定管理人应当对其应管理的财产编写目录。
　　3　按照前两款规定编写财产目录所需的费用从不在者的财产中支付。

本条第 1 款:《民法》第 27 条(管理人的职务)第 2 款移修
　第 2 款:《民法》第 27 条(管理人的职务)第 1 款前段移修
　第 3 款:《民法》第 27 条(管理人的职务)第 1 款后段移修

(受托管理人及法定管理人的担保提供及报酬)
　　第七百零二条之(六)　根据第七百零二条之二(受托管理人及家庭法院的参与)第二款的规定,当利害关系人或检察官有请求的情况下,家庭法院认为必要时,可要求受托管理人就财产的管理及其返还提供与之相当的担保。
　　2　家庭法院可要求法定管理人就财产的管理及返还提供与之相当的担保。
　　3　家庭法院对于根据第七百零二条之二(受托管理人及家庭法院的参与)第二款的判决而被赋予了新权限的受托管理人或法定管理人,在考虑了与不在者的关系及其他情况的基础上,可判决从不在者的财产中支付相应的报酬。

本条第 1 款:《民法》第 29 条(管理人的担保提供及报酬)第 1 款移修
　第 2 款:《民法》第 29 条(管理人的担保提供及报酬)第 1 款移修
　第 3 款:《民法》第 29 条(管理人的担保提供及报酬)第 2 款移修

法令通则法

第一章 总 则

(宗旨)
第一条 本法针对与法令有关的通则以及法令中一般使用的用语含义及一般必要程序作出规定。

本条:新增

第二章 法令的公布及施行

(法令的公布)
第二条 法令通过官报公布。
2 法令在刊载该法令的官报发行时公布。

本条第1款:新增
第2款:新增

(法令的施行)
第三条 法令自公布之日的次日起经过十日[行政机关的休息日(指关于行政机关休息日的法律[一九八八年法律第九十一号]第一条第一款各项所述之日)天数不计算在内]后开始施行。

本条:《法律适用通则法》第2条(法律的施行日期)正文移修

(法令施行的例外)
第四条 尽管有前条规定,若法令规定了施行日期时,该法令的施行依照该规定执行。但是,对于设定罚则,或者科以义务,或限制国民权利的规定,不可缩短同条的期间。

本条正文:《法律适用通则法》第2条(法律的施行日期)但书移修

　　但书:新增

第三章 习 惯 法

(习惯法)

　　第五条　不违反公序良俗的习惯,只要是法令规定认可的或法令未规定的事项,则具有与法律同等的效力。

本条:同《法律适用通则法》第3条(与法律具有同等效力的习惯)(但标题有变更)

第四章 住　　所

(住所)

　　第六条　所谓住所,除了法令有特别规定外,是指各人生活的基本住处。

　　2　以下所述的居所均视为住所。

　　(一)　住所不明时的居所;

　　(二)　无论是日本人还是外国人,在日本没有住所的人在日本的居所(按照指定准据法的法律,应依照本人住所地法的规定者除外)。

　　3　针对某种行为,通过合意而选定的临时住所,视为与该行为有关的住所。

本条第1款:《民法》第22条(住所)移修

　　第2款主文:新增

　　　　第1项:《民法》第23条(居所)第1款移修

　　　　第2项:《民法》第23条(居所)第2款正文、但书移修

　　第3款:《民法》第24条(临时住所)移修

第五章　期间的计算

(期间计算通则)

　　第七条　关于期间的计算方法,若法令或判决命令中有特别规定时,除了合意另有规定或存在不同的习惯之外,均依照本章的规定。

本条:《民法》第138条(期间计算通则)移修

(按照小时计算期间)

第八条 按照小时规定期间时,期间从实时起算,经过该小时数后即为到期。

本条:《民法》第139条(期间的起算)移修

(按照天数计算期间)

第九条 按照天数规定期间时,期间的始日不计算在内。但是,若该期间从凌晨零时开始,则不在此限。

2 前款情况下,期间以最后一天结束之时作为到期。但是,合意另有规定或存在不同的习惯时,可按与此不同的时刻作为到期时刻。

3 当前款期间的最后一天为周日、国民节假日有关的法律(一九四八年法律第一百七十八号)中规定的节假日或其他节假日时,仅限这一天有不交易的习惯时,该期间的到期日顺延至次日。

本条第1款正文:《民法》第140条[承继前条的标题(期间的起算)]正文移修
　　　但书:《民法》第140条[承继前条的标题(期间的起算)]但书移动
第2款正文:《民法》第141条(期间的到期)移修
　　　但书:新增[参照《商法》第520条(交易时间)]
第3款:《民法》第142条[承继前条的标题(期间的到期)]移修

(按照日历计算期间)

第十条 按照周、月或年规定期间时,该期间按照日历计算。

2 前款情况下,当不是从周、月或年的最初日起算期间时,期间以最后的周、月或年中与起算日对应日期的前一天作为到期日。但是,如果以月或年规定了期间时,而且最后的月中没有相应的日时,则以该月最后一日作为到期日。

3 前两款准用前条的规定。

本条第1款:《民法》第143条(按照日历计算期间)第1款移动
第2款正文:《民法》第143条(按照日历计算期间)第2款正文移修
　　　但书:《民法》第143条(按照日历计算期间)第2款但书移修
第3款:新增

第六章　通过公示传达

第一节　行政程序中的公示送达

(行政处分及其他的公示送达)

第十一条　因行政机关的处分或其他行为而须送达给相对人的文件,该行政机关无法知道相对人是谁,或无法知道相对人的住所时,可用公示的方法送达。但是,从其行为性质上不允许采取公示送达的,则不在此限。

2　进行前款的公示时,应当注明应送达的文件名称、应接受该送达的人的姓名,以及该行政机关随时要将该文件交付给应接受该送达的人等内容。

3　第一款的公示,应刊登在行政机关事务所的公示栏中,而且应在官报或其他公报或报纸上至少刊登一次声明,陈述已在行政机关事务所的公示栏刊登。但是,考虑该行为的性质或其他情况后,如被认为具有相当效果的,则不需要在官报及其他公报或报纸上刊登。

4　行政机关进行处分或其他行为时,当无法知道相对人的住所时,考虑该行为的性质及其他情况,可刊登在相对人最后住所所在地或其他适当地区的市政府、区政府、乡镇村政府或此类设施的公示栏中,以此替代前款规定的程序。

5　行政机关进行前款规定的公示送达后,从最后刊登在官报或其他公报或报纸之日(第三款但书所述情况时,则为按照同款正文规定的开始刊登之日)起经过二周后即视为已送达相对人。但是,若行政机关对于不知相对人是谁或不知相对人住所存在过失,则不发生送达效力。

本条第 1 款正文:新增
　　　　但书:新增
　第 2 款:新增
　第 3 款正文:新增
　　　　但书:新增
　第 4 款:新增
　第 5 款正文:新增
　　　　但书:新增

第二节　基于公示的意思表示

(基于公示的意思表示)

第十二条　有相对人存在时的意思表示,表意人无法知道相对人是谁或无法知道相对人在何处时,可通过公示的方法进行。

2　前款公示应根据关于公示送达的民事诉讼法(一九九六年法律第一百零九号)的规定,刊登在法院的公示栏,而且应在官报上至少刊登一次声明,陈述法院的公示栏中已刊登过该内容。但是,若法院认为等效,作为在官报上刊登的替代方式,也可责令在市政府、区政府、乡镇村政府或与此类似设施的公示栏上刊登。

3　基于公示的意思表示,从最后刊登在官报之日起,或以其他等效方式进行的刊登之日起,经过二周后即视为已到达相对人。但是,若表意人对于不知相对人是谁或不知相对人住所存在过失,则不发生已到达的效力。

4　有关公示的程序,当无法知道相对人时,归表意人所在地的简易法院管辖;当无法知道相对人住所时,则归相对人最后住所所在地的简易法院管辖。

5　法院应当让表意人预缴公示相关的费用。

本条第1款:《民法》第98条(基于公示的意思表示)第1款移修
　第2款正文:《民法》第98条(基于公示的意思表示)第2款正文移动
　　　但书:《民法》第98条(基于公示的意思表示)第2款但书移动
　第3款正文:《民法》第98条(基于公示的意思表示)第3款正文移动
　　　但书:《民法》第98条(基于公示的意思表示)第3款但书移动
　第4款:《民法》第98条(基于公示的意思表示)第4款移修
　第5款:《民法》第98条(基于公示的意思表示)第5款移动

第二部

日本民法典修正条文案对照表
总则编

日本民法典修正条文案		现行民法等
第一编 总 则 **第一章 通 则**		
（宗旨） 第1条 本法以个人的尊严、自由及平等为基本，就私人间的法律关系作出规定。	修改	（解释的标准） 第2条 本法应当以个人的尊严和两性的实质性平等为宗旨进行解释。
（基本原则） 第2条① 财产权、人格权及其他私权均不得侵犯。	新增	
② 私人自律形成的法律关系是私人的权利及自由的基础，应当受到尊重。	新增	
③ 家庭以两性的本质性平等为基本，其亦是社会的基础，应当受到尊重。	新增	
④ 私权与私人间的法律关系应当与公共福祉相协调。	移修	（基本原则） 第1条① 私权应当符合公共福祉。
（诚实信用与禁止权利滥用原则） 第3条① 权利义务的发生以及权利的行使和义务的履行，应当恪守诚实信用原则，不得有以下行为。	移修	（基本原则） 第1条② 权利的行使及义务的履行，应遵守信义，诚实为之。
（一）违反自身的先前行为，主张背信弃义；	新增	
（二）有明显不当行为者请求对其行为进行法律上的救济。	新增	
② 禁止权利滥用。	移动	第1条③ 禁止权利滥用。

日本民法典修正条文案		现行民法等
第二章　权利的主体 第一节　人 第一款　权利能力		
（人的权利能力） 　第4条①　人的权利能力[指能成为权利义务主体的地位,以下第三十一条(外国法人)第一款至第三款亦同]始于出生,终于死亡。	移修	[承继第一节标题（权利能力）] 　第3条①　私权的享有始于出生。
②　尽管有前款规定,胎儿视为已出生。但若未出生的,溯及为地位丧失。	正文新增 但书新增 删除	
＊为了使国内国外人人平等原则更加明确,删除了有关外国人权利能力的现行民法第三条第二款。		第3条②　外国人除了法令或条约规定被禁止的情形外,享有私权。
（同时死亡的推定） 　第5条　多人死亡时,如无法确定死亡先后顺序,则推定该多人同时死亡。	移修	[承继第五节标题（同时死亡的推定）] 　第32条之2　多人死亡时,其中一人在其他人死亡后仍生死未明的,则推定该多人同时死亡。
（因失踪宣告判决作出的死亡拟制） 　第6条①　<u>离开以往住所或居所者</u>于七年间生死不明时,家庭法院可以根据利害关系人的请求,<u>判决</u>宣告普通失踪。	移修	（失踪宣告） 　第30条①　不在者于七年间生死未明时,家庭法院可以根据利害关系人的请求进行失踪宣告。

日本民法典修正条文案		现行民法等
② 遭遇飞机坠落、船舶沉没、天灾、战争及其他可构成死亡原因之危难的人,于该危难消除后一年内生死不明时,家庭法院可以根据利害关系人的请求,判决宣告特别失踪。	移修	第30条② 临战场者、乘坐沉没的船舶者及遭遇其他导致死亡原因的危难者,于停战后、船舶沉没后或其他危难消失后一年间生死未明时,亦与前款相同。
③ 被判宣告普通失踪者于第一款所定期间届满时,被判宣告特别失踪者于该危难消除时,视为死亡。	移修	(失踪宣告的效力) 第31条 根据前条第一款规定受到失踪宣告者,于同款期间届满时视为死亡;根据同条第二款规定受到失踪宣告者,于危难消失时视为死亡。
(撤销失踪宣告的判决及其效果) 第7条① 如有因前条第一款或第二款规定被判失踪宣告者(在第三款中简称"被失踪宣告者")尚生存的证明,或者前条第三款规定之时未死亡的证明,家庭法院应当根据本人、利害关系人或检察官的请求,判决撤销失踪宣告。	移修	(失踪宣告的撤销) 第32条①前段 能证明失踪者仍在生存或在前条规定时间的不同时间死亡的,家庭法院应当根据本人或利害关系人的请求撤销失踪宣告。
② 依前款规定判决撤销失踪宣告时,因该失踪宣告判决而开始的继承或遗赠视为未发生。于此情形,因失踪宣告判决而获得财产或其他利益(以下在本款及下一款中简称"财产等")者,根据第N条(基于所有权的物权请求权)或第N条(不当得利)的规定,负有返还该财产等的义务。	前段新增 后段新增	(失踪宣告的撤销) 参照:第32条②正文 因失踪宣告而取得财产者,因其撤销而丧失权利。 参照:第32条②但书 但是,仅限于现受利益的限度内,负有返还其财产的义务。

日本民法典修正条文案		现行民法等
③ 判决失踪宣告后,因法律行为而致与被失踪宣告者的财产等存在法律上的利害关系者,对于被失踪宣告者生存或者与前条第三款规定时间不同的时间死亡属于善意(指不知一定的事实,下同)时,不能以前款前段规定判决撤销失踪宣告的效果而与该人对抗。	移修	第32条①后段　于此情形,该撤销不影响失踪宣告后至撤销前善意而为的行为的效力。
④ 第一款撤销失踪宣告的判决,不影响该判决之前成立的婚姻及养子亲子关系。于此情形,撤销失踪宣告的判决之前成立的身份关系中,如与该婚姻或该养子亲子关系相悖的,则不再恢复。	前段新增 后段新增	
第二款　意思能力		
(意思能力的欠缺) **第8条**① 在辨识事理能力(以下简称"意思能力")欠缺的状态下作出意思表示者,可以在其意思能力恢复后撤销基于该意思表示的法律行为(包含意思表示,以下在本款及下一款中亦同)。	新增	
② 前款规定的法律行为,如作出意思表示的人(以下简称"表意人")有法定代理人时(包括在该意思表示后付以法定代理人的情况,下一款及下一条第二款亦同),该法定代理人亦可撤销。	新增	*[新]在第8条第2款设置了"表意人"的定义规定。实际上,之前的同条第1款也存在"作出意思表示者"的表述,但如果在第1款中设置表意人的定义规定,则该定义规定是指"作出意思表示者"还是指"在辨识事理能力欠缺的状态下作出意思表示者"就不明确了,故决定不在第1款中设置定义规定。

日本民法典修正条文案		现行民法等
③ 表意人及其法定代理人在表意人因故意或重大过失造成意思能力欠缺时,不可撤销基于其意思表示的法律行为。但是,法律行为的相对人获知表意人的意思能力欠缺,或因重大过失而未知时,则不在此限。	正文新增 但书新增	
④ 于前款但书情形,不能因第一款或第二款规定的撤销而对抗善意第三人。	新增	
(意思能力欠缺者之相对人等的催告权)		
第9条① 因前条规定可撤销的法律行为的相对人或者可对抗该撤销的第三人,在表意人恢复意思能力时,可对该表意人设定相当的期间,催告其在该期间内明确回答是否追认可撤销的法律行为。但是,若意思能力欠缺的表意人不知该法律行为内容的,则不在此限。	正文新增 但书新增	
② 在意思能力欠缺状态下进行意思表示者如有法定代理人时,其相对人可对法定代理人设定一个月以上的期间,催告其在该期间内明确回答是否追认可撤销的法律行为。	新增	
③ 于前两款情形,受到催告者未在该期间内明确回答时,视为追认了该法律行为。	新增	

日本民法典修正条文案		现行民法等
第三款　行　为　能　力 **第一目　未　成　年** （未成年人） 　　第10条① 年龄满二十岁为成年。 　　② 未成年人实施法律行为，应当征得其法定代理人（指未成年人的亲权人或未成年监护人，以下在本目中亦同）同意。 　　③ 未成年人或其法定代理人可撤销未成年人在未经前款同意下实施的法律行为。 　　④ 依照第四编（亲属）的规定，法定代理人有权就未成年人的法律行为代理未成年人。但是，被认为是应由未成年人自行决定的法律行为，不在此限。	移动 移修 移修 正文 移修 但书 新增	（成年） 　　第4条　年龄满二十岁为成年。 （未成年人的法律行为） 　　第5条①正文　未成年人实施法律行为，应征得其法定代理人同意。 　　第5条②　违反前款规定的法律行为，可以撤销。 （撤销权者） 　　第120条①　因行为能力的限制而可撤销的行为，仅限于限制行为能力人或其代理人、继承人或者可作出同意者，方可撤销。 （财产的管理及代表） 　　第824条正文　行亲权者，管理子女的财产，并就该财产相关的法律行为代表其子女。 （财产的管理及代表） 　　第859条①　监护人管理被监护人的财产，并就该财产相关的法律行为代表被监护人。

日本民法典修正条文案		现行民法等
⑤ 法定代理人行使前款规定的代理权,实施的法律行为会产生以未成年人的行为为标的的债务时,应当经本人同意。	移修	第824条但书 但是,产生以其子女的行为为标的的债务时,应经本人同意。 第859条② 前款情况下准用第八百二十四条但书的规定。
(可单独实施的法律行为) 第11条① 尽管有前条第二款的规定,未成年人可不经其法定代理人同意就实施以下法律行为。	新增	
(一)单纯取得权利或免除义务的法律行为;	移修	(未成年人的法律行为) 第5条①但书 但是,单纯取得权利或免除义务的法律行为,不在此限。
(二)法定代理人许可处分的财产范围内(确定目的而许可处分时,仅限于该目的范围内)实施的法律行为;	移修	第5条③ 尽管有第一款的规定,法定代理人确定目的而许可处分的财产,在该目的范围内,未成年人可自由处分。对于未确定目的而许可处分的财产进行处分时,亦同。
(三)购买日常生活必需品及其他日常生活中必要的法律行为。	新增	
② 得到法定代理人许可从事一种或多种营业的未成年人,在其营业上具有与成年人同等的行为能力(指单独实施确定而有效的法律行为,以下同)。于此情形,出现未成年人不能胜任其营业的事由时,	前段移修	(未成年人的营业许可) 第6条① 被许可从事一种或多种营业的未成年人,在其营业上具有与成年人同等的行为能力。
其法定代理人可依第八百二十三条(职业的许可)第二款及第八百五十七条(有关未成年被监护人人身监护的权利义务)的规定,撤回其许可,或予以限制。	后段移修	第6条② 于前款情形,出现未成年人不能胜任其营业的事由时,其法定代理人可依第四编(亲属)的规定,撤回其许可,或予以限制。

日本民法典修正条文案		现行民法等
（成年拟制） 第 12 条① 未成年人结婚后，该未成年人与成年人具有同等的行为能力。	移修	（基于婚姻的成年拟制） 第 753 条 未成年人结婚后，视为已达到成年。
② 前款规定的成年拟制效果，不因离婚而消灭。	新增	
③ 对于满十八周岁的未成年人，家庭法院若认为该未成年人与成年人具有同等的行为能力，且无须法定代理人进行财产管理的，可根据其法定代理人的请求，作出成年拟制宣告的判决（是指认为与成年人具有同等的行为能力的判决，以下在本条中亦同）。于此情形，家庭法院在作出成年拟制宣告的判决之前，应听取该未成年人的意见。	前段新增 后段新增	
④ 于前款情形，未成年人无法定代理人时，该未成年人经三亲等之内成年亲属［第二十三条（限制行为能力人的相对人的催告权）第一款规定的限制行为能力人除外］中任何一人的同意后，可请求成年拟制宣告的判决。	新增	
⑤ 对于受到成年拟制宣告判决者，家庭法院若认为明显有必要与受到行为能力限制的未成年人作同等对待时，可以经本人或请求作出成年拟制宣告判决的法定代理人的请求，作出终止成年拟制的判决。	新增	

日本民法典修正条文案		现行民法等
第二目 监 护 （监护开始的判决） 　第13条① 对于因精神障碍而日常处于<u>意思能力</u>欠缺<u>状况</u>者，家庭法院<u>应当</u>根据本人、配偶、四亲等内的亲属、未成年监护人、未成年监护监督人、保佐人、保佐监督人、辅助人、辅助监督人或检察官的请求，作出监护开始的判决。	移修	（监护开始的判决） 　第7条 对于因精神障碍而日常处于辨识事理能力欠缺状况者，家庭法院可以根据本人、配偶、四亲等内的亲属、未成年监护人、未成年监护监督人、保佐人、保佐监督人、辅助人、辅助监督人或检察官的请求，作出监护开始的判决。 [承继第一节标题（监护的开始）] 　第838条第2项　作出监护开始的判决时。
② 家庭法院应当作出为受到监护开始判决的人（以下简称"被监护人"）选任监护人的判决。	移修	（成年被监护人及成年监护人） 　第8条 受到监护开始判决者，为成年被监护人，应为其设定成年监护人。 （成年监护人的选任） 　第843条① 家庭法院作出监护开始的判决时，依职权选任成年监护人。
（被监护人的法律行为等） 　第14条① 被监护人或其监护人可撤销被监护人的法律行为。但是，购买<u>日常</u>生活<u>必需品</u>及其他日常生活中<u>必要的法律行为</u>，不在此限。	正文移修	（成年被监护人的法律行为） 　第9条正文 成年被监护人的法律行为可撤销。 （撤销权者） 　第120条① 因行为能力的限制可以撤销的行为，仅限于限制行为能力人或其代理人、继承人或者可作出同意者，方可撤销。

日本民法典修正条文案		现行民法等
	但书移修	**第9条但书** 但是,购买日用品及其他日常生活相关的行为,不在此限。
② 根据第四编(亲属)的规定,监护人就被监护人的法律行为有权代理被监护人。但是,应由被监护人自行决定的法律行为,不在此限。	正文移修 但书新增移修	(财产的管理及代表) **第859条①** 监护人管理被监护人的财产,且就其财产相关的法律行为代表被监护人。
③ 监护人行使前款规定的代理权,实施的法律行为会产生以被监护人的行为为标的的债务时,应当经本人同意。		**第859条②** 第八百二十四条但书规定准用于前款情形。
(监护终止的判决) **第15条** 第十三条(<u>监护开始的判决</u>)第一款所规定的原因消灭时,家庭法院应当根据本人、配偶、四亲等内的亲属、监护人、监督人、<u>未成年监护人、未成年监护监督人</u>或检察官的请求,<u>作出监护终止的判决</u>。	修改	(监护开始判决的撤销) **第10条** 第七条规定的原因消灭时,家庭法院应当根据本人、配偶、四亲等内的亲属、监护人(指未成年监护人及成年监护人,以下同)、监护监督人(指未成年监护监督人及成年监护监督人,以下同)或检察官的请求,撤销监护开始的判决。

日本民法典修正条文案		现行民法等
第三目　保　佐 (保佐开始的判决) 　　第 16 条① 对于因精神障碍而使意思能力程度明显不足者,家庭法院应当根据本人、配偶、四亲等内的亲属、监护人、监护监督人、未成年监护人、未成年监护监督人、辅助人、辅助监督人或检察官的请求,作出保佐开始的判决。但是,有第十三条(监护开始的判决)第一款规定之原因者,不在此限。	正文 移修	(保佐开始的判决) 　　第 11 条　对于因精神障碍而使辨识事理能力明显不足者,家庭法院可根据本人、配偶、四亲等内的亲属、监护人、监护监督人、辅助人、辅助监督人或检察官的请求,作出保佐开始的判决。但是,有第七条规定之原因者,不在此限。 (保佐的开始) 　　第 876 条　保佐因保佐开始的判决而开始。
	但书 移修	第 11 条但书　但是,有第七条规定之原因者,不在此限。
② 家庭法院应当作出为受到保佐开始判决的人(以下简称"被保佐人")选任保佐人的判决。	移修	(被保佐人及保佐人) 　　第 12 条　接受保佐开始判决者,为被保佐人,应为其设定保佐人。 (保佐人及临时保佐人的选任等) 　　第 876 条之 2① 家庭法院进行保佐开始的判决时,依职权选任保佐人。
(被保佐人的法律行为等) 　　第 17 条① 被保佐人实施以下行为时,应当征得其保佐人同意。但与日常生活相关的行为不在此限。	正文 移动 但书 移修	(需保佐人同意的行为等) 　　第 13 条①正文　被保佐人实施以下行为时,必须征得保佐人同意。 　　第 13 条①但书　但是,第九条但书规定的行为不在此限。

日本民法典修正条文案		现行民法等
（一）不动产及其他重要财产的买卖、租赁[不超过（新）第 N 条（短期租赁）规定期间的租赁除外]及其他以重要权利的变动为目的的法律行为；	移修	第 13 条①第 3 项　以不动产或其他重要财产相关的权利的得丧为目的的行为。 　　第 9 项　超过第六百零二条规定期限的租赁。
（二）赠与、拒绝赠与要约，或承诺附负担的赠与要约；	移修	第 13 条①第 5 项　赠与、和解或仲裁合意[指仲裁法（二〇〇三年法律第一百三十八号）第二条第一款规定的仲裁合意]。 　　第 7 项　拒绝赠与要约、放弃遗赠、承诺附负担的赠与要约，或接受附负担的遗赠。
（三）以新建、改建、增建或重大修缮为目的的法律行为；	移修	第 13 条①第 8 项　新建、改建、增建或重大修缮。
（四）签订金钱消费借贷合同或类似的合同及其他利用或领取本金，或者作出保证；	移修	第 13 条①第 1 项　领取或利用本金。 　　第 2 项　借贷或作出保证。
（五）达成和解或仲裁合意[指仲裁法（二〇〇三年法律第一百三十八号）第二条（定义）第一款规定的仲裁合意]；	移修	第 13 条①第 5 项　赠与、和解或仲裁合意[指仲裁法（二〇〇三年法律第一百三十八号）第二条第一款规定的仲裁合意]。
（六）接受或放弃继承，放弃遗赠或接受附负担的遗赠，或者分割遗产；	移修	第 13 条①第 6 项　接受或放弃继承，或分割遗产。 　　第 7 项　拒绝赠与要约、放弃遗赠、承诺附负担的赠与要约，或接受附负担的遗赠。
（七）除了上述各项之外，无偿向相对人或第三人提供利益的法律行为。	新增	

日本民法典修正条文案		现行民法等
② 家庭法院可以根据前条第一款正文规定的人员或保佐人或保佐监督人的请求,判决即使被保佐人实施前款各项行为以外的法律行为,亦应当征得其保佐人同意。	正文、但书移修	第13条② 家庭法院可以根据第十一条正文规定的人员或保佐人或保佐监督人的请求作出如下判决,即被保佐人实施前款各项行为以外的行为亦须征得其保佐人同意。但是,第九条但书规定的行为不在此限。
③ 对于应当征得保佐人同意的行为,虽无损害被保佐人利益之虞,但保佐人未同意时,家庭法院可以根据被保佐人的请求,判决予以许可,以替代保佐人的同意。	修正	第13条③ 对于必须征得保佐人同意的行为,保佐人虽无损害被保佐人利益之虞,但未同意时,家庭法院可根据被保佐人的请求,予以许可,以替代保佐人的同意。
④ 被保佐人或其保佐人可以撤销或撤回被保佐人未经第一款或第二款的保佐人同意或前款家庭法院许可而实施的法律行为。	移修	第13条④ 必须征得保佐人同意的行为,未经同意或未获得替代的许可就实施的,可以撤销。 (撤销权者) 第120条① 因行为能力限制可以撤销的行为,仅限于限制行为能力人或其代理人、继承人或者可作出同意者,方可撤销。
⑤ 家庭法院可以根据前条第一款正文规定的人员或者保佐人或保佐监督人的请求,作出判决,为被保佐人就特定法律行为赋予保佐人代理权。但是,根据本人以外人员的请求作出该判决时,应当经本人同意。	正文移修	(赋予保佐人代理权的判决) 第876条之4① 家庭法院可根据第十一条正文规定的人员或保佐人或保佐监督人的请求,作出判决,就保佐人的特定法律行为赋予保佐人代理权。
	但书移修	第876条之4② 根据本人以外人员的请求作出前款判决时,应当经本人同意。

日本民法典修正条文案		现行民法等
⑥ 依照前款规定作出判决时,根据第四编(亲属)的规定,保佐人有权就该法律行为代理被保佐人。于此情形,准用第十四条(被监护人的法律行为等)第三款规定。	前段移修	(保佐的事务及保佐人的任务终止等) 第876条之5② 第六百四十四条、第八百五十九条之二、第八百五十九条之三、第八百六十一条第二款、第八百六十二条及第八百六十三条的规定准用于保佐的事务;第八百二十四条但书的规定准用于保佐人根据前条第一款赋予代理权的判决代表被保佐人的场合。
	后段移修	第876条之5② 参照上述内容
⑦ 保佐人依照第四款规定撤销或撤回被保佐人的法律行为时,尽管有第五款但书的规定,家庭法院可不经本人同意就作出判决,赋予保佐人恢复原状的代理权。	新增	
(保佐终止的判决等) 第18条① 第十六条(保佐开始的判决)第一款正文规定的原因消灭后,家庭法院应当根据本人、配偶、四亲等内的亲属、未成年监护人、未成年监护监督人、保佐人、保佐监督人或检察官的请求,作出保佐终止的判决。	移修	(保佐开始判决等的撤销) 第14条① 第十一条正文规定的原因消灭后,家庭法院应当根据本人、配偶、四亲等内的亲属、未成年监护人、未成年监护监督人、保佐人、保佐监督人或检察官的请求,撤销保佐开始的判决。

日本民法典修正条文案		现行民法等
② 家庭法院可以根据前款规定人员的请求,作出判决,全部或部分<u>终止</u>前条第二款、<u>第五款或第七款</u>的判决。	移修	第14条② 家庭法院可以根据前款规定人员的请求,作出判决,全部或部分撤销前条第二款的判决。 (赋予保佐人代理权的判决) 第876条之4③ 家庭法院可以根据第一款规定人员的请求,全部或部分撤销同款的判决。
第四目 辅 助 (辅助开始的判决等) 第19条① 对于因精神障碍而<u>意思能力程度</u>不足者,家庭法院应当根据本人、配偶、四亲等内的亲属、监护人、监护监督人、未成年监护人、未成年监护监督人、保佐人、保佐监督人或检察官的请求,<u>作出</u>辅助开始的<u>判决</u>。但是,有第十三条(<u>监护开始的判决</u>)第一款或第十六条(<u>保佐开始的判决</u>)第一款正文规定原因者,不在此限。	正文移修 但书移修	(辅助开始的判决) 第15条①正文 因精神障碍而使辨识事理能力不足者,家庭法院可根据本人、配偶、四亲等内的亲属、监护人、监护监督人、保佐人、保佐监督人或检察官的请求,作出辅助开始的判决。 (辅助的开始) 第876条之6 辅助因辅助开始的判决而开始。 第15条①但书 但是,有第七条或第十一条正文规定之原因者,不在此限。
② 家庭法院应当作出为受到辅助开始判决的人(以下简称"被辅助人")选任辅助人的判决。	移修	(被辅助人及辅助人) 第16条 受到辅助开始判决者,为被辅助人,应为其设定辅助人。 (辅助人及临时辅助人的选任等) 第876条之7① 家庭法院进行辅助开始的判决时,依职权选任辅助人。

日本民法典修正条文案		现行民法等
③ 在作出第一款的判决时,家庭法院应当根据同款正文规定的人员或辅助人或辅助监督人的请求,同时作出以下第一项和第二项的任一种或两种判决。	移修	第15条③ 辅助开始的判决须与第十七条第一款的判决或第八百七十六条之九第一款的判决同时进行。
(一)被辅助人实施第十七条(被保佐人的法律行为等)第一款各项规定行为中的部分行为时,应当征得其辅助人同意的判决[以下在下一条第一款、第二十一条(辅助终止的判决)第二款及第二十三条(限制行为能力人的相对人的催告权)第一款中简称为"赋予同意权的判决"];	移修	(需辅助人同意的判决等) 第17条① 家庭法院可以根据第十五条第一款正文规定的人员或辅助人或辅助监督人的请求,作出如下内容的判决,即被辅助人实施特定法律行为时必须征得其辅助人的同意。但是,在该判决中可作为必须征得同意的行为仅限于第十三条第一款规定的部分行为。
(二)为被辅助人就特定法律行为赋予其辅助人代理权的判决[以下在下一条第四款及第二十一条(辅助终止的判决)第二款中简称"赋予代理权的判决"]。	移修	(赋予辅助人代理权的判决) 第876条之9① 家庭法院可根据第十五条第一款正文规定的人员或辅助人或辅助监督人的请求,对于被辅助人的特定法律行为,作出向其辅助人赋予代理权的判决。
④ 根据本人以外人员的请求作出第一款及前款判决时,应当征得本人同意。	移修	第15条② 根据本人以外人员的请求作出辅助开始的判决时,应当经本人同意。 第17条② 根据本人以外人员的请求作出前款判决时,应当经本人同意。 第876条之9② 第八百七十六条之四第二款及第三款的规定准用于前款的判决。

日本民法典修正条文案		现行民法等
（被辅助人的法律行为等） 　　第20条① 　被辅助人实施在赋予同意权的判决中需经辅助人同意的行为时，应当征得其辅助人的同意。但与日常生活相关的行为不在此限。	正文 移修 但书 移修	（需辅助人同意的判决等） 　　第17条① 　家庭法院可以根据第十五条第一款正文规定的人员或辅助或辅助监督人的请求，作出如下内容的判决，即被辅助人实施特定法律行为时必须征得其辅助人的同意。但是，在该判决中可作为必须征得同意的行为仅限于第十三条第一款规定的部分行为。
② 　对于应当征得辅助人同意的行为，虽无损害被辅助人利益之虞，但辅助人未同意时，家庭法院可以根据被辅助人的请求，判决予以许可，以替代辅助人的同意。	移修	第17条③ 　对于必须征得辅助人同意的行为，辅助人虽无损害被辅助人利益之虞，但未同意时，家庭法院可根据被辅助人的请求，予以许可，以替代辅助人的同意。
③ 　被辅助人或其辅助人可以撤销或撤回未经第一款的同意或前款家庭法院的许可而实施的被辅助人的法律行为。	移修	第17条④ 　必须征得辅助人同意的行为，未经同意或未获得替代同意的许可而实施的，可以撤销。 （撤销权者） 　　第120条① 　因行为能力的限制而可撤销的行为，仅限于限制行为能力人或其代理人、继承人或者可作出同意者，方可撤销。

第二部　日本民法典修正条文案对照表　总则编

日本民法典修正条文案		现行民法等
④ 作出赋予代理权的判决时,辅助人依照第四编(亲属)的规定,有权就该法律行为代理被辅助人。于此情形,准用第十四条(被监护人的法律行为等)第三款规定。	前段移修	(辅助的事务及辅助人的任务终止等) 第876条之10①　第六百四十四条、第八百五十九条之二、第八百五十九条之三、第八百六十一条第二款、第八百六十二条、第八百六十三条及第八百七十六条之五第一款的规定准用于辅助的事务;第八百二十四条但书的规定准用于辅助人根据前条第一款赋予代理权的判决代表被辅助人的场合。
	后段移修	第876条之10①　参照上述内容
(辅助终止的判决等) 第21条①　第十九条(辅助开始的判决等)第一款正文规定的原因消灭时,家庭法院应当根据本人、配偶、四亲等内的亲属、未成年监护人、未成年监护监督人、辅助人、辅助监督人或检察官的请求,作出<u>辅助终止的判决</u>。	修改	(辅助开始判决等的撤销) 第18条①　第十五条第一款正文规定的原因消灭时,家庭法院应当根据本人、配偶、四亲等内的亲属、未成年监护人、未成年监护监督人、辅助人、辅助监督人或检察官的请求,撤销辅助开始的判决。

日本民法典修正条文案		现行民法等
② 家庭法院可以根据前款规定人员的请求,就因同意权赋予的判决而赋予同意权,或者因代理权赋予的判决而赋予代理权,作出终止该全部或部分的判决。于此情形,因该判决而将使该被辅助人相关的同意权及代理权全部消灭时,家庭法院应当同时作出辅助终止的判决。	前段移修 后段移修	第18条② 家庭法院可以根据前款规定人员的请求,全部或部分撤销前条第一款的判决。 (赋予辅助人代理权的判决) 第876条之9② 第八百七十六条之四第二款及第三款的规定准用于前款判决。 第18条③ 前条第一款的判决及第八百七十六条之九第一款的判决全部撤销时,家庭法院应当撤销辅助开始的判决。
第五目 判决保护制度的相互关系 (重复判决的回避) 第22条① 在作出监护开始判决的情形下,若本人为被保佐人或被辅助人时,家庭法院应同时作出有关该本人的<u>保佐终止判决或辅助终止判决</u>。 ② 在作出保佐开始判决的情形下,若本人为<u>被监护人</u>或被辅助人时;或者在作出辅助开始判决的情形下,若本人为<u>被监护人</u>或被保佐人时,准用前款规定。	修改 修改	(判决的相互关系) 第19条① 在作出监护开始判决的情形下,若本人为被保佐人或被辅助人时,家庭法院应撤销有关该本人的保佐开始或辅助开始的判决。 第19条② 在作出保佐开始判决的情形下,若本人为成年被监护人或被辅助人时;或者作出辅助开始判决的情形下,若本人为成年被监护人或被保佐人时,准用前款规定。

日本民法典修正条文案		现行民法等
第六目 限制行为能力人的相对人的保护 （限制行为能力人的相对人的催告权） 　　第23条① 限制行为能力人（指未成年人、被监护人、被保佐人及被判赋予同意权的被辅助人，以下亦同）的相对人，可以对该限制行为能力人的法定代理人、保佐人或辅助人设定一个月以上的期间，催告在该期间内作出是否追认可撤销法律行为的确答。于此情形，当限制行为能力人成为完全行为能力人时，应在之后对该人进行该催告。	前段移修	（限制行为能力人的相对人的催告权） 　　第20条② 限制行为能力人的相对人，在限制行为能力人尚未成为行为能力人期间，对其法定代理人、保佐人或辅助人就其权限内的行为进行前款规定的催告后，这些人员在同款期间内未作出确答时，同于同款后段。 　　第20条④前段 限制行为能力人的相对人可催告被保佐人或受到第十七条第一款的判决的被辅助人应在第一款期间内获得其保佐人或辅助人的追认。
	后段移修	第20条①前段 限制行为能力人(指未成年者、成年被监护人、被保佐人及受到第十七条第一款判决的被辅助人，以下亦同)的相对人，可以在该限制行为能力人成为行为能力人(指不受行为能力的限制者，以下亦同)之后，对该人设定一个月以上的期间，催告在该期间内作出是否追认可撤销行为的确答。

日本民法典修正条文案		现行民法等
② 受到前款催告者能够单独追认,却在该期间内未发出确答时,则视为追认了该法律行为。但是,若曾经为被监护人的人员,不知该法律行为的内容的,则不在此限。	正文移修 但书新增 移修	第20条①后段 于此情形,该人在该期间内未发出确答时,则视为追认了该行为。 　第20条② 限制行为能力人的相对人,在限制行为能力人尚未成为行为能力人期间,对其法定代理人、保佐人或辅助人就其权限内的行为进行前款规定的催告后,这些人员在同款期间内未作出确答时,同于同款后段。
③ 受到第一款催告者无法单独追认的情况下,若该人员在该期间内未发出确答时,则视为撤销该法律行为。		第20条③ 对于需要特别方式的行为,在前两款期间内未发出已具备该方式的通知时,则视为撤销行为。 　第20条④后段 于此情形,该被保佐人或被辅助人在该期间内未发出已获得追认的通知时,则视为撤销该行为。
(限制行为能力人的欺诈手段) 　第24条 限制行为能力人为了让<u>相对人</u>相信自己是完全行为能力人,或者让相对人相信已征得有同意权者的同意而使用欺诈手段时,不得撤销其<u>法律行为</u>。但是,相对人知道其为限制行为能力人或未征得有同意权者的同意时,则不在此限。	正文修改 但书新增	(限制行为能力人的欺诈手段) 　第21条 限制行为能力人为了让相对人相信自己是行为能力人而使用欺诈手段时,不得撤销其行为。

第二部　日本民法典修正条文案对照表　总则编

日本民法典修正条文案		现行民法等
第四款　意思表示的受领能力 （意思表示的受领能力） 　　第 25 条① 接受意思表示的相对人为意思能力欠缺者或未成年人或被监护人时，表意人不可以该意思表示而对抗其相对人。但是，该相对人的法定代理人知道该意思表示后，不在此限。	正文 移修 但书 移修	（意思表示的受领能力） 　　第 98 条之 2 正文 意思表示的相对人在接受该意思表示时为未成年人或成年被监护人时，不得以该意思表示对抗其相对人。 　　第 98 条之 2 但书 但是，其法定代理人知道该意思表示后，不在此限。
② 表意人向意思能力欠缺者进行书面意思表示的情形下，在该意思能力欠缺者恢复意思能力后，知道该书面意思表示时，不适用前款正文的规定。	新增	
③ 表意人向未成年人或被监护人进行书面意思表示的情形下，在该些人员恢复行为能力，知道该书面意思表示时，与前款同样。	新增	
第二节　法　　人 （法人） 　　第 26 条① 法人非依本法及其他法律的规定，不得成立。 　　② 法人依照法令规定，在其名下享有权利，承担义务。	 移动 移修	 （法人的成立等） 　　第 33 条① 法人非依本法及其他法律规定，不得成立。 （法人的能力） 　　第 34 条 法人依照法令规定，在章程及其他基本约款中规定的目的范围内享有权利，承担义务。

日本民法典修正条文案		现行民法等
（法人的设立） 　　**第 27 条①**　设立法人,应当由发起人及其他设立人（以下在本款及下一款中简称为"设立人"）制定章程及其他基本约款（以下在本条及下一条中简称为"章程等"）,并签字或盖章。于此情形,设立人如为两人以上的,应当由设立人共同制定章程等,并由全员签字或盖章。	前段 移修	《一般法人法》 （章程的制定） 　　**第 10 条①**　设立一般社团法人,应由将成为其员工的人员（以下简称"设立时员工"）共同制定章程,并由全员签字或盖章。 （章程的制定） 　　**第 152 条①**　设立一般财团法人,应由设立人（设立人为两人以上时,其全员）制定章程,并签字或盖章。 《公司法》 （章程的制定） 　　**第 26 条①**　设立股份有限公司,应由发起人制定章程,并由全员签字或盖章。 （章程的制定） 　　**第 575 条①**　设立合名公司、合资公司或合作公司（以下统称"控股公司"）,应由将成为其员工的人员制定章程,并由全员签字或盖章。
	后段 移修	《一般法人法》 　　**第 10 条①**、**第 152 条①**　参照上述内容 《公司法》 　　**第 26 条①**、**第 575 条①**　参照上述内容

日本民法典修正条文案		现行民法等
② 章程等可用电磁记录(指以电子方式、磁力方式及其他仅凭人的知觉无法识别的方式制作的记录,是一种专供电子计算机信息处理用的、法务省令中所规定的记录,以下同)制作。于此情形,对于该电磁记录方式中所记录的信息,应当采取措施以替代法务省令规定的签字或盖章。	前段移修	《一般法人法》 第10条②前段　前款章程可用电磁记录(指以电子方式、磁力方式及其他仅凭人的知觉无法识别的方式制作的记录,是一种专供电子计算机信息处理用的、法务省令中所规定的记录,以下同)制作。 第152条③　前两款的章程准用第十条第二款的规定。 《公司法》 第26条②前段　前款章程可用电磁记录(指以电子方式、磁力方式及其他仅凭人的知觉无法识别的方式制作的记录,是一种专供电子计算机信息处理用的、法务省令中所规定的记录,以下同)制作。 第575条②前段　前款章程可用电磁记录制作。
	后段移动	《一般法人法》 第10条②后段　于此情形,对于该电磁记录方式中所记录的信息,应当采取措施以替代法务省令规定的签字或盖章。
	移修	第152条③　参照上述内容
	移动	《公司法》 第26条②后段　于此情形,对于该电磁记录方式中所记录的信息,应当采取措施以替代法务省令规定的签字或盖章。

日本民法典修正条文案		现行民法等
	移动	第575条②后段　于此情形,对于该电磁记录方式中所记录的信息,应当采取措施以替代法务省令规定的签字或盖章。
③　在章程等之中除了应记载或记录以下事项之外,还应记载或记录一般社团法人及一般财团法人相关的法律(二〇〇六年法律第四十八号)、公司法(二〇〇五年法律第八十六号)及其他法律规定的事项。	移修	《一般法人法》 (章程的记载或记录事项) 第11条①主文　一般社团法人的章程应记载或记录以下事项。 (章程的记载或记录事项) 第153条①主文　一般财团法人的章程应记载或记录以下事项。 《公司法》 (章程的记载或记录事项) 第27条主文　股份有限公司的章程应记载或记录以下事项。 (章程的记载或记录事项) 第576条主文　控股公司的章程应记载或记录以下事项。
(一)目的;	移动	《一般法人法》 第11条①第1项　目的 第153条①第1项　目的 《公司法》 第27条第1项　目的 第576条①第1项　目的

日本民法典修正条文案		现行民法等
（二）名称或商号；	移修	《一般法人法》 　　第 11 条①第 2 项　名称 　　第 153 条①第 2 项　名称 《公司法》 　　第 27 条第 2 项　商号 　　第 576 条①第 2 项　商号
（三）主要事务所或总公司的所在地；	移修	《一般法人法》 　　第 11 条①第 3 项　主要事务所的所在地 　　第 153 条①第 3 项　主要事务所的所在地 《公司法》 　　第 27 条第 3 项　总公司的所在地 　　第 576 条①第 3 项　总公司的所在地
（四）设立人姓名或名称及住所；	移修 移动 移修 移修	《一般法人法》 　　第 11 条①第 4 项　设立时员工的姓名或名称及住所 　　第 153 条①第 4 项　设立人的姓名或名称及住所 《公司法》 　　第 27 条第 5 项　发起人的姓名或名称及住所 　　第 576 条①第 4 项　员工的姓名或名称及住所

日本民法典修正条文案		现行民法等
（五）如为社团法人时,成员的资格；	移修	《一般法人法》 　　第11条①第5项　员工资格得丧的相关规定
（六）如为财团法人时,出资的情况。	移修	《一般法人法》 　　参照：第153条①第5项　设立之际设立人(设立人为两人以上时,各设立人)出资的财产及其价格
④　除了前款各项规定的事项之外,可在章程等之中记载或记录一般社团法人及一般财团法人相关的法律、公司法及其他法律规定的若章程无规定则无效的事项,以及不违反法律规定的其他事项。	移修	《一般法人法》 [承继第11条标题（章程的记载或记录事项）] 　　第12条　除了前条第一款各项所记载的事项之外,一般社团法人的章程还可记载或记录本法规定的若章程无规定则不生效的事项以及不违反本法规定的其他事项。 [承继第27条标题（章程的记载或记录事项）] 　　第154条　除了前条第一款各项所记载的事项之外,一般财团法人的章程还可记载或记录本法规定的若章程无规定则不生效的事项以及不违反本法规定的其他事项。 《公司法》 [承继第27条标题（章程的记载或记录事项）] 　　第29条　除了第二十七条各项及前条各项所记载的事项之外,股份有限公司的章程还可记载或记录本法规定的若章程无规定则不生效的事项以及不违反本法规定的其他事项。

日本民法典修正条文案		现行民法等
（法人的组织等） 第 28 条① 法人应当设置一人或两人以上的理事及其他代表。	移修	[承继第 576 条标题（章程的记载或记录事项）] 　　第 577 条　除了前条规定的之外，控股公司的章程还可记载或记录本法规定的若章程无规定则不生效的事项以及不违反本法规定的其他事项。 《一般法人法》 （员工大会以外的机构设置） 　　第 60 条①　一般社团法人必须设置一人或两人以上的理事。 （机构的设置） 　　第 170 条①　一般财团法人必须设置评议员、评议员会、理事、理事会及监事。 《公司法》 （股份有限公司的代表） 　　第 349 条①　董事代表股份有限公司。但是，若另行规定了代表董事或其他代表股份有限公司的人员的，则不在此限。 　　②　若前款正文的董事为两人以上的，董事各自代表股份有限公司。 　　③　股份有限公司（设置董事会的公司除外）可以根据章程、或者基于章程规定的董事的互选或股东大会的决议，从董事中确定代表董事。 　　④　代表董事有权实施所有与股份有限公司的业务相关的裁判上或裁判外的行为。

日本民法典修正条文案		现行民法等
		（控股公司的代表） 第 599 条① 执行业务的员工代表控股公司。但是，若另行规定了代表控股公司的员工或其他代表控股公司的人员的，则不在此限。 ② 若执行前款正文业务的人员为两人以上的，执行业务的员工各自代表控股公司。 ③ 控股公司可以根据章程或基于章程规定的员工的互选，从执行业务的员工中确定代表控股公司的员工。 ④ 代表控股公司的员工，有权实施所有与控股公司的业务相关的裁判上或裁判外的行为。
② 法定代表人在章程等规定的目的范围内，代表其法人。但是，以营利为目的的法人的法定代表人的代表权不受章程等所规定的目的的限制。	正文移修 但书新增	（法人的能力） 第 34 条 法人根据法令的规定，在章程及其他基本约款中规定的目的范围内，享有权利，承担义务。
③ 关于法人的组织、运营及管理，除了本法规定的之外，遵照一般社团法人及一般财团法人相关的法律、公司法及其他法律规定。	移修	（法人的成立等） 第 33 条② 关于以学术、技艺、慈善、祭祀、宗教及其他公益为目的的法人、以经营营利事业为目的的法人及其他法人的设立、组织、运营及管理，遵照本法及其他法律规定。

日本民法典修正条文案		现行民法等
（法人的消灭） 第 29 条　法人根据一般社团法人及一般财团法人相关法律或公司法规定的解散或清算的终结及其他法律规定的程序而消灭。	新增	
（法人的登记） 第 30 条①　法人在其主要事务所或总公司所在地进行设立登记后成立。	移修	（登记） 第 36 条　法人及外国法人须依照本法及其他法令规定，进行登记。 《一般法人法》 ［承继第 5 款标题（一般社团法人的成立）］ 第 22 条　一般社团法人在其主要事务所所在地进行设立登记后成立。 （一般财团法人的成立） 第 163 条　一般财团法人在其主要事务所所在地进行设立登记后成立。 《公司法》 （股份有限公司的成立） 第 49 条　股份有限公司在其总公司所在地进行设立登记后成立。 （控股公司的成立） 第 579 条　控股公司在其总公司所在地进行设立登记后成立。

日本民法典修正条文案		现行民法等
② 法人清算终结时,清算人应当依照一般社团法人及一般财团法人相关法律、公司法及其他法律规定,进行清算终结的登记。	移修	《一般法人法》 (清算终结的登记) 第311条 清算终结时,清算法人应当自第二百四十条第三款的批准日起两周内,在其主要事务所所在地进行清算终结的登记。 《公司法》 (清算终结的登记) 第929条 清算终结时,应当依照以下各项规定的公司分类,自该项规定之日起两周内,在其总公司所在地进行清算终结的登记。 (一)清算股份有限公司 第五百零七条第三款的批准日; (二)清算控股公司(仅限合名公司及合资公司) 第六百六十七条第一款的批准日(若规定了第六百六十八条第一款的财产处分方法的,则为其财产处分终结日); (三)清算控股公司(仅限合作公司) 第六百六十七条第一款的批准日。

日本民法典修正条文案		现行民法等
③ 依法律规定应登记的事项（第一款登记相关事项除外）若未作登记的,则不能以此对抗第三人。但是,第三人已知应登记事项的,不在此限。	正文移修	《一般法人法》 （登记的效力） 　　第299条①前段　以本法规定应登记的事项,若未作登记的,则不能以此对抗善意第三人。 《公司法》 （登记的效力） 　　第908条①前段　以本法规定应登记的事项,若未作登记的,则不能以此对抗善意第三人。
	但书移修	《一般法人法》 　　第299条①前段　参照上述内容 《公司法》 　　第908条①前段　参照上述内容
④ 即使登记了前款应登记事项,若第三人因正当理由不知有该登记的,则不能以该已登记事项对抗该第三人。	移修	《一般法人法》 　　第299条①后段　即使作了登记后,若第三人因正当理由不知有该登记的,亦同。 《公司法》 　　第908条①后段　即使作了登记后,若第三人因正当理由不知有该登记的,亦同。

日本民法典修正条文案		现行民法等
⑤ 因故意或过失登记了不实事项者,不能以该已登记事项属于不实而对抗第三人。但是,若第三人为恶意(是指知道一定的事实,以下同)的,则不在此限。	正文移修	《一般法人法》 第299条② 因故意或过失登记了不实事项者,不能以该事项属于不实而对抗善意第三人。 《公司法》 第908条② 因故意或过失登记了不实事项者,不能以该事项属于不实而对抗善意第三人。
	但书移修	《一般法人法》 第299条② 参照上述内容 《公司法》 第908条② 参照上述内容
(外国法人) 第31条① 外国法人中,国家、地方政府、地方公共团体及公司与在日本成立的同类法人具有同等的权利能力。但是,法律或条约中有特别规定的,不在此限。	正文移修	(外国法人) 第35条①正文 外国法人除了国家、国家的行政区划及外国公司,不认可其成立。 ②正文 因前款规定而被认可的外国法人与在日本成立的同类法人具有同等的私权。
	但书移修	第35条②但书 但是,对于外国人不能享有的权利及法律或条约中有特别规定的权利,不在此限。
② 前款规定之外国法人以外的外国法人,依照法律或条约规定被认可权利能力的,与该款相同。	移修	第35条①但书 但是,因法律或条约规定被认可的外国法人不在此限。

日本民法典修正条文案		现行民法等
③ 即使是前两款规定的外国法人以外的外国法人,法院认为有必要时,亦可作为与日本同类法人具有同等的权利能力者处理。	新增	
④ 第二十七条(法人的设立)规定不适用于前三款规定的外国法人。	新增	
⑤ 外国法人(仅限于第一款至第三款规定的外国法人)在日本设立事务所时,须在该事务所所在地依照法律规定登记应登记事项。	移修	(外国法人的登记) 第37条①主文 外国法人(仅限于第三十五条第一款但书规定的外国法人,以下在本条中亦同)在日本设立事务所时,应于三周内在该事务所所在地登记以下事项。
⑥ 关于前款登记,准用前条第三款至第五款的规定。	移修	第37条② 前款各项规定的事项发生变更时,应在三周内进行变更登记。于此情形,在登记前不能以该变更对抗第三人。 ⑤ 外国法人初次在日本设立事务所时,在其事务所所在地进行登记之前,第三人可以否认该法人的成立。

第三章 权利的客体
第一节 总 则

| (权利的客体)
第32条① 物权的客体为物(是指有体物,以下同)。但是,本法及其他法律另有规定的,不在此限。 | 正文
移修

但书
新增 | (定义)
第85条 本法中的"物"是指有体物。 |

日本民法典修正条文案		现行民法等
② 债权的客体为人的作为或不作为。	新增	
③ 第四编(亲属)及第五编(继承)中规定的权利的客体,其各自的权利依照各自的规定。	新增	
第二节 物的分类		
(不动产及动产) 第 33 条① 土地及其定着物为不动产。	同现行法	(不动产及动产) 第 86 条① 土地及其定着物为不动产。
② 不动产以外之物<u>均</u>为动产。	修改	第 86 条② 不动产以外之物均为动产。
③ 无记名债权视为动产。	同现行法	第 86 条③ 无记名债权视为动产。
(主物及从物) 第 34 条① 物的所有人为了其物供日常使用,将属于自己所有的他物附属于其物时,该附属物为从物。	同现行法	(主物及从物) 第 87 条① 物的所有人为了其物供日常使用,将属于自己所有的他物附属于其物时,该附属物为从物。
② 主物的处分及于从物。但是,法律行为有另行规定的,不在此限。	正文修改 但书新增	第 87 条② 从物随主物处分。
(天然孳息及其归属) 第 35 条① 按物的用法收取的产出物,为天然孳息。	移动	(天然孳息及法定孳息) 第 88 条① 按物的用法收取的产出物,为天然孳息。
② 天然孳息从其原物分离时,归属于有权收取它的人。	移动	(孳息的归属) 第 89 条① 天然孳息从其原物分离时,归属于有权收取它的人。

日本民法典修正条文案		现行民法等
（法定孳息及其归属） 　　第36条① 作为物的使用对价而收取的金钱或其他物，为法定孳息。	移动	（天然孳息及法定孳息） 　　第88条② 作为物的使用对价而收取的金钱或其他物，为法定孳息。
② 法定孳息根据收取权利的存续期间，按日计算收取。	移动	（孳息的归属） 　　第89条② 法定孳息根据收取权利的存续期间，按日计算收取。
（对非有体物的准用） 　　第37条 前三条规定，只要不违反其性质，准用于权利及其他非物的利益。	新增	
第四章　权利的变动 　第一节　总　则 （权利的变动） 　　第38条 权利的发生、变更和消灭依照下一节及第三节（时效）和其他法律规定。	新增	
第二节　法律行为 　　第一款　总　则 （法律行为） 　　第39条 法律行为以意思表示为要件而成立，并根据该意思表示的内容发生效力。	新增	

日本民法典修正条文案		现行民法等
（法律行为的效力） 第40条① 法律行为[包含意思表示，以下本款及下一款（第四十四条[虚假表示]除外）中亦同]违反公序良俗时无效。违反其他法律法规中有关公共秩序的规定时亦同。	前段 移修 后段 新增	（公序良俗） 第90条 以违反公序良俗的事项为目的的法律行为无效。 （与任意性规定不同的意思表示） 反面解释：第91条 法律行为的当事人作出与法令中无关于公共秩序之规定的不同的意思表示时，从其意思表示。
② 法律行为的内容即使与法律法规中无关于公共秩序的规定（下一条中称为"任意性规定"）的内容不同时，亦不妨碍其效力。	移修	第91条 参照上述内容
（习惯） 第41条 当存在与任意性规定不同的习惯时，若法律行为的当事人无排除该习惯的适用的意思表示，则推定为其具有根据该习惯产生的意思。	修改	（与任意性规定不同的习惯） 第92条 当存在与法令中无关于公共秩序的规定不同的习惯时，若足以认为法律行为的当事人有依照该习惯的意思的，则从其习惯。
第二款 意思表示		
（意思表示及其效力） 第42条① 除该意思表示有特别规定的情形外，意思表示根据以下各项的区分，自该项规定的时间起生效。	新增	

日本民法典修正条文案			现行民法等
（一）存在相对人的意思表示；	该意思表示到达相对人时	新增	（对远距离者的意思表示） 参照：第97条① 对远距离者的意思表示在该通知到达相对人时生效。 《商法》 （对话者之间的合同的要约） 反面解释：第507条 商人对话者之间，接受合同要约者未立即承诺时，该要约失效。
（二）不存在相对人的意思表示；	作出该意思表示时	新增	
（三）相对人不明确或相对人所在地不明确基于公示作出意思表示的。	法令通则法（〇〇年法律第〇〇号）第十二条（基于公示的意思表示）第三款规定的时间	新增	（基于公示的意思表示） 参照：第98条① 表意人无法知道相对人或无法知道其所在时，可以通过公示的方法作出意思表示。
② 在前款第一项的意思表示发出或第三项的意思表示公示后，在其到达前或该公示的意思表示生效前，表意人死亡，或者欠缺意思能力或成为限制行为能力人的，不影响该意思表示的效力。但是，法律法规或合同另有规定的，不在此限。		正文移修 但书新增	（对远距离者的意思表示） 第97条② 对远距离者的意思表示，即使表意人在发出通知后死亡或丧失行为能力时，也不妨碍其效力。

日本民法典修正条文案		现行民法等
（真意保留） 　　第 43 条　表意人在明知非其真意的情况下作出的法律行为不影响其效力。但是，当相对人知道其非表意人的真意，或对其不知具有重大过失时，该法律行为无效。	正文修改 但书修改	（心里保留） 　　第 93 条正文　意思表示即使是表意人明知非其真意而作出的，也不影响其效力。 　　第 93 条但书　但是，当相对人知道或能够知道表意人的真意时，该意思表示无效。
（虚假表示） 　　第 44 条　表意人与相对人串通作出虚假的意思表示的，根据该意思表示作出的法律行为无效。于此情形，法律行为的当事人真正意图的其他法律行为的效力不受影响。	前段移修 后段新增	（虚假表示） 　　第 94 条①　与相对人串通作出的虚假的意思表示无效。
（错误） 　　第 45 条①　表意人方因错误作出的意思表示，仅在该错误与法律行为的重要部分相关时，方可撤销据此作出的法律行为。 　　②　尽管有前款规定，但当表意人对错误具有重大过失时，表意人不能撤销根据该意思表示作出的法律行为。但是，当表意人与相对人双方均陷入错误状态或相对人知道表意人陷入错误的状态时，不在此限。 　　③　表意人根据第一款的规定撤销法律行为的，其应就相对人因该撤销受到的损失承担赔偿责任。但是，前款但书规定的情形不在此限。	移修 正文移修 但书新增 正文新增 但书新增	（错误） 　　第 95 条正文　意思表示在法律行为的要素有错误时无效。 　　第 95 条但书　但是，表意人有重大过失时，表意人不得自行主张无效。

第二部　日本民法典修正条文案对照表　总则编

日本民法典修正条文案		现行民法等
④ 表意人根据前款规定应赔偿的损失的范围,仅限于因该撤销产生的对相对人无益的支出以及相对人失去交易机会产生的损失。但是,因失去交易机会产生的损失的赔偿额不能超过当该法律行为有效时相对人可获得的利益的金额。	正文新增 但书新增	
⑤ 尽管有第二款正文的规定,当消费者作出电子消费者合同[指与关于电子消费者合同及电子承诺通知的民法的特例相关的法律(二〇〇一年法律第九十五号)第二条(定义)第一款规定的电子消费者合同]的要约或承诺的意思表示中存在错误时,适用该法第三条(关于电子消费者合同的民法特例)的规定。	新增	
(不真实表示及信息的不提供) 第46条① 表意人在相对人提供的信息与事实不符,且相信该信息为真实的情况下作出意思表示时,可以撤销据此作出的法律行为。但是,提供的信息的真伪不影响普通当事人的判断时,不在此限。	正文新增	《消费者合同法》 (消费者合同的要约或承诺的意思表示的撤销) 参照:第4条①第1项 事业者劝诱签订消费者合同之际,因针对该消费者实施了以下各项行为,导致消费者作出该各项规定的误认,并由此作出该消费者合同的要约或作出该承诺的意思表示时,消费者可以撤销。 (一)告知与事实不符的重要事项。该告知内容为事实的误认。

日本民法典修正条文案		现行民法等
	但书新增	**《消费者合同法》** 　　参照：**第 4 条④主文**　第一款第一项及第二款的"重要事项"是指有关消费者合同的以下事项，通常对于消费者是否签订该消费者合同的判断会产生影响的事项。
②　表意人在第三人提供的信息与事实不符，且相信该信息为真实的情况下作出意思表示时，只有在相对人知道该情况或相对人就不知该情况具有重大过失的情形下，才可以撤销据此作出的法律行为。于此情形，准用前款但书的规定。	前段新增	**《消费者合同法》** **（受中介委托的第三人及代理人）** 　　参照：**第 5 条①**　事业者委托第三人就该事业者与消费者之间的消费者合同的签订做中介（以下在本款中单纯称为"委托"），接受该委托的第三人[包括从该第三人接受委托（包括涉及两层以上的委托）者，以下简称"受托人等"]对消费者实施同条第一款至第三款规定的行为时，准用前条规定。于此情形，同条第二款但书中的"该事业者"应读作"该事业者或次条第一款规定的受托人等"。
		《消费者合同法》 　　参照：**第 5 条②**　关于与消费者合同的签订相关的消费者的代理人[包括复代理人（包括被选任作为涉及两层以上的复代理人的人员），以下亦同]、事业者的代理人及受托人等的代理人对于前条第一款至第三款（包括在前款中准用的情况，下一条及第七条中亦同）的规定的适用，分别视为消费者、事业者及受托人等。
	后段新增	

日本民法典修正条文案		现行民法等
③ 因相对人违反第三条（诚实信用与禁止权利滥用原则）第一款的规定，未提供应提供的信息或未作应作的说明，表意人作出意思表示的，视为存在基于与第一款规定的事实不符的信息而作出的意思表示。	新增	《消费者合同法》（消费者合同的要约或承诺的意思表示的撤销） 参照：**第4条②正文** 事业者劝诱签订消费者合同之际，向该消费者告知某个重要事项或与该重要事项相关的事项对该消费者有利，且故意不告知该重要事项对该消费者不利的事实（限于消费者通过该告知，通常应该想到该事实不存在的事项），导致消费者误认该事实不存在，并由此作出该消费者合同的要约或作出该承诺的意思表示时，消费者可以撤销。
（欺诈） **第47条①** 表意人基于欺诈作出意思表示时，可以撤销据此作出的法律行为。	移修	（欺诈或胁迫） **第96条①** 基于欺诈或胁迫作出的意思表示，可以撤销。
② 前款规定的欺诈为第三人作出时，只有在相对人知道该事实或就其不知具有过失时，方可撤销据此作出的法律行为。	移修	**第96条②** 第三人以欺诈向相对人作出意思表示时，只有在相对人知道该事实时，方可撤销该意思表示。
（胁迫） **第48条** 表意人因受到相对人或第三人胁迫作出意思表示时，可以撤销据此作出的法律行为。	移修	（欺诈或胁迫） **第96条①** 基于欺诈或胁迫作出的意思表示，可以撤销。

日本民法典修正条文案		现行民法等
（对第三人的保护） 第 49 条① 关于以下法律行为的无效或撤销，不能以该无效或撤销的原因对抗善意第三人。	新增	
（一）第四十三条（真意保留）规定的无效；	新增	
（二）第四十四条（虚假表示）正文规定的无效；	移修	（虚假表示） 第 94 条② 前款规定的意思表示的无效，不能对抗善意第三人。
（三）第四十五条（错误）第一款及第二款规定的撤销。	新增	
② 关于以下法律行为的撤销，不能以该撤销的原因对抗善意且无过失的第三人。	新增	
（一）第四十六条（不真实表示及信息的不提供）第一款及第二款规定的撤销；	新增	
（二）第四十七条（欺诈）规定的撤销。	移修	（欺诈） 第 96 条③ 前两款规定的通过欺诈作出的意思表示的撤销，不能对抗善意第三人。
③ 前条规定的撤销可以对抗第三人。	新增	
（外观法理） 第 50 条① 故意制造有悖于真实的权利外观之人，不得以该权利不存在而对抗善意第三人。承认他人制造的有悖于真实的权利外观之人亦同。	新增	（虚假表示） 参照：第 94 条④ 前款规定的意思表示的无效，不能对抗善意第三人。

日本民法典修正条文案		现行民法等
② 除前款规定的情形外,对自身制造的权利外观的存续负有责任的人以及对他人制造的有悖于真实的权利外观的存续负有重大责任的人,不能以该权利不存在对抗善意且无过失的第三人。	新增	
③ 对于曾经存在的权利在缺乏实体后,对该权利外观的存续负有责任的人准用前款的规定。	新增	
第三款 代 理		
第一目 有权代理		
（代理权的产生）		
第51条① 任意代理权基于本人与代理人之间签订的委托或其他合同而产生。	新增	
② 法定代理权基于法律规定而产生。	新增	
（代理权的范围）		
第52条① 任意代理权的范围除法律有特别规定外,根据委托或其他产生代理权的合同的内容而定。	新增	
② 前款中的合同对任意代理权的范围没有约定的,任意代理人只拥有实施以下法律行为的权限。	修改	（未规定权限的代理人的权限） 第103条主文 未规定权限的代理人,只拥有实施以下行为的权限。
（一）保存行为；	同现行法	第103条第1项 保存行为
（二）在不改变代理标的的物体或权利的性质的范围内,以对其进行利用或改良为目的的<u>法律行为</u>。	修改	第103条第2项 在不改变代理标的的物或权利的性质的范围内,以对其进行利用或改良为目的的行为。

日本民法典修正条文案		现行民法等
③ 法定代理权的范围根据法律规定或法院的裁定确定。	新增	
（代理行为的要件及效果） 第53条① 代理人在其权限范围内，表明为本人作出的意思表示直接对本人生效。	修改	（代理行为的要件及效果） 第99条① 代理人在其权限内，表明为本人作出的意思表示直接对本人生效。
② 前款规定准用于相对人对代理人作出的意思表示。	修改	第99条② 前款规定准用于第三人对代理人作出的意思表示。
③ 代理人违反本人的利益，为自身或代理行为的相对人或第三人的利益行使权限的，不妨碍该代理行为的效力。但是，任意代理中，代理行为的相对人知道该情况或对其不知具有过失时，以及法定代理中，代理行为的相对人知道该情况或对其不知具有重大过失时，不能主张代理行为的效力。	正文新增 但书新增	
（未表明是为本人而为的意思表示） 第54条① 代理人未表明是为本人而为的意思表示，视为为自己作出的意思表示。但是，代理行为的相对人知道代理人为本人作出或对其不知具有过失时，准用前条第一款的规定。	正文同现行法 但书修改	（未表明是为本人而为的意思表示） 第100条正文 代理人未表明是为本人而为的意思表示，视为为自己作出的意思表示。 第100条但书 但是，相对人知道或应当知道代理人为本人作出时，准用前条第一款的规定。
② 在前款正文规定的情形下，代理人不得以其在作出意思表示时没有自己作为法律行为当事人的意思为由，主张该法律行为无效。	新增	

日本民法典修正条文案		现行民法等
（自我合同及双方代理等） 第55条① 代理人没有以自己为相对人实施法律行为的权限以及在同一法律行为中为双方当事人实施代理行为的权限。但是，为履行债务以及本人事先许可的法律行为不在此限。	正文修改 但书修改	（自我合同及双方代理） 第108条正文 不可就同一法律行为成为相对人的代理人或当事人双方的代理人。 第108条但书 但是，为履行债务以及本人事先许可的行为不在此限。
② 外观上本人与代理人的利益相反的法律行为准用前款的规定。同一个人为不同的多个当事人实施代理行为的，一方当事人与另一方当事人的利益在外观上相悖的法律行为亦同。	前段新增 后段新增	
（代理人的行为能力等） 第56条① 任意代理人不需要为完全行为能力人。	修改	（代理人的行为能力） 第102条 代理人不需要为行为能力人。
② 家庭法院不得选任限制行为能力人为法定代理人。	新增	
③ 限制行为能力人为亲权人的，仅在能够自己单独实施行为的范围内行使亲权。对于限制行为能力人不能单独实施的行为，该限制行为能力人的法定代理人或有同意权的人可以为该限制行为能力人的未成年子女，行使其对该限制行为能力人的同意权、代理权或撤销权。	前段新增 后段新增	

日本民法典修正条文案		现行民法等
④ 虽有前款规定,未成年人成为亲权人的,根据第八百三十三条(替代子女行使亲权)及第八百六十七条(替代未成年被监护人行使亲权)第一款的规定执行。	新增	
⑤ 根据第八百三十九条(未成年监护人的指定)第一款或第二款的规定,限制行为能力人被指定为未成年监护人的,准用第三款的规定。	新增	
(与代理人相关的事由的效力) 第 57 条① 与代理行为相关的以下事实根据代理人来决定。	移修	(代理行为的瑕疵) 第 101 条① 若意思表示的效力因意思的不存在、欺诈、胁迫或知道某件事情或就不知存在过失而应当受到影响的,该事实的有无由代理人来决定。
(一) 意思能力欠缺、真意保留、虚假表示、错误、不真实表示或信息的不提供、欺诈或胁迫;	移修	第 101 条① 参照上述内容
(二) 对于某情况是善意还是恶意或就不知该情况是否具有过失以及过失的程度。	移修	第 101 条① 参照上述内容
② 任意代理人受委托实施特定的法律行为,或者根据本人的指示实施代理行为时,本人对于自己知道或者因过失而不知的事情,不得主张代理人为善意或代理人无过失。	移修	第 101 条② 受委托实施特定法律行为的情况下,代理人根据本人的指示实施该行为时,本人对于自己知道的事情不能主张代理人不知。因本人过失而不知的事情,亦同。

日本民法典修正条文案		现行民法等
（复代理人及其权限） 第58条① 复代理人[指代理人以自己的名义选任的本人的代理人，在下一款、下一条以及第六十条（由法定代理人选任的复代理）中亦同]在代理人授权的范围内享有代理本人的权限。	修改	（复代理人的权限等） 第107条① 复代理人就其权限内的行为代表本人。
② 复代理人对本人及<u>代理行为的相对人</u>享有与代理人同等的权利，负有同等的义务。	修改	第107条② 复代理人对本人及第三人享有与代理人同等的权利，负有同等的义务。
（由任意代理人选任的复代理） 第59条① 任意代理人不得选任复代理人。但是，获得本人许可或有不得已的情况时，不在此限。	正文移修	（由任意代理人选任复代理人） 第104条 委任的代理人除非经本人许可或有不得已的情况，否则不得选任复代理人。
	但书移修	第104条 参照上述内容
② 任意代理人选任复代理人后，应就复代理人的行为对本人负责。但是，代理人已经对复代理人的选任及监督给予了相当的注意义务，或者即使给予相当的注意也会产生损害的情况不在此限。	正文移修	（选任复代理人的代理人的责任） 第105条① 代理人根据前条规定选任复代理人后，就其选任及监督，对本人负责。
	但书移修	第105条① 参照上述内容 （雇主等的责任） 参照：第715条①但书 但是，雇主就员工的选任及其业务监督给予了适当的注意时，或者即使给予适当的注意也会产生损害时，则不在此限。

日本民法典修正条文案		现行民法等
③ 任意代理人根据本人的指定选任复代理人的，无须就复代理人的行为对本人负前款规定的责任。	正文移修	第105条②正文　代理人根据本人的指名选任复代理人时，不负前款的责任。
但是，若该代理人知道复代理人不合适或不诚实却不通知本人，或者该代理人被赋予了解任复代理人的权限，却不当地怠于解任的，不在此限。	但书移修	第105条②但书　但是，明知复代理人不合格或不诚实却不通知本人，或者怠于解任复代理人的，不在此限。
（由法定代理人选任的复代理） 第60条①　法定代理人只要不违反其法定代理的性质，可以选任复代理人。	移修	（由法定代理人选任复代理人） 第106条前段　法定代理人可自己负责选任复代理人。
②　法定代理人选任复代理人的，应就复代理人的行为对本人负责。	正文移修	第106条前段　参照上述内容
但是，若就选任复代理人存在不得已的事由的，准用前条第二款但书的规定。	但书移修	第106条后段　此情况下，存在不得已的事由时，只需负前条第一款的责任。
（代理权的消灭事由） 第61条①　代理权因以下事由而消灭。但是，若合同或法律另有规定的，或其权限的性质不允许的，不在此限。	正文同现行法 但书新增同现行法	（代理权的消灭事由） 第111条①正文　代理权因以下事由而消灭。
（一）本人死亡；		第111条①第1项　本人死亡。

日本民法典修正条文案		现行民法等
（二）代理人死亡或代理人收到开始破产清算程序的裁定，或被判开始监护。	同现行法	第111条①第2项　代理人死亡或代理人收到开始破产清算程序的裁定，或被判开始监护。
②　<u>任意</u>代理权除前款各项规定的事由外，还因委托或<u>其他导致发生代理权的合同</u>的终止而消灭。	修改	第111条②　委托产生的代理权，除了前款各项规定的事由之外，还因委托的终止而消灭。
（商行为的代理） 第62条　关于商行为的代理，除适用本法规定外，还适用商法（一八九九年法律第四十八号）第五百零四条（商行为的代理）至第五百零六条（因商行为的委托产生的代理权的消灭事由的特例）的规定。	新增	
第二目　无权代理		
（无权代理） 第63条①　无实施法律行为（包含意思表示，在本款中下同）的代理权的人（以下在本目中称为"无权代理人"）作为本人的代理人实施的法律行为（以下在本目和下一目中称为"无权代理行为"）对本人无效。	移修	（无权代理） 第113条①　无代理权者作为他人的代理人而签订的合同，若本人未对其追认的，则对本人不产生效力。
②　前款规定准用于相对人对无权代理人作出的意思表示。	新增	
（本人的追认） 第64条①　无权代理人签订的合同经本人追认后有效。本人拒绝追认的，确定为无效。	移修	（无权代理） 第113条①　无代理权者作为他人的代理人而签订的合同，若本人未对其追认的，则对本人不产生效力。

日本民法典修正条文案		现行民法等
② 前款的追认只要本人没有经相对人同意而作出其他意思表示,溯及至合同签订时生效。但是,不得损害第三人的权利。	正文移修 但书移动	(无权代理行为的追认) 第116条正文 追认在未作出其他意思表示时,溯及至合同签订时生效。 第116条但书 但是,不得损害第三人的权利。
③ 第一款的追认以及拒绝追认只要不对相对人作出,就不能以此对抗相对人。但是,相对人知道该事实的,不在此限。	正文移修 但书移动	第113条②正文 追认或拒绝追认只要不对相对人作出,就不能对抗其相对人。 第113条②但书 但是,相对人知道该事实的,不在此限。
(相对人的权利) 第65条① 与无权代理人签订合同的相对人可以对本人设定一定的期间,催告其在该期间内确答是否追认。于此情形,本人在该期间内未确答的,视为拒绝追认。	前段移修 后段移动	(无权代理的相对人的催告权) 第114条前段 前条情况下,相对人可以对本人设定一定的期间,催告其在该期间内作出是否追认的确答。 第114条后段 于此情形,本人在该期间内未确答的,视为拒绝追认。
② 与无权代理人签订合同的相对人在本人尚未追认期间,可以自行撤回合同的要约或承诺。但是,该相对人在签订合同时对没有代理权具有恶意的,不在此限。	正文移修 但书移修	(无权代理的相对人的撤销权) 第115条正文 无代理权者签订的合同,在本人尚未追认期间,相对人可以撤销。 第115条但书 但是,相对人在签订合同时知道无代理权一事的,不在此限。

日本民法典修正条文案		现行民法等
（无权代理人的责任） 　　第 66 条　作为代理人签订合同的人若不能证明本人和相对人之间存在有效的合同的,根据相对人的选择,应对相对人承担履行合同或赔偿损失的责任。但是,下列情况不在此限。	正文 移修 但书 新增	（无权代理人的责任） 　　第 117 条①　作为他人的代理人签订合同的人若不能证明自己的代理权,且未获得本人的追认的,根据相对人的选择,应对相对人承担履行或赔偿损失的责任。
（一）相对人知道是无权代理人作出的意思表示,或因重大过失而不知的;	移修	第 117 条②　相对人知道作为他人的代理人签订合同的人无代理权时,或因过失而不知时,或者作为他人的代理人签订合同的人无行为能力时,不适用前款规定。
（二）无权代理人欠缺意思能力的[第八条(意思能力的欠缺)第三款正文规定的情况除外];	新增	
（三）无权代理人为限制行为能力人的[第二十四条(限制行为能力人的欺诈手段)规定的情况除外]。	移修	第 117 条②　参照上述内容
（单独行为的无权代理） 　　第 67 条①　对于无权代理人作出的单独行为,本人不得追认。	新增	
②　虽有前款规定,在有相对人的单独行为中,符合以下各项的任何一项的,准用前三条的规定。	移修	（单独行为的无权代理） 　　第 118 条前段　对于单独行为,仅限于在作出该行为时,相对人同意让自称代理人的人无代理权而作出行为的,或对该代理权无争议的,准用第一百一十三条至前条的规定。

日本民法典修正条文案		现行民法等
（一）单独行为的相对人同意无权代理行为的；	移修	第118条前段　参照上述内容
（二）单独行为的相对人未就该单独行为无代理权提出争议的。	移修	第118条前段　参照上述内容
③ 在相对人对无权代理人作出单独行为时,亦同于第一款。	正文新增	
但是,相对人在获得无权代理人的同意后进行单独行为的,同于前款。	但书移修	第118条后段　对无代理权人获得其同意后进行单独行为的,亦同。
第三目　表见代理等		
（因越权行为产生的表见代理）		（越权行为的表见代理）
第68条　本人就代理人超越代理权限范围实施的无权代理行为,对善意的相对人负责。	正文移修	第110条　代理人实施权限外行为的情况下,第三人有正当理由应相信代理人有权限时,准用前条正文的规定。
但是,相对人因其过失不知其为超越代理权限范围的无权代理行为的,不在此限。	但书移修	第110条　参照上述内容
（代理权消灭后的表见代理）		（代理权消灭后的表见代理）
第69条　代理人在其代理权消灭后实施无权代理行为的,本人就代理权的消灭对善意的相对人负责。	正文修改	第112条正文　代理权的消灭不能对抗善意第三人。
但是,相对人因过失不知代理权消灭的情况的,不在此限。	但书修改	第112条但书　但是,第三人因过失而不知该事实的,不在此限。

日本民法典修正条文案		现行民法等
（因授予代理权的表示而产生的表见代理） 　　第70条①　虽未授予代理权，却作出已对他人授予代理权的表示的人，对该他人实施的法律行为的相对人，在其表示的代理权范围内承担责任。但是，相对人知道没有授予代理权的情况，或因过失而不知的，不在此限。 　　②　明知未授予代理权却作出前款表示的人即使在前款但书的情形下，仅限于相对人就未授予代理权具有恶意，方可免除其责任。 （表见代理的重叠适用） 　　第71条①　符合第六十九条（代理权消灭后的表见代理）规定的无权代理的行为有超越其在消灭前存在的代理权的范围的情况的，准用第六十八条（因越权行为产生的表见代理）的规定。 　　②　符合前条第一款规定的因授予代理权的表示而产生的无权代理的行为超越表示的代理权的范围的，准用第六十八条（因越权行为产生的表见代理）的规定。	正文修改 但书修改 新增 新增 新增	（因授予代理权的表示而产生的表见代理） 　　第109条正文　对第三人作出向他人授予代理权的表示的人，在其代理权范围内，该他人对于与第三人之间实施的行为承担责任。 　　第109条但书　但是，第三人知道该他人未被授予代理权，或因过失而不知的，不在此限。

日本民法典修正条文案		现行民法等
③ 符合前条第一款规定的因授予代理权的表示而产生的无权代理的行为在表示的代理权消灭后作出的,准用第六十九条(代理权消灭后的表见代理)的规定。于此情形,该代理行为超越表示的代理权的范围的,准用第一款的规定。	前段新增 后段新增	
(出借名义者的责任) **第72条** 允许他人使用自己的姓名、名称或其他名义的人,对相信该他人就是名义人本人而实施法律行为的相对人,就因此法律行为产生的债务,与使用其名义的他人承担连带责任。但是,该相对人知道出借名义的情况,或因重大过失而不知的,不在此限。	正文新增 但书新增	
第四款 无效及撤销 **第一目 无 效**		
(无效) **第73条**① 法律行为无效时,不得依据该法律行为请求履行。	新增	
② 已根据无效的法律行为进行了给付的,可以根据第N条(基于所有权的物权请求权)或第N条(不当得利)的规定,请求返还该给付之物。	新增	
③ 法律行为部分无效时,仅就该无效部分适用前二款的规定。	新增	

日本民法典修正条文案		现行民法等
（无效法律行为的转换） 　第74条　即使在某法律行为无效时，若其满足发生法律上与该法律行为的效果类似效果的其他法律行为的要件的，不影响其具有该其他法律行为的效力。	新增	
（无效法律行为的追认） 　第75条①　无效**法律行为**（包括意思表示，以下在下一款及第三款中亦同）虽经追认也不发生效力。	移修	（无效行为的追认） 　第119条正文　无效的行为即使追认也不发生效力。
②　尽管有前款规定，当事人明知该**法律行为**无效却进行追认的，视为作出新的法律行为。	移修	第119条但书　但是，当事人知道该行为无效却进行追认的，视为作出新的行为。
③　在前款规定的情况下，当事人可通过合意，使新的法律行为的效力溯及至作出最初的法律行为时生效。但是，不得损害第三人的权利。	正文新增 但书新增	
第二目　撤　　销		
（撤销） 　第76条①　当法律行为［包括意思表示，以下在本目（第三款及第七十八条［撤销权的消灭事由］除外）中亦同］被撤销时，视为该法律行为溯及至该行为作出时无效。	移修	（撤销的效果） 　第121条正文　被撤销的行为，视为自始无效。

日本民法典修正条文案		现行民法等
② 撤销法律行为的意思表示可以由以下可行使撤销权的人(下一条第一款中称为"撤销权人")及其承继人作出。	新增	(撤销权者) 参照：**第 120 条①** 因行为能力的限制而可撤销的行为,仅限于限制行为能力人或其代理人、承继人或者可作出同意者,方可撤销。 ② 因欺诈或胁迫而可撤销的行为,仅限于作出有瑕疵的意思表示者或其代理人或承继人,方可撤销。
（一）第八条(意思能力的欠缺)规定的撤销权;	新增	
（二）第十条(未成年人)第三款规定的撤销权;	移修	**第 120 条①** 参照上述内容
（三）第十四条(被监护人的法律行为等)第一款规定的撤销权;	移修	**第 120 条①** 参照上述内容
（四）第十七条(被保佐人的法律行为等)第四款规定的撤销权;	移修	**第 120 条①** 参照上述内容
（五）第二十条(被辅助人的法律行为等)第三款规定的撤销权;	移修	**第 120 条①** 参照上述内容
（六）第四十五条(错误)规定的撤销权;	新增	
（七）第四十六条(不真实表示及信息的不提供)规定的撤销权;	新增	
（八）第四十七条(欺诈)规定的撤销权;	移修	**第 120 条②** 参照上述内容
（九）第四十八条(胁迫)规定的撤销权。	移修	**第 120 条②** 参照上述内容
③ 尽管有第七十三条(无效)第二款的规定,当因行使前款第一项至第五项的撤销权而撤销法律行为的,意思能力欠缺者以及限制行为能力人仅以现存的由该法律行为获取的利益为限,承担返还义务。	移修	**第 121 条但书** 但是,限制行为能力人在因该行为而获取的现受利益的限度内,负有返还义务。

日本民法典修正条文案		现行民法等
④ 可撤销的法律行为的相对人确定时,撤销法律行为的意思表示应对该相对人作出。	移修	(撤销及追认的方法) 第123条 在可撤销的行为的相对人已确定时,通过向相对人作出的意思表示进行撤销或追认。
(因追认引起的撤销权的消灭) 第77条① 撤销权在撤销权人或其承继人追认可撤销的法律行为时消灭。	移修	(对可撤销行为的追认) 第122条正文 对于可撤销的行为,若第一百二十条规定的人员进行了追认的,之后就不能再次撤销。
② 前款规定的追认若不在导致撤销的事由消灭后进行,则不发生效力。但是,意思能力欠缺者或被监护人进行的追认即使在导致撤销的事由消灭后作出,若上述人员不知该法律行为的内容,则不发生效力。	正文移修 但书移修	(追认的要件) 第124条① 追认若不在作为撤销的原因消灭后进行,则不发生效力。 第124条② 成年被监护人在成为行为能力人之后了解该行为时,若不在该了解之后,则不能追认。
③ 前款规定在法定代理人或保佐人或辅助人追认时不适用。	移修	第124条③ 前两款规定在法定代理人或限制行为能力人的保佐人或辅助人追认时不适用。
④ 可撤销的法律行为的相对人确定时,追认的意思表示应对该相对人作出。	移修	(撤销及追认的方法) 第123条 在可撤销的行为的相对人已确定时,通过向相对人作出的意思表示进行撤销或追认。
(撤销权的消灭事由) 第78条① 自前条规定的追认时起,可撤销的法律行为发生以下事实的,撤销权消灭。 (一)请求履行;	移修 移动	(法定追认) 第125条正文 自前条规定的可追认时起,可撤销的行为发生以下事实的,视为已追认。 第125条第2项 请求履行。

日本民法典修正条文案		现行民法等
（二）通过可撤销的法律行为获得的全部或部分权利被转让；	移修	第 125 条第 5 项　通过可撤销的行为获得的全部或部分权利的转让。
（三）全部或部分履行或相对人接受履行；	移修	第 125 条第 1 项　全部或部分履行。
（四）具有设定担保权或用益权的合意；	修改	第 125 条第 4 项　担保的提供。
（五）缔结更改合同；	移修	第 125 条第 3 项　更改。
（六）强制执行。	移修同现行法	第 125 条第 6 项　强制执行。
② 在实施与同款各项规定的事实相关的行为时，若保留将来的撤销权的，不适用前款的规定。	移修	第 125 条但书　但是，保留异议时，不在此限。
（撤销权的行使期间） 第 79 条①　撤销权自可追认时起二年内不行使即消灭。自法律行为发生十年后亦同。	前段修改	（对撤销权期间的限制） 第 126 条前段　撤销权自可追认时起五年内不行使即因时效而消灭。
	后段修改	第 126 条后段　自行为时起经过二十年后亦同。
② 根据前款规定，限制行为能力人的法定代理人或无代理权的保佐人或辅助人的撤销权消灭的，限制行为能力人的撤销权也消灭。	新增	
第五款　条件及期限 **第一目　条　件** （条件） 第 80 条①　可在法律行为中附条件（指不能确定将来是否会发生的事实，以下亦同）。但是，法律行为的性质不允许附条件的，不在此限。	正文新增 但书新增	

日本民法典修正条文案		现行民法等
② 附条件的法律行为的效力根据以下各项确定。	新增	
（一）附停止条件的法律行为在条件成就[指发生作为条件的事实，以下在本条及第八十二条（条件成就的妨碍等）中亦同]时生效；	移修	（条件成就时的效果） 第127条① 附停止条件的法律行为在停止条件成就时发生效力。
（二）附解除条件的法律行为在条件成就时失效。	移修	第127条② 附解除条件的法律行为在解除条件成就时失效。
③ 尽管有前款规定，当事人可通过合意，使条件成就的效果溯及至条件成就前发生。	移修	第127条③ 当事人作出让条件成就的效果溯及至条件成就前的意思表示时，从其意思。
（附条件的权利的保护和处分等） 第81条① <u>附条件的法律行为的各方当事人</u>在尚未确定<u>该</u>条件是否成就期间，不得损害条件成就时该法律行为产生的相对人的利益。	移修	（尚未确定条件是否成就期间侵害相对人利益的禁止） 第128条 附条件的法律行为的各方当事人在尚未确定条件是否成就期间，不得损害条件成就时该法律行为所产生的相对人的利益。
② <u>基于附条件的法律行为产生的各方当事人的权利义务</u>在尚未确定<u>该</u>条件是否成就期间，可根据一般规定，进行保存、处分或为此提供担保。	移修	（尚未确定条件是否成就期间权利的处分等） 第129条 在尚未确定条件是否成就期间的当事人的权利义务，可根据一般规定，进行处分、继承，或保存或为此提供担保。
（条件成就的妨碍等） 第82条① 因条件成就受到不利影响的当事人故意妨碍<u>条件的成就</u>的，相对人可视为该条件已成就。	修改	（条件成就的妨碍） 第130条 因条件成就受到不利影响的当事人故意妨碍该条件的成就的，相对人可视为该条件已成就。

日本民法典修正条文案		现行民法等
② 因条件成就获得利益的当事人违反第三条(诚实信用与禁止权利滥用原则)第一款的规定使条件成就的,相对人可视为该条件未成就。	新增	
(确定条件) 第83条 附有确定条件的法律行为的效力依照以下各项规定。	新增	(既成条件)
(一)作出法律行为时已确定停止条件成就的,则为无条件;	移修	第131条① 在作出法律行为时条件已成就的,该条件为停止条件时,该法律行为为无条件;该条件为解除条件时,该法律行为无效。
(二)作出法律行为时已确定停止条件不会成就的,则无效;	移修	第131条② 作出法律行为时已确定条件不会成就的,该条件为停止条件时,该法律行为无效;该条件为解除条件时,该法律行为为无条件。
(三)作出法律行为时已确定解除条件成就的,则无效;	移修	第131条① 参照上述内容
(四)作出法律行为时已确定解除条件不会成就的,则为无条件。	移修	第131条② 参照上述内容
(不能成就的条件) 第84条 附不能成就之条件的法律行为的效力依照以下各项规定。	新增	(不能成就的条件)
(一)作出法律行为时停止条件不能成就的,则无效;	移修	第133条① 附不能成就的停止条件的法律行为无效。
(二)作出法律行为时解除条件不能成就的,则为无条件。	移修	第133条② 附不能成就的解除条件的法律行为为无条件。

日本民法典修正条文案		现行民法等
（任意条件） 第85条　法律行为中所附的停止条件是否成就为仅与债务人的意思相关的任意条件时，不得依据该法律行为向法院提出履行请求。	修改	（任意条件） 第134条　附停止条件的法律行为，其条件仅与债务人的意思相关时，为无效。
第二目　期　限		
（期限） 第86条①　法律行为中可以附期限［指将来一定会到来的时间，以下本条、下一条以及第八十八条（期限利益的丧失）亦同］。	新增	
②　附期限的法律行为的效力或履行的时期依照以下各项规定。	新增	（期限届至的效果）
（一）法律行为附开始期限的，自期限届至时起，可以主张该法律行为生效，或请求履行；	移修	第135条①　法律行为附开始期限的，在期限届至前不得请求该法律行为的履行。
（二）法律行为附终止期限的，该法律行为的效力在期限届满时消灭。	移动	第135条②　法律行为附终止期限的，该法律行为的效力在期限届满时消灭。
③　期限不考虑届至的时间是否确定。	新增	
（期限利益及其放弃） 第87条①　期限应推定为为债务人的利益所设。	同现行法正文	（期限利益及其放弃） 第136条①　期限应推定为为债务人的利益所设。
②　期限利益(指当事人因开始期限或终止期限未届至而获得的利益,下一条亦同) 可以放弃。	修改	第136条②正文　期限利益可以放弃。
但是，因放弃给相对人造成损失的，应承担填补该损失的义务。	但书修改	第136条②但书　但是，不得因此损害相对人的利益。

日本民法典修正条文案		现行民法等
（期限利益的丧失） 　　第88条　债务人在发生以下事由时,不得主张期限利益。 　　（一）债务人收到开始破产清算程序的裁定; 　　（二）债务人使担保灭失、损伤或减少; 　　（三）债务人在负有提供担保的义务时,不予提供。	修改 同现行法 同现行法 同现行法	（期限利益的丧失） 　　第137条主文　以下情形下,债务人不得主张期限利益。 　　第137条第1项　债务人收到开始破产清算程序的裁定的。 　　第137条第2项　债务人使担保灭失、损伤或减少的。 　　第137条第3项　债务人在负有提供担保的义务时,不提供的。
第三节　时　效		
（时效） 　　第89条①　时效在本法或其他法律规定的时效期间届满时完成,在其完成后,经可享受时效利益的当事人（下一项称为"援用权人"）援用,产生取得权利或权利消灭的效果。于此情形,时效的效果溯及至其起算日。 　　②　有多个援用权人的,其中一人援用时效的效果不对其他援用权人产生影响。	前段移修 后段移修 新增	（时效的援用） 　　第145条　时效未经当事人援用的,法院不得以此作出判决。 （时效的效力） 　　第144条　时效的效力溯及至其起算日。
（取得时效的完成） 　　第90条①　所有权的取得时效在物的占有人连续二十年以所有的意思,平稳、公然地占有后完成。该占有人在开始占有时,对该物为他人之物是善意且无过失的,时效期间为十年。	前段移修 后段移修	（所有权的取得时效） 　　第162条①　连续二十年以所有的意思,平稳、公然地占有他人之物者,取得该所有权。 　　第162条②　连续十年以所有的意思,平稳、公然地占有他人之物者,在开始占有时,为善意且无过失的,取得该所有权。

日本民法典修正条文案		现行民法等
② 所有权以外的财产权的取得时效在行使该财产权的人按照前款的区别,连续二十年或十年以为己而为之的意思,平稳、公然地行使该权利后完成。	移修	(所有权以外的财产权的取得时效) 第 163 条 以为己而为之的意思,平稳、公然地行使所有权以外的财产权者,依照前条的区分,经过二十年或十年后,取得该权利。
③ 第一款规定的取得时效在占有人任意中止该占有,或该占有被他人夺取时,该时效期间终止,此后占有人再次开始占有的,时效期间重新起算。但是,适用第 N 条(占有消灭的例外)规定时,视为该占有持续。	正文移修 但书新增	(因占有中止等引起的取得时效的中断) 第 164 条 第一百六十二条规定的时效,在占有者任意中止该占有,或该占有被他人夺取时中断。
④ 前款规定准用于第二款规定的所有权以外的财产权的取得时效。	移修	[承继第 164 条标题(因占有中止等引起的取得时效的中断)] 第 165 条 前条规定准用于第一百六十三条的情形。
⑤ 与不动产或其他以登记或注册为对抗要件的物相关的第一款规定的取得时效在时效完成前,被占有之物由占有人以外的人登记或注册的,该时效期间终止,自该登记或注册时起计算新的时效期间。但是,所有权或财产权的取得时效的争议是在相邻土地之间发生的,不在此限。	新增	
(消灭时效的完成) 第 91 条 ① 财产权的消灭时效因享有该权利的人十年未行使而完成。但是,所有权以及基于所有权发生的请求权不因时效而消灭。	正文移修 但书移修	(债权等的消灭时效) 第 167 条 ② 债权或所有权以外的财产权二十年未行使则消灭。 第 167 条 ② 参照上述内容

日本民法典修正条文案		现行民法等
② 虽有前款规定,债权的消灭时效因五年未行使该债权而完成。但是,未满政令规定金额的小额债权(因终局判决或裁判上的和解、调解或其他与终局判决有同等效力的诉讼程序等确定,且已至履行期的债权除外)的消灭时效因二年未行使该债权而完成。	正文移修 但书新增 括号内移修	(债权等的消灭时效) 第167条① 债权十年未使则消灭。 (经判决确定的权利的消灭时效) 第174条之2① 因确定判决而确定的权利,即使有比十年更短的时效期间规定,该时效期间也为十年。因裁判上的和解、调解或其他与确定判决有同等效力的程序而确定的权利亦同。 ② 前款规定不适用于确定之时履行期未至的债权。
③ 前两款规定的消灭时效的时效期间自可行使权利时起算。	移修	(消灭时效的计算等) 第166条① 消灭时效自可行使权利时起算。
(与时效完成相关的法律行为的效力) 第92条 时效完成前作出的以下法律行为无效。 (一) 时效完成后不援用时效的合意或单独行为; (二) 对本法或其他法律规定的时效期间进行延长的合意,或其他使完成时效变得困难的合意。	新增 移修 新增	(时效利益的放弃) 第146条 时效利益不得事先放弃。

日本民法典修正条文案		现行民法等
(时效完成的推迟) 第 93 条① 在以下各项规定的情况下,时效自该项规定的时间起六个月内不得完成。	新增	
(一) 未成年人或被监护人在时效完成前六个月内无法定代理人的; 上述人员成为完全行为能力人时,或在法定代理人选出时	移修	(未成年人或成年被监护人与时效的中止) 第 158 条① 时效期满前六个月以内的期间,未成年人或成年被监护人无法定代理人的,自该未成年人或成年被监护人成为行为能力人时或法定代理人选出时起满六个月内,时效对于该未成年人或成年被监护人不得完成。
(二) 时效与遗产相关时; 继承人确定时,或在管理人选出时,或作出开始破产清算程序的裁定时	移修	(与继承财产相关的时效的中止) 第 160 条 关于遗产,自继承人确定时、管理人被选任时、或作出破产清算程序开始裁定时起六个月内,时效不得完成。
(三) 发生天灾或其他无法避免的事件产生障碍的[仅限于不能进行下一条第一款规定的催告、同条第二款规定的交涉或第九十五条(因诉讼程序等引起的时效援用的限制)第一款各项规定的程序时,或不能请求第九十六条(时效的重新起算和权利的承认)第二款规定的承认时]。 在该事件引起的障碍消灭时	移修	(因天灾等引起的时效的中止) 第 161 条 时效期满时,因天灾或其他不可避免的事件而无法中断时效的,自该障碍消除时起两周内,时效不得完成。

日本民法典修正条文案		现行民法等
② 以下各项规定的权利的时效自该项规定的时间起六个月内不得完成。	新增	
（一）未成年人或被监护人对法定代理人享有的权利； 上述人员成为完全行为能力人时，或在后任法定代理人选出时	移修	第158条② 未成年人或成年被监护人对管理其财产的父、母或监护人享有权利时，自该未成年人或成年被监护人成为行为能力人时或后任法定代理人选出时起六个月内，关于其权利，时效不得完成。
（二）夫妇一方对另一方享有的权利。 婚姻解除时	移修	（夫妇间权利的时效的中止） 第159条 关于夫妇的一方对于另一方享有的权利，自婚姻解除时起六个月内，时效不得完成。
（因催告或交涉引起的时效援用的限制） 第94条① 催告在时效完成前六个月内作出的，在时效完成后六个月内，在催告的当事人之间，即使援用时效，时效的效果也不能确定。	移修	（催告） 第153条 在六个月之内，若无诉讼请求、支付督促的申请、和解的申请、基于民事调停法或家事案件程序法的调解申请、参加破产清算程序、参加再生程序、参加重整程序、扣押、临时扣押或临时处分的，则不产生催告的时效中断的效力。

日本民法典修正条文案		现行民法等
② 在时效完成前六个月内主张权利的人与相对人之间就该权利进行交涉的，在时效完成后六个月内或其后继续进行交涉时，自最后一次交涉时起六个月内，在交涉的当事人之间，即使援用时效，时效的效果也不能确定。但是，即使在此期间之后，在交涉的当事人之间，也不得违反第三条（诚实信用与禁止权利滥用原则）的规定，援用时效。	正文 新增 但书 新增	
③ 在进行前款规定的交涉的情况下，交涉的一方当事人通过文件或电磁记录宣布终止交涉，或通知即使继续交涉也不能产生本条规定的时效援用的限制的效果的，该宣布或通知的时间视为最后交涉的时间。	新增	
④ 时效完成前六个月内进行的第二款规定的交涉的要约被拒绝的，视为第一款规定的催告。	新增	
⑤ 在作出第一款规定的催告或第二款规定的交涉的情况下，自时效应完成时或其后六个月内继续进行的最后一次交涉时起六个月内，存在下一条第一款各项规定的程序的，视为该程序在时效完成前已开始。	新增	参照：**第 153 条** 参照上述内容

日本民法典修正条文案		现行民法等
（因诉讼程序等引起的时效援用的限制） 第95条① 自时效完成前起为行使或实现以下权利的程序持续存在的，在该程序的当事人之间，即使援用时效，时效的效果也不能确定。但是，在该程序中未能认定权利的存在，或支付督促根据民事诉讼法（一九九六年法律第一百零九号）第三百九十二条（支付督促因过期引起的失效）的规定失效，或扣押、临时扣押或临时处分被撤销的，不在此限。	正文新增 但书新增	
（一）诉讼程序；	移修	（诉讼请求） 第149条 诉讼请求在起诉被驳回或撤回时，不产生时效中断的效力。
（二）支付督促；	移修	（支付督促） 第150条 支付督促在债权人因未在民事诉讼法第三百九十二条规定的期间内申请宣布先予执行而失去其效力时，不产生时效中断的效力。
（三）法院的和解程序或调解程序、仲裁程序或关于促进利用法庭外纠纷解决程序的法律（二〇〇四年法律第一百五十一号）第二条（定义）第三项规定的认证纠纷解决程序；	移修	（申请和解及调解） 第151条 和解申请或基于民事调停法（一九五一年法律第二百二十二号）或家事案件程序法（二〇〇一年法律第五十二号）的调解申请，在相对人未出席，或者和解或调解未成功时，若一个月之内不提起诉讼的，则不产生时效中断的效力。

日本民法典修正条文案		现行民法等
（四）参加破产清算程序、再生程序或重整程序；	移修	（破产清算等程序的参加等） 第 152 条　参加破产清算程序、参加再生程序或参加重整程序，在债权人撤回其债权申报或该申报被驳回时，不产生时效中断的效力。
（五）扣押、临时扣押或临时处分。	移修	（扣押、临时扣押及临时处分） 第 154 条　扣押、临时扣押及临时处分在因权利人的请求或因不符合法律规定而被撤销时，不产生时效中断的效力。
②　在前款第三项规定的程序中，即使法院的和解或调解不成，或因不存在达成和解的可能而终止认证纠纷解决程序，或有对上述申请的撤销的，在此后一个月内起诉的，视为在申请该项规定的程序时，该款第一项规定的诉讼程序已开始。	移修	第 151 条　参照上述内容
③　在第一款第五项规定的程序中，当扣押、临时扣押或临时处分为对享受时效利益的人以外的人作出时，只有在对享受时效利益的人作出通知后，才适用第一款的规定。	移修	[承继第 154 条标题（扣押、临时扣押及临时处分）] 第 155 条　扣押、临时扣押及临时处分不对享受时效利益的人作出时，除非对该人作出通知后，否则不产生时效中断的效力。
（时效的重新起算和权利的承认） 第 96 条①　在时效完成前，在前条第一款各项规定的程序中对权利的存在予以承认的，在该程序的当事人之间，该权利的时效自以下各项规定的时间起重新起算。	移修	（中断后时效的计算） 第 157 条①　中断的时效自该中断事由终止起重新计算。

日本民法典修正条文案		现行民法等
（一）在诉讼程序中，确认权利存在的判决确定时；	移修	第157条② 因诉讼请求而中断的时效，自裁判确定时起重新计算。
（二）在支付督促、法院和解或调解、破产债权的确定或其他与确定判决有同等效力的程序中，该程序确定时；	新增	第157条① 参照上述内容
（三）在扣押、临时扣押或临时处分中，该程序完结时。	新增	第157条① 参照上述内容
② 在时效完成前，因时效完成而受益的当事人承认相对人的权利的，在该程序的当事人之间，自该承认之时起时效期间重新起算。虽为因时效完成而受益的当事人之代理人但对该权利无处分权的人，承认相对人的权利的亦同。	前段移修 后段移修	（时效的中断事由） 第147条 时效因以下事由而中断。 第3项 承认。 第157条① 参照上述内容 （承认） 第156条 作出应产生时效中断效力的承认，不需要就相对人权利的处分具有行为能力或权限。
③ 意思能力欠缺者、未成年人或被监护人进行前款规定的承认的，不产生效力。但是，未成年人获得法定代理人的同意进行该款规定的承认的，不在此限。	正文移修 但书新增	第156条 参照上述内容
④ 对他人占有之物享有附开始期限的权利或附停止条件的权利的人，随时可请求占有人在时效完成前予以承认。于此情形，在该承认作出时，视为作出第二款规定的承认。	前段移修 后段新增	（消灭时效的计算等） 第166条②但书 但是，权利人为了中断该时效，随时可请求占有人予以承认。

日本民法典修正条文案		现行民法等
（时效援用的限制及适用时效重新起算的当事人的范围） 　　**第97条**　第九十四条（因催告或交涉引起的时效援用的限制）第一款及第二款、第九十五条（因诉讼程序等引起的时效援用的限制）第一款及前条第一款及第二款规定的当事人中包括该当事人的承继人。	移修	（时效中断的效力所及之人的范围） 　　**第148条**　前条规定的时效中断，仅限于在产生该中断事由的当事人及其承继人之间才有效力。
第五章　权利的实现		
（权利的实现） 　　**第98条**①　权利或基于该权利的请求权在该权利的义务人或该请求权的相对人履行时消灭。	前段新增	
只要不违反该权利或请求权的性质或当事人的意思，即使是权利的义务人或请求权的相对人以外的人履行，亦同。	后段新增	（第三人的清偿） 　　参照：**第474条**①正文、但书　债务的清偿亦可以由第三人进行。但是，该债务的性质上不允许的，或当事人作出相反的意思表示的，不在此限。
②　权利或基于该权利的请求权未能任意履行的，权利人可以根据民事执行法或其他法律的规定，向法院请求根据该权利的性质进行强制履行。	正文移修	（强制履行） 　　**第414条**①正文　债务人未任意履行债务的，债权人可向法院请求强制履行。
但是，权利的性质不允许强制履行的，不在此限。	但书移修	**第414条**①但书　但是，债务的性质不允许如此的，不在此限。
③　权利人未经法律规定的程序，不得以自力实现权利。	正文新增	
但是，存在紧急、不得已的情形，且未超过必要的限度的，不在此限。	但书新增	
④　形成权，不适用前三款的规定。	新增	

附论(总则编以外)

"第三编 债权:第三章 无因管理等: 第二节 法定财产管理"的新增

日本民法典修正条文案		现行民法等
第三编 债 权 第三章 无因管理等 第一节 无 因 管 理 第二节 法定财产管理 (受托管理人及家庭法院的参与) 第702条之2① 离开以往的住处或居所的人(以下简称"不在者")设置了其财产管理人(以下在本节简称"受托管理人")时,受托管理人依照与委托有关的本法规定,实施不在者的财产管理。	新增	第一编 总 则 第二章 人 第四节 不在者财产的 管理以及……

日本民法典修正条文案		现行民法等
② 不在者已经生死不明或者不在者难以向受托管理人发出指示的情况下,当必须变更委托合同中规定的受托管理人的权限时,家庭法院根据受托管理人、利害关系人或检察官的请求,为了对不在者的财产进行适当管理,可以在受托管理人原权限基础上作出追加新权限的判决、限制原有权限的判决,以及实施其他必要处分的判决。	移修	(管理人的权限) 第28条后段 不在者已经生死不明的情况下,其管理人需要实施超越不在者所定权限的行为时,亦同。
(法定管理人的选任及其权限) 第702条之3① 不在者未设置受托管理人时,或在无法得到本人指示期间受托管理人的权限已消灭时,家庭法院根据利害关系人或检察官的请求,为了管理其财产,可以作出设置管理人(以下在本节简称为"法定管理人")的判决及实施其他必要处分的判决。	移修	(不在者的财产管理) 第25条① 离开过去的住处或居所的人(以下简称"不在者")未设置其财产管理人(以下在本节简称"管理人")时,家庭法院可以根据利害关系人或检察官的请求命令就该财产的管理实行必要处分。本人不在期间,管理人的权限消灭时,亦同。
② 不在者设置了受托管理人,但该不在者已经生死不明时,或者不在者难以采取适当措施时,家庭法院根据利害关系人或检察官的请求,可以作出解任受托管理人并设置法定管理人的判决及实施其他必要处分的判决。	移修	(管理人的改任) 第26条 不在者设置了管理人,但该不在者已经生死不明时,家庭法院可以根据利害关系人或检察官的请求改任管理人。
③ 按照前两款规定由家庭法院选任的法定管理人的权限消灭时,家庭法院应当根据利害关系人或检察官的请求或根据职权,作出判决选任新的法定管理人。	新增	

日本民法典修正条文案		现行民法等
④ 法定管理人在第五十二条（代理权的范围）第二款规定的权限范围内，有权管理不在者的财产。	移修	（管理人的权限） 第28条前段　管理人需要实施超越第一百零三条所规定权限的行为时，可以经家庭法院许可后实施。
⑤ 家庭法院认为必要时，可对法定管理人作出判决，责令其为不在者的财产保管进行必要的处分。	移修	（管理人的职务） 第27条③　除前二项所定内容外，家庭法院认为于保存不在者财产上所必要的处理，均可命令管理人实行。
⑥ 法定管理人需要处理超出第四款规定权限的事务时，家庭法院根据法定管理人、利害关系人或检察官的请求，可作出判决授予法定管理人处理该事务所需的新权限。	移修	第28条前段　参照上述内容
⑦ 作出第一款或第二款所述的判决后，当发生如下事由时，家庭法院应当根据曾经的不在者、法定管理人、利害关系人或检察官的请求，作出让法定管理人停止管理不在者财产的判决。	新增	
（一）曾经的不在者已返回住所地时，或出现其他诸如其本人已经可以自己管理财产等情况时；	新增	
（二）不在者设置了受托管理人时；	移修	第25条②　本人于前项所规定的命令之后设置了管理人时，家庭法院因该管理人、利害关系人或检察官的请求，应撤销其命令。

日本民法典修正条文案		现行民法等
（三）关于不在者，其死亡已明确或根据第六条（因失踪宣告判决作出的死亡拟制）第一款或第二款规定作出了失踪宣告的判决时。	新增	
（由受托管理人及法定管理人进行的财产管理） 第702条之4① 受托管理人及法定管理人应尽善良管理者的注意义务，管理不在者的财产。	新增	**家事案件程序法** （管理人的改任等） 参照：**第146条第6款** 家庭法院选任管理人时，可以准用民法第六百四十四条、第六百四十六条、第六百四十七条以及第六百五十条之规定。
② 受托管理人及法定管理人准用第六百四十六条（由受托人进行的接收物转交等）、第六百四十七条（受托人的金钱消费相关的责任）及第六百五十条（受托人提出的费用等的偿还请求等）的规定。	新增	**家事案件程序法** 参照：**第146条第6款** 参照上述内容
③ 不在者与受托管理人之间的委托合同中另有规定时，则不适用前两款。但是，按照第七百零二条之二（受托管理人及家庭法院的参与）第二款的判决所赋予的新权限进行的事务处理，不在此限。	新增	

日本民法典修正条文案		现行民法等
（受托管理人及法定管理人编制财产目录） 　　第702条之5①　根据第七百零二条之二(受托管理人及家庭法院的参与)第二款的规定,当利害关系人或检察官有请求的情况下,家庭法院认为必要时,可以判决并责令受托管理人编写其应管理财产的目录。	移修	（管理人的职务） 　　第27条②　不在者已经生死不明的情况下,当利害关系人或检察官有请求时,家庭法院可以命令不在者设置的管理人制作前项所定的目录。
②　法定管理人应当对其应管理的财产编写目录。	移修	第27条①前段　家庭法院依前两条的规定选任的管理人,应制作由其管理的财产目录。
③　按照前两款规定编写财产目录所需的费用从不在者的财产中支付。	移修	第27条①后段　于此情形,所需的费用从不在者的财产中支付。
（受托管理人及法定管理人的担保提供及报酬） 　　第702条之6①　根据第七百零二条之二(受托管理人及家庭法院的参与)第二款的规定,当利害关系人或检察官有请求的情况下,家庭法院认为必要时,可要求受托管理人就财产的管理及其返还提供与之相当的担保。	移修	（管理人的担保提供及报酬） 　　第29条①　家庭法院可要求管理人就财产的管理及其返还提供与之相当的担保。
②　家庭法院可要求法定管理人就财产的管理及返还提供与之相当的担保。	移修	第29条①　参照上述内容
③　家庭法院对于根据第七百零二条之二(受托管理人及家庭法院的参与)第二款的判决而被赋予了新权限的受托管理人或法定管理人,在考虑了与不在者的关系及其他情况的基础上,可判决从不在者的财产中支付相应的报酬。	移修	第29条②　家庭法院可以依据管理人与不在者的关系及其他情况,从不在者的财产中,支付管理人相应的报酬。

"法令通则法"的制定提案

法令通则法

法令通则法		现行民法·法律适用通则法
第一章 总 则 （宗旨） 　　**第1条** 本法针对与法令有关的通则以及法令中一般使用的用语含义及一般必要程序作出规定。	新增	
第二章 法令的公布及施行 （法令的公布） 　　**第2条** ① 法令通过官报公布。	新增	
② 法令在刊载该法令的官报发行时公布。	新增	
（法令的施行） 　　**第3条** 法令自公布之日的次日起经过十日[行政机关的休息日（指关于行政机关休息日的法律[一九八八年法律第九十一号]第一条第一款各项所述之日）天数不计算在内]后开始施行。	正文移修	《法律适用通则法》 （法律的施行日期） 　　**第2条正文** 法律自公布之日起经过二十日后开始施行。

法令通则法		现行民法·法律适用通则法
（法令施行的例外） 　　第4条　尽管有前条规定,若法令规定了施行日期时,该法令的施行依照该规定执行。但是,对于设定罚则,或者科以义务,或限制国民权利的规定,不可缩短同条的期间。	正文移修 但书新增	《法律适用通则法》 （法律的施行日期） 　　第2条但书　但是,法律规定了与此不同的施行日期时,应依照该规定执行。
第三章　习　惯　法 （习惯法） 　　第5条　不违反公序良俗的习惯,只要是法令规定认可的或法令未规定的事项,则具有与法律同等的效力。	同现行法（但更改标题）	《法律适用通则法》 （与法律具有同等效力的习惯） 　　第3条　不违反公序良俗的习惯,只要是法令规定认可的或法令未规定的事项,则具有与法律同等的效力。
第四章　住　　所 （住所） 　　第6条①　所谓住所,除了法令有特别规定外,是指各人生活的基本住处。 　　②　以下所述的居所均视为住所。 　　（一）住所不明时的居所；	移修 新增 移修	《民法》（以下省略法令） （住所） 　　第22条　每个人以其生活的基本场所为住所。 （居所） 　　第23条①　住所不明时,将居所视为住所。

法令通则法		现行民法·法律适用通则法
（二）无论是日本人还是外国人，在日本没有住所的人在日本的居所（按照指定准据法的法律，应依照本人住所地法的规定者除外）。	移修	第 23 条② 于日本无住所者，无论其为日本人还是外国人，均将其在日本的居所视为住所。但是，按照指定准据法的法律，应依其住所地法律时，不在此限。
③ 针对某种行为，通过合意而选定的临时住所，视为与该行为有关的住所。	移修	（临时住所） 第 24 条 针对某种行为而选定的临时住所，关于该行为，视临时住所为住所。
第五章 期间的计算 （期间计算通则） 第 7 条 关于期间的计算方法，若法令或判决命令中有特别规定时，除了合意另有规定<u>或存在不同的习惯</u>之外，均依照本章的规定。	移修	（期间计算通则） 第 138 条 关于期间的计算方法，除了法令或判决命令中有特别规定，或法律行为另有规定时，均依照本章的规定。
（按照小时计算期间） 第 8 条 按照小时规定期间时，期间从实时起算，经过该小时数后即为到期。	移修	（期间的起算） 第 139 条 按照小时规定期间时，期间从实时起算。
（按照天数计算期间） 第 9 条① 按照天数规定期间时，期间的始日不计算在内。但是，若该期间从凌晨零时开始，则不在此限。	正文移修	[承继前条的标题（期间的起算）] 第 140 条正文 按照日、周、月或年规定期间时，期间的开始之日不计算在内。
	但书移动	第 140 条但书 但是，若该期间从凌晨零时开始，则不在此限。

法令通则法		现行民法·法律适用通则法
② 前款情况下,期间以最后一天结束之时作为到期。但是,合意另有规定或存在不同的习惯时,可按与此不同的时刻作为到期时刻。	正文移修 但书新增	(期间的到期) 第141条 前条情况下,期间以最后一日结束之时作为到期。 《商法》 (交易时间) 参照:第520条 依据法令或习惯确定商人交易时间时,仅限于交易时间内,可履行或请求履行债务。
③ 当前款期间的最后一天为周日、国民节假日有关的法律(一九四八年法律第一百七十八号)中规定的节假日或其他节假日时,仅限这一天有不交易的习惯时,该期间的到期日顺延至次日。	移修	[承继前条的标题(期间的到期)] 第142条 期间的最后一天为周日、国民节假日有关的法律(一九四八年法律第一百七十八号)中规定的节假日或其他休假日时,仅以该日有不交易的习惯为限,期间于次日届满。
(按照日历计算期间) 第10条① 按照周、月或年规定期间时,该期间按照日历计算。 ② 前款情况下,当不是从周、月或年的最初日起算期间时,期间以最后的周、月或年中与起算日对应日期的前一天作为到期日。但是,如果以月或年规定了期间时,而且最后的月中没有相应的日时,则以该月最后一日作为到期日。	移动 正文移修 但书移修	(按照日历计算期间) 第143条① 按照周、月或年规定期间时,该期间按照日历计算。 第143条②正文 当不是从周、月或年的最初日起算期间时,期间以最后的周、月或年中与起算日对应日期的前一天作为到期日。 第143条②但书 但是,如果以月或年规定了期间时,当最后的月中没有相应的日时,则以该月最后一日作为到期日。

法令通则法		现行民法·法律适用通则法
③ 前两款准用前条的规定。	新增	
第六章 通过公示传达		
第一节 行政程序中的公示送达		
（行政处分及其他的公示送达）		
第11条① 因行政机关的处分或其他行为而须送达给相对人的文件，该行政机关无法知道相对人是谁，或无法知道相对人的住所时，可用公示的方法送达。	正文新增	
但是，从其行为性质上不允许采取公示送达的，则不在此限。	但书新增	
② 进行前款的公示时，应当注明应送达的文件名称、应接受该送达的人的姓名，以及该行政机关随时要将该文件交付给应接受该送达的人等内容。	新增	
③ 第一款的公示，应刊登在行政机关事务所的公示栏中，而且应在官报或其他公报或报纸上至少刊登一次声明，陈述已在行政机关事务所的公示栏刊登。	正文新增	
但是，考虑该行为的性质或其他情况后，如被认为具有相当效果的，则不需要在官报及其他公报或报纸上刊登。	但书新增	

法令通则法		现行民法·法律适用通则法
④ 行政机关进行处分或其他行为时,当无法知道相对人的住所时,考虑该行为的性质及其他情况,可刊登在相对人最后住所所在地或其他适当地区的市政府、区政府、乡镇村政府或此类设施的公示栏中,以此替代前款规定的程序。	新增	
⑤ 行政机关进行前款规定的公示送达后,从最后刊登在官报或其他公报或报纸之日(第三款但书所述情况时,则为按照同款正文规定的开始刊登之日)起经过二周后即视为已送达相对人。	正文新增	
但是,若行政机关对于不知相对人是谁或不知相对人住所存在过失,则不发生送达效力。	但书新增	
第二节 基于公示的意思表示 (基于公示的意思表示) 第 12 条① 有相对人存在时的意思表示,表意人无法知道相对人是谁或无法知道相对人在何处时,可通过公示的方法进行。	移修	(基于公示的意思表示) 第 98 条① 作出意思表示时,表意人无法知道相对人是谁或无法知道相对人在何处时,可通过公示的方法进行。

法令通则法		现行民法・法律适用通则法
② 前款公示应根据关于公示送达的民事诉讼法（一九九六年法律第一百零九号）的规定，刊登在法院的公示栏，而且应在官报上至少刊登一次声明，陈述法院的公示栏中已刊登过该内容。	正文移动	第98条②正文 前款公示应根据关于公示送达的民事诉讼法（一九九六年法律第一百零九号）的规定，刊登在法院的公示栏，而且应在官报上至少刊登一次声明，陈述法院的公示栏中已刊登过该内容。
但是，若法院认为等效，作为在官报上刊登的替代方式，也可责令在市政府、区政府、乡镇村政府或与此类似设施的公示栏上刊登。	但书移动	第98条②但书 但是，若法院认为等效，作为在官报上刊登的替代方式，也可责令在市政府、区政府、乡镇村政府或与此类似设施的公示栏上刊登。
③ 基于公示的意思表示，从最后刊登在官报之日起，或以其他等效方式进行的刊登之日起，经过二周后即视为已到达相对人。	正文移动	第98条③正文 基于公示的意思表示，从最后刊登在官报之日起，或以其他等效方式进行的刊登之日起，经过二周后即视为已到达相对人。
但是，若表意人对于不知相对人是谁或不知相对人住所存在过失，则不发生已到达的效力。	但书移动	第98条③但书 但是，若表意人对于不知相对人是谁或不知相对人住所存在过失，则不发生已到达的效力。
④ 有关公示的程序，当无法知道相对人时，归表意人所在地的简易法院管辖；当无法知道相对人住所时，则归相对人最后住所所在地的简易法院管辖。	移修	第98条④ 有关公示的程序，当无法知道相对人时，归表意人所在地的简易法院管辖；当无法知道相对人住所时，则归相对人最后住所所在地的简易法院管辖。
⑤ 法院应当让表意人预缴公示相关的费用。	移动	第98条⑤ 法院应当让表意人预缴公示相关的费用。

第三部

日本民法典修正案制定的基本方针

第一章　民法修正的基本精神

一、导论

首先是"日本民法典修正案"制定之基本方针。[①]

从1898年开始施行到2016年，民法典已历118年。一个世纪以上的社会变迁，使得部分旧有法律制度已失去了适用性，民法典已站在了历史的十字路口。世界上许多国家或地区均存在这种情况。目前，无论是东亚诸国或地区，还是欧洲各国，都在进行民法的大修改。只是东亚各国或地区的修改是对民法的全面修改，而欧洲进行的修改其目的在于回避法制的迥异而阻碍一体化后的欧盟区域内的交易顺畅进行。因此，在欧洲主要针对有碍于合同顺利履行的法律制度，也就是围绕以履行障碍法为中心的合同法作了修改。关于民法典的修改，参见本章结尾"世界民法典修改"。

施行了一个世纪以上的日本民法典，已难以适应现代社会，并且观察一个世纪以来的判例与学说的展开，法典本身已经难以完全反映现在的法律规范，而且其中有不少晦涩难懂之处。

因此，民法改正研究会的目标在于，制定一部不仅能反映现有法律规范，而且能适用于现在以及将来社会，并易于一般国民理解的民法典。

问题在于民法典应该如何修改？

二、民法修正的基本精神——"为国民而进行民法修改"

1. 导论

在修改民法典之际，我们应当采取何种姿态？上述基本精神决定了民法修改的方向。因此，在提交民法修正案之际，我们认为有必要谨记民法修改的基本精神。

[①] 本书第三部"日本民法典修正案制定的基本方针"是在下列文稿基础上全面修改而成：加藤雅信：《日本民法典修改草案的准备》，载《Jurist》2008年第1353号，第118页以下；加藤雅信：《日本民法修改草案的基本方向》，载《Jurist》2008年第1355号，第91页以下；加藤雅信：《日本民法修改草案的基本框架》，载《Jurist》2008年第1362号，第2页以下；加藤雅信：《日本民法典财产法修改草案》，载《判例Times》2009年第1281号，第5页以下；加藤雅信：《日本民法修改草案的基本框架》以及《日本民法典修改之际》，载《民法修正与世界的民法典》，2009年版，第3页以下、第151页以下；民法改正研究会编：《民法修正　国民、法曹、学界有志案》，载《法律时报增刊》，2009年版。故而，本书内容与已发表的文稿存在重复之处。

2. 良法必须具有现实意义

修改民法之际,有一点至关重要,即"民法修改是为了一般国民进行的"。民法调整的是国民的生活。另外,高频率地直接使用民法典的是法律人(法曹)、各种职业资格者、企业法务关系者等广义上的法律家。考虑到以上要素,民法修改不仅应有益于一般国民,而且也应便于这些法律家使用。民法改正研究会的成员虽以学者为中心,但我们时常告诫自己不能局限于学说、观点或仅以研究者的视角进行修改,民法修改不能给一般国民以及广义上的法律家带来混乱。

可能对实务界人士来说不存在这个问题,而研究者在参与立法作业过程中必须注意的是,好的论文与好的立法是不同的。对于好的论文来说,"独创性"必不可缺,而对于好的立法而言,"现实性"则是必须的。立法之时,不能像撰写论文那样自由奔放。论文中所述的学说不认同的人可以不采用,但制定的法律不认同的人却不能不遵守。与论文不同,立法需要权力机关的认同,因此立法时不可缺少的是自我约束。

关于这一点,笔者认为东西方是共通的。在2008年3月的"民法修改国际研讨会——日本、欧洲、亚洲修改动向比较研究"上,德国的里森胡贝尔教授说:"如果东西没坏,就不要修"(If it ain't broke, don't fix it)。这句20世纪前半叶由美国政府高官提出的充满寓意的话,作为"使立法日臻完美的格言"在会上被介绍。② 确实,我们必须避免仅仅从学说的角度修改对一般国民以及法律家而言不痛不痒的、"未曾损坏""未感不便"的东西。

但是,这里必须注意的是,修改民法典不仅是为了当下的国民以及法律家,同时也是为了未来的国民以及法律家而进行的。为了将来初次接触民法的国民能够易于理解民法,我们没有必要恐惧改革或革新。但与此同时,我们应当尽量避免改革给现在的国民生活以及现在的法律家带来不便。

为此,我们必须实现在改革民法典的同时确保其延续性这种看似矛盾的目标。

3. 制定一般国民都能理解的民法典——回到穗积陈重

民法典不仅应当便于法律家使用,而且也应当易于国民理解。我们不应该越过民法进行解释,而应当回到原点探讨民法的内容。遗憾的是,现行民法的规定中有相当一部分是令人难以理解的。目前,民法改正研究会的目标便是纠正这个问题,确保法的可视性,制定比现行民法更加平易近人的"一般国民都能理解的民法典"。虽然这非常困难,但是我们的愿望仍是制定任何人都可以理解的"一般国民的民法典"。

一般国民都能理解的法律,这是民主主义的基本。作为民法起草者之一的穗积陈重也曾意识到这一点。穗积在《本国法文体的民众化》一文中指出:

"法律的形成以民众意识到法的社会力量为媒介。故法律的遣词造句的变迁,可

---

② 参见科尔·里森胡贝尔:《债务不履行的损害赔偿与过失原理》,渡边达德译,载《民法修正与世界的民法典》,第268页。

以称之为一国人民的法律社会力自我觉醒的'标杆'。法律用词的难易表现了国民文化的等级差别。晦涩难懂的法律用语是专制的表征,通俗易懂的法律用语则是民权的保障。"③

在另一本著述中,穗积认为:"我们应当知道,法律的明确性是民众权利的保障。""民可使由之,不可使知之"是古来之策,穗积在法治新主义之下则主张"民可使由之,亦可使知之"。④

我们应当谨记民法起草者穗积如此之精神。

三、民法典的现代化——判例法之可视化

经过一个世纪以上的施行,民法司法实践的结果在于充实了诸多判例。判例法具有双重属性,既有根据各种事实将条文具体化的属性,也有超越条文宣示一般规范内容的属性。因而为了填补民法典与判例法的间隙,法律相关的出版社推出了《判例六法》等书籍。这种努力当然是可贵的。但是对于仅仅具有一般性规范内容的判例来说,应当将其内容规定到法典之中,使之成为条文+判例法的模式。这无疑将显著提高现代法律规范的可视性(关于民事特别法详见第四部分)。

但是,即便是在判例法中,我们也不希望将尚未稳定的、超越规范领域的内容规定到民法典中来,因为这种规范将趋于生硬死板。另外,如果将仅按照个案的具体情况使条文的一般原则变得更具体化的判例都纳入民法典中,这将带来法典过于庞大且不具可视性的风险。此外,无视判例案情前提而进行的条文化,极可能误导规范内容。

鉴于以上观点,本民法修正案仅仅将具有一般规范属性的判例进行了条文化。但即便如此,此类条文也不在少数。

举几个具体的例子来说,在总则编中有禁反言原则、诚实守信原则、欠缺意思能力、虚假表示的类推适用(所谓的外观法理)、表见代理的重叠适用、禁止自力救济等。另外在物权编中,将物权变动的"背信的恶意者论""通过明示方法的对抗"等判例中确立的法理规定到条文中来。而在债权编,则将迟延受领、债务承担、合同地位的转让、契约交涉中的诚实说明保密义务、格式合同的成立、转用物诉权、停止侵害等判例中形成的法律规范规定到民法典中(另外,"转用物诉权"这种名称是在过去的诉权构成中使用的,与现在以请求权为基础的法律体系并不相适应,所以在本次修正案的条文标题中采用了"转用得利",论述时则采用了"转用得利返还请求权"这种称谓)。

---

③ 穗积陈重:《法律进化论》(第二册),岩波书店1924年版,第300页。
④ 参见穗积陈重:《法典论》,哲学书院1890年版,信山社1991年复刻版,新青出版2008年复刻版,第5页。

四、回归民法典作为私法综合法典的属性——导入准据规定

研习民法之人皆知"民法是私法的一般法",民法起草者之一的梅谦次郎的大著便是以"民法规定了私法的原则"这句话为开篇的。⑤ 我妻荣认为,民法"作为私法的一部分,是规定私法关系的原则性法律(一般法)"。⑥ 在这些大作开端的叙述中,即便会谈及商法、民事诉讼法等,也不会出现关于具体民事特别法的论述。但是随着时代变迁,星野英一的著作中除了提及作为"实质意义上的民法"的民法典,还列举了下述民事特别法:遗失物法、不动产登记法、提存法、户籍法、工厂抵押法、立木法、信托法、年龄计算法、失火责任法、借地借家法、机动车损害赔偿保障法等。⑦

如上所述,近些年来社会发展使得社会构造和社会规律变得更为复杂,产生了众多的民事特别法。

这种事态本身虽说是社会的自然趋势,但是众多民事特别法的出现不仅恶化了民事法整体的可视性,而且由于"特别法优先于一般法"规则的适用,显然将带来民法典空洞化的问题。

如此一来,若要回归民法作为私法一般法的属性,就必须确保查阅民法典即可以掌握民事法全体构造。但是,如果把特定领域的具有众多条文的诸多民事特别法全部纳入民法典,则可能有损民法整体的平衡性。另外,一般来说,民事特别法会频繁修改、废除,如果将其纳入民法典中,民法典也将频繁修改,这也有可能损害民法典的稳定性。

面对这种矛盾,在最近德国债权法修改的过程中,存在两种对立的立场:一方认为应当将特别法规定到民法典中,另一方则反对这样做。⑧

因此,为了解决上述矛盾,本民法修正案维持了民法典作为民事基本法的属性,以保持民法典的平衡性与稳定性,让民法典发挥指引民事特别法的准据机能。这种方案既能够恢复民法典作为私法综合法典的属性,又能避免民法典的庞大化以及其修改的频繁化。

---

⑤ 参见梅谦次郎:《民法要义 卷一 总则编 订正增补》,有斐阁书房1911年版,第1页。
⑥ 我妻荣:《新订 民法总则》(民法讲义Ⅰ),岩波书店1965年版,第1页。
⑦ 参见星野英一:《民法概论Ⅰ 绪论·总则》,良书普及会1971年版,第3页以下。
⑧ 德国债权法修订过程中,2000年8月公布的联邦司法部草案采用了将特别法规定到民法典中的立场,具体来说,以上门推销法、消费者信用法、通信买卖法、临时居住权法、票据折扣率经过措施法、FIBOR经过措施法、隆巴多折扣率经过措施令、基本利息率关系令以及部分普通合同格式条款法为理念,"废除民法典之外的全部合同法上的特别规定,将其规定到民法典或者民法实施法中,通过此举应对民法的分裂"。但是,对于这种观点,有人批评难以确保透明性和法的稳定性(参见半田吉信:《德国债务法现代化法律概论》,信山社2003年版,第18页以下)。

另外,认为不应当将特别法规定到民法典中的观点,"批判将各种消费者法、经济政策要素规定到民法典中。他们认为不应当将某个时期的政治正确而不具有持续性的欧盟竞争政策放入民法'法典'中来,因为这样与私法自治原则相斥。实际上,现在欧盟推进的消费者保护政策存在诸多问题,消费者保护竞争政策领域的许多东西违背了民法典的原理,不应放入到民法典中,而应仅仅作为附属性的法律存在"(参见潮见佳男:《契约法理的现代化》,有斐阁2004年版,第353—354页)。

由于日本之前的法律制度中,不存在这种准据法规定,因此,为了使读者有一个具体印象,本修正草案将举出若干个准据法的例子。⑨

五、民法典之构成

1. 维持潘德克顿体系

(1) 潘德克顿体系与法学阶梯体系

众所周知,欧洲大陆的法典编纂方式分为潘德克顿体系与法学阶梯体系两种。这两种体系继承了罗马法大全(查士丁尼法典)中的部分内容,其中前者继承了学说汇纂(Digesta 或者潘德克顿)的框架,后者则继承了罗马法大全法律学校教科书法学入门(法学提要)的框架。上述德国民法典属于前者的谱系,采用了总则、债务法、物权法、亲属法、继承法五编。与此相对,《法国民法典》(《拿破仑法典》)采用了人编、物编、财产取得编三编构成(关于最近《法国民法典》修改的状况参见本章下文。除了上述两种体系之外的《荷兰民法典》,参见本章下文)。

(2) 现行民法的编别构成

博瓦索纳德民法典虽然与《法国民法典》并不完全相同,但也是以法学阶梯体系为基础,在上述三编的基础上加入若干编而制定的。但是,经过法典争论,制定现行民法典之际,在1893年法典调查会第一次总会的开头,议长伊藤博文说明了"法典调查规程"之后,将记有编别构成的"法典调查方针"交付审议。其中第2条"民法全编分为五编,其顺序如上所定",提出了"第一编总则、第二编物权、第三编人权、第四编亲属、第五编继承"的编别。⑩ 关于此方针,民法起草委员之一的穗积陈重认为,"彼时我辈遵伊藤伯之命,上述民法调查方针意见书大体"遵循,"(一) 民法修改应是根

---

⑨ 现行法中除了在民法典的总则编规定法律行为的无效、撤销事由,在消费者合同法中也规定了无效、撤销的事由。但是,只查阅民法典的人,往往不知道民法典之外规定的无效、撤销事由。从这个意义上来说,对查阅民法的人而言,缺乏对整体法律体系的可视性。因此,本民法修正案中在总则编规定无效、撤销事由的同时,在债权编的合同章节中也设置了"合同无效及撤销的规定"。其中第1款是民法总则的无效事由规定,第2款是总则编的撤销事由规定,第3款是消费者合同法以及特定商品交易法中的无效、撤销的规定。通过这种准据法的规定,就能掌握合同的无效、撤销的整体状况。

另外,在侵权损害赔偿的末尾也规定了其他法律规定的适用:"基于侵权行为的损害赔偿,除了适用本法规定外,亦可适用机动车损害赔偿保障法(1955年法律第97号)、产品责任法(1994年法律第85号)、国家赔偿法(1947年法律第125号)等其他法律。"此外,准据规定也不能言及所有的关联法律,只要通过提及主要法律以引起查阅民法者的注意即可。在这里,例子中有关侵权行为损害赔偿的法律数目众多,但只提及了若干法律,因为言及所有法律的话将变得过于繁琐。另外,这里没有列举失火责任法的理由,参见"理由书第三编债权"。

⑩ "法典调查方针",《法典调查会民法总会议事速记记录》(第一卷),第21行(电子版第26/291项)。另外,参见广中俊雄:《学术振兴会版议事记录的异同》,载《法律时报》1999年第71卷第7号,第110页以下(留意八版版的学术振兴会的编码码的不同);法务大臣官房司法法制调查部监修:《法典调查会民法总会议事速记记录》,商事法务出版社1988年版,第3页。

关于编别构成的讨论,亦可参见水津太郎:《民法总则的意义——总则思考的构造》,载池田真朗、平野裕之、西原慎治编:《民法(债权法)修改的理论》,新青出版2010年版,第3页。

第三部 日本民法典修正案制定的基本方针   153

本之修改","(二)法典体裁采用潘德克顿方式"。⑪ 在基本方针上脱离了以法学阶梯体系为基础的法国型的博瓦索纳德民法典(另一位起草委员富井政章并没有论述潘德克顿体系的优越性)。⑫

结果,日本就采用了与德国民法典相同的潘德克顿体系,只是在具体编别上没有采用德国民法典的总则、债务法、物权法、亲属法、继承法的编别⑬,而是继承了撒克逊民法典的总则、物权法、债务法、亲属法、继承法的编别。理由是,债权的目的大多是关于行使物权的得丧,所以将物权规定在债权之前才是自然的顺序。⑭

(3)本民法修正案的编别构成

潘德克顿体系的特征是:在各编各章的开头集中设置一般性规范的"总则";并设物权与债权。关于后者,有近代私法学鼻祖之称的萨维尼——以诉权(actio)体系中的对人诉权、对物诉权体系的概念为前提——如下评价:"拿破仑法典不仅没有定义这两个概念(债权与物权),而且作为一般论,法国人也完全不知这些基本概念。这种无知给法典整体造成了难以想象的阴影。"⑮

关于这种物权、债权的内容以及并列设置的评价因人而异,但是本民法修正案认为,现阶段没有必要修改已存续110多年的民法典的编别构成。因此,应当维持基于潘德克顿体系的五编构成。⑯ 根据上段的两个特征,理由阐述如下:

首先,关于设置总则的利弊,总则存在概念抽象化、难以描述具体内容的问题,为了避免这种难以理解的现象,我们认为应当分解总则的规定,以各分则为单位具体规定相关内容即可。但是,在各处规定具体条文的方式同时也会产生新的问题,即难以避免规定的重复,因而民法典将变得更加庞杂,而这种庞杂性恶化了民法的可视性。

问题不仅仅局限于抽象对具体、简明对庞杂。日本也曾介绍德国的下述相关讨论。即,以"一览整体内容"为前提,通过设置总则规定,实现"在他编中没有必要重

---

⑪ 参见穗积陈重:《法窗夜话》,岩波文库1980年版,第349页。

⑫ 参见富井政章:《民法原论 第一卷 总论》(上),有斐阁书房1903年版,第67页。

⑬ 关于德国民法草案的编别,基尔克教授主张,对于满足人的生活需要而言,外界的财产是最为根本的,因此物权编应该规定在有关物权取得的方法的债权法之前,批判了草案的编别。对此,门格尔则认为,在商业时代,债权比所有权更为重要,因此债权编放在物权之前是合理的,他对草案的编别给予了肯定的意见[参见平野义太郎:《民法中的罗马思想与日耳曼思想》(增补新版),有斐阁1970年版,第20页以下]。

⑭ 参见广中俊雄编:《日本民法典数据集成 第一卷 民法典编纂的新方针》,信山社2005年版,第658页;福岛正夫编:《明治民法的制定与穗积文书——〈法典调查会穗积陈重博士关系文书〉的解说、目录以及资料》,有斐阁1956年版,第114页(《法典调查规程理由书》第2条)。民法起草者之一的富井也曾阐述这种理由[富井政章,前载注⑫,《民法原论 第一卷 总论》(上),第68页]。

⑮ 筏津安恕:《私法理论的范式转换与契约理论的再构成》,昭和堂2001年版,第191页。

⑯ 考察民法体系构成的文献可参见赤松秀岳:《民法典的体系》,载《法学教室》1995年第181号,第43页以下;赤松秀岳:《如何考虑民法典体系的应有之义——潘德克顿、法学阶梯以及其他》,载《思考民法修改》,第47页以下;赤松秀岳:《19世纪德国私法学的实像》,成文堂1995年版,第261页以下;筏津安恕:《私法理论的范式转换与契约理论的再构成——沃尔夫、康德、萨维尼》,昭和堂2001年版,第183页以下;水林彪:《近代民法最初的构想——从1791年法国宪法看Code de lois civiles》,载《民法研究》2011年第7号,第1页以下,特别是第41页以下、第92页以下。

复已经规定的内容而促成的'简单化','统一解决'同类问题,以及形成'共同的评价与原则'的共识"这三项目标。[17]

简而言之,我们必须选择下述之一的形式:① 通过"总则"中概念的抽象化压缩民法,抽取统一原则,以提高民法典整体的可视性。② 追求具体化、易于理解而不求统一性,反复规定变成庞杂的法典而忍受较差的可视性。③ 具体化一部分规范,其他部分准用该规范。[18]

上述几种方式各有利弊,而综合来看,并没有改变在民法典中设立"总则"的潘德克顿体系的必要性。因此,民法修正案也将维持保留"总则"这一构造。

其次,关于物权、债权并列设置的体系,不同的学者有不同的衡量,但基本上认为还是适应现代社会的。物权和债权的差异在于对物权与对人权的差异,这是一种经典的看法。但从19世纪起就有像温德海得(Windscheid)那样超越"对物性"的看法,他认为作为对物权的实体,是针对所有人的不作为而行使的请求权。从权利基本上是人与人之间关系的立场来看,物权和债权的差异是绝对权(对世权)与相对权的差异,即可以向任何人请求还是只能向特定相对人请求,下文将从该角度思考这个问题。

在目前的潘德克顿体系之下,物权中规定了所有权、抵押权等重要的权利,这些权利不可因私人的意思而修改,是一种整齐划一的权利(物权法定主义)。因此,作为基本权利的物权在相关交易中,某某权转让意味着交易对象的内容,对所有的交易当事人来说是一样的。这非常简单明了。

不过如此设置虽然使交易变得高效迅速,但也带来了某种程度的僵硬。然而,在民法中,物权法仍坚持了这种整齐划一。而另一方面,债权法却由于契约自由原则,只需当事人间存在意思一致,就可以自由设定权利义务之内容。如此,当事人之间可以随意创设内容,反过来由于债权的相对性,可以主张这一点的也就仅限于合同相对人。

也就是说,在具有对世效力的物权法中,整齐划一确保了交易的迅速展开。而在

---

[17] 本文中引用德国的讨论参见椿寿夫:《21世纪的民法——关于若干素材的随想绪论》,载圆谷峻编著:《社会变迁与民法典》,成文堂2010年版,第21页。

[18] 民法(债权法)修改委员会摸索了本文中③的途径,即,将现行民法总则编中规定的法律行为无效撤销的原因迁移到债权编合同的规定中去,其他编也可以准用合同的规定。这种方案既可以实现合同法的具体化,又可以避免法典的冗长化。但是另一方面,民法总则中规定的"代理行为的瑕疵"民法第101条的条文内容可能只有在看了后面合同的内容才能理解,物权编中"物权的放弃""物权的规定"(关于共有的第225条、关于地上权的第268条)的无效撤销原因只有在参照了后面的合同法的规定才能理解。另外,以身份变动为目的的行为、遗言等,也只有在参照了民法典中间规定的合同法的条文才能完整理解。
这种方式虽然使得合同法变得具体化,但恶化了其他法律领域的可视性。此外,潘德克顿体系中抽象化的内容规定在开头部分,而这种方式将使得民法的中间部分变得过于庞大,欠缺形式美。对于该提案,安永正昭教授如下评价,"提案虽然采取了准用这种非常高明的处理手段","合同法变得更加合理,但其他部分就变成了荒山野岭"。正如安永教授所评价的,笔者也难以赞同上述方式[条文引用参见"民法(债权法)改正检讨委员"议事录第8次,第31页,载http://www.shoujihomu.co.jp/saikenhou/indexja.html"]。

仅具有相对效力的债权法中,则规定了全方面认可当事人间富有创造性的契约自由原则。两者组合也就是民法并列设置物权、债权基本构造的社会意义之所在。这是一种确保权利关系之整齐划一性、交易之迅速性与重视公民之创造性、柔软性的组合。而在今后的现代社会中这也应当得以维持。从这点来看,应当维持目前以并列设置物权、债权为特征的潘德克顿体系。

本民法修正案虽然维持了民法典的编别构成,但对章节内容进行了大幅修改,而关于修改的理由,将在本书及一系列后续理由书的各编别中详加叙述。

2. 规范内容的简明化 vs. 详细化、规范的抽象化 vs. 具体化

作为法典起草的基本方针,是制定一部简明的法典还是一部详细的法典,一部抽象的法典还是一部具体的法典,这是困扰法典起草者的大问题。

对于初次接触法律者来说,具体而简明的法典,更加易于理解。比如说约法三章("法三章耳;杀人者死,伤人者刑,及盗抵罪"),从现代角度来看,该法律唯有三章,即杀人者处以死刑、伤人者以及偷盗者处以相应之刑罚。若制定如此的一部刑法典,那么没有比这更为通俗易懂的了。但如此的刑法典总因过于简明而难以规制所有的社会现象。

相反,某些具体而详细的法典,比如条文多达近四卷 2 万条之巨的《普鲁士一般邦法》即便是以法律为专业的法曹也难以适用(但《普鲁士一般邦法》包含了公法与私法两方面之内容)。

世界上多数国家或地区的立法,采两极之中间,在实现一定程度上简明化、抽象化的同时,也实现了一定程度上的详细化、具体化,即某种程度的平衡论。法典之重在于中庸,本民法修正案亦如此。但即便采中间之平衡论,也有各种不同的层次。

从最近的民事法修改来看,大致方向是比以前的规范内容更为详细化,笔者认为这已经有些过度了。与修改前相比,公司法、信托法、一般社团法人、财团法人法等条文数与条文内容变得格外详细。笔者曾经向法律家以及学生调查过这个问题,不少人认为修改并未使法律规范内容变得易于理解,更有多数人认为这是晦涩难懂的"改恶"。这应该是由其修改并不重视法典之整体性、可视性以及法律体系之透明性而引起的。

本民法修正案反对目前民事法修改的这种趋势,而认为应在上述中间平衡论或中庸的框架之内追求规范内容的具体化与简明化。⑲ 规范的具体化可以从诸多条文中看出,比如说相对于现行民法,本修正案总则编中的"通则"章之规定、"法人"之规定就更加易于理解(现行《民法》第一章、第三章与本民法第一章、第二章第二节)。只有通俗易懂的语句才能使之简明化,而确保规范内容的明晰性、法律规范的一览性是非常重要的。另外,整体法典之透视可能性要求条文在总量上达到读者可以把握

---

⑲ 关于这一点,有见解认为"个人赞成加藤'简明'的意见","立法的中庸论是妥当的"(参见椿寿,前载⑰,《21 世纪的民法——关于若干素材的随想绪论》,第 1f 页)。

的程度。下文将从条文数量的角度来思考法典规模的问题。

正如上文所述,在修订本民法修正案之际,我们努力细查规范的内容,起草简明的条文,结果法典变得相当简明扼要。首先,同现行民法相比,总则编的条文数减少了32条。[20] 其次,除去担保法,比较民法财产法的条文数,若以第三次修正案的"国民有志案"为文本,全部是674条,与现行民法典财产编724条的规定相比减少了50条,变得相当紧凑(但必须强调的是,减少条文数并非我们的第一目的,我们在增加必要规范内容的同时,也追求法典的体系性。条文数目的减少是自然的结果)。就结果而言,本民法修正案优化了整体法典的可视性。

另一方面,为了使法律规范的具体化不致使法典变得过于详细,我们尽量避免条文之重复以及欠缺可视性的准用,为此就有必要抽象同类规范。正如上文所述,本民法修正案维持了潘德克顿体系,而潘德克顿体系中抽取"总则"的做法则有利于实现该目的。

正因为民法直接调整国民生活,所以其应当是一般国民易于理解的法典。但这也不应损害民法作为裁判规范的机能。还有一点非常重要的是,民法典中有必要增加现代性的内容以确保法典的现代化。因此,本民法修正案要达到下述目的:在采用潘德克顿体系以确保法律体系整体可视性的基础上,应对现代性现象,追求条文之简明化、具体化,整体上也不损害规范之网罗性。当然,是否达到了这种目的就要交由诸位读者判断了。

六、强制性规定与任意性规定的修改

社会变则法律变。民法典施行至今已历一个世纪,有必要修改不符合现代社会的规定,这点毫无疑问。但问题在于究竟该修改哪些具体规定?从本章开头的观点来看,民法典是否均需修改?

在十年前的2004年,民法典实现了口语化。修改前的《民法》第317条在牛马过夜费的问题上,规定了"旅店住宿的先取特权"。而2004年的修改已经删除了该条文。在一个世纪之前,想必根本无从预料目前的旅行已不用牛马了。

作为一般论,民法既有强制性规定,又有任意性规定。而实际上修改不合于时的法规主要在于强制性规定,因为任意性规定若不合于社会,当事者间即可自行变通。从这个角度来看,修改作为强制性规定的物权法比修改作为任意性规定的债权法显得更为紧急、迫切。另外,债权法虽为任意性规定,但相对于通过相互交涉、合意形成的合同法规定而言,对债权债务发生以前大多不进行相互交涉的侵权行为法等法定债权进行修改,其必要性更高。从这个角度出发,下文首先就物权法修改以及法定债权修改进行若干要点说明。

---

[20] 总则编的最终条文,现行《民法》为174条之2,而本民法修正案只有98条,考虑到现行民法有欠号码之条文与细分编号条文,结果是对比减少了32条。

首先,关于物权法,从战后农地解放到现在,已历相当长之年月,社会上已经看不到地主以及佃农。现代社会几乎已不见这种"耕作关系"。而民法将利用农地的物权规定为"永佃权"显然有一种违和感。另外,农地法等法律已对这些内容进行了大幅修改。作为现代社会规范,民法典也应当加入这些法律已经调整的内容。从这种观点出发,国民有志案更新了民法的规定,在"地上权"一章的第三节中规定了"农用地上权"。

此外,在现行民法物权编规定相邻关系的条文中,也有不少古色古香的条文。过去日本在庭院中挖化粪池之时,有必要考虑同邻居之距离远近,因此《民法》第237条(对边界线附近挖掘的限制)第1款规定了"下水或者堆肥……化粪池"。再举一例,《民法》第225条第2款规定,建造与邻居家之间围障"当事人之间不能达成协议时,前项的围障须以板障、竹障或其他类似材料设置",但是制定现行民法典之时极其常见的板障、竹障在现代城市中已属罕见事物。那么现代社会中是否应当保留现行民法中的"化粪池""板障、竹障"之规定,将是一个很大的疑问。上述不过是诸多例子之一二罢了,故本民法修正案大幅修改了相邻关系的规定。

另外关于侵权行为,《民法》第709条以过失责任为原则。但即便在民法制定之时,民法起草者穗积陈重博士也不反对在铁路等运输业、制造业等特别法中规定无过失责任。[21] 在现实社会中,其后社会发展也在各种领域内实现了损害赔偿责任无过失化,以及过失责任的举证倒置。战前,工商、矿难实现了无过失化;战后,机动车事故、核事故、相当部分的公害、产品责任的领域内也实现了损害赔偿责任无过失化,以及过失的举证责任倒置。[22] 这些侵权行为特别法制定的历史,大多是在发生了新型的侵权行为损害后,因引起社会极高关注而作为社会问题进行各自立法。许多侵权行为特别法制定之后,存在制度间衔接的问题,需要重新立法。如此,"填埋这些制度间现存间隙的作业"[23]主要是实现人身损害中侵权行为无过失化或者一般过失的举证责任倒置。从这个角度看,关于侵权行为损害赔偿的原则规定,国民有志案建议人身损害适用过失举证责任的一般性倒置。

当然也存在不倒置过失举证责任,而通过无过失责任化的观点。关于人身损害赔偿中采取举证责任倒置还是无过失责任的问题,这既涉及政策性选择,也关系到如何与包括现行诸多法律的法律秩序进行调和的问题。现行法律秩序已经包括许多诸如机动车事故、产品责任等通过举证责任倒置以达到责任的严格化的侵权行为特别法。在民法修改之际,关于人身损害过失举证责任倒置的观点与既有侵权行为特别

---

[21] 参见"穗积陈重发言",载《法典调查会民法总会议事速记记录》(第四十一卷),第152行(电子版第155/211项)。法务大臣官房司法法制调查部监修:《法典调查会民法议事速记记录5》,商事法务研究会出版社1984年版,第297页。

[22] 关于侵权行为特别法的立法史及立法状况详见加藤雅信:《从损害赔偿到社会保障——为了人身损害的救济》,三省堂1989年版,第5页以下;加藤雅信:《新民法大系V无因管理、不当得利、侵权行为》(第2版),有斐阁2005年版,第383页以下。

[23] 参见加藤雅信:《从损害赔偿到社会保障——为了人身损害的救济》,三省堂1989年版,第426页。

法应该说是协调的。与此相对,无过失责任化的观点不仅要求民法进行修改,也认为有必要修改众多侵权行为特别法。因此,本研究会草拟了两个立法方案,而经过反复探讨,考虑到与现行法相协调,国民有志案采用了举证责任倒置的观点。[24]

民法典规定同现代社会的偏离,并不限于永佃权、相邻关系、侵权行为的过失责任。在其他领域,修改这种偏离的规定使之反映现代社会状况,同样紧迫。

如上所述,实际上比起合同法修改,修改作为强制性法规的物权法以及难以通过合意进行修正的法定债权显然是更为紧迫的任务。

七、世界各国或地区的民法修正

1. 国际概况

目前,世界各国或地区都在进行民法大修改,日本也不例外。下文将分别介绍东亚和欧洲的修改状况。在此之前,首先阐述一下整体视角。

与 19 世纪、20 世纪初各国或地区制定民法典之时相比,现在的全球化进一步深入,经济领域内的国际交易更加紧密,对经济圈的法律统一提出了更高的要求。比如说,在国际流通性较高的票据、支票等领域,已经制定了超越基于各国或地区内立法的日内瓦统一支票法、国际支票条约。另外,国际流通性较好的动产领域也制定了国际货物销售合同公约。与此相对,在国际流通性较低的不动产等领域,并没有制定国际统一物权法的动作。

2. 东亚民法典修改

首先来看东亚民法的状况,韩国和中国台湾地区已经全面修改了民法,中国大陆也正在全面推进民法典立法工作。越南在 20 世纪末,柬埔寨在进入 21 世纪后,也完成了民法典的制定。无论是修改还是制定,东亚地区正在全面修改或制定民法。

"民法"修改最彻底的是中国台湾地区,整部"民法"的相当部分已经完成修改。具体来说,台湾地区先修改了"民法总则"(修改作业始于 1974 年,1982 年公布修改法)、"债权法"(修改作业始于 1980 年,1999 年公布修改法)、以最高额抵押为中心的"物权法"(修改法于 2007 年公布施行),物权法其他部分的修改作业也在进行之中。另外,于 1985 年修改了"亲属继承编",并于 2008 年也进行了若干修订。[25]

邻国韩国也正在进行民法典的修改。韩国民法典的内容与日本民法典的内容基

---

[24] 日本私法学会提出案的侵权行为原则性规定第 651 条,研究会正案采取了过失举证责任倒置,研究会副案二规定了人身损害无过失责任(《民法修正与世界的民法典》,第 543 页)。法曹提示案也维持了两个方案(该书第 645 页),《国民有志案》第 657 条采用了举证责任倒置的观点(《国民有志案修改案》第 661 条也是如此)。

[25] 笔者曾参加 2008 年 12 月 18 日台湾大学主办的"国际研讨会:纯粹经济损害的救济",并借机多次采访了中国台湾地区"民法"修改的中心人物王泽鉴教授等人。该调查的详细结果还未发表。中国台湾地区"民法"修改的状况,参见詹森林:《台湾"民法典"的制定》,宫下修一译,载《民法修正与世界的民法典》,第 409 页以下。

本上是一样的,所以下文将稍微详细介绍韩国民法典的修改状况。㉖

首先,关于民法典的整体,韩国于1999年开始了民法典财产法的全面修改,5年后的2004年向国会提出了修正法案,但是2008年该法案被废弃。2009年,开始尝试第二次民法典的修改,计划在4年内修改完全部财产编。该计划最后一年的2012年,虽然修改本身大幅滞后,但是负责修改作业的民法修改委员会终止了任务,如后文所述该委员会也解散了。

第一年度计划探讨的对象是"总则(包含合同、担保)"。具体来说,对民法总则中的"行为能力"(包含成年年龄从20岁下降到19岁)、"亲权""入养(收养)""监护制度"进行了部分修改。2011年韩国公布修改法并于2013年7月开始实施。㉗

从该理由书执笔的最终阶段的状况来看,关于第一年度与第二年度探讨的担保法,2013年7月向国会提出了"废除不动产留置权",但是由于国会的空转没有通过。此外,2014年3月,保证与旅游合同在阁僚会议中通过,但是目前还没有立法通过。

韩国民法修改委员会从2009年开始活动,并计划于2012年最终确定由各分委员会讨论通过的财产法全部条文草案。但是,计划比预定滞后。该委员会2014年2月底完成了起草全部财产法的任务,然后宣告解散。

法务部(法务省)计划于2014年内出版上述草案条文以及解说的小册子,但截至本书校对之时的2015年10月12日还没有出版。但是,除去上述修改结束的部分以及国会审议中或计划提出的部分,韩国不希望一次性向国会提出,而只提出了一部分。具体而言,2015年2月进行保证合同的修改,旅游合同被编入典型合同。这些修改于2016年2月开始实施。事实上,韩国在全面修改完成之前还需要花费相当长的时间。与日本2004年进行的现代语化相似,韩国也于2015年10月6日的国务会议(国务会议以总统为议长,以国务总理为副议长,相当于日本的内阁会议)上决定通过了民法修正案(与上述民法修改委员会草案不同)。该修正案虽然没有修改民法的内容,但是作出了以下修正:(1) 法律的韩语化;(2) 修改日式的汉字表现;(3) 修改难懂的汉语,使得民法典成为一般国民易于理解的法律。这次修改涉及韩国民法1 118条中的1 056条。但是,截至本书校对时的2015年10月12日,关于何时向国会提交

㉖ 最初的情况,参见加藤雅信、中野邦保:《急速进行的"韩国民法典修改"与最近的动向》,载《Jurist》2009年第1379号,第96页以下;尹真秀:《韩国民法典修改——二战后的动向》,金祥洙译,载《民法修正与世界的民法典》,第421页以下;中野邦保:《韩国民法典修改——以动作频繁的2009年为中心》,载《民法修正与世界的民法典》,第431页以下。

关于其后韩国民法修改状况,本研究会事务局曾经于2013年8月31日、2014年3月14日两次向西江大学法学研究生院(Law School)金祥洙教授进行采访,根据金祥洙教授论文(《韩国法速递162:民法部分修改草案——留置权、保证、旅游合同》,载《国际商事法务》2014年第42卷第4号,第654页以下)对本理由书进行了补充。在此,向金祥洙教授表示敬意。其后的补充调查请参见注㉘。

㉗ 除此之外,关于民法总则中的"法人""消灭时效"的修正案于2011年向国会提出。但是,根据《韩国宪法》第51条,向国会提出的法律案等如果在国会议员的任期内没有通过的话将会被废案。该修正案于2012年被废案。但是,目前无法明确韩国法务部(法务省)是否准备再次向国会提出若干法案。

审议,目前尚不明朗。㉘

其次是到目前为止虽未推出民法典但已进行制定作业的国家。首先来看中国的状况。中华人民共和国自1949年成立以来没有制定民法典而整个国家也在运行。中国在两次尝试制定民法典失败之后,在"文化大革命"结束后的改革开放路线中,根据民法各编单独制定了民事单行法。具体而言,以1986年公布、1987年实行的《民法通则》为代表,相继制定了民法各编中的担保法、合同法、物权法。《侵权责任法》也于2009年通过,2010年实施。财产法各编已基本成型(另外,在《侵权责任法》开始实施的2010年中国公布了国际私法领域的《涉外民事关系法律适用法》)。目前的焦点在于是否要制定作为财产法民事单行法的人格权法。另外,在家族法领域,《婚姻法》于1950年制定,1980年全面修改,2001年再次修改,《继承法》于《民法通则》公布前的1985年公布实施)。如此,中国的民事单行法制定路线,几乎已经到了终点。㉙

还有一件比较重要的事是2014年10月20日至23日召开的中国共产党十八届四中全会。会议上审议通过了《中共中央关于全面推进依法治国若干重大问题的决定》,同月29日于《人民日报》上全文公布。

十八届四中全会的决定提出了编纂民法典的任务。对此,日本的报纸在"中国四中全会决定强调市场化的法治,起草民法典"的报道中指出:"中国共产党第十八届中央委员会第四次全体会议审议通过了决定。明确提出了通过整理、网罗民法领域的继承法、婚姻法等个别法而制定民法典的方针。"㉚十八届四中全会的决定给今后的方向定了调,但是并没有涉及后注中提出的许多细节问题(比如婚姻法的应有之义)。根据该报道,随着中国经济市场化的推进,为了利用民间力量开创有活力的社会,有必要利用公正的司法保障民间活动的自由。

2015年3月20日,作为中国最高权力机关同时也是立法机关的全国人民代表大会的常设机关全国人大常务委员会法制工作委员会,正式成立了民法典编纂工作小组。初步打算是在2017年召开的全国人大会上通过民法总则编(至少下段中介绍的中国法学会版《中华人民共和国民法总则专家建议稿》的实施日期是2017年10月1日)。

㉘ 以上信息,由事务处通过2014年11月10日金祥洙教授邮件回复、2015年10月12日郑觀燮副教授的邮件回复,以及中国法学会主办的"第一届中日韩法律论坛"(2015年10月24日、25日)中国、韩国研究者的信息汇集而成。在此表示谢意。

㉙ 关于中国民法制定的概况,参见梁慧星:《中国民法典的制订》,渠涛译,载《民法修正与世界的民法典》,第395页以下。另外正如本书所述,中国已连续制定多部民事单行法,目前的问题是人格权法是否单独立法,最近中国也召开了相关国际论坛。关于中国最近的状况以及此前中国民事立法的状况,参见加藤雅信:《人格权论的展开——以日本、中国、东亚的法律为中心》,载《加藤一郎教授追悼论文集:变动的日本社会与法》,有斐阁2011年版,第173页以下。另外,关于最近的民事单行法立法动向,参见加藤雅信、森脇章:《中国侵权行为法(侵权责任法)的制定与中国民法的动向》,载《法律时报》2010年第82卷第2号(通卷第1018号),第57页以下。

㉚ 日本经济新闻2014年10月29日朝刊,第7版。

为了编纂民法总则编,中国法学会、社会科学院、最高人民法院等部门都开始各自的起草作业。中国法学会于 2015 年 4 月成立了民法典编纂项目领导小组[31],很快于 2015 年 4 月 20 日就提出了上段中介绍的"建议稿"。从建议稿看,总则编的构成与日本民法的章节构成相似。[32] 另外,最高人民法院也于 2015 年 5 月 12 日成立了"民法典编纂工作研究小组"[33],社会科学院也计划以 2013 年年底公布的《中国民法典草案建议稿》[34]为基础展开相关工作。

如果 2017 年可以通过民法总则编的话,其后就应该开始民法典整体编纂的作业了。现在中国九大民法各编的单行法,包括民法总则、物权法、担保法、合同法、侵权责任法、继承法、涉外民事关系法律适用法、婚姻法、收养法。[35] 此外,对于人格权法是否独立成编,人民大学等持赞成态度,而社会科学院则表示反对。[36] 这个问题目前尚无定论。另外,如何将众多民事单行法统一到民法典中,在目前阶段也没有定论。[37]

越南 1986 年开始革新开放政策,作为导入市场经济的法律准备工作,1995 年制定了民法典,其后,受到日本等国家的法律援助,2005 年全面修改了民法典。

其后,根据 2011 年制定的第十三届国会(五年期)的立法计划,2015 年 11 月将全面修改 2005 年民法,并计划 2017 年 1 月 1 日开始实施。2015 年民法包括第一编总则、第二编所有权以及关于财产的其他权利、第三编义务以及合同、第四编继承、第五编含有外国要素的民事关系、第六编实施条款,共六编 689 条。

2015 年民法删除了 2005 年民法继承之后的土地使用权、知识产权相关等两编。他们认为相关内容应当规定在既有的土地法以及知识产权法等特别法中,而非民法之中。

另外,还修改了法律主体与所有形态的相关规定。比如 2005 年规定的法律主体即家庭、合伙等,2015 年在法律主体中没有规定,而只规定了其成员为主体。另外,2005 年除了私人所有、共有之外,还有国家所有、集体所有、政治组织与政治社会组织所有、社会组织与社会职业组织所有等形态,而 2015 年民法只规定了全民所有、单独所有、共有三种所有的形态。

此外,2015 年民法还导入了交易中的善意第三人保护制度、避免违反形式要件的民事交易无效等制度,更加重视交易安全。

---

[31] 参见 http://www.chinalaw.org.cn/Column/Column_View.aspx?ColumnID=920&InfoID=14314.
[32] 具体而言,第一章"一般规定"、第二章"自然人"、第三章"法人"、第四章"其他组织"、第五章"民事权利客体"、第六章"法律行为"、第七章"代理"、第八章"时效"、第九章"民事权利的行使以及保障"、第十章"附则"(中国法学会网站,2015 年 4 月 20 日)。
[33] 参见 http://www.court.gov.cn/zixun-xiangqing-14441.html.
[34] 参见梁慧星:《中国民法典草案建议稿总则编》,法律出版社 2013 年版。
[35] 关于民法中是否编入婚姻法、收养法,目前中国存在赞否两论。过去由于社会主义传统,有力说认为亲属法与民法原则不同,不应当编入民法之中。同样具有社会主义法传统的俄罗斯联邦民法中也不包括亲属法。
[36] 注[34]引用的梁慧星教授的草案中,人格权规定在总则编第二章"自然人"第二节之中。
[37] 上述中国法的最近状况,感谢静冈大学法科大学院朱晔教授的指教,在此表示谢意。

另一方面,修法的草案阶段还导入了物权概念。

关于婚姻以及家族法律关系,越南法规定在婚姻家族法中,该法也于2014年进行了修改。[38]

柬埔寨过去受到法国影响,存在柬埔寨旧民法。但是1975年之后,波尔布特政权下旧民法实际上被废止了,柬埔寨处于一种没有财产关系以及家族关系法律的状况之下。在20多年内战之后,1998年开始民法起草作业,受到日本法律支持的帮助,2007年制定了共1 305条的民法典,具体由八编组成:第一编总则,第二编人,第三编物权,第四编债务,第五编各种合同、侵权行为,第六编债务担保,第七编亲属,第八编继承。该法于2011年12月开始实施。从制定到实施经过了4年之久,基于协调其他法令与民法典之理由,有必要制定民法适用法。具体来说,根据民法适用法,过去土地法中被称之为gage的非占有型的不动产质押与民法中抵押权的关系,担保交易法中独自规定的动产担保物权与民法的关系调整,等等。另外,柬埔寨民法规定,不动产买卖合同的效力要件不仅包括当事人的合意,还需要制作公证书(《柬埔寨民法》第336条)。但是柬埔寨公证人只有数人,民法规定公证书包含"权限部门为了登记程序所作的文件",还有地方自治体首长签字的公证书亦可。[39]柬埔寨民法不但吸收了主要大陆法系国家(日本法、德国法、法国法)的制度,还参考了国际动产买卖合同、联合国国际商事合同原则、欧洲合同法原则等国际潮流的成果,当然还有柬埔寨旧民法、婚姻家族法、土地法等成果。[40]

综上所述,在东亚,中国台湾地区和民法典制定已历50年的韩国,正在全面修改民法典。另外,一直以来没有民法典的中国大陆、越南、柬埔寨等最近也在制定或者已经制定了民法典。

另外东亚地区并不存在像下面要探讨的欧盟地区那样有紧密的经济共同体,所以该地区的法律统一并没有提上政治日程。

3. 欧洲民法典修改

如1中所述,经济的紧密化要求法律具有统一性。其中最为典型的是欧盟正在推进的欧洲一体化。从最近的状况来看,德国完成了债务法修改,法国也在进行民法修改。修改篇幅最大者当属荷兰民法典,荷兰以1970年家族法修改为契机,统一民、商二法制定了总数达十编之巨的新民法典,其中八编已经开始实施。

---

[38] 上述越南以及越南民法修改的状况,多谢JICA的长期专家木本真理子律师的指教。关于修改之前的民法,参见角纪代惠:《越南2005年民法》,载《Jurist》2010年第1406号,第90页。2005年越南民法的翻译,参见JICA主页"越南六法"中的一部分(http://www.jica.go.jp/project/vietnam/021/legal/)。

[39] 上述柬埔寨的状况,多谢JICA的长期专家木本真理子律师以及参与到柬埔寨法律援助的关系人士的指教,在此表示感谢。关于《柬埔寨民法典》的翻译,参见"财团法人国际民商事法中心"的主页(http://www.icclc.or.jp/equip_cambodia/index.html)。

[40] 以上参见森岛昭夫:《柬埔寨王国法律支持事业以及柬埔寨民法的起草》,载《ICD news》2003年第7号,第30页;山本丰:《柬埔寨王国民法草案概要:人编与债务编》,载《ICD news》2003年第7号,第51页。

将目光从个别国家或地区移开,放眼欧洲整体,以1989年欧洲议会的决议为开端,经过其后各阶段,欧洲也开始制定"欧洲民法典"。毋庸置疑,欧洲民法典的诞生能够促成法律的统一,但在此过程中有必要谨慎探讨各国主权间的冲突。即便欧洲民法典不能作为现实法律得以制定,但是探讨本身也具有促进法律间之协调的作用。

我们曾于2008年3月主办国际研讨会,期间,欧洲各国民法典修改的责任人或者参与者列席会议,他们对德国、法国、荷兰的具体情况做了介绍,因论文已经提交,相关内容参见会议论文。[41] 然而,在国际研讨会之后法国的情况发生了重大变化,野泽正充对此做了如下简要介绍:

2004年,在民法典历经两百年风霜之后,法国对其民法典进行了重大修改,即,2006年3月23日担保法修改(法令第346号),2006年6月23日继承法修改,以及2007年2月21日"信托"编入民法典第2011条之后。其中最为重要的是担保法的修改,修改之后人的担保与物的担保全部归入民法典全新的第四编中。另外,与担保法修改委员会同期成立的是以Pierre Catala教授为中心的债务法修改委员会。该委员会于2004年3月开始展开具体活动,2006年6月在政府刊物上公布了准备草案。修改的对象主要有:(1) 民法典第三编第三章"合同以及合意债务之一般";(2) 第四章"民事责任";(3) 第十八章"时效"。此外,债务法修改委员会将这些对象分为三类:(1) 起草的是"主要小组";(2) 由G. Viney与G. Durry带领的民事责任小组负责;(3) 由Philippe Malaurie带领的时效法小组负责。2005年初夏,这三个小组完成了草案并于一年后公布,其中关于(3),法国已经在2008年6月制定了民事时效修改法。但是,(1) 由于偏离了欧洲合同法原理而受到批判。2008年7月,司法部再次提交了新债务法草案,该草案由司法部的责任人与学者小组共同起草,内容上与欧洲合同法原理相近。其后,司法部于2009年提出了新草案,该草案目前尚未提交国会审议,此外,以Francois Terre为中心,法兰西学士院人文社会科学院士成员继续公布了合同法修改草案(2009年)、民事责任法修改草案(2011年),以及债务法修改草案(2013年)。由Terre起草的草案得到了司法部财政支持,与其他草案相互竞争,深化了相关讨论。

其后,2015年2月25日司法部在网上公布了"关于合同法修改的法令草案",希望在4月30日之前成为立法修正案。该草案本身与司法部2013年10月的草案并无本质差异。但是,不是通过法律而是政令的方式修改民法,希望在一年之内实现修法。这次的法令草案是根据"关于国内争议与交易领域中法以及程序的现代化以及

---

[41] 参见科尔·里森胡贝尔:《德国民法典》,宫下修一译,载《民法修正与世界的民法典》,第314页以下(下述所有论文皆收集在该书中);另外法国的情况参见Pierre Catala:《民法、商法以及消费者法》,野泽正充译,该书第317页以下;荷兰的情况参见阿瑟·S.哈特坎普:《荷兰民法典的公布》,平林美纪译,该书第381页以下。另外,关于欧洲民法典参见哈特坎普:《欧洲民法典的动向》,广濑久和译,该书第455页以下;广濑久和:《关于欧洲民法典的动向》,该书第469页以下;北居功:《欧盟民法典论议》,该书第475页以下。

简练化的2015年2月16日第177号法律"第8条的授权而来,该法第27条第1款第3项规定12月之内修改。结果在本书最终校对的2016年2月,根据"关于合同、债务的一般制度以及证据法的2016年2月10日第131号政令",法国修改了民法的部分债务法。

4. 各国或地区民法编别的基本框架

上文以地域为单位简单概括了各国或地区的情况,下文将以民法编别为视角,谈论几个特色鲜明的国家或地区的民法典情况。

世界上多数民法典受到了以罗马法为鼻祖的欧洲法的影响。正如本章上文所述,查士丁尼法典(罗马法大全)分为三部分,其中学说汇纂(Digesta或者潘德克顿)影响了《德国民法典》的潘德克顿体系,法学提要(法学阶梯)影响了《法国民法典》的法学阶梯体系。

但是,《荷兰民法典》却采用了与此完全不同的十编构成。具体可以参见哈特坎普教授的论文[42],该法第二编法人法的规定并未区分公司等营利法人与非营利法人。第八编规定了一直由商法典明确的运输法,而保险合同则规定在第七编各类合同之中。其后,根据鹿野菜穗子教授向Hondius教授咨询所知,目前第十编国际私法也已经制定完成。而第九编知识产权尚未制定。[43] 当然,其他国家或地区民法中涉及的内容,也规定在其他各编之中,《荷兰民法典》作为私法综合法典可谓实至名归。《荷兰民法典》与罗马法体系迥然不同,有观点认为,通过活页式编纂方式,《荷兰民法典》已成为探索私法集大成者的典型。

《荷兰民法典》统一民商二法的尝试并非唯一。中国台湾地区"民法"在采取潘德克顿体系五编构成的基础上,在第二编"债"第二章"各种债"分论中,在民事合同之后,还规定了相互计算、经理人以及代理商、中介、行纪(仲买)、仓库、运送、隐名合伙、各种证券等具有商法性质的合同。通过这种方式,也实现了民商二法的统一。

另外,《泰国民商法典》也通过类似构成实现了民商二法的统一。即,《泰国民商法典》由六编构成,第二编规定债权关系,第三编规定典型合同,比德国潘德克顿体系多了一编。另外,该法典还在第三编典型合同中规定了中国台湾地区"民法"所未规定的保险、票据以及支票、合伙以及公司等内容,通过这种方式达到民商二法统一的目的。

5. 世界民法典修改

那么,在修改日本民法典之际,应当如何看待上述状况? 当然,各国或地区的文化、传统各异,各国或地区的情况、公民生活也各不同。考虑到民法调整的各自社会以及公民生活的属性,片面强调法律的统一是不现实的。

---

[42] 参见哈特坎普:《荷兰民法典的公布》,平林美纪译,载《民法修正与世界的民法典》,第381页以下。
[43] 鹿野菜穗子的咨询主要是通过2014年11月12日Hondius教授的邮件进行。

假如日本为欧盟等紧密经济共同体成员之一的话,便存在法律统一的必要性,而目前日本并不存在这种状况。因此,在提出本民法修正案之际,虽然需要考虑国际协调性,但是更加值得注意下述问题:使用民法典条文的主要目的是解决国内民事纠纷而非国际民事纠纷;从国内状况看有无必要修改民法,以及如何修改民法。

第二章 日本民法典修正案的基本框架

一、力争成为利于国民的民法典

想要制定一部对国民而言通俗易懂、易于使用的民法典,需要从不同的角度下不少工夫。如上文所述,将法典没有规定的判例法进行法典化,以及增设民事特别法之指引性规定,这些都是我们努力的方向。下文将从法典之构成、条文之规定方法为中心视角阐述笔者的意见。

二、法典构成应有之义

想要制定一部通俗易懂且便于使用的法典,以下几点是至关重要的:(1)法典之构成是理论性且通篇体系化的;(2)各自编、章、节、条、款、项中的规范内容是有序的;(3)条文用语简洁而规整。

由此可见,首先,本民法修正案追求(1)之法典构成之理论性与体系性,对现行民法规定的位置作出不少变更。另外,"住所""期间的计算"等规定,与其说是民法总则上的私法属性,不如说是涵盖公私法的通则性规定,故本民法改正研究会建议将其规定到"法令通则法"中,而不是在民法典中。

其次,本民法修正案为了达到(2)之各自章、节、条、款中的规范内容之有序性,对现行民法之章、节、条等一系列条文作了进一步的细化、体系化、有序化。

再次,关于(3)之条文用语的简明化、规整化,最开始不可能介绍所有的条文内容,所以将这一点放到第四部修改理由中。这里仅仅从(1)(2)法典构成的观点,根据财产法第三编,简单介绍本民法修正案与现行民法典之章、节、条、款的差异。

关于下述构成方案,总则编已经是民法改正研究会的最终草案。物权编、债权编则是根据正在讨论的国民有志案稍作修改的草案(参见本书凡例)。另外,民法改正研究会还在起草担保法,下述关于担保法的内容不过为阶段性的暂定草案。因此,除了总则编之外,其他草案尚未到最终确定的阶段,今后可能会有若干变化。

表1　总则编的构成

本民法修正案	现行民法典
第一编　总则	第一编　总则
第一章　通则	第一章　通则
第二章　权利的主体	—
第一节　人	第二章　人
第一款　权利能力	第一节　权利能力 　第四节　"不在者的财产管理及宣告失踪"中的一部分(宣告失踪部分) 　第五节　同时死亡的推定
第二款　意思能力	—
第三款　行为能力	第二节　行为能力
第一目　未成年	
第二目　监护	
第三目　保佐	
第四目　辅助	
第五目　判决保护制度的相互关系	
第六目　限制行为能力人的相对人的保护	
第四款　意思表示的受领能力	第98条之2(意思表示的受领能力)
	第三节　住所 　(本民法修正案移至"法令通则法")
	第四节　"不在者的财产管理及宣告失踪"中的一部分(不在者的财产管理部分) 　(本民法修正案移至第三编第三章第二节法定财产管理)
第二节　法人	第三章　法人
第三章　权利的客体	—
第一节　总则	—
第二节　物的分类	第四章　物
第四章　权利的变动	—
第一节　总则	—
第二节　法律行为	第五章　法律行为
第一款　总则	第一节　总则
第二款　意思表示	第二节　意思表示
第三款　代理	第三节　代理
第一目　有权代理	
第二目　无权代理	
第三目　表见代理等	

(续表)

本民法修正案	现行民法典
第四款　无效及撤销 　第一目　无效 　第二目　撤销	第四节　无效及撤销
第五款　条件及期限 　第一目　条件 　第二目　期限	第五节　条件及期限
	第六章　期间的计算 （本民法修正案将其移至"法令通则法"）
第三节　时效	第七章　时效 　第一节　总则 　第二节　取得时效 　第三节　消灭时效
第五章　权利的实现	—

表2　物权编的构成

国民有志案修正案原案	现行民法典
第二编　物权	第二编　物权
第一章　总则	第一章　总则
第一节　通则	—
第二节　占有	第二章　占有权
第一款　占有的取得与转移	第一节　占有权的取得
第二款　基于占有的请求权	第二节　占有权的效力
第三款　占有的样态等	
第四款　占有人与回复人	
第五款　占有的消灭	第三节　占有权的消灭
第六款　准占有	第四节　准占有
第二章　所有权	第三章　所有权
第一节　所有权及其界限	第一节　所有权的界限
第一款　所有权的内容及范围	第一款　所有权的内容及范围
第二款　相邻关系	第二款　相邻关系
第二节　所有权的原始取得	第二节　所有权的取得
第三节　共同所有	第三节　共有
第三章　地上权	—
第一节　总则	—
第二节　建造物用地上权	第四章　地上权
第三节　农用地上权	第五章　永佃权
第四章　地役权	第六章　地役权

(续表)

国民有志案修正案原案	现行民法典
第五章　抵押权	第十章　抵押权
第六章　质权	第九章　质权
第七章　先取特权	第八章　先取特权
第八章　留置权	第七章　留置权

表3　债权编的构成

国民有志案修正案原案	现行民法典
第三编　债权	第三编　债权
第一章　总则	第一章　总则
第一节　通则	第二节　债权的效力 　　第一款　债务不履行的责任等
第二节　债权的种类	第一节　债权的目的
第三节　债权的对外效力	第二节　债权的效力 　　第二款　债权人代位权及债权人撤销权
第四节　债权关系中当事人的变动	—
第一款　债权转让	第四节　债权的转让
第二款　债务承担	—
第三款　合同地位的转让	—
第五节　债权的消灭	第五节　债权的消灭
第一款　总则	
第二款　清偿	第一款　清偿
第一目　总则	第一目　总则
第二目　代物清偿	
第三目　特殊的清偿方法	第二章　合同 　　第十三节　终身定期金
第四目　清偿的代位	第一款　清偿 　　　第三目　清偿的代位
第三款　清偿提存	第二目　清偿标的物的提存
第四款　抵销	第二款　抵销
第五款　更改	第三款　更改
第六款　免除	第四款　免除
第七款　混同	第五款　混同
第六节　多数当事人的债权及债务	第三节　多数当事人的债权及债务
第一款　总则	
第二款　可分债权债务及不可分债权债务	第一款　总则 　　第二款　不可分债权及不可分债务

(续表)

国民有志案修正案原案	现行民法典
第三款　连带债权债务	第三款　连带债务
第四款　保证债权债务	第四款　保证债务
第一目　特定保证	第一目　总则
第二目　最高额保证	第二目　贷款等最高额保证合同
第二章　合同	第二章　合同
第一节　总则	第一节　总则
第一款　合同的自由	—
第二款　合同的交涉与成立	—
第一目　合同交涉中当事人的义务	
第二目　合同的成立	第一款　合同的成立
第三目　格式合同的成立	—
第四目　悬赏广告	第一款　合同成立的一部分
第三款　合同的效力	第二款　合同的效力
第四款　合同的有效性	—
第五款　合同的解除	第三款　合同的解除
第二节　所有权转移合同	
第一款　买卖	第三节　买卖
第一目　总则	第一款　总则
第二目　出卖人的担保责任	第二款　买卖的效力
第三目　买回	第三款　买回
第二款　交换	第四节　交换
第三款　赠与	第二节　赠与
第三节　物的利用合同	—
第一款　租赁	第七节　租赁
第一目　总则	第一款　总则
第二目　租赁的效力	第二款　租赁的效力
第三目　租赁的终了	第三款　租赁的终了
第二款　使用租赁	第六节　使用租赁
第四节　提供劳动合同	—
第一款　雇佣	第八节　雇佣
第二款　承揽	第九节　承揽
第三款　委托	第十节　委托
第一目　有偿委托	
第二目　无偿委托	
第三目　准委托	

(续表)

国民有志案修正案原案	现行民法典
第四款 寄存	第十一节 寄存
第一目 有偿寄存	
第二目 无偿寄存	
第三目 消费寄存	
第五节 其他典型合同	—
第一款 消费租赁	第五节 消费租赁
第一目 有偿消费租赁	
第二目 无偿消费租赁	
第二款 合伙	第十二节 合伙
第一目 合伙的成立与组织	
第二目 合伙财产	
第三目 合伙的对外关系	
第四目 合伙的解散与清算	
第三款 和解	第十四节 和解
第三章 无因管理等	第三章 无因管理
第一节 无因管理	
第二节 法定财产管理	第一编 总则 　第二章 人 　　第四节 不在者的财产管理及宣告失踪的一部分
第四章 不当得利等	第四章 不当得利
第一节 一般不当得利	
第二节 特殊不当得利	
第三节 转用得利	
第五章 侵权行为	第五章 侵权行为
第一节 损害赔偿	
第一款 总则	
第二款 侵权行为中的免责事由等	
第三款 特殊侵权行为	
第二节 停止侵害等	—

三、规范内容之构成与条文规定之方法

1. 制度之一览性与条文配置之规则性

从制定新法而非法律解释的角度来看,在制定民法典之时,因时间有限,条文的排序不可能考虑到非常细节的部分。

比如说,关于限制行为能力人,现行民法规定了两种制度,"撤销其所作出的法律行为(除了成年监护人、未成年人监护人之外,欠缺保护机关之同意而撤销的法律行

为)",与"法定代理人之代理"。前者规定在第一编总则编中,后者却规定在第四编亲属编中,显然难以鸟瞰制度之全貌。

其次,关于条文配置之规则性。如《民法》第13条第1款第1项至第9项规定了"需要保佐人同意的行为",其顺序是"支取或利用本金——借债或承担保证——不动产等之权利变动——诉讼行为——赠与、和解或仲裁合意——对继承的承认、放弃以及遗产分割——拒绝他人提出的赠与要约、放弃遗赠、承诺附负担赠与的要约或承认附负担的遗赠——新建、改建、扩建或者大型修缮——非短期租赁",几乎毫无规则性可言,仅仅是机械排列而已。

因此,本民法修正案按照民法规定的顺序重新排列这些规定的顺序(另外现行民法关于合同分论的顺序是按照赠与、买卖等无偿合同、有偿合同的顺序排列,而本民法修正案考虑生活中大多是有偿合同,故改变了买卖、赠与之排序。"新"第17条第1款便是按照本民法修正案的顺序安排的)。

表4中左侧是"新"第17条第1款中的各项,右侧则是现行《民法》第13条第1款中的各项,比较两者可以发现,本民法修正案大幅分解、再次排序了现行《民法》第13条第1款中各项的顺序。

表4 被保佐人的法律行为等条文构成

本民法修正案	有无修改	现行民法
第十七条 被保佐人实施以下行为时,应当征得其保佐人同意。但与日常生活相关的行为不在此限。	移修	第13条第1款
(一)不动产及其他重要财产的买卖、租赁[不超过(新)第N条(短期租赁)规定期间的租赁除外]及其他以重要权利的变动为目的的法律行为;	移修	第3项、第9项
(二)赠与、拒绝赠与要约,或承诺附负担的赠与要约;	移修	第5项、第7项
(三)以新建、改建、增建或重大修缮为目的的法律行为;	移修	第8项
(四)签订金钱消费借贷合同或类似的合同及其他利用或领取本金,或者作出保证;	移修	第1项、第2项
(五)达成和解或仲裁合意[指仲裁法(二〇〇三年法律第一百三十八号)第二条(定义)第一款规定的仲裁合意];	移修	第5项
(六)接受或放弃继承,放弃遗赠或接受附负担的遗赠,或者分割遗产;	移修	第6项、第7项
(七)除了上述各项之外,无偿向相对人或第三人提供利益的法律行为。	新增	—

这不过是一个例子而已。而从例子中可以看出,现行民法不仅需要改变规定的顺序,还需要在不少地方统一复数条文。结果是本民法修正案不仅新设了不少条文,同时也统一了不少条文。

2. 规范内容之秩序化

(1) 导论

民法典虽然是按照一定的顺序进行排列,但其排列之法律构造却有不少模糊之处,下文以"人"与"代理"为例,比较本民法修正案与现行民法之差异。

(2) "人"之体系化

首先以本民法修正案总则编第二章第一节"人"为例,介绍本民法修正案如何对现行民法典之规范内容作重新排序。

本民法修正案的"人"之构成,本民法修正案与现行民法典之对比如下:

表5 "人"的构成

本民法修正案	现行民法
第二章 权利的主体	—
第一节 人	第二章 人
第一款 权利能力 (包括"推定同时死亡""以宣告失踪判决拟制死亡")	第一节 权利能力
第二款 意思能力	—
第三款 行为能力	第二节 行为能力
第一目 未成年	—
第二目 监护	—
第三目 保佐	—
第四目 辅助	—
第五目 判决保护制度的相互关系	—
第六目 限制行为能力人的相对人的保护	—
第四款 意思表示的受领能力	(从"第五章法律行为 第二节意思表示"中转移)
(规定在法令通则法中)	第三节 住所
("不在者的财产管理"移至"第三编债权第三章无因管理") ("宣告失踪"移至"第一款 权利能力")	第四节 不在者的财产管理及宣告失踪
	第五节 推定同时死亡

从表5可见,本民法修正案对于民法典中"人"的能力的规定,除了侵权行为责任能力以外的能力——具体来说包括"权利能力""意思能力""行为能力""意思表示之受领能力"——全部规定在"款"中。如此,总则第二章第一节"人"之规范内容全部"净化"为能力规定。

此外,第一款"权利能力"中规定了权利能力之开始期限和终止期限。权利能力之终止期限规定了"死",同时将与权利能力终止期限有关的"推定同时死亡""宣告失踪"也移到第一款"权利能力"中来。

另外,创设现行民法没有明文规定的意思能力可使民法典更加通俗易懂。

为了叙述之便,在下文(3)中再阐述行为能力。

"意思表示的受领能力"规定在现行民法中法律行为的意思表示的末尾,但考虑到法律并不承认未成年人与成年被监护人之受领能力,意思表示的受领能力与行为能力之间具有极强的连续性,故本民法修正案在第三款"行为能力"后规定了"意思表示的受领能力"。

其次,从人的能力规定"净化"以及体系化的角度出发,关于"不在者的财产管理",其自发管理的情况下是债权编中无因管理的典型,是自罗马法以来的传统。从这点来看,由家庭法院选任"不在者的财产管理人",具有类似无因管理的属性,故将其移至债权编中。

再次,正如本章上文所述,本民法修正案将民法总则之规定定位为民法各编之总则与私法之总则规定,故将具有公私法双重属性的"住所"规定移至"法令通则法"。

现行民法"人"的章节中规定了第三节"住所"、第四节"不在者的财产管理及宣告失踪"、第五节"推定同时死亡"等,而修改的结果是本民法修正案中删除了上述规定。

(3) 条文群之体系化

本民法修正案通过设置"款""目"将现行民法中的不少条文并列规定在一起,从而凸显其体系性。

以上述(2)中的"人"为例,现行民法关于行为能力的规定有18条之多,而本民法修正案中分为6"目":未成年、监护、保佐、辅助、判决保护制度的相互关系、限制行为能力人的相对人的保护。如此规定,便能一览限制行为能力制度的体系。这不过是"人"一节的例子,在本民法修正案中类似尝试不在少数。

比如说"代理"的条文群,本民法修正案在不少地方修改并沿袭了现行民法典的规定,并未作根本性修改。条文数目本身也不过在开头的地方增加了"代理权的产生""商行为的代理""表见代理的重叠适用""出借名义者的责任"4条,但由于重构现行民法的条文内容而减少了2条,因此最终条文数又增加了2条,并未发生重大变动。

但是,本民法修正案将现行民法中的代理修改为"有权代理——无权代理——表见代理"的顺序,另外在"有权代理"的内部大体上按照代理权"发生——要件、效果——与现行民法代理之瑕疵相对应的条文——复代理——消灭"的顺序进行规定。如此更换条文顺序,修正若干用词,在内容上作为第一目"有权代理"进行分类,可以说大幅提高了代理法的一览性。关于代理的具体规定,本民法修正案与现行民法的对比如下:

表6 代理的构成

本民法修正案	现行民法
第三款 代理	第三节 代理
第一目 有权代理	
代理权的产生	代理行为的要件及效果
代理权的范围	未表明是为本人而为的意思表示
代理行为的要件及效果	代理行为的瑕疵
未表明是为本人而为的意思表示	代理人的行为能力
自我合同及双方代理等	没有明确权限的代理人的权限
代理人的行为能力等	任意代理人选任复代理人
与代理人相关的事由的效力	选任了复代理人的代理人的责任
复代理人及其权限	法定代理人选任复代理人
由任意代理人选任的复代理	复代理人的权限等
由法定代理人选任的复代理	自我合同及双方代理
代理权的消灭事由	表示授予代理权的表见代理
商行为的代理	权限外行为的表见代理
	代理权的消灭事由
第二目 无权代理	代理权消灭后的表见代理
无权代理	无权代理
本人的追认	无权代理的相对人的催告权
相对人的权利	
无权代理人的责任	无权代理的相对人的撤销权
单独行为的无权代理	无权代理行为的追认
第三目 表见代理等	无权代理人的责任
因越权行为产生的表见代理	单独行为的无权代理
代理权消灭后的表见代理	
因授予代理权的表示而产生的表见代理	
表见代理的重叠适用	
出借名义者的责任	

3. 确保条文内容一览性

（1）意思表示无效、撤销对第三人的效力

关于意思表示之无效、撤销在什么范围内可以对抗第三人的问题，现行民法只规定了虚假表示的第94条第2款与欺诈的第96条第3款。学说上对在什么情况下可以准用这些条款存有争议，本民法修正案一方面整体规定了这个问题，另一方面并不像现行民法那样个别规定无效、可撤销的原因，而是归纳在同一条文中。

具体来说，按照保护表意者的范围从狭窄到宽泛，采用三阶层构造，规定的条文一目了然，即：① 善意第三人获得保护的情况（"真意保留""虚假表示""错误"）；

② 善意无过失的第三人获得保护的情况("不实表示""不提供信息""欺诈");③ 所有表意者获得保护的情况("胁迫")。比起现行民法分散个别规定的方式,如此规定的方式具有透视性、体系性的优点。

> **(对第三人的保护　本民法修正案)**
> 　　第四十九条　关于以下法律行为的无效或撤销,不能以该无效或撤销的原因对抗善意第三人。
> 　　(一) 第四十三条(真意保留)规定的无效;
> 　　(二) 第四十四条(虚假表示)正文规定的无效;
> 　　(三) 第四十五条(错误)第一款及第二款规定的撤销。
> 　　2　关于以下法律行为的撤销,不能以该撤销的原因对抗善意且无过失的第三人。
> 　　(一) 第四十六条(不真实表示及信息的不提供)第一款及第二款规定的撤销;
> 　　(二) 第四十七条(欺诈)规定的撤销。
> 　　3　前条规定的撤销可以对抗第三人。

(2) 担保责任的规定

现行民法关于买卖的担保责任存在许多条文,其各自法律效果只有在掌握所有条文的情况下方能理解。

但实际上担保责任的法律效果包括履行合同请求权、解除、减少金额、损害赔偿。若将这些内容按照1、2、3、4号之顺序进行排列,条文本身也是作为表格存在,在一览无余的同时,内容上也便于理解。因此本民法修正案在各自条文中按上述法律效果进行规定以确保一览性。

具体来说,下文在介绍现行《民法》第570条及其准用的第566条第1款之基础上,比较其与国民有志案若干规定的差异。比较现行民法与国民有志案的规定,在《国民有志案》的第499条"出卖人的瑕疵担保责任"、第500条"数量不足或物部分灭失情况下出卖人的担保责任"、第502条"物部分他人所属的出卖人的担保责任"都规定了出卖人担保责任的上述四种效果。但是,第501条"买卖他人之物的出卖人的担保责任"却不认可减少金额请求权,这从条文上一览无余(限于篇幅,在此仅介绍国民有志案关于瑕疵担保共8个条文中的第4条第1款,省略介绍了第503条以下的内容,参见国民有志案[44])。

另外,现行民法将出卖人的瑕疵担保责任规定在出卖人一系列责任之最后,国民有志案则认为其重要性更高,应规定在出卖人责任之开始处。

---

[44]　参见加藤雅信:《迫在眉睫的债权法修正》,信山社2015年版,第599页以下。

现行民法典

(出卖人的瑕疵担保责任)
第五百七十条　买卖标的物上有潜在瑕疵时,准用第五百六十六条的规定。但通过强制拍卖的,不在此限。

(有地上权等存在时的出卖人担保责任)
第五百六十六条①　如果买卖标的物为地上权、永佃权、地役权、留置权或质权的标的,而买受人却对此不知情,且因此而不能达到订立合同的目的时,买受人可以解除合同。如果无法解除合同,仅可以请求损害赔偿。

国民有志案修正案原案

(出卖人的瑕疵担保责任)(所有条文仅含第一项)
第四百九十九条　买卖标的物存在隐藏瑕疵的,善意买受人享有下述各项权利。
(一) 瑕疵修补请求权或代替物交付请求权;
(二) 难以达到合同目的的,合同解除权;
(三) 不影响合同目的之达成的,减额请求权;
(四) 具备本法第三百四十二条(基于债务不履行的损害赔偿)要件的,基于此,享有损害赔偿请求权。前三项权利之行使不妨碍损害赔偿请求。

(数量不足或物部分灭失情况下出卖人的担保责任)
第五百条　约定数量的买卖物不足或者合同之时物已经部分灭失的,善意买受人享有下述各项权利。
(一) 不足数目的交付请求权;
(二) 该数目难以达到合同目的的,合同解除权;
(三) 根据不足数目的比例,减额请求权;
(四) 具备本法第三百四十二条(基于债务不履行的损害赔偿)要件的,基于此,享有损害赔偿请求权。前三项权利之行使不妨碍损害赔偿请求。

(买卖他人之物的出卖人的担保责任)
第五百零一条　以他人之物为买卖标的的,买受人享有下述权利。
(一) 出卖人取得该物的所有权,并向买受人转移该所有权的请求权;
(二) 出卖人难以向买受人转移所有权的,合同解除权;
(三) 善意买受人具备本法第三百四十二条(基于债务不履行的损害赔偿)要件的,基于此,享有损害赔偿请求权。前二项权利之行使不妨碍损害赔偿请求。

(物部分他人所属的出卖人的担保责任)
　　第五百零二条　买卖标的物部分他人所属的,出卖人未向买受人转移该物的,买受人享有下述各项权利。
　　(一)出卖人取得该部分并向买受人转移该部分的所有权的请求权;
　　(二)买受人是善意的情形,没有剩余部分难以达到买卖目的的,合同解除权;
　　(三)根据不足部分的比例的减额请求权;
　　(四)买受人是善意,具备本法第三百四十二条(基于债务不履行的损害赔偿)要件的,基于此,享有损害赔偿请求权。前三项权利之行使不妨碍损害赔偿请求。

4. 确保视觉上一览性的条文形式

上述列举的例子主要是通过将规范内容表格化的方式进行规定,下面则通过编号记载的方式使读者一瞥即可理解规范的内容。本民法修正案在"新"第42条(意思表示及其效力)等条文中便采取了这种形式。下面以"新"第93条为例,来看这种编号的书写方式。第93条第1款有3个编号,第2款有2个编号,下表中5个编号的内容分为左右两部分,中间空一个字。

在表内的前半部分采用了这种方式,正如《民事诉讼法》第3条之3、第5条、第6条、第6条之2、第104条、第107条、第124条。但是,其他许多法律是在后半部分采取空一个字的方式。虽然这只是个形式上的问题,双方的做法都未为不可,但是本民法修正案从视觉效果出发,采取了在表格前半部分的方式。

(时效完成的推迟)
　　第九十三条　在以下各项规定的情况下,时效自该项规定的时间起六个月内不得完成。

(一) 未成年人或被监护人在时效完成前六个月内无法定代理人的;	上述人员成为完全行为能力人时,或在法定代理人选出时
(二) 时效与遗产相关时;	继承人确定时,或在管理人选出时,或作出开始破产清算程序的裁定时
(三) 发生天灾或其他无法避免的事件产生障碍的[仅限于不能进行下一条第一款规定的催告、同条第二款规定的交涉或第九十五条(因诉讼程序等引起的时效援用的限制)第一款各项规定的程序时,或不能请求第九十六条(时效的重新起算和权利的承认)第二款规定的承认时]。	在该事件引起的障碍消灭时

2 以下各项规定的权利的时效自该项规定的时间起六个月内不得完成。
(一) 未成年人或被监护人对法定　　上述人员成为完全行为能力人时,或在
　　　代理人享有的权利;　　　　　　后任法定代理人选出时
(二) 夫妇一方对另一方享有的　　　婚姻解除时
　　　权利。

(不同形式的草案)

第九十三条　在以下各项规定的情况下,时效自该项规定的时间起六个月内不得完成。
(一) 未成年人或被监护人在时效完成前六个月内无法定代理人的　上述人员成为完全行为能力人时,或在法定代理人选出时
(二) 时效与遗产相关时　继承人确定时,或在管理人选出时,或作出开始破产清算程序的裁定时
(三) 发生天灾或其他无法避免的事件产生障碍的[仅限于不能进行下一条第一款规定的催告、同条第二款规定的交涉或第九十五条(因诉讼程序等引起的时效援用的限制)第一款各项规定的程序时,或不能请求第九十六条(时效的重新起算和权利的承认)第二款规定的承认时]　在该事件引起的障碍消灭时
2 以下各项规定的权利的时效自该项规定的时间起六个月内不得完成。
(一) 未成年人或被监护人对法定　　上述人员成为完全行为能力人时,或在
　　　代理人享有的权利;　　　　　　后任法定代理人选出时
(二) 夫妇一方对另一方享有的　　　婚姻解除时
　　　权利。

5. 修正原则规范之无规定主义

现行民法典总则第五章"法律行为"最开始的地方即第90条规定"以违反公共秩序或善良风俗的事项为目的的法律行为无效"。

然而,原本法律行为就是有效的,即具备一定的效果,只不过在符合一定的要件时,才例外地作为无效。现行民法却从这个无效例外规定开始,而没有规定作为前提的法律行为的成立要件及其效果。因此,即便是理解能力较好的人,也不能仅仅通过阅读法典,理解法律规范的内容。在法学院教学过程中,包括法律行为的成立及其要件,我们必须学习"何为法律行为"。

与此相对,以制定"一般国民易于理解的民法"为目标的本民法修正案,首先在新法第39条中规定了何为法律行为,何为有效的法律行为,以及无效的原因,违反公序良俗或强制性法律规范(法律用语经过修改后变得更加通俗易懂)。

民法典中这种以例外规定开始的方式,对国民而言是难以理解的,其背景是像教科书一般冗长的博瓦索纳德民法典,而现行民法典则极力避免这一点。关于这个问题,民法典三位起草委员梅谦次郎、富井政章、穗积陈重在向内阁总理大臣伊藤博文提交的"法典调查规程理由书"中如下阐述:

关于在法典中是否有必要设置定义规定,虽然学者的意见各异,但是我们认为应当避免教科书般冗赘的定义解说,只需在一般人容易迷糊误解的地方进行必要的立法解释。[45]

但是民法典有"一朝被蛇咬"之感,省略原则的结果是,像"法律行为"一章那样,连"何为法律行为"这样基本的内容都是不明确的,而只是规定了作为例外情形的无效事由。这种倾向并不仅限于法律行为一处,因此本民法修正案草案的基本原则是构建某种一看便能理解的法律规范构造。

6. 摆脱"恶劣的省略主义"

正如 5 中所述,现行民法中存在省略原则规定,而只规定例外情形的问题。但是现行民法中的省略并不限于此,比如说作为法律概念或法律制度而被视为当然存在的,民法典却全无相关规定。

例如,现行民法典第一编总则第二章"行为能力"一节,并没有关于"意思能力"的规定。另外,第二编物权第二章虽然规定了"占有之诉",却没有关于"物权请求权"的规定。

对于民法典的阅读者而言难以理解的是,现行民法是以意思能力概念、物权请求权的存在为当然前提。本民法修正案纠正了现行民法这种"恶劣的省略主义",规定了意思能力、物权请求权等现行民法典中被省略的内容。

7. 避免条文颠倒

上述省略原则规定例外的条文规定方式,不仅省略了法律制度整体中的原则规定,而且即便是在条文内部,也只将焦点放在例外情形,这给读者理解条文带来了不少混乱。

比如说现行《民法》第 149 条以下的诉讼时效中断事由的规定,全部存在这种颠倒的情况,如果将这些省略的原则状况表达出来,则条文将变得更加通俗易懂。法曹提示案副案也进行了这样的努力,提议全面修改现行《民法》第 149 条至第 156 条的内容。限于篇幅,下面仅以两个条文为例进行说明。[46](另外,本民法修正案将对时效制度整体进行根本性的修改,并不会采用这里介绍的修改草案)

---

[45] 参见广中俊雄编:《日本民法典数据集成 第一卷 民法典编纂的新方针》,信山社 2005 年版,第 677 页以下;福岛正夫编:《明治民法的制定与穗积文书》,有斐阁 1956 年版,第 117 页。

[46] 关于其他条文草案参见《民法修正与世界的民法典》,第 567 页。

现行民法典

（裁判上的请求）
第一百四十九条　裁判上的请求在起诉被驳回或撤回时，不发生时效中断的效力。

（支付督促）
第一百五十条　支付督促，因债权人没有在民事诉讼法第三百九十二条规定的期间内就临时执行的宣告提出申请而丧失其效力时，不发生时效中断的效力。

<u>裁判上的请求可以中断时效</u>，但是起诉被驳回或撤回时不发生中断的效力，民法典省略了下划线中的原则部分。如果将原则与例外全部文字化，这些规定将变得更为通俗易懂。按照这种思路，我们提出了以下条文草案。[47]

法曹提示案副案修正案

（裁判上的请求）
第九十八条　时效因裁判上的请求而中断，但之后起诉被驳回或撤回的情形不在此限。

（支付督促之申请）
第九十九条　时效因支付督促之申请而中断，但债权人没有在民事诉讼法第三百九十二条（因期间经过而导致支付督促失效）规定的期间内提出申请而丧失其效力的情形不在此限。

上述关于时效的例子是现行民法典中特别难以理解的部分，虽然民法典并不都是如此，但是比较现行民法典与新草案可以发现，现在的条文从日语上来看显然是一种"恶劣"的条文，优秀的法律条文必须简洁明了。

四、民法、商法、消费者法之关系

1. 民法、商法、消费者法互相分离的基本方针

在修改民法典之际，民法、商法、消费者法各自应当如何规定是一个令人头疼的问题。即，是采取包含商法、消费者法的"综合法典主义"，还是采用一般法、特别法分离，在民法典中只规定具有普遍内容的"一般法主义"。

消费者法是最近出现的部门法，过去大多是从民法与商法的关系上来讨论这个问题。从各国或地区的法典上看，正如本书第三部第一章所介绍，采取潘德克顿体系

---

[47] 另外，正文中引用的"微修正案"是在第99条中"第392条"之上加上了条文的标题而来的，而条文的用语本身则是从"法曹提交案副案"而来。

统一民商二法的有中国台湾地区"民法"、泰国民商法典,采用非潘德克顿体系统一民商二法的有《荷兰民法典》(《荷兰民法典》还包含了消费者法[48])。与此相对,《法国民法典》贯彻"民法典是法国民事法之基本"的精神,在自由与平等之下制定纠纷解决规范,民法典中不规定商法、消费者法的内容。[49] 德国采取了折中的方案,即将上述特别法规定在民法典中的立场,与不规定在民法典中的立场进行折中,其结果是——虽然民法典并不吸纳商法典——民法典还是吸收了部分消费者法的内容。[50]

从立法政策上来说,这两者都是可行的。但是本民法修正案并不打算将商法以及消费者法吸收到民法中来,理由如下:如果民法典吸收商法的规定,作为市民法的民法将更接近于企业法,而且民法典中吸收消费者法中的规定,也将损害民法作为市民法的属性。另外,最近消费者法发展迅速,频繁修改,如果将民法与消费者法部分合并,将有损于民法典的稳定性与消费者法的灵活性,我们将极力避免这一点。本民法修正案始终坚持民法作为民事基本法的属性。[51]

因此,商事法、消费者法的特色应当保留在作为特别法的商法典以及消费者法中。[52]

虽然采取了不吸收的方针,但是考虑到民法典作为私法综合法典的属性,以及从制定一部一般国民通俗易懂的民法典的角度来看,在民法典的条文中提及商法、消费者法等不同属性的规范即可。[53]

关于如何在上述一般方针下处理具体的问题,下述第二部分以商法为中心展开

---

[48] 关于中国台湾地区"民法",参见詹森林:《台湾"民法典"之制定》,宫下修一译,载《民法修正与世界的民法典》,第411页以下。关于荷兰民法典,参见哈特坎普:《荷兰民法典的公布》,平林美纪译,载《民法修正与世界的民法典》,第383页。

[49] 参见 Catala:《民法、商法以及消费者法》,野泽正充译,载《民法修正与世界的民法典》,第185页以下,以及《法国民法典》,同书第372页。

[50] 参见里森胡贝尔:《德国民法典》,宫下修一译,载《民法修正与世界的民法典》,第360页。更为详细的介绍,参见青野博之:《消费者法与民法的统一》,载《合同法的现代化课题》,法政大学出版局2002年版,第131页以下;半田,前载注⑧,《德国债务法现代化法概说》,第321页以下;Drexel:《消费者法——一般私法——商法》,半田吉信译,载《欧洲债务法的变迁》,信山社2007年版,第109页以下;同《德国新债务法与民法修改》,信山社2009年版,第255页以下;Zimmermann:《合同法的修改》,鹿野菜穗子译,《欧洲私法的现在与日本法的课题》,日本评论社2011年版,第92页以下。

[51] 另外许多学者还探讨了民法、商法、消费者法统一的利害得失(比如矶村保:《关于民法与消费者法、商法统一的视角》,载《民法修正与世界的民法典》,第195页以下;野泽正充:《民法学与消费者法学的轨迹》,信山社2009年版,第219页以下、第267页以下)。

[52] 民法改正研究会提出将来应当制定消费者法典,意见如下:消费者法中不少地方混合了私法的规定与行政的规制,不应仅仅抽出私法的规定纳入作为私法一般法的民法典。当然,为了确保消费者法的一贯性,我们应当探索制定消费者法典,消费者法典并不是消费者私法的综合法典,而是围绕消费者涵盖私法、行政、刑事法的消费者法典(参见加藤雅信发言,"民法修改与消费者法的讨论",载《消费者法》2010年第2号,第44页以下)。另外,参见近畿律师协会消费者保护委员会2010年夏季研修组委会编:《消费者交易法草案:为了实现统一消费者法典》,2010年。

[53] 法制审议会民法(债权关系)分会在"期中论点整理"阶段曾经探讨民法中规定消费者法事业者有关的规定是否恰当的问题,而且探讨了"民法中摄取消费者、事业者概念"的可能性(参见《期中论点整理》,第493、497页以下)。但是,最终债权法修改草案并没有规定事业者、消费者的内容。

了探讨。

2. 与商法的关系

（1）民商法的统一规定

目前，即便规定在商法中的条文，也未必纯粹是商事法的属性，在考虑民法修改的过程中，民事规范与商事规范的差异正在减少，民法典与商法典可以自然地统一到一起。[54]

例子可以举出三个，消灭时效[55]、法定利率[56]、合同的成立（要约与承诺[57]）。具体

---

[54] 另外在商法学中，关于商行为总则的部分内容，有学者认为可以吸收到民法中来。参见石原全：《如何思考民法与商法（商行为）的关系》，载圆谷峻编著：《思考民法修改》，成文堂2010年版，第16页以下。

[55] 民事时效与商事时效：首先，只要不是商法的问题，应理解为一般消灭时效。
现行民法中债权的消灭时效原则为10年，同时根据不同的债权种类，还规定了5年、3年、2年、1年等短期消灭时效，这是一个极为庞杂的规范体系。另外，商事消灭时效是5年（《商法》第522条），国家与地方政府的金钱债权也是5年（《会计法》第30条、《地方自治法》第236条第1款）。因此，目前时效的债权管理，首先要考虑是否符合上述法律的适用，然后根据债权的属性——即便诉至法院，也不至于出现与法院相矛盾的判断——如果适用民法规定，那么时效消灭期间为1年、2年、3年、5年、10年中的一种。
所以，正如本书第四部第四章时效处所述，本民法修正案将债权的消灭时效统一为5年，那么今后关于时效的民法与商法，以及民法与会计法、地方自治法的差异将会消失。因此，如果本民法修正案最终成为现实的法律的话，《商法》第522条将失去存在的意义，建议删除这一规定。

[56] 民事法定利率与商事法定利率：在目前的法律制度之下，法定利率是固定的，民事法定利率为5分（《民法》第404条），商事法定利率为6分（《商法》第514条）。对此，本民法修正案将不会像现行民法那样采用固定制，而是采取下述浮动利率制。

（利息债权　过程草案　国民有志案修正案原案）
第三百五十四条　① 产生利息的债权（简称"利息债权"）的理论没有法令或法律行为特别规定的，依据基准利率。
　　　　　　　② 基准利率根据一般市场利率由政令确定。
　　　　　　　③ 略

另外，在即将出版的第二编改正理由书中，如下规定："基于本条第2款规定的公式，可以参考日本银行的意见，由主管行政部门决定"，即采取法定利率与市场利率一致的方针。
过去之所以出现市场利率与法定利率之背离，可能有以下原因：债权人或债务人为获得高额利息而采取的推延诉讼的战术，为了避免支付高额利息而在早期采取了妥协的方案。此外，在侵权诉讼中迟延利息计算期间扣除中间利息是与社会现实不符的，侵权行为的受害人最终难以获得洽谈的损害赔偿额，以上等等问题。另外，在许多判例中这也是一个令人头疼的问题。如若采取上述方案，法定利率与市场利率将变得一致，就能解决这种问题。同时，民事利率与商事利率便不存在区别，建议删除《商法》第514条。
债权法修正法案中，法定利率是根据市场确定的变动利率。自2008年《私法学会提出案》第352条以来，我们一贯主张相同的方向。对此我们表示欢迎。

[57] 合同的成立——合同要约的效力：合同原则上应该是要约与承诺相一致才得以成立，这一点民事合同与商事合同并没有区别。但是，现行法中关于合同的要约，民法与商法之间是存在差异的。
首先，现行《民法》并没有规定"当面人之间合同要约"的相关内容，而仅仅规定了异地人之间的合同的成立。与此相对，《商法》第507条规定"当面人之间合同要约"，"商人、当面人之间合同要约的领受人没有立即承诺的，要约失去效力"。
其次，《民法》第524条规定"未定承诺期间对异地人作出的要约，要约人在接受承诺通知的相当期间经过以前，不得撤销"。与此相对，《商法》第508条则规定异地人之间没有规定承诺期间的要约，合同要约的受领人在相当期限内，没有作出承诺通知的，要约失去效力。

内容参见各自注释。

(2) 作为特别法的商法

正如(1)中所述,能够统一具有民事法属性的规范与商事法属性的规范的一般性规范是极其有限的。

关于这种规范,本民法修正案认为具有商事法属性的规范应当规定在商法中,正如第三部第一章所述,可以通过设置指引性规范提示民法规定的特别规则。比如,本民法修正案总则编,商行为代理的特别规则,国民有志案合同一章中,关于商事买卖的特别规则,都有指引性规定。㊳

五、现有立法技术规则之审视

1. 最近立法之问题

最近,日本修改了公司法、一般法人法、信托法等众多民事立法。虽然本书无意过度批评,但是正如前文所述,新法与旧法相比变得更加庞大且难以理解,

---

再次,《商法》第507条、第508条的规定与现行民法并不相同,其内容大多与民事交易中当事人(默示)的意思相一致[参见我妻荣:《债权分论》(上卷),岩波书店1954年版,第62页;星野英一:《民法概论Ⅳ 合同》,良书普及会1986年版,第29页;铃木禄弥:《债权法讲义》(四订版),创文社2001年版,第135页;石田让:《民法Ⅴ 合同法》,青林书院新社1982年版,第32页;山本敬三:《民法讲义Ⅳ—1 合同》,有斐阁2005年版,第33页]。

由此可见,民法与商法设置不同的规定没有多大意义,所以在国民有志案中合同成立一目中规定"合同要约之效力等"(第461条)。首先,该案第1款中设置了与《商法》第507条"当面人之间合同要约"相对应的条款。其次,在第2款中设置了与《商法》第508条"异地人之间合同之要约"、《民法》第524条"不规定承诺期间的要约"相一致的规定。再次,在第3款中统一《民法》第521条第1款、第2款关于"设定承诺期间的要约"的条款。最后,还新设了第4款规定。该修正案如下:

(合同的要约的效力等 过程草案 国民有志案修正案原案)
第四百六十一条① 没有约定承诺期间的要约,当面人之间相对人没有立即承诺的,失去效力。
② 没有约定承诺期间的要约,异地人之间(存在相对人的意思表示中,意思表示发出后难以立即到达相对人的情形。次条第二款亦同),相当期间内承诺的意思表示没有达到的,失去效力。
③ 前款要约人,在承诺意思表示的相当期间内,除了保留撤销权的,不可以撤销要约。
④ 合同要约约定承诺期间的,期间内没有收到相对人的承诺的意思表示,失去效力。除了保留撤销权的,要约人不可以撤回约定承诺期间的合同要约。
⑤ 约定承诺期间的合同要约保留撤销权的,在撤销之前相对人的承诺意思表示到达的,撤销权失去效力。

㊳ 接下来介绍一下本文中所述的两条条文建议案。

(商行为的代理 本民法修正案)
第六十二条 关于商行为的代理,除适用本法规定外,还适用商法(一八九九年法律第四十八号)第五百零四条(商行为的代理)至第五百零六条(因商行为的委任产生的代理权的消灭事由的特例)的规定。

(商事买卖特则 国民有志案修正案原案)
第四百九十八条 除了本款规定,商人间买卖适用商法第五百二十四条(出卖人寄存及竞拍标的物)至第五百二十八条(买受人保管及寄存标的物)的规定。

最近立法之后,偶尔听闻"公司法变得像知识产权法那样只有在专业律师之间才能理解"。

以前的法学本科生,大致可以理解一般法人法、公司法等,毕业后在工作上也能用得上。但是,庞大而复杂的新法,即便对于优秀的法律家而言,也不是一看便能理解其意思的,更何况对一般国民而言,更是天书一般。

最近立法的问题首先是条文过长以及准用过多。"○○条以及从○○条至○○条的规定,准用××。于此情形,这些规定中的△△应替换为▲▲,□□应替换为■■"。这样的条文不在少数,这种反复引用的结果是,即便读了这一条也不知到底说了什么。另外,这种引用非常繁杂而且不利于对条文的理解。这种规定方法,虽然符合规范,但是文章毕竟是交流的手段,应当便于读者理解,而最近的立法欠缺这种姿态,而且这种倾向愈发明显。

无视读者的理解,只追求正确性的法律不过是"官僚文书"罢了,法律必须是便于常人理解的"国民文书"。无比正确但国民却难以理解的法律仅仅是"民可使由之,不可使知之"的道具。与一般市民紧密相关的民法必须克服上述新法的问题,成为"国民文书"。

在制定民法修正案之时,应当努力尽量避免条文过于冗长。虽然从专业性上考虑有些地方无法避免晦涩难懂,但是除此之外,条文必须简洁、明了,而且易于国民理解。

《法国民法典》可以说是文章表现力之典范,该法典简洁明确,易于一般市民理解,据说这与"作家"拿破仑积极参与起草作业有着密切联系。[59] 可惜的是《日本民法典》没有成为文章表现力之典范,虽说法典不应过度追求这一点。在法律中追求文章表现的文学美,虽然有"缘木求鱼"之嫌,但也不应该排斥这种努力。

制定法典应当追求条文的简洁明了,这样法典才能在适用之时成为国民交流的手段,特别是民法典调整的是国民身边的生活,这一点就尤为重要了。

制定现行民法典之际"法典调查规程(三位起草委员制订的方案)"的基本方针是"法典的文章以简洁为主,用语尽可能采用普通的言词",其理由是有必要选择一般国民易于理解的文章用语。[60] 当今立法者应当铭记明治时期的立法精神。

2. 反对条文标题之省略

现在的法律条文原则上都有标题,例外情况下也有没有标题的条文,这往往是在

---

[59] 参见山口俊夫:《法国法概说》(上),东京大学出版会1978年版,第73页。
[60] 参见广中俊雄编:《日本民法数据集成 第一卷 民法典编纂的新方针》,信山社2005年版,第643页、第675页以下;福岛正夫编:《明治民法的制定与穗积文书》,有斐阁1956年版,第112、117页。

一节、一款中只有一个条文或者连续使用同一标题的情形,理由是省略标题的条文继承了节、款或者以前条文的标题。

但是,本民法修正案给所有条文加上了标题。即便是只有一节、一款的情形,节、款的标题与条文的标题也未必相同,正如下述3中所述,在其他条文中引用无题的条文就有必要引用标题。

3. 引用条文之表示内容

本民法修正案在引用条文中加上括号,原则上标记出处。一般来说只有极其少数的人可以从条文数想起条文的内容,如果存在条文标题的话,便可以想起条文内容。因此,本民法修正案采取了这种方式。

目前主要的法律都没有在条文中加括号及标题(六法中只有刑法标明了引用条文的标题)。现行民法在现代语化之际,在引用民法的章、节、条等的时候,加上了括号(章名、节名、条名),没有加上引用条文。比如说,关于地上权的第267条"准用相邻关系的规定"的标题之下"前章第一节第二款(相邻关系)的规定准用于地上权人间或地上权与土地所有人间的关系"。与此相对,商法等法律便不存在这种括号。

六法之外的法律中,消费税法在引用其他法律条文时,用括号标明标题,地方自治法用括号介绍引用条文,其他法律并没有全面贯彻这种方式。另外,在过去公职选举法曾经采用了这种方式,但是该方式被认为过于繁杂,该法在2000年修改中删除了所有的括号符号。[61]

根据法律的不同属性括号的标题介绍,作用各异。像诉讼程序法等主要是职业法律家参照的法律,暂且不论。作为一般法的民法与国民的日常生活息息相关,想要制定一部通俗易懂的法典,用括号介绍标题是种非常好的方式。

4. 导入定义附表

本民法修正案在一些小地方花了工夫,比较大的成果在于除了导入前述"准据规定",还在第一部"日本民法典修正条文案"的末尾导入了"附表定义"(在按照编别公布修正条文草案之时,各编理由书的末尾都设置了附表定义,但是作为法律整体是在条文全部的末尾才加上附表定义)。

向来日本的法律都会在开头部分设置定义规则,所幸民法典并非如此。这种做法容易让学生等法律初学者产生"法律是靠记忆"的误解,有碍"法律的理解"。本来,概念的"定义"是从一定的上下文中产生的,只有在上下文背景中才能理解,脱离背景的概念、定义,就只能记忆了。本民法修正案尝试消除对法的这种误解,"定义"

---

[61] 以上种种法律处理上的差异,参见川崎政司所言。

只能在具体的条文中理解,故于民法典末尾设置"附表定义"。

5. 变更标记方法

与外国法律相比,日本的法律错误极少,这是因为法制局力量所致。但是,法制局长期采用的规则在现在来看略有落后时代之感。

比如说,现在的法律多采用"一个月"的用词,但是,"一个月"应该是更为现代的表现。本民法修正案借民法修改之机,有意使法律用词变得更加现代。

第三章　日本民法典修正案公布之前的历程

一、民法修正作业之开端

1. 民法改正研究会之设立

目前,民法改正研究会有超过 30 名成员,自 2005 年 10 月成立以来经过若干年起草了"日本民法典修正案",下面简单概括自民法改正研究会成立以来的相关活动。

最初,冈孝教授呼吁日本的民法研究者应当为民法修改提供相应的研究成果,笔者也曾与冈孝教授就此问题多次面谈,之后笔者邀请了若干研究者成立了民法改正研究会。准备作业从 2004 年开始,2005 年 1 月召开了准备会议,并在同年 10 月的日本私法学会上正式成立民法改正研究会。其后,包含成员之外人士参加的民法论坛、全体成员会议、若干分部会(总则分会、债权法分会、侵权行为法分会)相继召开,并开始起草民法修改草案。民法改正研究会提出了民法财产法篇草案(由于需要听取实务界的意见,2013 年才着手起草担保法修改草案)。

在起草相关草案的同时,民法改正研究会也召开了各种研讨会、小型研究会等。②

2. "市民法研究会"与"企业法务研究会"之成立

在发布了法曹提交案之后的 2009 年 1 月,我们成立了两个律师小组——"为了市民的民法改正研究会"(以下简称"市民法研究会")、"为了企业法务的民法改正研究会"(以下简称"企业法务研究会")。民法的修改即便在律师之间,想法也是各不相同,上述两个研究会主要以律师业务为中心而展开。其中,市民法研究会成员有 27 名,企业法务研究会成员有 51 名,这些小组具体的建议内容参见第四部"日本民法典修正条文案修正理由"。

法曹提交案是民法学者组成的民法改正研究会于日本私法学会研讨会上报告的,即所谓的学者草案。与此相对,市民法研究会与企业法务研究会的律师们经过 9 个月二十多次的研究会逐条探讨了法曹提交案,提出了种种修改意见,这也反映了社

---

② 民法改正研究会的会议记录由以宫下修一为中心,包括平林美纪、中野邦保、伊藤荣寿、谷江阳介、大原宽史、大塚哲也等年轻成员。正如下文所述,企业法务研究会会议记录由成员带回后制作。以这些会议记录为基础制定了以民法条文为单位的议事记录(该作业最初由平林和加藤负责,之后由中野和加藤负责),本书的内容也是以这些条文议事记录为基础形成的。

会对修正案的关注。

除此之外,通过许多研究会、研讨会等形式努力征求不同阶层国民的意见。

3. 民法修改国际研讨会之召开

下面,介绍民法改正研究会的一系列活动内容。

民法改正研究会最初召开的最大规模研讨会是2008年3月1日、2日在东京召开的"民法修改国际研讨会——日本、欧洲、亚洲之修改动向比较研究",来自世界各国或地区(包括德国、法国、荷兰、欧洲、中国、韩国)的立法负责人、立法参与人在该国际研讨会上报告了各国或地区民法修改的状况,以及民法修改之际讨论的重大问题。日本学者对此进行评价之后,一起展开了热烈的讨论。同时,民法改正研究会在该国际研讨会上公布了"第一编 总则 第一章 通则"以及"第三编 债权 第五章 侵权行为"的条文草案,征求参加者的意见。

上述成果,包括各国或地区代表在研讨会上的报告以及民法改正研究会成员的评论,连载于《Jurist》杂志,之后收纳于《民法修正与世界的民法典》一书。[63]

二、日本私法学会草案的提出

在上述国际研讨会召开半年之后,2008年10月13日召开的日本私法学会研讨会上,民法改正研究会提出了民法修改草案第一稿。这是研究会3年来的研究成果。

日本私法学会草案基本上是由民法改正研究会起草的,当然也参考了上述2008年3月的"民法修改国际研讨会"、2007年9月19日、20日的"不当得利法研究会(松岗久和教授主导)"、2008年9月19日由研究者、商社关系人员组成的"国际交易法研究会"的意见。因此,第一稿草案基本上就是民法改正研究会草案,当然也参考了部分研究成员之外的意见。

该日本司法学会草案的具体内容通过下述两本分册的形式出版:《日本民法修改草案(民法改正研究会临时草案2008年10月13日案)第一分册 总则 物权》,有斐阁出版;《日本民法修改草案(民法改正研究会暂定临时草案2008年10月13日)第二分册 债权法》。[64]

另外,这两个分册关于修正案草案的具体内容是打算听取日本私法学会的意见之后再作修改,因而是临时性的材料,仅仅在日本私法学会会场作为"第七十二届日本私法学会研讨会资料"分发,并未公开发售。之后,应读者要求民法改正研究会出

---

[63] 各国或地区民法及其修改状况介绍:1. 德国;2. 法国;3. 荷兰;4. 欧洲民法典;5. 中国;6. 韩国(《民法修正与世界的民法典》,第341页以下),以及以问题为导向的;7. 民法、商法、消费者法的修改;8. 物权变动;9. 债务不履行;10. 合同解除;11. 债权转让(《民法修正与世界的民法典》,第185页以下)。

[64] 第一分册总则、物权之所以是"临时草案",第二分册债权法之所以是"暂定临时草案",主要是因为在最终阶段,受时间所限没有召开民法改正研究会的全体会议。
第一分册除了条文之外还附有解说、资料、会议记录,第二分册只有条文。

版了《民法修正与世界的民法典》，收录了该条文草案。⑥

三、法曹提交案之公布

民法修改作业第一稿草案基本就是日本私法学会提出的民法改正研究会案，第二稿草案是在参考了日本私法学会研讨会的意见，以及学会个别征求的意见之后的民法修改草案。但是，这也不过是参考了国外以及日本的研究者意见的民法修改草案⑥，目的在于搭建广泛征求社会意见的平台。

为了进一步彰显民法改正研究会的精神，法曹提交案解说的末尾登载了"敞开大门的民法修改——代结语"的呼吁文章。下面简单介绍该文章：

> 我们 21 名成员不过是频繁使用民法典的法律人中的极其少数。我们能力经验有限，自觉本修改草案可能存在我们没有发现的诸多缺陷。当然，我们修改民法的作业也不仅限于"民法改正研究会"这样一个小圈子。我们希望在法曹提交案公布之后可以倾听众多法律学者、实务家、国民的各方意见，以期改良。从这个意义上来说，本次公布的修改草案是向所有关心之人开放的。

如前所述，我们在 2008 年 3 月的国际研讨会以及同年 10 月的私法学会上，就修改草案向各位参加者征求了意见。该国际研讨会问卷调查的开头，记载了下述内容：

> "本调查是在本次国际研讨会上就修改草案向大家征求意见，以作今后民法改正研究会之参考。尽可能采取记名方式表达意见，当然，如果希望匿名的亦可……
>
> 此后，我们进行与此相同的尝试，这次在《判例 Times》杂志上公布的法曹提交案也恳求各方意见，有相关意见的可以联系民法改正研究会秘书处下述电子邮件……"

四、"国民有志案"之公布

1. 反映广泛学界意见的民法修改

如上所述，法曹提交案具有强烈的学者色彩，在该法曹提交案公布之后，广泛听取了学界之外的意见。当然，与此同时学界也对法曹提交案提出了相当多的意见，下面首先来看学界意见。

法曹提交案是 2009 年 1 月发布的，从同年 2 月至 3 月先后召开了三次"民法修改论坛"，听取了众多民法研究者的意见，三次论坛分别是"民法修改论坛 学界编一

---

⑥ 参见《民法修正与世界的民法典》，第 403 页以下。
⑥ 法曹提交案之前的各方意见参见《判例 Times》2009 年第 1281 号，第 38 页。

星野英一教授座谈会"⑥⑦、"民法修改论坛 学界编二 奥田昌道教授座谈会"⑥⑧、"民法修改论坛 学界编三 全国民法研究者之汇集"(发起人:椿寿夫、伊藤进、圆谷峻)。⑥⑨关于各自民法论坛的具体内容参见注释中的论文,基本上通过这三个民法论坛,征集了关东、关西、全国相当数量的民法学者的意见。

上述是民法研究者的意见征求工作。同时,民法还与其他法律部门,尤其是商法、民事诉讼法、行政法等法律部门密切相关。故而,2009年10月初,我们召开了"民法修改学际研讨会:民法与其他法的对话",民法改正研究会一方报告了法曹提交案,然后听取了商法学者江头宪治郎、洲崎博史,民事诉讼法学者笠井正俊、山本和彦,行政法学者小早川光郎等诸位教授的意见。⑦⑩

2. 法官、律师、司法书士的意见

正如上文所述,法曹提交案是民法改正研究会在听取了日本私法学会研讨会等学者意见基础上起草的。从这个意义上来说,该草案是学者草案。为了听取各个阶层的国民的意见,从该草案公布之后的2009年1月开始,我们征集了各方意见。下面介绍同期相关活动2法曹相关者、3其他国民的意见征求情况。

关于法曹关系者的活动,正如二中所述,2009年1月开始的市民法研究会与企业法务研究会这两个持续活动的研究会发挥了巨大的作用,下面介绍其他非持续性的活动内容。

首先,于律师方面,在2008年日本私法学会草案公布之前,同年9月,笔者曾经在日本律师协会司法制度调查会民法分会的探讨会上作了报告。2009年法曹提交案公布之后,同年6月爱知县律师协会,7月大阪律师协会以及东京三大律师协会⑦①

---

⑥⑦ 关于该论坛的具体内容参见中野邦保、伊藤荣寿:"民法修改论坛 学界编一 星野英一教授座谈会",载《民法修正国民有志案》,第20页以下。

⑥⑧ 关于该论坛的具体内容参见中野邦保、伊藤荣寿:"民法修改论坛 学界编二 奥田昌道教授座谈会",载《民法修正国民有志案》,第26页以下。

⑥⑨ 关于该论坛的具体内容参见《民法修正国民有志案》,第32页以下。
椿寿夫:《民法修改论坛:召开致辞》、近江幸治:《关于民法修改——民法典的作用与总则的意义(从宏观的视角)》、中舍宽树:《对修正案中法律行为的意见》、石田刚:《关于物权变动法制》、川地宏行:《关于占有与所有权修改草案的检讨》、山本丰:《从日本学说判例的展开看债务不履行的草案》、中田邦博:《从欧洲合同法、消费者法看债务履行法》、长坂纯:《从成立要件债务不履行法》、工藤佑严:《欺诈行为解除权与债权人代位权》、堀龙儿:《对合同总论立法草案的探讨与建议》、北居功:《关于合同总论的若干探讨》、坂本武宪:《为了土地有效利用发挥租赁权的作用——基于法国法的建议》、平野裕之:《关于合同分论的若干探讨》、圆谷峻:《关于无因管理、不当得利的疑问》、本田纯一:《关于无因管理、不当得利的立法草案的探讨与建议》、桥本佳幸:《中间责任、无过失责任——草案第654条第1款、第667条之探讨》、加藤雅信:《民法修改一问一答:与学界的对话》。

⑦⑩ 关于该研讨会的具体内容参见加藤雅信、平林美纪、宫下修一等:《民法修改学际研讨会:民法与其他法的对话》,载《法律时报》2010年第82卷第1号,第69页以下。

⑦① 关于本次演讲内容参见加藤雅信:《民法修改的动向——回顾民法制定的历史》,载《NIBEN Frontier》2010年4月号,第32页以下。

也召开了茶话会、演讲会,交换意见。㊅ 除此之外,还在各地的律师协会、律师小组等场合进行了数十次演讲,交换相关意见。

其次,于司法书士方面,日本私法学会草案公布之后的次月举行了群马县司法书士会演讲会。2009年8月还召开了"日本司法书士联合会关于民法修改论坛:从司法书士看民法修改",交换了意见。㊆

再次,法官方面由于职业种类的限制,并没有开展组织性的交流,后述国民有志案公布之后,在法务省主导的债权法修改中,法官兼原法务省民事局长的两名法律家的意见参见《座谈会关于债权法修改——从法院实务的观点看》一文。㊇ 其后,法务省对资深民事法官进行了问卷调查,公布了《民法(债权关系)修改中间草案》。㊈

3. 经济界、劳动界、消费者团体的意见

法曹提交案公布之后,通过一个律师小组"企业法务研究会",我们征求了经济界对民法修正草案的一些看法。为了更加直接反映企业法务的意见,我们于2009年7月召开了"丰田法务交换意见会议"。㊉

其次,关于经济团体的意见,在后述国民有志案公布之后,笔者在2009年11月的"经济团体联合会经济法规委员会"以及2010年1月的"经济同友会企业、经济法制委员会"上作了演讲,交换了意见。

再次,在劳动界,2009年7月在日本工会联合会上,笔者也就法曹提交案作了演讲,交换了意见。

最后,在消费者团体方面,2009年7月我们与全国消费者生活咨询协会的理事、日本消费者生活咨询协会的理事、主办消费者业务的律师以及消费者法研究者举行了座谈会。㊊

4. 民法修改国民研讨会上公布的"国民有志案"

正如上文所述,2009年1月公布法曹提交案之后,我们努力征求了包含法律实务者在内的广泛的国民意见,其集大成为同年10月25日召开的"民法修改国民研讨会",在会议上我们公布了《民法修正 国民、法曹、学界有志案》。

会议召开之前的"民法修改学际研讨会:民法与其他法的对话"与本次国民研讨

㊅ 关于这些律师协会的意见征询参见伊藤荣寿:《与律师协会的对话》,载《民法修正国民有志案》,第96页以下。

㊆ 该论坛情况参见山野目章夫:《与司法书士会的对话》,载《民法修正国民有志案》,第104页以下。

㊇ 参见加藤雅信、高须顺一、中田裕康等:《座谈会关于债权法修改——从法院实务的观点看》,载《Jurist》2010年第1392号,第46页以下。

㊈ 参见远藤贤治、加藤雅信、大原宽史:《问卷调查报告书:债权法修改——原法官这样思考》,载《名古屋学院大学论集》(社会科学篇)2014年第50卷第3号,第123页以下。

㊉ 关于本次会议的内容,参见平林美纪:《与企业法务的对话》,载《民法修正国民有志案》,第106页以下。

㊊ 参见池本诚司、加藤雅信、田泽富惠等:《座谈会:从消费者法看民法修改》,载《现代消费者法》2009年第4号,第57页以下。

会可谓是民法修正案作业完成之前中间之大成。

从这个意义上来说,"民法修改学际研讨会"与"民法修改国民研讨会"具有中间集大成之属性,也是总作业大功告成之前的准备程序,具有重要的意义。下文通过会议通知,简单介绍会议概况。㊆

民法修改国民研讨会
《民法修正 国民、法曹、学界有志案》的提出

主办:民法改正研究会、"思考民法修改"研究会、"为了市民法的民法修改"研究会、企业法务研究会

共办:明治大学法科大学院

日期:2009 年 10 月 25 日 9:00—18:30
场所:明治大学学术中心三楼
会议总主持:冈孝(学习院大学)、三林宏(明治大学)

一、会议致辞
  青山善允(明治大学)
二、基础报告
  《民法修正 国民、法曹、学界有志案》的提出
  加藤雅信(民法改正研究会代表 上智大学)
三、国民各层看民法修改
  1. 学界的见解:椿寿夫(民法学者)
  2. 经济界的见解:阿部泰久(日本经济团体联合会经济基础本部部长)
  3. 劳动界的见解:长谷川裕子(日本工会联合会综合劳动局长)
  4. 消费者的见解:田泽富惠(全国消费者生活咨询协会)

中间休息:回收调查问卷及意见(11:40—12:30)

四、实务界看民法修改
  1. 律师的见解
   (1)冈正晶(东京第一律师协会)
   (2)鹿岛秀树(东京律师协会)
   (3)三原秀哲(东京第一律师协会)
   (4)秦悟志(东京第二律师协会)

㊆ 关于本次国民研讨会的内容,参见青山善充:《值得期待的债权法修改——民法修改国民研讨会致辞》,载《法律时报》2010 年第 82 卷第 2 号,第 80 页以下;加藤雅信等:《民法修改国民研讨会:〈民法修正国民、法曹、学界有志案〉的提出》(上、下),载《法律时报》2010 年第 82 卷第 2 号,第 82 页以下,《法律时报》2010 年第 82 卷第 3 号,第 95 页以下。

2. 司法书士的见解

　　赤松茂(日本司法书士联合会民事法修改对策部)

五、各种研究会对民法修改的评析

　1. 市民法务的见解：杉山真一(市民法研究会研究代表　律师)
　2. 企业法务的见解：北泽正明(企业法务研究会研究代表　律师)
　3. "思考民法修改"研究会的见解：圆谷峻(研究代表　明治大学)

休息：提问用纸回收

六、讨论

　主持：池田真朗(庆应义塾大学)、冲野真已(一桥大学)
　1. 参与者
　　从法官律师的观点看：岛川胜(原法官律师，大阪市立大学)
　　从司法书士的观点看：初濑智彦(日本司法书士联合会民事法修改对策部)
　　从银行法务的观点看：吉田光硕(原三和银行，神户学院大学)
　　从商社法务的观点看：堀龙儿(原日商岩井，早稻田大学)
　2. 讨论

七、闭幕词

　加藤雅信(民法改正研究会代表　上智大学)

　秘书处：芦野训和、宫下修一、中野邦保

　联络处：芦野训和

五、本民法修正案的公布

1. 与近邻诸国或地区的交换意见

在国民有志案公布之后最后成果公布之前，笔者感到有必要与正在进行民法修改作业的近邻诸国或地区交换意见。正如本书第三部第一章所述，中国台湾地区已经开展了"民法"修改，韩国目前正在进行民法修改，中国大陆也正在推进民法典制定的工作。

鉴于此，在上述国民研讨会之后次月，在韩国法务部支持之下，"民法改正研究会与韩国民事法学会共同举办了"民法修改日韩国际研讨会"，相互之间交换了意见。[79]

另外，在国民研讨会之后的2010年9月，在中国中日民商法研究会上，笔者也报

---

[79] 关于本次研讨会的内容，参见加藤雅信、冈孝：《民法修改日韩共同研讨会》，载《法律时报》2010年第82卷第4号，第74页以下；五十川直行：《时效法的修改》，载《法政研究》2010年第77卷第2号，第442页以下。

告了日本民法修改的情况,与中国研究者交换了意见。此外,在中国制定物权法之后[80],公布侵权责任法之前[81],正在推动人格权法的相关立法作业的阶段[82],我们与全国人大常委会法工委民法室的负责人交换了意见,介绍了民法改正研究会的立法建议案。

2. "日本民法典修正案"的诞生

在完成上述准备之后,民法改正研究会逐条、彻底探讨了国民有志案的内容,完成作业之后开始了本民法修正案的作业,起草了条文的理由书。正如第一部中条文所示,我们没有原封不动地继承现行民法典的条文,而是对民法典进行了全面探讨。但是,内容上我们保持了与现行民法的连续性,并尽量将修改对实务和社会造成的混乱降至最低。经过国民有志案发布之后的6年熟虑期,接受立法技术上的审查之后,我们公布了"日本民法典修正案"。

本《日本民法典修正案理由书 第一编 总则》诞生在民法改正研究会成立整整10年之后,如果从准备作业开始,已历十余年。总则之后继续公布第二编"物权"、第三编"债权"可能还要几年,加在一起就是十多年的时间。如果本修正案提案能够对日本社会有所裨益的话,我们将不胜欣喜。

---

[80] 参见加藤雅信:《物权变动论再考——兼论物权法的中日比较》,载《判例 Times》2008 年第 1267 号,第 45 页以下;加藤雅信、加藤新太郎编:《现代民法学与实务——新锐学者研究路径》(上),判例 Times 出版社 2008 年版,第 289 页以下。

[81] 参见加藤雅信、森胁章:《中国侵权行为法(侵权责任法)的制定与中国民法的动向》,载《法律时报》2010 年第 82 卷第 2 号(通卷 1018 号),第 57 页以下。

[82] 参见加藤雅信:《人格权论的展开——以日本、中国、东亚的法律为中心》,载《加藤一郎教授追悼论文集:变动的日本社会与法》,有斐阁 2011 年版,第 173 页以下。

第四部

日本民法典修正条文案修正理由
总则编

第一编　总则

序章　总则编的构成

一、本民法修正案与现行民法典的体系比较

1. 民法典的基本框架

从民法典的框架上来看,总则编是整部民法典的总论,下面首先介绍民法典整体的编别构成。

正如本书第三部第一章所述,本民法修正案沿袭了现行民法典基于潘德克顿体系的编别构成:第一编"总则"、第二编"物权"、第三编"债权"、第四编"亲属"、第五编"继承",但是它对各编内的章节构成进行了相当程度的修改,具体参见2以下的内容。

2. 总则编章的构成

（1）从现行民法的七章构成变成五章构成

具体来说,本民法修正案总则编第一章至第五章,采取了"通则、权利的主体、权利的客体、权利的变动、权利的实现"这一构成,除了2005年民法现代语化之际独立出来的第一章"通则"外,这种构成与现行民法的"通则、人、法人、物、法律行为、期间的计算、时效"的七章构成差异极大。

下面比较一下本民法修正案各章节与现行民法典各章节的差异（在表1中,本民法修正案一栏中"—"代表删除了现行民法典存在的章或节,在现行民法典一栏中"—"则代表本民法修正案的新设部分）。

表1　总则编的章节构成

本民法修正案	现行民法典
第一章　通则	第一章　通则
第二章　权利的主体	—
第一节　人	第二章　人
—	（第三节　住所）

(续表)

本民法修正案	现行民法典
—	（第四节　不在者的财产管理及宣告失踪）
—	（第五节　推定同时死亡）
第二节　法人	第三章　法人
第三章　权利的客体	—
第一节　总则	
第二节　物的分类	第四章　物
第四章　权利的变动	
第一节　总则	
第二节　法律行为	第五章　法律行为
—	（第六章　期间的计算）
第三节　时效	第七章　时效
第五章　权利的实现	—

（2）"权利体系"的纯化

正如表1所述，本民法修正案改变了现行民法典总则编的章节构成①，采取了学理上的民法总则编的构成原理，即采用了"权利的主体、客体、变动"这样的章节名称，并在最后加上了"权利的实现"一章。

本民法修正案采取的这种章的构成，实际上也是现行民法在制定之初对于章构成的想法，议长伊藤博文提出的《法典调查之方针》第3条明确记载："民法总则中规定有关私权的主格、目的、得丧以及行使等通则。"②表达了民法制定之初的基本方针就是按照"权利的主体、客体、变动、实现"进行章节构成的安排。但是，现行民法典总则的章节构成并没有切实反映当时的方针，而是采取了《德国民法典》总则编最初部

---

① 现行民法典总则编的章的构成最初为"人、法人、物、法律行为"，与《法国民法典》"人、物、行为"的编则构成相对应（《德国民法典》总则编最初的三章也可以视为"人、物、法律行为"）。也就是说，《日本民法典》受到《德国民法典》的影响，在编则构成上采取了潘德克顿体系，但是在总则编内部的章构成上却与《法国民法典》相近。
关于民法典中总则的意义及其历史背景，参见水津太郎：《民法总则的意义——思考总则的构造》，载池田真朗等编：《民法（债权法）修改的理论》，新青出版2010年版，第512页以下。
② 《法典调查之方针》，载广中俊雄编：《日本民法典数据集成　第一卷　民法典编纂的新方针》，信山社2005年版，第882页以下；《法典调查会民法总会议事速记记录》（第一卷），第6行[日本学术振兴会版，国会图书馆近代电子版（以下简称电子版）第10/291项]。另外，与八部版的日本学术振兴会版的编号有所差异[参见广中俊雄：《学术振兴会版议事录的异同》，载《法律时报》第71卷第7号，第110页以下；法务大臣官房司法法制调查部监修：《法典调查会民法总会议事速记记录》，商事法务研究会1988年版，第3页；福岛正夫编：《明治民法的制定与穗积文书——〈法典调查会穗积陈重博士关系文书〉的解说、目录以及数据》，有斐阁1956年版，第120页（《法典调查之方针》第3条）]。

分的章节构成的方针。③ 考虑到上述历史背景,本民法修正案的总则编的章节构成④,实现了现行民法在制定之初的基本方针。⑤

总之,本民法修正案采用了"权利主体、客体、变动、实现"的构成,而现行民法中作为章存在的"人、法人、物、法律行为、时效"则作为节存在于总则编中。

(3) 新设"权利的实现"一章

本民法修正案新设了"权利的实现"一章,此章规定了权利实现的三种途径:① 义务人以及第三人的任意行为("任意履行"的规定);② 国家强制力("强制履行"的规定);③ 权利人自己的力量("禁止自力救济"的规定)(值得一提的是,虽然最后的③中的自力救济在原则上是禁止的,但是例外情况下也可能是被允许的)。

现行民法并没有③的规定,①和②也只规定在债权编中而非总则编中,即《民法》第474条之下的"清偿"与第414条"履行的强制"。但是正如本书第四部第五章所述,任意履行的规定并不仅限于债权债务的情形,物权请求权、亲属继承上的一般权利也可能因为任意履行而消灭,这些权利如果不能通过"任意履行"实现,也必须依靠国家机关强制实现。因此,总则编也应当作出相应规定。对"履行的强制"有深入研究的石坂音四郎指出:"强制执行不仅适用于债权,同时也适用于物权请求权及其他一般请求权的实现,因此将其规定在'债权实现方法'中是不妥当的。"⑥

本民法修正案遵循了该原理,在总则编的末尾新设第五章"权利的实现"一章,规定了①、②、③的内容。

---

③ 作为参考,《德国民法典》总则编的章构成:第一章人;第二章物及动物,第三章法律行为;第四章期间;第五章消灭时效;第六章权利的行使、正当防卫以及自力救济;第七章担保的提供。从权利体系化来看,本民法修正案的五章构成显然更加纯粹。

④ 将目光转到各国民法典及其修改动向,关于总则编的构成,中国民法草案虽然采取了和德国以及日本民法相类似的、比较复杂的构成,但是与民法传统的构成差异较大。有人评价说这是"总则的崩塌"(关于立法例的介绍,参见大村敦志:《民法解读总则编》,有斐阁2009年版,第554页以下),而本民法修正案希望实现总则的回归。

⑤【有关"权利的主体、客体、变动、实现"构成形成的经过】

本民法修正案关于民法总则的章节构成没有采取"人、物、行为"这种编别构成,而是在开头的第一章"通则"之后规定了"权利的主体、权利的客体、权利的变动、权利的实现",五章构想并非突发奇想,其经过如下:

首先,矶村保教授提出,将民法中第二章"人"、第三章"法人"合并成与《德国民法典》章节中一样的一章称为"权利的主体"(2006年11月23日全体会议),将民法第四章"物"改为"权利的客体"(2007年9月22日总则分会)。

在上述意见的基础上,民法改正研究会秘书处,将民法第五章"法律行为"与第七章"时效"合并为一章"权利的变动"(2007年12月22日总则分会、2008年1月13日总则分会),在总则编最后设置"权利的实现"一章(2008年5月1日秘书处会议)。民法改正研究会采纳了这种意见,在2008年私法学会删除了这四章还增加了"通则"一章,形成五章构成。这种五章构成一直维持至本民法修正案。

另外,在国民有志案公布之后,"禁止自力救济"的规定是放在《国民有志案》第一章总则第4条之中的,后来将此条规定归入第五章"权利的实现"一章中,相关内容参见本书第四部第五章以下。

⑥ 石坂音四郎:《日本民法 第三编 债权》(第一卷),有斐阁1911年版,第76页。

3. 总则编中节以下的修改

除了上述章一层面的修改，为了纯化民法典的体系，本民法修正案也修改了"节"之下的构成。具体来说，在本民法修正案中，新设了相当数目的"节""款""目"，此外还涉及相关数目条文位置的变更。

另外，本民法修正案删除了民法总则编中的几个"节"。比如说，现行民法中"宣告失踪"的规定，具有拟制权利能力终结的属性，因而将其移到"权利能力"一款的末尾，还有"推定同时死亡"的规定也与"权利能力"的终期有关，因而也将其移到"权利能力"的规定中。现行民法典中，"宣告失踪"是独立一节的后半部分，"推定同时死亡"构成独立一节，但是本民法修正案没有将这些内容作为独立的一节。

此外，关于删除现行民法典中第三节"住所"等重大修改，将在下述二中阐述。

二、本民法修正案中重大修改

1. "不在者"法律制度的无因管理属性

除了一中所述几点，还有几个比较重大的修改，其中之一是修改现行民法第四节"不在者的财产管理及宣告失踪"的规定，保留了宣告失踪的内容，将"不在者"的规定从总则编移到债权编中的"无因管理"一章。正如本书附论第二章所述，现行民法无因管理制度发端于"不在者的财产管理"，无论是从谱系还是从法律制度的内容来看，"无因管理"都与现行民法的"不在者"制度相近。

2. 从"民法总则"到"法的通则"——"场所""期间的计算""基于公示的意思表示"

除了 1 中所述的民法典内部编之间的移动之外，还有将民法典中规定的法律制度移到其他法律的情况，即民法修改研究会提议制定一部新法——"法令通则法"。这包括现行民法中"人"一章中"住所"的规定、时效之前的"期间的计算"一章的规定，以及现行《民法》第 98 条"公示意思表示"的规定。首先，"住所"不仅事关不在者（第 25 条）、清偿的场所（第 484 条）、继承（第 883 条）等条款，而且也事关国籍法中归化的要件、诉讼法上的管辖、公职选举法中的相关问题。其次，"期间的计算"也是民事诉讼法等其他法律中的问题，也不限于私法。再次，民法中"公示意思表示"也规定在民事诉讼法中公示送达方法之中（第 98 条第 2 款）。但是，私法上的意思表示的作用并不限于审判程序中的送达，在行政处罚情况，相对人住所不明的情况，也需要公示送达，行政法相关法律中也有关于这个问题的规定，需要从整体上整理这个问题。正如本书附论第六章所述，为了类推适用民事诉讼法上的规定，行政法上确实也没有搞清楚这个问题。

与其说民法总则的属性，"住所""期间的计算""公示意思表示"的规定更是横跨公法私法的具有法律一般通则的属性。正如本书附论所详述，将"住所""期间的计算""公示意思表示"的内容规定在民法总则编是否合适是一个值得探讨的问题。本民法修正案将这些规定从总则中删除,建议将其移至"法令通则法"。

3. 新设"附表 定义"

法律中一般包括一些专业性技术性术语,不少情况下在法律的开头界定定义。比如 2005 年公布次年实施的《公司法》第 2 条就规定了 34 项用语的定义。

但是,考虑到民法典是法律学习者最开始接触的法律科目,在法典开头罗列与规范内容的脉络没有关系的定义可能给学习者造成学习法律就是死记硬背的误解。

因此,本民法修正案并不打算在法典开头规定定义,而是希望在法规规范内容的脉络中理解"定义"。当然,条文中没有定义规定确实也存在不便,所以在修正案的最后加上了定义一览表。⑦

---

⑦ 【导入定义附表的讨论经过】参见注㊿。

第一章 通　　则

【前注】

第一章"通则"的基本构造是纲领规定和实体规定的分离。

现行民法第一编"总则"第一章为"通则",由两个条文组成。第 1 条为"基本原则",第 1 款是私权必须适应公共福祉,第 2 款为诚实信用原则,第 3 款禁止权利滥用原则。第 2 条规定了"解释的标准",强调了个人尊严和男女平等。⑧

本民法修正案关于通则的构成如下:第一章"通则"由 3 个条文构成。首先,在"新"第 1 条中阐明了"宗旨",在"新"第 2 条中规定"基本原则",然后"新"第 3 条规定"诚信原则与禁止权利滥用原则",在第 1 款诚信原则之下,规定禁反言与"clean hands"原则,在第 2 款规定禁止权利滥用原则。

---

⑧　有教授提出了比本民法修正案更加具有"宪法性"属性的立法草案(大村敦志:《民法第 0、1、2、3 条与我们的生活》,Misuzu 书房 2007 年版,第 104 页以下。另外在引用时条文记载方式改为与本书相同的格式。除此之外,大村教授还有一个稍有不同的版本,参见大村敦志:《市民社会与"私"与法Ⅰ》,商事法务出版社 2008 年版,第 95 页以下)。

第一编　总则
　第一章　通则
　　(权利的性质、法的解释)
第一条　市民的权利必须与公共空间的一般利益相一致。
2　本法须以个人尊严与平等为宗旨解释。
　第二章　人
　　第一节　总则
　　　(市民的权利)
第二条　作为市民人享有权利。
2　市民享有的权利包括下述权利以及自由:
(一)生命、身体、自由、名誉、私生活等人格权,与家族有关的权利以及与财产有关的权利;
(二)思想、信条、宗教、集会、结社、表现的自由。
3　市民的权利始于出生终于死亡。
　　　(禁止歧视、社会援助)
第三条　人不因思想、信条、宗教、人种、国籍、民族、出生、性别、年龄、职业、身心状况、生活状况等差异而有所差别。
2　因年龄、身心状况等理由支持前款规定的人而采取必要的法律措施的,不在此限。

现行民法"通则"中第1条第1款与第2条是纲领规定,对具体纠纷的解决几乎没有意义。但是第1条第2款和第3款的诚信原则和禁止权利滥用原则则兼具纲领规定和纠纷解决功能。总之,民法第一编"总则"第一章"通则"是纲领规定与纠纷解决规定的混合体。

与此相对,本民法修正案的"通则"则明确区分纲领规定与纠纷解决规范的实体化规定。具体来说,在开头规定纲领规定的"宗旨"与"基本原则"的两个条文之后,"新"第3条则是定位为具有一般条款性质的纠纷解决实体法规定,使得这两部分的条文性质更加单纯。

【条文案】

(宗旨)
　　第一条　本法以个人的尊严、自由及平等为基本,就私人间的法律关系作出规定。

本条:对《民法》第2条(解释的标准)的修改

(基本原则)
　　第二条　财产权、人格权及其他私权均不得侵犯。
　　2　私人自律形成的法律关系是私人的权利及自由的基础,应当受到尊重。
　　3　家庭以两性的本质性平等为基本,其亦是社会的基础,应当受到尊重。
　　4　私权与私人间的法律关系应当与公共福祉相协调。

本条第1款:新增
　　第2款:新增
　　第3款:新增
　　第4款:《民法》第1条(基本原则)第1款移修

(诚实信用与禁止权利滥用原则)
　　第三条　权利义务的发生以及权利的行使和义务的履行,应当恪守诚实信用原则,不得有以下行为。
　　(一)违反自身的先前行为,主张背信弃义;
　　(二)有明显不当行为者请求对其行为进行法律上的救济。
　　2　禁止权利滥用。

本条第1款主文:《民法》第1条(基本原则)第2款移修
　　　　第1项:新增
　　　　第2项:新增
　　第2款:《民法》第1条(基本原则)第3款移动

【修正理由】

一、法典最开头的"新"第 1 条和"新"第 2 条

1. 开头规定中民法适用对象和基本理念的明确

"新"第 1 条规定民法是调整"私人间的法律关系"的法律,在法典的开头明确法典的基本理念在于"个人尊严"的尊重与"自由平等"。

另外,现行《民法》第 2 条题为"解释的标准",规定:"本法须以个人的尊严及两性的本质平等为宗旨解释"。"新"第 1 条"个人尊严"的尊重继承了《民法》第 2 条的部分,与此相对,将《民法》第 2 条中"两性的本质平等"部分规定到下面的"新"第 2 条第 3 款中。

与此相关,关于家族的"新"第 2 条第 3 款中也强调"两性的实质平等",而且男女平等还关系到雇佣关系等其他社会问题。因此,理论上"新"第 1 条"个人的……平等"的框架之内除了雇佣关系,还考虑到了男女平等问题。

但是,"二战"之前的家族法,尤其是其中最为关键的"家制度"问题成为"个人尊严"与"两性的实质平等"的最大障碍。战后修改家族法,废除了家制度,所以目前家制度本身不会成为个人尊严的障碍。但是,关于男女两性平等的问题,虽在某种程度上得到了改善,但依然是一个现代性问题。因此,本民法修正案在"新"第 1 条中强调了一般性平等之后,在"新"第 2 条第 3 款中也不厌反复,规定了"两性的本质平等"。

另外,民法中平等原则也通过"权利能力平等的原则"得以具体化,这点在下文中再述(本书第四部第二章)。

2. 开头规定的标题

关于开头规定的标题,目前大多数法律在开头第 1 条一般是"目的等""本法目的""宗旨"等。以六法为例,《刑法》第 1 条标题为"国内犯",并没有"宗旨"的规定。另外,《宪法》中前言表达了宪法精神,因此也没有这种规定。但是,除此之外的法律第 1 条,如《商法》是"宗旨等",《民事诉讼法》是"宗旨",《刑事诉讼法》是"本法的目的"。

其中,《刑事诉讼法》第 1 条题为"本法的目的","目的"这种标题对于私法基本法的民法来说,适用范围有些过于有限了。因此,为了与《商法》《民事诉讼法》等基本法第 1 条保持平衡性,开头规定使用"宗旨"标题,内容上是修改现行《民法》第 2 条(解释的标准)而来。

另外,《民法》第 2 条虽然题为"解释的标准",但是正如前文所述,《民法》第 2 条在具体纠纷解决以及法解释实际基准上鲜有运用。因此,本民法修正案将不再设题为"解释的标准"的条文。

3. 民法基本原则的条文化

"新"第 2 条反映了民法的三项基本理念:所有权绝对原则(第 1 款)、私法自治原则(第 2 款)、两性实质平等基础上的家族尊重(第 3 款)(第 2 款使用"法律关系"

一词,历史上也多有讨论。⑨ 虽然称不上严谨的用词,但是这三项可以说是物权法、债权法、家族法的基本理念。另外,关于第1款规定的人格权不可侵,将在三中阐述)。

在此基础上,为了调和市民国家的原理和社会国家的原理,增加下述4的内容。⑩

4. 市民国家的原理和社会国家的原理

现行《民法》第1条第1款规定:"私权应当符合公共福祉",该条是对魏玛宪法式、古典市民法进行的社会法上的修正,并没有规定作为民法原点的、古典的所有权绝对原则。日本《宪法》第29条规定了古典式民法原理和社会法修正原理两个方面,与此相比现行民法缺乏这种平衡性。

为了修正这一点,"新"第2条规定了基本原则,其中第1款是市民国家原理的"所有权绝对",第4款是社会法修正,这样便保持了与宪法的协调性。

5. 私权与"社会福祉"的优先劣后

现行《民法》第1条第1款是在1947年民法修改之际追加上去的,最初的规定是"私权应当尊重公共福祉"。在2004年民法现代语化修改之际改为"私权应当符合公共福祉"。

1947年之前的条文是天经地义的,而2004年修改后的条文给人造成一种印象,

---

⑨ 过去的文献有末川博:《萨维尼的权利论》,载《权利侵害与权利滥用》,岩波书店1970年版,第22页以下。最近的文献讨论了德国学说,有耳野健二:《萨维尼的法思考:德国近代法学中体系的概念》,未来社1998年版,第282页以下;耳野健二:《19世纪德国法学中Rechtsverhältnis的概念》,载比较法史学会编:《比较法史研究 11 法生活与文明史》,未来社2003年版,第96页以下。

⑩ 【开头规定的讨论经过】
上文从整体上说明了开头规定"新"第1条"宗旨"与"新"第2条"基本原则"的概要。

最初,这些条文并不像本文中记载的那样,本民法修正案"新"第1条"宗旨"与"新"第2条"基本原则"相互分离,当初的提案是以民法第2条为基调,规定私法自治与家族法中人与人之间的关系(2006年11月23日全体会议)。其后,该文案进行了若干修改,2008年3月1日、2日召开的"民法修改国际研讨会"公布的草案如下(除去画线部分):

(宗旨 过程草案 秘书处起草 2008年3月1日国际研讨会公布草案)
第一条 本法尊重个人的尊严,以(私人财产制为基础)私人资料的关系的形成以及两性的实质平等为基本,就私人间的法律关系作出规定。

该国际研讨会之后,矶村保教授提出了这样一个问题,即上述条文虽然涵盖了契约自由与家族关系,但没有涉及物权法。因此,经过总则分会的讨论,增加了画线部分。但是,此后的全体会议上,大塚直教授指出,"以私有财产制为基础"的用词有些过于生硬,山野目章夫教授建议以《宪法》第29条第1款为参照,修改为"以财产权的保障为基础"。

经过这些修改,之后的私法学会草案、法曹提交案以及同年10月的国民有志案都是这样规定的。

关于该条,国民有志案公布之后,川崎政司律师指出"尊重个人的尊严到底是什么呢?"另外"法律关系与法的关系在概念上没有整理清楚,也就是说法的关系的立法例可以在多大范围内涵盖到条约之外这一点并不清楚"。

考虑到上述建议,本民法修正案将《国民有志案》第1条"宗旨"的内容分离,分别规定在本民法修正案"新"第1条和"新"第2条之中。另外,《国民有志案》第1条规定的"以财产权的保障为基础"的用词与第2条第1项"财产权之不可侵"有重复之嫌。因而,本民法修正案将"以财产权保障为基础"并入到"新"第2条第1款"财产权之不可侵"中来,那么"新"第2条中的各款也就涵盖了民法的物权法、合同法和家族法的基本原则。

即公共福祉在私权之上,换言之,公权优先于私权。

民法改正研究会在讨论之际就有一种强烈的意见,即要改变公权优先于私权这种印象。因此,私权与公共福祉并不是上下关系,而是作为一对对等的价值而存在的。因而,"新"第2条第4款规定"私权与私人间的法律关系应当与公共福祉相协调"。⑪

二、人格权不可侵之规定

1. 新设人格权

"新"第2条第1款不仅规定了财产权之不可侵,还规定了人格权之不可侵,表明了民法典在人格权保护上的基本方针。

现行民法并没有关于人格权的规定,从世界范围来看,《瑞士民法典》在20世纪初就划时代地规定了整体性的一般人格权。因此,先于《瑞士民法典》制定的现行民法缺乏人格权规定也无可厚非。但是,本民法修正案必须反映现代社会的特性,这就不能不考虑人格权的明文规定了。

人格权纠纷解决中发挥作用的实体性规定主要是损害赔偿与停止侵害。因此,关

---

⑪ 【公共福祉规定的讨论经过】
(1) 沿袭现行《民法》
本民法修正案第2条第4款,继承现行民法中"社会国家的原理"的规定(当然不是放在第1条第1款,而且文字上也有所修改),民法改正研究会对此并无异议。
(2) 国际研讨会中欧洲学者的反应
但是,2008年3月召开的国际研讨会上,荷兰的哈特坎普教授提出欧洲民法典并没有这样的内容,并对我们的草案表达了违和感。同时,德国的里森胡贝尔教授也表达了类似的意见。特别是在研讨会结束之后的宴会上,里森胡贝尔表达了这样的观点,即在民法开头作出这样的规定让人联想到与纳粹一样的集体优先的集体主义思潮。
(3) 战后"公共福祉"规定的导入
接下来,我们回顾一下战后民法修改时制定上述开头规定的历史。当时,内阁于1947年7月18日向国会提交了"修改部分民法的法律草案",其内容如下:"第一条　私权因公共福祉而存在。权利的行使及义务的履行,应当遵循信义诚实而为之。"
上述提案在国会进行了修改,变成了1947年的修改案。在国会讨论中,上述草案因为带有强烈的集体主义思潮,受到了猛烈的攻击。在修改中发挥巨大作用的我妻荣感到"因公共福祉而存在"这样的说法体现了一种集体主义,这在民法中是不合适的,带有社会主义的色彩[我妻荣编:《战后民法修改的经过》,日本评论社1956年版,第198页(奥野健一、我妻荣发言)]。关于本条立法经过,参见广中俊雄、星野英一编:《民法典之百年:整体性观察》,有斐阁1998年版,第66页以下(池田恒男执笔部分);宫下修一:《民法中公共福祉的现代意义》,载《名古屋大学法政论集》2008年第227号,第147页以下;大村敦志:《民法解读总则编》,有斐阁2009年版,第7页以下。
我妻荣意识到的这个问题并没有得到国会的支持。正如我妻荣所言,该条款强调社会连带,反映了"集体主义的理想",与我妻荣推崇的"农村协同体"有相似的侧面[关于这一点,参见加藤雅信:《新民法大系Ⅰ民法总则》(第二版),有斐阁2005年版,第30页]。
(4) 本民法修正案的方针
考虑到上述战后立法的经过,战后60年日本社会的变化以及用语本身强烈的集体主义色彩,在民法修改之际,有人建议删除现行《民法》第1条第1款。
但是,对该条的理解一般并不认为是集体主义思想,而是魏玛宪法式的社会国家原理,所以最后决定不删除这一条,而是将其放到"新"第2条第4款。

于人格权的规定,本民法修正案在"新"第2条第1款中设置了一个纲领性规定[12],同时,在第三编"债权"第五章"侵权行为"中规定了纠纷解决的实体规范,其中第一节"损害赔偿"以及第二节"停止侵害"中也有有关人格权或者说是"人格性利益"的规定。[13]

2. 避免个别具体人格权规定——比较法分析一

正如上文所述,本民法修正案只是增加了整体性的人格权规定,并没有规定个别的、具体的人格权。近邻亚洲诸国或地区中,越南在民法典中规定了个别的、具体的人格权[14],中国也在讨论制定人格权法[15](欧洲的情况参见注[16])。但是,基于下述理由,

---

[12] 对此,中田裕康教授指出,"新"第2条第1款规定了人格权之不可侵,第4款强调与公共福祉的协调,这样造成了"尊重人格权"不是很重要的错误印象(于2008年3月召开的"民法修改国际研讨会")。
　　对此,笔者如下回答:人格权之中既有不可侵性极强的生命、身体、自由等绝对人格权,也包括个人信息、名誉、隐私、姓名、肖像等需要在一定程度上进行利益衡量的相对性人格权,法律对于这两种人格权的保护程度是不同的。相对性人格权有必要与《宪法》第21条的表现的自由或者报道自由相协调,这也是私权与公共福祉的协调问题。另外,绝对性人格权虽然不能轻易与公共福祉相协调,但是实体法上也认可以通过刑罚侵害生命与自由的情形,因此也不能说与公共福祉毫无关系。
　　但是,正如中田教授所言,"公共福祉"本身是一个极为宽泛的概念,我们不能毫无限制地强调人格权与公共福祉的协调,特别是前述的"绝对性人格权"需要作特别处理,不能轻易支持其与公共福祉的协调。

[13] 【导入人格权规定的讨论经过】
　　在全体会议讨论修正案之前,从2005年10月开始民法改正研究会召开了4次准备会议,在准备会议的讨论上,大多数人提出在民法总则中设置人格权规定这一意见,虽然在民法修正案最初讨论阶段没有讨论这个问题(2006年4月29日全体会议),但是约半年后,我们提出了关于人格权的条文草案(2006年11月23日全体会议)。

　　(基本理念　过程草案　2006年11月23日秘书处草案)
　　第N条　① 私权不可侵。私权的行使必须与公共福祉相协调。
　　　　　　② 私权不仅包括财产关系,还包括人格关系。
　　　　　　③ 本法必须以个人尊严与两性的实质平等为宗旨进行解释。

　　以上述草案为基点,经过注⑩的整理过程,便成为现在的草案。

[14] 2005年《越南民法典》第一编"总则"第三章"个人"第二节"人格权"之下,从第24条至第51条用了28个条文规定了人格权。在日本人看来其中很多条文是否属于人格权概念仍然存在分歧,但是《越南民法典》仍旧规定了姓名权、肖像权、名誉人格威信权、隐私权等个别人格权(关于《越南民法典》,参见角纪代惠:《越南2005年民法》,载《Jurist》第1406号,第87页以下;加藤雅信:《中国人格权的立法与民法典制定的动向——兼论日本人格权论展开史的分析》,载加藤一郎追悼:《变动的日本社会与法》,有斐阁2011年版,第210页以下)。另外,《越南民法典》于2015年11月经过了全面修改(参见本书第三部第一章)。2015年《越南民法典》与2005年《越南民法典》在法条的标题上是一样的,从第16条至第39条总共24个条文,人格权内容上也更加纯粹。

[15] 虽然中国目前没有民法典,但是早在2002年第九届全国人大常务委员会第三十一次会议讨论稿上就有了民法草案,其中第四编就是人格权法(王晨、吴海燕译:《中华人民共和国民法草案 第四编 人格权法、第八编 侵权责任法》,载《法学杂志》2004年第51卷第1号,第250页以下)。2002年中国民法草案第四编"人格权法"的开头,首先第一章"一般规定",接下来规定了"生命健康权、姓名名称权、肖像权、名誉权、荣誉权、信用权、隐私权"六种人格权,各自独立成章。
　　另外,2010年10月全国人大常委会、中国人民大学、华东政法大学共同召开了是否应当制定人格权法的研讨会(关于该研讨会的内容,参见加藤雅信:《中国人格权的立法与民法典制定的动向——兼论日本人格权论展开史的分析》,第173页以下)。

[16] 下面简单介绍欧洲有关人格权的讨论状况:
　　最早规定人格权的《瑞士民法典》于1907年制定,其第28条规定:"不法侵害个人的诸关系(人格权)

本民法修正案不打算采取个别列举人格权的方式。

理由一：仔细探讨人格权相关判例可以发现，有相当数量的情况难以归纳到人格权或者人格性利益中保护。⑰ 如果采取像越南、中国一样的列举方式，将有可能挂一漏万。

理由二：正如前文所述，即便是对于已经确立的个别人格权，到底在多大范围上对其进行保护，意见也未必统一。比如说，姓名权作为一种人格权，是人享有自己姓名的私有权利。与此同时，社会也要求通过姓名可以特定到某个人，所以不得不对姓名变更权进行若干限制。再如隐私权，即便如初期判例所理解，隐私权为不得随意公开他人私生活的权利。但是，作为一个社会人，其私生活也不得不接受公共评价。法律上对是否属于"随意"公开存在争论，应当在何种程度上保护隐私权，也就只能依靠判例法的发展来解决了。⑱

因此，对人格权而言，无论是人格权的外延，还是人格权的权利内容，主要还是交给判例法进行判断。⑲

换言之，人格权因判例法而生成，作为一种具体的、固定的权利规定在民法典上还欠缺稳定性，所以，本民法修正案规定了抽象的人格权保护，而不具体列举个别的人格权。

的，可以请求除去侵害。"《瑞士债务法》第49条第1款规定，只有在"侵害以及重大有责的正当情形"才支持对人格权侵害的精神损害赔偿(参见五十岚清:《人格权论》，一粒社1989年版，第2页；斋藤博:《人格权法的研究》，一粒社1979年版，第73页以下)。

另外，在民法修改研究会上，横山美夏教授提出有必要参照法国民法的人格权规定(2006年4月29日全体会议)。大塚直教授作了如下具体介绍：1970年修正《法国民法典》第9条第1款，个人的私生活有得到尊重。第2款，法官可以采取纠纷物托管、扣押等一切手段，阻止对他人私生活内部的侵害。但是，这不妨碍损害的赔偿，紧急情况下，可以采取这些临时措施。

其次，"新"第2条第1款规定的私权的不可侵性，顺序是财产权、人格权等私权。水津太郎提出：人格权包括生命、身体、自由等权利，所以应该将人格权规定在前面。与此相对，川崎政司指出：如果是宪法的话，这种顺序是妥当的，但是民法典以财产法和家族法为对象，作为规范的人格权内容较少，目前这种规定顺序也无妨，无须变更顺序(2013年10月27日全体会议)。

再次，关于民法典中规定的人格权的方式，欧洲与亚洲并不一样。一般来说，与有必要强调人权保护的亚洲诸国或地区相比，欧洲更加强调人格权的详细规定。实际上，在2008年3月召开的"民法修改国际研讨会——日本、欧洲、亚洲的修改动向比较研究"上，韩国的演讲者对中国规定人格权的做法表示了支持，而欧洲的演讲者几乎没有表示。东亚诸国或地区过度看重作为民事概念的人格权，而欧洲则将人格权作为损害赔偿前提的法律技术概念。国际研讨会上的这种感觉令人印象深刻。

最后，关于"人格性利益"的侵害，本民法修正案在侵权行为一章中探索损害赔偿与停止侵害的规定(《国民有志案》第657条第3款、第673条第3款)。但是也有人主张，应当将其与侵权行为相分离(参见斋藤博:《如何考虑人格权的规定——如果规定的话，应当如何规定》，载椿寿夫、新美育文、平野裕之等编:《思考民法修改》，日本评论社2008年版，第43页以下)。

⑰ 关于判例的具体情况，参见加藤雅信:《中国人格权的立法与民法典制定的动向——兼论日本人格权论展开史的分析》，第199页以下。

⑱ 关于隐私，最近有一篇有意思的论文，参见水野谦:《隐私的意义——围绕"信息"法律意义的分布图》，载《NBL》2010年第936号，第26页以下。

⑲ 关于这一点，参见斋藤博:《人格权法的研究》，一粒社1979年版，第258页以下是作为"一般人格权的界限问题"来探讨的。

3. 导入类似方向性的抽象人格权规定——比较法分析二

从比较法上来看，2007年公布的《柬埔寨民法典》规定的第二编"人"第一章"自然人"第二节"人格权"，其开头就规定"人格权指的是以生命、身体、健康、自由、姓名、名誉、隐私以及其他人格性利益为内容的权利"（《柬埔寨民法典》第10条[20]）。包括这条规定，该节由4个条文组成，内容如下：① 人格权的意义（第10条）；② 停止侵害请求权（第11条）；③ 侵害行为的结果除去请求权（第12条）；④ 基于侵权行为的损害赔偿请求权（第13条）。

与此相对，本民法修正案在总则的开头，设置了宣言性的人格权规定（"新"第2条第1款）。[21] 作为人格权的具体法律效果的损害赔偿与停止侵害则与其要件一同规定在侵权行为一章中。也就是说，虽然《柬埔寨民法典》与本民法修正案在规范内容上几乎是一样的，但是它们在体系定位上是不同的，即《柬埔寨民法典》用一节整理规定了人格权，重复规定了人格权效果的损害赔偿。与此相对，本民法修正案分别作出了纲领性规定与实体法的规定，避免了规定的重复。

三、"新"第3条诚实信用与禁止权利滥用原则

1. 诚信原则与"权利义务的发生"

现行《民法》第1条第2款规定了"权利行使及义务履行"的诚实信用原则。与此相对，"新"第3条第1款规定，"权利义务的发生"也适用诚信原则。

采取此立法例的原因在于，最近大量判例中提到，附随义务、说明义务等义务的发生基础在于诚实信用原则。

2. 维持禁止权利滥用原则以及两大原则并设

"新"第3条第2款维持了现行《民法》第1条第3款的权利滥用的规定内容。[22][23]

---

[20] 本翻译参照财团法人国际民商事法中心主页（http://www.icclc.or.jp/equip-cambodia/index.html）。其他条文内容参见该主页。

[21] 《韩国民法修正案》第1条之2也设置了关于"人的尊严"的宣言性规定（郑钟休称之为"21世纪私法的大宪章条款"。参见郑钟休：《关于韩国民法修正案——以债权编为中心》，载冈孝编：《合同法中的现代化问题》，法政大学出版社2002年版，第160页）。

[22] 【维持权利滥用规定的讨论经过】
关于权利滥用规定，"新"第3条第2款只是在条文位置上进行了调整。但是，在最初阶段，矶村保和松冈久和两位教授提出了另外一个草案（2007年3月4日、5日总则分会）。两位教授都提出，民法应当规定诚信原则和禁止权利滥用原则（诚信原则之下不规定"禁反言"和"clean hands"原则），而权利滥用原则方面，则维持民法的规定。
民法改正研究会对民法总则全部条文大多提出了或大或小的修改意见，但是对权利滥用原则却没有提出修改建议。因此，本民法修正案维持了禁止权利滥用原则的民法规定，自私法学会上提出以来一直没有改变。另外，在市民法研究会、企业法务研究会上也没有对维持权利滥用原则的做法提出任何异议。

[23] 【权利滥用规定在法律体系中的定位的讨论经过——规定在总则开头第一章"通则"中，还是规定在末尾第五章"权利的实现"一章中】
现行民法将权利滥用原则规定在民法典总则编开头第一章"通则"之中。与此相对，《德国民法典》则将其规定在民法总则编的末尾。由于本民法修正案在总则末尾设置了"权利的实现"一章，所以有必要讨论是

综上所言，本民法修正案在"新"第 3 条第 1 款规定了诚信原则，第 2 款规定禁止权利滥用原则，两个原则并列规定。

诚信原则和禁止权利滥用原则在历史上都是由个别的原则发展而来的。权利滥用的原理在于以权利行使人的主观恶性为根据，制约令人讨厌的行为。而诚信原则是罗马法原理中，在债权关系的当事人之间规范权利行使和义务履行的原则。从比较法上看，德国民法将诚信原则作为债权法的原则，而认为禁止权利滥用原则与债权关系不大，明确了两者的区别。

但是，日本民法典在民法总则的通则中同时规定了这两个原则，两者的分界就变得不够明确了。结果是，在最近的判例中，被认为是权利滥用的情况同时被认定为违反诚信原则，或者"……违反诚信原则，属于权利滥用"。这也就造成了目前实务中很难区分这两个原则的适用范围的情况。如此，滥用权利的行为本身就违反了诚信原则。但是，某些纠纷当事人之间不存在一定的人际关系，此时并不违反诚信原则，而仅仅是权利滥用的问题。所以，本民法修正案尊重法律沿革，维持了两大原则对置的立法例。[21]

3. 诚信原则规定的具体化

本民法修正案在"新"第 3 条第 1 款中并列规定了"禁反言"和"clean hands"原则，作为诚信原则的下位规范（第 1 项、第 2 项）。

4. 关于诚实信用原则、禁止权利滥用原则的学界讨论

现行《民法》第 1 条第 2 款和第 3 款分别规定了诚信原则和禁止权利滥用原则。但是，历史上来说，前者诚信原则只是债权法的基本原则，扩展到民法一般原则有其历史背景。关于诚信原则，学界具有下述一般倾向：

如果从民法教科书和体系书上来看，过去的民法教科书和体系书基本按照民法

否将该原则放在第五章中的问题。民法改正研究会也讨论了这个问题（2011 年 2 月 5 日全体会议）。关于这点参见第五章"前注"部分。

[21] 【并设"诚信原则"与"禁止权利滥用原则"的讨论经过】

国民有志案公布之后，研究会在讨论过程中，矶村保教授建议，在诚信原则的下位规范中规定三个款项，其中第 1 项为禁止权利滥用原则，第 2 项为禁反言，第 3 项为 clean hands（2011 年 2 月 5 日全体会议）。但是正如正文所言，无论是从法史看，还是从判例中同时引用诚信原则和禁止权利滥用原则的实务来看，矶村保教授的建议大概是建立在下述理解之上：没有必要维持诚信原则和禁止权利滥用原则的区分。

与此相对，在同日研究会上，笔者认为，矶村保教授的意见存在合理性，但是滥用权利的情况不见得全是违反诚信原则的情形。即便诚信原则已经不限于债权关系，但还是以当事人之间一定社会关系的存在为前提的。如果当事人之间完全没有关系，那么纠纷发生之后，也就只可能存在滥用权利的问题，而不可能违反诚信原则。

当然，上述两种意见之间其实差异并不大，即诚信原则与禁止权利滥用原则在绝大多数情况下是重叠的，但是问题就在于诚信原则是否可以全面吸收禁止权利滥用原则。

讨论的结果是，虽然判例中存在重叠适用的情况，但是由于各自存在独自的适用领域，所以与现行民法一样，本民法修正案分两款规定了这两个原则。

典规定的诚信原则和禁止权利滥用原则的顺序展开行文。㉕但是,最近有不少教科书和体系书考察了诚信原则从债权法基本原则转变为民法乃至私法的一般原则的历史背景,论述了诚信原则的扩张使用,以及与该原则有关联的、具有私法一般属性的"禁反言"和"clean hands"原则等下位原则。㉖

因此,本民法修正案在借鉴了最近学说动向的基础上,在诚实信用原则框架之下,新设了"禁反言"和"clean hands"这两个下位原则。㉗

㉕ 参见我妻荣:《新订 民法总则》(民法讲义Ⅰ),岩波书店1965年版,第34页以下(与权利滥用有关,还列举了权利失效原则);川岛武宜:《民法总则》(法律学全集17),有斐阁1965年版,第50页以下;星野英一:《民法概论Ⅰ》(序论、总则),良书普及会1961年版,第77页以下;几代通:《民法总则》(第二版),青林书院1984年版,第14页以下;北川善太郎:《民法总则(民法纲要Ⅰ)》(第二版),有斐阁2001年版,第18页以下;船越隆司:《民法总则——理论与实际的体系Ⅰ》(第三版),尚学社2003年版,第25页以下。此外,在民法现代语化之后的文献也没有列举诚信原则和禁止权利滥用原则的下位规则[比如野村丰弘:《民法Ⅰ序论、民法总则》(第二版),有斐阁2005年版,第37页以下;椿寿夫:《民法总则》(第二版),有斐阁2007年版,第336页以下;内田贵:《民法Ⅰ(第四版补订版)总则、物权总论》,东京大学出版会2008年版,第448页以下(同时参见第187页);大村敦志:《基本民法Ⅰ》(第三版),有斐阁2007年版,第111页以下;大村敦志:《民法解读总则编》,有斐阁2009年版,第14页以下;佐久间毅:《总则》(第三版),有斐阁2008年版,第435页以下;山田辉明:《民法总则》(第四版),成文堂2010年版,第20页以下;松尾弘:《民法的体系——市民法的基础》(第五版),庆应义塾大学出版会2010年版,第701页以下]。

㉖ 关于诚信原则的下位原则,存在诸多模式。
首先,在诚信原则的同时,论述"禁反言"和"clean hands"原则等下位原则的模式[比如,米仓明:《民法讲义总则1》,有斐阁1984年版,第7页以下;四宫和夫:《民法总则》,弘文堂1986年版,第32页[但是,四宫和夫、能见善久:《民法总则》(第八版),弘文堂2010年版,第15页以下没有继承这种模式,属于上注的模式];石田让:《民法总则》,悠悠社1992年版,第42页以下;辻正美:《民法总则》,成文堂1999年版,第31页以下;须永醇:《新订 民法总则要论》(第二版),劲草书房2005年版,第21页以下;潮见佳男:《民法总则讲义》,有斐阁2005年版,第12页以下;加藤雅信:《新民法大系Ⅰ》,有斐阁2005年版,第40页以下;平野裕之:《民法总则》(第二版),日本评论社2006年版,第604页以下;河上正二:《民法总则讲义》,日本评论社2007年版,第14页以下;川井健:《民法概论1 民法总则》(第四版),有斐阁2008年版,第8页以下;中舍宽树:《民法总则》,日本评论社2010年版,第456页]。
其次,在诚信原则框架之下,只是论述了"禁反言"和"clean hands"原则其中一种和其他下位原则[比如,铃木禄弥:《民法总则讲义》(第二版),创文社2003年版,第350页以下;广中俊雄:《新民法纲要 第一卷 总则》,创文社2006年版,第139页以下]。
再次,在诚信原则之下,并不列举"禁反言"和"clean hands"原则,而是其他原则[比如,近江幸治:《民法讲义Ⅰ 民法总则》(第六版补订版),成文堂2012年版,第20页以下(亦参照第22、202、277页);山本敬三:《民法讲义Ⅰ》(第三版),有斐阁2011年版,第626页以下(亦参照第627页注16、第400页注21)]。

㉗ 【"禁反言"和"clean hands"原则的讨论经过】
关于诚信原则的规定方式,争论在于"禁反言"和"clean hands"原则的规定。当初秘书处的草案如下(2006年11月23日全体会议):

(基本原则 过程草案 2006年11月23日秘书处草案)
第三条 ①(与民法第一条第三款一样)权利不得滥用。
②(与民法第一条第二款一样)权利的行使及义务的履行必须遵守信义,诚实为之。
③主张不得违背自己曾经表示的事实以及先行行为。
④寻求法院救济的人不得违法。
⑤(方案二)违法行为者不得就相关纠纷接受法律保护。但是对方存在严重违法的除外。

四、本民法修正案中未规定的一般原则——"情势变更原则"与"权利失效原则"

作为一般条款,"新"第 3 条除了规定"诚实信用原则"和"禁止权利滥用原则"之外,还规定了诚信原则的下位原则"禁反言"和"clean hands"原则。但是,在学理上,除了上述四个原则,还经常提及"情势变更原则"与"权利失效原则"。不过,本民法修正案并未规定这些原则。

首先,对于"情势变更原则",我们担心规定之后可能增加潜在的法律纠纷,再加上目前的判例对这个原则基本也采取了消极的态度,所以我们认为这是一个例外的判例法理。因此,本民法修正案没有规定"情势变更原则"[28],具体可以参见"讨论经过"。[29]

对于这个草案,在民法改正研究会上,矶村保、冈孝、鹿野菜穗子、山野目章夫等教授都提出了修改建议,另外在 2008 年 3 月召开的国际研讨会上濑川信久教授也提出了修改建议。另外,在企业法务研究会上,北泽正明、森胁章、山田纯等律师提出了修改建议(2009 年 1 月 14 日企业法务研究会)。其后的市民法研究会上,高须顺一、山本晋平、市川允、杉山真一等律师也提出了修改建议(2009 年 2 月 5 日市民法研究会)。特别是桥本阳介指出,"不得请求法院救济"的说法容易被理解为缺乏诉讼要件,应理解为驳回请求。参照了上述意见之后,我们修改了草案。之后,对于 2009 年 10 月公布的国民有志案,川崎政司在采访时提及了若干建议,经过修改就变成了目前这个草案。

[28] 如下注所述,在法务省法制审议会正式公布的《债权法改正基本方针》中规定了"情势变更原则",作为效果对其科以"为了契约变动的再交涉"义务(该书第 155 页以下)。大阪律师协会在向法务省提出的债权法修改意见中指出:"如果将情势变更原则明文化的话,将造成一个误解,即'我们必须守约'的基本原则变得不那么重要了,而且随意主张情势变更更加诱导纠纷的多发。"(《大阪律师协会第一次意见书》,商事法务 2009 年版,第 108 页)同时,支持增加情势变更规定的一方也指出:"无论是法制审议会,还是实务界都担心情势变更原则存在被滥用的风险。"[中村肇:《情势变更原则》,载圆谷峻编:《民法修正案之探讨》(第三卷),2013 年版,第 385 页]另外,关于这个问题的详细探讨,参见栗田晶:《基于情势变更的难以达到合同目的——与民法(债权法)改正委员会草案的相关讨论》,载池田真朗、平野裕之、西原慎治编:《民法(债权法)改正的理论》,新青出版 2010 年版,第 329 页以下。

此外,劳动法学者对此发表了如下意见:应当维持《劳动合同法》第 10 条的规定,根据情势变更应当支持劳动条件的变更[参见土田道夫编:《债权法修改与劳动法》,商事法务出版社 2012 年版,第 196 页以下(土田道夫执笔部分)]。

另外,"中间试案"中也涉及了"情势变更的法理"(《中间试案的补充说明》,第 382 页)。与此相对,笔者在相关示稿中,在引用日本判例,以"交易不稳定化的担忧"为理由,表明了反对意见[参见加藤雅信:《对中间试案的评论意见》,载 http://minpoukaisei.cocolog-nifty.com/blog/2013/06/post-4566.html 以及 http://minpoukaisei.cocolog-nifty.com/blog/2013/05/post-8d10.html;加藤雅信:《民法(债权法)改正的现在——我们能够防止民法典的劣化吗:〈中间试案〉的探讨》,载《企业与法创造》2013 年第 34 号,第 46 页以下]。

[29] 【不规定"情势变更原则"的讨论经过】
(1) 研究会对"情势变更原则"的方针——滥用的担忧
在民法改修研究会上,没有人建议在总则编规定"情势变更原则"。另外,在债权中也没有人建议规定该原则,只是在国民有志案中,作为副案,在债权编中(第 482 条)规定了"情势变更原则"[《民法修正国民有志案》,第 235 页]。

在合同成立之后,出于各种理由,当然有不少人不想履行合同。对于这种人,在法律上不应该支持。因此,在合同履行一般条款上,我们必须留意该滥用一般条款的危险性。在众多一般条款中,情势变更原则是最容易让当事人滥用从而脱离合同的一般条款。

其次,关于权利失效的原则,在抽象层次上,判例认可"权利失效的原则"。但是,从结论上看,判例并没有认可权利失效的效果本身。㉚ 本民法修正案考虑到判例对这个原

---

(2) 我国情势变更原则的现状

情势变更原则发端于中世纪教会法中的 clausula rebus sic stantibus(不变更事物格式条款)。第一次世界大战之后,德国经历严重通货膨胀之后,在判例法上确立了该原则,并传入我国。德国法上,情势变更原则的效果是合同修改或解除。通过德国债法现代化法之后的《德国民法典》第 313 条规定了"行为基础的障碍",效果上可以改订合同或者告知解除。受到德国法的影响,我国传统的教科书也会提及这两点。

但是我国最高法院并不认可情势变更原则的适用以及改订合同的做法,即便是在战中以及战后严重通货膨胀时期,货币的价值只有 1/300、1/240 等情形也不支持修订合同的做法(最判 1961 年 6 月 20 日民集 15 卷 6 号,第 1602 页;最判 1982 年 10 月 15 日判时 1060 号,第 76 页。最高法院只有在依据借地借家法的情况下才支持修改租金等)。但是,在地方法院判决中也存在例外情况,即在通过解除合同难以解决问题的情况下,支持修改价格[神户地伊丹支判 1988 年 12 月 26 日判时 1319 号,第 139 页。该判例如下:在合同成立 20 年之后,被告主张行使预约完结权,但是土地价格已经是当年的二十几倍了。在合同成立时已经支付了一部分款项(不到三成),考虑到仅仅解除合同难以确保当事人之间的衡平,法院认可了价格修改的做法]。

关于合同解除,在一个价格发生 6 倍变化的案件中,最高法院也没有支持情势变更原则的适用(最判 1981 年 6 月 16 日判时 1010 号,第 76 页)。地方法院也基本上是这种态度,只有在非常极端的案件中(在不动产交易中,双方都未履行债务,因通货膨胀,价格变成 1/150、1/100)才支持合同的解除(东京高判 1955 年 8 月 26 日下民集 6 卷 8 号,第 1698 页;东京地判 1959 年 11 月 26 日判时 210 号,第 27 页)。

考虑到判例的态度,在本民法修正案一般条款中不规定学理之情势变更原则是妥当的。

(3) 再交涉义务

民法修正案中不规定情势变更原则,也就不规定该原则的效果以及最近讨论较多的"再交涉义务",理由如下:

一般来说,国外的民法典并不规定再交涉义务的内容,而最近我国学界有人主张应该引入再交涉义务(参见石川康博:《再交涉义务的理论》,有斐阁 2011 年版,第 3 页以下,以及该书第 207 页以下引用的判例和学说),最近国际上的立法建议稿也有规定该义务的例子[《国际商事合同通则》(2004)第 6.2.3 条、《欧洲合同法通则》第 6:111 条]。我国《债权法修改的基本方针》也试图导入再交涉义务(上书第 155 页以下。《详解债权法修改的基本方针Ⅱ》,第 391 页以下)。还有学者讨论是否引进再交涉义务(参见中村肇:《情势变更原则规定案的问题——以效果论为中心》,载圆谷峻编著:《社会的变动与民法典》,成文堂 2013 年版,第 336 页以下)。

但是,正如上文所述,首先,如果在民法典中规定给予情势变更原则再交涉义务的话,将会有更多的人以此为口实拒绝履行合同,可以预见交易将比现在更加难以顺利推进。其次,即便认可再交涉义务,认可被请求人的承诺义务的结果是认可对方当事人单方面的合同规范设定权,这是不合适的。再次,即便违反再交涉义务承担损害赔偿责任,如果这是一种填补责任的话,基本上也就是科以承诺义务。如果不是填补赔偿的话,那么赔偿义务的范围是不明的。结果是,为了让再交涉义务名副其实,在没有履行再交涉义务的情况下,就不得不认可法院修订合同的权利,而这一点与我国最高法院采取消极态度存在重大差异。

基于上述考虑,本民法修正案不支持合同的再交涉义务。另外,实务界也对上述《债权法修改的基本方针》中再交涉义务以及合同的修改表达了反对意见[参见佐濑正俊、良永和隆、角田伸一:《民法(债权法)改正要点:修正方案的要点与实务家的意见》,行政出版社 2010 年版,第 148 页以下(米山健也、矢岛雅子执笔部分)。对于上述提案,除了这两位的反对意见,高桥敬一郎也提出了质疑,今泉良隆则表示了赞同]。

㉚ 参见最判 1955 年 11 月 22 日民集 9 卷 12 号,第 1781 页。

则的消极态度,跟情势变更原则一样,本民法修正案也不规定该原则。具体参见注释中的"讨论经过"。㉛

㉛ 【不规定"权利失效原则"的讨论经过】
　　最初,秘书处提出,草案中无须规定权利失效原则(2006年11月23日全体会议)。在私法学会草案中,也没有关于权利失效的内容。
　　但是,虽然与权利失效原则没有关系,在私法学会研讨会上学者们就外观法理展开了激烈的探讨。为此,民法修改研究会上进行了多番讨论,其结果是,在法曹提交案,作为副案,提出了下述建议:即,在总则第四章"权利的变动"中,第一节"总则"、第二节"法律行为"、第三节"例外的权利变动",这里"例外的权利变动"处规定外观法理。但是第三节"例外的权利变动"之中只规定了外观法理一条内容。对此,中野邦保建议,为了充实第三节的内容,可以将权利失效原则明文化(2009年5月17日秘书处会议)。应当说中野的建议并不是以规定权利失效原则为直接目的的。"外观法理"是权利变动从无到有,保护信赖利益的。与此相对,权利失效原则是权利变动从有到无保护信赖的。所以,以此问题意识为出发点,可以将两者作为一套制度规定在第三节"例外的权利变动"中,形式上也能保持美感。建议如下:

(**权利的失效　过程草案　2009年5月17日中野方案**)
　第N条　不满足本章第四节(时效)第三款(消灭时效)之要件,权利人长期不行使权利,突然行使该权利显著违反第三条(诚实信用原则)的,该权利失去效力。

　　之后的实务家研究会(2009年5月18日市民法研究会、2009年5月25日企业法务研究会)以及民法改正研究会全体会议(2009年6月14日全体会议)都暂时认可了上述方案。
　　但是到了国民有志案的阶段,决定不设第三节"例外的权利变动"一节,因而删除了该条文。本民法修正案也维持了这种做法。

第二章 权利的主体

【前注】

一、第二章"权利的主体"的基本构造

正如上文所述,本民法修正案由通则、权利的主体、权利的客体、权利的变动和权利的实现五章组成。

2004 年修改之前的民法总则编第一章"人"、第二章"法人",2004 年之后,第一章"通则"之后,各自向后移一章,变成第二章"人"、第三章"法人"。

与此相对,本民法修正案第二章"权利的主体"之下,将原先的章变为节,规定了第一节"人"、第二节"法人"。

二、"权利能力"规定的集约、整序

现行民法第二章"人"第一节"权利能力"之下只有一个条文(第 3 条)。该条第 1 款规定"私权的享有,始于出生",只规定了权利能力的始期,没有规定终期。

与此相对,第二章"权利的主体"第一节"人"第 1 款"权利能力"之中,"新"第 4 条第 1 款规定"人的权利能力(即权利义务主体的资格,下同)始于出生,终于死亡",同时规定了权利能力的始期与终期。

正如本书第三部第二章所述,在"权利能力"处规定"权利能力的终期"的结果是,现行民法"权利能力"之外规定的"推定同时死亡"与"宣告失踪"都可以规定到"权利能力"处来。

正如上文所述,权利能力相关规定集中到第一款"权利能力"中来的结果是,我们就可以删除现行民法第二章"人"第四节"不在者的财产管理以及宣告失踪"以及第五节"推定同时死亡"。

三、关于商人、消费者、事业者等的概念——"人的属性"不作规定

正如本书第三部所述,本民法修正案以纯粹私人间的法律关系,即平等当事人之间法律关系的纯化为主要内容。因此,商法、消费法中存在的商人与市民、消费者与事业者的非对等当事人之间的法律关系,以及商人之间的特定人之间的交易法律关

系的调整,主要由消费者合同法、商法等特别法来应对。

与此同时,为了保持民法典作为一般法典的一览性,以及一般市民都能理解的可视性,对主要的特别法可以通过设置准据规定的方式进行处理。因而,本民法修正案在准据规定中出现了"商人""事业者""消费者"等词。本次公布的总则之中,规定错误的"新"第 45 条第 5 款的准据规定中出现了"消费者"一词。另外,虽然物权编和债权编的条文尚未定案,但是第三次《国民有志案草案》中,第 117 条第 2 款、第 406 条、第 464 条、第 498 条、第 599 条、第 612 条都出现了"商人"一词,《国民有志案修正案原案》第 480 条第 3 款还使用了"消费者"和"事业者"等用语。

因此,我们还探讨了"商人""事业者""消费者"等词的定义规定。《私法学会提出案》第 38 条、《法曹提交案》第 38 条、《国民有志案》第 39 条中,作为商法、消费者合同法的准据规定,作出了相关规定。但是,本民法修正案最终删除了这些条款。㉜ 现行《民法》第 194 条等之中出现了"商人"等用词,但是由于并不存在定义规定,所以也可以做相同处理。

㉜ 【关于"人的属性"的讨论经过】

正如本文所述,本民法修正案中断断续续出现了"商人""事业者""消费者"等词,这些都是与商法、消费者合同法相关联的准据规定。因而,如果在民法典中积极地规定"商人""事业者""消费者"等概念的话,在解释上,就会与商法、消费者合同法的定义解释产生矛盾,商法、消费者合同法的适用范围也会因依据法律之不同而产生差异。为了维持民法、商法、消费者合同法的一致性,应当避免在民法典中独自的定义规定,而应当采取下述方案:消费者、事业者、商人,消费者合同法的定义规定只要提及商法与消费者合同法中定义规定即可,避免民法、商法、消费者法之间的矛盾差异(另外,在消费者法中,《消费者安全法》第 2 条中"消费者"与"事业者"的定义,也与消费者合同法的定义规定存在差异。但是,本民法修正案基本是在合同法领域使用"消费者""事业者"的概念,而在侵权行为法等其他领域不会使用。"商人"一词亦是如此。因此,下述草案也只是规定了消费者合同法与商法之间的关联)。

其次,最终被删除的关于人的属性的条文,秘书处在最初的阶段提了一个方案(2007 年 5 月 6 日总则分会)。私法学会之后只进行了微调,在删除之前的具体方案如下(2013 年 12 月 1 日全体会议):

第二章 权利的主体 第三节 人的属性

第三十九条 ① 本法中"消费者"指的是消费者合同法(二〇〇〇年法律第六十一号)第二条(定义)第一款所指的消费者。

② 本法中"事业者"指的是消费者合同法第二条(定义)第一款所指的事业者。

③ 本法中"商人"指的是商法(一八九九年法律第四十八号)第四条(定义)所指的商人。

但是,在民法修改研究会上,对于上述条文,有人提出质疑,川崎政司律师认为,"人的属性"这样的标题与条文的内容有出入;田高宽贵教授认为,在总则的体系中本条的内容存在违和感。讨论的结果是:① 最初出现"商人"一词的是《国民有志案》第 117 条第 2 款,该条款是善意取得的例外,即关于"偷盗物或遗失物的回复"的规定。与此相对应的《民法》第 194 条,该条没有"商人"的定义规定,而是以商法的规定为前提,直接在民法中出现了"商人"一词。② 最初出现"消费者"以及"事业者"是在《国民有志案》第 480 条第 3 款,该条款明确了与消费者合同法的关系。结果是,③ 删除总则编中上述题为"人的属性"的规定(2013 年 12 月 1 日全体会议)。

结果,《国民有志案》以及《修正案原案》第 480 条第 3 款就变成了下述规定:

(合同的无效、解除 曾经方案 国民有志案)

第四百八十条 ①②略

③ 除了以上两款,关于消费者与事业者之间缔结的合同或者合同要约或者承诺的意思表示,参照消费者合同法以及特定商品交易法的规定,可以主张无效或解除。

第一节 人

【前注】

一、第一节"人"的基本构造

1. 节的构造特色——寻求能力规定的纯化

首先来看本民法修正案第一节"人"[33]的构成。正如上文所述,本民法修正案大幅修改了现行民法第二章"人"的 5 节构成——第一节"权利能力"、第二节"行为能力"、第三节"住所"、第四节"不在者的财产管理及宣告失踪"、第五节"推定同时死亡"。本民法修正案将民法最开头的两节改为"款"的层面:第二章"权利的主体"第一节"人"第一款"权利能力"同第三款"行为能力"。至于第三节之下的内容,要么从民法典中删除,要么变成一个独立的条文群。

在此基础上,本民法修正案新设了现行民法没有规定的"意思能力"[34],即第二章"权利的主体"第一节"人"第二款"意思能力"。

另外,我们将现行民法第五章"法律行为"第二节"意思表示"中规定的"意思表示的受领能力"转移到本民法修正案第二章"权利的主体"第一节"人"第四款"意思表示的受领能力"中,理由如下:本民法修正案第二章"权利的主体"第一节"人"是关于权利能力、意思能力、行为能力的人的能力的集合,所以关于能力问题的"意思表示的受领能力"也应当规定到本节末尾中。

结果是,本民法修正案第一节"人"之下包括除了侵权行为责任能力之外的四个能力:权利能力、意思能力、行为能力、意思表示的受领能力。四种能力用"款"的形式规定,纯化了"能力"的相关制度,保持了体系的一览性。[35]

---

[33] 【"自然人"抑或是"人",关于标题的讨论经过】
本民法修正案第二章"权利的主体"中第一节题为"人",与现行民法第二章"人"的标题一样。但现行民法是第二章"人"、第三章"法人",而本民法修正案则是第二章"权利的主体"之下分为"人"与"法人"两节。在起草相关条文草案之时,最初的时候我们曾用过与"法人"相对的"自然人"一词作标题。从私法学会提出案到国民有志案一直如此。但是,五十川直行教授一直对"自然人"的用语存在质疑。
在最终草案定稿之际,川崎政司从立法技术上提出了以下建议。目前使用"自然人"一词的法律总共四部:除了1949 年制定的外汇法、外贸法,最近制定的有:《移动声音通信事业者合约本人确认等及防止移动声音通信业务不当使用法》《防止犯罪收益转移法》。这些法自然人与法人对比存在。与此相对,更多的法律中法人之外多用"个人"一词(参见川崎政司:《从关键词看"法"——第 5 次"人"的漫谈》,载《民事研修》2012 年第 659 号,第 29 页)。
基于上述法律用语的分析,川崎、五十川都认为作为基本法的民法中不应当使用少数情况下才使用的"自然人"一词。基于此,我们最终将标题改为"人"(2012 年 8 月 4 日全体会议)。

[34] 明治民法的起草过程中,关于意思能力的问题,参见熊谷士郎:《意思能力法理之再探讨》,有信堂高文社 2003 年版,第 65 页以下。

[35] 【关于"行为能力"标题的讨论经过】
我们在最终草案中继续沿用了现行民法"行为能力"的标题(第三款"行为能力"的标题)。过程相当曲折,为了保证体系的一致性,还是使用了"行为能力"的标题,具体讨论经过如下:

2. 删除"住所","不在者的财产管理"转移到债权编无因管理

正如本书附论第六章所详述,本民法修正案删除了第三节"住所",将其移至"法令通则法"。

另外,本民法修正案将第四节"不在者的财产管理及宣告失踪"中"不在者的财产管理"部分移至第三编"债权"第三章"无因管理"第二节"法定财产管理",理由如下:

从家庭法院的实务来看,民法"不在者的财产管理"主要内容有两部分:① 不在者财产的法定管理;以及②不在者生死不明的情况下,改任不在者委托的管理人。而无因管理的起源就是罗马法上不在者的财产管理,历史上相当于法官的法务官也曾参与不在者的财产管理。另外,罗马法上的无因管理并不区分本人委托还是基于其他法律上的义务。㊱ 日本民法中的无因管理继承并扩了这种无因管理。

可见,民法上的"不在者的财产管理"与罗马法上的无因管理具有相似性,其起源也与无因管理制度有关。因此,在法典上两者的规定应该具有连续性。如果将两者放在一起规定的话,既能够排除民法总则中"人"之中的异质,又可以像人的能力相关规定那样更加纯化。

另外,我们并不是简单迁移了"不在者的财产管理"规定,而且在相当程度上修改了条文的内容,具体修改内容参见本书附论第三章以下。

3."宣告失踪"以及"推定同时死亡"转移到第一款"权利能力"

上文中已经反复提及,本民法修正案将现行民法第二章"人"之第四节"不在者的财产管理及宣告失踪"中的"宣告失踪"移至第一节"人"第一款"权利能力"中,将其作为权利能力的终期问题进行规定。与此相同,现行民法第五节"推定同时死亡"也作为权利能力的终期问题规定到本民法修正案第一节"人"第一款"权利能力"中,两者构成一个条文。

二、关于条文内容的规则性和整序——迈向"使国民通俗易懂的民法典"的道路

正如上文所述,本民法修正案比现行民法,在款、项的构成上更加详细,内容更加清晰明了。

具体来说,关于行为能力限制的规定,通过监护、保佐、辅助等,"○○开始的判

在 2008 年私法学会召开之前,关于人的规定一直使用的是"限制行为能力人"的标题。在 1999 年导入成年监护制度之前,关于行为能力有无的法律制度,一直使用的是"行为能力"的标题。但是随着 1999 年修法,制度本身开始限制行为能力。但是,日本私法学会之前的秘书处会议上采用了"限制行为能力"的标题,与前文的权利能力、意思能力构成能力制度的条款。在研究会内部,有人提出在自然人一节规定"限制行为能力人"。本民法修正案在第一节"人"的构成上还是采用了第一款"权利能力"、第二款"意思能力"、第三款"行为能力"这样比较符合形式美的标题。

㊱ 参见松坂佐一:《无因管理、不当得利》(新版)(法律学全书 22-Ⅰ),有斐阁 1973 年版,第 3 页。

决""○○的法律行为""○○完结的判决",规定了制度的开始、内容、完结,做到有规律而且清晰明了。

第一款　权利能力

【条文案】

(人的权利能力)
　　第四条　人的权利能力[指能成为权利义务主体的地位,以下第三十一条(外国法人)第一款至第三款亦同]始于出生,终于死亡。
　　2　尽管有前款规定,胎儿视为已出生。但若未出生的,溯及为地位丧失。

本条第1款:对《民法》第3条[承继第一节标题(权利能力)]第1款的移修
　　第2款正文:新增
　　　　但书:新增

(同时死亡的推定)
　　第五条　多人死亡时,如无法确定死亡先后顺序,则推定该多人同时死亡。

本条:《民法》第32条之2[承继第五节标题(同时死亡的推定)]移修

(因失踪宣告判决作出的死亡拟制)
　　第六条　离开以往住所或居所者于七年间生死不明时,家庭法院可以根据利害关系人的请求,判决宣告普通失踪。
　　2　遭遇飞机坠落、船舶沉没、天灾、战争及其他可构成死亡原因之危难的人,于该危难消除后一年内生死不明时,家庭法院可以根据利害关系人的请求,判决宣告特别失踪。
　　3　被判宣告普通失踪者于第一款所定期间届满时,被判宣告特别失踪者于该危难消除时,视为死亡。

本条第1款:《民法》第30条(失踪宣告)第1款移修
　　第2款:《民法》第30条(失踪宣告)第2款移修
　　第3款:《民法》第31条(失踪宣告的效力)移修

(撤销失踪宣告的判决及其效果)
　　第七条　如有因前条第一款或第二款规定被判失踪宣告者(在第三款中简称"被失踪宣告者")尚生存的证明,或者前条第三款规定之时未死亡的证明,家庭法院应当根据本人、利害关系人或检察官的请求,判决撤销失踪宣告。

> 2 依前款规定判决撤销失踪宣告时,因该失踪宣告判决而开始的继承或遗赠视为未发生。于此情形,因失踪宣告判决而获得财产或其他利益(以下在本款及下一款中简称"财产等")者,根据第 N 条(基于所有权的物权请求权)或第 N 条(不当得利)的规定,负有返还该财产等的义务。
>
> 3 判决失踪宣告后,因法律行为而致与被失踪宣告者的财产等存在法律上的利害关系者,对于被失踪宣告者生存或者与前条第三款规定时间不同的时间死亡属于善意(指不知一定的事实,下同)时,不能以前款前段规定判决撤销失踪宣告的效果而与该人对抗。
>
> 4 第一款撤销失踪宣告的判决,不影响该判决之前成立的婚姻及养子亲子关系。于此情形,撤销失踪宣告的判决之前成立的身份关系中,如与该婚姻或该养子亲子关系相悖的,则不再恢复。

本条第 1 款:《民法》第 32 条(失踪宣告的撤销)第 1 款前段移修

  第 2 款前段:新增[参照《民法》第 32 条(失踪宣告的撤销)第 2 款正文]

      后段:新增[参照《民法》第 32 条(失踪宣告的撤销)第 2 款但书]

  第 3 款:《民法》第 32 条(失踪宣告的撤销)第 1 款后段移修

  第 4 款前段:新增

      后段:新增

【修正理由】

一、权利能力平等的原则

"新"第 4 条第 1 款规定权利能力始于出生,不仅明确了权利能力的始期,还包含了现代民法基本理念的权利能力平等的含义。

民法起草者认为,"权利的享有始于出生"的规定意味着,人一旦出生便享有权利,该规定也是一种伟大的"权利宣言"(生而享有的权利宣言)。[37] 因而法条使用了"私权"之享有的用词,用一种散文性的口吻宣示权利。与此相对,《奥地利民法典》第 16 条直接规定了权利能力平等的原则:"任何人生来就因理性而获有明确的天赋权利,因此视其为人格。诸邦不允许奴隶制、农奴制以及与此有关的权力行使"[38],条文上明确规定了人生而平等的内容。

本民法修正案采用了与现行民法完全一样的用语,所以在解释上也可以采用民法起草者的思想。当然,民法改正研究会亦希望积极规定权利能力的平等,也不回避

---

[37] 参见穗积陈重发言,载《法典调查会民法主查会议速记记录》(第二卷),第 115 行[日本学术会议版,国会图书馆近代电子版(简称"电子版")第 119、221 项]。法务大臣官房司法制调查部监修:《法典调查会民法主查会议速记记录》,商事法务研究会出版社 1988 年版,第 185 页。

[38] 久保正幡还历纪念:《西洋法制史料选 Ⅲ 近代》,创文社 1979 年版,第 226 页(石部雅量执笔部分)。

权利能力平等的宣言性意义。

二、权利能力的"始期"和"终期"

现行《民法》第3条第1款在"权利能力的始期"中只规定了权利能力始于出生,而"新"第4条则加上了"权利能力的终期"即"死亡",使得权利能力的规定更加完整。㊴

正如上文反复所提及,现行民法第二章"人"的末尾规定的"推定同时死亡"也是关于权利能力的终期问题,因而将其移至修正案开头"新"第5条第1款"权利能力"处。同时,在"新"第6条规定"宣告失踪判决拟制死亡"。

"新"第4条关于权利能力的定义,规定"成为权利义务主体的地位"(该规定的制定经过参见本书第四部第六章)。

最后,本民法修正案也十分注意日语的表现。比如,本条中用了如下表述:"人的权利能力(指能成为权利义务主体的地位)始于出生"。日语上,虽然成为权利义务主体的地位可以"开始",但是能力是不能说"开始"的。能力一般用"取得"一词。虽然有些问题,但是讲学传统上一般都说"权利能力的始期""权利能力的终期",因而考虑到形式美,我们还是采用了"权利能力始于……"的说法。

三、胎儿的处理

对于胎儿,本民法修正案采取了"一般主义"。㊵

㊴ 【"权利能力的终期"的讨论经过】
秘书处一开始就提出应该规定权利能力的终期"死亡"(2006年11月23日全体会议),经过私法学会提出案到国民有志案一直到本民法修正案都没有变化。
另外,学说上也认为有必要规定权利能力的终期(参见内田胜一:《如何重新审视宣告失踪制度》,载椿寿夫等编:《思考民法修改》,日本评论社2008年版,第52页)。

㊵ 【胎儿权利能力规定的讨论经过】
关于"新"第4条,最初的秘书处草案(2006年11月23日全体会议)添加了五十川教授的建议(下一段介绍的第2款),私法学会提出案和国民有志案都没有发生变化,最终草案中对该条第2款进行了修改。
第4条第2款关于胎儿权利能力的一般主义提案是由五十川直行教授提出的(2007年3月4日、5日总则分会)。五十川提出,立法例上存在一般主义和个别主义两种,具体如下:前者立法例有《瑞士民法典》第31条第2款、《泰国民商法典》第15条第2款、《加州民法典》第43条第1款(1992年);后者立法例有《德国民法典》(比如继承的1923条第2款、第2108条、第2178条)、《法国民法典》(比如继承的第725条第2款)。本民法修正案采取一般主义,死产不是法律的保护对象。这继承了旧民法人事编第2条的内容,与此相同宗旨的有《泰国民商法典》第15条第2款、《加州民法典》第43条第1款(最近,从法制史以及比较法的角度研究文献有河上正二:《胎儿的法律地位与损害赔偿请求——以最近的最高法院判例为契机》,载山田卓生古稀编:《损害赔偿法的轨迹与展望》,日本评论社2008年版,第4页以下)。
秘书处草案与五十川方案结合之后,具体的草案内容如下:

(**自然人的权利能力　过程草案　国民有志案**)
第五条　① 自然人权利之享有,始于出生终于死亡。
　　　　② 胎儿在权利之享有上,视为已经出生。但是最终没有出生的,不在此限。
在最初草案以及国民有志案中,关于胎儿的权利能力,我们是以解除条件说为前提展开讨论的。但是矶在现行民法起草过程中,有人主张采取个别主义,理由是:第一,担心一般主义规定适用范围过于宽泛;第二,国外虽然采取了一般主义,但是在实务中也就只有在继承、遗赠、损害赔偿等有限领域才适用。㊶

但是从注㊵可以发现,立法论上对这个问题存在个别主义和一般主义两种观点。即便采用了个别主义,也不过是例举而已,与一般主义并无差异。在民法研究会中主张采用个别主义的学者也是以举例为前提的。因此,本民法修正案最终采用了一般主义。这与最近的判例以及受此影响的学说是一致的。即,2006年判例,关于损害保险合同的问题,法院承认胎儿成为经济利益获得者的"被保险人"的可能性。㊷ 受此影响,有学说主张:"合同法中欠缺胎儿权利能力的规定,胎儿不能成为合同当事人或者受益人的一般性理解确实到了该修改的时候了。"㊸

即便采纳一般主义,如果立法上不对权利能力的解除条件说与停止条件说做出一个了断的话,那么新民法也就不能被称之为"一般国民通俗易懂的民法典"。众所周知,在判例上,1932年阪神电车案㊹中采用了停止条件说。但是与判例的态度不同,"新"第4条第2款但书规定:"若未出生的,溯及㊺为地位丧失",明确采用了解除条件说。

胎儿如果顺利生产,解除条件说和停止条件说没有任何区别,所以两说都包含了不确定要素。根据解除条件说,胎儿时发生的法律行为以及其他结果在出生后得以维持,而根据停止条件说,继承以及其他胎儿阶段的状况在胎儿出生后有必要进行变更。一般来说,胎儿顺利出生的概率要远远高过不能出生的情况,因此从出生的概率上解除条件说也比停止条件说更加合理。㊻

当然,解除条件说也一直存在弱点,由于没有关于胎儿法定代理人的规定,所以即便赋予其权利能力也难以实际取得权利义务。上述1932年阪神电车案也因此采

村保教授指出,上述条文草案存在停止条件说的余地(2011年2月6日全体会议)。结果,本民法修正案最终采用"若未出生的,溯及为地位丧失"的说法。

另外,在最终草案之前,有人提出,为了条文的纯化,可以和上面介绍的条文结合起来,规定:"私权的享有始于怀胎,终于死亡。"但是,由于生殖辅助医疗技术的问题(比如说受精卵),还需要对这个问题进行谨慎的讨论,因而没有采用这种简单化的规定。

㊶ 穗积陈重在对第729条(对应现行《民法》第721条)的说明,载《法典调查会民法议事速记记录》(第四十一卷),第171行(电子版第175、246项)以下。旧《民法》人事编第2条:"胎儿的利益保护与已出生人相同"。在法典调查会的讨论中,一般主义的立场转为个别主义的立场。

㊷ 最判2006年3月28日民集第60卷第3号,第875页。

㊸ 河上正二:《胎儿的法律地位与损害赔偿请求——以最近的最高法院判例为契机》,载山田卓生古稀编:《损害赔偿法的轨迹与展望》,日本评论社2008年版,第25页。

㊹ 参见大判1932年10月6日民集11卷,第2023页。

㊺ 2004年现代语化后的现行民法典用了"溯及"的平假名。根据2010年内阁公告第2号"常用汉字表",2010之后采用"溯及"的汉字表达。因此,本民法修正案也是用了汉字表达(但是本书采用常规平假名的用法)。

㊻ 以上利益状况分析以及学说状况,参见谷口知平、石田喜久夫编:《新版注释民法(1)总则(1)改订版》,有斐阁2002年版,第257页以下(谷口知平、汤浅道男执笔部分)。

用了停止条件说。但是,"新"第4条第2款规定"胎儿视为已出生",视为已出生的胎儿就存在亲权人。基本上父母是亲权人,也就克服了上述困难。

实际上,即便从现行民法个别主义的角度看,上述"胎儿视为已出生"同样已经规定在侵权损害赔偿(《民法》第721条)、继承(第886条)、遗赠(第965条)中了。因此,上述解释论是可行的,也得到了不少学者的支持。㊼另外,在登记实务中也存在根据民事局长通知的胎儿登记。㊽当然,民事通知也需要在胎儿亲权人的代理之下才能进行登记程序。在这种情况下,解释论可能部分说得通,但是通过"新"第4条第2款一般主义的规定,所有情况都可以适用。

但是,采纳解除条件说之后,还有若干问题需要留意。亲权人是法定代理人,至少在母亲是法定代理人的情况是没有问题的,但是父亲能否成为法定代理人,情况可能比较复杂(父亲代理权不稳定的问题也不只存在于胎儿的情形,出生后的子女同样存在这个问题)。

首先,夫妇之间的子女是嫡出子,父母自然是共同亲权人(《民法》第818条),父亲当然有代理权。但是,嫡出子也分推定为丈夫的嫡出子与不能推定为丈夫的嫡出子,而且嫡出与否是根据婚姻成立之日(以及婚姻解除或者撤销之日)与出生日期为基础进行推定的,婚姻成立经过200日后出生的胎儿推定为嫡出子,父亲也被推定有代理权,在此之前的就不能推定为代理人。当然,推定是可以通过反证推翻的,在不能推定的情况下,如果不能证明是父亲的,那么父亲就不能成为法定代理人。

从这个意义上来说,母亲是确定的法定代理人,而父亲不一定能够成为法定代理人。

其次,即便是婚姻外的怀胎,根据《民法》第783条第1款父亲可以认领"胎内的子女",这样的话父亲就是亲权人以及法定代理人。当然,如果不认领的话,由于不存在婚姻关系,也就不能成为亲权人。

综上所述,亲权人成为胎儿的代理人,在解释论上,婚姻关系中的胎儿,只要不否定嫡出性,父母就是法定代理人;不在婚姻关系中的胎儿如果父亲不认领的话,那么母亲就是法定代理人。

四、删除"外国人权利能力"的规定——明治时期排外主义的《民法》第3条第2款

本民法修正案明确规定了私权享有的主体不分内外的平等主义。我们清除了明治民法起草㊾过程中的排外主义残留。比较法上对此并不罕见,比如,《德国民法典》

㊼ 参见加藤雅信:《新民法大系Ⅰ 民法总则》(第二版),有斐阁2005年版,第61页以下。
㊽ 参见1954年6月15日民事甲第1、188号民事局长答复。
㊾ 民法起草之时关于外国人的权利能力,梅谦次郎如下表述:
罗马法以及日耳曼法中都没有关于外国人权利能力的规定,关于这个问题(当时的)比较法上存在以下四种观点:① 外国人的权利能力比国内人更加受到限制(英美法);② 通过条约认可外国人与国内人具有相

就没有关于外国人的权利能力的规定。

从历史上看，审议现行民法典的帝国议会也提出了具有排外主义色彩的修正案，即"外国人只有在法律或条约特别许可的情况下才享有私权"。对此，不仅民法起草者强烈反对，还有不少学者也强烈反对这种排外主义的修正案(50)，最后就成了现在的条文。

随着时代的发展，私权内外平等主义已经是天经地义之事了。因此从内外平等主义的观点来看，没有必要设置关于外国人的权利能力的规定。这是因为外国人同样适用"新"第4条第1款，即外国人的私权始于出生，终于死亡。因而，本民法修正案没有规定外国人的权利能力。

当然，民法是一般法，如果特别法对外国人权利能力进行限制或禁止的，优先适用特别法。(51)

五、"推定同时死亡"的规定

1. 规定位置的变动

现行民法，最初并没有关于"推定同时说"的规定，但是受到1959年伊势湾台风造成家庭人员死亡事件的影响，1962年修改民法时，在第二章"人"的末尾增设了"推定同时死亡"一节。现行民法没有关于"权利能力终期"的规定，所以伊势湾台风之后新设"推定同时死亡"之际，并将其设置在第二章"人"的末尾，这样的安排无可厚非。但是，本民法修正案第一节"人"第一款"权利能力"明确规定了权利能力的终期

同的权利能力，即条约相互主义（法国、比利时等）；③ 外国的法律给予本国人相同权利的，本国国民与外国人具有相同的权利能力，即法律相互主义（德国、奥地利、瑞士）；④ 内外平等主义（意大利、俄罗斯、西班牙、葡萄牙）[参见大河纯夫：《外国人的私权与梅谦次郎（一）》，载《立命馆法学》1997年第253号，第474页以下；大村敦志：《与他人共存，从民法看外国人法》，东京大学出版会2008年版，第28页以下]。

(50) 强烈反对修正案的有，山田三良：《评民法第二条修正案》，载《法学协会杂志》1897年第15卷，第195页。另外，通过历史的比较法分析主张外国人的权利能力平等的还有山田三良：《外国人的地位》，载《法律协会杂志》1897年第15卷，第1247页以下；1898年第16卷，第19页以下。

(51) 【外国人的私权限制的讨论经过】

对于删除上文中"外国人的权利能力"的条款，冲野真已教授提出了下述问题（2008年5月4日全体会议）：考虑到权利能力平等原则的重要性，不可以通过特别法限制权利能力，是否有必要在一般法民法中规定特别法限制的条款。另外，如果限制国内人的权利能力违反宪法的话，那么外国人的权利能力也可以限制还存在法律平等的问题，还有是否存在合理差别的范围问题。考虑到这些问题，我们是不是可以在民法中规定外国人的权利能力。受此影响，我们提出了下述条文草案：

（外国人的权利能力　过程草案　2008年1月13日矶村保方案）

第N条　①② 略（与"新"第四条第一款、第二款内容相同）。

③ 外国人享有私权。但是法令或者条约规定作出限制的，不在此限。

对日本人而言，限制权利能力是违反宪法的，而冲野教授以及上述矶村教授草案认为，在"合理"的范围内限制外国人权利能力不违反宪法。基本上来说，通过"法令或条约的规定可以限制外国人的权利能力"，从这个意义上来说上述草案是合适的。但是这样规定的话，容易造成内外不平等的误解，所以在最终阶段我们删除了《民法》第3条第2款的规定。

为"死亡"。因而,与"权利能力终期"有关的规定就没有必要像现行民法一样作为独立一节,本民法修正案将其移至第一款"权利能力"处,作为"新"第 5 条。⑤㊴

2. 条文的变更

《民法》第 32 条之 2 规定:"多人死亡时,其中一人在其他人死亡后仍生死未明的,则推定该多人同时死亡。"该规定以下述两点为推定的根据事实:(1) 他人死亡时;(2) 不能证明其后仍生存(真伪不明)。内容上就是"不能证明死亡的先后",所以"新"第 5 条干脆将用语转变为"无法确定死亡先后顺序"。

六、宣告失踪的判决

1. 规定位置的迁移

正如上文反复提及的,关于宣告失踪,现行民法第二章"人"的末尾部分与第一节"权利能力"是分开规定的。与此相对,考虑到宣告失踪的规范内容是对权利能力终期的拟制,因而本民法修正案将宣告失踪规定到第一节"人"开头的第一款"权利能力"中。以往学说和判例都认为,宣告失踪的效果是对失踪者权利义务方面"死亡的拟制"或者"权利能力丧失的拟制"。以此为基础,本民法修正案将宣告失踪的规定放在"因失踪宣告判决作出的死亡拟制"标题之下,放在"权利能力"处。㊵

现行民法首先规定了宣告失踪制度,之后又规定了推定同时死亡。但是,推定同时死亡人全面丧失权利能力,与此相对,宣告失踪人(本民法修正案称之为"被判宣告失踪者")只是在住所地丧失权利能力。因此,本民法修正案先规定了推定同时死亡。

㊼ 【"推定同时死亡"规定移动的讨论经过】
迁移"推定同时死亡"的规定最初由秘书处提出,"新"第 4 条第 1 款与《民法》第 3 条第 1 款的"权利能力"相对应,但是与民法不同,规定了权利能力终期的死亡(2006 年 11 月 23 日全体会议),该草案经过私法学会提出案、国民有志案到最终草案都没有改变。

㊽ 【推定同时死亡与"有关脑死"的讨论经过】
当初,"新"第 5 条除了上述内容之外还有第 2 款是关于"脑死"准用"同时死亡"的规定,具体内容如下:最近,根据《器官移植法》,如果判定脑死亡的话就可以进行器官移植,随之同时死亡的问题就变得更加宽泛,本民法修正案必须应对这个问题。

(推定同时死亡　过程草案　2006 年 11 月 23 日秘书处方案)
第 N 条　① 略[与现行民法第三十二条之二(同时死亡的推定)内容相同]。
　　　　② 死亡数人中存在脑死判定死亡的,准用前款规定。

但是,冲野真已教授建议删除上述第 2 款(2007 年 3 月 18 日全体会议),理由是一般死亡的情况包含脑死的规定,只是在推定同时死亡一处出现"脑死"一词,那么第 1 款中死亡的解释便成了问题,冲野主张,脑死的问题交由解释论解决。我们采纳了该建议。

㊾ 【宣告失踪规定迁移的讨论经过】
从私法学会提出案到法曹提交案再到国民有志案,宣告失踪的规定一直放在第一节"自然人"的末尾。但是,其后矶村保教授指出:"拟制死亡的宣告失踪制度也可以放在推定同时死亡之后规定",因而,将其规定在第一款"权利能力"中(2011 年 2 月 6 日全体会议)。

2. 宣告失踪的要件与效果的统一

现行《民法》第 30 条规定宣告失踪的要件,第 31 条规定其效果。但是,从条文的体裁上看,要件与效果分开规定是不自然的,所以本民法修正案将两条统一起来,"新"第 6 条第 1 款规定普通失踪的要件,第 2 款规定特别失踪的要件,第 3 款规定两者的效果。

3. 普通宣告失踪和特别宣告失踪——特别失踪原因的变更

关于普通失踪与特别失踪,无论是在现行民法还是本民法修正案上都有实体性要件(生死不明的情况)和程序性要件的规定(利害关系人的请求㊺)。

关于普通失踪的要件,我们基本上继承了现行民法的内容㊻,特别宣告失踪的要件则多少有所变化。《民法》第 30 条第 2 款中关于特别宣告失踪列举了置身于战地与身处于沉船的情况。与此相对,"新"第 6 条第 2 款还增加了现代社会容易发生的特别失踪原因,比如飞机的坠落、天灾,并且将现在发生频率很低的战争放到最后。

在现行民法中,普通失踪、特别失踪只不过是学理上的概念,并不是条文上的用语。但是,在死亡效果的发生是以期间的经过为必要等方面,两者的效果还是有所不同,所以本民法修正案在"新"第 6 条中使用了"普通失踪""特别失踪"的用语。㊼

㊺ 【是否将检察官追加为请求权人的讨论经过】
虽然在最终草案中没有采用这个建议,但是在讨论的过程中,有人提出以下建议:程序上的请求权人不仅限于利害关系人,作为公益代表的检察官也可以提出请求(草案第 1 款和第 2 款的内容与"新"第 1 款与第 2 款相同,不同在于下述第 3 款的规定)。

(宣告失踪 过程草案 2008 年 5 月 5 日秘书处方案)
第 N 条③ 第一款期间届满或者第二款危机消失经过五十年之后,只要利害关系人没有反对,家庭法院可以根据检察官的请求,宣告失踪。

这里第 3 款的建议宗旨是:如果不存在利害关系人常年处于生死不明的,防止难以销户的情况出现,所以在普通失踪期间届满或者特殊失踪危难过去 50 年之后,检察官可以请求宣告失踪。
但是,之后在向行政部门听取意见的过程中,他们提出这个问题现在实务上已经可以应对,所以不需要再作规定。

㊻ 正如正文所述,普通失踪继承了现行民法的规定,但是将现行《民法》第 30 条第 1 款"不在者"一词改为"离开以往住所或居所者"。这是因为,本民法修正案将"不在者"的规定迁移到债权法中"法定财产管理"一处。

㊼ 【宣告失踪规定的讨论经过】
这里简单介绍正文 2 与 3 的问题的讨论经过。
关于宣告失踪的最初草案,基本上与现行民法没有变化(2007 年 2 月 18 日总则分会)。其后,研究会建议合并现行《民法》第 30 条、第 31 条,在特别失踪中增加航空事故(2008 年 5 月 5 日全体会议)。这就成了国民有志案的草案。
在起草国民有志案之前,彦坂浩一律师提出没有必要保留"置身于战地"一词(2009 年 3 月 2 日市民法研究会)。但是,现代社会也存在联合国维和部队等身处危险境地的情况,所以研究会认为没有必要修改。其后,中野邦保教授提出,作为特别失踪的原因,应当根据现代性意义的大小顺序进行规定(2011 年 6 月 11 日秘书处会议)。研究会在接受该建议之后,"新"第 6 条还改变了用语,同时在条文上明确记载了"普通失踪""特别失踪"。

4. 从"失踪宣告"到"失踪宣告的判决",从"失踪宣告的撤销"到"撤销失踪宣告的判决"

现行民法只规定了"失踪宣告""失踪宣告的撤销",从条文上很难看出判决事项,但是,《家事案件程序法》第39条与附表1"五十六 宣告失踪""五十七 撤销失踪宣告"明确规定了审判事项。

现行民法的这种规定晦涩难懂,从"一般国民通俗易懂的民法典"的精神出发,本民法修正案"新"第6条以及"新"第7条的标题中明确记载了"因失踪宣告判决作出的死亡拟制""撤销失踪宣告的判决及其效果",如此从民法典就能看出"判决"事项。㊿

七、撤销失踪宣告的判决

1. 基本观点

被宣告失踪的人如果依然存活,则继承其财产的人必须向生存者返还财产。另外,死亡时期的不同也可能造成死者财产继承人的不同。因此,与现行民法一样,仍有必要在这些方面设置规定。但是,在用词上,我们将"失踪宣告的撤销"更改为"撤销失踪宣告的判决",详见六之4。

2. 规定的改进——消除现行民法规定的扭曲

现行《民法》第32条"失踪宣告的撤销"是一条极其难以理解的规定,故而"新"第7条将标题改为"撤销失踪宣告的判决及其效果",内容上也进行了大幅修改。

撤销失踪宣告的判决之效果,理论上分为下述三阶段构造:① 宣告失踪的撤销;② 因失踪宣告而取得遗产等的人之权利的丧失与财产的返还义务;③ 从继承人处继承取得遗产的人之返还义务。

但是,现行《民法》第32条将①规定于第1款前半段,将③的一部分即善意人的保护规定在第1款的后半段,将②及③的剩下一部分即恶意的承继取得人的返还义务规定于第2款,这样的顺序,扭曲而且错乱。

因此,本民法修正案将改变这种扭曲和错乱,将①规定在"新"第7条第1款,②规定在"新"第7条第2款,在此基础上,将有关善意人的③作为第1款的例外效果

㊿ 【明确判决事项的讨论经过】
现行民法没有明确记载判决事项,本民法修正案明确记载了判决事项,该方针也贯彻到了成年监护、保佐、辅助等规定之中(比如现行《民法》第10条家庭法院"监护开始的判决的撤销",本民法修正案将其改为"监护终止的判决")。全体民法典贯彻该方针是在2008年日本私法学会之前决定的,所以市川充等律师提出的在条文上明确宣告失踪的"判决"性(2009年2月5日市民法研究会)并没有贯彻到私法学会提出案、法曹提交案中。

规定在"新"第7条第3款中,从而从条文上明确了三阶段构造。⑨

3. "撤销失踪宣告的判决"的要件变更

《民法》第32条第1款规定:失踪人证明"在前条规定时间的不同时间死亡的"可以请求撤销失踪宣告。但是,在请求撤销之时,被宣告失踪人是生存还是死亡仍然是不明确的,即便证明了上一条在拟制的时间点之时还处于生存状态的,也有必要作出撤销失踪宣告的判决。

因此,"新"第7条第1款将现行民法的用词变为有"前条第三款规定之时未死亡的证明"。

4. "撤销失踪宣告的判决"请求权人的增加

现行《民法》第32条规定,请求权人仅限于"本人或利害关系人"。在此基础之上,本民法修正案还增加了"检察官"。

关于宣告失踪判决的申请,考虑到等待失踪人归还的人的感情,从公益的立场来看,不应当让检察官提出申请。但是,在与事实不同的宣告失踪判决的情况下,从公益的观点有必要纠正这一点,因此"新"第7条第1款追加了检察官为撤销失踪宣告的判决的请求权人。⑩

5. "失踪人"与"被宣告失踪者"

本民法修正案使用了"被宣告失踪者"的用语(现行民法中的"成年被监护人",

---

⑨ 【撤销失踪宣告的判决的条文构成的讨论经过——关于规定的顺序】
关于如何修改《民法》第32条(失踪宣告的撤销)存在种种讨论,下文以最为重要的"规定顺序的扭曲"为中心,简单介绍。
民法改正研究会最初就意识到了民法规定顺序的扭曲,但是对于如何修改,过程是相当曲折的。
正如上文所述,宣告失踪的撤销判决分为三个阶段:① 宣告失踪的撤销;② 因宣告失踪而取得遗产等的人之权利的丧失与财产的返还义务;③ 从继承人处承继取得遗产的人的返还义务。现行《民法》第32条第1款前半部分规定了①,后半部分规定了③的一部分,第2款规定了②与③的一部分,正如国民有志案所介绍,第1款规定①,第2款规定②,第3款规定③,第4款规定身份关系。

(宣告失踪的撤销判决　过程草案　国民有志案)
第三十二条　① 失踪者生还或者可以证明死亡时间并非前条规定之时的,家庭法院根据本人、利害关系人或检察官的请求,须判决撤销失踪宣告。
② 经过前款审判的,因宣告失踪而获得财产者有义务根据(国民有志案)第一百三十八条(基于所有权的物权请求权)或者(国民有志案)第六百四十九条(他人财产的不当得利)规定,返还财产。
③ 在撤销判决之前取得宣告失踪而获得财产者的财产的善意第三人,不负前款返还义务。
④ 撤销失踪宣告的判决不影响宣告失踪之后该撤销判决之前形成的婚姻关系。此时,失踪宣告之前的婚姻不再恢复。

国民有志案之后①、②、③的顺序没有发生改变,但是,各自关系的密切程度、评价以及表现则众说纷纭。关于第1款至第4款的讨论,参见3以下的内容。

⑩ 关于这点,很早从战前就存在大谷说(参见大谷美隆:《失踪法论》,明治大学出版部1933年版,第594页以下)。

本民法修正案则是"被监护人")。现行《民法》第32条用了"失踪人"一词,从文脉上来看这是自然的,本民法修正案也使用了相同的用词。但是,如果没有宣告失踪判决的,用语上也存在"失踪人"的可能性,所以有必要明确宣告失踪程序是否完结。

6."财产等"返还义务的属性

《民法》第32条第2款规定,因宣告失踪而得到财产的人,由于撤销失踪宣告而"丧失权利",同条同款但书还规定了财产的返还义务。与此相对,"新"第7条第2款更具体地规定了"丧失权利"这一用词的内容与返还义务的属性。

首先,关于"新"第7条第2款返还财产义务的法律性质,因"宣告失踪的判决"而发生继承(或者遗赠),之后如果经判决宣告失踪被撤销的话,那么溯及地丧失该继承(或遗赠)的效果,如此占有"遗产"的人必须服从所有权人的物权返还请求权。如此一来,"新"第7条第2款的财产返还义务便具有物权返还请求权之属性。

其次,"新"第7条第2款的返还财产义务也具有不当得利返还财产请求的性质。这是因为"宣告失踪的判决"的结果使得因继承(或遗赠)而取得财产的人得到了"法律上的原因",而"撤销失踪宣告的判决"则让财产的取得丧失了继承(或遗赠)这一"法律上的原因"。

根据以上分析,"新"第7条第2款的返还财产请求权是对"宣告失踪的判决"而得到继承的人的请求(从条文的文字上来看,两种请求权是并列的)。实际上,该财产返还义务兼具物权返还财产请求权及不当得利返还财产请求权两方面的性质。

上述表述,是被宣告失踪人在"撤销失踪宣告的判决"之后取回暂时失去的财产。现行《民法》第32条第2款只规定了这种情形。但是,暂时的继承人可能偿还了被宣告失踪人的债务,因此有必要讨论其对被宣告失踪人的请求等问题。《民法》第32条第2款难以涵盖这种情况,而"新"第7条第2款不当得利的规定可以涵盖这种情况。照此规定,宣告失踪的继承人以自有财产清偿继承债务的,在撤销失踪宣告的判决之时,请求被宣告失踪人承担不当得利返还义务。

关于通过买卖等受让继承人财产的情况,该受让人通过买卖合同取得了该财产。但是,因"撤销失踪宣告的判决"该买卖合同从买卖自己之物变成买卖他人之物。这种情况下,如果受让人是善意的话,正如8、9所述,"新"第7条第3款免除了返还义务,而恶意者则不能免除返还义务,理由是从自己物买卖到他人物买卖,取得的财产便成立物权占有,无权占有人应当服从于物权返还请求权。

另外,如果消耗了取得的财产,也不能免除不当得利返还义务,关于这种不当得利返还请求权的性质,最近的学说称之为"从他人财物的利得、侵害利得、归属法的不当利得等",那么对恶意买受人的请求,"新"第7条第2款返还义务的范围与"从他人财物的得利"等不当得利规定的返还义务的范围(《国民有志案修正案原案》第653条第2款的规定[61])到底有何区别呢?

---

[61] 参见加藤雅信:《迫在眉睫的债权法修正》,信山社2015年版,第683页。

但是"从他人财物的得利"这种不当得利返还义务是以有体物的存在作为行使物权返还请求权的前提的,而财产不仅仅包括有体物。与此相对,"新"第7条第2款的财产返还义务不仅包括恶意转让人转让的有体物,而且兼有不当得利返还请求权与物权返还请求权的属性,所以用语上是"财产以及其他利益(财产等)"的返还,这与《国民有志案原案》第653条第1款相似。

7. 明确返还义务范围中"善意"要件

关于宣告失踪撤销后返还义务的范围,《民法》第32条第2款只是规定:"因失踪宣告而取得财产的人,因失踪宣告撤销而丧失其权利。但仅在实受利益的限度内负返还其财产的义务。"也就是说,现行民法的返还义务范围以现存利益为限,不区分返还义务人的善意与恶意。

但是,通说认为该规定的适用以善意为前提。^② 根据通说,"新"第7条第2款在条文上区分善意与恶意,只有在善意的情况下,返还义务仅限现存利益,不当得利是返还的条文依据。另外,存在有体物的情况下,即便是善意的也应当返还,因而,物权返还请求权也是条文依据。

在规定了物权编和债权编的国民有志案修正案原案中,不当得利的规定因善意或恶意导致返还义务的限缩或扩大。此外,"基于所有权的物权请求权"规定适用于"占有人损害赔偿",所以这也反映了善意、恶意返还义务的不同。

8. 双方当事人"善意"论的修改

为了交易安全,"新"第7条第3款规定通过法律行为从宣告失踪的继承人处取得财产的第三人,或者取得租赁权的第三人,如果是善意的话就不受到撤销失踪宣告的判决的影响。^③

---

② 我妻说认为:"第32条第2款虽然没有区分取得财产人的善意与恶意,但是与第704条的恶意返还者一样,应当扩张返还的范围[通说。反对说,穗积,第187页]。《德国民法典》也作区分(第2031条、第2024条)。"[参见我妻荣:《新订 民法总则》(民法讲义Ⅰ),岩波书店1965年版,第112页]。另外,注释民法也认为通说是通过《民法》第703条、第704条的解决方式[参见谷口知平、石田喜久夫:《新版注释民法(1)》,有斐阁2002年版,第488页(谷口知平、汤浅道男执笔部分)]。另外,还有人认为民法典明确区分了善意、恶意(参见内田胜一:《如何重新审视宣告失踪制度》,载椿寿夫等编:《思考民法修改》,日本评论社2008年版,第52页)。

关于撤销原因,少数学说认为,不分善意、恶意,仅以现存利益为限返还财产[参见四宫和夫:《民法总则》(第四版),弘文堂1986年版,第72页以下]。

③ 【关于"善意"人不负返还义务的根据的讨论经过】

关于"新"第7条第3款,当初的提案规定,宣告失踪的"撤销不影响宣告失踪以后至撤销以前以善意行为的效力"(2007年2月18日总则会议),这在主观要件上与现行法一样。

矶村保与河上正二教授提出,应该聚焦于恶意之上,据此研究会当时修改了规定(2007年3月18日全体会议)。但是最终,秘书处的意见将焦点置于善意人之上。对于判例中要求交易双方都存在善意的做法,研究会大部分人认为只要受让人存在善意即可(2007年8月5日总则分会),以此为基础形成了私法学会提出案。国民有志案将私法学会提出案中的"宣告失踪的撤销"改为"宣告失踪的撤销判决"。

但是,《国民有志案》第32条第3款没有明确规定不负返还义务的根据,我们修改了这一点,条文就变成了:

另外,该规定明确反对下述观点,即现行《民法》第 32 条第 1 款后半部分规定,而且也是 1938 年判例⑭采用的,要求交易双方当事人必须都存在善意。

这里之所以没有采取判例的态度,是因为 1938 年判例解决的是一个特殊的案件,采用了一个特殊的解决理由。

该判例案情如下:A 被宣告失踪,B 从 A 处继承了不动产,该不动产被数次转让,当转让至 C、D 时,宣告失踪被撤销。A 起诉请求取回该不动产,第二审认定 B 和 D 存在恶意,但是难以认定 C 是善意还是恶意。D 以此为争点上诉到大审院,大审院为了避免发回重审,判定只有交易当事人 C、D 都是善意时,D 才可以依照《民法》第 32 条第 1 款后半部分的规定,取得该不动产。

可见 D 的上诉理由是以自己的恶意为前提,为了回避败诉,只能采取"尝试性"的法律构成,同时为了排除上诉,判决理由中只能要求 C 以及 D 都是善意的。所以,"新"第 7 条第 3 款只考虑 D 的善意还是恶意。

"新"第 7 条第 3 款是采用了绝对性构成说还是相对性构成说,这个问题有待于学说的判断。⑮

9. 返还"财产等"再论

"新"第 7 条第 3 款"判决失踪宣告后,因法律行为而致与被失踪宣告者的财产等存在法律上的利害关系者",这里不光是"财产",还加上了"等",变成了"财产等"。

(宣告失踪的撤销判决　过程草案　2012 年 2 月 15 日秘书处方案)
第 N 条　② 但是,与因宣告失踪而取得财产者之间是善意的,因有关财产的法律行为而取得财产的,不妨碍其效力。

但是,上述规定缺以下保护规定,即从宣告失踪取得财产者(恶意)受让该财产人(恶意)中再次受让该财产的转受人(善意)的保护。而且缔结了买卖合同却没有取得财产的人的保护也是另外一个问题。因此,变更上述草案,明确了转受人的善意、恶意问题(2012 年 8 月 4 日全体会议)。

(宣告失踪的撤销判决　过程草案　2012 年 8 月 4 日全体会议修正方案)
第 N 条　② 但是,以取得宣告失踪判决者的财产为目的的法律行为人,在宣告失踪判决者生还或者对于前条规定死亡时间不同是善意的(不知一定事实,下同),可以取得该财产。

其后,矶村保教授提出,按照上述条文,与继承人缔结租赁合同的人将难以受到保护(2012 年 11 月 10 日附意见书,参见正文 9),但是该意见没有被采纳。法律效果上并不是取得租赁权,也不可以对抗租赁人,所以"新"第 7 条第 3 款规定的是能否"对抗"的问题。
《民法》第 32 条第 1 款规定,宣告失踪的"撤销不影响失踪宣告后至撤销前善意而为的行为的效力"。这样的用语略显模糊,既可以解释成权利取得构成,也可以解释成对抗构成。本民法修正案采用了对抗构成。
⑭　参见大判 1938 年 2 月 7 日民集 17 卷,第 59 页。
⑮　1938 年判例的事件中,我们假设 B 恶意、C 善意、D 恶意,如果采用绝对性构成,善意的 C 之后的人,包括 D,全部可以合法取得所有权,但是这也存在保护恶意 D 等是否公平的问题,考虑到这一点,如果单纯采用相对性构成,也存在恶意 D 向中间善意人 C 求偿是否合适的问题。
为了避免这个问题,有学者提出,应当根据诚信原则限制恶意的受让人 D 向善意的前主 C 的求偿权,D 可以利用债权代位权向之前的恶意者 B 直接求偿(参见加藤雅信:《新民法大系 Ⅲ 债权总论》,有斐阁 2005 年版,第 209 页)。
但是,立法上不应涉及这种细节的问题,所以绝对性或相对性构成还是交给学说讨论更为妥当。

之前的第 2 款"财产等"意思是财产以及其他利益,这里的"等"意味着不但是受让人的利益受到保护,而且与继承人缔结租赁合同的租赁人等也可以得到保护。也就是说,受让所有权的人如果是善意的话取得所有权,缔结租赁合同的人如果是善意的话取得租赁权。

10. 新设身份关系规定

现行《民法》规定,宣告失踪的撤销效果分为财产法上的效果与身份法上的效果,宣告失踪之后再婚,其后宣告失踪被撤销的,那么前婚是否可以恢复,如果恢复的话,如何思考前婚和再婚的效力呢?对此意见各不相同。

虽然众说纷纭,但是户籍实务上撤销失踪宣告后"夫和妻之间的配偶关系自不必言,也没有适用亲属法和继承法的余地"⑥,也就是确立了宣告失踪撤销后前婚不恢复的方针。因此,本民法修正案也采取与户籍实务一样的做法,不问后婚善意还是恶意,全部有效,前婚不复活。关于这一点规定在"新"第 7 条第 4 款。

另外关于亲子关系,"新"第 7 条第 4 款不仅规定了婚姻,还提及了养子关系。即,① 因宣告失踪而不存在的亲生亲子关系以及收养亲子关系恢复;② 宣告失踪后,进行特别收养的亲生亲子关系不恢复;③ 养父母失踪,养子重新与其他人建立收养关系的,之前的收养亲子关系不恢复。以上就是本民法修正案的立场。⑦

---

⑥ 参见 1951 年 2 月 21 日民事甲第 522 号(二)第 157 号民事局长回复。
⑦ 【新设身份关系规定的讨论经过】
(1) 撤销失踪宣告的判决不恢复身份关系的规定
民法改正研究会从最初就采用了撤销诉讼后不恢复前婚的方针,从私法学会提出案到国民有志案一直如此。但是,该条文是否包含所有的身份关系,还是仅限于婚姻关系,观点并不统一。
最初的提案,是关于一般"身份行为"的规定,说明如下(2007 年 2 月 18 日总则分会);撤销失踪宣告不影响宣告失踪后的再婚,另外宣告失踪后,生存方进行收养的,根据《民法》第 795 条的规定须与配偶共同收养,但是这不影响收养的效力。本民法修正案也规定了这些内容。但是,失踪人配偶的扶养人可以在失踪宣告撤销后以不当得利向失踪人请求支付扶养费,这是因为扶养是"身份法上的义务",不是"身份上的行为"。
上述提案一直没有发生改变,之后的草案内容如下(2008 年 1 月 13 日总则分会):

(宣告失踪的撤销 过程草案 2008 年 1 月 13 日秘书处方案)
第 N 条 ④ 宣告失踪被撤销后不影响撤销前形成的身份关系。

关于宣告失踪后,失踪人的子女进行一般收养或者特别收养如何处理的问题,意见存在分歧。在一般收养的情况下,多数意见认为根据本条亲生亲子关系与收养亲子关系并存,但也存在反对上述结论的意见。在特别收养的情况下,根据本条特别收养的效力继续存在,但是也有反对意见认为,亲生亲子关系不恢复的结论是不自然的。
(2) 婚姻关系、收养亲子关系不恢复的规定
由于存在上述意见对立,本民法修正案暂时将规定限定在婚姻关系上,将上述条文的"身份关系"改为"婚姻关系"(婚姻关系以外的身份关系就只能交给解释论了)。对上述草案进行微调之后就变成了注 59 中介绍的《国民有志案》第 32 条第 4 款。
但是之后,矶村保以及横山美夏提出了应当规定以下情况:失踪宣告判决之后,失踪人的子女进行收养,其后宣告失踪被撤销的情况下如何处理。
再次审议之后,研究会达成了下述意见,普通收养的恢复亲生养子关系,特别收养的不恢复亲生养子关系,二重收养的,不恢复之前的收养(2012 年 8 月 4 日全体会议、2013 年 10 月 27 日全体会议)。这就成了开头介绍的"新"第 7 条第 4 款的内容。

八、"善意"等定义的规定

"新"第7条第3款设置了"善意"的定义规定,之后"新"第30条第5款设置了"恶意"的定义规定。⑱

第二款 意思能力

【前注】

一、新设"意思能力"的规定——摆脱恶劣的省略主义

本民法修正案第2款规定了"意思能力"。现行民法没有关于意思能力的规定,起草者之一梅谦次郎认为意思能力的概念本来就是民法典的前提,"关于意思能力,如果法律行为欠缺意思就不成立法律行为,所以无须特别规定无意思能力"。⑲ 另一位起草者富井政章也认为:"所谓能力,不应与意思能力混同。"⑳可见,当时的民法起草者将意思能力作为一个前提概念㉑,而且判例上也确立了意思能力概念。㉒

另外,在2013年10月27日的研究会上,我们还讨论了一般身份关系的问题,但是因为以下理由,我们还是采取了限制性的用语,而不是一般身份关系。

第一,继承是否包含在身份关系中存在争议,宣告失踪被撤销后自然会影响"继承关系",在这个问题上不应存在过多争议。第二,承担所谓"扶助义务"的人被宣告失踪的,之后承担"扶养义务"的人,履行扶养义务的,在宣告失踪被撤销之后,履行扶养义务的人当然可以向承担扶助义务的人行使不当得利返还请求权。此时,"宣告失踪"的撤销判决将影响身份法上的扶养义务,因而有必要进行限制性规定。

⑱ 【导入"善意、恶意"等定义规定的讨论经过】
本民法修正案尽量在民法典最初的地方规定"善意、恶意"等定义,讨论经过参见注㉖。
但是,在民法上虽然多用"善意、恶意"的用语,但是也有不少条文用了"知、不知"的用语。比如,《民法》第93条关于心里保留的规定:"意思表示即使是表意人明知非其真意而作出的,也不影响其效力。但是,当相对人知道或能够知道表意人的真意时,该意思表示无效。"这里用的是"知、不知",但是下一条第94条关于虚伪的规定中用了"善意第三人"一词。
既然本民法修正案规定了"善意、恶意"的定义,那么就应当统一条文的用语。为此,秘书处曾经尝试统一用语,某人对未成年人或被监护人意思表示的,"相对人的法定代理人知道该意思表示后"("新"第25条第1款但书)、"任意代理人受委托实施特定的法律行为,或者根据本人的指示实施代理行为时,本人对于自己知道或者因过失而不知的事情,不得主张代理人为善意或代理人无过失"("新"第57条第2款),等等,虽然用"善意、恶意"可以替代,但是不少条文变得过于生硬。
还有观点提出,不使用与日常用语不同的法律用语"善意、恶意",但是这样做的话,不仅是民法,包括商法、行政法等所有的法律都要作出调整。民法改正研究会认为,民法的修改不应该过多波及其他法律。
因此,我们最终选择了与现行民法相同的做法,即不勉强统一为善意、恶意,而是"知、不知"与"善意、恶意"混合存在(2012年9月19日全体会议)。

⑲ 梅谦次郎:《补正增补 民法要义 卷一 总则编》,有斐阁1911年版,第13页。

⑳ 富井政章:《民法原论 第一卷 总论》(上),有斐阁1903年版,第124页。

㉑ 【从"无意思能力"到"缺乏意思能力"的转换的讨论经过】
过去的学说和判例一般使用"无意思能力"的用语,但是本民法修正案将其改为"欠缺意思能力"[在私法学会提出案的阶段,我们就将条文标题改为"欠缺意思能力"。2004年的民法现代语化修改就没有采用"欠缺意思"的表述。松岗久和教授认为不应使用"欠缺"(2008年11月2日追加意见),所以法曹提案后,就使用了"意思能力的缺乏"而非"意思能力的欠缺"的表述,本民法修正案也继承了这一点]。

㉒ 参见大判1905年5月11日民录11辑,第706页。

但是，如果不规定意思能力，那么对于查阅民法典的人来说，不具备前提性法律知识的，也就不能理解民法典中是以意思能力为前提的。这也是第二部分中所说的"恶劣的省略主义"的一个例子。因此，本民法修正案增设了关于意思能力的条款。

二、"意思能力"在法律体系中的定位

1. "意思能力""行为能力""辨别事理能力"

现行民法中，"辨别事理能力"概念的主要作用是区分各种限制行为能力人之际，衡量判断力。具体来说，现行《民法》第7条、第11条、第15条中，以"因精神上的障碍，辨别事理能力"为基准分为三种类型，对"处于常态的人"进行监护的判决，对"明显不足的人"进行保佐的判决，对"能力不足的人"进行辅助的判决。

本民法修正案认为，限制行为能力制度的非定型化只能规定在意思能力制度之中，以意思能力为基础，同时运用辨别事理能力的概念。[73]"新"第8条第1款规定了"辨别事理的能力（以下称'意思能力'）"，明确辨别事理能力与意思能力是同一含义。[74]

因此，"新"第8条第1款中的"意思能力欠缺的状态"与关于监护制度的"新"第13条中的"日常处于意思能力欠缺状况者"几乎同义。在判断被监护人的判断能力之时，也几乎是一样的。本民法修正案明确了这一点。

但是，"辨别事理能力"与"意思能力"含义相同，同时必须注意以下问题：在此之前"无意思能力"一般关注的是意思能力"有无"的问题。关于意思能力有无的相关说认为，7到10岁的一般儿童已经具备意思能力，但不应当设置统一的基准，根据权利义务的重大程度的差异，意思能力的基准也是不同的。同样是在买卖合同中，购买廉价的文具之时，可以认为7岁便具备了意思能力，但这个年纪显然不具备缔结高价不动产合同的意思能力。因而，意思能力之有无应当根据交易的性质，与法律行为时当事人的判断能力进行关联判断。从这个意义上来说，行为能力之有无不可能通过定型化进行判断。[75]

---

[73] 正如后文所述，本民法修正案中"意思能力"或者"辨别事理能力"是意思能力制度和行为能力制度的共同基础。"意思能力"或者"辨别事理能力"概念不仅存在"有无"的问题，还有"程度"的问题。因此，毫无疑问，意思能力制度与行为能力制度存在连续性，这也增强了法律制度的体系性。

[74] 【意思能力与辨别事理能力关系的讨论经过】
矶村保教授首先提出增设意思能力规定的建议（2006年11月23日总则分会）。民法改正研究会讨论后，没有人提出异议。
关于本条最初的草案，我们使用了"辨别事理能力"的概念。但是，平林美纪提出了"意思能力"或者"辨别事理能力"概念在国民有志案中关系不明确（2010年12月27日）。另外，冈孝教授指出辨别事理能力是无用的中间概念（2011年1月23日秘书处会议）。接受这些意见后，最终草案规定了以辨别事理能力为基础的意思能力的定义。

[75] 参见加藤雅信：《新民法大系Ⅰ 民法总则》（第二版），有斐阁2005年版，第76页。

因此,如"新"第 8 条第 1 款所定,意思能力的判断与被监护人的判断能力一样,应当具体事项具体判断。

2. 规定的顺序

本民法修正案是按照"权利能力——意思能力——行为能力(未成年人、监护、保佐、辅助)——意思表示的受领能力"的顺序规定的。这样就可以统一理解自然人的"能力制度"(除了侵权行为的"责任能力")。

另外,除了上述理由,"意思能力"制度与"行为能力"制度都是保护欠缺判断能力人的制度,通过定型化规定和非定型化规定,两者可以规定在一起。

无论是民法改正研究会,还是实务界的研究会都对两大法律制度的"相邻"规定表达了赞同意见。然而两者的规定顺序如何,讨论上有曲折,参见注释"讨论经过"。[76]

---

[76] 【关于意思能力与行为能力规定顺序的讨论经过】
(1) 最初草案
关于这个问题,民法改正研究会讨论经过相当曲折,才形成了本民法修正案,过程具体如下:
首先最初的草案,意思能力规定在行为能力之后,理由如下:意思能力是保护判断能力不充分的人的制度。首先,非定型的"意思能力制度"作为一般的法律制度,放在通过判决等定型化的"行为能力"制度之后规定是自然不过的事情。但是,限制行为能力"人"是可以定型化的,规定在"人"的标题之下更为恰当,欠缺意思能力的"人"既然难以定型化,就与"人"这节不合。因而,作为一种补充规定,意思能力的规定应当放在行为能力规定的最后。按照秘书处的建议,我们在 2008 年 10 月的私法学会召开之前一直按照这个顺序规定。
(2) 从私法学会提出案到本民法修正案
在私法学会召开前,考虑到限制行为能力概念是以意思能力为基础的,因而我们的方针转换到"将意思能力规定设置在行为能力之前,明确'意思能力—行为能力'的关系",也得到了本民法修改研究会的认可。
此后,私法学会提出案的顺序一直得以延续。
(3) 各种观点
但是,并不是所有的研究会会员都接受这种顺序。
在私法学会提出案之后,矶村保教授指出:"本修正案在权利能力之后首先规定了意思能力的规定。顺序上,应该首先是法律行为最低限度的判断能力,之后才是'人'的能力的规定,即在限制行为能力之后受领能力之前规定意思能力更加自然。"
矶村保教授的提案从结论上就和最初草案一样了,秘书处提出了若干个试行性的草案。
首先,意思能力制度与行为能力制度连续性的基础在于判断能力不充分,非定型化的意思能力制度与定型化的监护、保佐、辅助(以下称之为"判决保护制度")虽然是连续的,但是两者之间直接的基准并不是"意思能力"或者"辨别事理能力",而是年龄,将两者分开是不自然的。
为了避免这个问题,也有观点认为应当按照"权利能力——意思能力——限制行为能力(判决保护制度)——意思表示的受领能力"的顺序规定。
但是,该草案也有以下问题。限制行为能力人中未成年人是所有国民都会经历的阶段,与此相对,"判决保护制度"则只有部分人可能适用。基于此,上述顺序并不恰当。欠缺意思能力的状态是所有人在出生后都会经历的阶段,所以将其规定在先更加自然。
受此影响,有人提出可以按照"权利能力——限制行为能力与意思能力(未成年、意思能力、监护、保佐、辅助)——意思表示的受领能力"的顺序规定。但是这也有问题,因为在定型化制度的限制行为能力"未成年人"与"判决保护制度"之间规定根据个别具体法律行为判断的"意思能力制度",定型化的限制行为能力制度与意思能力制度的差异就变得不明晰了。
讨论的结果是维持民法的构成,即在行为能力之初规定未成年,在此之前规定意思能力制度。

三、欠缺意思能力的效果——从“无效”到“可撤销”

传统上欠缺意思能力的法律效果是归于“无效”。但是主张“无效”的只能是欠缺意思能力一方,而不是法律行为的相对人。由于主张权人所限,因而这种无效被称之为“撤销性无效”。因而,本民法修正案将以这种无效为代表的欠缺意思能力以及错误的法律效果都称之为“撤销”,纯化了概念。关于这个问题,也存在各种声音,详见注释。(77)

---

(77) 【关于欠缺意思能力的效果的讨论经过——无效还是撤销】

(1) 最初的无效构成

关于欠缺意思能力的效果是无效还是撤销的问题,民法改正研究会、市民法研究会和企业法务研究会三者之间经常存在意见分歧,同一研究会内部也是意见各异,极为混乱。

矶村保教授最初提出的是无效论,同时反对撤销性无效等概念(2006 年 11 月 23 日总则分会)。但是在日本私法学会召开之前,秘书处会议上提出了以下提案:

法律效果并不是无效,而是撤销,尽可能废除“撤销性无效”的概念(另外,“错误”的效果是“撤销”,更加符合形式美)。

日本私法学会后的全体会议采纳了该建议,在法曹提交案中欠缺意思能力的效果变成了撤销。

(2) 撤销说的反对论

对于民法改正研究会将欠缺意思表示的效果规定为“撤销”之后,市民法研究会的高须顺一律师从实务的角度提出应当将效果规定为“无效”(2009 年 2 月 5 日市民法研究会),理由是存在难以行使撤销权的情况。比如说,向缺乏意思能力的儿童赠与,儿童死亡后,即便撤销地位可以继承,如果存在共同继承人的话,单独的人就不能撤销(管理行为需要过半数通过)。

另外,同日举办的研究会上,市川充和杉山真一律师也主张“无效论”。虽说上段的例子比较极端,但是撤销权论难以解决以下问题:还没有接到开始监护判决,还没有成为成年被监护人的人处于欠缺意思能力的状况下,配偶等近亲就难以行使撤销权。与此相对,如果采用无效论的话,近亲等人可以向法律行为相对人主张该法律行为无效,就可以进行交涉的行为。虽然法律上对于近亲等人是否可以如此介入还存在争论,但是如果发现行为的相对人是不良业者的话,亲人介入显然效果更好[顺便一提的是,在之后发表的文章中,有人指出:“难以否认的是,从实务界人士来看撤销论是存在违和感的(《大阪律师协会第二次意见书》(上),第 715 页)。”除了大阪律协,还有不少律师协会支持无效论(《东京律师协会意见书》,第 282 页;《东京律师法友全期会建言》,第 18 页;《福冈律师协会建言》,第 398 页)]。

由上可见,欠缺意思能力以及错误的效果采取撤销论,虽然有纯化“撤销性无效”概念的功效,但是实务界同时也提出了很多反对意见,比如近亲等事实上也可能成为保护欠缺意思能力人的阻碍。这一点也成为市民法研究会的主流意见。

(3) 再次转为撤销论

之后在市民法研究会上,杉山真一、岩田拓朗等律师提出了下述观点:欠缺意思能力的效果是相对无效,无效的主张权人被限制的情况,可以适用《民法》第 125 条法定追认的规定(2009 年 7 月 21 日市民法研究会),结论是:在欠缺意思能力的情况下适用《民法》第 125 条的法定追认,第 126 条的撤销权的期间限制。也就是说,欠缺意思能力以及错误的效果是可撤销的法律行为。

最终几个研究会意见达成一致,经过国民有志案,成为本民法修正案中的最后草案。

学界对于无效论、撤销论的讨论参见须永醇:《意思能力与行为能力》,日本评论社 2010 年版,第 82 页以下(初出“权利能力、意思能力、行为能力”,参见星野英一编辑代表:《民法讲座 第 1 卷 民法总则》,有斐阁 1985 年版,第 125 页以下)。但是该书第 22 页以下认为,既然限制行为能力制度发挥了作用,那么就不需要无意思能力的无效,此时便应当否定撤销和无效两方面的效力。

【条文案】

(意思能力的欠缺)
　　第八条　在辨识事理能力(以下简称"意思能力")欠缺的状态下作出意思表示者,可以在其意思能力恢复后撤销基于该意思表示的法律行为(包含意思表示,以下在本款及下一款中亦同)。
　　2　前款规定的法律行为,如作出意思表示的人(以下简称"表意人")有法定代理人时(包括在该意思表示后付以法定代理人的情况,下一款及下一条第二款亦同),该法定代理人亦可撤销。
　　3　表意人及其法定代理人在表意人因故意或重大过失造成意思能力欠缺时,不可撤销基于其意思表示的法律行为。但是,法律行为的相对人获知表意人的意思能力欠缺,或因重大过失而未知时,则不在此限。
　　4　于前款但书情形,不能因第一款或第二款规定的撤销而对抗善意第三人。

本条第1款:新增
　　第2款:新增
　　第3款正文:新增
　　　　但书:新增
　　第4款:新增

(意思能力欠缺者之相对人等的催告权)
　　第九条　因前条规定可撤销的法律行为的相对人或者可对抗该撤销的第三人,在表意人恢复意思能力时,可对该表意人设定相当的期间,催告其在该期间内明确回答是否追认可撤销的法律行为。但是,若意思能力欠缺的表意人不知该法律行为内容的,则不在此限。
　　2　在意思能力欠缺状态下进行意思表示者如有法定代理人时,其相对人可对法定代理人设定一个月以上的期间,催告其在该期间内明确回答是否追认可撤销的法律行为。
　　3　于前两款情形,受到催告者未在该期间内明确回答时,视为追认了该法律行为。

本条第1款正文:新增
　　　　但书:新增
　　第2款:新增
　　第3款:新增

【修正理由】

一、撤销权人

正如"前注"所述,"新"第 8 条规定,欠缺意思能力的效果是法律行为的撤销而非无效,而且该条第 1 款前半部分还规定,在欠缺意思能力的状态下,意思表示的法律行为的撤销权人为该意思表示人。正如本书第四部第四章所详述的,本民法修正案在撤销权条文中明确规定了撤销权人。

另外,关于"新"第 8 条第 1 款后半部分,即便不作明文规定也可以通过解释得到相同的结论。但是,从通俗易懂的角度以及本条也是"新"第 9 条第 2 款规定的催告法定代理人的前提,所以我们还是作出了规定。

二、撤销权者的限定和能够对抗"撤销"的范围——导入类似"原因自由行为"的观点

在因欠缺意思能力导致撤销的规定中,本民法修正案还导入了刑法以及侵权行为法中"原因自由行为"的观点,"新"第 8 条第 3 款以及第 4 款规定"因故意或重大过失"而欠缺意思能力的表意人不可以向善意的相对人或善意第三人[78]主张因为缺乏意思能力而撤销法律行为。"原因自由行为"的目的不是为了保护欠缺意思能力的人,而是在欠缺意思能力人的本人保护与相对人以及第三人的交易安全保护,即在动态安全与静态安全之间保持平衡。[79]

三、"意思表示"的撤销与"法律行为"的撤销

现行民法没有区分规定"法律行为"的撤销与"意思表示"的撤销。比如,现行民法没有关于意思能力的规定。在限制行为能力中规定了"法律行为的撤销",在《民法》第 90 条公序良俗中规定了"法律行为的无效",在《民法》第 93 条心里保留以下规定了"意思表示的无效、撤销"。

但是,以合同为例,这种意思表示与相对人的意思表示一致,法律行为之前的意思表示的无效、撤销的问题,一旦法律行为已经成立,就变成了法律行为的无效、撤销的问题。因而,更加正确的说法是"意思表示以及基于意思表示的法律行为的无效、撤销"。所以,"新"第 8 条第 1 款规定了"可以撤销基于该意思表示的法律行为(含

---

[78] "新"第 8 条第 4 款规定的"第三人"指的是与该条第 3 款但书中的恶意的相对人进行法律行为的人,以及与其有法律上存在利害关系的人。但是,"新"第 49 条也没有明确规定这些人,因而这里也不作规定,交给法律解释。

[79] 【"原因自由行为"规定的讨论经过】
"新"第 8 条第 3 款导入原因自由行为的观点,在法曹提交案之前只规定了欠缺意思能力人"重大过失"的要件,北泽正明律师建议改为"故意或重大过失"(2009 年 1 月 26 日企业法务研究会)。另外,"新"第 8 条第 3 款、第 4 款中的相对人与第三人的保护要件还有"善意"。对此,中舍宽树教授认为应当是"善意、无重大过失"(2009 年 3 月 30 日民法修改论坛学界编)。

意思表示,下同)"。⑧

四、意思能力欠缺者的相对人的催告权等

1. 催告权

"新"第 23 条赋予了相对人催告限制行为能力人的权利,"新"第 9 条规定了欠缺意思能力的撤销权。[81] 但是,相对人的催告权分为两种情形:① 欠缺意思能力人恢复了意思能力,并且知道了其所为的法律行为的内容;② 欠缺意思能力人有法定代理人的情形。[82]

---

[80] 【意思表示的撤销与法律行为的撤销的讨论经过】
法条上如何规定"意思表示"的撤销与"法律行为"的撤销面临着立法技术上的困难。
首先,撤销原因不仅仅包括意思表示的撤销与法律行为的撤销。比如说,共谋虚假表示是"法律行为无效"的问题,而不是"意思表示无效"的问题(存在相对人的单独行为也是共谋虚假表示无效的问题,此时意思表示直接变成了法律行为,所以也可以称之为"法律行为的无效")。再举一例,违反强制规定的无效或者违反公序良俗的无效,仅仅在合同的要约等意思表示阶段,不发生法律效果,此时不是意思表示的无效,相对人承诺的意思表示阶段就可以称之为"法律行为的无效"。
与此相对,撤销事由大多是在合同的要约等之后,相对人的承诺意思表示之前也存在"撤销"的必要性。与此同时,相对人承诺的意思表示之后,法律行为成立的阶段,该法律行为也存在"撤销"必要性。
基于此,立法上不能进行统一化的处理,只能根据撤销事由分别考察。
意识到这个问题之后,秘书处草案采取如下方式应对:在本条前半段规定"欠缺辨别事理能力(意思能力,下同)状态下的意思表示人可以撤销该意思表示或基于该意思表示的法律行为(下一款,第 N 条,第 N 条,第 N 条中的'法律行为等')",然后在"法律行为"与"法律行为等"各自条文中分开规定(欠缺意思能力,过程草案,2011 年 12 月 17 日秘书处草案)。
研究会一度采纳了该草案,但是川崎政司律师指出分开规定"法律行为"与"法律行为等"的做法对初读者来说显然是晦涩的。因此,研究会修改为"可以撤销基于此法律行为(包含该意思表示,下一款,第 N 条,第 N 条,第 N 条及第 N 条亦同)"(2011 年 12 月 18 日全体会议)。
研究会之后,秘书处举上述 N 条的方式显然极为繁琐,因此最终阶段改变了方针(2012 年 10 月 18 日全体会议),成为开头处的条文草案。
[81] 关于欠缺意思表示,即便采取撤销论,也有人认为不应当给予相对人催告权及法定追认权(参见村田彰:《心里保留》,载圆谷峻编著:《民法修正案的探讨》(第二卷),成文堂 2013 年版,第 271 页)。
[82] 【催告权的讨论经过】
在民法修改研究会上有人提出了下述方案,即不认可一般限制行为能力人的催告权,只承认原因自由行为欠缺意思能力人的相对人的催告权。但是,研究会最终没有采纳该方案(2011 年 2 月 26 日全体会议)。

(欠缺意思能力人的相对人的催告权　过程草案　2011 年 2 月 26 日秘书处方案)
第 N 条　① 因前条第二款但书规定的恶意的相对人以及该条第三款但书规定的恶意第三人,在表意人恢复意思能力时,可对该表意人设定相当的期限,催告其在该期限内明确回答是否追认可撤销的法律行为。但是,若意思能力欠缺的表意人不知道该法律行为内容的,则不在此限。
　　② 欠缺意思能力状态中意思表示人被赋予法定代理人或之后被赋予法定代理人的,其相对人可对法定代理人设定一个月以上的期限,催告其在该期限内明确回答是否追认可撤销的法律行为。
　　③ 在前两款情形下,被催告者未在该期限内明确回答时,视为追认了该法律行为。

限制催告权的理由有以下几点:
在欠缺意思能力的状态下,如果将欠缺意思能力表示人与限制行为能力人作同类思考的话,那么就应该赋予相对人催告权。

催告权的效果是向被催告人表明"该期间内作出回复"。这与"新"第23条第2款中对相对行为能力人的催告权是一样的,用了"该期间内未发出确答"的用语,明确规定了发出主义,与此相对,"新"第65条第1款无权代理人的相对人的催告权则采用了到达主义,即"本人在该期间内未确答的"。

2. 追认与法定追认

保护欠缺意思能力人采纳了撤销权构成,也就产生了追认权以及法定追认的问题,详见"新"第77条的追认权以及"新"第78条的撤销权的消灭事由(现行民法的法定追认)。[83]

第三款 行为能力

【前注】

一、行为能力的体系性位置

本民法修正案沿袭了现行民法"行为能力"的标题[84],但是基本观点与现行民法有所不同。现行民法在"人"处同时规定"行为能力"与"权利能力",反映了过去的"无行为能力"的制度并不是为了保护欠缺判断能力的人的制度,而是为了维持作为生产单位的家以及以夫权为优先的夫妇一体性的制度。[85] 在现实中,行为能力的问题主要是法律行为的撤销等保护限制行为能力人的问题。

如果将限制行为能力的效果限定为"法律行为的撤销"的话,那么和德国民法一样,可以考虑在法律行为中规定无效、撤销原因。[86] 但是,正如下文所述,本民法修正案关于限制行为能力的效果,同时规定了撤销与代理,所以将行为能力的问题也规定在第一节"人"中。

如此,可以如下设置规定:"欠缺意思能力状态下的意思表示人确定地恢复意思能力的,其相对人可对法定代理人设定一个月以上的期限,催告其在该期间内明确回答是否追认可撤销的法律行为。"但是这样规定的话,可能存在保护意思能力人不利的问题。比如说,欠缺意思能力人没有恢复其能力的状况下,相对人即便不催告也不产生追认的效果。但是,此时欠缺意思能力人还是存在应对催告并履行的可能性。那么欠缺意思能力人自己行使撤销权之后,已经履行的给付就应该恢复原状。

因此,上述规定可能不利于欠缺意思能力人的保护,故而,有人提出将其限定在以下两种情形:① 欠缺意思能力人有法定代理人的情形;② 恢复意思能力的情形。

但是,不管民法典中是否规定相对人都有催告的可能性,这是没有改变的,因而我们没有采纳上述方案。

[83] 在注⑦(3)讨论之时,还有人建议欠缺意思能力人限定在第8条第1款、第2款之2的情形,然后应当规定追认与法定追认。

[84] 该标题的讨论经过参见⑤。

[85] 参见加藤雅信:《新民法大系Ⅰ民法总则》(第二版),有斐阁2005年版,第95页以下。

[86] 川岛武宜:《民法总则》,有斐阁1965年版,第171页以下。日本的教科书、体系书也有采用这种构成的。

二、行为能力制度的体系化

1. 废除"成年监护"概念

（1）从"成年监护制度"到"判决保护制度"

过去"成年监护"一词在以下两种情形中使用，即"成年监护、保佐、辅助"中的一个类型的成年监护以及统称的"成年监护制度"。可见"成年监护"有广义与狭义之分，含义不够明确。

因此，在本民法修正案中三种类型统称"判决保护制度"。⑰ 该用法出现在第三款第五目"判决保护制度的相互关系"。

（2）从"成年监护"到"监护"

现行《民法》第7条规定"监护开始的判决"，接到该判决者在第8条中称之为"成年被监护人"。另一方面，未成年人没有亲权人的，监护开始后，该监护人称之为"未成年监护人"（《民法》第838条第1款、第839条以下）。

在现行民法中，一直处于欠缺辨别事理能力的未成年人也适用"成年"监护开始的判决，理由有以下两点：第一，"成年"被监护人不可能在监护人的同意下自己采取行动，从这个意义上来说可以得到比未成年人更好的保护；第二，马上达到成年的未成年人就不能得到亲权人的保护，所以有必要提前接受"成年"监护开始的判决。

但是，对未成年人的这种判决称为"成年"监护开始的判决显然是有矛盾的，所以本民法修正案将其改为"监护"，在未成年人的情况称之为"未成年监护"，回避了"成年监护开始"的称谓。⑱

2. 确保制度一览性

现行民法"行为能力"一节相继规定了未成年、（成年）监护、保佐、辅助、判决相互的关系、限制行为能力人的相对人的保护，内容上有些杂乱。

因此，本民法修正案在各自之前加了"第N目"，提高制度整体的一览性。具体来说，本民法修正案将第三款"行为能力"分为第一目"未成年"、第二目"监护"、第三目"保佐"、第四目"辅助"，关于监护、保佐、辅助的关系规定在第五目"判决保护制度的相互关系"，之后规定了第六目"限制行为能力人的相对人的保护"。

---

⑰ 【从"成年监护制度"到"判决保护制度"的改名的讨论经过】

如下注所述，本民法修正案中废除了"成年监护"的用语，并且将"监护、保佐、辅助"三大制度的总称从"成年监护制度"修改为"判决保护制度"（2011年2月26日全体会议）。

⑱ 【"成年监护"名称变更的讨论经过】

《民法》第8条规定20岁以下的人接到监护判决就成为"成年被监护人"，这样的用语是有矛盾的[参见谷口知平、田石喜久夫编：《新版注释民法(1)》，有斐阁2002年版，第285页（铃木禄弥执笔部分）]。牧野友香子律师提出有必要在立法上修正这一点(2009年2月16日市民法研究会)。其后，矶村保教授提出可以借鉴特别养子、普通养子，称之为未成年监护、普通监护。研究会讨论的结果还是单纯用"监护"作为二目的标题。

三、要件、效果的一体化规定

1. 基本观点

一般来说，一个通俗化的条文中，要件与效果是一起规定的，要件效果的统一规定使得条文更加通俗易懂。但是现行民法第二节"行为能力"没有遵循这个规律。

举个例子，现行民法关于未成年的规定就不容易理解。具体来说"行为能力"一节开头的第 4 条中单独设置了一条关于成年的定义。暗含了"未成年人"概念应当采用反面解释，下面的第 5 条第 1 款只规定了未成年人的行为必须取得"法定代理人"的同意，第 5 条第 2 款规定"违反前项规定的法律行为，可以撤销"。总而言之，第 4 条是定义，第 5 条第 1 款是要件，第 2 款是法律效果，这样分开规定定义、要件、法律效果使得条文变得难以理解。

此外，与未成年的规定一样，现行民法关于判决保护制度的规定，第 7 条是成年监护的要件，第 8 条是成年监护人的指定，第 9 条是各自的法律效果。关于保佐要件规定在第 11 条，保佐人的裁定规定在第 12 条，需要保佐人同意的行为规定在第 13 条第 1 款，法律效果规定在第 13 条第 4 款。辅助的规定方式亦是如此。本民法修正案改变了这种无视要件效果一体性的现行民法的规定，将所有的要件效果规定在同一条文之中。

2. "监护、保佐、辅助"的统一化条文

现行民法关于成年监护制度的规定，体系上缺乏透明性，言词上缺乏通俗性。因而，如本章前文所述，为了制度的简明化，本民法修正案通过监护、保佐、辅助三个制度，采用了"○○开始的判决""被○○人的法律行为""○○终止的判决"的框架，起草相应的条文。[89] 具体如表 2。

---

[89]【判决保护制度的讨论经过】

民法改正研究会最初的想法是，基本维持现行民法的判决保护制度，为了与未成年人制度相平衡，进行局部修改。这是因为成年监护制度等最近才进行了法律修改。

因此，秘书处最初草案除了并设监护人的撤销权与代理权作为效果之外，基本沿袭了现行民法的框架。但是，在准备向私法学会提出草案的阶段，经过秘书处会议详细讨论，认为现行民法的条文过于晦涩，且缺乏体系性。故而，我们尝试大幅修改了草案，如表 2 所示，草案变成由三个条文组成的制度安排。民法改正研究会采纳了该建议，其后自私法学会提出案到本民法修正案，基本上维持了该草案。

另外，关于判决保护制度与任意监护制度的关系，这里多说几句。在任意监护合同登记的情况下，原则上不进行开始判决保护的判决，例外情况下只有在为了本人利益需要特别认可的情况下，才进行监护开始的审判等(《任意监护合同法》第 10 条第 1 款)。秘书处还讨论了民法中是否加入《任意监护合同法》第 10 条第 1 款的内容。但是，比较法定监护的申请案件数，缔结任意监护合同的登记数目很少(2000 年 4 月到 2010 年 12 月十年多的登记总数为 49 696 件，日本成年监护法学会制度改正研究会：《任意监护制度的改善、改正的建议》，第 1 页)。在现阶段，其社会重要性较低，所以搁置了条文的起草作业(2012 年 12 月 26 日秘书处会议)。

表2 判决保护制度的体系

第二目　监护	"新"第13条	监护开始的判决
	"新"第14条	被监护人的法律行为等
	"新"第15条	监护终止的判决
第三目　保佐	"新"第16条	保佐开始的判决
	"新"第17条	被保佐人的法律行为等
	"新"第18条	保佐终止的判决等
第四目　辅助	"新"第19条	辅助开始的判决等
	"新"第20条	被辅助人的法律行为等
	"新"第21条	辅助终止的判决等

四、"同意权"和"代理权"的并置

现行民法的总则编中只规定了限制行为能力人的法律行为的撤销权，将保护限制行为能力人的另一个支柱"代理权"规定在第四编亲属编中。本民法修正案认为，在总则编中赋予限制行为能力人等的亲权人、监护人等的"同意权"与"代理权"，可以提高保护体系的一览性。但是，与限制行为能力人的法律效果没有直接关系的亲权、监护以及其他具体规定，依旧规定在亲属编中。

总则编规定了代理权的同时，亲属编中的规定当然也要进行相应的修改。以未成年人为例，"新"第10条第4款规定了代理权，那么，《民法》第824条就应当改为："行使亲权的人管理其子女的财产，该管理涉及代理行为的，依据'新'第十条(未成年人)第四款的规定。"另外，"新"第14条第2款规定了监护，那么《民法》第859条第1款应当改为"监护人管理被监护人的财产，该管理涉及代理行为的，依据'新'第十四条(被监护人的法律行为)第二款的规定"，同时删除该条第2款。再次，"新"第17条第5款的保佐以及"新"第19条第3款第2项的辅助，"新"第20条第4款规定了代理权，那么随之应删除《民法》第876条之4、第876条之9。⑳

---

⑳ 【并设同意权、代理权的讨论经过】

冈孝教授最先提出将同意权与代理权合并到一个条款中加以规定(2006年6月2日民法改正研究会准备会议)，但是问题是两者之间的顺序如何规定。从私法学会提出案到国民有志案，都是先规定代理权再规定同意权，理由是对未成年人来说，出生之后首先考虑的是代理，成年监护等情况中也只能考虑代理权。

对此，加户茂树律师提出应当先规定同意权再规定代理权，这是因为首先在保佐中，一般认为需要保佐人的同意权，而代理权只是在特殊情况下的例外制度(2009年2月16日市民法会议)。其次，矶村保、川崎政司提出，既然是"限制行为能力"，那么就应该先规定限制行为能力的权利(2011年2月26日全体会议)。最终，草案按照同意权、代理权的顺序进行规定。

对于同意权和代理权一起规定的观点，矶村保教授指出，法定代理人的代理权的依据规定应当规定在亲属编中，总则编中只要规定引致规定即可(2011年2月6日全体会议)。但是，这样导致关于法定代理人的权利义务的规定分别规定在总则编和亲属编，显然这是不合适的，最终我们在亲属编中设置了引致规定。

另外，大村敦志：《市民社会与我与法I》，有斐阁2008年版，第180页也建议将未成年人的代理权与同意权合并规定在总则编中的一个条文之中。

五、撤销权人的明示

现行民法中关于撤销权的产生规定在第4条以下的"行为能力"与第96条"欺诈或胁迫"两处,但是没有言及撤销权人,而是在第120条规定了撤销权人。由于撤销权的规定内容较为分散,缺乏法律制度的一览性,所以本民法修正案将各种撤销权人规定在下列条文中:欠缺意思能力("新"第8条第1款、第2款)、未成年("新"第10条第3款)、成年监护人("新"第14条第1款)、被保佐人("新"第17条第4款)、被辅助人("新"第20条第3款),同时在"新"第76条第2款规定了所有撤销权。[91]

六、判决的非裁量性的明示——从"可以判决"到"应当判决""须判决"

在现行民法中,监护开始的判决、保佐开始的判决、辅助开始的判决,都有关于"可以对其作出○○开始的判决"的规定(《民法》第7条、第11条、第15条)。该用语赋予了家庭法院相关权限,但是该权限不是必须行使的,也就意味着赋予了家庭法院的裁量权。但是实务中家庭法院并没有被赋予裁量权。因此,本民法修正案根据实务中采用的解释以及适用的情况作出了相应修改。

另外,三种判决虽然用了相同的用词,但是根据法务省立法参与者的解说,各种制度之间还是存在差异的。因此,本民法修正案为了叙述上的方便,下文分别阐述监护、保佐、辅助的用词。

首先,关于监护,现行《民法》第7条规定,存在监护开始的判决请求,可以对其"作出监护开始的判决"。该规定沿袭了1999年新设成年监护制度之前的条文,禁治产宣告中"可以宣告"的裁量性的用语。

对此,法务省立法参与者的解说如下[92]:

"关于'可以宣告'裁量性之有无,判例和通说都认为,旧法中的宣告禁治产制度是一种丧失心神的状态,所以家庭法院必须宣告禁治产(大判1922.8.4民集1卷10号,第488页)。另外,在平成11年修法之前,关于宣告禁治产的解释,我妻说等学说也认为不管条文用词的裁量,必须宣告。"[93]

因此,本民法修正案将《民法》第7条"可以判决"改为"应当判决"这种义务性的用词。

其次,关于保佐,立法参与者的解说如下[94]:

"关于'可以宣告'裁量性之有无,虽然学说存在分歧,但是东京高判1991.5.31(家月4卷第69页、判时1393号,第98页)认为,关于准禁治产宣告,即便是心神衰

---

[91] 【明确撤销权人的讨论经过】
秘书处提出应当明确撤销权人,保证有关撤销权的法律规范的一览性(2006年11月23日全体会议),民法改正研究会支持上述建议,形成本民法修正案的内容。

[92] 参见小林昭彦、大门匡编著,岩井伸晃、福本修也、原司、冈田伸泰著:《新成年监护制度的解说》,KINZAI出版社2000年版,第94页。

[93] 我妻荣:《新订 民法总则》(民法讲义Ⅰ),岩波书店1965年版,第78页以下。

[94] 参见小林昭彦、大门匡编著:《新成年监护制度的解说》,KINZAI出版社2000年版,第73页。

弱者,从本人保护的角度出发,必要的情况下,家庭法院可以根据裁量不宣告禁治产(相同判例参见东京家审1968.12.6判夕40号,第313页)。当然这是一件极其例外的案件,通常认为本人的判断能力显著丧失的情况下,需要成年监护制度的保护,就可以开始保佐判决。"

可见,立法参与者的意图是,判决是义务性的,但是保佐并不像监护那样具有强烈的义务性。1999年修法之前,现在的保佐开始判决对应的宣告准禁治产,当时的学说考虑到是否宣告具有裁量性,在裁量性义务性的问题上,不必纠正立法者过于生硬的表述。另外,学说中还有一个背景是,当时的准禁治产制度,也适用于"盲人、哑人、聋人",这些人的精神能力并不次于一般普通人,本人以外的人申请这些人准禁治产的,如果赋予家庭法院宣告准禁治产显然是不合适的。⑤

但是目前"盲人、哑人、聋人"不存在难以适用成年监护三大制度的情况,就不需要考虑这个问题了。2009年的修改,立法参与者认为保佐比起监护,义务性更弱一些,也是有相应的理由的。因此本民法修正案在保佐的规定中使用了"应当"一词,而非"必须",弱化了义务性。⑥

最后,关于辅助,立法参与者的解说没有裁量性或义务性的说明。此外,现在辅助开始的判决是以本人同意为前提的。基于上述法律现状,在满足辅助开始的客观要件、包含本人同意的程序要件之前,不承认家庭法院的裁量性。笔者认为这未必恰当。根据我们与当局召开的听证会得到的信息,在法院实务中辅助开始的判决中,裁量性还是义务性并没有统一的方针。

表3虽然不是以裁量性为焦点进行的统计,但是根据最高法院秘书总局、家庭局统计的成年监护案件,可以推测裁量性之有无。

表3 成年监护制度 区分案件数(注1)

	监护开始	保佐开始	辅助开始	全部总数
总 数	24 806 (100%)	3 400 (100%)	1 233 (100%)	29 439 (100%)
支 持	23 119 (93.2%)	3 102 (91.2%)	1 135 (92.1%)	27 356 (92.9%)
驳 回	37 (0.1%)	17 (0.5%)	11 (0.9%)	65 (0.2%)
其 他 (注2)	1 650 (6.7%)	281 (8.3%)	87 (7.1%)	2 018 (6.9%)

注1:2010年1月至同年12月确定的案件数目。
注2:其他包括撤回、本人死亡导致的当然终了、移送等。

---

⑤ 参见我妻荣:《新订 民法总则》(民法讲义Ⅰ),岩波书店1965年版,第82页。
⑥ 参见川崎政司:《法律学的基础技法》,法学书院2011年版,第152页。

根据表3[97]，2010年监护、保佐、辅助案件的支持、驳回以及其他的比例并没有重大差异，基本上保持90%以上的支持率，即判决开始的请求大多数情况下会得到法院的支持。在驳回案件的数目上，监护、保佐、辅助呈现微增的趋势，存在若干差异。但是，驳回案件当然包括实体程序层面上不满足要件的情况，所以驳回案件的绝对数其实是相当稀少的。因此，只有在家庭法院具有一定裁量性的辅助案件中，才有一定数量的驳回。[98]

基于以上考虑，本民法修正案采用了与保佐一样的用词，即"作出辅助开始的判决"。当然，辅助往往伴随政策判断，可以赋予家庭法院的裁量性，所以也可以采用"可以作出辅助开始的判决"的用语。但是，本民法修正案没有采用该方针。

七、正常化社会的扩张与差异化

现行《民法》第9条规定，限制行为能力人在"购买日用品及其他日常生活的行为"上行为能力不受限制。但是，这种统一的做法是否恰当存在疑问。本民法修正案认为，该规定的适用范围应当根据能力的不同而存在差异。同时，本民法修正案还新设了未成年人的规定，也规定了相同宗旨的内容。关于这一点，参见本章下文。

八、用词调整

1. 从"代表"到"代理"

现行民法在关于总的代理权中经常使用"代表"一词，本民法修正案认为代表只适用于法人，除此之外，统一使用"代理"。

具体来说，"新"第10条第4款相对应的与现行《民法》第824条等规定了保护机关"代表"未成年人，而本民法修正案将"代表"全部改为"代理"。

2. "行为"的具体化——"法律行为""代理行为""行为"的明确

现行民法中"法律行为"与"行为"的用语也是相当混乱。

比如说，现行民法第二章"人"第二节"行为能力"中多处使用"法律行为"一词，此外还有不少地方使用了"行为"一词。从条文上看，关于未成年的第5条第1款，正文与但书都用了"法律行为"一词，但是成年监护的第9条中，正文用了"法律行为"，但书用了"行为"一词。

本民法修正案目标在于制定一部"一般国民通俗易懂的民法典"，所以将上述"行为"的用词全部改为"法律行为"。[99] 另外，这种修改并不仅限于此处，作为一般方

---

[97] 表3是根据最高法院秘书总局、家庭局《成年监护关系案件的概况——2010年1月至12月》第3页的统计数字制作而成（http://www.courts.go.jp/vcms_if/20512011.pdf）。

[98] 表3中的其他包括撤回、本人死亡导致的当然终了、移动等情形。根据我们向实务人事的咨询得知，在判决被认为是不恰当的情况下，家庭法院一般会建议当事人"撤回"。虽然咨询人数有限难以断定，但是比起监护，保佐和辅助中"撤回"的建议更加频繁一些。

[99] 与这个问题相关，参见第三目"保佐"中的"讨论经过"（注[13]）。

针,"行为"根据其具体内容,基本上都可以改为"法律行为""代理行为"等。

但是也有例外,如本章下文关于被保佐人的规定,这里的"行为",指的是"事实行为",在这种情况下,则使用"行为"一词(之后关于"行为"的内容,除非存在必要,本书不再一一介绍)。

3. "撤销"一词的限制使用

《民法》第 10 条的监护、第 14 条的保佐、第 18 条的辅助使用了"判决的撤销"或者"判决等的撤销"的标题。以监护为例,理论上如果撤销监护"开始"的判决,那么监护就没有"开始",过去的监护就全部溯及无效。

但是,现行民法没有采纳判决开始的溯及性消灭。具体来看,这种撤销制度,分为以下几个阶段:① 某人 A 一直处于缺乏意思能力的状况,请求权人请求"监护开始的判决",A 就成了成年被监护人;② A 作为成年被监护人,得到保护的一定期间之后;③ A 恢复了辨别事理能力,"撤销判决";④ 之后 A 得不到本制度的保护。此时,不存在以"监护开始的判决"存在瑕疵为理由撤销的情况。

可见,《民法》第 10 条"监护开始判决的撤销"的条文以及保佐辅助中的同类条文与具有溯及效力的"撤销"存在理解上的错误。实际上,法学界一致认为,这些"撤销"是通过判决程序而进行的(《家事案件程序法》第 39 条,表 1),与具有溯及效力的法律行为的"撤销"是不同的。

这里的判决内容是终结进行中的监护,但是条文中撤销监护等"开始"的判决,这点是有误解的。

因而,按照"一般国民通俗易懂的民法典"的思路,本民法修正案中,监护"开始"的判决不是撤销,而是在一定期间后,"终止"需要保护状态的判决,即改用"监护终止的判决""保佐终止的判决"以及"辅助终止的判决"等用词。[⑩]

正如上段所述,用词的变更不仅是在民法总则中,其他编别中也需要作出相应修改。以亲属继承编为例,在 1911 年修改之前,《民法》第 836 条的标题是"丧失亲属或管理权宣告的撤销"就应该改为"丧失亲权或管理权终止的判决"。

另外,第 880 条题为"扶养协议或判决的变更或撤销",应该改为"扶养协议的变更判决"或者"扶养协议的撤回判决";第 894 条标题为"废除推定继承人的撤销",应该改为"废除推定继承人的撤回判决"。

九、未来的课题——民法如何反映障碍者权利公约

2014 年之后《身心障碍者权利公约》在日本生效(日本国会 2006 年通过,2008 年

[⑩] 【将"撤销"改为"终止的判决"的讨论经过】

这种修改经过了两个阶段。首先,松冈久和教授提出,修改与监护等开始的判决容易混淆的法律行为的撤销,通过添加"撤销的判决"等、"判决"等用词,使其与法律行为的撤销产生差异化的表述(2008 年 5 月 5 日全体会议)。其后,如正文所述,秘书处提出,监护等开始的判决并不是"撤销",而不过是"终止",所以将"撤销的判决"修改为"终止的判决"。私法学会提出案介绍了该建议,也就是本民法修正案的内容。

生效)。该公约第5条题为"平等及歧视",第1款规定了法律面前人人平等,第2款规定禁止任何基于障碍的歧视。之后,第12条第2款规定:"缔约国应当确保障碍者在生活的所有方面具有与他人平等的法律能力。"(http://www.mofa.go.jp/mofaj/files/000018093.pdf)另外,联合国障碍者权利委员会发布的一般意见第1号之13也明确提及,第12条禁止以"精神障碍"为理由影响权利人的代理权利(http://daccess-dds-ny.un.org/UNDOC/GEN/G14/031/20/PDF/G1403120.pdf?OpenElement)。

由于《身心障碍者权利公约》在日本生效是在本书即将成书之前,所以民法改正研究会没有讨论民法修正案中是否加入该公约内容的问题,也没有作出最终决定。下面不过是阐述秘书处的意见。

无论是现行民法的成年监护制度,还是本民法修正案的行为能力制度,都规定了成年监护人等的代理(代替意思决定)。《身心障碍者权利公约》本身并没有否定代理制度,所以现行民法和本民法修正案也都没有违反公约本身。

但是,不可否认,这些规定与上文介绍的一般意见第1号中的见解是存在抵触的。考虑到可能存在"持续处于植物状态"难以进行意思表示的情况,以及存在难以通过意思表示进行交流的人,那么如一般意见第1号所言,这种制度全面排除代理(代替意思决定)制度,可能带来某种社会混乱。

既然《身心障碍者权利公约》已经在日本生效,当然就有必要再次审视如何处理代理制度的问题。从现实角度去思考改善对策,那么代理制度的应用情形尽可能少数化,当然监护制度的运用方面进行思考更为现实,所以没有必要修改本民法修正案中的代理制度。

只是最终的方向性待今后的民法改正研究会讨论才有一个明确的结论。

第一目　未　成　年

【条文案】

> **(未成年人)**
>
> **第十条**　年龄满二十岁为成年。
>
> 2　未成年人实施法律行为,应当征得其法定代理人(指未成年人的亲权人或未成年监护人,以下在本目中亦同)同意。
>
> 3　未成年人或其法定代理人可撤销未成年人在未经前款同意下实施的法律行为。
>
> 4　依照第四编(亲属)的规定,法定代理人有权就未成年人的法律行为代理未成年人。但是,被认为是应由未成年人自行决定的法律行为,不在此限。
>
> 5　法定代理人行使前款规定的代理权,实施的法律行为会产生以未成年人的行为为标的的债务时,应当经本人同意。

本条第1款:《民法》第4条(成年)移动
　　第2款:《民法》第5条(未成年人的法律行为)第1款正文移修
　　第3款:《民法》第5条(未成年人的法律行为)第2款、第120条(撤销权者)第1款移修
　　第4款正文:《民法》第824条(财产的管理及代表)正文、第859条(财产的管理及代表)第1款移修
　　　但书:新增
　　第5款:《民法》第824条(财产的管理及代表)但书、第859条(财产的管理及代表)第2款移修

(可单独实施的法律行为)
　　第十一条　尽管有前条第二款的规定,未成年人可不经其法定代理人同意就实施以下法律行为。
　　(一) 单纯取得权利或免除义务的法律行为;
　　(二) 在法定代理人许可处分的财产范围内(确定目的而许可处分时,仅限于该目的范围内)实施的法律行为;
　　(三) 购买日常生活必需品及其他日常生活中必要的法律行为。
　　2　得到法定代理人许可从事一种或多种营业的未成年人,在其营业上具有与成年人同等的行为能力(指单独实施确定而有效的法律行为,以下同)。于此情形,出现未成年人不能胜任其营业的事由时,其法定代理人可依第八百二十三条(职业的许可)第二款及第八百五十七条(有关未成年被监护人人身监护的权利义务)的规定,撤回其许可,或予以限制。

本条第1款主文:新增
　　　第1项:《民法》第5条(未成年人的法律行为)第1款但书移修
　　　第2项:《民法》第5条(未成年人的法律行为)第3款前段、后段移修
　　　第3项:新增
　　第2款前段:《民法》第6条(未成年人的营业许可)第1款移修
　　　后段:《民法》第6条(未成年人的营业许可)第2款移修

(成年拟制)
　　第十二条　未成年人结婚后,该未成年人与成年人具有同等的行为能力。
　　2　前款规定的成年拟制效果,不因离婚而消灭。
　　3　对于满十八周岁的未成年人,家庭法院若认为该未成年人与成年人具有同等的行为能力,且无须法定代理人进行财产管理的,可根据其法定代理人的请求,作出成年拟制宣告的判决(是指认为与成年人具有同等的行为能力的判决,以下在本条中亦同)。于此情形,家庭法院在作出成年拟制宣告的判决之前,应听取

> 该未成年人的意见。
>
> 4　于前款情形,未成年人无法定代理人时,该未成年人经三亲等之内成年亲属[第二十三条(限制行为能力人的相对人的催告权)第一款规定的限制行为能力人除外]中任何一人的同意后,可请求成年拟制宣告的判决。
>
> 5　对于受到成年拟制宣告判决者,家庭法院若认为明显有必要与受到行为能力限制的未成年人作同等对待时,可以经本人或请求作出成年拟制宣告判决的法定代理人的请求,作出终止成年拟制的判决。

本条第 1 款:《民法》第 753 条(基于婚姻的成年拟制)移修

第 2 款:新增

第 3 款前段:新增

　　　　后段:新增

第 4 款:新增

第 5 款:新增

【修正理由】

一、导论——基本方针

最近在宪法修改的讨论中,关于国民投票权,出现了降低选举年龄、成年年龄的声音。[100]

除了这个问题,我们在思考未成年的法律制度之时,应该考虑以下两个重点:

第一,他人(亲权人或者成年监护人)对未成年人的法律行为行使撤销权具有限制未成年人自我决定权的一面。因此,不应超过必要限度而限制未成年人的行为能力。

第二,最近有不少消费者问题是以年轻人为目标对象的,制度改革不应该扩大这种损害范围。

二、成年年龄

1. 成年年龄 20 岁

现行《民法》第 4 条规定成年年龄为 20 岁。[101] 民法改正研究会中也有人提出将成

---

[100]　2007 年 5 月制定的《日本宪法修改程序法》第 3 条赋予了 18 岁以上国民投票的授票权,该法附则第 3 条提及需要探讨《公职选举法》中投票权的年龄以及民法中的成年年龄的问题。其后,同年 11 月,以内阁各部常务副部长等为小组成员,内阁内部成立了"关于年龄条款的探讨委员会"。2008 年 2 月,法务大臣就此问题咨询了法制审议会,主要是《民法》第 4 条规定了 20 岁为成年年龄的是非,是否可以将成年年龄降低到 18 岁等问题。

2015 年 5 月日本通过了《公职选举法》的修改,选举年龄从 20 岁下拉至 18 岁。同年 9 月 10 日,自民党成年年龄特命委员会也建议将民法成年年龄从 20 岁修改为 18 岁(该委员会同时讨论了"饮酒、烟草"年龄限制下调的问题)。关于民法年龄下调的问题,参见注[121]以及注[122]介绍的成年年龄 18 岁的副案。

[101]　尽管如此,民法中年龄限制也是各不相同的。适婚年龄为男 18 岁,女 16 岁(第 731 条,需要父母同

年年龄降低到 18 岁。但是,本民法修正案考虑到下文 2 之(2)中日本舆论现状以及 3 中年轻消费者损害多发的现状,还是决定沿袭《民法》第 4 条的规定,将成年年龄维持为 20 岁("新"第 10 条第 1 款)。[103]

2. 世界和日本成年年龄的现状

(1) 世界的状况

如表 4 所示,绝大多数国家或地区是以 18 岁作为成年年龄。[104] 像新西兰等部分国家或地区例外地也有以 20 岁为成年年龄的,包括英国、德国、法国以及美国的绝大多数州都是以 18 岁为成年年龄(关于这点,有人指出这与征兵年龄有关[105][106])。

表 4　成年年龄的国际比较

成年年龄 16 岁的国家或地区	尼泊尔、不丹(只有女性是 16 岁)
成年年龄 17 岁的国家或地区	朝鲜
成年年龄 18 岁的国家或地区	冰岛、爱尔兰、阿塞拜疆、阿富汗、美国[1]、阿尔巴尼亚、亚美尼亚、安哥拉、安提瓜和巴布达、安道尔、也门、英国[2]、以色列、意大利、伊拉克、伊朗、印度、乌干达、乌克兰、乌兹别克斯坦、乌拉圭、厄瓜多尔、爱沙尼亚、埃塞俄比亚、厄立特里亚、萨尔瓦多、澳大利亚、奥地利、阿曼、荷兰、佛得角、圭亚

意);无须法定代理人的承诺建立收养关系的年龄是 15 岁以上(第 797 条,需要家庭法院的许可);成为特别收养的收养人年龄是 25 岁以上(第 817 条之 4);遗言能力是 15 岁以上(第 961 条)。这些都不是以 20 岁为基准的。

民法中也有各种年龄限制。比如,《劳动基准法》的最低劳动年龄基本是 15 岁(第 56 条第 1 款),禁止长时间劳动的例外是未满 18 岁(第 60 条第 1 款),禁止深夜劳动是未满 18 岁(第 61 条),《儿童福祉法》的适用年龄是未满 18 岁(第 4 条),《刑法》上的责任年龄是 14 岁以上(第 41 条),《少年法》的适用[未满 20 岁(第 2 条)]。当然也有像《禁止未成年人饮酒法》《禁止未成年人吸烟法》等法律以 20 岁为基准的(都是第 1 条)。

[103]【选择 20 岁方案的讨论经过】
在年龄问题成为社会热点之前,民法改正研究会就已经讨论了这个问题。最初,秘书处的意见是与现行民法一样,将成年年龄定为 20 岁(2006 年 11 月 23 日全体会议)。
但是,之后作为副案,秘书处提出了将成年年龄改为 18 岁,同时配以年轻成年人撤回权的条文[准确地说,注⑫中介绍的年龄保护体系也是作为副案提出的(2007 年 8 月 5 日总则分会)]。
此后,20 岁的正案与 18 岁的副案(2008 年 1 月 13 日总则分会)分别出现在私法学会提出案、法曹提交案、国民有志案中。从民法改正研究会之外的讨论过程看,虽然企业法务研究会中有许多支持 18 岁方案的,但是市民法研究会中的多数还是支持 20 岁方案。
故此,本民法修正案"新"第 10 条维持了 20 岁方案。

[104] 虽然不是着眼于成年年龄的分析,欧洲在行为能力的分析,可以参见 Hein Kotz:《欧洲合同法Ⅰ》,潮见佳男、中田邦博、松冈久和译,法律文化社 1999 年版,第 191 页以下。

[105] 参见法制审议会民法成年年龄分会第一次会议(2008 年 3 月 11 日)参考数据 2(http://www.moj.go.jp/shingi2/080311-1.html),第二次会议(2008 年 4 月 15 日)会议资料 9(http://www.moj.go.jp/shingi2/080415-1.html)。

[106] OECD 成员国 34 个国家中只有日本和韩国没有赋予 18 岁人选举权。另外,韩国在之前选举年龄和成年年龄也是 20 岁,但是 2005 年公职选举法修改以及 2011 年公布 2013 年施行的降低成年年龄的民法修改,两者都降为 19 岁。

（续表）

	那、哈萨克斯坦、卡塔尔、加拿大[3]、柬埔寨、几内亚比绍、塞浦路斯、古巴、希腊、吉尔吉斯斯坦、危地马拉、格鲁吉亚、克罗地亚、肯尼亚、哥斯达黎加、科摩罗、哥伦比亚、刚果、沙特、圣多美和普林西比、圣马力诺、吉布提、牙买加、叙利亚、津巴布韦、苏丹、瑞士、瑞典、西班牙、斯里兰卡、斯洛伐克、斯洛文尼亚、塞舌尔、赤道几内亚、塞内加尔、塞尔维亚、圣文森特、圣卢西亚、塔吉克斯坦、坦桑尼亚、捷克、乍得、中非、中国内地、智利、丹麦、多哥、德国、多米尼加、特立尼达和多巴哥、土库曼斯坦、土耳其、汤加、挪威、海地、巴基斯坦、巴拿马、巴哈马、巴布亚新几内亚、帕劳群岛、巴巴多斯、巴勒斯坦、匈牙利、孟加拉、不丹(只有男性是18岁)、斐济群岛、菲律宾、芬兰、巴西、法国、保加利亚、文莱、越南、委内瑞拉、白俄罗斯、伯利兹、秘鲁、比利时、波兰、波黑、玻利维亚、葡萄牙、中国香港特别行政区、洪都拉斯、马绍尔群岛、马其顿、马里、马来西亚、密克罗尼西亚群岛、缅甸、墨西哥、毛里求斯、毛里塔尼亚、马尔代夫、蒙古、约旦、老挝、拉脱维亚、立陶宛、利比亚、列支敦士登、利比亚、罗马尼亚、卢森堡、黎巴嫩、俄罗斯
成年年龄19岁的国家或地区	阿尔及利亚、韩国[4]
成年年龄20岁的国家或地区	泰国、中国台湾地区、突尼斯、日本、新西兰[5]、巴拉圭、摩洛哥
成年年龄21岁的国家或地区	阿联酋、阿根廷、印度尼西亚、埃及、加纳、加蓬、喀麦隆、几内亚、科威特、格林纳达、科特迪瓦、萨摩亚群岛、赞比亚、塞拉利昂、新加坡、苏里南、斯威士兰、所罗门群岛、尼日利亚、瑙鲁、纳米比亚、尼加拉瓜、尼日尔、巴林、东帝汶、布基纳法索、布隆迪、贝宁、博茨瓦纳、马达加斯加、南非、莫桑比克、摩纳哥、卢旺达、莱索托

〔1〕美国各州私法上的成年年龄各不同，其中45个州是18岁，2个州是19岁，3个州是21岁，所以18岁成年是主流年龄。

〔2〕英国私法上成年年龄除了苏格兰是16岁之外，其他都是18岁。

〔3〕加拿大各州私法上的成年年龄各不同，其中6个州是18岁，4个州是19岁，18岁和19岁之间处于胶着状态。

〔4〕韩国在2011年民法修改之前的成年年龄是20岁。

〔5〕新西兰各个法规中成年年龄各不相同，也有18岁的。

〔6〕本表是参照法制审议会民法成年年龄分会第一次会议中的参考数据2以及第十三次会议参考数据27为基础制作的。由于这些数据是"未定稿"，所以不敢保证完全正确。

（2）日本的状况

各国或地区降低了成年年龄。但是从日本舆论调查看，多数反对降低成年年龄。从报纸实施的舆论调查看，只有一个调查是赞成与反对比例差不多。具体来说，2008年3月每日新闻的调查[107]，赞成的36%，反对的60%。同年4月读卖新闻的调查[108]，赞成的36%，反对的59%。只有同年3月日经新闻的调查[109]，赞成的43%，反对的

[107] 参见每日新闻2008年3月3日朝刊，第26页。
[108] 参见读卖新闻2008年4月20日朝刊，第1,2页。
[109] 参见日本经济新闻2008年3月3日朝刊，第13页。

45%,难分伯仲。

根据内阁府2008年7月实施的关于民法成年年龄的舆论调查,对于将合同年龄降低为18岁,赞成的19%,反对的79%。对于服从亲权的年龄降低为18岁,赞成的27%,反对的69%。[⑩]

在这些调查中,赞成和反对的人中,只有少数人认为年轻人具有足够的判断能力。反对降低的人以此为理由反对降低,赞成的人则重视促进人的自觉的效果。

总之,日本舆论调查中压倒性多数是反对降低成年年龄的,这也是我们没有修改成年年龄的理由。

3. 年轻消费者受害的情况

从表5不同年龄消费者受害的实际情况看,现实中,比起19岁以下的人,民法上不再具有撤销权的20岁的人面临更多的消费受害问题。考虑到这种情况,只是降低成年年龄,将导致消费者受害低龄化的问题。假如要降低成人年龄,也有必要作出相应的制度安排。

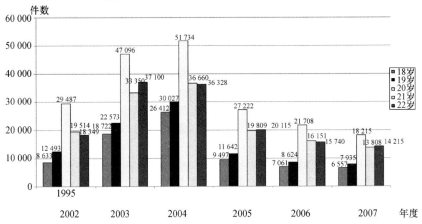

表5 合同当事人从18岁至22岁的年度推移——咨询案件数

注:(1)根据截至2008年4月24日之前PIO-NET(全国消费生活信息网)登录的数据制作而成。
(2)合同当事人指的是消费生活方面进行交易的人,不一定是咨询人。
(3)进行合同行为的人是根据登录内容明确为18岁至22岁的数据统计而来。

独立行政法人 国民生活中心 岛野康制表[⑪]

---

⑩ 参见内阁府:《关于民法成年年龄的舆论调查》(2008年7月调查),载 http://survey.gov-online.go.jp/h20/h20-minpou/index.html.

⑪ 过去数年,在国民生活中心的咨询案件中,与18岁、19岁相比,20年龄层的问题最为突出,到了21岁以上又下降了[法制审议会民法成年年龄分会第三次会议(2008年5月13日)会议资料13-2(http://www.moj.go.jp/shingi2/080513-1.html)]。

三、撤销权与代理权

1. 并设撤销权与代理权

在未成年制度的开头("新"第10条第1款),本民法修正案就规定了成年年龄,该条第2款与第3款则规定了未成年制度基本效果即法定代理人的同意权与代理权。上文已经阐述了成年年龄的相关状况,下面就第2款、第3款内容作若干介绍(下一段的阐述,参见"行为能力"的"前注")。

修改之处有:① 纠正要件效果的分离规定的方式("新"第10条);② 统一规定同意权与代理权("新"第10条第2款、第3款);③ 明确撤销权人("新"第10条第2款后半段);④ 从"代表"到"代理"("新"第10条第3款)。本来这些主要是围绕未成年人的修改建议,当然也适用于其他限制行为能力人。

如此,可以将现行民法中散落的规定——第4条、第5条、第824条、第859条——集中到一个条文中,使得未成年制度更加简洁明了。

2. 代理权的范围——"关于财产"的用词

"新"第10条第4款规定了法定代理人的代理权范围,对应的是现行民法第824条、第859条。对于代理权的范围,现行民法限定为与未成年人或者被监护人"有关财产的法律行为"。而"新"第10条第4款未将代理权的范围限定为"有关财产的法律行为"。现行民法就下述非"有关财产"的事项赋予亲权人对未满15岁的子女以代理权:第791条第3款中子女姓氏变更的代理权,第797条收养中代为承诺的代理权,第811条第2款中协议离婚的代理权。但是,我们并不能毫无限制地赋予"财产法律行为"以外的代理权,亲权人的代理权也不能是概括性或者全面性,所以通过"依据第四编(亲属)的规定"进行限制。

但是同条同款还规定"被认为是应由未成年人自行决定的法律行为,不在此限",从其他角度划定了代理权的界限。但是这是关于"监护"、对医学侵害的决定同意的代理权问题,出于叙述上的方便,本书将其放在关于监护的本章下文展开。

四、未成年人单独可行的法律行为的规定的整理

1. 散落规定的整理

现行民法规定,原则上未成年人的法律行为需要法定代理人的同意(第5条第1款正文),但是也有若干例外,如第5条第1款但书、第5条第3款、第6条。由于规定散落各处,致使关于同意权的法律制度缺乏一览性。

因此,本民法修正案将这些规定统一到"新"第11条一个条文中,提高了法典的一览性。

具体来说,首先,"新"第11条第1款第1项沿袭了《民法》第5条第1款但书的规定,"新"第11条第1款第2项则沿袭了《民法》第5条第3款的规定(此外,《民

法》第5条第3款前半段和后半段分别规定了"法定代理人确定目的而许可处分的财产"与"未确定目的而许可处分的财产","新"第11条第1款第2项将两者统一起来)。为了叙述上的方便,我们将在下面2中阐述"新"第11条第1款第3项的内容。

其次,"新"第11条第2款统一了《民法》第6条"未成年人的营业许可"的第1款和第2款的规定(但是现行《民法》第6条第2款用了"营业许可的撤销"这样的用语,而如本章上文所述,本民法修正案中区分法律行为的撤销,而且考虑到其不具有溯及效力,所以改为"营业许可的撤回")。

再次,关于《民法》第6条第2款中未成年人的营业许可的撤销,"新"第11条第2款后半段规定其法定代理人"可以根据第四编亲属的规定撤销或限制该许可",明确表明了准据法条,即"依第八百二十三条(职业的许可)第二款及第八百五十七条(有关未成年被监护人人身监护的权利义务)的规定"。

以上种种现行民法规定都散落在现行民法各处,而且条文冗长,本民法修正案尽量简明化。未成年制度整体,现行《民法》第4—6条、第753条、第824条、第859条总共有6个条文,本民法修正案整合到3个条文中,数目减少了一半。

2. 未成年人自我决定权的尊重

随着1999年成年监护制度的修改,成年被监护人等也需要"尊重本人的自我决定权",在"购入日用品等日常生活行为"上,法律上不认可撤销权,这也是尊重人权的体现。

但是,未成年人制度同样需要重视这一点,而现行民法没有关于未成年人的这种例外规定。未成年人就职后或者远离父母的,他们的日常行为需要父母的同意其实也是不现实的。因此,有必要规定未成年人在一定的法律行为上的单独的权利。另外,未成年人本身也是可以"确保自立性"的,因此"新"第11条第1款第3项规定了未成年人在一定范围内的单独——即无须法定代理人的同意——进行日常生活的能力。

但是,如果例外范围过于扩张的话,那么未成年人就成了消费者受害的目标对象,因而其单独可以的行为范围也要进行限制。即,现行民法规定了成年被监护人、被保佐人、被辅助人共同的适用除外范围,即"日用品的购入""其他日常生活的行为"(第9条但书、第13条但书、第17条第1款但书)。与此相对,"新"第11条第1款第3项规定未成年人适用除外范围不是"日用品"而是"日常生活必需品",不是"其他日常生活行为"而是"其他日常生活中<u>必要的</u>法律行为",即采取了限制性的规定。[112]

---

[112] 【关于未成年人自我决定权的讨论经过】
关于如何规定未成年人的自我决定权,民法改正研究会内部的意见是有分歧的。秘书处在起草"新"第11条第1款第3项的内容之时,曾经考虑未成年既包括刚出生的婴儿,也包括小学、中学以及大学生,相关的行为不应该一律相同,而是考虑到不同年龄。具体来说,秘书处草案用了"与该未成年人年龄相当的购买日用必需品以及其他日常生活上必须的法律行为"的词句(本提案与后述本章下文所称"根据人的成熟度的阶

五、成年拟制

1. 导论

本民法修正案"新"第 12 条规定了两种成年拟制制度，一是"因婚姻的成年拟制"，另外一个是"家庭法院的宣告成年拟制"。后者如注⑬所介绍，这是 18 岁的未成年人主张自立的制度，同时考虑到成年年龄 20 岁的规定，需要寻找平衡点，即这里所说的"成年拟制宣告的判决"。⑬ 这也是在成年年龄维持在 20 岁基础上的灵活处理的制度。

2. 因婚姻的成年拟制

《民法》第 753 条规定了"因婚姻的成年拟制"，目的在于避免亲权人介入独立生

段性未成年制度"是有关联的。将人的成熟度分为四个阶段的"根据人的成熟度的阶段性未成年制度"认为自我决定权应该具体问题具体分析，这点与本书的意思是共通的。具体来说，未满 12 岁的"儿童"对于购买日常必需品没有自我决定权，需要法定代理人的同意，而 12 岁到 18 岁的"青少年"具有自我决定权，要区分不同的年龄段。一般来说，小学生以下的儿童需要强有力的保护，而初高中的青少年具备与其年龄相当的生活自律能力，需要尊重某种程度的自我决定权，这也是"未成年人的人权"）。

对于秘书处上述提案，民法改正研究会对于"与年龄相当"要件反对颇大，理由是这有损限制行为能力人制度的整齐划一性，可能导致交易安全的不稳定性。因此，我们删除了"与该未成年人的年龄相当"的用语。
另外，还有意见反对规定未成年人自我决定权本身。
除了上述讨论，河上正二教授还提出了下述草案（2007 年 5 月 6 日总则分会）：

（未成年人的必需品合同　过程草案　2007 年 5 月 6 日河上案）
　　第 N 条　未成年人没有亲权人等法定代理人的，其在购买日用品以及其他日常生活相关的法律行为上具有与成年人相同的行为能力。

⑬【成年拟制制度的讨论经过】
"新"第 11 条统一规定了未成年人"单独可以的法律行为"。最初，秘书处认为《民法》第 753 条"因婚姻的成年拟制"也包含在内。
在此基础上，矶村保教授介绍了法国的相关制度，提出了家庭法院通过审判拟制成年的具体制度（2008 年 4 月 19 日总则分会）。《法国民法典》除了规定"因婚姻的成年解放"，还规定了"通过法官的成年解放宣言"。

　　第 413-1 条　未成年人因婚姻而在法律上当然视为成年解放。
　　第 413-2 条　① 未婚的成年人满 16 周岁的，可以成年解放。
　　　　　　　　② 监护法官在听取未成年人的意见后，认为存在正当理由的，可以基于双亲或者一方宣告成年解放。
　　　　　　　　③ 双亲中只有一方申请的，法官在听取另一方意见之后作出决定。但是另一方不能作出意思的不在此限。
　　第 413-3 条　没有双亲的未成年人，可以根据亲属会（conseil de famille）的申请作出成年解放决定。
　　第 413-4 条　在前条的情况下，监护人不采取任何措施，亲属会中的某人认为未成年人具有成年解放能力的，可以请求监护法官召集成年解放审议会议。未成年人自身也可以请求召集。
　　（以下省略）

最初的提案，我们也使用了"成年解放"一词，内容上对应的是《私法学会提出案》第 11 条、《国民有志案》第 11 条，虽然文字上作了少许修改，但是基本内容没有变化。
其后，有人提出"成人解放"的用语有亲权压抑之嫌，所以最终草案将其改为"成年拟制"，内容上分为"因婚姻的成年拟制"与"家庭法院的宣告成年拟制"（2011 年 2 月 6 日全体会议）。

计人。"新"第 12 条第 1 款沿袭了《民法》第 753 条。[114] 战后修改家族法,该条第 2 款采纳了政府意见以及学说的多数意见。[115]

3. 家庭法院的"宣告成年拟制的判决"

(1) 序言

正如注⑫所言,对于成年年龄采取 18 岁还是 20 岁的问题,民法改正研究会并不是从年龄本身的角度,而是通过"维持现行成年年龄 20 岁 + 导入成年拟制制度"的方式,以及"将成年年龄降低为 18 岁 + 年轻成年人撤回权"等复合方式来讨论这个问题。研究会成员认为,人的成长速度是不一样的,不能统一划为 18 岁还是 20 岁。如文初所言,本民法修正案维持了 20 岁成年年龄,同时导入了"家庭法院的宣告成年拟制的判决"制度("新"第 12 条第 3 款)。该制度的出发点是 18 岁之后,留学或者在国内远离亲权人独立生活的人。除了后述未成年本人请求的判决,该制度适用范围未必宽泛,导入该制度是为了成年制度的灵活化。

(2) 制度概况

"新"第 12 条第 3 款至第 5 款规定的家庭法院宣告成年拟制制度,概况如下:

实体性要件包括:① 18 岁以上;② 能力达到完全行为能力人;③ 无须由法定代理人管理财产。程序性要件包括:① 法定代理人的请求[116][117];② 听取未成年人的意见。满足上述实体性要件和程序性要件,家庭法院可以进行宣告判决。[118]

---

[114]《民法》第 753 条规定,"未成年人结婚后,视为已达到成年",拟制了第 4 条的"成年"。但是,《民法》第 753 条并不是拟制了成年的所有,而仅仅是拟制了行为能力(或者脱离亲权或者未成年监护),所以"新"第 12 条第 1 款只是规定"未成年人结婚后,该未成年人与成年人具有同等的行为能力"。另外,《国民有志案》第 10 条第 1 款规定:"未成年人已经结婚的,从亲权以及监护中解放",这放在亲属编倒是未为不可,但是放在总则编中是不合适的,所以"新"第 12 条第 1 款还是只规定了行为能力。同时,为了明确表示从亲权以及未成年监护中脱离,我们还探讨了"亲权或者监护消灭,具备与成年人相同的行为能力"。但是,既然"具备与成年人相同的行为能力","亲权或者未成年监护"便无须继续存在,所以就无须规定"亲权或监护消灭"了。

[115] 学说等状况参见青山道夫、有地亨:《新版注释民法(21)亲属(1)》,有斐阁 1989 年版,第 380 页(中川高男执笔部分)。

[116]【关于"请求"与"申请"的讨论经过】
自私法学会提出案中提出家庭法院宣告成年拟制制度——称之为"成年解放"——以来,一直由国民有志案,程序性要件一直是法定代理人的"申请"。但是,"申请"这样的用语有自下而上的感觉,秘书处建议采纳"请求"一词。对此,矶村保教授提出家事事件过程法的家事审判决用了"申请",有必要与其相一致。同时,川崎律师认为有必要统一民法和家事事件过程法中的用语。结果是,在实体法中用"请求",在程序法中用"申请"(松岗久和教授)。最终,本民法修正案采用了"请求"的用语(2012 年 8 月 4 日全体会议)。

[117]《国民有志案》第 10 条第 4 款规定:"亲权人一方难以进行意思表示的,前款申请可以基于另一方亲权人的意思作出。"但是,《民法》第 818 条第 3 款前半段规定了父母共同侵权,后半段规定的范围比《国民有志案》第 10 条第 4 款更为宽泛。因此,国民有志案的规定并无异议,所以我们删除了该款规定。

[118]【家庭法院宣告"判决"的讨论经过】
《国民有志案》第 10 条规定了家庭法院作出的"成年解放的宣告"。由于本章上文所述之理由,市川充律师提出成年解放的"宣告"一词用语不当,牧野友香子律师建议改为"判决",岩田修一律师也表示支持(2009 年 2 月 5 日市民法研究会)。本民法修正案将其改为"成年拟制宣告的判决"(关于将"成年解放"修改为"成年拟制"的理由参见注[113])。

(3) 根据未成年人本人请求的"宣告成年拟制的判决"

"新"第 12 条第 4 款规定了(18 岁以上)未成年人本人请求的"成年拟制的宣告判决"。该条第 3 款是在未成年人没有法定代理人的情况下的规定,此时不发挥作用,所以设置了本款规定。

此外,根据"新"第 12 条第 4 款,本人请求"成年拟制宣告"的,必须得到三等亲以内的亲属中的一人的同意,这与本章后文所述监护开始的判决以四等亲以内的亲属为请求权人相比,亲属的范围更加受到限制,理由是成年拟制的适用对象是未成年人,所以,祖父母、叔叔、姨妈等可以发挥监护的作用。但是,即便达到成年,表兄妹等是否能发挥相同的作用,是存在疑问的。

另外,将"新"第 12 条第 3 款与第 4 款合起来看,宣告成年拟制的判决请求权人是法定代理人(第 3 款),如果没有法定代理人的可以由本人请求。

但是,如果转换一下思路,将法定代理人与未成年人本人并设为请求权人,那么想要自立的未成年人更加容易自立。既然本民法修正案规定了"宣告成年拟制"制度,那么毋庸置疑该制度肯定更加有助于未成年人的自立。在研究会的讨论过程中,我们也试图沿着这个方向设计制度,但是最终没有成立,关于理由,参见注⑫。

(4) 成年拟制终止的判决

"新"第 12 条第 5 款规定了"终止成年拟制"的判决。现行民法规定了"营业许可的撤销"(在本民法修正案称之为"营业许可的撤回"),成人拟制也应该导入与此相同的撤回制度。⑲

但是,宣告成年拟制判决人仅限于 18 岁以上。因此,即便进行成年拟制终止的判决,由于当事人之间的纷争,在判决之前,达到成年年龄的可能性也非常高。⑳ 所以,也有方案提出:本人以及法定代理人双方申请终止只有在当事人之间不存在争论的情况下才支持终止,但是这样做的话,成年拟制终止的判决意义将大减,所以最终规定只要一方请求便可进行判决。

六、关于"未成年"的各种提案

上文阐述了本民法修正案关于"未成年"的制度设计,在研究会的讨论过程中,上述方案仅仅是众多方案的其中之一,下面的讨论经过由于篇幅过大,都放在注释之中。

---

⑲ 【关于"成年拟制终止"的判决的讨论经过】

最初,我们没有规定成年拟制终止的判决,高须顺一(2009 年 2 月 5 日市民法研究会)、川崎政司律师(2010 年 8 月 12 日意见书)建议应当设置相关规定,我们将其规定在"新"第 12 条第 5 款中。

冲野真已教授提出,因婚姻的成年拟制人在离婚后法律效果继续存在("新"第 12 条第 2 款),所以在此也有必要设置相同的规定(2010 年 11 月 1 日意见书)。中野邦保教授也提出了相同的意见(2010 年 11 月 1 日秘书处会议)。但是,在判决以前就可能达到成年年龄,这样规定的实效性不强,因而研究会没有采纳这些意见(2012 年 8 月 4 日全体会议)。

⑳ 参见冲野真已 2010 年 11 月 1 日意见书。

这里介绍这方面的讨论经过:有关"成年年龄18岁+年轻成年人撤回权"方案的讨论经过[120]、有关"根据人的成熟程度的阶段性保护制度"方案的讨论[122]、有关"成年

---

[120] 【关于副案1"成年年龄18岁+年轻成年人撤回权"方案的讨论经过】
(1)年轻成年人撤回权的方案
"成年年龄18岁+年轻成年人撤回权"方案指的是:将成年年龄设为18岁,同时在消费者合同法中设置下述"年轻人撤回权"的条文。
该方案的特征是将成年年龄设为18岁,同时年龄的认定不是根据生日,而是以4月1日为基准,这样做的目的是:以学年年龄作为成年年龄的基准,这样的话,同学年人就可以得到相同的保护。
另外,18岁到23岁的人称之为"年轻成年人","年轻人撤回权"指的是年轻成年人与事业者发出的要约以及个别劝诱而进行的交易,其具有一个月的"冷却期"。
该副案以及"年轻成年人撤回权"的规定如下:

(未成年人的法律行为　国民有志案　副案修正案)
第八条　① 年龄达到十八岁之后的四月一日,达到成年。
　　　　　②③ 略,内容同"新"第十条第二款、第三款。

消费者合同法修改建议。

(年轻成年人撤回权　国民有志案　副案修正案)
第N条　① 年龄未满二十三周岁的成年人作为消费者与事业者签订合同的,事业者发出要约或者劝诱缔结合同,自合同之时或者受领合同目的物之时起一个月内,可以撤回该合同。
　　　　② 书面缔结合同且缔结合同的消费者明确自书放弃撤回权的,不适用前款规定。
　　　　③ 符合下列各项之一的,不适用前两款规定。
　　　　　(一) 消费者应当支付的金额没有达到政令规定的金额;
　　　　　(二) 法院认为不应当解除的;
　　　　　(三) 消费者谎称达到二十三周岁以上的。

正如本章上文所述,成年年龄的立法应该考虑两点:① 尽可能不要限制未成年人的自我决定权;② 可以有效应对消费受害的情况。可以说,本方案是以此为出发点的;③ 本方案还在社会中宣扬了"18岁就是大人了"这样的社会感觉。
从世界范围来看,许多国家或地区都降低了成年年龄,这与年轻人的人权保护是相关的。
但若只是将成年年龄降低到18岁的话,正如本章表5所示,消费者受害多发的年龄层,将从现在的20岁转移到失去"未成年人撤销权"的保护的18岁,所以为了应对②应当在消费者合同法中,将未满23岁的人称之为"年轻成年人",赋予其"撤回权"的保护(对于本方案也有人指出,在民法典中应当规定"年轻成年人撤回权",对此,有人表示反对,松岗久村、矶村保、鹿野菜穗子教授指出:即便法律上明文规定,从消费者保护的观点看,也应当规定在消费者合同法中)。通过此举,受害多发的年龄层可以向23岁转移,3年的成熟度在某种程度上可以制止消费者受害,这样就可以有效防止消费者受害的问题。
同时,新设"年轻成年人撤回权"也需要考虑交易安全,故而在下列情况中不支持"年轻成年人撤回权":放弃撤回权并书面签字画押的合同、未满一定额度的交易以及法院认为不应当撤回的交易。
由此可见,"年轻人撤回权"主要是为了防止交易额在一定额度以上交易的商业欺诈。
另外,由于本方案规定了18岁为成年年龄,因而删除了"新"第12条的"成年拟制",不采用"宣告成年拟制"的法律制度。但是,现行民法中存在的因婚姻的成年拟制规定还是有必要的,所以在稍加修改之后,将其规定在《国民有志案副案》第9条(单独可以的法律行为)第3款中。对应本民法修正案,则是在"新"第12条第1款"婚姻的成年拟制"规定中。
(2)根据学年的成年年龄的方案与以自然年龄基准的方案
关于成年年龄着眼于自然年龄,可以规定"年龄达到十八岁即为成年"(实际上在私法学会提出案的副案中,我们也提出了自然年龄基准与学年年龄基准两种方案)。
但是,如果采取自然年龄基准,那么在高中三年级的阶段就会出现成年与未成年人同时存在的状况(2004年之后,高中入学率大概是98%,也就是说,98%的国民在高中毕业之后的4月便成为成人)。高中生

拟制"其他方案的讨论经过。⑫

一般都会集体行动,在同一集体中,进行相同的法律行为,有些可以撤销,有些则不可以,显然这样的结果是我们不愿意看到的。

因此,本方案采取了学年年龄基准,提出高中毕业之后(多数人成为社会人或进入大学之时),4月1日达到18岁的人即为成年人。

(3) 再多说几句,下注介绍的副案1与副案2都是秘书处提出的草案。在本书的校对阶段,国会修改了公职选举法,其中附则第11条提及需要再次审视民法成年年龄的问题,所以民法成年年龄的修改具有重大的现实意义。民法改正研究会对于秘书处推荐的18岁为成年年龄本身当然是没有异议的,只是希望能够使得降低成年年龄导致的社会混乱最小化,并能够确保现行制度的连续性,所以需要结合以下三方面的立法配套:① 成年年龄18岁;② 基于学年的成年年龄;③ 消费者合同法中规定年轻成年人撤回权。

⑫ 【关于副案2"根据人的成熟程度的阶段性保护制度"方案的讨论经过】

(1) 四阶段保护制度的方案

"根据人的成熟程度的阶段性保护制度——儿童、青少年、年轻成年人、成年人"方案以18岁成年年龄(学年年龄基准)为前提,考虑到未成年人的判断能力也有较大差异,根据"人的成熟程度"制定了比现有法律制度更加细分的四阶段保护体系。

具体来说,将未成年人区分为两类:① 儿童(未满12岁,通常到小学毕业为止);② 青少年(12岁到18岁,通常是初中生、高中生)。将成年人分为两类:③ 未满23岁的年轻成年人;④ 23岁以上的成年人。

该方案基本上以学年年龄为基准,而不是以自然年龄为基准,但是23岁这个年龄区分,采用自然年龄基准。

方案概要如下:

首先,"儿童"与"成年被监护人"一样,原则上需要法定代理人的代理行为,不承认未经法定代理人同意的单独行为(但是,"与年龄相当的日常生活必需品"等除外)。另外,只有法定代理人才可以行使儿童的法律行为的撤销权,儿童本身不可以行使。

其次,对于②青少年而言,法定代理人的代理行为以及基于法定代理人同意的青少年本身的法律行为,受到民法上与未成年人相同的保护。

再次,对于③年轻成年人认可"年轻成年人撤回权",这与副案1是一样的,此举考虑到了刚达到成年年龄的消费者受害的问题。

(2) 自治产制度的历史

对于民法的单一的未成年制度,历史上未必没有异议,从法制史上看,本副案2与下一段的自治产制度有关。

旧民法人事编第十一章,在"自治产"标题之下,该法第213条规定了"未成年人结婚的自治产",第214条至第221条规定了"自治产未成年人",其基本内容是:允许15岁至17岁的未成年人的自治产,并辅以保佐的制度,而且在起草民法典之际,起草者们也提出过类似的制度,只是最后被删除了(参见注②,《法典调查会民法总会议事速记录》,第104页以下)。其后,民法起草者之一的梅谦次郎指出:"据我一己之意见,可以设立自治产或者与之相类似的制度,该制度的必要性是个有意思的问题"[引自梅谦次郎:《新旧法典比较谈》,载《法典质疑录 卷二(13号至24号)》]。关于这段历史,参见冈孝:《最近民法(债权法)修改事业的问题》,载下森定教授伞寿祈念论文集:《债权法的近未来像》,酒井书店2010年版,第284页以下。

(3) 准成年制度——三阶段保护制度的方案

在民法改正研究会的讨论过程中,还有人提出了"根据人的成熟程度的阶段性保护制度——未成年、准成年、成年"方案。该方案将不满18岁的人称为未成年人,18岁至20岁称为准成年人,20岁以上称为成年人。该方案是现行成年年龄20岁与单纯将成年年龄设为18岁的两种方案的折中,对于18岁至20岁之间的人,在一定程度上承认其自立性(2007年3—5日总则分会)[顺便一提的是,与民法规定一样,未成年人也可以适用第5条第1款但书(单纯取得权利或免除义务的行为的例外)、同条第3款(允许法定代理人处分的财产的例外)。限于篇幅所限,这里不作介绍]。另外,在研究会上,也有人提出将15岁作为准成年年龄,研究会之外也有各种观点[参见子安幸代:《论未成年人保护制度的全新框架》,载《名古屋大学高度专业人才培训课程研究教育年报(2001年度)》,第33页以下]。

第二目　监　　护

【条文案】

（监护开始的判决）
第十三条　对于因精神障碍而日常处于意思能力欠缺状况者,家庭法院应当根据本人、配偶、四亲等内的亲属、未成年监护人、未成年监护监督人、保佐人、保佐

（准成年人　过程草案　2007年3月4—5日秘书处方案）
第N条　① 未成年人(注:本方案中指的是未满二十岁者)中满十八周岁者称之为"准成年人"。准成年人在购入日用品及其他日常生活相关行为上具有和成年人相同的行为能力。
　　　　② 准成年人在相同或者同种事业者之间发生的一次或者数次法律行为,金额总数在十万日元以上的,推定为购入日用品及其他日常生活相关行为。
　　　　③ 被允许就业(包含经营)的满十五周岁以上的未成年人准用前两款规定。

㉓ 【关于成年拟制别案的讨论经过】
（1）扩张成人拟制制度的尝试
　　正如本章上文所述,本民法修正案中成人拟制制度的方案,对于成年年龄设为20岁还是18岁的问题,指出不应该划定一个一律的年龄,而应该更富有灵活性。
　　按照这种思路,除了本民法修正案之外,还有两个其他方案:一个是除了家庭法院的判决之外,可以通过公证拟制成年的制度;另一个方案是制度的申请人(请求权人)包括未成年人本人。下面具体介绍这两个方案。
（2）别案1:通过公证的成年解放制度方案
　　为了拓宽成年解放制度的利用可能性,有方案提出:通过法定代理人的公证,而非家庭法院的宣告,进行成年解放宣言。根据该方案,第1款中规定通过公证的解放宣言,第2款中规定具有营业许可的未成年人视为成年人,第3款规定因婚姻的成年拟制。

（成年解放副案　过程草案　2008年4月19日秘书处会议）
第N条　① 未成年人达到十八周岁的,亲权人或未成年监护人判断该未成年人具有充分的能力的,可以通过公证文书宣告从亲权或监护解放。
　　　　② 亲权人或未成年监护人允许营业的未成年人就营业事项与成年人一样具有充分的行为能力。未成年人就此营业存在难以胜任的情形的,该亲权人或未成年监护人可以根据第四编亲属编的规定,撤销或限制该许可。
　　　　③ 未成年人结婚的,自亲权或监护中解放。

（3）别案2:未成年人本身成为申请权人的成年解放制度方案
　　本民法修正案没有降低成年年龄,所以不会导致消费者受害的恶化。但是,为了尽可能不限制未成年人的自我决定权,就出现了一个问题,即进行成年解放宣告的人被限定为有限的一部分人。对于这个问题,高须顺一律师主张:成年解放的申请权人不应仅限于法定代理人(亲权人),还应包括未满18岁的未成年人本人,牧野友香子律师也支持这一点。以此为基础,市川充、杉山真一律师提出了下述草案(2009年2月5日市民法研究会):

（成年解放　过程草案　2009年2月5日市民法研究会方案）
第N条　①②略(与婚姻的成年解放法曹提交案第一款、第二款相同)
　　　　③ 未成年人满十八周岁的,家庭法院根据未成年人、亲权人或者未成年监护人的申请,认为该未成年人的法律行为具备充分能力且法定代理人无须管理财产的,可以进行成年解放的判决。

监督人、辅助人、辅助监督人或检察官的请求,作出监护开始的判决。

2　家庭法院应当作出为受到监护开始判决的人(以下简称"被监护人")选任监护人的判决。

本条第1款:《民法》第7条(监护开始的判决)、第838条(监护的开始)第2项移修
　　第2款:《民法》第8条(成年被监护人及成年监护人)、第843条(成年监护人的选任)第1款移修

(被监护人的法律行为等)

第十四条　被监护人或其监护人可撤销被监护人的法律行为。但是,购买日常生活必需品及其他日常生活中必要的法律行为,不在此限。

2　根据第四编(亲属)的规定,监护人就被监护人的法律行为有权代理被监护人。但是,应由被监护人自行决定的法律行为,不在此限。

3　监护人行使前款规定的代理权,实施的法律行为会产生以被监护人的行为为标的的债务时,应当经本人同意。

本条第1款正文:《民法》第9条(成年被监护人的法律行为)正文、第120条(撤销权者)第1款移修
　　　　但书:《民法》第9条(成年被监护人的法律行为)但书移修
　　第2款正文:《民法》第859条(财产的管理及代表)第1款移修
　　　　但书:新增
　　第3款:《民法》第859条(财产的管理及代表)第2款移修

---

④略(与法曹提交案第四款相同)

⑤对于前两款规定的申请,家庭法院应当听取非申请人的未成年人或者法定代理人的意见,决定是否同意该申请。

上述扩大申请权人的方案,实际上是20岁成年年龄的正案与18岁成年年龄的副案的折中方案,其后,企业法务研究会也多数支持折中方案。当时,将该草案采用为正案似乎是大势所趋。结果,《国民有志案》第10条第3款就规定了这些内容。

(4)通向本民法修正案之路

其后,川崎政司律师以及矶村保教授提出了下述疑问:假如法定代理人申请成年解放,在听取未成年人本人意见时得到否定的答案的,没有特殊情况时,家庭法院就不支持成年解放。与此相对,未成年人申请成年解放,在听取法定代理人意见时,得到否定答案的,如果不支持成年解放的话,未成年人的自我决定权将难以扩张。反言之,未成年人与法定代理人的意见相左时,家庭法院如果没有明确的判断基准,就不能违反法定代理人的意思,作出成年解放的决定(另外,由于审判耗时,上诉到高等法院时,有不少情况下未成年人就已经达到20岁)。

由于存在上述问题,将申请权人限定为法定代理人的方案,最终成为本民法修正案所采纳的方案。

> （监护终止的判决）
> 第十五条 第十三条(<u>监护开始的判决</u>)第一款所规定的原因消灭后,家庭法院应当根据本人、配偶、四亲等内的亲属、监护人、监护监督人、<u>未成年监护人</u>、<u>未成年监护监督人</u>或检察官的请求,作出监护终止的判决。

本条:对《民法》第10条(监护开始判决的撤销)的修改

【修正理由】

一、导论

关于监护制度的条文构成,基本上在第三款"行为能力"的"前注"中已作阐述,这里再简单概括一下。

首先,我们废除了现行民法的"成年监护"的概念,将"成年监护、保佐、辅助"统称为"判决保护制度",消除了概念的混乱,而且回避了未成年人也被视为"成年被监护人"的措辞矛盾。

从具体拟定的规定上看,现行《民法》第7条"监护开始的判决"与第8条"成年被监护人及成年监护人"分别规定,这是不自然的。本民法修正案,将他们统一规定在"新"第13条中。另外,本民法修正案关于审判制度的第二目,由下列三个条文构成:"新"第13条监护开始的判决、"新"第14条被监护人的法律行为等、"新"第15条监护终止的判决。

其次,现行民法总则中规定了撤销权,在监护中规定成年监护人的代理权。与此相对,"新"第14条的第1款、第2款统一规定了撤销权与代理权。另外,民法第859条规定了监护人可以"代表"被监护人,"新"第14条第2款将其改为"代理"。

最后,现行民法,在第120条规定了撤销权者,没有规定在"成年监护"之处,本民法修正案"新"第14条明确规定了这一点。另外,《民法》第10条"监护开始判决的撤销"在"新"第15条中改为"监护终止的判决"。

二、监护规定的修正之处

1. 监护开始的判决

（1）最初判决事项的统一

现行《民法》第7条赋予了家庭法院监护开始判决的权限,第8条规定了给成年被监护人安排监护人。这些规定与《家事案件程序法》第39条的判决事项,即附表1中的"一、监护开始""三、成年监护人的选任"相近(附表2中有"监护开始判决的撤销")。"新"第13条分别在第1款、第2款中规定了上述内容。

现行《民法》总则第8条规定"安排成年监护人",第843条第1款规定"家庭法院作出监护开始的判决时,依职权选任成年监护人",总则编与亲属编的用语不统一。

在用语上"选任"比"安排"更加现代,因此本民法修正案采用了"选任"一词。此外,在总则编、亲属编中,这种选任并不是义务性的。但是,既然进行监护开始的判决,那么监护人的选任就应当是义务性的,本民法修正案明确规定了这一点。最后,本程序是通过判决进行的,所以"新"第 13 条第 2 款用语修改为"应当作出……选任监护人的判决"。另外,在保佐人以及辅助人的选任上也是基于相同的道理,采用了相同的用语。

(2)变更"常态"用语

《民法》第 7 条规定监护开始判决的对象是欠缺辨别事理能力处于常态的人。但是,日语中"常态"一词并不是日常用语。因此,"新"第 13 条将其改为"通常欠缺的状态"。[124]

(3)判决的请求权人

《民法》第 7 条规定监护开始判决的请求权人包括"四等亲内的亲属","新"第 13 条第 1 款沿袭了该规定。照此规定,叔父、叔母、侄子等也是请求权人,但是现在的亲属关系比以前更加疏远,我们有必要进一步探讨"四等亲内的亲属"作为申请权人是否合适。但是,亲属关系的变化因地域的不同而不同,所以本民法修正案没有修改这一点。

2. 被监护人的法律行为等

(1)成年被监护人的自我决定权的范围与正常化

"新"第 14 条第 1 款的但书对《民法》第 9 条的但书作了必要修改。

在 1999 年民法修改之前,禁治产人的法律行为都是可以撤销的,与禁治产相对应的"成年被监护人"可以单独"购买日用品以及其他与日常生活有关的行为",此时不能行使撤销权(《民法》第 9 条但书)。保佐人准用该规定(《民法》第 13 条第 1 款但书),辅助人亦是如此(《民法》第 17 条第 1 款但书)。

我们对这种方向表示赞同,但是成年被监护人与被保佐人、被辅助人之间辨别事理能力存在相当程度的差异。因此,在本民法修正案中,成年被监护人仅限于"购买日常生活必需品""其他日常生活中必要的法律行为",同时规定了自我决定权("新"第 14 条第 1 款但书)。与此相对,被保佐人以及被辅助人则与现行民法一样,对于"与日常生活相关的行为",认可自我决定权("新"第 17 条第 1 款但书、"新"第 20 条第 1 款但书)。即我们根据各自的能力设置了差异。

另外如本章前文所言,成年被监护人受到比未成年人更好的保护,所以未成年人自我决定权的保护范围与成年被监护人的保护范围应当保持平衡。

(2)代理权的范围——医疗合同、医疗侵害等问题

《民法》第 859 条第 1 款规定,成年监护人代理权的范围限于"财产相关的法律行

---

[124] 【关于"常态"一词的讨论经过】
牧野友香子律师提出应该采用一般国民通俗易懂的用词(2009 年 2 月 16 日市民法研究会)。

为"。但是,"新"第 14 条第 2 款删除了"财产相关"的用词。这是因为在医疗合同缔结等过程中,有必要设定代理权。

另外现行《民法》第 859 条之前的第 858 条规定了成年监护人料理成年被监护人的生活、疗养、看护以及财产管理事务。仅从文理解释看,成年监护人可以料理"疗养、看护"相关的事务,却没有缔结医疗合同的代理权。[125]

其实这个问题在 1999 年修改成年监护制度时便已出现,法务省当局认为不必按照上述文理解释,即监护人可以缔结医疗合同。[126] 但是,当局认为认可手术、医疗行为以及其他医疗侵袭的决定同意的代理权为时尚早。[127] 这种医疗侵袭的代理权问题同时也存在于未成年人、暂时丧失意识的情况中,对于本人自我决定权以及与基本人权的抵触等问题探讨还不充分,只承认监护的代理权存在疑问,因此得出上述结论。

但是,成年监护制度将修改之后,有人主张"本人没有意思能力的应当认可成年监护人在医疗行为上的同意、代行、代诺的权限"。[128] 包含立法的必要性[129],学说上存在许多争论。[130]

没有意识的成年被监护人也需要接受医疗,因此有必要将《民法》第 859 条第 1 款代理权的范围扩大到医疗行为。但是,承认医疗侵袭的代理权也存在种种问题,特别是监护人的代理行为没有第三方代理机构监督的情况下,我们对于扩张"新"第 14 条第 2 款的"成年被监护人的法律行为"采取谨慎态度。

但是对于完全丧失意识的人,在进行监护开始的判决的情况下,以及不是监护的未成年人,刚生下的新生儿或者哺乳期的婴儿需要医疗行为的,即便是认为这种代理权侵害人权,结果造成不能进行必要的医疗行为或者将这种决定置于法外之地,这是

---

[125] 在民法改正研究会上,冈孝教授强调了医疗行为同意权的重要性。另外关于成年监护制度的诸多问题参见成年监护制度研究会:《研究报告:成年监护制度现状的分析与课题的探讨——为了有效利用成年监护制度》,2010 年 7 月 12 日(http://www.minji-houmu.jp/down-load/seinen_kenkyuhou koku.pdf)。特集《成年监护制度——十年现状与展望》,载《法律广场》2010 年第 63 卷第 8 号,第 4 页以下。

[126] 参见法务省民事局参事官室:《关于成年监护制度修改纲要草案的解说》,金融财政事情研究会出版社 2000 年版,第 41 页明确说明了这一点。但是,法务省相关人员的其他著作中多少回避正面说明缔结医疗合同的代理权,而是着重叙述在缔结医疗合同中的顾虑义务(参见小林昭彦、大门匡编著:《新成年监护制度的解说》,KINZAI 出版社 2000 年版,第 143 页)。

[127] 参见小林昭彦、大门匡编著:《新成年监护制度的解说》,KINZAI 出版社 2000 年版,第 145 页。

[128] 须永醇:《关于成年监护制度》,载《法与精神医疗》2003 年第 17 号,第 28 页。表示相同意见的还有冈孝:《韩国的成年监护制度修正案探讨》,载小林一俊等编:《高龄社会的法律诸问题(须永醇教授伞寿纪念论文)》,酒井书店 2010 年版,第 300 页以下。

[129] 参见冈孝,前载注[122],《债权法的近未来像》,第 288 页。

[130] 参见新井诚编:《成年监护与医疗行为》,日本评论社 2007 年版,里面有许多文章;还可以参见须永醇:《关于成年监护制度》,载《法与精神医疗》2003 年第 17 号,第 23 页以下的不少学说。另外,日本律师协会、日本成年监护法学会也就成年监护的医疗行为提出了包括赋予同意权在内的法律制度的建议。日本律师协会的建议,参见日本律师协会:《关于改善成年监护制度的建议》,2005 年 5 月 6 日,第 5 页(http://www.nichibenren.or.jp/ja/opinion/report/data/2005_31.pdf)。日本成年监护法学会的建议,参见新井诚:《成年监护法的构造与展开》,载新井诚、山本敬三编:《德国法的继受与现代日本法》,日本评论社 2009 年版,第 94 页。

不负责任的态度。因此,在第三方机构监督的前提下,"新"第14条第2款设置了这样一个但书:"但是,应由被监护人自行决定的法律行为,不在此限",这种判断框架根据被监护人的判断能力的程度与医疗行为自我决定要求的强弱进行相关关系的判断。

三、零散规定的合理化和简明化

整顿上述规定的结果是,本民法修正案将现行民法总则编、亲属编中分散规定的关于监护的规定(《民法》第7条至第10条、第859条)归纳为三个条文规定。

第三目　保　　佐

【条文案】

(保佐开始的判决)

第十六条　对于因精神障碍而使<u>意思能力程度</u>明显不足者,家庭法院应当根据本人、配偶、四亲等内的亲属、监护人、监护监督人、未成年监护人、未成年监护监督人、辅助人、辅助监督人或检察官的请求,作出保佐开始的判决。但是,有第十三条(<u>监护开始的判决</u>)第一款规定之原因者,不在此限。

2　家庭法院应当作出为受到保佐开始判决的人(以下简称"被保佐人")选任保佐人的判决。

本条第1款正文:《民法》第11条(保佐开始的判决)正文、第876条(保佐的开始)移修

但书:《民法》第11条(保佐开始的判决)但书移修

第2款:《民法》第12条(被保佐人及保佐人)、第876条之2(保佐人及临时保佐人的选任等)第1款移修

(被保佐人的法律行为等)

第十七条　被保佐人实施以下行为时,应当征得其保佐人同意。但与<u>日常生活相关的行为</u>不在此限。

(一)不动产及其他重要财产的买卖、租赁[不超过(新)第N条(短期租赁)规定期间的租赁除外]及其他以重要权利的变动为目的的法律行为;

(二)赠与、拒绝赠与要约,或承诺附负担的赠与要约;

(三)以新建、改建、增建或重大修缮为目的的法律行为;

(四)签订金钱消费借贷合同或类似的合同及其他利用或领取本金,或者作出保证;

（五）达成和解或仲裁合意[指仲裁法（二〇〇三年法律第一百三十八号）第二条（定义）第一款规定的仲裁合意]；

（六）接受或放弃继承，放弃遗赠或接受附负担的遗赠，或者分割遗产；

（七）除了上述各项之外，无偿向相对人或第三人提供利益的法律行为。

2　家庭法院可以根据前条第一款正文规定的人员或保佐人或保佐监督人的请求，判决即使被保佐人实施前款各项行为以外的<u>法律行为</u>，亦应当征得其保佐人同意。

3　对于应当征得保佐人同意的行为，虽无损害被保佐人利益之虞，但保佐人未同意时，家庭法院可以根据被保佐人的请求，判决予以许可，以替代保佐人的同意。

4　被保佐人或其保佐人可以撤销或撤回被保佐人未经第一款或第二款的保佐人同意或前款家庭法院许可而实施的法律行为。

5　家庭法院可以根据前条第一款正文规定的人员或者保佐人或保佐监督人的请求，作出判决，为被保佐人就特定法律行为赋予保佐人代理权。但是，根据本人以外人员的请求作出该判决时，应当经本人同意。

6　依照前款规定作出判决时，根据第四编（亲属）的规定，保佐人有权就该法律行为代理被保佐人。于此情形，准用第十四条（被监护人的法律行为等）第三款规定。

7　保佐人依照第四款规定撤销或撤回被保佐人的法律行为时，尽管有第五款但书的规定，家庭法院可不经本人同意就作出判决，赋予保佐人恢复原状的代理权。

本条第1款正文：《民法》第13条（需保佐人同意的行为等）第1款正文移动

　　　但书：《民法》第13条（需保佐人同意的行为等）第1款但书移修

　　　第1项：《民法》第13条（需保佐人同意的行为等）第1款第3项、第9项移修

　　　第2项：《民法》第13条（需保佐人同意的行为等）第1款第5项、第7项移修

　　　第3项：《民法》第13条（需保佐人同意的行为等）第1款第8项移修

　　　第4项：《民法》第13条（需保佐人同意的行为等）第1款第1项、第2项移修

　　　第5项：《民法》第13条（需保佐人同意的行为等）第1款第5项移修

　　　第6项：《民法》第13条（需保佐人同意的行为等）第1款第6项、第7项移修

　　　第7项：新增

　　第2款：《民法》第13条（需保佐人同意的行为等）第2款移修

第 3 款:《民法》第 13 条(需保佐人同意的行为等)第 3 款修正
第 4 款:《民法》第 13 条(需保佐人同意的行为等)第 4 款、第 120 条(撤销权者)第 1 款移修
第 5 款正文:《民法》第 876 条之 4(赋予保佐人代理权的判决)第 1 款移修
　　　　但书:《民法》第 876 条之 4(赋予保佐人代理权的判决)第 2 款移修
第 6 款前段:《民法》第 876 条之 5(保佐的事务及保佐人的任务终止等)第 2 款移修
　　　后段:《民法》第 876 条之 5(保佐的事务及保佐人的任务终止等)第 2 款移修
第 7 款:新增

(保佐终止的判决等)
　　第十八条　第十六条(保佐开始的判决)第一款正文规定的原因消灭后,家庭法院应当根据本人、配偶、四亲等内的亲属、未成年监护人、未成年监护监督人、保佐人、保佐监督人或检察官的请求,作出保佐终止的判决。
　　2　家庭法院可以根据前款规定人员的请求,作出判决,全部或部分终止前条第二款、第五款或第七款的判决。

本条第 1 款:《民法》第 14 条(保佐开始判决等的撤销)第 1 款移修
　　第 2 款:《民法》第 14 条(保佐开始判决等的撤销)第 2 款、第 876 条之 4(赋予保佐人代理权的判决)第 3 款移修

【修正理由】

一、导论

关于保佐的条文构成,第三款"行为能力"的"前注"已作阐述,基本上与监护一致,这里不再重复。

另外,本民法修正案关于保佐的三个条文中,"新"第 16 条(保佐开始的判决)与监护的开头规定类似,这里不再详述,下面阐述"新"第 17 条与"新"第 18 条的修改理由。

二、保佐规定的修正之处

1."法律行为"与"行为"

如第三款"行为能力"的"前注"所示,本民法修正案基本上将现行民法中的"行为"一词改为"法律行为",但是"新"第 17 条"法律行为等"第 1 款中只使用了"行为"的用语。这是因为"新"第 17 条尤其是第 1 款包含了拒绝赠与要约等法律行为之

外的行为。[13]

与此同时,"新"第17条第4款、第7款规定了"法律行为的撤销或行为的撤回"。"撤销"的对象是法律行为,所以对于该条第1款第2项的"拒绝赠与要约"等"行为",我们明确规定了保佐人可以"撤回"而非"撤销"。

2. 关于日常生活行为的例外——"新"第17条第1款但书

(1) 成年被监护人与被保佐人可以的行为——关于正常化

现行《民法》第13条第1款但书准用第9条但书,与成年被监护人一样,被保佐人可以"购买日用品及其他与日常生活相关的行为"。

但是,成年被监护人与被保佐人之间的判断能力是有差异的。因此,如本章前文所述,成年被监护人只有在"购买日常生活<u>必需品</u>""其他日常生活中<u>必要的</u>法律行为"才承认自我决定权。与此相对,被保佐人的自我决定权的范围基本与现行民法一样,也就是说两者之间根据其能力设置了差异。

(2)《民法》第13条第1款但书与该条该款第3项的修改

根据《民法》第13条第1款但书被保佐人"购入日用品"无须得到保佐人的同意。

《民法》第13条第1款第3项规定被保佐人"购入"行为需要保佐人同意的限定为"以不动产或其他重要财产相关的权利的得丧为目的的行为"。根据该条款"购买日用品"不属于购买"不动产及其他重要财产",所以本来就不需要保佐人的同意。

可见《民法》第13条第1款但书与第13条第1款第3项之间存在龃龉。因此,本民法修正案改变了这种龃龉,"新"第17条第1款但书不用"购买日用品"一词,而使用"与日常生活相关的行为"的限定性用语。

比如说,《民法》第13条第1款第2项"借债"需要保佐人的同意,"新"第17条第1款第4项"金钱消费借贷合同或类似的合同"的缔结需要保佐人的同意。按照这样的规定,日常生活必要范围内的信用卡使用也符合这一点。因此,根据"新"第17条第1款但书"与日常生活相关的行为",在日常生活必要范围内也可以使用信用卡。

---

[13]【关于"法律行为"与"行为""撤销"的讨论经过】
"新"第17条第1款第2项中"赠与"是法律行为,"承诺附负担的赠与"是意思表示,而非法律行为。另外"拒绝赠与要约"是准法律行为,而非意思表示。矶村保教授认为上述问题不全是"法律行为"的问题(2009年6月14日全体会议),民法修改研究会认为这些事项可以通过法律行为相关解释,所以在国民有志案之前一直使用"法律行为等"一词。

但是在之后的探讨中,有人认为"法律行为等"一词有唐突感(2011年2月26日全体会议),最终在该条文的本文以及但书中,我们使用了"行为"一词。

另外,现行《民法》第13条第1款第8项"新建、改建、增建或重大修缮"中也包含事实行为,但是保佐人即便自己新建或大型修缮也不可能撤销保佐人自身的行为。既然已经规定了撤销的对象,即便称之为"新建、改建、扩建或者大修",也不可能是承揽合同等"法律行为"之外的事务。因此,"新"第17条第1款第3项改为"以新建、改建、增建或重大修缮为目的的法律行为"。

3. 需要保佐人同意的行为——"新"第17条第1款各项

（1）确保配置体系性

关于现行《民法》第13条第1款中的"需要保佐人同意的行为"，本《民法》修正案大幅修改了规定顺序，《民法》第13条第1款第1项至第9项，顺序分别是"支取本金，或者利用本金——借债或者负担保证——以不动产或其他重要财产的权利的得丧为目的的行为——诉讼行为——赠与、和解或达成仲裁合意——对继承的承认、放弃以及财产的分割——拒绝他人提出的赠与要约，放弃遗赠，承诺附负担赠与的要约或承认附负担的遗赠——新建、改建、增建或重大修缮——超过第602条规定期间的租赁"。总体而言，此处列举的各种行为缺乏体系性考虑。

因此，本民法修正案基本上按照各项在民法中规定的顺序重新排列，这就是"新"第17条第1款各项的规定（但是本民法修正案改变了现行民法合同分论的排序，所以在这方面按照新的体系进行排列）。

（2）各项的内容

"新"第17条第1款各项虽然排序与现行民法不同，但是内容上大多沿袭了现行民法的内容，所以这方面就不再说明。[132]

但是本民法修正案删除了现行《民法》第13条第1款第4项规定的"诉讼行为"，同时"新"第17条第1款第7项增加了无偿行为的规定，下面就这两点进行若干说明。

（3）诉讼行为

《民法》第13条第1款第4项规定，"诉讼行为"需要保佐人的同意，同条第4款规定，没有同意的可以撤销，但是诉讼行为是难以撤销的，所以我们删除了《民法》第13条第1款第4项的内容，交由民事诉讼法规定。

现行《民事诉讼法》第32条第1款规定了被保佐人、被辅助人的应诉能力、上诉能力，却没有规定被保佐人、被辅助人的起诉能力。因此，《民事诉讼法》第32条应该增设下述关于起诉能力的条款，这样的话，现行《民事诉讼法》第32条第1款、第2款相应的变成第2款、第3款。

（被保佐人、被辅助人及法定代理人的诉讼行为）

第三十二条 被保佐人、被辅助人（限于就诉讼行为需要得到该辅助人同意的判决，以下本条及第四十条第四款亦同）起诉应当得到保佐人、辅助人的同意。

2　与现行民事诉讼法第三十二条第一款相同。

3　与现行民事诉讼法第三十二条第二款相同。

---

[132]【"短期租赁"的讨论经过】
这里关于短期租赁的解释，矶村保教授提出即便是短期租赁，适用借地借家法的话，没有保佐人的同意，也可以撤销。民法改正研究会采纳了该建议（2007年8月5日总则分会），但是，条文并没有明确规定这一点，而是希望通过解释论得出该结论。

通过以上修改,没有经过同意的被保佐人起诉的话,由于缺乏诉讼能力,不发生法律效力。同时,通过修改,现行《民事诉讼法》第 34 条第 1 款的修正命令,以及同条第 2 款的追认,才更加具有条理性。

(4) 仲裁合意

如(3)中所述,本民法修正案删除了第 13 条第 1 款第 4 项"进行诉讼行为"的内容,因此"新"第 17 条第 1 款第 1 项至第 7 项基本上就纯化为民法所规定的实体法上的问题。但是,"新"第 17 条第 1 款第 5 项"仲裁合意"是仅有的民法之外诉讼合同的事项。

但是,仲裁合意是当事人之间的合同,可以以限制行为能力为理由,请求撤销。因此,本民法修正案将仲裁合意放在民法中规定。

《仲裁法》第 14 条第 1 款第 1 项规定了仲裁合意的无效、撤销,该法第 44 条第 1 款规定因为行为能力的限制导致仲裁合意被撤销的,可以申请撤销仲裁判断。虽然多少有些重复,但是在民法典中,明确规定仲裁合意,也可以一目了然。因此,"新"第 17 条第 1 款第 5 项规定了仲裁合意。

(5) 非诉讼纠纷解决程序

《促进诉讼外纠纷解决程序利用法》(2004 年法律第 151 号第 2 条第 4 项)规定了由认证纠纷解决机构解决民间纠纷,其中就包括了和解。因此,本修正案第 17 条第 1 款第 5 项也规定了和解。

(6) 无偿行为规定

"新"第 17 条第 1 款第 1 项的"其他以重要权利的变动为目的的法律行为"包括了不动产、重要的动产的租赁使用,同条同款第 4 项的与金钱消费借贷合同"类似的合同"包括无偿的金钱托管,但是不动产以及重要动产的无偿托管是否符合该条该款第 1 项或第 4 项就比较微妙了。考虑到无偿法律行为对一方当事人大多是不利的,所以本民法修正案在"新"第 17 条第 1 款第 7 项规定了概括性的无偿法律行为。

4. 保佐人同意权的扩张

"新"第 17 条第 2 款沿袭了现行《民法》第 13 条第 2 款的内容,但是《民法》第 13 条第 2 款但书不过是重复了第 9 条规定的成年被监护人法律行为的限制("购买日用品及其他与日常生活相关的行为")。但是正如本章上文所述,保佐不再适用该规定。因此"新"第 17 条第 2 款也修改了条文措辞,将《民法》第 13 条第 2 款的内容,放入到本条之中。[133]

---

[133] 【关于法定列举以外保佐人的同意的讨论经过】

《民法》第 13 条第 2 款规定除了前款规定的需要保佐人同意的行为之外,家庭法院可以裁定被保佐人在为前项未作列举的行为时也必须取得其保佐人的同意。在国民有志案中,该款不作为独立的一款,而是放在法定列举之后,但是在本民法修正案之前,川崎政司律师指出,以项的形式列举该内容是不恰当的,应当与民法一样,作为独立一款进行规定。

另外,"新"第17条第3款基本沿袭了现行《民法》第13条第3款的内容,只是将与保佐人相关的家庭法院的"许可"修改为"授予许可的判决",此外无须特别说明。

另外,关于"新"第17条第4款的"行为的撤回"参见本章上文的介绍。

5. 保佐人的代理权

"新"第17条第5款规定了赋予保佐人代理权的判决程序,但书规定了根据本人之外的人的请求,赋予保佐人代理权,需要本人同意的内容。"新"第17条第5款沿袭了《民法》第876条之4第1款,但书沿袭了《民法》第876条之4第2款,并将两个条款合并成一个条款。

"新"第17条第6款概括规定了代理权行使方式,其还规定了保佐人的代理权的内容限制:以被保佐人的行为为目的的,必须得到被保佐人本人的同意。"新"第17条第6款沿袭了《民法》第876条之5第2款的规定,但是现行《民法》第876条之5第2款罗列了1个委托合同的规定、5个监护以及1个亲权的规定,这些规定都准用于保佐。现行民法的这种规定方式,不易于理解,本民法修正案修改后更加通俗易懂。

6. 赋予保佐人恢复原状的代理权审判

"新"第17条第7款新设了以下条款:保佐人行使撤销权时,为了恢复原状,赋予其代理权。现行《民法》第125条第1款赋予了保佐人撤销权,但是保佐人即便行使这种撤销权,在法律行为已经履行完毕的情况下,保佐人本身不能够采取恢复措施(但是保佐人有恢复措施代理权的除外)。在被保佐人没有恢复意图的情况下,保佐人的撤销权是没有意义的。因此,"新"第17条第7款规定在请求恢复的情况下,无须本人同意便可以进行赋予代理权的判决。[134]

7. 保佐终止的判决等

监护的最后是"监护终止的判决",与此相对,保佐的最后是"保佐终止的判决等"。之所以只在后者中加上一个"等"字,是因为还存在"新"第18条第2款的赋予同意权判决的终止,或赋予代理权判决的终止。同样道理,"新"第21条辅助终止的判决,也加了"等"字。

第四目 辅 助

【条文案】

> (辅助开始的判决等)
> 第十九条 对于因精神障碍而意思能力程度不足者,家庭法院应当根据本人、配偶、四亲等内的亲属、监护人、监护监督人、未成年监护人、未成年监护监督人、

---

[134] 冈孝教授也曾指出该条款的必要性(2011年1月23日秘书处会议)。

保佐人、保佐监督人或检察官的请求,作出辅助开始的判决。但是,有第十三条(监护开始的判决)第一款或第十六条(保佐开始的判决)第一款正文规定原因者,不在此限。

2　家庭法院应当作出为受到辅助开始判决的人(以下简称"被辅助人")选任辅助人的判决。

3　在作出第一款的判决时,家庭法院应当根据同款正文规定的人员或辅助人或辅助监督人的请求,同时作出以下第一项和第二项的任一种或两种判决。

(一) 被辅助人实施第十七条(被保佐人的法律行为等)第一款各项规定行为中的部分行为时,应当征得其辅助人同意的判决[以下在下一条第一款、第二十一条(辅助终止的判决)第二款及第二十三条(限制行为能力人的相对人的催告权)第一款中简称为"赋予同意权的判决"];

(二) 为被辅助人就特定法律行为赋予其辅助人代理权的判决[以下在下一条第四款及第二十一条(辅助终止的判决)第二款中简称"赋予代理权的判决"]。

4　根据本人以外人员的请求作出第一款及前款判决时,应当征得本人同意。

本条第1款正文:《民法》第15条(辅助开始的判决)第1款正文、第876条之6(辅助的开始)移修

　　但书:《民法》第15条(辅助开始的判决)第1款但书移修

第2款:《民法》第16条(被辅助人及辅助人)、第876条之7(辅助人及临时辅助人的选任等)第1款移修

第3款主文:《民法》第15条(辅助开始的判决)第3款移修

　　第1项:《民法》第17条(需辅助人同意的判决等)第1款正文、但书移修

　　第2项:《民法》第876条之9(赋予辅助人代理权的判决)第1款移修

第4款:《民法》第15条(辅助开始的判决)第2款、第17条(需辅助人同意的判决等)第2款、第876条之9(赋予辅助人代理权的判决)第2款移修

(被辅助人的法律行为等)

第二十条　被辅助人实施在赋予同意权的判决中需经辅助人同意的行为时,应当征得其辅助人的同意。但与日常生活相关的行为不在此限。

2　对于应当征得辅助人同意的行为,虽无损害被辅助人利益之虞,但辅助人未同意时,家庭法院可以根据被辅助人的请求,判决予以许可,以替代助人的同意。

3　被辅助人或其辅助人可以撤销或撤回未经第一款的同意或前款家庭法院的许可而实施的被辅助人的法律行为。

4　作出赋予代理权的判决时,辅助人依照第四编(亲属)的规定,有权就该法律行为代理被辅助人。于此情形,准用第十四条(被监护人的法律行为等)第三款规定。

本条第1款正文：《民法》第17条（需辅助人同意的判决等）第1款正文移修

但书：《民法》第17条（需辅助人同意的判决等）第1款但书移修

第2款：《民法》第17条（需辅助人同意的判决等）第3款移修

第3款：《民法》第17条（需辅助人同意的判决等）第4款、第120条（撤销权者）第1款移修

第4款前段：《民法》第876条之10（辅助的事务及辅助人的任务终止等）第1款移修

后段：《民法》第876条之10（辅助的事务及辅助人的任务终止等）第1款移修

> **（辅助终止的判决等）**
> 　　**第二十一条**　第十九条（辅助开始的判决等）第一款正文规定的原因消灭时，家庭法院应当根据本人、配偶、四亲等内的亲属、未成年监护人、未成年监护监督人、辅助人、辅助监督人或检察官的请求，作出辅助终止的判决。
> 　　2　家庭法院可以根据前款规定人员的请求，就因同意权赋予的判决而赋予同意权，或者因代理权赋予的判决而赋予代理权，作出终止该全部或部分的判决。于此情形，因该判决而将使该被辅助人相关的同意权及代理权全部消灭时，家庭法院应当同时作出辅助终止的判决。

本条第1款：对《民法》第18条（辅助开始判决等的撤销）第1款的修改

第2款前段：《民法》第18条（辅助开始判决等的撤销）第2款、第876条之9（赋予辅助人代理权的判决）第2款移修

后段：《民法》第18条（辅助开始判决等的撤销）第3款移修

【修正理由】

一、导论

现行民法的辅助制度的规定顺序相当复杂，许多地方还有重复规定。为了避免概念混乱，本民法修正案用了以下用语："辅助开始的判决""赋予同意权的判决""赋予代理权的判决"。[133]

---

[133]　【"赋予同意权的判决"与"赋予代理权的判决"的讨论经过】
在2010年12月的秘书处会议上，平林美纪、宫下修一、伊藤荣寿等人提出国民有志案规定的辅助制度难以理解，因此我们在条文中使用了"赋予同意权的判决""赋予代理权的判决"的用语，明确了其与辅助开始的判决的关系。另外，现行法中的用语是不统一的，关于前者，《民法》第17条的标题是"需辅助人同意的判决"，《家事案件程序法》附表1用的是"必须得到辅助人同意的行为"。关于后者，《民法》第876条之9"赋予辅助人代理权的判决"，《家事案件程序法》附表1用的是"赋予辅助人代理权"。因此，本民法修正案将这些统一为"赋予同意权的判决"与"赋予代理权的判决"。
另外，"新"第17条第1款还规定了保佐人的同意权，第5款规定了"赋予代理权的判决"。

现行《民法》第 15 条第 1 款规定了辅助开始的判决,然后隔了一条第 17 条第 1 款规定了赋予同意权的判决,而赋予代理权的判决,则规定在亲属编第 876 条之 9 第 1 款。根据第 15 条第 3 款辅助开始的判决必须与赋予同意权的判决以及赋予代理权的判决同时进行(而且第 15 条第 3 款将这两种判决只是命名为第 N 条第 N 款的判决)。

辅助的开头规定方式本身不易理解。关于上述三种判决,本人以外的人请求的,必须得到本人的同意。现行《民法》第 15 条第 2 款、第 17 条第 2 款、第 876 条之 9 第 2 款三次重复规定了这个问题。另外,第 876 条之 9 第 2 款规定准用保佐之处的规定。

本民法修正案的基本态度是,改变这种复杂的规定方法,使得条文更加简明。具体来说,本民法修正案在辅助制度最开始的"新"第 19 条规定了全部三种判决,以及同时判决的宗旨。[139] 在此基础上,"新"第 19 条末尾第 4 款统一规定了需要本人同意的内容。

除了上述以外,辅助条文的构成的说明在第三款"行为能力"的"前注"中已作阐述,与监护及保佐基本上是一样的,这里不再反复。

二、辅助规定的修正之处

1. 辅助判决的构造与同时判决

辅助制度与监护制度、保佐制度不同的独特之处,在于判决的重叠构造。首先,辅助开始的判决("新"第 19 条第 1 款)是基础,在此基础上才可以进行赋予辅助人同意权的判决("新"第 19 条第 3 款第 1 项)以及赋予辅助人代理权的判决("新"第 19 条第 3 款第 2 项)。这种"辅助开始的判决"与"赋予同意权的判决""赋予代理权的判决"必须同时进行("新"第 19 条第 3 款)。

具体来说,存在三种形态:① 辅助开始的判决 + 赋予代理权的判决;② 辅助开始的判决 + 赋予同意权的判决;③ 辅助开始的判决 + 赋予代理权的判决 + 赋予同意权的判决。

2. 辅助人的同意权与代理权

"新"第 20 条规定了被辅助人的行为需要辅助人的同意或者代理的问题。这并不是辅助特有的问题,可以参见成年监护以及保佐的相关论述。

3. 辅助终止的判决的构成

"新"第 21 条规定的辅助终止的判决,以上述 1 中所述的构造为前提,下面具体说明。

---

[139] 另外,从私法学会提出案到国民有志案,辅助开始的判决都放在辅助制度的后半部分,前半部分规定赋予同意权判决、赋予代理权判决。

首先,"新"第 21 条第 1 款规定,辅助开始的原因"意思能力的程度不充分"之后消灭的情况下,必须进行辅助终止的判决。这种判决是义务性的,如果不进行判决,"辅助开始的判决"本身将不再存在,赋予同意权的判决、赋予代理权的判决也将消灭。

与此相对,该条第 2 款前半段规定,在意思能力的程度不充分的情况下,随着情况的变化,已经进行的赋予代理权的判决或赋予同意权的判决可能终结,这种判决是裁量性的。

在此基础上,同条同款后半段规定,"裁量性"终结的结果是,赋予代理权的判决与赋予同意权的判决都消灭的情况下,作为基础的"辅助开始的判决"也就没有存在的价值了。

"新"第 21 条第 2 款统一了分散在《民法》第 18 条第 2 款、第 3 款、第 876 条之 9 第 2 款的规定,使得条文更加规整。

第五目 判决保护制度的相互关系

【条文案】

(重复判决的回避)
第二十二条 在作出监护开始判决的情形下,若本人为被保佐人或被辅助人时,家庭法院应同时作出有关该本人的保佐终止判决或辅助终止判决。
2 在作出保佐开始判决的情形下,若本人为被监护人或被辅助人时;或者在作出辅助开始判决的情形下,若本人为被监护人或被保佐人时,准用前款规定。

本条第 1 款:对《民法》第 19 条(判决的相互关系)第 1 款的修改
第 2 款:对《民法》第 19 条(判决的相互关系)第 2 款的修改

【修正理由】

"新"第 22 条(重复判决的回避)修改了现行《民法》第 19 条的标题,将"保佐开始的判决的撤销"等修改为"保佐终止的判决"。除了对现行民法的用语稍许修改之外,基本上继承了现行《民法》第 19 条的规定。

第六目 限制行为能力人的相对人的保护

【条文案】

(限制行为能力人的相对人的催告权)
第二十三条 限制行为能力人(指未成年人、被监护人、被保佐人及被判赋予同意权的被辅助人,以下亦同)的相对人,可以对该限制行为能力人的法定代理人、保佐人或辅助人设定一个月以上的期间,催告在该期间内作出是否追认可撤销法律行为的确答。于此情形,当限制行为能力人成为完全行为能力人时,应在之后对该人进行该催告。

2 受到前款催告者能够单独追认,却在该期间内未发出确答时,则视为追认了该法律行为。但是,若曾经为被监护人的人员,不知该法律行为的内容的,则不在此限。

3 受到第一款催告者无法单独追认的情况下,若该人员在该期间内未发出确答时,则视为撤销该法律行为。

本条第1款前段:《民法》第20条(限制行为能力人的相对人的催告权)第2款移修、
　　　　　　　第4款前段移修
　　　后段:《民法》第20条(限制行为能力人的相对人的催告权)第1款前段
　　　　　　移修
第2款正文:《民法》第20条(限制行为能力人的相对人的催告权)第1款后段、
　　　　　　第2款移修
　　　但书:新增
第3款:《民法》第20条(限制行为能力人的相对人的催告权)第3款、第4款后
　　　　段移修

(限制行为能力人的欺诈手段)
　　第二十四条　限制行为能力人为了让相对人相信自己是完全行为能力人,或者让相对人相信已征得有同意权者的同意而使用欺诈手段时,不得撤销其法律行为。但是,相对人知道其为限制行为能力人或未征得有同意权者的同意时,则不在此限。

本条正文:对《民法》第21条(限制行为能力人的欺诈手段)的修改
　　但书:新增

【修正理由】

一、限制行为能力人的相对人的催告权

《民法》第20条"限制行为能力人的相对人的催告权"极为冗长且难以理解。[133]

---

[133] "新"第23条规定的"限制行为能力人的相对人的催告权"首先是对法定代理人的催告,再规定对本人的催告。与此相对,规定"意思能力欠缺者之相对人等的催告权"的"新"第9条先规定了对欠缺意思能力的人的催告,再规定对法定代理人的催告,顺序是相反的。这是由适用催告频度不同造成的。欠缺意思能力的情况,有法定代理人相反是例外,催告限制行为能力人是等到其恢复能力之后再催告,对法定代理人的催告情况更多。

对于催告后没有明确回复的,是追认还是撤销,"新"第23条的效果与《民法》第20条是一样的。总之,修正案将现行法晦涩冗长的规定修改成更加通俗易懂的规定。[139]

如本章前文所述,关于对本条催告的确答,与现行民法一样,本民法修正案中本条催告采用了到达主义例外的发信主义。

二、限制行为能力人的欺诈手段

关于"新"第24条中的"限制行为能力人的欺诈手段",基本上沿袭了《民法》第21条的规定,不仅是行为能力人的欺诈手段,也包括得到同意权的诈术,明确规定了撤销权的丧失。关于后者,判例[140]以及通说[141]都表示支持。

另外,关于《民法》第21条"限制行为能力人的欺诈手段","即便对于隐秘的无能力人,无能力人的言行致使相对人误信或者加强了这种误信,也属于欺诈手段"。[141] 虽然判例的判断框架是恰当的,但是如果规定到条文中的话,对读者而言欺诈手段的案情是不明晰的,所以与现行民法一样,我们将这个问题交由解释论解决。

第四款 意思表示的受领能力

【条文案】

(意思表示的受领能力)

第二十五条 接受意思表示的相对人为意思能力欠缺者或未成年人或被监护人时,表意人不可以该意思表示而对抗其相对人。但是,该相对人的法定代理人

---

[139] 【关于限制行为能力人的相对人的催告权的讨论经过】
民法改正研究会的讨论过程中,秘书处提出了"新"第23条的第一方案和另外一个第二方案。其中,第二方案的第1款与"新"第23条第1款内容一样,"新"第23条第2款、第3款规定如下:
(限制行为能力人的相对人的催告权 过程草案 2006年11月23日秘书处第二方案)
第N条 ① 略(与"新"第二十三条第一款内容相同)
② 接受前款催告的人可以单独追认的(限制行为能力人恢复为行为能力人之后接受催告的,没有监督人情形下的法定代理人、保佐人或者辅助人接受催告的),其在该期限内没有作出明确回复的,视为追认该行为。
③ 接受第一款催告的人难以单独追认的(限制行为能力人接受催告的,有监护人的法定代理人、保佐人、辅助人接受催告的,仅有同意权的被保佐人或被辅助人接受催告的),其在该期限内没有作出明确回复的,视为撤销该行为。
有意见指出,上述条文中括号内的情形更加易于理解。但是也有人提出,这样规定的话,其他条文没有同样的说明文字,造成法条之间失去平衡。还有人认为,作为法律条文,该草案的规定方式过于个性化了。最终,研究会纳入了本民法修正案的规定。

[140] 参见大判1904年6月16日民录10辑,第940页;大判1923年8月2日民集2卷,第577页。
[141] 参见我妻荣:《新订 民法总则》(民法讲义Ⅰ),岩波书店1965年版,第91页;谷口知平、石田喜久夫编:《新版注释民法(1)》,有斐阁2002年版,第398页以下(矶村保执笔部分)。
[141] 最判1958年2月13日民集23卷2号,第291页。

> 知道该意思表示后,不在此限。
>
> 2 表意人向意思能力欠缺者进行书面意思表示的情形下,在该意思能力欠缺者恢复意思能力后,知道该书面意思表示时,不适用前款正文的规定。
>
> 3 表意人向未成年人或被监护人进行书面意思表示的情形下,在该些人员恢复行为能力,知道该书面意思表示时,与前款同样。

本条第1款正文:《民法》第98条之2(意思表示的受领能力)正文移修
   但书:《民法》第98条之2(意思表示的受领能力)但书移修
 第2款:新增
 第3款:新增

【修正理由】

一、意思表示的受领能力的法体系定位——能力规定的一览性

在现行民法中,从意思表示是否产生效果出发,"意思表示的受领能力"规定在第一编"总则"第五章"法律行为"第二节"意思表示"中。[112] 但是,本民法修正案认为,从规定内容上看,"意思表示的受领能力"规定在能力相关的第二章"权利主体"第一节"人"之中更为妥当,规定在第1款至第3款的"权利能力""意思能力""行为能力"之后。除了"责任能力"之外的四种能力都规定在第一节"人"之中,一览无余。

另外,"新"第8条之下新设意思能力规定的同时,"新"第25条也对现行民法作了轻微修改。即,对应《民法》第98条之2的"新"第25条第1款明确规定"欠缺意思能力人"包括未成年人、被监护人。但是,可能存在以下情形:书面进行意思表示的,在受领意思表示阶段缺乏意思能力,之后恢复意思能力从而可能知道该书面意思表示。"新"第25条第2款便是新设了这种情况的规定。最后,"新"第25条第3款也就未成年人以及监护人设置了相同宗旨的规定。[113]

二、"意思表示"相关规定的纯化

如一中所述,从第一编"总则"第五章"法律行为"第二节"意思表示"的规定内容来看,应该将"意思表示的受领能力"进行迁移,理由如下:现行民法在第二节意思表

---

[112] 民法中第一次出现"意思表示"是在法律行为一章中的第91条,"意思表示的受领能力"规定在此之后。在本民法修正案中,"意思表示"一词出现在"欠缺意思能力"的"新"第8条,所以无须考虑现行民法中的规定前后问题。

[113] 【意思表示受领能力的规定位置的讨论经过】
在最初阶段,民法改正研究会秘书处就提出了将意思表示的受领能力规定在民法的"人"(某段时期是"自然人")的最后(2007年2月18日总则分会)。从私法学会提出案到国民有志案,都没有人对该方针提出异议。但是到了本民法修正案的最终讨论阶段,矶村保教授提出,应当参照《德国民法典》追加"欠缺意思能力人"以及在此情况下"书面的意思表示"的对应方法(2012年11月14日意见书),于是进行了修改。

示中规定了"基于公示的意思表示""意思表示的受领能力",本民法修正案将前者移到"法令通则法"中,并设置引致规定,将后者规定在第一节"人"第四款"意思表示的受领能力"中。如此,与现行民法第一编"总则"第五章"法律行为"第二节"意思表示"相对应的本民法修正案的"款"的内容就纯化为意思表示的效力发生时期及其无效撤销的相关规定。⑭

第二节 法　　人

【前注】

一、关于法人制度,恢复民法典作为"私法一般法"的属性

在2006年一般法人法制定之前,民法典规定了法人的基本原则。一般法人法制定之后,民法典关于法人的规定几乎被删除了,所以我们仅仅查阅民法典不可能掌握法人制度的概况。

现行民法的法人规定,五个条文中有两条是关于外国法人的规定,而且《民法》第37条是关于外国法人登记的详细规定,是技术性的规定,并不是纯粹民法的规定。可见,现行民法中的法人规定相当混乱。

2006年修改之后,日本民法典关于法人的规定,丧失了私法一般法的属性,变成以外国法人为中心的、技术性的、杂乱性的规定,这确实与民法典的法人规范不相符合。

这一点也是学界的共识。比如说,星野英一教授指出:"作为一般法的民法典应当通俗易懂地规定基本内容,关于法人的规定,也应当规定一般法人的基本内容。"⑭ 另外,椿寿夫教授也感到:"法人法的规定数目过少了。"⑭

本民法修正案认为,改变法人制度的上述问题,应当从民法典上就能看出的法人制度基本框架。此外,个别性以及技术性的规定应当交由一般法人法、公司法等规定,这样才能恢复民法典作为私法一般法的属性。⑭

---

⑭ 但是,在《民法修改理由书》中,"意思表示的受领能力"与意思表示的效力有关,所以规定在此处。
⑭ 2009年2月3日的"民法修改论坛学界编——星野英一教授座谈会"中星野教授的发言(参见中野邦保、伊藤荣寿:《民法修改论坛学界编一:星野英一教授座谈会》,载《民法修正国民有志案》,第24页)。
⑭ 2009年10月25日"民法修改国民研讨会"中椿寿夫教授的发言[参见加藤雅信等:《民法修改国民研讨会》(下),载《法律时报》2010年第82卷第3号,第103页]。
⑭ 【民法法人制度全面改革(制定第二节"法人")的讨论经过】
本民法修正案决定全面修改民法法人制度,结合一般人法、公司法,恢复法人法的基本属性。但是,最终采取上述方针已经是相当之后的阶段的事情了,具体经过如下:关于法人,最初秘书处的方案是,将民法"法人的能力"改为"法人的权利能力",进行微调整,但是基本上还是维持现行法的规定(2007年2月18日总则分会)。
在之后的私法学会提案阶段,只是增加了一般法人法、公司法等引致规定,在法曹提交案之前,法人制

二、法人制度的基本框架

由上可见,现行民法的法人规定存在诸多问题。在 2006 年修改之前,民法规定了法人法的一般属性,然而规定本身也未必是合理的。

因此,本民法修正案从各种法人(一般法人法中的社团法人、财团法人,公司法中的各种公司)中抽离出共通的基本框架,规定了下述框架,最后规定了外国法人的特别规则。

(1) 法人("新"第 26 条);
(2) 法人的设立("新"第 27 条);
(3) 法人的组织等(包含代表,"新"第 28 条);
(4) 法人的消灭("新"第 29 条);

度基本上维持了与现行法类似的框架。

法人制度发生重大改变,存在以下三大契机:

第一,民法中的法人规定已经失去了基本法的属性,我们只看民法的条文难以理解何为法人的问题。在法曹提交案公布之后,中野邦保教授提出应当规定法人法的基本框架。

第二,2009 年 2 月 3 日的"民法修改论坛学界编——星野英一教授座谈会"中星野英一教授提出应当恢复民法一般法的属性,比如说在民法典中规定法人的通则。

第三,与上述意见不同,山本晋平律师提出了以下问题(2009 年 3 月 2 日市民法研究会)。随着 2006 年一般法人法的制定,以及民法典法人规定的修改,删除了过去法人的"目的"的规定,这样导致公司交易过程中难以确保交易安全的情况时有发生。法曹提交案没有应对这个问题,在修改民法之际,应当解决这个问题。在当天的研究会上,市民法研究会针对该建议进行了热烈的讨论,最终制定了与"新"第 28 条第 2 款一样的建议草案。

以此为契机,民法改正研究会开始着手全面修改法人法。首先,鉴于民法总则中第二章"权利主体"第一节"自然人"第二节"法人"的标题,自然人的开头规定与法人的开头规定应当保持平衡。自然人的开头规定的是"自然人的权利能力",因此法人的开头规定也应当为"法人的权利能力",之后规定"法人的成立""法人代表"等。

这就是"法人经过案 2009 年 3 月 24 日秘书处案",限于篇幅所限,下面就其内容作简单介绍。

首先,在法人一节的开始规定法人制度的概要,具体来说第 1 款规定法人是权利义务的主体,第 2 款简单规定法人设立时的法人准据主义,第 3 款规定法人的设立、组织、运营以及管理、依据相关法律的规定。其中,第 3 款提及关于法人的一般法民法、一般法人法、公司法,通过引致规定,表明一般法与特别法的关系。

其次,《民法》第 33 条第 2 款列举了公益法人,2009 年 3 月 24 日在整理条文之时,我们删除了该条款。

在秘书处案之后,中野邦保教授提出了全面修改的建议(2009 年 4 月 12 日秘书处会议)。该方案提出,概括性规定国内法人,然后将外国法人作为例外规定,规定在民法典中。

之后,秘书处再次修改了条文,基本上形成了本民法修正案关于法人的基本框架,内容如下:① 何为法人(具体包括,法人成立的法律准据主义以及人的权利能力);② 法人设立;③ 法人的组织运营(包括代表);④ 法人的消灭;⑤ 法人的登记。在此基础上,规定外国法人的特别规则。另外,几乎全部删除了占民法较大比重的"外国法人的登记"的内容。

民法改正研究会采纳了上述建议(2009 年 6 月 14 日全体会议),这就是国民有志案以及本民法修正案的内容。

关于如何修改法人规定,参见河内宏:《如何修改法人规定——与商法、一般法人法的关系,是否应当规定在民法典中》,载椿寿夫等编:《思考民法修改》,日本评论社 2008 年版,第 56 页以下;前田达明:《是否应该修改"法人法定主义"的规定》,同书第 58 页以下;前田达明:《是否应该保留"法人的侵权责任"的规定》,同书第 62 页以下;后藤元伸:《法人、工会等团体规定的体系化及其内容改改》,同书第 66 页以下。

(5) 法人的登记("新"第 30 条);

(6) 外国法人("新"第 31 条)。

首先,(1) 中规定了何为法人。其次,本民法修正案规定了从法人的设立到消灭;(2) 法人的设立;(3) 法人设立之后的活动;(4) 对应自然人死亡的法人权利能力的消灭。再次,(5) 为了交易安全,法人的登记。最后,(6) 与国内法人相对应,规定了外国法人的内容。这样就可以整体上把握法人的概况。

从法人的类型上看,非营利法人与营利法人即"一般法人、公司"是法人最重要的组成部分,"新"第 27 条第 3 款提及了作为法人基本法的一般法人法与公司法。同时,法人还有"社团法人、财团法人"之分,该条第 3 款第 5 项、第 6 项也作了规定。通过以上规定内容,本民法修正案避免了定义规定,通过条文就可以理解法人的整体类型。

此外,在现行法律制度之下,想要理解法人制度就要去看非常冗长的 344 条之多的《一般法人法》与 979 个条文的《公司法》,这对于哪怕是理解能力非常优秀的人来说也是非常困难的。但是,通过以上基本方针,我们基本上看清了包括何为法人在内的法人制度的概况。

三、民法的法人规定与一般法人法、公司法的关系

"新"第 27 条第 3 款规定了法人设立之时的记载事项,是法人框架的根基。同时,还有必要修改一般法人法、公司法。

以社团法人为例,将《一般法人法》第 11 条改为"一般社团法人必须记载的事项除了民法(本民法修正案——笔者注)第二十七条的事项之外,还必须记载以下事项",只规定该条第 6 项、第 7 项等各种法人特有的事项。另外,删除该法第 12 条。

另外,关于股份有限公司,《公司法》第 27 条、第 29 条是不需要的,只需规定第 28 条"章程的记载及记录事项"。

四、从章到节——"法人制度"的定位

如第二章"权利主体"的"前注"所记载,本民法修正案第二章为权利主体,将现行民法中各自独立的第二章"人"、第三章"法人"变更为第一节"人"、第二节"法人"。

五、法人的目的的范围与交易安全

1. 法人的"目的的范围"概念的评价

除了上述一以及二中的问题之外,2006 年一般法人法还有不少问题。

传统上,关于法人存在"目的的范围"的概念。关于这个概念,有人认为"'目的的范围'概念是法律发展中的'活化石'",也有人发表了"如何废除公司法中的 Ultra

Vires 原则"的论文⑭,这些都是非常强烈的否定性评价。但是,另一方面,有人着眼于"法人中权利主体处分、管理被拦截"的角度⑭,目的的范围保护了社团成员或者为财团设立捐出财产的人的利益免受理事等执行机构的专横,因而对该概念的必要性作了积极性评价。⑲

2. 营利法人与"法人的目的"——2006 年修法的问题

商法学者尤其对法人"目的的范围"持否定性评价。这大概是因为对营利法人的成员的保护牺牲了交易相对人利益的缘故。

在一般法人法制定之前,商法学者的评价的解释论依据在于实体法的规定。

具体来说,2006 年修改之前的《民法》第 43 条规定了"法人的能力",即"法人依照法令的规定,在章程或捐助行为所规定的目的的范围内,享有权利,承担义务"。修改之前的《民法》第 44 条规定了"法人的侵权行为能力等",其中第 1 款规定理事等代表人执行职务给他人造成损害的,法人应当承担损害赔偿责任。该条第 2 款规定,代表人超越法人目的的行为,给他人造成损害的(以法人不负损害赔偿责任为前提),赞成该决议或者履行该决议的代表人等,负连带损害赔偿责任(但是通说认为,修改之前的《民法》第 43 条与第 44 条第 2 款规定的"法人的目的"含义是不同的⑬)。另一方面,从当时的商法规定来看,2005 年修改之前的《商法》,第 78 条第 2 款以及第 261 条第 3 款规定准用修改之前的《民法》第 44 条第 1 款,而不准用该条第 2 款以及修改之前的《民法》第 43 条。

因为商法只准用修改之前《民法》第 44 条第 1 款,所以解释论上一般认为下述情形,法人应当承担损害赔偿责任:① 营利法人的权利能力没有受到章程中规定的目的范围的限制;② 营利法人的代表人因法人的目的范围之外的行为给他人造成损害的。

因此,传统的解释论认为,营利法人不受章程目的的限制。具体到公司方面,因为法人目的限制,排除了危害交易安全的可能性。

2005 年《公司法》第 350 条规定了"代表人行为的损害赔偿责任","股份有限公司的董事长或其他代表人执行职务给第三人造成损害的,负损害赔偿责任"。这里没有特别提及代表人的超越公司目的范围的行为,也不问法人的目的范围,公司承担责任。此外,《一般法人法》制定之后,修改民法之际,删除了原《民法》第 44 条,只保留了与第 43 条相对应的《民法》第 34 条的内容。

2006 年民法修改没有采纳商法学者的下述解释论:以修改之前《民法》第 43 条以及第 44 条第 2 款不能准用于公司为依据,对于公司进行的交易,"目的的范围"不

---

⑭ 参见竹内昭夫:《公司法的理论Ⅰ》,有斐阁 1984 年版,第 135 页以下。
⑭ 相关介绍参见福地俊雄:《法人法的理论》,信山社 1998 年版,第 284 页。
⑲ 参见加藤雅信,前载注⑪,《新民法大系Ⅰ》,第 135 页。
⑬ 参见林良平、前田达明:《新版注释民法(2)总则(2)》,有斐阁 1991 年版,第 326 页(前田达明,洼田充见执笔部分);大村敦志:《民法解读总则编》,有斐阁 2009 年版,第 177 页。

能够发挥限制法人的权利能力的机能,可以保护交易安全。在2006年《一般法人法》制定之后,这个问题成为商法学者的重大课题。

3. 本民法修正案的方向——营利法人、非营利法人的差异化

为了应对上述问题,本民法修正案的规定如下:

正如本章后文"新"第28条第2款的修改理由中所述,法人的"目的的范围"的限制规定的是法人代表人的代表权的限制。而且"新"第28条第2款但书明确规定,营利法人代表人的代表权不受章程等规定的目的的限制。

江头宪治郎等商法学者积极评价本民法修正案的上述修改,认为"修改现行民法典中恶评的第34条(关于法人目的的限制)值得肯定"。[133]

4. 法人的侵权行为责任

如2中所述,还有必要探讨法人的侵权行为责任。但是,本民法修正案将法人的侵权行为责任放在第三编"债权"第五章"侵权行为"中规定,关于这一点参见"理由书 第三编 债权"。

【条文案】

(法人)

第二十六条 法人非依本法及其他法律的规定,不得成立。

2 法人依照法令规定,在其名下享有权利,承担义务。

本条第1款:《民法》第33条(法人的成立等)第1款移动

第2款:《民法》第34条(法人的能力)移修

(法人的设立)

第二十七条 设立法人,应当由发起人及其他设立人(以下在本款及下一款中简称为"设立人")制定章程及其他基本约款(以下在本条及下一条中简称为"章程等"),并签字或盖章。于此情形,设立人如为两人以上的,应当由设立人共同制定章程等,并由全员签字或盖章。

2 章程等可用电磁记录(指以电子方式、磁力方式及其他仅凭人的知觉无法识别的方式制作的记录,是一种专供电子计算机信息处理用的、法务省令中所规定的记录,以下同)制作。于此情形,对于该电磁记录方式中所记录的信息,应当采取措施以替代法务省令规定的签字或盖章。

---

[133] 加藤雅信等:《民法修改学际研讨会 民法与其他法的对话》,载《法律时报》2010年第82卷第1号,第74页。

3 在章程等之中除了应记载或记录以下事项之外,还应记载或记录一般社团法人及一般财团法人相关的法律(二〇〇六年法律第四十八号)、公司法(二〇〇五年法律第八十六号)及其他法律规定的事项。

(一) 目的;
(二) 名称或商号;
(三) 主要事务所或总公司的所在地;
(四) 设立人姓名或名称及住所;
(五) 如为社团法人时,成员的资格;
(六) 如为财团法人时,出资的情况。

4 除了前款各项规定的事项之外,可在章程等之中记载或记录一般社团法人及一般财团法人相关的法律、公司法及其他法律规定的若章程无规定则无效的事项,以及不违反法律规定的其他事项。

本条第1款前段:《一般法人法》第10条(章程的制定)第1款、第152条(章程的制定)第1款,《公司法》第26条(章程的制定)第1款、第575条(章程的制定)第1款移修

    后段:《一般法人法》第10条(章程的制定)第1款、第152条(章程的制定)第1款,《公司法》第26条(章程的制定)第1款、第575条(章程的制定)第1款移修

 第2款前段:《一般法人法》第10条(章程的制定)第2款前段、第152条(章程的制定)第3款,《公司法》第26条(章程的制定)第2款前段、第575条(章程的制定)第2款前段移修

    后段:《一般法人法》第10条(章程的制定)第2款后段移动、第152条(章程的制定)第3款移修,《公司法》第26条(章程的制定)第2款后段移动、第575条(章程的制定)第2款后段移动

 第3款主文:《一般法人法》第11条(章程的记载或记录事项)第1款主文、第153条(章程的记载或记录事项)第1款主文,《公司法》第27条(章程的记载或记录事项)主文、第576条(章程的记载或记录事项)主文移修

  第1项:《一般法人法》第11条(章程的记载或记录事项)第1款第1项、第153条(章程的记载或记录事项)第1款第1项,《公司法》第27条(章程的记载或记录事项)第1项、第576条(章程的记载或记录事项)第1款第1项移动

  第2项:《一般法人法》第11条(章程的记载或记录事项)第1款第2项、第153条(章程的记载或记录事项)第1款第2项,《公司法》第27条(章程的记载或记录事项)第2项、第576条(章程的记载或

记录事项)第1款第2项移修

第3项:《一般法人法》第11条(章程的记载或记录事项)第1款第3项、第153条(章程的记载或记录事项)第1款第3项,《公司法》第27条(章程的记载或记录事项)第3项、第576条(章程的记载或记录事项)第1款第3项移修

第4项:《一般法人法》第11条(章程的记载或记录事项)第1款第4项移修、第153条(章程的记载或记录事项)第1款第4项移动,《公司法》第27条(章程的记载或记录事项)第5项移修、第576条(章程的记载或记录事项)第1款第4项移修

第5项:《一般法人法》第11条(章程的记载或记录事项)第1款第5项移修

第6项:《一般法人法》第153条(章程的记载或记录事项)第1款第5项移修

第4款:《一般法人法》第12条[第11条标题(章程的记载或记录事项)承继]、第154条[第153条标题(章程的记载或记录事项)承继],《公司法》第29条[第27条标题(章程的记载或记录事项)承继]、第577条[第576条标题(章程的记载或记录事项)承继]移修

(法人的组织等)
　　第二十八条　法人应当设置一人或两人以上的理事及其他代表。
　2　法定代表人在章程等规定的目的范围内,代表其法人。但是,以营利为目的的法人的法定代表人的代表权不受章程等所规定的目的的限制。
　3　关于法人的组织、运营及管理,除了本法规定的之外,遵照一般社团法人及一般财团法人相关的法律、公司法及其他法律规定。

本条第1款:《一般法人法》第60条(员工大会以外的机构设置)第1款、第170条(机构的设置)第1款,《公司法》第349条(株式会社的代表)第1款至第4款、第599条(控股会社的代表)第1款至第4款移修

第2款本文:《民法》第34条(法人的能力)移修
　　　　但书:新增

第3款:《民法》第33条(法人的成立等)第2款移修

(法人的消灭)
　　第二十九条　法人根据一般社团法人及一般财团法人相关法律或公司法规定的解散或清算的终结及其他法律规定的程序而消灭。

本条:新增

(法人的登记)

第三十条　法人在其主要事务所或总公司所在地进行设立登记后成立。

2　法人清算终结时,清算人应当依照一般社团法人及一般财团法人相关法律、公司法及其他法律规定,进行清算终结的登记。

3　依法律规定应登记的事项(第一款登记相关事项除外)若未作登记的,则不能以此对抗第三人。但是,第三人已知应登记事项的,不在此限。

4　即使登记了前款应登记事项,若第三人因正当理由不知有该登记的,则不能以该已登记事项对抗该第三人。

5　因故意或过失登记了不实事项者,不能以该已登记事项属于不实而对抗第三人。但是,若第三人为恶意(是指知道一定的事实,以下同)的,则不在此限。

本条第1款:《民法》第36条(登记)、《一般法人法》第22条[承继第5款的标题(一般社团法人的成立)]、第163条(一般财团法人的成立),《公司法》第49条(株式会社的成立)、第579条(控股公司的成立)移修

第2款:《一般法人法》第311条(清算终结的登记)、《公司法》第929条(清算终结的登记)移修

第3款正文:《一般法人法》第299条(登记的效力)第1款前段、《公司法》第908条(登记的效力)第1款前段移修

但书:《一般法人法》第299条(登记的效力)第1款前段、《公司法》第908条(登记的效力)第1款前段移修

第4款:《一般法人法》第299条(登记的效力)第1款后段、《公司法》第908条(登记的效力)第1款后段移修

第5款正文:《一般法人法》第299条(登记的效力)第2款、《公司法》第908条(登记的效力)第2款移修

但书:《一般法人法》第299条(登记的效力)第2款、《公司法》第908条(登记的效力)第2款移修

(外国法人)

第三十一条　外国法人中,国家、地方政府、地方公共团体及公司与在日本成立的同类法人具有同等的权利能力。但是,法律或条约中有特别规定的,不在此限。

2　前款规定之外国法人以外的外国法人,依照法律或条约规定被认可权利能力的,与该款相同。

3　即使是前两款规定的外国法人以外的外国法人,法院认为有必要时,亦可作为与日本同类法人具有同等的权利能力者处理。

4　第二十七条(法人的设立)规定不适用于前三款规定的外国法人。

> 5 外国法人(仅限于第一款至第三款规定的外国法人)在日本设立事务所时,须在该事务所所在地依照法律规定登记应登记事项。
> 6 关于前款登记,准用前条第三款至第五款的规定。

本条第1款正文:《民法》第35条(外国法人)第1款正文、第2款正文移修
    　　但书:《民法》第35条(外国法人)第2款但书移修
第2款:《民法》第35条(外国法人)第1款但书移修
第3款:新增
第4款:新增
第5款:《民法》第37条(外国法人的登记)第1款主文移修
第6款:《民法》第37条(外国法人的登记)第2款、第5款移修

【修正理由】

一、何谓法人

1. 法人成立的法律准据主义与法人的权利能力

"新"第26条题为"法人",第1款规定了法人成立的法律准据主义,第2款规定了法人的权利能力。2006年修改之前的《民法》第33条,在法人一章的开头规定了法人成立的准据主义。修改之前的《民法》第43条规定了一个基本问题,即法人是权利义务的主体。但是,由于法人的权利主体性问题是法人的基本中的基本,所以应当规定在法人一章的开头部分(现行民法基本删除了修改之前民法关于法人的条文,所以权利义务主体性的规定放在第二个条文中)。

从形式上来看,本民法修正案关于法人的开头规定,"新"第26条合并了《民法》第33条第1款与第34条,并没有重大的变化。但是,本民法修正案的特点是在开头就规定法人的基本。

从下面两点可见,本民法修正案与现行民法的规定存在若干差异。

2. "法律"与"法令"的用法

在本民法修正案中,"法律"与"法令"的用法是存在一定差异的。"新"第26条第1款规定:"法人非依本法及其他法律的规定,不得成立";第2款规定:"法人依照法令规定,在其名下享有权利、承担义务"。第1款与第2款分别使用了"法律"与"法令",这是因为在公司法等法律中还存在政令、省令等层面上的种种规制,所以在第2款中用了"法令"一词(参见第四章)。

二、公益法人、营利法人二分论残渣的清除

2006年《一般法人法》制定之前,法人二分为公益法人与营利法人,前者适用民

法,后者适用商法。[153]

但是《一般法人法》制定之后,公益法人、营利法人二分法失去了法人基本框架的意义,非营利法人与营利法人的区分成为法人的基本框架。2006年公益法人制度改革之后,除了税利优惠得以保留之外,公益法人的许多方面,已不是以前的法人制度的基本概念。

尽管如此,法人一章的开头规定,即《民法》第33条第2款还是沿袭了修改之前《民法》第34条的用语,维持了公益法人制度改革以前的公益法人、营利法人、其他法人的框架。因此,法律制度发生了变化,但是民法条文没有反映这一点。

因而,本民法修正案删除了《民法》第33条第2款公益法人的规定,在民法上抹去了"公益法人"的概念。

三、法人的设立

"新"第27条规定了法人设立的基本框架,关于法人的基本法律与社团法人、财团法人等法人类型,"前注"2以及3已经阐明,这里不再阐述。

四、法人的组织与"法人的能力"

1. 法人的组织基干——法人代表

关于法人的组织,"新"第28条第1款以及第2款只是规定了法人代表人的活动,该条第3款规定了具体的组织方法参照一般社团法人法、财团法人法、公司法等其他法律,理由是根据法人形态的不同,法人组织也是不一样的。

对于"新"第28条第2款中的"法人的能力",学说向来是存在争论的,下面就这个问题做若干说明。

2. 法人的目的的范围与法人的能力

过去,学说上对于法人能力的争论是围绕法人的"目的的范围"的对立,"新"第28条第2款就此问题作出了明确表态。

关于《民法》第34条法人的"目的的范围",学说上有权利能力限制说、代表权限制说、行为能力限制说、内部限制说等学说。[154]

权利能力限制说认为,对于目的范围外的事项,法人既不享有权利,也不承担义务。

与此相对,行为能力限制说认为,"法人的行为能力"(换句话说是法人的活动能力)仅限于法人的目的的范围。该说认为,代表人是为了实现法人的活动,所以最终

---

[153] 虽然过去也存在中间法人的概念,但是在2001年制定的《中间法人法》之前,中间法人没有一般法上的根据,只是个别的特别法上的存在。

[154] 参见林良平、前田达明编:《新版注释民法(2)总则(2)》,有斐阁1991年版,第223页以下(高木多喜男执笔部分)。

该说与下面代表权限制说没有实质的差异。

代表权限制说认为,法人代表权限制的范围限于法人的目的范围。因而,如果代表权被限制,那么法人目的范围外的行为就是无权代理,所以该法律行为发生的权利义务不归于法人。代表权限制说从结果上与权利能力限制说相似,只是代表权限制说比权利能力限制说更加具体阐述了相关的构造。

另外,还有学说在采用代表权限制说的基础上,认为可以对无权代理进行追认。但是,只要不存在法令的改变或章程的修改,就没有人具有追认无权代理的权限。在这一点上,代表权限制说与权利能力限制说不存在差异。但是采用代表权限制说的情形下,根据表见代理的法理,也存在承认法人为权利义务之归属的余地,这一点与权利能力限制说有所不同。[⑮]

如上所述,行为能力限制说实质上也吸收了代表权限制说的内容,除了表见代理,权利能力限制说与代表权限制说也没有差异。可见,权利能力限制说、行为能力限制说、代表权限制说并没有显著的差异。因此,"新"第28条第2款将代表人的代表权范围限定为法人的目的范围,实质上实现了权利能力限制说、行为能力限制说、代表权限制说主张的内容。

内部限制说主要是商法学者围绕公司而展开的。该说认为,目的范围的限制仅限于代表人与法人之间的违反委托合同善良管理注意义务的问题,不发生外部的无权代理、权利无归属等问题。该说的出发点在于在公司等营利法人的情况下,不应以牺牲与法人进行交易的第三人的利益,来实现法人的目的范围之限制所保护的法人内部人的利益。

营利法人与非营利法人当然存在内部人保护与外部人保护的差异,这也是商法学者的观点。因此,"新"第28条第2款但书规定,本规定不适用于营利法人。

2006年制定《一般法人法》之际,对于公司法人曾经发生重大争论,但是通过"新"第28条第2款但书的规定,可以解决这个问题(详细参见本章前文所述)。

五、法人的消灭

关于法人的消灭,民法中规定解散,清算法中规定清算程序,考虑到法人一节条文数目的平衡,所以"新"第29条规定由一般法人法、公司法等规定法人的消灭。

六、法人登记

关于登记,一般存在成立要件主义与对抗要件主义两种立场。本民法修正案在"新"第30条明确规定,对于法人的成立,设立登记是成立要件,除此之外的登记是对抗要件。这与现行法制并无差异。只不过现行法律关于登记的制度,透明度极低,而

[⑮] 参见几代通:《民法总则》(第二版),青林书院1984年版,第126页提出了追认与表见代理两个方面的可能性,本书否定前者的追认权,但是支持后者的表见代理。

本民法修正案明确了这一点。

具体来说，首先，《民法》第36条规定："法人及外国法人须依照本法及其他法令规定，进行登记。"该条只规定了程序上的登记义务，没有言及登记的效力。其次，《一般法人法》第22条与第163条规定了设立登记的成立要件主义，第299条"登记的效力"没有言及设立登记，只是一般性地规定了登记的对抗要件主义。最近的许多民事立法缺乏法体系整体的一览性，频现官僚文书式立法。[154]

因此，"新"第30条用一个条文明确规定了法人登记的基本构造，一看就能理解法人登记的基本构造。[155] 另外，《一般法人法》第299条参考了《公司法》第908条。"新"第30条第3款至第5款沿袭了这些内容，但是加入了举证责任等内容。[156]

七、外国法人

1. 外国法人的权利能力与"许可"

如本章前文所述，我们删除了外国人的权利能力的规定，表明了本民法修正案内外平等的原则。但是，"新"第26条第1款规定了法人设立采用法律准据主义，所以不能删除外国法人的相关规定。

但是，《民法》第35条第1款采用的"外国法人许可主义"是没有意义的，"许可"似乎意味着不赋予法律人格，而是经过特别的程序，法人才可以采取相应的行动。[157] "许可"从语感上来说需要某些程序，但是内容上不需要经过特别程序，就可以得到法人人格，所以容易造成误解。

因此，本民法修正案删除了"许可"一词，"新"第31条第1款、第2款代替了现行《民法》第35条第1款、第2款的内容，同时规定外国法人原则上具有法人人格，重新组合了现行民法条款以及用词。[158]

"新"第31条第1款、第2款的内容对应现行《民法》第35条第1款、第2款。现

---

[154] 关于这一点，参见第三部第二章。
[155] 民法中规定法人登记的基本构造，其他诸如登记场所、程序等细节交由一般法人法规定。
[156] 一般法人法以及公司法都规定，应当登记的事项不能对抗善意第三人，条文上第三人应当证明自己的善意。现行法的规定从证明责任上看是有问题的，所以"新"第30条第3款在本文中规定，不能对抗第三人，在但书中明确规定主张登记效力的人，承担恶意的证明责任。随着规定方式的变更，《一般法人法》第299条第1款前半段、《公司法》第908条第1款前半段，规定在"新"第30条第3款中，而《一般法人法》第299条第1款后半段、《公司法》第908条第1款后半段规定在"新"第30条第4款中，也就是分开规定。
[157] 参见我妻荣等：《我妻有泉解释民法总则物权债权》（第二版追补版），日本评论社2010年版，第141页；加藤雅信：《新民法大系 Ⅰ 民法总则》（第一版），有斐阁2002年版，第145页。
[158] "新"第31条第1款规定："外国法人中，国家、地方政府、地方公共团体及公司与在日本成立的同类法人具有同等的权利能力。但是，法律或条约中有特别规定的，不在此限。"这里的地方政府包括联邦国家中的州、属地等其他构成单位。
民法中与此相对应的是"国家的行政区划"。原内阁法制局长盐野雅裕指出："'国家的行政区划'将日本地方公共团体的地方自治视为'国家的'行政区划，这有悖地方分权的潮流，目前是不恰当的。无论是外国法还是条约等中，地方共同团体或者地方政府的用词更为恰当。"（2009年5月13日金融法务研究会）
因而，接受上述意见修改，以及经过之后的几次修改，变成了目前"新"第31条第1款用语。

行民法在法人法修改之前以及民法现代语化之前是第 36 条第 1 款、第 2 款。制定民法之时，这个问题被认为是"法人之中最难的问题"。⑩ 从公司法等看，既然在日本国内交易，就有必要将其作为诉讼主体看待。但是，由于各国制度的不同，法人的权利能力的范围甚至是法人主体地位都因国家的不同而不同。那么，我们如何面对这种差异？现行民法对于赋予国家、国家的行政区划、外国公司之外的组织法律主体是消极的。

但是既然外国法人也在日本活动，那么就不可否认必须将其作为纠纷的诉讼主体对待。而且，作出纠纷解决的判决之后，这些外国法人也不得不成为权利义务的主体。因此，有人对《民法》第 35 条提出如下批判："当今世界诸国的法律都原则上认可外国法人，并倾向于扩大其活动范围。从这个意义上来说，本条是落后于时代的立法，有必要进行修改。"⑩

但是，承认外国法人在日本的权利能力扩张就意味着不考虑日本与外国在法人法制上的区别。因此，本民法修正案并不是一味扩张范围，而是在裁判之时，根据必要赋予其诉讼主体地位。详见下文 2。

另外，"新"第 31 条第 1 款但书将"法律或条约中有特别规定的"作为例外规定，并使用了"法律"一词。现行《民法》第 3 条第 2 款规定的是外国人而不是外国法人，即"外国人除去法令或条约有禁止规定外，享有私权"，通过"法令"规定例外事项。可见，现行民法的条文有些微妙的龃龉。

《民法》第 3 条第 2 款的背景是，在制定民法典之时，明治宪法规定可以通过法令禁止外国人的权利。⑩ 但是，目前一般认为这里的法令应当解释为"法律"，也包括法律授权的政令。⑩

基于此，与《民法》第 35 条第 2 款但书一样，"新"第 31 条第 1 款但书也使用了"法律"一词。

2. 与根据日本法不具有法人人格的外国法人的纠纷

《民法》第 35 条第 1 款规定的外国法人原则上不具有法人人格的做法也存在下述问题：外国法人在日本发生买卖、租赁等纠纷或者宗教不当劝诱等侵权行为纠纷的，可能妨碍其通过法律解决纠纷的通道。另外，现行民法的规定也可能阻碍外国公益法人等解决法律纠纷的通道。通过"新"第 31 条第 3 款可以消除这种障碍。

某种意义上来说，"新"第 31 条第 3 款没有使用"没有权利能力的社团、财团"一

---

⑩ 参见横田国臣发言，载《民法总会议事速记录》（第三卷），第 28 行以下（电子版第 31/206 项）；前载注②《法典调查会民法总会议事速记录》，第 265 页。

⑩ 林良平、前田达明编：《新版注释民法（2）总则（2）》，有斐阁 1991 年版，第 199 页（溜池良夫执笔部分）。

⑩ 参见梅谦次郎发言，前载注②，《法典调查会民法总会议事速记录》（第一卷），第 144 行（电子版第 148/291 项）；前载注②，《法典调查会民法总会议事速记录》，第 78 页以下。

⑩ 前载注㊻，《新版注释民法（1）》，第 284 页（野村美明执笔部分）。

语,但是规定裁判随时可以赋予其权利能力。

3. 外国法人的登记义务

在 2006 年《一般法人法》制定之前,修改之前的《民法》第 45 条以下规定了法人登记的内容,第 49 条规定外国法人准用国内法人的规定,即民法对于本国与外国法人的登记规定并没有差异。

但是 2006 年民法修改之后,《民法》第 36 条简单规定本国法人与外国法人的登记之后,第 37 条极其详细地规定了外国法人登记的技术性规范,甚至规定了罚款。外国法人登记的规定在文字数目上占到法人规范的一半以上,似乎是法人规定的中心问题。但是,这样规定导致民法典中本国法人与外国法人的规定失去了平衡。

因此,本民法修正案删除了现行《民法》第 37 条关于外国法人登记的技术性规定,将其移至其他法律⑯,而仅仅将原则规定保留在"新"第 31 条第 5 款、第 6 款之中。

规定登记效力的"新"第 31 条第 6 款与《民法》第 37 条的规定还是存在些许差异的。如前文所述,本国法人的登记法律效力可以分为两种,设立登记是成立要件,其他登记是对抗要件。与此相对,关于外国法人登记的第 37 条第 5 款规定:"外国法人初次在日本设立事务所时,在其事务所所在地进行登记之前,第三人可以否认该法人的成立。"对于登记事项的变更,该条第 2 款还规定"在登记前不能以该变更对抗第三人"。

由上可知,虽然用词上存在差异,但是《民法》第 37 条第 5 款中的"否定"实质上的含义是"对抗"。之所以文字上采用不同的表达,这是因为外国法人已经根据外国法成立,日本的登记不是成立要件,而不具有比"对抗"更深的含义。由于与"对抗"并无实质差异,所以"新"第 31 条第 6 款规定外国法人准用国内法人的对抗规定。⑯

4. 外国法人的法律体系定位

与现行民法规定一样,本民法修正案也设置了外国法人的规定。但是,从立法例上,外国法人规定在特别法即一般法人法中也未尝不可。⑯

---

⑯ 具体来说在一般法人法中规定外国法人的登记(《一般法人法》第六章"杂则"第四节"登记"的末尾规定第六款"外国法人登记的特殊规则")。但是这样规定多少改变了该法的性质,所以需要对该法包括第 1 条宗旨在内的内容进行若干调整。

⑯ 【关于"否定"与"对抗"的讨论经过】
现行《民法》第 37 条第 5 款中的"否定"沿袭了民法在《一般法人法》修改之前的第 49 条第 2 款的用语,私法学会提出案与法曹建议都沿袭了该规定。国民有志案虽然修改了条文的内容,但是还是沿袭了民法中的"否定"一词。但是,由于与民法典中多处使用的"对抗"并没有实质差异,使用不同的词汇可能造成混乱,所以本民法修正案将其修改为"对抗"[对此,注释民法在分析判例的基础上,指出"他人否定法人的成立不过是意味着不能对抗他人",参见林良平、前田达明编:《新版注释民法(2)总则(2)》,有斐阁 1991 年版,第 343 页(溜池良夫执笔部分)](2012 年 8 月 4 日全体会议)。

⑯ 公司法中也规定了外国公司及其登记,与此相对,一般法人法并不是以外国法人为规制对象的。为了平衡,有必要在一般法人法中规定外国法人及其登记。
具体来说,在《一般法人法》第 1 条宗旨中加入外国法人的规定,在《公司法》第七编"杂则"之前设置第六编"外国法人",同时在《一般法人法》第六章"杂则"之前规定"外国法人"。另外,在第六章"杂则"第四节"登记"的结尾设置"外国法人登记的特别规定"。

本民法修正案之所以没有这样做是因为删除了关于自然人的《民法》第 3 条第 2 款的规定,同时在法人中也删除了关于外国法人的规定,容易产生无谓的误解。正如前文所述,删除外国自然人的规定是体系内外平等的原则。与此相对,将外国法人(以外国准据法成立的法人)与国内法人相同对待未必是恰当的,民法改正研究会也没有这种打算。尽管如此,如果民法中不规定外国法人可能产生内外法人平等的误解,所以本民法修正案还是规定了外国法人。[108]

---

[108] 【民法设置外国法人以及内外法人平等的讨论经过】

冲野真已教授提出,如果在民法中不规定外国法人,容易产生内外法人平等的误解(2008 年 5 月 5 日全体会议)。因此,从《私法学会提出案》第 35 条第 1 款但书到《国民有志案》第 38 条第 1 款都规定了外国法人(但外国人不能享有的权利以及条约中特别约定的权利除外)。但是,这样规定容易给人一种内外平等原则倒退的印象,所以我们修改了但书的用语(但法律或条约中有特别规定的除外),在法律或条约中限制外国人的权利能力(2012 年 8 月 27 日秘书处会议)。民法改正研究会采纳了该建议(2012 年 9 月 19 日全体会议),即"新"第 31 条第 1 款但书的内容。

第三章　权利的客体

【前注】
一、民法总则中设置"物"的规定的经过

正如序章所述，在旧民法实施延期之后现行民法典编纂之前，第一次法典调查委员会总会上提出了下述《法典调查之方针》：民法总则应当规定私权之主体、目的、得丧以及行使等通则，可见总则编中设置私权的"目的"以及"客体"的规定是当时的基本方针之一。

在第一次民法总会上（1893 年 3 月 16 日）就提出了上述方针。但是两个月之后的第二次民法主查会议上（同年 5 月 19 日），民法起草者之一的富井政章提出了具体的规范："物仅指有体物，除非法律有特别规定无体物适用物的相关规定。"这与现行民法"物指的是有体物"在内容上存在关联，但并不是"私权之目的"的一般规定。

民法起草者之间就规定的位置也存在不同意见。富井政章认为应当规定在物权编，而梅谦次郎与穗积陈重则主张规定在总则编中。最终的结果是规定在总则编之中。

民法起草者虽然称"物仅指有体物"，但是在两个月后的第三次民法总会中（同年 7 月 4 日），穗积八束主张采取"权利的主体、权利的目的、权利关系"的构成。虽然也得到了几位委员的赞同，但是没有说服富井政章等民法起草者。

但是，在次年的第十三次民法总会上，数位委员主张删除"物指的是有体物"的条文。[109]

---

[109] 关于第一次民法总会，参见前载注②，《法典调查之方针》，载《日本民法典资料汇集 第一卷 民法典编纂之新方针》，第 882 页；前载注②，《法典调查会民法总会议事速记记录》（第一卷），第 6 行（电子版第 10/291 项）；前载注②，《法典调查会民法总会议事速记记录》，第 3 页；福岛正夫编：《明治民法的制定与穗积文书》，有斐阁 1956 年版，第 120 页。

关于第二次民法主查会，参见前载注②，《法典调查会民法总会议事速记记录》（第一卷），第 63 行以下（电子版第 69/225 项以下）；前载注㊲，《法典调查会民法主查会议事速记记录》，第 35 页，尤其是第 39 页以下。

关于第三次民法总会，参见前载注②，《法典调查会民法总会议事速记记录》（第一卷），第 68 行（电子版第 72/291 项以下）；前载注㊲，《法典调查会民法主查会议事速记记录》，第 37 页以下。

关于第十三次民法总会，参见前载注②，《法典调查会民法总会议事速记记录》（第五卷），第 3 行（电子版第 6/153 项）；前载注②，《法典调查会民法总会议事速记记录》，第 467 页以下。

从以上经过来看,在民法起草过程中,虽然存在众多不同意见,但是形成了现行《民法》的第 85 条规定。

二、从第四章"物"到"新"第三章"权利的客体"

正如序章所述,本民法修正案将按照民法起草之初的基本方针,除了第一章"通则"之外,按照"权利的主体、权利的客体、权利的变动、权利的实现"的顺序进行编排。因此,将现行民法典第四章"物"的章名改为第三章"权利的客体"。

第三章分为第一节"总则"、第二节"物的分类",而且现行民法第四章"物"对应的内容是本民法修正案第二节"物的分类"的规定。[20]

三、无体物与权利的客体

本民法修正案第三章只是例举了民法各编中规定的权利的客体。那么,权利的客体中是否应当规定无体物?

在若干民法修改论坛等活动上,有人提出应当设置关于无体物定义的条文。[21] 民法总则中是否规定无体物是由民法总则的属性决定的。民法总则是对物权、债权、亲属、继承各编的总则性规定,同时也是商法、民事诉讼法、行政法等其他法律的总则,具有两面性。

具体来说,民法总则规定的法律行为贯穿适用于物权法中物权的放弃、债权法中的合同、亲属法中的婚姻、继承法中的遗嘱等,是贯穿各编的民法"总则性"概念。同时,以法律行为为范本,商法、民事诉讼法、行政法中就有商行为、诉讼行为、行政行为等概念。另外,时效等概念也是贯穿于物权、债权、继承法等概念,许多法律中也有这个概念。这些规定无论是对民法分则还是对其他法律而言,都发挥了"总则"的作用,也就是上段所说的两面性。

但是,无体财产的概念并不是在所有的民法分则都会出现,而仅仅是知识产权法的总则性概念。而且随着概念的扩展,无体物也可能包含能量等。该概念欠缺上述两面性,也就是说其只具有民法以外法律的总则的属性。

为了不至于脱离传统民法总则的属性,我们应当避免在总则中规定这种无体物概念。

---

[20] 关于"物",民法改正研究会一开始就存在意见分歧:是应当规定在民法总则中,还是规定在物权法等之中。从权利主体、客体、变动的观点看,"物"是所有权的客体,并不是一般权利的客体,民法总则中不作规定也是说得通的。但是,为了贯彻本书"权利的主体、权利的客体、权利的变动、权利的实现"的构成,我们觉得还是放在民法总则之中比较妥当。

[21] 比如,2009 年 2 月 3 日的"民法修改论坛学界编——星野英一教授座谈会",星野教授提出:"包括一般意义上的知识产权,基本部分可以作为一种'信息'规定在民法典'权利的客体'中。"(参见中野等,前载注⑭,《民法修正国民有志案》,第 24 页)另外,2009 年 3 月 30 日"民法修改论坛——全国民法研究者的集中",片山直也教授也认为:"在 21 世纪,'物'的定义规定应当包含无体物、概括性财产、金钱性价值等。"(参见加藤雅信:《民法修改一问一答——与学界的对话》,载《民法修正国民有志案》,第 67 页)

四、概括性财产、金钱性价值的规定

还有人认为概括性财产、"集合物"等也具有无体物的属性,是否将这些概念规定在第二节"有体物"之中也是一个问题。这与知识产权、能量等无体物规定的属性是不同的。概括性财产种类很多,如果说是工厂抵押法、各种财团抵押也是这种财产的话,那么这些问题也是特别法而非民法的问题。但是,作为流动财产的集合物,流动债权等担保化就是民法之下的问题了,当然这些主要是担保法领域的问题。因此,这个问题应当规定在担保法或者各种特别担保法中,而不是规定在民法总则中。

另外,通过不当得利法可以追回金钱性价值,如果将其规定在"物",则金钱性价值仅具有物权追及效力。因此,本民法修正案避免在民法总则中规定金钱性价值,而将其规定在第二编"物权"中的物权价值返还请求权之下(参照《国民有志案》第138条第1款但书)。

五、法国民法的动向

日本民法体系与法国民法体系本来就不同,因此将法国的《财产法修改准备草案》的内容与现行民法总则第四章"物"以及本民法修正案总则编第三章"权利的客体"进行比较本来就是无稽之谈。

与此相关联,法国《财产法修改准备草案》中无体物以及集合财产等观点,研究会也进行了深入讨论。

第一节 总 则

【条文案】

(权利的客体)
第三十二条 物权的客体为物(是指有体物,以下同)。但是,本法及其他法律另有规定的,不在此限。
2 债权的客体为人的作为或不作为。
3 第四编(亲属)及第五编(继承)中规定的权利的客体,其各自的权利依照各自的规定。

本条第1款正文:《民法》第85条(定义)移修
　　但书:新增
　　第2款:新增
　　第3款:新增

【修正理由】

一、作为总则性规定的"权利的客体"的条文引进

正如"前注"所述,民法总则编第四章"物"是所有权的对象,而不是一般权利的对象,更不是"新"第三章"权利的客体"的内容。而"新"第 32 条规定了民法各编的权利对象。

正如许多物权一般,"新"第 32 条第 1 款正文规定"物"是权利的对象,但是也存在像担保物权中的债权质押权、一般的优先权等,并不是以"物"为对象的,所以第 32 条第 1 款设置了但书。

该条第 2 款、第 3 款的内容参见"讨论经过"。⑫

---

⑫ 【关于第三章"权利的客体"第一节"总则"的讨论经过】
关于第三章"权利的客体",最初的秘书处方案虽然大幅修改了现行民法的标题,但是内容上基本沿袭了现行民法的规定。具体来说,"新"第 35 条、第 36 条重新组合了《民法》第 88 条、第 89 条,分别规定了天然孳息及其归属、法定孳息及其归属(2007 年 2 月 18 日总则分会)。

对此,矶村保教授提出,既然第三章的标题是权利的客体,那么就应该规定物之外的客体(2007 年 2 月 18 日总则分会)。秘书处接受了该建议,就权利的客体分为物权的目的、债权的目的、其他权利的目的三个条文(2008 年 1 月 11 日秘书处案)。但是,在研究会的讨论上,有人认为其他权利的目的不知所云,最终在条文中不规定,而改为物权、债权并列的形式(关于这点后述)。

《民法》第 399 条用了"债权的目的"一词,与之相对比,上段所言最初草案、私法学会提出案、法曹提交案中都用了"物权的目的""债权的目的"的标题。

但是,之后北泽正明律师认为"物权的目的"存在违和感(2009 年 1 月 26 日企业法务研究会)。另外,西山温也提出应当将债权编中的"债权的目的"改为"债权的内容"(2009 年 3 月 19 日市民法研究会)。

因而,国民有志案中该条的标题从"物权的目的"修改为"物权的客体",同时将第 41 条的标题从"债权的目的"改为"债权的客体"。

其后,在 2010 年末的秘书处会议上,中野邦保指出,作为民法总则,通则、权利的主体、权利的变动、权利的实现四章应当是贯穿财产法家庭法的"总则"内容。但是,第三章"权利的客体"(《国民有志案》第 40 条"权利客体"、第 41 条"债权的客体")仅仅是财产法的"总则",并不是包含家庭法在内的民法整体的"总则"。因此,中野建议,将整个民法的总则性的规定放在"权利的客体"处,将第一节"总则"整理为一个条文,同时列举各种情况。

(权利的客体 过程草案 2010 年 12 月 27 日中野方案)
第 N 条 权利的客体包含以下各项:
  (一)物权的客体为物(但不仅指有体物。法律或其他法令有特别规定的除外);
  (二)债权的客体是人的作为或不作为;
  (三)第四编(亲属)及第五编(继承)中权利的客体是规定的各种权利。

正如上面第 3 项所示,民法第四编"亲属"与第五编"继承"的权利客体是多种多样的,想要统一规定是非常困难的。但是,为了维持第三章的民法总则属性,我们采纳了该建议。

之后,这条便由三项构成(2012 年 9 月 19 日全体会议),本民法修正案亦是如此(前述 2008 年秘书处案由三个条文组成,国民有志案删除了其他权利改为"物权的客体"和"债权的客体"两个条文。规定亲属继承法上权利的中野方案复活了之前被删除了的内容,在条文形式上采取了项的形式。但是,最终草案,我们采取了款的形式)。

另外,债权转让中债权是所谓的处分对象(通常是买卖的目的),这个问题不适于规定在一般性的条文中,所以总则中不作规定。

更为根本的问题是水津太郎教授提出的下述问题:关于物权、债权的概念,有的学说认为应当放在对物

二、"物"的概念

"新"第 32 条第 1 款"物"的定义沿袭了《民法》第 85 条的内容,只是改变了条文的形式。[123]

目前的学说多认为"物"以支配可能性以及非人格性为要件。具体来说,像太阳、月亮、星星等不具有支配可能性的就不能称之为"物",另外空气、海洋等任何人都可以自由支配的也不是"物"。关于非人格性,比如活的人体就不是"物"。[124]

但是,本民法修正案认为支配可能性与非人格性并不是"物"概念的要件。空气、海洋在不具有排他性支配权的阶段不是任何人的所有物,但是瓶罐等中的空气、海水就到了排他性支配阶段,便就是所有权的对象了。另外,活的人体之所以不是所有权的客体,过去是因为奴隶制度,现在是因为违反伦理。

由上可知,"物"的概念与所有权对象适格性没有必要保持一致,也没有必要修改现行民法"物"的概念。

此外,本民法修正案将现行《民法》第 85 条物的定义放在第一节"总则"中,所以主要规定有体物的第二节的标题就改为"物的分类"。[125]

第二节 物 的 分 类

【条文案】

(不动产及动产)
第三十三条 土地及其定着物为不动产。
2 不动产以外之物均为动产。

权与对人权的系统中理解,权利都是对人的,但是权利主张有绝对(对世)和相对之分,还有结合以上两种学说的折中说(参见小野秀诚、《债权总论》,信山社 2013 年版,第 2 页以下)。民法中规定这个高度学术化的命题,而且仅仅是一方的观点,显然是不合适的。但是,正如第三部第一章所言,规定本身并不是为了排除物权的绝对性与债权的相对性的区别(《国民有志案》第 338 条规定债权的收信人便是债务人)。另外,"新"第 32 条第 1 款、第 2 款也是出于思考上的便宜,所以维持了该规定(2013 年 10 月 27 日)。

[123] 《民法》第 85 条规定"'物'为有体物",《德国民法典》第 90 条有类似规定,而法国民法上并没有相似规定。明治旧民法中有"物有有体物与无体物"(旧《民法》财产编总则第 6 条)的规定(关于"物"概念谱系的探讨,参见田中清:《关于"物"》,载《法政论集》2001 年第 186 号,第 53 页以下)。

[124] 参见我妻荣,前载注[25]、《新订民法总则》(民法讲义Ⅰ),第 202 页以下;几代通,前载注[25],《民法总则》,第 157 页以下。

[125] 【关于第二节"物的分类"的讨论经过】
在国民有志案中,第三章"权利的客体"第一节"总则"与第二节"有体物"两处都规定了"物"为有体物,为了避免重复,本民法修正案删除了第二节中的类似规定。在此基础上,松冈久和教授建议将第二节的标题改为"物的分类"(2012 年 8 月 4 日全体会议)。

3　无记名债权视为动产。

本条第 1 款:同《民法》第 86 条(不动产及动产)第 1 款
　　第 2 款:对《民法》第 86 条(不动产及动产)第 2 款的修改
　　第 3 款:同《民法》第 86 条(不动产及动产)第 3 款

(主物及从物)
　　第三十四条　物的所有人为了其物供日常使用,将属于自己所有的他物附属于其物时,该附属物为从物。
　　2　主物的处分及于从物。但是,法律行为有另行规定的,不在此限。

本条第 1 款:同《民法》第 87 条(主物及从物)第 1 款
　　第 2 款正文:对《民法》第 87 条(主物及从物)第 2 款的修改
　　　　但书:新增

(天然孳息及其归属)
　　第三十五条　按物的用法收取的产出物,为天然孳息。
　　2　天然孳息从其原物分离时,归属于有权收取它的人。

本条第 1 款:《民法》第 88 条(天然孳息及法定孳息)第 1 款移动
　　第 2 款:《民法》第 89 条(孳息的归属)第 1 款移动

(法定孳息及其归属)
　　第三十六条　作为物的使用对价而收取的金钱或其他物,为法定孳息。
　　2　法定孳息根据收取权利的存续期间,按日计算收取。

本条第 1 款:《民法》第 88 条(天然孳息及法定孳息)第 2 款移动
　　第 2 款:《民法》第 89 条(孳息的归属)第 2 款移动

(对非有体物的准用)
　　第三十七条　前三条规定,只要不违反其性质,准用于权利及其他非物的利益。

本条:新增

【修正理由】

一、动产、不动产

"新"第33条原封不动地沿袭了《民法》第86条的规定[106][根据"关于法令中的汉字使用等"(2010年11月30日),本民法修正案全面修改了汉字表述]。

"新"第33条第1款、第2款所规定的动产、不动产的区别在法律上反映在物权变动、公信原则的处理的差异上,所以没有必要修改现行民法的规定。

那么,对于"新"第33条第3款的无记名债权又该如何处理?无记名债权如果以交付为对抗要件,那么当事人之间即便没有交付债券,只要存在意思表示便发生权利转移的效果[即便是记名证券债权,背书交付就发生权利转移(《民法》第469条以背书交付为对抗要件是不恰当的,而应当是效力要件)。另外在记名式债权的情况下(其实这里的"记名"并无太大意义,只是为了保持与无记名债权的连续性),即便如此,如果没有证券的交付,当事人之间不发生权利转移]。

但是,与上一段末尾的证券性债权不同,对于邮票、门票等无记名债权的让与,要求债权让与程序显然是不自然的,所以交付是对抗要件。另外,民法的实时取得也适用于这些债权。由此,我们保留了将无记名债权视为动产的《民法》第86条第3款的规定。

基于此,本民法修正案"新"第33条原封不动地沿袭了《民法》第86条的规定。

二、主物、从物

现行民法"物"指的是有体物,而且是一个物理概念。物理上个别的物是各自独立的权利客体,这就是一物一权主义产生的根源。

但是,也有不少情况是物理上各自分离,但是通常"使用、收益、处分"是一体的,经济交易上作为一个单位进行处理。比如说,建筑物本身与门窗等就是代表。因此,我们将物理上定义的"物"按照社会观念以及机能分为"主物"与"从物"。这些区分是有必要的。

故而,"新"第34条第1款原封不动地沿袭了《民法》第87条第1款,并稍微修改了第87条第2款的内容,但是还是基本上沿袭了现行民法的规定。另外,"新"第34条第2款但书是新设内容,但是基本上是对没有争议内容[107]的条文化而已。

---

[106] 本民法修正案总则编中原封不动地继承现行民法的条文除了"新"第33条再无他例。进一步说,即便不是条的层面,而从款的层面看(除了现行民法第四章物的规定)也只有三处(规定权利滥用的"新"第3条第2款,规定成年年龄的"新"第10条第1款,规定法人成立法律准据主义的"新"第26条第1款)。本民法修正案虽然最大限度地尊重现行民法,但是仔细探讨规范内容并加以纯化的结果是,我们或多或少几乎修改了所有的条文。

[107] 参见林良平、前田编,前载注[55],《新版注释民法(2)》,第638页(田中整尔执笔部分)。

三、天然孳息、法定孳息

现行《民法》第 88 条规定了天然孳息和法定孳息的定义,第 89 条规定了归属问题。但是,本民法修正案概括规定了要件和效果,分解了第 88 条、第 89 条,内容上不加修改,"新"第 35 条规定天然孳息的定义与归属,"新"第 36 条规定法定孳息的定义与归属,内容上更加统一。[⑱]

另外,在某个阶段,民法改正研究会还讨论了将有体物的"使用利益""视为法定孳息"的规定。但是两者之间还是存在差异的。首先,有体物可能签订买卖合同,一般法定孳息如果没有特别约定按照《民法》第 89 条第 2 款是按日计算分配的。但是,对于使用利益而言,在交付之前归于出卖人,交付之后由买受人取得,这是当事人间比较合理的意思解释,不适合按日计算。其次,关于买卖合同无效情形下的返还义务,有力说认为应该按照《民法》第 575 条决定归属,问题是如何理解其与《民法》第 545 条第 2 款的关系。

可见,"使用利益"问题应当按照情况分别考虑,而不应一律视为法定孳息,最终本民法修正案没有规定这方面的内容。

虽然总则中没有规定,但是在物权编的修正草案中,为了便于实务上的处理,对应《民法》第 189 条(善意占有人对孳息的取得等)第 1 款的后半段加上了"物的使用利益视为孳息"的规定(参见《国民有志案》第 129 条第 1 款)。

四、非有体物之准用

正如"前注"所述,本民法修正将现行民法第四章"物"改为第三章"权利的客体"。虽然该章意不在于规定包含无体物在内的权利客体,但是该章的意思也不是将范围限于有体物。因此,设置了"新"第 37 条。[⑲]

具体来说,复数权利相互之间存在主物性与从物性之别。另外,专利权等发生的法定孳息也适用于"新"第 36 条第 2 款按日计算的规定。

[⑱] 【关于"收取"与"取得"的讨论经过】
另外,与《民法》第 89 条第 1 款一样,"新"第 35 条第 2 款规定了"收取"孳息的权利。岩田修一律师提出,这里的"收取"并不是生活用语,松岗久和教授提出有必要与《民法》第 189 条善意占有人"取得"孳息相一致(2009 年 3 月 19 日市民法研究会)。"新"第 35 条第 2 款使用"取得"是不自然的,考虑到《民法》第 190 条、第 297 条都使用"收取"一词,我们还是维持了《民法》第 89 条"收取"的用语。

[⑲] 该条根据矶村保教授的建议起草(2008 年 4 月 19 日总则分会)。

第四章　权利的变动

【前注】

现行民法从第一章"总则"开始,然后是关于权利主体的第二章"人"和第三章"法人",关于权利客体的第四章"物",接下来规定了第五章"法律行为"、第六章"期间的计算"、第七章"时效"。

正如序章所述,本民法修正案删除了第六章"期间的计算",将其规定在"法令通则法"中。在此基础上,将民法第五章"法律行为"以及第七章"时效"从章改为节,上位是第四章"权利的变动"。这样民法总则的构成就变成了通则、权利的主体、权利的客体、权利的变动、权利的实现,也就是权利本位构成。

第一节　总　　则

【条文案】

> **(权利的变动)**
> **第三十八条**　权利的发生、变更和消灭依照下一节及第三节(时效)和其他法律规定。

本条:新增

【修正理由】

由于权利的变动将法律行为与时效归结于一章,所以"新"第38条的意义在于表明权利变动的原因并不限于法律行为与时效,除此之外并无过多含义。

当然，权利的发生、变更、消灭的原因有作为所有权取得原因的添附、继承等多种，但是逐一规定过于繁琐，将其总结为"法律规定"。⑩

第二节 法律行为

第一款 总 则

【条文案】

> **(法律行为)**
> 　　**第三十九条** 法律行为以意思表示为要件而成立，并根据该意思表示的内容发生效力。

本条：新增

> **(法律行为的效力)**
> 　　**第四十条** 法律行为[包含意思表示，以下本款及下一款(第四十四条[虚假表示]除外)中亦同]违反公序良俗时无效。违反其他法律法规中有关公共秩序的规定时亦同。
> 　　2 法律行为的内容即使与法律法规中无关于公共秩序的规定(下一条中称为"任意性规定")的内容不同时，亦不妨碍其效力。

本条第1款前段：《民法》第90条(公序良俗)移修
　　　　　后段：新增[《民法》第91条(与任意性规定不同的意思表示)的反面解释]
　　第2款：《民法》第91条(与任意性规定不同的意思表示)移修

> **(习惯)**
> 　　**第四十一条** 当存在与任意性规定不同的习惯时，若法律行为的当事人无排除该习惯的适用的意思表示，则推定为其具有根据该习惯产生的意思。

本条：对《民法》第92条(与任意性规定不同的习惯)的修改

---

⑩ 【关于第四章"权利的变动"第一节"总则"的讨论经过】
　　关于本条，最初的秘书处案(2007年12月22日总则分会)虽然在用语上有若干变化，但是在本民法修正案之前基本上还是维持了现行民法的框架。关于例举事项，也有若干讨论，有的方案只例举"法律行为"，有的方案是"法律行为、时效"，最终的条文是"新"第38条。

【修正理由】

一、法律行为的开头规定

正如第三部第二章所述，本民法修正案改变了现行民法法律行为一章违反公序良俗无效的规定方式，而是在开头规定法律行为的原则，然后再规定法律行为的无效。所以，新设了关于法律行为的开头规定"新"第 39 条，法律行为因意思表示而成立。

规定本身再自然不过。但是现行民法没有明确区分"意思表示"与"法律行为"⑱，使用上存在混乱。以合同为例，合同的要约这种"意思表示"层面有无效的问题，要约与承诺一致的合同这种"法律行为"层面也有无效的问题。在什么情况下无效、可撤销需要根据案情界定，并没有统一的答案，有时两个层面都是无效、可撤销的，而虚假表示经常是法律行为层面无效。"新"第 39 条的规定间接表明了该构造（关于"新"第 39 条的"讨论经过"，参见本章后文）。

本民法修正案最初规定无效、撤销是"新"第 8 条。正确地说，"意思表示或基于意思表示的法律行为的无效、撤销"规定为"法律行为[包含意思表示，以下本款及下一款（第四十四条[虚假表示]除外)中亦同]可以撤销"，明确规定意思表示层面的撤销与法律行为层面的撤销的具体条文依据。

二、公序良俗、强制性规定、任意性规定

1."法律行为的效力"的规定构造

根据意思自治原则，"新"第 39 条规定法律行为因意思表示的内容而发生效力。首先，"新"第 40 条第 1 款规定了法律行为的无效事由，具体来说该款前半段规定了法律行为的自由界限，即公序良俗的原则。在此基础上，该款后半段规定了违反强制性规定的问题。其次，"新"第 40 条第 2 款沿袭了《民法》第 91 条的内容，即意思表示优先于任意性规定。

如此，本民法修正案就以法条的形式排列了公序良俗、强制性规定、任意性规定的关系。⑲

---

⑱ 这个问题首先由矶村保教授提出（2007 年 3 月 4 日、5 日总则分会）。
⑲ 【关于公序良俗、强制性规定、任意性规定的定位的讨论经过】
结合本民法修正案"新"第 39 条与"新"第 40 条，规定顺序如下，首先，① 根据意思表示的内容发生法律行为的效力，这是原则规定；其次，② 违反公序良俗，无效；③ 违反强制性规定，无效；④ 任意性规定的意思表示。

在达成上述共识之前，民法改正研究会进行了漫长而曲折的讨论，下文做简要介绍。但是所有提案的前提都是明确规定任意性规定与强制性规定，而不是通过相反解释界定强制性规定的地位。

首先，在私法学会提出案以及法曹提交案阶段，在法律行为的开头首先规定了①，然后合并规定了③强制性规定与②公序良俗，在下一个条文中合并规定了④任意性规定与习惯[对于该提案，大规健介律师提出如下批判，即将任意性规定与强制性规定在不同的条文分开规定将导致人为割裂的问题（2009 年 2 月 9 日企

2. 明确设置强制性规定——避免法条的"反面解释"

《民法》第 91 条规定,意思表示优先于任意性规定("不违反公序良俗的规定")。作为反面解释,强制性规定,即"法令中公共秩序有关"的规定优先于意思表示。虽然对法律家来说强制性规定优先于当事人意思是不言自明的,但是对于非专家而言却是技术性的解释。考虑到这一点,本民法修正案分别在"新"第 40 条第 1 款和第 2 款正面规定了强制性规定、任意性规定的相关内容。

3. "强制性规定"的二重根据及其回避

民法关于强制性规定的内容是相当混乱的。违反强制性规定("公共秩序相关的规定")的行为无效,从解释论上《民法》第 90 条以及第 91 条两个条文都可以得出此结论。

首先,如前段所述,《民法》第 91 条的相反解释可以推导出"违反强制性规定＝无效"规则。民法中并不存在"关于法令中的公共秩序的规定"的语句,但是前段所述《民法》第 91 条的相反解释以及下文所述第 92 条规定的解释都含有上述语句的含义,这几乎是没有争论的。但是,关于公序良俗的第 90 条规定:"以违反公共秩序或善良风俗事项为目的的法律行为无效",这里也有"公共秩序"一词。因此,有人认为《民法》第 90 条是违反强制性规定的法律行为无效的条文根据。但是有力说认为,第 90 条所谓"公共秩序"并不限于强制性规定,而是一般国家秩序的含义。因此,即便使用了相同的"公共秩序"一词,违反公序良俗无效和违反强制性规定无效的关系,在条文上还是模糊不清的。

因此,本民法修正案首先在"新"第 40 条第 1 款前半段规定了违反公序良俗:"法律行为违反公序良俗时无效",之后,在后半段,关于违反强制性规定:"违反其他法律法规中有关公共秩序的规定时亦同",这里用"其他"一词避免了与公序良俗的重复。[⑱]

业法务研究会)]。再次,片山远、市川充律师提出以下方案:不规定①,②单独规定一条,③和④合并为一条(2009 年 2 月 9 日企业法务研究会,2009 年 3 月 19 日市民法研究会)。

参考上述方案,国民有志案将①、②、③规定在一个条文中,然后在下一个条文合并规定④和习惯法。

其后,中野邦保教授提出,"新"第 39 条规定的①"因意思表示的内容发生法律行为的效力"原则的外延是通过②违反公序良俗而得出的结论。同样是无效,违反作为社会规范的公序良俗的无效与违反③人为制定的国家强制性规定的无效是两个不同层面的问题。因此,法律行为的开头应当规定①与②,下一条规定③与④(2011 年 5 月 14 日秘书处会议)。

对此,矶村保教授从意思表示是否具有效力的角度出发,认为区别违反公序良俗与违反强制性规定没有合理的理由,所以他认为应当合并规定②与③(2011 年 12 月 17 日全体会议)。

最终阶段,川崎司司律师提出,开头条文中规定①,然后下一条第 1 款中前半段规定②,后半段规定③,然后第 2 款规定④(2013 年 10 月 27 日全体会议),这就是本民法修正案"新"第 39 条、"新"第 40 条的内容。

⑱ 关于民法典中是否规定违反所谓取缔规定私法上法律行为的效力,本民法修正案认为该问题可以交由"公共秩序相关的规定"的解释论,所以不作规定。

4. 关于违反公序良俗的若干问题

"新"第40条第1款前半段基本上沿袭了《民法》第90条,但是用语上还是有稍许修改的。具体来说,《民法》第90条规定以违反公共秩序或善良风俗"事项为目的"的法律行为无效。这里"以某事项为目的"可能解释为不包含动机不法,但是时至今日,判断法律行为是否违反公序良俗可以考虑动机不法几乎是没有异议的,所以我们在"新"第40条第1款前半段删除了该词。

关于违反公序良俗的无效是否可以对抗善意无过失的第三人的问题,研究会讨论的最终结论是可以对抗,所以没有设置特别规定。[184]

5. "法律"与"法律法规"的用法

正如第二章所述,本民法修正案严格区分"法律"与"法律法规"的用词。"新"第40条第1款以及第2款使用了"法律法规"的用语。这主要考虑到过去比如《地租房租管制法规》等规制的存在,而今后不存在这种可能性。

三、与任意性规定不同的习惯

1. 习惯与任意性规定

《民法》第92条规定,习惯与任意性规定不同的情况下,"若足以认为法律行为的当事人有依照该习惯的意思的,则从其习惯"。之前的第91条规定当事人的意思优先于任意性规定,所以仅仅从文字上看,第92条(与习惯之有无无关)不过是加上了"习惯"一词,重复了第91条关于当事人意思优先的规定。

本条规定的方式本身是无意义的,所以判例中(盐釜轨道事件)[185],明知存在习惯的情形下,"没有特别反对的意思,便可以推定依据习惯的意思",也就是类推适用第92条。

因此,本民法修正案将判例中的理论进行条文化。比起判例中"反对的意思",我们采用了更加明确的表达,即"没有排除适用习惯的意思",则推定当事人有适用习惯

---

[184] 【关于违反公序良俗的"无效"范围的讨论经过】
对于"新"第40条,民法改正研究会上还讨论了矶村保教授提出的方案(2007年3月4日、5日总则分会)。
"前款无效不可对抗善意无过失的第三人。但主张法律行为无效的人的利益需要特别保护等特殊情况的除外。"
有人指出,违反公序良俗的无效也有多种情形,即便是保护私益也存在相对无效的余地。即便是通说也认为,违反公序良俗的无效作为绝对无效也有一部分例外存在,上述方案就是原则上不可以对抗善意无过失第三人,原则是相对无效,例外才是绝对无效,可以说思路转变较大。
在民法改正研究会上的讨论中,虽然认可理论上的可能性,但是有人指出上述规定会恶化实际交易中的危险性。比如,善意无过失会让赌博债权的人将得到保护,但是判例的结论是相反的。因此,有必要谨慎加入这样的规定。判例中(最判1997年11月11日民集51卷10号,第4077页)即便是没有异议的承诺也不认可抗辩,这可能是考虑到善意第三人的保护以及法律制度的滥用。
基于此,我们最终没有加上这样的规定。
[185] 参见大判1921年6月2日民集27辑,第1038页。

的意思。由此可知,"新"第 41 条的规定,在习惯与任意性规定不同的情况下,如果没有排除习惯的意思表示,原则上推定具有适用习惯的意思。[180]

2. 习惯与习惯法

关于《民法》第 92 条与《法律适用通则法》第 3 条(旧法例第 2 条)的关系,存在多种不同意见。[181] 过去的有力说认为第 92 条的对象是"作为事实的习惯"。这种观点总感觉不是很自然,从而招致学界、法律实务界的混乱。

某些学说可能是不恰当的,但是下述观点可能消除混乱。首先,《民法》第 92 条

---

[180] 【关于习惯的讨论经过】

正如正文所述,《民法》第 92 条是没有意义的,有人认为民法典中没有必要设置该条文。鹿野菜穂子、五十川直行教授建议删除该条文(2007 年 3 月 4 日、5 日总则分会)。

关于这一点,鹿野菜穂子教授理由如下:一般认为,当事人没有特别的意思表示的,习惯具有扩充当事人意思的机能(大判 1916 年 1 月 21 日民录 22 辑,第 25 页)。作为补充意思的基准之一,仅仅将习惯条文化是存在疑虑的,应当将其交给解释论。

另外,五十川直行教授认为该条文的立法经过给现行法带来混乱。起草现行民法时,起草委员对于任意性规定与习惯何者优先的问题存在严重对立。梅谦次郎以商习惯为例,提出应当以习惯为优先。而富井政章则建议以任意性规定为优先。因而,穗积陈重以"意思"为中介,采用了折中方案,即现行《民法》第 92 条。五十川教授认为,我们有必要进一步探讨该规定的意义(参见五十川直行:《习惯法、作为事实的习惯——民法第 92 条论》,载《法学教室》2000 年第 235 号,第 18 页)。

虽然有人建议删除该条文,但是判例中还是经常引用《民法》第 92 条,并不认为该条文是没有意义的。在上述案件中,以该条文为依据,认为不发生同时履行抗辩权。秘书处案(2007 年 2 月 18 日总则分会)以此为基础,规定:当存在与任意性规定不同的习惯之时,推定为后者的意思内容。这基本上就是从私法学会提出案到国民有志案的法条内容[之后,我们将判例中"反对的意思"一词改为"排除适用习惯的意思"(2011 年 12 月 17 日全体会议)]。这就是"新"第 41 条。

但是,矶村保教授也提出了与判例立场以及上述秘书处案不同的方案(2007 年 3 月 4 日、5 日)。内容如下:关于当事人意思与任意性规定、习惯的优先关系,首先,当事人的意思最为优先,其次当事人没有意思的,习惯优先于任意性规定。

矶村保教授是如下比较上述两个方案的:

在讨论上述两个方案之时,意见分歧主要在于:不知某些地区特有"习惯"而缔结合同的,该习惯是否拘束当事人。更加具体地说,不知当地习惯(尤其是没有过失)的人,是否需要受到该地习惯的约束。同样,某些人之间确立的习惯,对于不知道该习惯的人是否有效力。学界对于上述问题是存在意见对立的。问题的关键在于如何理解"习惯",如何理解"习惯法"意见存在差异。

以具体情况为例,我们比较一下两个方案:

矶村保案认为两者的区分并不重要,特别的、地域性的或者一定范围内确立的习惯优先于任意性规定,由此规制当事人间的法律关系具有合理性。根据该方案,即便是特定区域内确立的习惯也优先于任意性规定。

与此相对,秘书处案认为《民法》第 92 条的"习惯"与法律适用通则法中规定的"习惯法"是两个层面的概念,而且"习惯法"只有在没有任意性规定的情况下才可以适用。该方案认为,如果有人对于与任意性规定不同的习惯完全没有认识的话,就无须适用该习惯规则。理由是,如果习惯与任意性规定不同,则难以担保习惯内容本身的客观性与合理性,习惯效力过于宽泛是存在问题的。

对于该规定,岩田拓朗律师提出,规定中的"法律行为的当事人没有表示反对意思的"不过是表明了推翻"推定"的事实,所以是没有必要的(2009 年 3 月 19 日市民法研究会)。岩田律师的看法在理论上没有错,但是为了通俗易懂,我们还是保留了这样的表达。

[181] 参见川岛武宜、平井宜雄编:《新版注释民法(3)》,有斐阁 2003 年版,第 259 页(淡路刚久执笔部分)。

是关于"与法令中无关于公共秩序的规定不同的习惯"的规定,《法律适用通则法》第3条则是以"法令中没有规定事项的"习惯为对象的规定。换言之,前者以法律、法规中规定的事项的习惯为对象,后者以法律、法规中没有规定的事项的习惯为对象,区分适用。

以此为前提,《民法》第92条以当事人的意思为媒介,不过是规定了法律、法规中规定的习惯优先于任意性规定。如此,《民法》第92条与《法律适用通则法》并没有矛盾,本民法修正案也采纳了这种思路。

四、本民法修正案未采纳的有关法律行为的修正提议

1. 单独行为、合同、共同行为

从私法学会提出案到国民有志案,法律行为的条文一直分为单独行为、合同、共同行为三种类型,但是最终本民法修正案没有采纳这种分类。理由及讨论内容,包括"新"第39条的内容,参见"讨论经过"。[108][109]

---

[108] 【关于法律行为开头规定的讨论经过】
(1)规定单独行为、合同、共同行为的最初方针
关于法律行为的开头规定,最初方案由矶村保教授提出(2006年11月23日全体会议)。此外,鹿野菜穗子教授和秘书处也分别提出了各自的草案。民法改研究会上讨论了上述三个草案(2007年2月18日总则分会)。在讨论的基础上,提出人分别对上述三个草案进行了修改,最终将秘书案作为研究会草案。从《私法学会提出案》第48条到《法曹提交案》第49条,法律行为的开头规定由以下两款构成[但是,在最初讨论阶段,还有人提出这种总则性的开头规定不具有纠纷解决规范的属性,所以无须规定。为此,秘书处还提供了副案。但是讨论后还是决定设置这种开头规定(2007年5月6日总则分会)]。

(法律行为 过程草案 法曹提示案)
第四十八条 ① 本法中的法律行为包括单独行为、合同、共同行为。
② 法律行为以人的意思表示为成立要素,该意思表示的内容产生效力。
(法律行为自由的原则)
第四十九条 法律行为不要求书面以及其他形式。但是法律有特别规定或者当事人对此存在不同合意的,不在此限。

私法学会提出案与法曹提交案虽然文字上有所修改,但是内容还是一致的。在两个方案中,第48条第1款规定法律行为分为单独行为、合同、共同行为,第2款规定法律行为通过意思表示表现。之后的第49条规定法律行为的方式是自由的。
与此相对,《国民有志案》第49条第1款继承了上述两方案第48条第1款,第2款规定了"法律行为自由的原则",第3款继承了上述两方案的第49条,规定法律行为方式的自由[上述两方案第48条第2款的内容放在《国民有志案》开头规定的第2条即第50条之中(法律行为的效力)]。

(法律行为 过程草案 国民有志案)
第四十九条 ① 本法中法律行为包括合同、单独行为和共同行为。
② 法律行为根据以下各项规定分别进行:
(一)合同根据(国民有志案)第四百五十六条(合同自由的原则)的规定,可以自由缔结;
(二)单独行为应当根据本法及其他法律的规定进行;
(三)共同行为根据一般社团法人法、一般财团法人法、公司法及其他法律规定的程序进行。

2. 法律行为的解释

对于法律行为尤其是合同的解释，在本民法修正案中是否规定解释的方针，存在

③ 略(与《法曹提示案》第 49 条相同)

但是，之后有人提出了以下批判：① 上述规定单独行为、合同、共同行为的方案虽然表明了法律行为的种类，但是没有提出法律行为的内容；② 民法学界对于"共同行为"的概念是存在疑问的[矶村保教授的批判(2011 年 12 月 17 日全体会议)]；③ 市民法研究会、企业法务研究会也提出上述方案是学理上的规定。考虑到以上几点，我们最终删除了该规定(理由之详细参见下注)。

(2) 合同自由的原则与法律行为自由的原则

介绍上述删除经过的讨论，对于思考"合同自由的原则"与"法律行为自由的原则"的关系还是具有一定意义的。在讨论国民有志案的过程中，秘书处添加了下述说明，矶村保教授也进行了评论，研究会也进行了讨论(2012 年 8 月 4 日全体会议等)。下面简要介绍：

合同自由原则包含下面四方面内容：① 合同缔结是否自由；② 选择合同缔结相对人的自由；③ 决定合同内容的自由；④ 合同方式的自由。关于"法律行为自由的原则"并没有多少严密的论述，对照合同自由的原则，可以归纳为四点，即"是否进行法律行为的自由""选择法律行为相对人的自由""决定法律行为内容的自由"以及"法律行为方式的自由"。

但是对于第一个"是否进行法律行为的自由"，一般法律行为并不认可这一点。即使不进行法律行为一般是自由的，但进行法律行为却一般需要法律依据。因此，《国民有志案》第 49 条第 2 款的法律行为开头规定需要对比三种法律行为决定"是否进行法律行为的自由"。

第一，合同中一般认为缔结合同的自由是合同自由的一个侧面(例外是医生、公证人、水电、交通等垄断公益事业人具有合同缔结义务)，与此相对，单独行为要求有法律依据。某人单方意思表示只有在有法律依据的情况下才能影响他人。另外，关于共同行为，《国民有志案》第 49 条第 1 款中"本法……共同行为"只出现在第 34 条"法人的设立"中。基本上依据的法律是"一般社团法人法以及一般财团法人法、公司法等其他法律"。

从这个意义上看，法律行为中可以自由进行的也就只有合同。虽然我们经常说"法律行为自由的原则"，但是《国民有志案》第 49 条并不认可单独行为和共同行为的自由。

第二，关于"选择法律行为相对人的自由"，单独行为时，意思表示的相对人可能存在(比如撤销)，也可能不存在(比如遗言)。共同行为中，法人设立不存在相对人的问题。因此，"选择法律行为相对人的自由"基本上也是合同上的问题。《国民有志案》第 456 条第 2 款规定了这一点。

第三，关于"决定法律行为内容的自由"，且不论强制性规定以及违反公序良俗的问题，在合同中，"合同自由的原则"就包含像非典型合同那样的决定内容的自由。《国民有志案》第 456 条第 1 款规定了这一点。但是，比如遗言等单独行为(特留份除外)认可决定内容的自由，但是在撤销、合同解除、债务免除等情况下，意思表示的内容大多是法定的(对上述秘书处的说明，矶村保教授的评论如下：从广义上讲，减轻债务人责任的单独行为包括许多情况，比如说期间的推迟、债务的部分免除、担保的解除等，内容是自由的。撤销以及解除作为一种形成权，违反相对人的意思致使发生不利益的法律效果，与免除、放弃时效利益等致使相对人有利的单独行为是不同的)。另外，共同行为的法人设立内容也是法定的[对此，矶村保教授评论：但是与谁进行共同行为是自由的(选择共同设立人的自由)]。

第四，关于方式自由的问题，如下所述，也只是合同领域才是如此。

基于以上理由，国民有志案虽然没有完全否认"法律行为自由的原则"，但是第 49 条只是规定了合同的自由。

关于法律行为方式的自由，讨论如下：

《私法学会提出案》第 49 条与《法曹提交案》第 49 条都在"法律行为自由的原则"标题之下，规定了法律行为方式的自由。《国民有志案》第 49 条第 3 款亦是如此。

但是，法律行为方式的自由也未必普遍。除去保证合同等例外，合同尤其是有偿合同一般是认可合同方式的自由的。与此相对，单独行为、遗言等需要书面并且需要一定的形式性，法律行为的撤销等为非要式。另外，在共同行为中，法人设立过程中需要制定格式性、书面性的记录。

正否两论,最终我们决定不规定合同的解释。在讨论过程中,有人还提出了具体的条文草案,详见"讨论经过"。⑲

在私法学会提出案公布之后,"正确地说,'合同自由的原则'是得到广泛认可的,但是'单独行为自由的原则''共同行为自由的原则'并不是普遍的。即便如此,'法律行为自由的原则'在习惯上是如此表述的"(民法改正研究会起草:《日本民法修改草案:第一分册总则物权》,有斐阁2008年版,解说第54页)。因此,最终没有设置关于法律行为方式自由的规定,没有规定法律行为方式自由的内容。

最终,《国民有志案》第456条只规定了"合同自由的原则",第3款规定了合同方式的自由。

⑱ 【不规定共同行为的讨论经过】
首先,需要说明的背景是:《民法》第118条"单独行为的无权代理"与第872条第1款"未成年人被监护人与未成年监护人之间合同等的撤销"都使用了"单独行为"一词。但是民法中并没有"共同行为"的用词。

学说上,对于民法典规定的单独行为概念没有异议。与此相对,对于共同行为的概念多有批判[参见川岛、平井编、前载注⑱,《新版注释民法(3)》,第51页(平井宜雄执笔部分)]。但是多数学说还是肯定了共同行为的概念,以社团法人的设立行为为中心展开相关论述,也包括决议、劳动协议等共同行为概念[参见我妻荣、前载注㉕,《新订民法总则》(民法讲义Ⅰ),第244页]。但是,最近有人提出共同行为只是社团设立行为的概念(本注引用《新版注释民法》,第52条;加藤、前载注⑪,《新民法大系Ⅰ》,第194页)。

基于以上学说,即便多数学说认为社团法人设立行为中的共同行为概念具有一定的意义,学说上对于如何划定共同行为概念的外延并没有一个固定的说法。传统学说也认为:"这些共同的理论未必是清楚明白的。"[参见我妻荣、前载注㉕,《新订民法总则》(民法讲义Ⅰ),第244页]

正如前注所述,本民法修正案在制定过程中,《私法学会提出案》第48条(法律行为)、《法曹提交案》第48条(法律行为)规定了合同、单独行为、共同行为。《国民有志案》第49条(法律行为)第1款除了上述规定之外,"共同行为"的概念仅限于社团法人的设立行为。

但是,最终本民法修正案并没有规定共同行为的概念,理由如下:① "共同行为"的概念虽然在社团法人的设立中具有一定的合理性,但是在其他外延部分,作为一个法律概念并不成熟;② 假如将共同行为限定为法人设立,如果像《国民有志案》第49条第2款第3项那样,共同行为限于法人设立的话,就可能排除没有权利能力的社团的设立法律行为;③ 一人公司的社团的设立法律行为并不存在"共同行为"。

⑲ 【法律行为,特别是合同的解释讨论经过】
(1) 彻底贯彻不规定法律行为解释的方针
民法改正研究会讨论了是否应当设置法律行为(尤其是合同)解释的规定,目前并没有强烈要求设置该规定的意见。

即便是提出了具体条文草案的鹿野菜穗子教授也认为不应当设置解释规定(2007年2月18日总则分会)。另外,矶村保教授也提出了具体草案。但是他也认为,如果民法改正研究会成员不能就内容达成一致的话,也可以不设置这样的条文(2007年3月4日、5日总则分会)。

但是,五十川直行教授指出,从世界范围来看,设置解释规定确实是比较普遍的做法(2007年9月22日总则分会)。但是秘书处认为,外国的这些规定在法律行为解释之时并没有发挥实际的作用,所以不应当规定(2007年2月18日总则分会)。另外,关于各国或地区以及各种草案中的"合同的解释"的规范内容,参见其后公布的法制审议会民法第十九次会议的资料[《民法部会议事录 第一集 第五部》,第450页以下。资料包括日本旧民法财产编、法国民法(附Catala草案、Terre草案)、德国民法(格式条款的解释)、荷兰民法、《国际商事合同通则》、《欧洲合同法原案》(DCFR)]。

实务界人士也压倒性地认为不应当设置解释规定,因为剥夺了法院的裁量权,难以根据实施情况解决问题(2009年2月9日企业法务研究会)[但是矶村保教授认为具体规定解释的原则不会剥夺法院的裁量权(2011年12月17日全体会议)]。

基于以上意见,本民法修正案不设置关于法律行为解释的规定。

但是学者提出的具体草案也是珍贵的成果,所以以下文介绍鹿野菜穗子和矶村保两位教授提出的条文,之后介绍研究会对两个草案的讨论。

(2) 鹿野菜穗子案的介绍
正如前述,鹿野教授认为如果要设置解释方针,可以规定如下:

3. 格式条款

本民法修正案第一编"总则"第四章"权利的变动"第二节"法律行为"中没有规定格式条款。学说上存在法律行为中规定格式条款以及在合同总则中规定格式条款

(法律行为的解释　过程草案　2007年2月18日鹿野方案)
(法律行为的解释)
第N条　法律行为的解释不拘泥于文字字义,应当探求当事人的意思。
(多种含义的文字解释)
第N条之2　① 一词具有两种以上含义的,应当根据该法律行为的性质及目的最恰当的含义进行解释。
　　　　　② 一词在各地含义存在差异的,除非有特别意思,应当根据当事人住所地惯用的含义解释。双方当事人不在同一住所的,按照法律行为地惯用的含义解释。
(有效解释)
第N条之3　① 法律行为的各条款应当根据法律行为整体最协调的含义进行解释。
　　　　　② 一个条款存在复数含义的,其中一个条款有效的,除非存在特别意思,应当遵循该有效的含义。
(有利于债务人等的解释)
第N条之4　① 法律行为当事人的意思存疑的,应当根据债务人有利进行解释。
　　　　　② 事先约定的法律行为条款含义存疑的,应当根据制作者的相对人有利进行解释。
(合同的补充)
第N条之5　法律行为中不明确事项,应当根据该法律行为的性质及目的推定当事人的意思进行解释,没有明确的,根据习惯及任意性规定进行补充。

鹿野教授的解释如下:
第一,旧民法财产编就有关于"合意的解释"的相关规定(第356条至第360条),现行民法没有关于法律行为或者合同的解释原理的规定。
第二,从外国法看,以法国法和意大利法为代表,民法典中一般明文规定了法律行为或者合同的解释原理。
第三,基于上述理由,存在下面三种修改思路:
① 不用修改论:这也是民法起草者的判断,这个问题可以交给学说以及判例解决,这样的处理更加灵活、恰当。另外,诚信原则的规定也可以在法律行为的解释中发挥作用。
② 修改论(其一,基本原则型):像德国民法一样只规定法律行为解释的基本原则,具体的适用可以由解释论解决。
③ 修改论(其二,基本原则+具体基准型):像法国民法一般既规定法律行为(合意)解释的基本原则,也规定具体的解释方针。
本方案是以③为基础起草的,但是也不意味着规定所有的情形。另外,这里也没有比如说格式条款中突袭条款的处理等与合同解释相关的问题。
(3) 矶村保案的介绍
矶村保教授虽然也不认为一定要设置解释规定,但是也提出了自己的方案:

(法律行为的解释　过程草案　2007年2月25日矶村方案)
第N条　① 法律行为的解释之时,应当明确当事人意思表示的内容。
　　　② 当事人真意一致的,法院从其意思。
　　　③ 当事人真意不一致,或者当事人不存在真意的,法律行为应当考虑法律行为时的情形、交易上的习惯以及诚信原则进行解释。

关于该方案的解释如下:
虽然规定了法律行为、意思表示的解释,但是意思表示的解释只有在法律行为构成要素之时才有意义,所以将其放在法律行为的解释之中。虽然实际上解释论的意义不大,但是在法律行为的效力之前,规定确定

两种看法。但是,格式条款基本上还是合同的问题(通过连锁方式设立大量子公司等之时,母公司或者连锁总部准备了定型化的格式条款,募集子公司经营者)。因此,本民法修正案将其规定在合同处,即第三编"债权"第二章"合同"第一节"总则"第二目"合同的成立"之下第三目"依格式条款成立的合同"。民法改正研究会在总则分会和债权法分会分别讨论了格式条款,总则分会讨论的内容参见《理由书 第三编 债权》。

4. 商行为

本民法修正案没有关于"商行为"的定义规定。正如第二章所言,本民法修正案设置了引致规定,消费者、商人等定义规定放在消费者合同法、商法之中。同样,本民法修正案中的引致规定提及了商行为,所以商行为的定义规定与商法一致,也就没有必要设置商行为的定义规定了。研究会讨论的结果也是不必设置相关规定,参见注中的"讨论经过"。[109]

法律行为的内容是有必要的。

一般认为当事人之间一致的合意应当得到尊重。当意思表示外在一致而真意不一致时,通过规定一般抽象的补充规定给法院提供了法律行为解释的根据。同时,关于这些方法,学说上存在对立,有意处于一种模糊的状态。

但是,第2款不包括所谓修正性解释。

(4) 研究会的讨论

对于上述两个方案,民法改正研究会讨论了是否有必要设置解释规定,以及如果必要在何种程度上加以详细规定。如果说设置规定仅仅是法典的体裁上的理由,而缺乏实际意义的话,这种规定招致无用的讨论,所以无须设置(消极论)。与此相对,也有人认为可以设置学界意见一致的规定(积极论)。其中,对于鹿野方案,基本的共识是,债务人有利解释原则、有效解释的解释规则之间难以确定优先关系。但是,鹿野教授本来就是消极论者,矶村保教授也认为只有在研究会意见一致之时才加以规定,所以研究会讨论的结果是不规定法律行为的解释。

另外,德国民法也采纳了不设置解释规定的方针,相关背景参见中山知己:《合同的解释》,载圆谷峻编:《民法修正案的检讨》(第三卷),成文堂2013年版,第421页。

[109] 【关于导入商行为定义规定的讨论经过】

前文"人以及法人的属性"中,本民法修正案导入引致规定的结果是,有必要设置关于消费者、事业者以及商人的定义规定,而且为了与消费者合同法以及商法相互对应,有必要在民法中提及消费者合同法、商法中的定义规定(第二章)。

与此相同,由于存在商法的引致规定,本民法修正案中有不少地方出现了"商行为"一词(具体来说有"新"第62条,总则编之外《国民有志案》第379条第2款、第434条、第444条第3款、第568条、第582条、第590条、第599条)。由于这些条文中都出现了商行为,所以有必要规定商行为的定义。而法律行为一节是最适合规定商行为定义的。因此,秘书处提出了下述方案:

(商行为 过程草案 2009年1月6日秘书处方案)
第 N 条 本法中商行为参照商法第五百零一条(绝对性商行为)至第五百零三条(附属性商行为)的规定。

但是,民法改正研究会多数意见认为,在法律行为总则中规定上述条款未免有唐突之感,所以最终不设定义规定,将各自条文放入商法之中。比如说国民有志案原案如下规定:

(清偿的场所 国民有志案修正案原案)
第三百七十九条 ② 商行为产生债务的清偿场所适用商法第五百一十六条(债务履行的场所)的规定。

第二款　意思表示

【前注】

一、第二款"意思表示"的构成

本民法修正案第四章"权利的变动"第二节"法律行为"第二款"意思表示"规定在"新"第 42 条之下,按照顺序分别是"意思表示及其效力""真意保留"(民法中的"心里保留")、"虚假表示""错误""不真实表示及信息的不提供""欺诈""胁迫""对第三人的保护""外观法理"。其中,现行民法第五章"法律行为"第二节"意思表示"中没有规定的是"不真实表示及信息的不提供""对第三人的保护""外观法理"(新设这些规定的理由参见各自部分的修正理由)。

在最初阶段,"新"第 42 条"意思表示及其效力"是本款的开头规定,即将现行民法"意思表示"规定的末尾移到"意思表示"的最前面。与"法律行为"的开头规定一样,"意思表示"的开头规定也应当采取原则—例外的构成,即先规定有效的规范内容,再规定无效、撤销的事由(参见本书本章后文)。

之后的"真意保留"以下的规定基本上沿袭了现行民法的顺序。但是,新设的"不真实表示及信息的不提供"在性质上属于规范属性的"错误"与"欺诈"的中间,所以放在两者之间规定(参见注㉕)。

此外,本民法修正案还注意到了条文用语的定型化。[⑩] 另外,将现行民法中散落规定的第三人保护统一规定到"新"第 49 条之处,以保证动态安全与静态安全的平衡。同时,"新"第 50 条还规定了类推适用现行《民法》第 94 条第 2 款的虚假表示以及判例中发展出来的"外观法理"。

民法之外的特别法中的无效、撤销原因,尤其是消费者合同法上的无效、撤销原因非常重要。但是,这些无效、撤销原因并不是规定在本民法修正案总则的法律行为处,而只是与合同有关,所以在债权编合同一章中设置一条"合同的无效以及撤销"的条文。[⑪]

[⑩] 民法意思表示通常是以"意思表示是"为主语的,但是其他的规定方式却各不相同。与此相对,本民法修正案的意思表示基本模式的"表意人作出……意思表示的,基于该意思表示的法律行为无效""表意人作出……意思表示的,基于该意思表示的法律行为可以撤销"。这也是国民有志案公布之后的定型化的模式。

[⑪] 【关于消费者合同法上的无效、撤销原因规定位置的讨论经过】
由于本民法修正案设置了引致规定,所以本民法修正案很早就规定了特别法消费者合同法上的无效、撤销原因(参见前注⑨),即规定在可以一览法律行为的无效、撤销原因的民法总则法律行为一节。因此,在当初的私法学会提出案以及法曹提交案中,总则编的意思表示处规定了该条文。但是,消费者合同法等法律中规定的无效、撤销事由并不是一般法律行为的无效、撤销事由,而只是"合同"无效、撤销事由的一部分,所以国民有志案在第三编"债权"第二章"合同"的第 480 条规定包括民法、消费者合同法、特定商交易法中的无效、撤销原因,本民法修正案继承了这种一览性的规定。

二、意思表示的体系论——"无效、撤销'原因'的认定基准"的提出

《民法》第93条至第96条的第二节"意思表示"的规定传统上分为"意思的欠缺"与"有瑕疵的意思表示"两类。具体来说,内心保留、虚假表示、错误三种是欠缺内心效果意思的"意思的欠缺",而欺诈、胁迫则是存在表示行为的内心效果意思,但是意思形成过程受到了不当干涉,属于"有瑕疵的意思表示"。前者法律效果是"无效",后者是"撤销"。

正如后文所述,本民法修正案将错误的效果从现行民法规定的"无效"修改为"撤销"。与此同时,也不打算原封不动地维持前段所述传统的意思表示理论。总之,本民法修正案中"无效、撤销"规定是清晰的,参见本款末尾"意思表示的基础理论——'无效、撤销'的理论"(见本章后文)。

三、撤销权人之明示

如第二章所述,现行《民法》第4条以下"行为能力"与第96条"欺诈或胁迫"两处都规定了撤销权的发生,但均未规定撤销权人,而是在第120条作出了规定。这种分散规定的撤销权欠缺法律制度的一览性。

因此,本民法修正案在错误、不真实表示及信息的不提供、欺诈以及胁迫等各自条文中都明确规定了撤销权人,"新"第76条第2款概括了撤销权人的整体状况。

【条文案】

> (意思表示及其效力)
> 第四十二条　除该意思表示有特别规定的情形外,意思表示根据以下各项的区分,自该项规定的时间起生效。
>
> | | |
> |---|---|
> | (一) 存在相对人的意思表示; | 该意思表示到达相对人时 |
> | (二) 不存在相对人的意思表示; | 作出该意思表示时 |
> | (三) 相对人不明确或相对人所在地不明确基于公示作出意思表示的。 | 法令通则法(○○年法律第○○号)第十二条(基于公示的意思表示)第三款规定的时间 |
>
> 2　在前款第一项的意思表示发出或第三项的意思表示公示后,在其到达前或该公示的意思表示生效前,表意人死亡,或者欠缺意思能力或成为限制行为能力人的,不影响该意思表示的效力。但是,法律法规或合同另有规定的,不在此限。

本条第1款主文:新增
  第1项:新增[参照《民法》第97条(对远距离者的意思表示)第1款、《商法》第507条(对话者之间的合同的要约)的反面解释]

第 2 项:新增
　　　　第 3 项:新增[参照《民法》第 98 条(基于公示的意思表示)第 1 款]
第 2 款正文:《民法》第 97 条(对远距离者的意思表示)第 2 款移修
　　但书:新增

> **(真意保留)**
> 　　**第四十三条**　表意人在明知非其真意的情况下作出的法律行为不影响其效力。但是,当相对人知道其非表意人的真意,或对其不知具有重大过失时,该法律行为无效。

本条正文:对《民法》第 93 条(心里保留)正文的修改
　　但书:对《民法》第 93 条(心里保留)但书的修改

> **(虚假表示)**
> 　　**第四十四条**　表意人与相对人串通作出虚假的意思表示的,根据该意思表示作出的法律行为无效。于此情形,法律行为的当事人真正意图的其他法律行为的效力不受影响。

本条前段:《民法》第 94 条(虚假表示)第 1 款移修
　　后段:新增

> **(错误)**
> 　　**第四十五条**　表意人方因错误作出的意思表示,仅在该错误与法律行为的重要部分相关时,方可撤销据此作出的法律行为。
> 　　2　尽管有前款规定,但当表意人对错误具有重大过失时,表意人不能撤销根据该意思表示作出的法律行为。但是,当表意人与相对人双方均陷入错误状态或相对人知道表意人陷入错误的状态时,不在此限。
> 　　3　表意人根据第一款的规定撤销法律行为的,其应就相对人因该撤销受到的损失承担赔偿责任。但是,前款但书规定的情形不在此限。
> 　　4　表意人根据前款规定应赔偿的损失的范围,仅限于因该撤销产生的对相对人无益的支出以及相对人失去交易机会产生的损失。但是,因失去交易机会产生的损失的赔偿额不能超过当该法律行为有效时相对人可获得的利益的金额。
> 　　5　尽管有第二款正文的规定,当消费者作出电子消费者合同[指与关于电子消费者合同及电子承诺通知的民法的特例相关的法律(二〇〇一年法律第九十五号)第二条(定义)第一款规定的电子消费者合同]的要约或承诺的意思表示中存在错误时,适用该法第三条(关于电子消费者合同的民法特例)的规定。

本条第1款:《民法》第95条(错误)正文移修
　　第2款正文:《民法》第95条(错误)但书移修
　　　　但书:新增
　　第3款正文:新增
　　　　但书:新增
　　第4款正文:新增
　　　　但书:新增
　　第5款:新增

(不真实表示及信息的不提供)
　　第四十六条　表意人在相对人提供的信息与事实不符,且相信该信息为真实的情况下作出意思表示时,可以撤销据此作出的法律行为。但是,提供的信息的真伪不影响普通当事人的判断时,不在此限。
　　2　表意人在第三人提供的信息与事实不符,且相信该信息为真实的情况下作出意思表示时,只有在相对人知道该情况或相对人就不知该情况具有重大过失的情形下,才可以撤销据此作出的法律行为。于此情形,准用前款但书的规定。
　　3　因相对人违反第三条(诚实信用与禁止权利滥用原则)第一款的规定,未提供应提供的信息或未作应作的说明,表意人作出意思表示的,视为存在基于与第一款规定的事实不符的信息而作出的意思表示。

本条第1款正文:新增[参照《消费者合同法》第4条(消费者合同的要约或承诺的意思表示的撤销)第1款第1项]
　　　　但书:新增[参照《消费者合同法》第4条(消费者合同的要约或承诺的意思表示的撤销)第4款主文]
　　第2款前段:新增[参照《消费者合同法》第5条(受中介委托的第三人及代理人)第1款、第2款]
　　　　后段:新增
　　第3款:新增[参照《消费者合同法》第4条(消费者合同的要约或承诺的意思表示的撤销)第2款正文]

(欺诈)
　　第四十七条　表意人基于欺诈作出意思表示时,可以撤销据此作出的法律行为。
　　2　前款规定的欺诈为第三人作出时,只有在相对人知道该事实或就其不知具有过失时,方可撤销据此作出的法律行为。

本条第1款:《民法》第96条(欺诈或胁迫)第1款移修

第2款:《民法》第96条(欺诈或胁迫)第2款移修

(胁迫)
  第四十八条 表意人因受到相对人或第三人胁迫作出意思表示时,可以撤销据此作出的法律行为。

本条:《民法》第96条(欺诈或胁迫)第1款移修

(对第三人的保护)
  第四十九条 关于以下法律行为的无效或撤销,不能以该无效或撤销的原因对抗善意第三人。
  (一)第四十三条(真意保留)规定的无效;
  (二)第四十四条(虚假表示)正文规定的无效;
  (三)第四十五条(错误)第一款及第二款规定的撤销。
  2 关于以下法律行为的撤销,不能以该撤销的原因对抗善意且无过失的第三人。
  (一)第四十六条(不真实表示及信息的不提供)第一款及第二款规定的撤销;
  (二)第四十七条(欺诈)规定的撤销。
  3 前条规定的撤销可以对抗第三人。

本条第1款主文:新增
  第1项:新增
  第2项:《民法》第94条(虚假表示)第2款移修
  第3项:新增
  第2款主文:新增
  第1项:新增
  第2项:《民法》第96条(欺诈)第3款移修
第3款:新增

(外观法理)
  第五十条 故意制造有悖于真实的权利外观之人,不得以该权利不存在而对抗善意第三人。承认他人制造的有悖于真实的权利外观之人亦同。
  2 除前款规定的情形外,对自身制造的权利外观的存续负有责任的人以及对他人制造的有悖于真实的权利外观的存续负有重大责任的人,不能以该权利不存在对抗善意且无过失的第三人。

> 3 对于曾经存在的权利在缺乏实体后,对该权利外观的存续负有责任的人准用前款的规定。

本条第 1 款:新增[参照《民法》第 94 条(虚假表示)第 2 款]
　　第 2 款:新增
　　第 3 款:新增

【修正理由】

一、意思表示的生效时间——第二款"意思表示"的开头规定

1. 在开头规定原则而非例外

现行民法第五章"法律行为"第一节"总则"规定了"公序良俗"导致法律行为无效,即采取例外的方式规定法律行为。第二节"意思表示"也采用相同的方式。这一节没有关于意思表示发生效力的原则规定,而是例外规定了心里保留情况下意思表示无效的情形。"新"第 42 条改变了过去的规定方式,而是采取了原则—例外的顺序规定"意思表示"。

关于"意思表示"的效力,"新"第 39 条已作规定:"法律行为以意思表示为要件而成立,并根据该意思表示的内容发生效力。"因此,如果再规定意思表示的效力原则,就可能与"新"第 39 条重叠。

基于此,开头条文在规定原则的同时,为了避免与其他条文重复,"新"第 42 条规定了意思表示及其发生效力的期间。[104]

另外,《民法》第 97 条"意思表示"的后半段规定了意思表示自到达生效。这当然是以意思表示的有效性为前提的,也是效力发生时间的规定。因此,本民法修正案

---

[104]【关于意思表示开头规定的讨论经过】
正如正文中所述,本民法修正案第 2 款的开头规定是"意思表示的效力及其发生时间",这比《民法》第 97 条(异地之间的意思表示)更加概括,我们从私法学会提出案到国民有志案一直贯彻了该方针。
但是,这样的规定也有过于技术化之嫌,所以我们尝试在开头规定中规定意思表示与法律行为的关系。正文中本书提到"如果再规定意思表示的效力原则,就可能与'新'第 39 条重叠"。但是,更准确地说,法律行为将发生效果,而意思表示本身并不当然发生效果,而是想要发生效果的表示行为,所以内容上并不重复。故而,我们尝试在开头规定的第 2 款规定意思表示无效、撤销与法律行为无效、撤销的关系。草案如下:

(意思表示及其效力　过程草案　2011 年 6 月 25 日秘书处方案)
第 N 条　① 以"新"第三十九条(法律行为)的规定为构成要素,意思表示规定了法律行为的内容,自下述各项规定的时间起发生其效力。
　　(一)—(三) 略(内容与"新第四十二条第一款第一项至第三项内容相同")
　　② 作为构成要素的意思表示无效,则法律行为无效,意思表示撤销的,则法律行为撤销。

但是,该草案条文有些冗长,本民法修正案决定聚焦意思表示内容本身,删除其中第 2 款,按照川崎政司律师提出的规定方式作了若干修改。如此,"新"第 42 条在维持上述第 1 款的基础上,修改现行《民法》第 92 条第 2 款,重新规定了"欠缺意思能力"的情形,而且将现行《民法》第 97 条第 2 款的"丧失行为能力时"修改为"成为限制行为能力人时"。

在意思表示的开头原则规定中将其改为效力发生的规定,同时将意思表示的效力分为意思表示存在相对人、不存在相对人、不明朗等三种情形[106],具体情况如下。

"新"第42条第1款、第2款用了"另有规定"的用语,这当然是为了条文的通俗易懂。"新"第42条是任意规定,所以法律另有规定或者当事人之间存在约定的情形自然就不适用本条。

2. 异地人间、当面人之间区别的废止

《民法》第97条规定了异地人之间的意思表示,但是没有规定现实社会中更常见的当面人之间的意思表示,属于规定上的遗漏。

因此,本民法修正案在开头规定"新"第42条第1款第1项不区分当面人之间的意思表示和异地人之间的意思表示,都采用了到达主义原则。

当然,关于当面人之间的意思表示的效力发生期间也存在到达主义、发信主义的讨论。民法改正研究会参考了商法的规定,《商法》第507条规定了"当面人之间合同的要约",一方作出合同要约,相对人没有立刻作出承诺的要约失去效力。从到达主义、发信主义的观点看,合同要约的意思表示(事实上,发信与到达是同时的)到达之后发生效力。因此,本民法修正案不区分异地人与当面人之间的意思表示,一律采取到达主义原则。

另外,新设"新"第42条第1款第2项,规定了没有相对人的意思表示的情形,由于没有相对人就不可能采用到达主义,所以采用了发信主义。

---

[106]【意思表示开头规定第1款第1项至第3项构成的讨论经过】
关于"新"第42条,矶村保教授最早提出了草案,正如2中所述,虽然围绕"行为能力的丧失"对文字进行了修改,但是基本框架上还是沿袭了《民法》第97条(2007年3月4日、5日)。在私法学会提出案之前,秘书处对条文内容进行了大幅修改,法曹提交案也维持了该修改,具体内容如下:
首先,在第1款、第2款规定当面人之间的意思表示和异地之间的意思表示,第3款规定意思表示后死亡或者变成限制行为能力人的内容。最后,第4款只是规定公告意思表示的原则性内容。另外,民法中公告意思表示的技术性规范转移到法律适用通则法中。
其后,2009年3月召开的"民法修改论坛学界编——围绕奥田昌道教授",马场圭太教授提出,考虑到复数人闲聊等情形的存在,不应该设置当面人、异地人的定义规定(另外,对于异地人、当面人这样的用词,由于下述理由也从最终草案中删除了)。
其后,岩田修一、杉山真一等律师提出有必要规定发信主义与意思表示的受领能力的关系(2009年4月6日市民法研究会)。
在私法学会以及法曹提交案阶段,当面人之间的意思表示采用发信主义,异地人之间的意思表示采取到达主义。对此,市川充律师认为,当面人之间的意思表示,发信主义与到达主义并无实质区别,因此当面人与异地人之间无须作出区别(2009年4月6日市民法研究会)。受此启发,国民有志案中并不区分当面人和异地人,一律采取了到达主义。
其后,正如本章后文所述理由,中野邦保提出废除"通知"的概念,加藤雅信提出"没有相对人的意思表示"应当明确规定发信主义(2010年12月23日秘书处会议)。另外,中野教授提出改变国民有志案的规定内容,将开头规定的第1款分为3项:第1项是存在相对人的到达主义;第2项是没有相对人的发信主义;第3项是公告意思表示的规定(2011年2月9日秘书处会议)。研究会采纳了该建议,最终就是本民法修正案的草案内容。

3. 公示意思表示

"新"第42条第1款第3项沿袭了《民法》第98条第1款的规范内容,即规定了公示意思表示的要件。但是,"新"第42条第1款是关于意思表示生效时间的规定,所以按照该款的形式规定了要件。

《民法》第98条第2款至第5款规定了"公示意思表示"的技术性程序。该条第2款规定:"按照民事诉讼法公示送达的规定",所以公示意思表示不仅是民法的问题,与其他法律也有关联。因此,我们认为法令通则法规定这些内容更为恰当,故而从民法典中删除这部分内容(具体草案见本书附论第六章)。

4. 意思表示中"通知"概念的废除

《民法》第97条规定了异地人之间的意思表示是采用"通知"的到达还是发信的问题。但是,本民法修正案"新"第42条删除了"通知"的用语。

这是因为本民法修正案不区分异地人之间与当面人之间的意思表示,而且并列规定了存在相对人的意思表示与没有相对人的意思表示。当面人之间会话的意思表示不少情况是不存在"通知"的,而没有相对人的意思表示也没有"通知"的概念,所以"新"第42条删除了"通知"一词。

5. 意思表示发出后死亡或者限制行为能力的情形

"新"第42条第2款规定:"在前款第一项的意思表示发出或第三项的意思表示公示后,在其到达前或该公示的意思表示生效前,表意人死亡,或者欠缺意思能力或成为限制行为能力人的,不影响该意思表示的效力。但是,法律法规或合同另有规定的,不在此限。"对于发信与到达同时发生的当面人之间意思表示的情形而言,该规定几乎没有适用余地,只能在第1项中的异地人之间的意思表示与第3项的公示意思表示中适用。因此,第2款开头我们规定了"前款第一项的意思表示发出或第三项的意思表示公示后",明确规定了不适用第2项。

另外,"新"第42条第1款第1项采用了到达主义,如果没有该条第2款的规定,那么如果到达时死亡的,意思表示便没有效力,该结论显然是不合理的。因此,有必要规定这种情形。

此外,多少与该问题相关的是,《民法》第97条第2款规定了"对远距离者的意思表示,即使表意人在发出通知后死亡或丧失行为能力时,也不妨碍其效力"。2000年《民法》修改之后,"无行为能力"转变为"限制行为能力",即便存在"行为能力的限制",也不是"行为能力的丧失"。即便是成年被监护人也可以在购买日用品以及其日常生活相关行为承认其行为能力(《民法》第9条但书)。因此,本民法修正案将用语改为"成为限制行为能力人的情形"。[⑲]

[⑲] 【"新"第42条第2款(意思表示发信后表意人死亡等)的讨论经过】
"新"第42条第2款开头明确规定,如果没有相对人的,意思表示不适用"前款第一项以及第三项"。但

二、真意保留

1. 从心里保留到真意保留

现行《民法》第 93 条的标题是"心里保留",还标上了假名。日语上的意思是在内心保留,但是"心里"并不是日语上的常用词,所以才加上了假名。

因此,为了用语表现更加简明且直接,"新"第 43 条的标题我们改为"真意保留"。

2. 从相对人的善意无过失到善意无重过失

民法规定,心里保留的意思表示原则上是有效的,同时但书规定如果相对人对于表意人的真意存在恶意或者善意有过失的,意思表示无效。其理由在于恶意或者有过失的相对人缺乏保护必要性。

但是,如果相对人是轻过失的,认识到自己的意思与表示不一致的表意人主张相对人存在过失,意思表示的效力便存在争论,存在过于保护表意人的嫌疑。因此,本民法修正案规定,只有在恶意或者善意重过失的情况下,真意保留才无效。

德国民法上广义的真意保留区分为以下两种情形:第一,《德国民法典》第 116 条规定,在欺骗相对人的意图之下的真意保留作出的意思表示原则上有效,只有在相对人存在恶意的情况下才是无效的;第二,《德国民法典》第 118 条规定了戏谑表示等个别事例,该意思表示无效。[⑰] 后者的情况下,相对人没有注意且没有过失的,表意人负损害赔偿义务。

日本民法在立法过程中并不作区分,《民法》第 93 条包含了这两种情形。[⑱] 因此,单纯比较《德国民法典》与第 93 条的规定是不恰当的。

基于此,只有在相对人恶意或者重过失,真意保留的意思表示无效。从结果上来说,我们采用了《德国民法典》第 116 条与现行《民法》第 93 条的折中方式。[⑲]

是,即便法条不明确规定,没有相对人的意思表示也是不可能"到达"的,所以也可以通过解释论说明这个问题。民法改正研究会的国民有志案也采用了该观点(见下述条文)。但是到了最终阶段,从"一般国民通俗易懂"的角度,研究会认为这个问题还是不要交给解释论更好,所以加上了开头的规定(2012 年 9 月 19 日全体会议)。

(意思表示及其效力　过程草案　2011 年 12 月 18 日研究会方案)
　　第 N 条　② 意思表示发信之后到达之前表意人死亡的,即便变成缺乏意思能力或者限制行为能力人,亦不妨碍意思表示的效力。

[⑰] 中舍宽树教授也提出应当区分两种真意保留加以规定(2009 年 3 月 30 日民法修改论坛学界编)。为了保持民法的连续性,本民法修正案用一个条文加以规定。

[⑱] 参见村田彰:《心里保留无效》,载椿寿夫编:《法律行为无效的研究》,日本评论社 2001 年版,第 336 页;村田,前载注㉛《心里保留》,第 283 页;山本,前载注㉖《民法讲义Ⅰ》,第 148 页以下。

[⑲] 【"真意保留"的讨论经过】
真意保留的条文草案是以矶村保教授的建议为基础形成的(2007 年 3 月 4 日、5 日总则分会)。该草案由两款组成,其中第 1 款一直到最后阶段都没有修改,这也是"新"第 43 条的内容。但是条文的标题在国民有志案的阶段修改为"真意保留"(2009 年 8 月 20 日全体会议)。

3. 代理权滥用的应对

以往在法院实务中,《民法》第 93 条最重要的应用是代理权滥用事例中的类推适用。但是,对于判例法上确立的《民法》第 93 条但书的类推适用理论,有人批判这不过是没有办法的假借。类推该条之时,相对人轻过失的代理行为无效。商事代理是否可以类推适用也是一个疑难问题。商法学者大多对判例的观点持反对意见。[209]

对于这个问题,本民法修正案在"新"第 53 条第 3 款规定了代理权滥用问题,明确规定了相对人善意或者无重过失的,任意代理有效。因此,与现行法下的判例理论所不同,本民法修正案中真意保留的规定不适用于代理权滥用。

三、虚假表示

1. 虚假表示的规定

民法中,第 93 条心里保留有单独虚假表示一面,而第 94 条有同谋虚假表示的一面。但是,条文用词上并没有意识到这一点。因此,本民法修正案"新"第 43 条的真意保留与"新"第 44 条的虚假表示在用词上尽量保持平衡,明确两者的差异。

另外,现行《民法》第 94 条第 1 款"与相对人串通作出的虚假的意思表示无效",该规定是意思表示无效,而不是法律行为。但是,虚假表示中,不是合同的要约、承诺等个别的意思表示无效的问题,而仅仅是法律行为的无效,所以本民法修正案将该规定修改为"表意人与相对人串通作出虚假的意思表示的,根据该意思表示作出的法律行为无效"。[210]

---

[209] 其中的第 2 款是现行《民法》第 93 条心里保留的内容,关于虚假表示,判例和通说认为可以类推适用第 94 条第 2 款对善意第三人的对抗要件规定,因此草案规定了善意第三人的内容。这就是私法学会提出案以及法曹提交案的第 2 款内容。

但是,之后我们修改了第 2 款的规定。首先,桥本阳介以及岩田修一律师提出,第 1 款心里保留无效是指"相对人明知表意人的真意,或者存在重大过失而不知道的,该法律行为无效",由两方面要素构成。与此相对,第 2 款只是规定第三人"善意"的问题,对读者来说可能带来混乱。对于律师们提出的这个问题,法曹提交案将"善意第三人"改为"不知当事人真意的第三人"(2009 年 4 月 6 日市民法研究会)。

但是,本民法修正案最终在"新"第 49 条用一条条文规定了第三人保护的内容。无效、撤销原因可以分为三种情形:不可以对抗善意第三人的情形;不可以对抗善意、无过失的第三人的情形;可以对抗任何第三人的情形。在这种规定框架之下,真意保留的第三人保护虽然也是"善意"的问题,但是规定不是放在真意保留处,而是放在之后的"新"第 49 条中(2011 年 12 月 18 日全体会议)。

[210] 从竹田省教授开始,商法学说的情况,参见福永礼治:《试论代理权滥用(1)》,载《上智法学论集》1979 年第 22 卷第 2 号,第 137 页以下。

[211] 【虚假表示的讨论经过】

矶村保教授指出有必要区分意思表示的无效与法律行为的无效(2007 年 3 月 4 日、5 日总则分会)。关于虚假表示的规定,自私法学会提出案以来,本民法修正案一贯采用"法律行为的无效"而不是"意思表示的无效"的方针。

关于如何规定虚假表示,最初围绕是否应当规定外观法理的问题展开。

另外,本民法修正案中"新"第 50 条外观法理中剥离了虚假表示,与外观法理关联的讨论参见外观法理处(第四章)。

2. 隐匿行为

"虚假表示"通常以某种目的进行的"虚假"的法律行为,一般伴有为了达成目的的法律行为。《民法》第 94 条只规定了"虚假表示的无效",没有规定目的之下的法律行为。通常这个被称之为"隐匿行为"。民法上一般将"隐匿行为"交由法律行为的解释论解决。对于不熟悉法律的人来说,看了《民法》第 94 条的规定,就会感觉当事人所有的法律行为无效,大多不知"隐匿行为"的效力。

因此,本民法修正案在"新"第 44 条后半段规定了"隐匿行为",避免了上述误解。[20]

3. 第三人保护规定与外观法理

《民法》第 94 条第 2 款本来就适用于虚假表示的情形,只是现在的判例进一步扩大了其类推适用的范围,比如说看不到虚假外形的"同谋"、未必都有"意思表示"的情形。学说上将这种类推适用的判例法理称之为"外观法理"。但是,这些外观法理处理的案件真的是"同谋"虚假表示的问题吗?

本民法修正案"新"第 44 条沿袭了《民法》第 94 条第 1 款虚假表示的规定,将第三人保护的问题规定在"新"第 49 条第 1 款第 2 项中,并将适用范围限定于存在同谋的"意思表示"的情形。

最后,我们将过去判例中扩大《民法》第 94 条适用范围的做法规定在"新"第 50 条"外观法理"之中。

四、错误

1. 序言

(1) 错误规定的现代性课题

首先,现代社会中应当如何设定错误规定呢?

---

[20] 【关于隐匿行为的处理的讨论经过】
私法学会提出案中并没有关于隐匿行为的规定,2008 年 10 月 13 日私法学会研讨会上中山布纱教授提出虚假表示中应当规定隐匿行为的有效性。为此,我们提出了下述条文草案:

(虚假表示　过程草案　2008 年 11 月 2 日秘书处方案)
第 N 条　① 串通相对人,基于虚假意思表示的法律行为无效。但是基于真意一致的部分,不在此限。
　　　　　② 前款无效不得对抗第三人。但是第三人恶意的,不在此限。

如果只是着眼于虚假表示的话,上述条文草案是可行的。但是,虚假表示的规定不应该单独存在。私法学会提出案中,法律行为一节的开头第 48 条首先规定了法律行为的效力,意思表示一款开头第 52 条规定了意思表示的效力。在此基础上,第 53 条以下规定了原则规定之外的例外的无效、撤销原因:心里保留、虚假表示、错误、欺诈、胁迫和不实表示。上述草案第 54 条第 1 款但书重复了《私法学会提出案》第 48 条第 2 款 (法律行为以人的意思表示为要素而成立,按照意思表示的内容发生效力) 的规定。结果,隐匿行为的法律效力不过是合意具有效力的基本原则的一部分而已。基此,有段时间研究会决定不规定隐匿行为 (2008 年 11 月 2 日全体会议)。法曹提交案和国民有志案都没有规定隐匿行为。

但是,其后矶村保教授、川崎政司律师提出即便存在上述理论重复,但是出于"一般国民通俗易懂的民法典"的考虑,隐匿行为是对一般原则的确认,所以在"新"第 44 条虚假表示的后半段规定了这方面的内容。

自罗马法《以来,"错误"人保护的背景在于,人不应当受到未曾想到内容的法律行为的束缚。表意人与意思表示相对人的利害存在对立,不可能单方面保护表意人,所以错误只有在下述情形下才发生效力:从意思自律的观点来看,让表意人受到其意思表示束缚是不恰当的情形。这也是本文第四部分中所述"要素的错误"(限制保护范围)的出发点。

另外,民法的错误规定中并没有第三人保护的内容,相关背景在于,只有在表意人极其需要得到保护而且静态安全极其需要得到保护的情形下才可以主张错误无效,所以即便善意第三人有过失,也以表意人的保护为优先。如上所言,只有在必须保护静态安全的情形下才可以主张错误,反过来说动态安全不能得到保护也是无奈之举。

但是,最近保护交易安全、重视表示的需求变得越来越强烈,对与陷入错误的人进行法律行为的相对人的保护、第三人交易安全的保护等问题逐渐浮现。我们需要讨论,现代社会是否应该原封不动地继承自罗马法以来的错误法理,这也是民法修改之际必须探讨的问题。[203]

(2)错误规定的概况

修改主要存在以下五个论点[204]:

① 是否应当维持错误要件的"要素的错误"。
② 错误的效果是无效还是可撤销。
③ 是否应当明确规定错误人的损害赔偿义务。
④ 是否应当规定错误的无效或者可撤销的效果不能对抗善意第三人。
⑤ 是否应当规定与电子消费者合同法的关系。

下文2之后将依次探讨这些问题,这里首先来看本民法修正案中的错误规定的概要。

首先,"新"第45条第1款规定,对法律行为中的重要部分存在错误的情形下,表意人具有撤销权。第2款正文规定,在表意人存在重过失的情况下,赋予相对人抗辩权。然后第2款但书规定,在共同错误以及相对人恶意的情况下,赋予表意人再抗辩的权利。[205]

其次,该条第3款还规定因错误而行使撤销权的人可以请求相对人赔偿损害。

---

[203] 关于错误的立法建议草案参见半田信吉:《如何看待错误规定——以要件论为中心》,载椿寿夫、新美育文、平野裕之等编:《思考民法修改》,2010年版,第72页以下;沱泽昌彦:《如何看待错误规定——以要件论为中心》,载《思考民法修改》,第76页以下。

[204] 除了本文所述五个问题之外,矶村保教授还提出了与错误规定相并列,规定通过传达机关的意思表示的效力的问题(2007年3月4日、5日总则分会)。因网络的问题等也会发生同样的问题,基本上与错误规定并没有多大差异,所以没设定这方面内容。

[205] 《民法》第95条规定了重过失的抗辩,但是没有规定相对人的再抗辩。民法起草者认为,表意人重过失的抗辩只有善意相对人可以主张。只是在法条中没有规定大概是因为"存在不足"(梅,前载注⑲,《补正增补 民法要义 卷一 总则编》,第227页)。因此,本民法修正案在条文上明确了这一点。

作为例外,该款但书规定共同错误以及相对人存在恶意的情况下,表意人不负损害赔偿责任。而且,第 4 款还规定该损害赔偿责任的内容限于信赖利益。该条第 5 款规定的是电子消费者合同法的引致规定。

与现行民法相比,本民法修正案主要不同之处在于:第一,错误的效果从无效变为可撤销;第二,基于错误的撤销权人可以请求相对人承担无过失损害赔偿责任。

2. 错误的基本规定

(1) 从"要素的错误"到"法律行为的重要部分"

对于民法上的"要素的错误",学界多有争论。[206] 但是因学说之间立场不统一而难以进行条文化。另外,错误要件也不是一个简单的问题,还是交由解释论解决更为妥当。

但是,《民法》第 95 条"要素的错误"一词不仅不明确,而且容易误导初学者:法律行为由法律行为的主体、客体等若干"要素"构成,现行民法的规定容易产生这样一个误解,即只有这些要素才能被认定为错误。因此,"新"第 45 条第 1 款将"要素"改为"法律行为的重要部分"。这也参考了判例中的意见,即"民法第 95 条所谓法律行为的要素指的是法律行为的主要部分"。[207] 虽然法条中不太出现"部分"的用语,但是"内容"一词难以包含属性的错误等,所以还是使用了"部分"一词。[208]

(2) 错误的效果——无效还是可撤销

"新"第 45 条第 1 款规定错误的效果是可撤销。关于错误的效果,一直以来存在"无效"与"撤销"的争论。目前解释论上的通说是"撤销性无效",即限制主张权人的变通学说。

另外,这还与如何规定无意思能力的效果相关。虽然"错误"与"欠缺意思能力"都可能是撤销,但是两者是否具有一样的效果还有讨论余地。本民法修正案认为"欠缺意思能力"的效果是可撤销(参见第二章),即对两者做同样的处理。

---

[206] 学说状况参见川岛、平井编、前载注[162],《新版注释民法(3)》,第 406 页以下(川井健执笔部分);山本、前载注[26],《民法讲义Ⅰ》(第三版),第 208 页以下。

[207] 大判 1918 年 10 月 3 日民录 24 辑,第 1852 页。

[208] 【关于"要素的错误"的讨论经过】
《民法》第 95 条使用了"法律行为的要素有错误"一语。但是正如本文所述,这样的用语容易造成法律行为是由定型化的"要素"构成的误解,所以民法改正研究会从一开始就将其改为"法律行为的重要部分"。从私法学会提出案到本民法修正案,一直如此。
关于民法"要素的错误",杉山真一、岩井修一律师介绍到,法院极少支持错误无效,在法院审判中即便有人主张错误无效,法院大多也通过说明排除了这种主张。彦坂浩一律师提出,从消费者保护的观点,应当进一步扩张错误无效。另外,市川充律师认为其背景在于,法官具有以下问题意识:在相对人负担的情况下必须保护错误人吗?即静态安全与动态安全的矛盾。
基于上述讨论,杉山律师提出,在实务中,比起民法中"要素的错误",错误应当限定为"法律行为的基干部分"(以上,2009 年 4 月 20 日市民法研究会)。但是"基干部分"并不是常见的法律术语,让错误人负损害赔偿义务,现在实务对错误的限制态度未必得到维持。因此,私法学会提出案以来我们一直使用了前注中"法律行为的重要部分"一语。

民法中错误的效果是无效,但这是以欠缺意思型的错误类型为前提的。只是以这种传统的欠缺意思型错误为前提,将效果作为可撤销确实会有违和感。

另一方面,动机错误也是错误的一种类型,错误的判例中几乎都是动机错误,很少见欠缺意思型。[209] 考虑到这一点,没有必要维持错误效果是无效的结论。另外,从解释论上看,判例和学说认为第 95 条的无效是所谓撤销性无效,表意人自己不主张无效的,相对人不能主张无效。那么,是否可以维持撤销性的无效的解释? 从比较法上看,对日本民法意思表示规定有着巨大影响的德国民法是以欠缺意思型的错误为中心的。德国民法错误的效果也是可撤销。除此之外各国国内法、《国际商事合同通则》《欧洲合同法原则》等立法草案中也是可撤销(may avoid, can be annulled)。[210]

无效与撤销的区别不在于意思的欠缺还是有瑕疵的意思表示,而在于根据表意人的意思维持法律行为的效力是否恰当的基准。正如本章下文所述,本民法修正案对于"意思表示的基础理论——'无效、撤销'的理论"如下思考:① 无效还是撤销的分水岭;② 是否维持法律行为效果的分水岭;③ 决定第三人保护范围的基准。同时,以上三个问题需要分别比较衡量下述因素考虑需要保护的程度:① 表意人对无效、撤销"原因"的"认识";② 相对人的"认识";③ 第三人与表意人的"认识"或者"认识可能性"。意思表示无效、撤销的效果的修改也伴随着意思表示基础理论的变更。

错误的效果修改为可撤销之后,现行法解释上错误与欺诈的竞合效果差异也就不复存在了。

3. 错误人的损害赔偿义务

民法中,错误人可以主张无效的情况下,如果错误人有过失而且符合《民法》第 709 条侵权行为的要件,错误人自然要负损害赔偿责任。但是,本民法修正案"新"第 45 条第 3 款规定,错误人即便没有过失也应当承担损害赔偿责任,但是根据该条第 4 款仅限于所谓信赖利益的赔偿。只是,即便是支持"信赖利益"概念的学说也认为概念定义本身不够明确,所以应当具体规定损害内容。

此外,该条第 3 款但书规定,共同错误或者法律行为相对人对表意人的错误存在恶意的情况下,不负赔偿责任。[211] 在共同错误的情况下,两当事人保护必要性并无差异,另外,相对人存在恶意的,相对人无须保护,所以不承担损害赔偿责任。

---

[209] 关于动机错误的处理,最近存在错误二元论与一元论的争论,参见山本,前载注[26],《民法讲义 I》(第三版),第 182 页以下。另外,关于共同错误的问题,参见中松樱子:《错误》,载《民法讲义 第一卷 民法总则》,有斐阁 1984 年版,第 437 页。

[210] 关于这一点,有人主张从规范的内容以及世界的潮流两方面来看,日本民法都应该将错误的效果规定为可撤销(参见沱泽昌彦:《错误规定的应有之义——追求更加灵活的规定》,载圆谷峻编著:《社会变动与民法典》,成文堂 2010 年版,第 27 页以下)。

[211] 《德国民法典》第 122 条第 2 款也规定,相对人存在恶意或者过失的,错误人不负损害赔偿义务。这与合同缔结过失责任讨论中相对人存在过失从而否定责任是相关联的。但是在日本法中,在合同交涉过程中的过失责任,相对人有过失的需要承担损害赔偿义务,而且按照过失相抵调整利益。因此,日本法中错误人的损害赔偿义务也仅限于相对人存在恶意的情况才可以被否定。

上述错误规定参考了德国民法的观点,对于熟悉日本民法的读者而言,多少有异样感。但是,错误规定的理念是通过牺牲交易安全实现表意人的保护。正如本章下文所述,错误之外的无效、撤销原因导致丧失法律效果的,所有导致无效、撤销的"原因"都仅以法律行为相对人"认识"的存在为前提。从这个意义上来说,由于只有错误是例外,因而可通过撤销法律行为来保护表意人,但另一方面有必要让因此受到损害的人通过损害赔偿请求权来维护自己的利益,从而在这两者之间保持平衡。[212]

对错误人科以损害赔偿责任是希望缓和注[208]所介绍的判例中那种法院对错误认定的踌躇。

4. 损害赔偿的内容与赔偿额的上限

关于损害赔偿的数额,《德国民法典》第 122 条规定错误的撤销权人必须赔偿相对人或第三人相信意思表示有效而导致的损失。但是,赔偿不能超过表示有效的情况下相对人或第三人表示获得的利益。这里信赖利益的赔偿显然比逸失利益要少一些。

与此相对,"新"第 45 条第 4 款规定了赔偿的内容限于出捐费用与机会利益的丧失。同款但书规定,机会利益丧失的赔偿额不得超过逸失利益。德国民法也规定信赖利益的赔偿要比逸失利益的赔偿额要少些。与此相对,本民法修正案没有划定出捐费用的赔偿上限,理由在于本民法修正案与德国民法的赔偿对象存在差异。

德国民法的出捐费用是合同准备等事前阶段的费用。这种情况下,大多不会超

---

[212] 【错误人的损害赔偿责任的讨论经过】
关于错误的条文中是否规定损害赔偿责任的内容,在法曹提交案阶段,研究会内容存在正案、副案两个方案(具体条文参见《民法修正与世界的民法典》,第 558 页)。
正如正文所述,支持损害赔偿责任的草案(正案),错误的表意人即便是无过失也要负损害赔偿责任(限信赖利益),在表意人保护与交易安全之间保持平衡。
这样改变了过去的法制,将给错误的实务造成很大影响。过去表意人可以请求自我保护主张错误无效,可能因此承担损害赔偿责任,从而谨慎对待错误无效的主张,从而抑制错误的主张。
另一方面,正如注[208]所述,许多律师指出,法院对主张错误无效多采取否定性意见。法院主要考虑到无效保护了表意人的同时,可能给法律行为相对人造成了负担。但是,研究会正案的内容是,在具体纠纷中,表意人可以主张错误无效,相对人可以以表意人有过失为由请求履行利益的损害赔偿,无过失也可以请求赔偿信赖利益。根据这样的方案,法院就不会单边保护一方当事人。本民法修正案考虑到双方的立场,按照此方案法院就无须对错误无效的主张采取否定性的态度了。
法曹提交案(正案)确实可以缓和民法错误制度的僵硬程度,但是如果修改将改变裁判实务的话,我们对此就应该采取谨慎的态度。法曹提交案副案主张反对导入损害赔偿规定。
法曹提交案正案与副案的区别基本上在于,正案中对错误人科以损害赔偿责任,扩大错误的范围,保护相对人的利益,而副案则保持与实务一致,牺牲动态安全,谨慎对待错误的扩张。
虽然副案对修改民法采取谨慎的态度,但是正案所具备的灵活性也值得肯定,所以国民有志采取了法曹提交案的正案。其后,矶村保教授建议,将《国民有志案》第 55 条第 3 款、第 4 款的内容修改为第 3 款及其但书的形式(2011 年 12 月 18 日全体会议),同时接受川崎政司的修改建议(2013 年 10 月 27 日全体会议),这就是本民法修正案的内容。
在法曹提交案阶段,中舍宽树教授提出在民法总则法律行为的效力处规定损害赔偿总感觉有些违和感(2009 年 3 月 30 日民法修改论坛学界编)。

过合同有效的逸失利益。与此相对,本民法修正案中除了合同缔结前的费用,赔偿对象还包括合同缔结后的费用。比如说,土地买卖合同中出卖人存在错误,买受人购入后在土地上建造了房屋,以错误为理由不得不要求返还土地的情况下,根据"新"第43条第3款、第4款可以请求建筑费用的赔偿。由于合同的撤销,这种事后费用的赔偿是有必要的,这与合同有效情况下逸失利益的计算没有关系。因此,尽管机会利益丧失的赔偿不可能超过逸失利益的赔偿额,但是"新"第45条第4款还是没有划定费用赔偿的上限。[213]

5. 电子消费合同的特别规定

正如第三部第一章所述,本民法修正案保持了民法典作为民事基本法的属性,而且为了确保包含民法典特别法在内的私法整体的可视性,民法典中设置了民事特别法的引致规定。错误方面,电子消费者合同法中存在特别规定,所以"新"第45条第5款规定了该法的引致条款。[214]

---

[213] 【损害赔偿的内容与损害额上限的讨论经过】
正如前注所介绍,法条明确规定错误撤销后的损害赔偿事宜,接下来的问题是赔偿的内容和赔偿额的上限,这在德国法上称之为"信赖利益"的赔偿。
但是,"信赖利益"存在各种定义,并不是一个明确的概念。比如说,在瑕疵担保中经常引用的柚木馨教授的定义,"瑕疵担保责任的内容应当根据买受人信赖利益的保护而定……这种责任的基础在于'买受人如果知道瑕疵就不会遭受的损害'的赔偿,'标的物如果没有瑕疵买受人可以得到的利益'的赔偿"(参见柚木馨:《出卖人瑕疵担保责任的研究》,有斐阁1963年版,第192页)。这里,履行利益的赔偿额度当然超过信赖利益的赔偿额。但是,如果买受人知道瑕疵便不会购买该标的,而去购买比该对象质量更好的对象,所以可以获得"标的物没有瑕疵的话买受人获得的利益"。这样考虑的话,履行利益的赔偿额与信赖利益的赔偿额几乎是一样的。也就是说,学说并没有很好地将"信赖利益"的概念定式化。
受到上述启发,国民有志案首次规定了错误撤销后损害赔偿的内容。《国民有志案》第55条第3款规定损害赔偿责任之后,规定了"但该法律行为履行相关的损害除外"。这里回避了"信赖利益"的用词,而且表明了不是"履行利益"的赔偿的宗旨。
但是,上述规定并不是赔偿内容的具体规定,故而在之后的讨论中,将其修改为"表意人根据前款规定应赔偿的损失的范围,仅限于因该撤销产生的对相对人无益的支出以及相对人失去交易机会产生的损失。但是,因失去交易机会产生的损失的赔偿额不能超过当该法律行为有效时相对人可获得的利益的金额"。这参考了《德国民法典》第122条,没有使用概念模糊的"信赖利益",具体化赔偿的内容,将赔偿限定为投下费用与机会丧失费用。但是,关于赔偿额的上限,与《德国民法典》第122条一样,赔偿额整体在逸失利益的赔偿之下。
其后,矶村保教授提出,应当同时规定合同缔结后投下的费用(2013年10月27日全体会议)。结果,机会丧失费用的赔偿是根据当事人在缔结合同等之时决定的,所以以逸失利益的赔偿为上限是合理的。既然包括事后投下费用,这并不意味着逸失利益额度的上限,这也是本民法修正案的内容。

[214] 【关于电子消费者合同的讨论经过】
正如第三部第一章所述,对于民法典与民事特别法的关系,民法改正研究会的方针曾经数度发生改变。但是对于错误规定与电子消费者合同法的关联性,研究会的意见是一贯的(2007年2月18日总则分会)。秘书处的最初草案经过私法学会提出案的微改便是国民有志案的内容。只是,对于国民有志案立法技术上的问题,川崎政司律师提出了很多意见,进行了大幅用语上的修改(2013年10月27日全体会议),这就是"新"第45条第5款的内容。

五、不实表示与不提供信息

本民法修正案"新"第 46 条规定了不实表示与不提供信息的撤销权。现行民法没有相关规定,因而需要处理与消费者合同法的关系。从结论来说,如果存在"新"第 46 条的立法,那么可以删除《消费者合同法》第 4 条第 1 款不实告知下合同撤销权的规定。但是,《消费者合同法》第 4 条第 2 款"不告知不利益事实"与"新"第 46 条第 3 款的"不提供信息"的概念在适用范围上存在差异,所以应当保留(参见注⑰)。基于此,下面对"新"第 46 条的内容作若干说明。

具体来说,首先,"新"第 46 条第 1 款规定了表意人可以向不实告知者行使撤销权。[215] 关于欺诈与错误的关系方面,基于与事实不符的信息的意思表示,想要证明相对人的故意是非常困难的,如果难以行使欺诈撤销权的话,根据"新"第 46 条第 1 款的规定,表意人仍然可以得到救济。另外,相对人提供与事实不符的信息,难以认定为"法律行为的重要部分"("新"第 45 条第 1 款),在不符合错误的要件的情况下,也可以基于不实表示行使撤销权。[216]

"新"第 46 条第 1 款但书规定:"但是,提供的信息的真伪不影响普通当事人的判断时,不在此限。"这是为了防止因下述借口而随意解除合同:通常不会误信的错误信息、即便误信通常也不会对意思表示造成实质影响的轻微错误信息。另外,与"新"第 45 条第 1 款"法律行为的重要部分"相比,但书中错误适用范围更加宽泛。

对于"新"第 46 条第 2 款规定了第三人提供不实信息。此时,恶意的相对人缺乏保护的必要性。但是大多数情况下恶意的证明是非常困难的,所以即便是重过失的

---

⑮ 【不实表示、不提供信息的讨论经过】
"新"第 46 条第 1 款规定"不实表示",第 2 款规定"第三人的不实表示",第 3 款规定"不提供信息"。新设"不实表示"是民法改正研究会自私法学会提出案以来的一贯方针。与此相对,"第三人的不实表示"与"不提供信息"则是在国民有志案阶段才新设的。只是,包括私法学会阶段提出的"不实表示",上述 3 条之后都进行了大幅修改(2011 年 12 月 18 日全体会议),这才成为本民法修正案的内容。另外,在法曹提交案公布之后的阶段,中舍宽树教授提出应当规定第三人的不实表示(2009 年 3 月 30 日民法修改论坛学界编)。

关于规定的顺序,在私法学会提出案、法曹提交案中,作为新设规定"不实表示"规定在错误、欺诈、胁迫之后。与此相对,国民有志案认为不实表示的性质在错误与欺诈之间,所以规定在两者中间,本民法修正案也沿袭了这种顺序。即,规定顺序为错误、不实表示以及不提供信息、欺诈、胁迫。

在实务家关于几种撤销原因的规定顺序的讨论中,有人认为应当根据各种撤销原因中相对人的恶意程度,按照"胁迫""欺诈""不实表示""错误"的顺序进行规定,更能体现撤销的紧迫性,这样的规定方式更为自然(2009 年 5 月 11 日市民法研究会)。但是也有意见认为这样的规定顺序与民法没有连续性,甚至顺序相反,所以我们没有采纳。

另外,在讨论不实表示的立法草案时,还有学者探讨了错误与欺诈的关系,参见鹿野菜穗子:《错误规定及其周边——错误、欺诈、不实表示》,载池田真朗等编:《民法(债权法)修改的理论》,新青出版 2010 年版,第 233 页,尤其是第 262 页以下。

另外,有人认为《消费者合同法》第 4 条第 3 款的困惑型也可以对照胁迫规定到民法中,但是与不实告知不同,如果规定了作为一般条款的困惑型,那么其要件是模糊不清的,所以最终我们没有规定。

⑯ 不实表示是对错误和欺诈中难以涵盖部分的规定,故而其与这两种制度可能在不少事例中会出现重复的现象。

情形,也要保护表意人。关于下文"第三人的欺诈",根据"新"第47条第2款,相对人即便是轻过失表意人也有撤销权,故而表意人保护的范围受到限制。

"新"第46条第3款规定,相对人违反诚信原则不提供信息或者违反说明义务的,表意人享有撤销权。基于不提供信息的撤销权可能是对付不良商贩的有力武器,但是也可以成为保险公司等不向一般消费者支付保险金的理由,可能导致不提供不重要的信息便撤销合同的情形。

另外,判例以及学说认为,为了防止利用信息差距的不公平交易[217],相对人违反提供信息义务或说明义务的,该法律行为无效以及负损害赔偿责任。"新"第46条第3款将法律行为的无效改为撤销,同时规定了损害赔偿的问题[218](另外,"新"第46条第3款的撤销不仅适用于合同,也适用于解除等单独行为,所以有必要规定在总则编,而非合同处)。

六、欺诈

1. 欺诈与胁迫的分离

《民法》第96条在一个条文中同时规定了欺诈和胁迫,而且该条第1款规定两者都可以撤销,第2款和第3款却只规定了欺诈。也就是说,第1款并列规定了欺诈与胁迫,而第2款和第3款都没有言及胁迫,根据反面解释,就得出胁迫与欺诈规则不同的结论。

不同的规范内容就应当规定在不同的条文之中。因此,本民法修正案将两者进

---

[217] 在法制审议会民法(债权法)分会上,也有关于在民法典中设置不实告知的讨论。即便仅从经济界人士以及消费者团体的发言表明,该规定的必要性不仅限于消费者问题,也如实反映了事业者之间交涉能力的差异问题。其中,银行等大公司所属委员组成的经济界以及经济产业省等官僚都反对在事业者之间交易设置该规定,与此相对小企业主张设置该规定[参见《民法分会议事记录》(第一集 第二卷),第247页以下、第258页以下]。但是主张设置的企业委员在之后的会议上陈述了不该设置的发言[参见《民法分会议事纪录》(第二集 第二卷),第148页]。

另外,本文最后陈述的"不提供信息"当然不能说给事业者交涉造成了不利益的事实,所以民法中没有必要设置像消费者合同法那样宽泛的规定。这是因为根据诚信原则"新"第46条第3款的提供信息义务的范围,事业者之间的交易与对消费者的交易是不同的。

[218] "新"第45条第3款规定错误表意人的相对人可以请求损害赔偿。有人建议,为了与错误相一致,规定不实表示等的"新"第46条也应当设置损害赔偿条款。

但是,不实表示与错误至少在下述两点上是存在差异的:第一,错误的情况下,只要不存在法律行为的撤销就没有损害赔偿义务。但是在违反与不实表示等相关联的"合同交涉中的说明义务"的情况下,不管法律行为是否撤销,都负有损害赔偿责任。第二,与不实表示等相关的"合同缔结上的过失"传统上只认可信赖利益的赔偿,但是最近在有些情况下也认可履行利益的赔偿[参见谷口知平、五十岚清编:《新版注释民法(13)债权(4)补订版》,有斐阁2006年版,第136页以下(潮见佳男执笔部分)]。由于存在上述两点差异,本民法修正案没有在民法总则编不实表示处规定损害赔偿的内容。

另外,与侵权行为的损害赔偿的关系,民法总则中不实表示的效果是撤销,故意、过失的情况下基于侵权行为也可以请求损害赔偿。渡边达德教授认为这里的损害赔偿与民法总则中不提供信息的损害赔偿是存在差异的(2009年8月20日全体会议)。

行分离,"新"第 47 条规定欺诈,"新"第 48 条规定胁迫。㉑⁹ "新"第 47 条第 1 款规定了意思表示相对人的欺诈,该条第 2 款规定了第三人的欺诈。

2. 第三人欺诈中表意人的保护要件

《民法》第 96 条第 2 款规定,第三人欺诈只有在相对人存在恶意的情况下才可以撤销意思表示。

那么,对于第三人欺诈,相对人存在过失的情况下,应该如何处理?在欺诈的情况下,受害人本身也大多存在某种程度的过失,欺诈的第三人与意思表示相对人如果没有关系的话,那么表意人也不知被第三人欺骗就向相对人作出了意思表示,这种情况下不应该责备相对人,所以自然不能撤销。

但是,在现实交易中大多是利用第三人的欺诈,使得其与相对人的法律行为得以成立,且背后的关系证明往往是非常困难的。因此,"新"第 47 条第 2 款规定,不仅相对人存在重过失的情形,即使是普通过失的情况下表意人也可以撤销,以此来寻求保护的平衡。㉒⁰

七、胁迫

"新"第 48 条规定的胁迫与《民法》第 96 条相比存在下述三点不同:① 与欺诈相分离;② 明确规定撤销权人;③ 基于胁迫的意思表示效果不是"意思表示的撤销",而是"法律行为的撤销"。在其他条文修改之处已经谈及这三点,这里不再重复。㉒¹

㉑⁹【欺诈与胁迫分离的讨论经过】
在私法学会提出案到法曹提交案,我们还是沿袭了民法的规定,在一个条文中规定欺诈与胁迫。但是,正如正文中所述的,秘书处建议欺诈和胁迫相分离(2009 年 1 月 21 日秘书处会议)。市民法研究会、企业法务研究会以及民法改正研究会采纳了该建议,在国民有志案中两者相分离,在若干文字上的修改之后就成了本民法修正案的内容。

㉒⁰【关于第三人欺诈的讨论经过】
关于第三人欺诈,《民法》第 96 条第 2 款规定相对人存在恶意的,表意人可以撤销。矶村保教授建议,相对人即便存在过失,表意人也应当可以撤销(2007 年 3 月 4 日、5 日总则分会)。该方案自私法学会提出案以来一直没有更改。
"新"第 47 条第 2 款规定的第三人欺诈必须以相对人的恶意或过失为要件,与此相对"新"第 46 条第 2 款规定的第三人不实表示则以相对人的恶意或重过失为要件。这是因为不实表示只是信息不正确,而且经常可能发生,大多与意思表示的相对人没有关系,所以本民法修正案在第三人欺诈与第三人不实表示之间设置了保护程度的差异。

㉒¹【胁迫的讨论经过】
关于绝对性胁迫,判例(最判 1958 年 7 月 1 日民集 12 卷 11 号,第 1601 页)中指出,绝对性胁迫是绝对无效的,没有适用《民法》第 96 条的余地。矶村保教授认为民法上也应当确立这一点。但是,由于意思表示的存在,这是毋庸置疑的,所以没有进行条文化(2007 年 2 月 16 日总则分会)。
但是,正文"八、意思表示的基础理论"中,有人提出,对于无效撤销的"原因",如果存在表意者的"认识"的,则为"无效",如果不存在的,则为"撤销"。对此,中野邦保教授认为上段中的绝对性胁迫与民法中的"胁迫"的相对性无效可以一体处理,应当规定作为无效事由的"胁迫"(2013 年 8 月 18 日秘书处会议)。如本章下文表 6 所示,如果接受该建议,根据表意者"认识"之有无,无效和撤销进行二分化。
前一段的建议虽然理论上可以说得通,但是秘书处内部也有反对意见认为,从学理的观点看,对现行民法的过度修改可能带来实务上不必要的混乱,因而没有最终提交给全体会议。

八、意思表示的基础理论——"无效、撤销"的理论

1. 导论

现行民法的意思表示理论体系将"意思表示"二分为"意思的欠缺"与"有瑕疵的意思表示",其中心里保留、虚假表示、错误三种是缺乏内心效果意思的"意思的欠缺",效果是无效。欺诈、胁迫对表示行为存在内心的效果意思,只是在意思形成过程中存在问题,属于"有瑕疵的意思",可以"撤销"。

与此相对,本民法修正案将错误的效果修改为撤销,同时增加了"不实表示"与"不提供信息"为撤销原因。因此,整体上本民法修正案规定了七种无效、撤销的原因,即"真意保留""虚假表示""错误""不真实表示""信息的不提供""欺诈""胁迫"。其中,前两者法律效果是无效,后五者则是撤销。这就需要修正现在的意思表示的基础理论体系(意思的欠缺=无效、有瑕疵的意思=撤销)。本民法修正案认为,除了条文的修改,还必须对意思表示的基础理论进行再构成。下面,就本民法修正案的无效、撤销的基础理论作若干阐述。

随着意思表示规定的修改以及将"缺乏意思能力"的效果修改为撤销,与现行民法相比,本民法修正案更加贯彻以下观点:无效是任何人都可以主张的,撤销的主张仅限于撤销权人。

2. 作为撤销基础的撤销权人的"认识"

首先探讨撤销原因。如前所述,本民法修正案规定错误的效果是"撤销"。除了最后的"胁迫"的四种撤销原因:"错误""不真实表示""信息的不提供""欺诈",表意人都不知各自的撤销原因的存在。表意人知道各自的撤销原因之后,只有在其认为"知道便不会作出这样的意思表示"的情况下,表意人才可以选择法律效果之有无。上述四种原因都存在"赋予撤销权"的基础。

对于"胁迫"而言,表意人是知道撤销原因存在的。因为是在不得已情况下作出的意思表示,当其恢复自由之后,"不会作出这样的意思表示"的想法就产生了保护的必要性。这是赋予胁迫撤销权的法律基础。

3. 作为有效或无效分水岭的表意人与相对人的"认识"

其次探讨无效原因。

"虚假表示""真意保留"中并不存在与表示行为相对应的内心效果意思,而且表

另外,与绝对性胁迫不同,关于不当施压的建议参见笠井修:《是否规定胁迫与不当施压》,载椿寿夫等编:《思考民法修改》,2008年版,第78页。

意人也明确意识到这一点。但是虚假表示的效果是无效,与此相对真意保留则可能是有效也可能是无效,这是为何?

"虚假表示"的情况下,无论是表意人还是意思表示的相对人都"意识"到并不存在与表示行为相对应的内心效果意思。双方当事人都没有发生表示行为的效果的本意,都不想自己受到表示行为的约束,如果法律行为不归于"无效"会比较麻烦。与内心效果意思不同的表示行为不过是面向法律行为之外的第三人罢了。

与此相对,"真意保留"的情况下,表意人一般是知道与表示行为相对应的内心效果意思是不存在的。但是,意思表示的相对人可能是:① 不知(即善意),也可能是② 已知或者视为已知(即恶意或重过失)。①中相对人没有"认识",②中则有"认识"。② 的相对人有"认识"的情况下,法律效果是无效。但是,如果①的相对人没有"认识"就无效的话,将不利于相对人的预期。

由此可见,如果相对人"认识"到致使无效的"原因"的话,那么法律行为可以丧失其效力,如果相对人没有"认识",为了交易安全必须维持法律行为的效力。这种构造也是贯穿第二款"意思表示"的原则。"撤销"亦是如此。具体来说,在"不真实表示""信息的不提供""欺诈""胁迫"中,相对人对各自撤销的"原因"存在认识的情况下,便可以撤销,法律行为失效。正如"第三人不真实表示""第三人欺诈"等规定,意思表示的相对人有"认识"的,可以撤销,没有"认识"的,则不可以撤销。[22]

4. 错误的例外

错误则是例外。错误中,为了保护表意人,相对人即便没有"认识"也可以撤销("新"第 45 条第 1 款)。因此,为了保护没有"认识"的相对方,有必要设置缓冲规定,即表意人负损害赔偿责任("新"第 45 条第 3 款)。另外,这种主张在表意人存在重过失的情况下不再适用。但是,即便在重过失的情况下,相对人"认识"到该条第 1 款规定的"原因",法律行为也可能失去效力。[23]

除了错误中损害赔偿义务的例外,法律行为是否维持效力的分水岭就在于表意人与相对人对表意人作出的意思表示无效、撤销原因是否存在认识。

5. 总结

综上所述,除了传统上考虑与表示行为是否存在内心效果意思之外,还需要考虑

---

[22] 第三人不实表示中,如果包含撤销原因的意思表示人存在重过失,则视为存在"认识"。第三人欺诈的情况下则是"过失",而非"重过失",参见注[20]。在"不实表示"中,还包含相对人没有认识到"原因"。此时,至少相对人是想要发生"原因"的,所以还是存在丧失法律效果的基础。

[23] 除了意思表示的相对人存在恶意的情形之外,还有双方当事人都陷入错误的共同错误的情况,双方当事人需要保护的程度并没有差异,所以都可以撤销。

当事人对无效、撤销"原因"是否存在"认识"的问题。

在意思表示之时,有意思表示的表意人对于无效、撤销的原因存在"认识",而且相对人也存在认识或者存在认识可能性的,则法律行为可以归于无效。对于撤销,错误的表意人以及"不真实表示""信息的不提供""欺诈"的意思表示相对人没有"认识"的,在产生认识的时间点,后天性赋予其选择是否维持法律效力的权利,这就是"赋予撤销权"的基础(胁迫的情况下,即便存在认识,由于意思表示不自由,恢复自由之后,后天性赋予其选择是否维持法律效力的权利)。总而言之,法律行为"无效""撤销"的分水岭在于当事人对于无效、撤销的"原因"是否存在"认识"。

包含下述"第三人保护的体系",上文总结参见表6。

九、善意第三人、善意无过失的第三人保护规定的统合

1. 第三人保护规定的统一

关于无效、撤销情况下第三人保护,民法只规定了虚假表示(第94条第2款)与欺诈(第96条第3款),而其他无效、撤销的原因中没有规定。

而本民法修正案在所有的无效、撤销原因中规定了第三人保护的内容(另外,民法中没有规定,本民法修正案中新设的"不真实表示""信息的不提供"也设置了第三人保护的条款)。不像现行民法分别规定的模式,为了使第三人保护范围保持平衡而且内容具有一览性,"新"第49条用一个条文规定了第三人保护。

另外,对于《民法》第94条第2款的类推适用,也就是学说上称之为"外观法理"的问题,我们将在"新"第50条中规定,参见十一。

2. 交易安全中第三人的"认识"

意思表示无效、撤销的第三人保护问题,需要考虑动态安全与静态安全——即第三人与表意人——的平衡,以各自需要保护的程度为基础进行比较和衡量。

但是,正如八中所述,本民法修正案的意思表示理论体系中,无效还是撤销以表意人的"认识"为基准,是否维持法律行为的效力是以意思表示的相对人的"意思"为基础决定的。

实际上,这种体系不仅适用于表意人与意思表示的相对人,同样适用于第三人。这是因为第三人保护的范围也是根据表意人与第三人双方的"认识"与"认识可能性"决定需要保护的程度,具体见下文。

表6　意思表示中本人、相对人、第三人保护的体系

		无效、撤销原因的认识的有无		效果	第三人保护
		表意人	相对人		
真意保留	"新"第43条正文	有	无	有效	—
	该条但书		有（恶意、重过失）	无效	善意第三人
虚伪表示	"新"第44条前半段	有	有	无效	善意第三人
错误	"新"第45条第1款	无（对于法律行为的重要部分）	无	撤销（除了相对人恶意、共同错误的情况，负损害赔偿责任）	善意第三人
	该条第2款		无	有效（撤销不可）	—
	该条该款但书	近似有（重过失）	无	撤销	善意第三人
	该条该款但书（相对人恶意）		有	撤销	
不实表示	"新"第46条第1款		有（至少原因者）	撤销	善意无过失的第三人
第三人的不实表示	该条第2款	无（对意思表示有重大影响）	有（恶意、重过失）	撤销	善意无过失的第三人
			无	有效（撤销不可）	—
不提供信息	该条第3款		有（故意）	撤销	善意无过失的第三人
欺诈	"新"第47条第1款	无		撤销	善意无过失的第三人
第三人的欺诈	该条第2款	无	有（恶意、有过失）	撤销	善意无过失的第三人
			无	有效（撤销不可）	—
胁迫	"新"第48条	有	有	撤销	不受保护

（低←要保护性→高）

3. 第三人保护体系的三阶段构造

保护第三人还是保护表意人,换言之重视动态安全还是静态安全,体系上我们采取了阶段构造。正如表6所示,本民法修正案的三阶段构造具体如下:

(1) 表意人保护最狭窄(反过来说第三人保护最宽泛)的是,只要是善意第三人就可以得到保护的情况("真意保留""虚假表示""错误")。

(2) 中间阶段,保护善意无过失的第三人的情况("不真实表示""信息的不提供""欺诈")。

(3) 最后,不问第三人的善意、恶意,所有表意人得到保护的情况("胁迫")。

本民法修正案在"新"第49条用三款规定了上述(1)、(2)、(3),括号中的具体情况分别规定在各自款项中。[29]

理论上,(1)与(2)之间还有保护善意无重过失的第三人的情形,但是与民法一样,本民法修正案也不认可这种情形。

以上述表6为前提,以下分别讨论各自的无效、撤销原因。

4. 真意保留、虚假表示的情况

"新"第49条第1款规定的"真意保留""虚假表示",意思表示本人知道该表示与效果意思是不同的,所以本人的需要保护程度并不高。因此,不仅第三人善意,而且即便是过失的情况下,本人也无须保护,此时更加注重交易的安全。但是,如果第三人恶意的,则没有必要牺牲本人,所以此时应当保护本人。

另外,许多人指出恶意的证明非常困难。许多立法例为了解决这个问题,规定以恶意重过失为要件。如果以恶意重过失为要件,那么如3中所述,(1)与(2)之间就要采取保护善意无重过失的第三人框架。但是,在真意保留、虚假表示的情形中,本人本身是恶意的,所以在难以证明第三人恶意的情况下,没有必要特别保护本人。

5. 错误的情况

正如注[20]所述,在考虑错误中第三人保护的法律制度之时,如何理解错误本身至关重要。

民法中没有规定错误的第三人保护问题。理由在于,传统的错误论强调表意人保护(静态安全的保护),对"要素的错误"中的无效采取了限制性的态度。与此相对,在这些限制性案件中,传统错误论对第三人保护(动态安全的保护)等闲视之。

但是,本民法修正案对陷入错误的表意人科以无过失损害赔偿义务,错误的范围比过去更加宽泛。从这点上来说,对于错误的基本立场,传统民法与本民法修正案并不相同,所以修改第三人保护规定的方针也是可以理解的。考虑到对错误本身民法

---

[29] 【第三人保护规定的讨论经过】
在国民有志案阶段,我们采纳了正文中所述的三阶段论,各自款项规定各种情况。其后的秘书处方案将国民有志案各项进行了再构成(2011年5月14日秘书处会议),川崎政司律师修改了用语(2011年12月18日)。经过几轮讨论之后,形成本民法修正案(2013年10月27日全体会议)。

与本民法修正案的态度的差异以及与动机错误中欺诈的对比,所以我们认为应当明文规定第三人保护。

问题是,规定不能对抗善意第三人,还是规定不能对抗善意无过失的第三人,这是一个争论较大的问题。比起欺诈中的被欺诈人以及不实表示、不提供信息中的表意人,错误人的责难程度更高,所以只保护善意第三人便足够了。但是,错误并不像虚假表示那样故意作出某种外观,而且动机错误也是值得保护的错误,所以判例中只要动机被表现出来,而且成为意思表示的内容,比起虚假表示,陷入错误的表意人更值得保护(以善意无过失为要件)。㉓ 从第三人保护的体系上来看,错误位于真意保留、虚假表示"一组"与不实表示、不提供信息、欺诈"一组"的中间位置。

从归责性的角度看,真意保留、虚假表示中表意人本人存在归责性,而不实表示、不提供信息、欺诈的表意人没有归责性。陷入错误的意思表示人(尽管不见得全是)大多是存在过失的,所以可以将过失放入有归责性的部分。

上一段我们从归责性的角度考虑问题。"八、意思表示的基础理论"以及九之1"第三人保护规定的统一"都是以"认识"为基础展开的。这是因为认识或认识可能性是归责性评价的基础。但是,如果不以"认识"为出发点而直接考察归责性,那么,真意保留、虚假表示、错误与不实表示、不提供信息、欺诈,对于无效、撤销的原因可以分为两类,即前者多在表意人一方,而后者多在意思表示相对人一方。从第三人保护的体系上来看,原因在表意人一方的,保护善意第三人,原因在意思表示相对人的,保护善意无过失的第三人。由此可见,与真意保留、虚假表示一样,亦可得出善意第三人得到保护,不要求第三人无过失的结论。㉔

6. 不实表示以及不提供信息

在"不实表示及不提供信息"的情形下,表意人某种程度上处于类似于下文所述欺诈中"受害人"的地位。此时,受害人需要保护的程度较强,所以第三人即便是"善意"的,如果存在"过失",也需要保护撤销权人利益。

因此,本民法修正案规定不能对抗善意无过失的第三人。

7. 欺诈

在"欺诈"情形下,表意人处于"受害人"的地位。因此,本民法修正案规定不能

㉓ 关于民法错误的解释论,主张欺诈第三人保护规定的类推适用的我妻说等学说,参见川岛、平井编,前载注⑱,《新版注释民法(3)》,第404页(川井健执笔部分)。

㉔ 【关于错误情形下第三人保护的讨论经过】
关于错误情形下第三人保护的问题,矶村保教授建议,错误撤销的效果不能对抗善意第三人(2007年3月4日、5日总则分会)。这也成为私法学会提出案与法曹提交案的基础。其后,将第三人保护归纳到一个条文的《国民有志案》第59条也维持了这种意见。但是,正如矶村保教授最初所提出的观点,是善意第三人还是善意无过失的第三人,两种可能性都需要考虑。在之后的讨论中,两种观点对立而曲折,最终国民有志案采取了善意第三人方案。

对抗善意无过失的第三人。㉗

8. 胁迫

"胁迫"情形下表意人的"受害性"比上文中所述"不实表示及不提供信息""欺诈"更强烈,所以即使第三人是善意的,表意人也应当得到保护,这也是现行民法的观点,应当维持。只是民法的观点是通过欺诈规定的反面解释得出的。但是,"新"第49条第3款明文规定,可以对抗所有的第三人。㉘

十、关于双重效等

接下来的问题是欠缺意思能力的撤销与以限制行为能力为理由的撤销之间的竞合问题。另外,还有错误无效与欺诈撤销之间竞合的问题。这个问题被称之为双重效的问题。未成年人被欺诈的情形下,加上错误还有三重效的问题。

除了传统的无效、撤销原因,本民法修正案还加上了"不实表示及不提供信息"作为撤销原因,所以在特殊情况下,未成年人成为受害人的情形下,还可能出现错误、欺诈、不实表示、不提供信息的四重效的问题。在表意人与意思表示相对人的纷争中,这是请求权竞合乃至原因竞合的问题。上述四种原因的竞合中,当事人可以主张一个原因也可以全部主张,法院也可以自由选择判断什么原因导致的撤销。但是,"新"第76条第3款规定仅返还现存利益,所以有时候结果会有差异,到底以什么原因请求撤销需要谨慎判断。

第三人主张四重效的,以未成年为理由撤销的,不会出现第三人保护的问题,以错误为理由撤销的需要保护善意第三人,以不实表示、欺诈为理由撤销的需要保护善意无过失第三人,保护要件上可能产生差异。因此,纠纷当事人以何种理由请求撤销可能存在诉讼手段上的差异。但是对法院来说,如果当事人以复数事由主张撤销的,应当根据案情判断撤销原因,进行谨慎裁判。

㉗ 《民法》第96条第3款规定:"前两款规定的通过欺诈作出的意思表示的撤销,不能对抗善意第三人。"判例和学说认为,该款的对抗问题只针对欺诈表意人撤销的意思表示之前进行法律行为的第三人。在讨论中,矶村保教授建议,明确规定"撤销意思表示之前的第三人"更有利于阅读条文的人的理解。但是这个问题并非只是欺诈的问题,是第三人保护的一般问题。"新"第49条第1款规定了无效事由与撤销事由,只规定撤销在规定的体裁上是不合理的。最终本民法修正案将这个问题交由解释论解决(2011年12月18日全体会议)。

㉘ 【关于欺诈、胁迫的"第三人"的讨论经过】
关于欺诈、胁迫,矶村保教授最初的提案与《民法》第96条第2款、第3款并不相同,被欺诈人与被胁迫人的非难可能性并无差异,欺诈与胁迫适用相同的规制。该提案考虑到了对现行规定的合理性表示怀疑的学说的观点[参见我妻荣,前载注㉕,《新订民法总则》(民法讲义Ⅰ),第315页]。
但是,民法改正研究会内部多数意见支持现行法区分被欺诈人与被胁迫人的观点。故而,最终我们维持了民法的规定(2007年3月4日、5日总则分会)。
《民法》第96条第3款规定的欺诈仅以第三人善意为要件,没有必要牺牲被欺诈人去保护有轻过失的相对人或第三人。因此,本民法修正案以第三人的无过失为保护要件。

十一、外观法理

1. 导论：第 94 条第 2 款的类推适用

《民法》第 94 条第 2 款规定了共谋虚假表示的第三人保护问题，判例经常类推适用该条款，即便是在缺乏共谋的案例中，作出违反真实外观的人等需要对这种外观承担责任。这被称之为外观法理，判例极大地扩张了其适用范围。

现行民法关于外观法理并没有直接规定，而是根据判例得出的相关理论。为此，本民法修正案新设的"新"第 50 条规定了外观法理。

"新"第 50 条第 1 款前半段规定了"故意制造有悖于真实的权利外观之人，不得以该权利不存在而对抗善意第三人"的责任，后半段正面规定了积极或消极地"承认他人制造的有悖于真实的权利外观之人"的责任。这种情况下，即便存在过失也应当保护善意第三人。

与此相对，该条第 2 款的出发点在于，权利人因"过失"自己作出违反真实的外观，以及他人作出的违反真实的权利的外观（尽管权利人不承认），而权利人对于该外观存在重大归责性。此时，第三人只有善意且无过失才能得到保护。

总之，"新"第 50 条第 1 款和第 2 款中权利人的归责性存在较大差异，所以就会出现第三人保护的重大差异，有的只保护善意第三人，有的是保护善意无过失第三人。

2. 本民法修正案与判例法理的关系

相对而言，"新"第 50 条第 1 款规定的判例法理内容上是比较精炼的。下面介绍以第三人的善意无过失为要件的"新"第 50 条第 2 款与判例的关系。

1969 年的判例如下：权利人通过共谋虚假表示给相对人一个临时登记，相对人基于虚假的委托代理书，进行了正式登记程序，向第三人卖出不动产。判例根据《民法》第 94 条第 2 款和第 110 条的法意，保护了善意无过失的第三人。[29] 1971 年判例也是权利人为了正式登记，通过共谋虚假表示，损害临时登记权利人的案例。[30] 2006 年的判例案情如下：在向日本道路建设公司出卖土地之际，受到作为中介的某县土地开发公社的职员的欺诈，权利人将登记证明书、印章注册证明书以及印章等交给了该职员，于是在土地买卖合同上签字盖章。[31] 本民法修正案希望通过"新"第 50 条第 2 款解决这些判例的问题。

与此相对，1974 年判例中建筑物为废品回收行业的女性所有，以丈夫的名义登记。该登记是区政府职员为了课税方便的登记，权利人并没有作出违反真实的外

---

[29] 参见最判 1969 年 10 月 17 日民集 22 卷 10 号，第 2188 页。
[30] 参见最判 1971 年 11 月 19 日民集 24 卷 12 号，第 1916 页。
[31] 参见最判 1944 年 2 月 23 日民集 60 卷 2 号，第 546 页。

观。㉒㉒另外，二审认为，女性支付了丈夫名义的固定资产税，是"默示的承认"。根据现行《民法》第159条关于"夫妇间权利的时效停止"的规定，夫妇之间主张权利是困难的，原审判决估计是为了排除这种困难。民法改正研究会的许多人认为，1974年判例不该适用外观法理，也不属于"新"第50条中任何一款规定的情形。具体来说，既没有该条第2款权利外观的"承认"，也不存在该条第2款规定的"重大归责事由"。㉒㉓

3. 登记的对抗效力与外观法理

"新"第50条第3款并不是判例法理本身，而是为了对应几代通提倡的学说㉒㉔——即"法律行为的撤销与登记"，或者"法律行为的解除与登记"（取得时效也通过这种外观法理处理）——而设的。

但是，本民法修正案并没有在立法上规定登记的对抗效力问题（法律行为的撤销、解除、取得时效、继承等"意思表示之外的物权变动"是否应当影响登记的对抗效力）。但是，以几代说为代表的学说主张，积极利用外观法理对应意思表示之外的物权变动问题。我们并不是有意在立法上排除这些学说，只不过是确保现行民法典中主张双方立场的状况，维持判例和学说中解决问题的惯例。以此为前提，以"撤销与登记"为例，我们梳理一下目前的学说和判例，思考"新"第50条第3款的意义。

A、B之间的不动产买卖合同被撤销，不动产登记在B名下，B、C之间签订了买卖合同。判例认为，A撤销的意思表示构成物权变动，以B为起点的A、B间的回复的物权变动与B、C间买卖合同之间存在对抗问题。与此相对，几代说认为，民法上溯及性无效的撤销看做为回复性物权变动的观点过于拟制，所以应当认可共谋虚假表示的类推。另外，法律行为无效的情况下（由于不存在与撤销的意思表示相当的事物），几代说解决了判例中不支持的回复性物权变动的问题。

如果我们从几代说的观点出发，在法律行为无效的情况下，本民法修正案可以通过"新"第50条第2款应对。但是，"新"第50条第2款难以涵盖法律行为撤销的情形。此时，在撤销意思表示之前，B名下的登记反映了真实的权利。因此，如果说"新"第50条第2款"权利外观"具有"实际上权利并不存在"的含义，那么"新"第50条第2款将很难应对问题。故而，我们新设了"新"第50条第3款应对这种事例。㉒㉕（当然，如果删除"新"第50条第2款"他人制造"一语，"新"第50条第2款也包含了

㉒㉒ 最判1974年6月28日民集27卷6号，第724页。
㉒㉓ 在民法改正研究会上，围绕外观法理规定的讨论大多围绕判例展开，本民法修正案在最终阶段才确立了正文中判例与规定的关系（2013年12月1日全体会议）。
㉒㉔ 参见几代通：《法律行为的撤销与登记》，载《于保还历纪念：民法学的基础课题》（上），有斐阁1972年版，第53页以下。
㉒㉕ 另外，本民法修正案中也没有表明不依意思表示的物权变动是根据登记的对抗问题处理，还是根据外观法理处理。但是，也有批判认为，"新"第50条第3款没有采纳几代说，法条变得冗长无用，新设该款不就是倾向于几代说的解释么？但是如果不设该款，难以阻止几代说式解释，所以尽管意识到上述批判的存在，还是新设了该款。

几代说考虑的情形,但是这样可能致使该条款的规范内容变得不明确,所以没有采纳这种做法)

4."新"第 50 条的定位

关于"外观法理"全部规定的位置,将类推适用《民法》第 94 条第 2 款发展而来的外观法理放在第三人保护规定之后的条文之中,这是恰当的,所以我们如此规定。㉙

㉙ 【关于外观法理的体系位置的讨论经过】
(1) 讨论过程
关于外观法理的讨论,从最初草案到本民法修正案讨论经过甚为曲折。以下以问题框架为中心介绍大致过程。
对于判例中类推适用《民法》第 94 条第 2 款展开的外观法理的性质,学界没有异议。以此为前提,存在下述立场分歧:① 本民法修正案中规定外观法理;② 本民法修正案中不规定外观法理。其中,观点①中还有在何处规定的问题。
(2) 关于规定外观法理的是非
① 关于虚假表示以及外观法理,民法改正研究会一开始就有两个草案:秘书处草案(2007 年 2 月 18 日总则分会)和矶村保教授草案(2007 年 3 月 4 日、5 日总则分会)。
② 秘书处草案关于虚假表示由 3 个款项组成,其中规定了外观法理。具体来说,第 1 款规定了《民法》第 94 条第 1 款的内容,第 1 款但书规定了《民法》第 94 条第 2 款的内容,第 2 款规定外形作出型外观法理,第 3 款规定放置外形型外观法理。
秘书处草案的宗旨如下:作出的权利外观也分为两种情况:一种是积极作出的情形;还有一种是以消极沉默的方式不否认作出的外观。从权利人的"恶性"的观点来看,前者问题更大。权利外观法理基本上就是考虑权利人的静态安全与涉入交易的第三人的动态安全何者优先的问题。这具有基于平衡论的政策制定的一面。基于这种考虑,第 1 款规定积极作出权利外观的内容,第 2 款规定消极默认作出的权利外观。在此基础上,关于第三人保护的要件,第 1 款以善意为要件,第 2 款以善意无过失为要件。
③ 与此相对,矶村保草案不规定外观法理,还是和过去一样通过类推适用理论,交由学说和判例解决,设立与民法类似的虚假表示的条文(该草案在否定外观法理的规定的同时,着眼于改变现行民法的举证责任。即,将《民法》第 94 条第 2 款的规定"不能对抗善意第三人"改为"前款无效不得对抗第三人。但是第三人恶意的情形除外",将第三人与恶意的证明责任进行分离)。
关于不规定外观法理的理由,矶村保教授如下阐述:
秘书处草案以作出外形型与放置外形型可以区分为前提,但是作出虚假的外形情况不一而足,是否都可以进行明确区分是一个值得怀疑的问题。另外,判例中善意、善意无过失要件的区分是以作出的外观是否与真正权利人承认的外观相对应为基准的,这与外观作出的真正权利人的积极性如何为基准的秘书处方案在宗旨上是不同的。实务中,超越判例法理的秘书处方案是否具有安定性也是一个问题。过去的判例中以第三人善意无过失为要件的类型除了外观扩大型,还包括立出小公告型。与此相对,在最近的判例中,在以故意作出外观相似的具有重大归责性的情况下,通过第 94 条第 2 款与第 110 条的类推适用,保护善意无过失的第三人(最判 2006 年 2 月 23 日民集 60 卷 2 号,第 546 页)。但是关于如何评价该判例,学说上存在分歧。
考虑到以上情况,《民法》第 94 条第 2 款的类推适用论,尤其是以善意无过失为要件的类推适用理论是否可以以条文的形式明确化还有存疑的余地。故而,应当将这些问题交由判例以及学说解决比较好。
④ 上述两个草案我们都向私法学会提出,其中矶村保方案作为正案第 54 条,秘书处方案作为副案第 54 条。
(3) 关于外观法理的非法律行为属性——日本私法学会的讨论
在 2008 年 10 月 13 日召开的日本私法学会研讨会上,山本敬三教授提出:"对于第 94 条第 2 款类推适用不明文化的研究会正案,仅仅看民法典本身并不会理解该重要原则,这与制定一部'一般国民通俗易懂'的民法典的基本方针并不一致",认为应当积极规定外观法理。民法改正研究会采纳了山本教授的意见,向规定外观法理的方向讨论。
与此同时,山本教授还强调了外观法理包含了与法律行为性质不同的内容。

十二、本民法修正案中未规定的"复合性撤销权"——因复合性瑕疵而撤销意思表示

在本民法修正案起草的中间阶段，我们曾经探讨了在本民法修正案或者消费者合同法中规定复合式瑕疵（虽然单独不符合无效、撤销的要件，但是这些复数要素积累

（4）在"物权编"规定外观法理的方案

与（3）中最后所指相关的是，有人提出在物权变动处规定外观法理。具体来说，关于现行《民法》第177条的判例采取的变动原因无限制说意味着保护公信力，但是目前判例法理中确立了外观法理，重返变动原因限制说的观点是可以理解的。但是贯穿该立场的话，外观法理便具有物权总论的属性。

这种意见本身是宝贵的，但是不可否认的是外观法理在物权变动之外也可以发挥作用。因此，受到上段意见的启发，民法改正研究会在民法总则规定外观法理的同时，在私法学会提出案的物权总论"第114条第三人的例外"之后，规定准用总则中外观法理的规定，加上了不实登记等的条文（不实的对抗要件，过程草案，2008年11月2日秘书处草案）。

但是如果在物权法中设置外观法理的规定的话，可能严重违反罗马法以来的基本原则即"任何人都不可以将自己之上的权利赋予他人"，所以最终没有纳入法曹提交案中（2008年11月2日全体会议）。

但是，之后中舍宽树教授对法曹提交案提出了以下建议，即外观法理的规定应当限定在不动产登记的物权法中（2009年3月30日民法改正论坛学界内）。其后，还有其他教授提出了相同的意见[参见武川幸嗣：《第三人保护制度应当如何修改——不动产交易中应当如何规定第三人保护?》，载圆谷峻编著：《社会的变迁与民法典》，成文堂2010年版，第99页以下；武川幸嗣：《虚假表示》，载圆谷峻编著：《民法改修案的探讨》（第二卷），成文堂2013年版，第292页］。

（5）将外观法理规定在"虚假表示"之后的方案——法曹提交案正案

在物权法不规定外观法理之后，有人提出，在虚假表示的下一条规定独立的"外观法理"。

这样规定也有问题，即在法律行为一节就混入了不具有法律行为属性的规定。但是，民法改正研究会的结论是，既然外观法理是判例在虚假表示的类推适用中确立起来的，上述问题也是没有办法的（2008年11月2日全体会议）。这就是《法曹提交案正案》第55条的内容。

（6）将外观法理规定在第二节"法律行为"下一节的方案——法曹提交案副案

正如上文（4）中所介绍，法曹提交案副案吸纳了日本私法学会上提出的关于外观法理非法律行为属性的发言。作出权利外观本身并不会致使权利变动，不能向相信权利外观进入到交易关系的第三人主张权利没有变动或者权利本身不存在。因此，权利外观的作出从"无"到"有"，从而发生了权利变动。从这个意义上来说，也有第四章"权利的变动"的一面。因此，法曹提交案副案在第四章"权利的变动"的第二节"法律行为"与第四节"时效"之间，设置了独立一节第三节"例外的权利变动"，规定了权利外观的内容（2008年11月2日全体会议）。

（7）将外观法理规定在第二款"意思表示"的末尾的方案——国民有志案

在法曹提交案中，无论是正案第55条还是副案第95条之2，其中第2款都规定了"默示承认范围真实的权利外形的人"对抗善意无过失的第三人。但是，法曹提交案公布之后，杉山真一、市川充、加户茂树、宫下修一、中野邦保等人都提出，上述用语没有考虑到本人的归责性。另外，杉山真一建议改为"对违反真实的权利外形存在归责事由的人"（2009年4月20日市民法研究会）。最终《国民有志案》第60条第2款采用了这种表达，在第二节"法律行为"第二款"意思表示"的末尾规定了"外观法理"[存在下述案例：对临时登记存在共谋虚假表示，在正式登记时没有共谋也没有默示的承认。判例按照第110条的法意，第三人善意无过失的，承认与正式登记相对应的责任（最判1968年10月17日民集22卷10号，第2188页）。如果按照法曹提交案正案或副案的第2款，那么这种案情将难以适用（2009年8月20日全体会议）。但是如果按照杉山律师的意见修改用词表达，就出现了一个新的问题，即临时登记中的共谋虚假表示在正式登记中是否具有归责性］。

（8）将外观法理规定在"第三人保护"中的一部分的方案，以及分离方案

在上述国民有志案中，外观法理是规定在第三人保护规定之后。但是，不可否认的是外观法理也包括一些与意思表示、法律行为无关的情形，规定在第二节"法律行为"第二款"意思表示"中是否恰当是存在疑问的。

的瑕疵)的意思表示的撤销权。虽然最终本民法修正案中没有规定,我们认为还是值得消费者合同法借鉴的。相关内容,参见注中的"讨论经过"。㉓

外观法理是《民法》第94条第2款扩张发展而来的。在意思表示一款中类推适用虚假表示规定外观法理虽有疑问,但是其与《民法》第94条第2款存在关联几乎是没有疑问的。

基于此,中野邦保教授提出下述建议。如果统一第三人保护的《国民有志案》第59条与规定外观法理的第60条,在意思表示中规定法律行为的无效、撤销以及作为第三人保护延长线的外观法理,确保前段所述相同情形,所以可以消除外观法理在此规定的不自然。根据其建议,第三人保护规定由三项构成:善意的第三人、善意无过失的第三人、不保护第三人,然后在第4款、第5款附加外观法理的两款(2011年7月15日秘书处会议)。

但是,由于两者性质不同,我们最终没有采纳该建议,并最终决定另行规定与"第三人保护"的一览性不同的"外观法理"(2012年1月21日全体会议)。

(9) 外观法理的3款构成

在否定上述中野教授建议之后,讨论还是围绕(7)中介绍的国民有志案展开。在研究会上,我们提出将外观法理的规定从国民有志案的两款构成改为3款(2013年10月27日全体会议)。

(外观法理 过程草案 国民有志案修正案)
第N条 ① 自己作出违反真实的权利外形的,不能就其权利之不存在对抗善意第三人。
② 除了前款规定的情形,对于违反真实权利外形存在归责事由的人,即便自己没有作出违反真实的权利外形的,也不能就其权利之不存在对抗善意且无过失第三人。

上述第1款是外观法理的典型,权利人自己作出了虚假的事实。第2款则是对虚假外形存在归责事由,可以概括性理解为相当数目的共谋虚假表示的扩大情形。但是,矶村保教授认为,第2款规定了权利人承认他人作出的虚假外形的情形,第3款则是除此之外的情形。另外,秘书处认为这3款包括几代说所说的"法律行为的撤销"的问题。基于以上讨论,研究会起草了"新"第50条(2013年10月27日全体会议,2013年12月1日全体会议)。

另外,值得一提的是,矶村保教授还是强烈反对规定外观法理。

㉓ 【复合式撤销权的讨论经过】

(1) 复合式撤销权的提案

在法曹提交案公布之后,有人建议在民法"意思表示"的末尾,新设"复合式撤销权"(2009年5月4日秘书处会议)。这也是最近学说上提出的"集合论",即单独不构成无效、撤销的要素复数积累成无效[参见河上正二:《合同的成立与否与同意范围的初步考察(4. 完)》,载《NBL》1991年第472号,第41页]。有学者认为该内容的法律根据在于《民法》第90条的"概括性公序良俗违反论"(参见加藤,前载注⑪,《新民法大系Ⅰ》,第235页),所以应当在民法中规定超越解释论的法律基础。在民法典中规定不仅有利于消费者保护,在事业者之间也可以防止当事人之间由于力量不平衡导致的不公平交易。

(复合撤销权 过程草案 2009年5月4日秘书处方案)
第N条 意思表示不完全满足本法中法律行为无效、撤销规定的要件,符合下述各项中的复数要件,根据(法曹提交案)第三条(诚信原则)基于该意思表示的法律行为不应当发生效力的,法院可以撤销该法律行为。
[(一)—(七) 条文本身较长,下面概要介绍。详细条文参见国民有志案副案第N条之2]
第一项 不符合"欠缺意思能力""限制行为能力",但是判断能力低下的要素。
第二项 没有达到违反"公序良俗"的暴利行为,但是对价不均衡的要素。
第三项 称不上是"错误",但是很容易成为错误诱因的要素。
第四项、第五项 不是"不实表示及不提供信息""欺诈",但是致人难以冷静判断的欺诈要素。
第六项 不是"胁迫",但是让人难以作出拒绝意思表示的要素。
第七项 符合所谓"合适性原则"的要素。

根据上述条文草案,这种撤销权指的是,意思表示不满足民法典中规定的个别无效、撤销原因,但是从第1项到第7项规定的要素中若干项重合的,如果基于意思表示维持法律行为效力可能违反诚信原则的话,

第三款 代 理

【前注】
一、代理制度的基本构造

1. 代理规定的分节化

正如第三部第二章以下所述,现行民法代理一节并设了许多条文,看上去并不明

就可以行使撤销权。

岩田拓朗律师对"法院可以撤销该法律行为"的用语提出了批判,所以删除了"法院"一词。

另外,对于本项规定的合理性原则,岩田律师还提出了以下质疑:仅仅依据合理性是否可以否定法律行为的效力,该规定要求复数要因,是否是判例上的倒退。对于这个问题,秘书处认为,《金融商品交易法》第40条规定了"合理性的原则",但这不过是行政性规定,依据合理性原则否定法律行为效力的判例(最判1989年5月29日判时1196号,第102页)是多重因素导致的,违反了公序良俗(上述判例的解读参见加藤,前载注⑪,《新民法大系Ⅰ》,第234页以下)。另外,岛村那生、冈孝等人还指出,判例中适用合理性之际,大多并不是无效撤销,而是基于侵权行为的损害赔偿问题。最后,杉山真一以及牧野友香子律师提出,避免合理性原则本身的用词可以更利于实务上的适用,所以部分修改了文字(2009年5月19日市民法研究会)。

从体系的角度来看,民法中规定上述条文,"错误""不实表示及不提供信息""欺诈""胁迫""复合式撤销权"的适用范围的划分还是比较明确的。其中,"错误"只能撤销法律部分中重要部分。与此相对,"不实表示及不提供信息"的范围则更广,"欺诈"一般是撤销意思表示的内容。另外,前者涵盖信息提供人的过失、无过失的情形,而后者仅限于故意的情形。"胁迫"与上述概念不同。

与此相对,复合式撤销权包括各种上述无效撤销原因的要素,只有在不能完全满足无效撤销原因规定的情况下才可以适用。

值得一提的是,在上述秘书处方案之前,关于错误,杉山真一律师就指出:"关于错误的规定,下述方案可能更好,即一方面缓和'要素的错误'要件(不限制为法律行为的重要部分,范围更广),另一方面无效撤销的范围通过相对人或者第三人的主观要件进行限制。比如说,通过消费者保护法制保护消费者,不是消费者的中小事业者通过欺诈的方法(但是还是称不上欺诈)缔结合同的(但是法律行为的重要部分不存在错误),根据相对人的主观样态,可能存在错误无效(或撤销)的余地。"错误存在的上述问题,可以通过复合式撤销权的规定得到解决。

(2)从民法规定到消费者合同法的规定

如(1)中所述,有人提议在民法中规定复合式撤销权,可见其并不限于消费者问题,但是相当程度是为了应对现代社会中的消费者问题,也得到了市民法研究会的大力支持。但是,该研究会内部也存在不少意见认为该规定存在滥用的危险性,最终决定不在民法典中规定。存在复合式因素的情况下,作为违反公序良俗的一部分,可以通过解释论推导出无效的结论。另外,还有一致的意见是,尽管民法典中不规定,但是在消费者合同法中有必要规定复合式撤销权(2009年6月29日市民法研究会)(在此过程中,以加户茂树为中心就民法典中规定复合式撤销权提出了不少具体草案。比如,加户茂树建议诉讼外不认可撤销请求的方式。但是仅仅在裁判上行使法律行为的撤销权显然是超越了法律行为的一般框架,另外规制平等当事人间法律关系的民法中信息不对称的规定存在违和感。最终结论是,民法典中规定复合式撤销权的概念还不成熟。2009年6月29日市民法研究会)。

其后,民法修改研究会内部的多数意见是,消费者合同法中是否规定暂且不论,规制对等当事人关系的民法中不适合规定复合式撤销权。结果是,国民有志案副案第N条为消费者合同法规定复合式撤销权的立法提案(开头介绍的秘书处案是民法规定,所以当事人的属性不作限制,与此相对,本方案主要是以事业者和消费者为当事人属性为前提的)(《国民有志案》第138页以下)。

朗,所以有必要将"条文体系化"。本民法修正案第三款"代理"下设三目,第一目"有权代理"、第二目"无权代理"、第三目"表见代理"。[28]

另外,代理条文本身的定位也并不明朗,所以仅仅分为"目"并不能确保透视性,下文按照有权代理、无权代理、表见代理的顺序分别阐述。

2. 有权代理规定的整理

关于有权代理的规定:① 没有规定代理权的发生根据;② 复代理错综复杂;③ 代理权消灭事宜规定在表见代理的规定之中(现行民法起草之时考虑到了代理权的消灭及其对抗的框架,所以现行民法的规定顺序具有一定的合理性。其后,现行《民法》第109条、第110条、第112条一般理解为表见代理的规定[29],就出现了这个问题)。因此,本民法修正案大概按照代理权"发生及其范围——要件、效果——(代理行为的)无效撤销原因的判断基准——消灭"的顺序规定。在规定消灭之前,还规定了作为特殊代理的"复代理"。

3. 无权代理规定的整理

关于"无权代理"的条文群,除了单独行为的无权代理,现行《民法》从第113条至第117条规定了无权代理。从无权代理的当事人角度看这些条文群,第113条规定的"本人的追认权",接下来第114条与第115条规定的"无权代理人的相对人的权利",第116条再次规定"本人的追认"之后第117条规定"无权代理人的责任"。本民法修正案按照无权代理关系的三方当事人权利义务规定了"本人的追认""相对人的权利""无权代理人的责任"3个条文。

4. 表见代理规定的再构成

表见代理的条文群也在中间规定了"代理权的消灭",缺乏整体性。表见代理行为的相对人的保护方式,存在规范内容与证明责任不一致的问题。具体来说,首先,"表示授予代理权的表见代理"中,相对人的"善意无过失"可以成为抗辩事由。其次,"权限外行为的表见代理"需要相对人存在"正当事由",但是从条文的文字看不出举证责任,也没有判例正面解读举证责任。再次,在"代理权消灭后的表见代理"的情形,条文上分为相对人"善意"与"无过失"的举证责任。因此,本民法修正案明确规定了相对人保护的举证责任,详见后述。"越权行为的表见代理"与"代理权消

这里使用的是最初方案中的"复合式撤销权"的标题,其后标题还曾修改为"复合式瑕疵的意思表示""基于复合式要因的瑕疵"等(2009年5月19日市民法研究会),最终题为"不公正要素积累的撤销"(2009年6月15日市民法研究会),这也是国民有志案副案的标题。

[28] 【代理的目次构成的讨论经过】
秘书处很早便提出代理分"目"规定(2007年2月18日总则分会),经过民法改正研究会的讨论,我们采用了三目构成的方针(2008年5月4日全体会议)。私法学会以来我们一直维持了该方针。

另外,与国民有志案之前的草案不同,本民法修正案在另外的条文中规定了名义借贷人的责任。因此,将标题改为"表见代理等"。

[29] 关于表见代理的理解,参见中岛玉吉:《民法论文集》,金刺芳流堂1922年版,第175页以下。

后的表见代理"在相对人的保护上注意举证责任的平衡,这些与"表示授予代理权的表见代理"不同。

关于规定的顺序,考虑到与后述有权代理的相似性以及举证责任,最开始规定了法律纠纷中最常见的"越权表见代理",然后规定"代理权消灭后的表见代理""表示授予代理权的表见代理"。

除了这些差异,"表见代理"一目还新设了表见代理重叠适用的规定以及"名义借贷人的责任",以及与表见代理制度相关的规定。

二、无权代理、表见代理的顺序

如前所述,现行民法中表见代理的三个条文是不同属性的条文群,其散落于代理规定的后半部分(第109条、第110条、第112条),其后规定了无权代理(第113条至第118条)。这些规定并没有将表见代理作为广义的无权代理的一种类型看待。

因此,将表见代理作为无权代理的一种类型,本民法修正案首先规定无权代理,按照第二目"无权代理"、第三目"表见代理"的顺序规定。[20] 无权代理行为原则上不对本人发生法律效果,在例外情况下,即为了交易安全,保护无权代理行为相对人,可能对本人产生法律效果。原则和例外在各自独立的"目"中规定。

三、用语的统一

民法代理一节中,同时存在"相对人"与"第三人"的用语(具体来说使用"相对人"一词的有第100、108、113、114、115、117、118条,使用"第三人"一词的有第99、107、109、110、112、116条)。从上用词可见,"第三人"几乎都是相对人的意思,纯粹的"第三人"仅存在于规定"追认无权代理人"的《民法》第116条。可见,民法中"相对人"与"第三人"的用词较为混乱。

因此,在本民法修正案中,"第三人"一词仅仅在《民法》第116条规定的情形中使用,除此之外都使用"相对人"一词。

第一目 有权代理

【条文案】

(代理权的产生)
第五十一条 任意代理权基于本人与代理人之间签订的委托或其他合同而产生。
2 法定代理权基于法律规定而产生。

---

[20] 除了本文中的顺序,民法改正研究会还讨论了代理具有效力的有权代理和表见代理,然后再规定无权代理的方式。但是,最终没有沿着该方向起草条文(2007年3月4日、5日总则分会)。

本条第 1 款:新增
　　第 2 款:新增

> **(代理权的范围)**
> 　　第五十二条　任意代理权的范围除法律有特别规定外,根据委托或其他产生代理权的合同的内容而定。
> 　　2　前款中的合同对任意代理权的范围没有约定的,任意代理人只拥有实施以下法律行为的权限。
> 　　(一)保存行为;
> 　　(二)在不改变代理标的的物体或权利的性质的范围内,以对其进行利用或改良为目的的法律行为。
> 　　3　法定代理权的范围根据法律规定或法院的裁定确定。

本条第 1 款:新增
　　第 2 款主文:对《民法》第 103 条(未规定权限的代理人的权限)主文的修改
　　　　第 1 项:同《民法》第 103 条(未规定权限的代理人的权限)第 1 项
　　　　第 2 项:对《民法》第 103 条(未规定权限的代理人的权限)第 2 项的修改
　　第 3 款:新增

> **(代理行为的要件及效果)**
> 　　第五十三条　代理人在其权限范围内,表明为本人作出的意思表示直接对本人生效。
> 　　2　前款规定准用于相对人对代理人作出的意思表示。
> 　　3　代理人违反本人的利益,为自身或代理行为的相对人或第三人的利益行使权限的,不妨碍该代理行为的效力。但是,任意代理中,代理行为的相对人知道该情况或对其不知具有过失时,以及法定代理中,代理行为的相对人知道该情况或对其不知具有重大过失时,不能主张代理行为的效力。

本条第 1 款:对《民法》第 99 条(代理行为的要件及效果)第 1 款的修改
　　第 2 款:对《民法》第 99 条(代理行为的要件及效果)第 2 款的修改
　　第 3 款正文:新增
　　　　　但书:新增

> **(未表明是为本人而为的意思表示)**
> 　　第五十四条　代理人未表明是为本人而为的意思表示,视为为自己作出的意思表示。但是,代理行为的相对人知道代理人为本人作出或对其不知具有过失时,准用前条第一款的规定。

2 在前款正文规定的情形下,代理人不得以其在作出意思表示时没有自己作为法律行为当事人的意思为由,主张该法律行为无效。

本条第1款正文:同《民法》第100条(未表明是为本人而为的意思表示)正文
　　　　但书:对《民法》第100条(未表明是为本人而为的意思表示)但书的修改
　　第2款:新增

(自我合同及双方代理等)
　　第五十五条　代理人没有以自己为相对人实施法律行为的权限以及在同一法律行为中为双方当事人实施代理行为的权限。但是,为履行债务以及本人事先许可的法律行为不在此限。
　　2　外观上本人与代理人的利益相反的法律行为准用前款的规定。同一个人为不同的多个当事人实施代理行为的,一方当事人与另一方当事人的利益在外观上相悖的法律行为亦同。

本条第1款正文:对《民法》第108条(自我合同及双方代理)正文的修改
　　　　但书:对《民法》第108条(自我合同及双方代理)但书的修改
　　第2款前段:新增
　　　　后段:新增

(代理人的行为能力等)
　　第五十六条　任意代理人不需要为完全行为能力人。
　　2　家庭法院不得选任限制行为能力人为法定代理人。
　　3　限制行为能力人为亲权人的,仅在能够自己单独实施行为的范围内行使亲权。对于限制行为能力人不能单独实施的行为,该限制行为能力人的法定代理人或有同意权的人可以为该限制行为能力人的未成年子女,行使其对该限制行为能力人的同意权、代理权或撤销权。
　　4　虽有前款规定,未成年人成为亲权人的,根据第八百三十三条(替代子女行使亲权)及第八百六十七条(替代未成年被监护人行使亲权)第一款的规定执行。
　　5　根据第八百三十九条(未成年监护人的指定)第一款或第二款的规定,限制行为能力人被指定为未成年监护人的,准用第三款的规定。

本条第1款:对《民法》第102条(代理人的行为能力)的修改
　　第2款:新增
　　第3款前段:新增
　　　　后段:新增

第 4 款:新增
第 5 款:新增

(与代理人相关的事由的效力)
　　第五十七条　与代理行为相关的以下事实根据代理人来决定。
　　(一) 意思能力欠缺、真意保留、虚假表示、错误、不真实表示或信息的不提供、欺诈或胁迫;
　　(二) 对于某情况是善意还是恶意或就不知该情况是否具有过失以及过失的程度。
　　2　任意代理人受委托实施特定的法律行为,或者根据本人的指示实施代理行为时,本人对于自己知道或者因过失而不知的事情,不得主张代理人为善意或代理人无过失。

本条第 1 款主文:《民法》第 101 条(代理行为的瑕疵)第 1 款移修
　　第 1 项:《民法》第 101 条(代理行为的瑕疵)第 1 款移修
　　第 2 项:《民法》第 101 条(代理行为的瑕疵)第 1 款移修
　　第 2 款:《民法》第 101 条(代理行为的瑕疵)第 2 款前段、后段 移修

(复代理人及其权限)
　　第五十八条　复代理人[指代理人以自己的名义选任的本人的代理人,在下一款、下一条以及第六十条(由法定代理人选任的复代理)中亦同]在代理人授权的范围内享有代理本人的权限。
　　2　复代理人对本人及代理行为的相对人享有与代理人同等的权利,负有同等的义务。

本条第 1 款:对《民法》第 107 条(复代理人的权限等)第 1 款的修改
　　第 2 款:对《民法》第 107 条(复代理人的权限等)第 2 款的修改

(由任意代理人选任的复代理)
　　第五十九条　任意代理人不得选任复代理人。但是,获得本人许可或有不得已的情况时,不在此限。
　　2　任意代理人选任复代理人后,应就复代理人的行为对本人负责。但是,代理人已经对复代理人的选任及监督给予了相当的注意义务,或者即使给予相当的注意也会产生损害的情况不在此限。
　　3　任意代理人根据本人的指定选任复代理人的,无须就复代理人的行为对本人负前款规定的责任。但是,若该代理人知道复代理人不合适或不诚实却不通知本人,或者该代理人被赋予了解任复代理人的权限,却不当地怠于解任的,不在此限。

本条第 1 款正文:《民法》第 104 条(由任意代理人选任复代理人)移修
　　　但书:《民法》第 104 条(由任意代理人选任复代理人) 移修
　　第 2 款正文:《民法》第 105 条(选任复代理人的代理人的责任)第 1 款移修
　　　但书:《民法》第 105 条(选任复代理人的代理人的责任)第 1 款移修[参照《民法》第 715 条(雇主等的责任)第 1 款但书]
　　第 3 款正文:《民法》第 105 条(选任复代理人的代理人的责任)第 2 款正文移修
　　　但书:《民法》第 105 条(选任复代理人的代理人的责任)第 2 款但书移修

(由法定代理人选任的复代理)
　　第六十条　法定代理人只要不违反其法定代理的性质,可以选任复代理人。
　　2　法定代理人选任复代理人的,应就复代理人的行为对本人负责。但是,若就选任复代理人存在不得已的事由的,准用前条第二款但书的规定。

本条第 1 款:《民法》第 106 条(由法定代理人选任复代理人)前段移修
　　第 2 款正文:《民法》第 106 条(由法定代理人选任复代理人)前段移修
　　　但书:《民法》第 106 条(由法定代理人选任复代理人)后段移修

(代理权的消灭事由)
　　第六十一条　代理权因以下事由而消灭。但是,若合同或法律另有规定的,或其权限的性质不允许的,不在此限。
　　(一) 本人死亡;
　　(二) 代理人死亡或代理人收到开始破产清算程序的裁定,或被判开始监护。
　　2　任意代理权除前款各项规定的事由外,还因委托或其他导致发生代理权的合同的终止而消灭。

本条第 1 款主文正文:同《民法》第 111 条(代理权的消灭事由)第 1 款正文
　　　但书:新增
　　　第 1 项:同《民法》第 111 条(代理权的消灭事由)第 1 款第 1 项
　　　第 2 项:同《民法》第 111 条(代理权的消灭事由)第 1 款第 2 项
　　第 2 款:对《民法》第 111 条(代理权的消灭事由)第 2 款的修改

(商行为的代理)
　　第六十二条　关于商行为的代理,除适用本法规定外,还适用商法(一八九九年法律第四十八号)第五百零四条(商行为的代理)至第五百零六条(因商行为的委托产生的代理权的消灭事由的特例)的规定。

本条:新增

【修正理由】

一、有权代理的整体构造

本民法修正案中有权代理制度的整体构造包括下述规定：① 代理的总则；② 代理的效力；③ 复代理；④ 代理权的消灭事由；⑤ 关于商行为的代理的引致规定。

首先，关于①，代理的开头规定"新"第 51 条新设了"代理权的产生"，明确规定代理分为任意代理与法定代理。接下来的"新"第 52 条分别规定了任意代理与法定代理各自的"代理权的范围"。"新"第 53 条规定了"代理行为的要件及效果"。"新"第 54 条规定了"未表明是为了本人而为的意思表示"，即非显名的情形。

其次，关于②代理行为的效力，"新"第 55 条规定了"自我合同及双方代理等"，以及利益相反行为准用该规定。接下来的"新"第 56 条规定了"代理人的行为能力等"问题。作为"与代理人相关的事由的效力"，"新"第 57 条规定了代理行为瑕疵等。具体来说，以本人或代理人为基准，代理行为的无效、撤销事由，判断善意、恶意的基准等。

在上述一般有权代理规定之后，本民法修正案规定了特殊代理的③复代理。具体来说，最开头的"新"第 58 条题为"复代理人及其权限"，规定了何为复代理。接下来，"新"第 59 条、第 60 条分别规定了"由任意代理人选任的复代理"与"由法定代理人选任的复代理"，通过上述 3 个条文大致可以纵览复代理制度。

在有权代理末尾的"新"第 61 条规定了④"代理权的消灭事由"、"新"第 62 条"商行为的代理"的引致规定。

二、代理权的发生原因

现行《民法》在代理的开头规定第 99 条代理权的行使方式，但是民法总则中并没有规定代理权如何发生（当然，民法中规定了限制行为能力的法定代理人、不在者的管理人、个别法定代理的规定，但是没有一般规定）。合同法委托合同的开头规定《民法》第 643 条："委托，因当事人一方委托相对人从事法律行为……"一般认为，这里不仅包括直接代理，还包括间接代理。从民法整体上看，委托合同产生的代理权构造规定在总则编"委托代理人"（第 104 条）、"委托代理权"（第 111 条第 2 款），多少有些不明确之感。

现行民法明确区分任意代理与法定代理是从复代理关联规定的第 104 条与第 106 条中的对比中才可以看出，而且第 111 条第 2 款代理权的消灭事由仅仅规定了委托代理权的特殊规则。可见，现行民法没有明确规定代理权的发生事由，也没有规定任意代理与法定代理的区别，代理权的定位本身也不明确。

因此，本民法修正案"新"第 51 条规定了代理权的发生原因，并明确将代理分为任意代理和法定代理。通过"新"第 51 条的规定，代理制度的概况就比较明晰了，也提高了法典的透视性。

另外,规定任意代理的发生原因是"委托或其他合同",一定程度上反映了目前的通说,具体参见"讨论经过"。[241]

最后,在讨论"新"第51条之际,正如"讨论经过"所介绍的,有人提议设定法人代表的特别款项,但是最终没有采纳。[242]

---

[241]【有关"合同产生代理权"的讨论经过】
代理的最初草案由鹿野菜穗子教授提出,并以此为基础形成了修改条文草案,并在民法修改研究会上进行讨论(2007年3月4日、5日总则分会,2007年3月18日全体会议)。
关于"新"第51条的鹿野草案,存在三个方案:方案一,"代理权除了基于合同,还可以基于本法或其他法律的规定发生"。方案二,将"除了基于合同"改为"除了基于委托"。方案三,"除了基于本人的意思表示"。
关于日本代理的学说状况,过去的学说认为,代理权的发生必须存在委托等之外的以代理权发生本身为目的的"代理权授予行为"这种独立的法律行为(该学说内部还可以根据对"代理授权行为"的理解,分为无名合同说与单独行为说)。目前几乎没什么人主张"代理授权行为",认为代理权由委托等合同产生的学说成为主流。但是,目前根据合同的内容性质,有人认为代理权由委托合同产生,有人认为雇佣合同、合伙合同、承包合同等处理事务的合同也能产生代理权。
上述方案一中代理权的发生不限于委托合同,方案二采用了委托合同说,方案三只是排除了过去"代理授权行为"中的单独行为说,接下来的问题就交给解释业。
民法改正研究会最终采纳了方案一,理由有以下两点。第一,委托合同说是民法起草者的立场,现行《民法》第104条等规定了"委托的代理"也是以委托合同为前提的,所以有必要与其保持连续性。第二,事务处理合同说脱离了法律规制的物理层面。具体来说,无名合同说中的无名合同实际上是混合了委托合同与其他合同(雇佣合同、合伙合同、承包合同等)的混合合同(进一步说,代理权的产生无论是单独的方式,还是混合的方式,委托合同的存在是没有疑问的,所以认为代理权的发生根据在于委托合同更为合理。比如说雇员的代理权,即便认为是基于雇佣合同产生代理权的案例中,具有代理权的雇员也负有规定委托合同的《民法》第645条"向受托人报告"的义务,第644条"交付受领物"的义务。因此,代理关系的基础并不仅仅在于雇佣合同,而是雇佣合同和委托合同的混合合同。所以,本人与代理人之间的基础在于委托合同)。
对于上述混合合同说,矶村保教授认为在支配从属关系的雇佣合同之下,代理权的部分与委托合同存在不同之处。
在民法修改研究会上,存在两种观点,学界的有力说认为"新"第51条是"事务处理合同说"。本民法修正案没有明确委托合同、无名合同的观点,只是规定"委托及其他合同"。这样保持了与通说的连续性。

[242]【"法人代表"等法律对任意代理权的限制的讨论经过】
(1)国民有志案之前
在民法修改研究会的初期,任意代理人为法人理事、公司董事长等情形下,其具有一定的地位,当然具有一定的权限。矶村保教授的条文草案是:"没有特别规定,任意代理人的权限由产生代理权的合意产生。"(2007年2月18日总则分会)在法曹提交案之前研究会一直维持了该草案,但是到了国民有志案公布之前,用语修改为"根据委托合同的内容"。变更的理由在于,包括法人的代表人在内在组织中一定职位的人的代理权,包含着遵守组织内部的规章制度的含义。
(2)设置法人代表的特别规定与德国法的探讨
其后,在代理权的发生中,我们还探讨了设置法人代表的条文案(矶村保教授提出草案),该条文草案如下(2012年1月21日全体会议)。

(代理权的发生 过程草案 2012年1月21日民法改正研究会讨论方案)
第N条 ① 与"新"第五十一条第一款相同。
② 但是,法人代表权的发生,除了合同之外,还应当满足各种法人法规定的程序。
③ 与"新"第五十一条第二款相同。

关于该条文草案,讨论经过如下:
除了上述草案第2款,就是一般意义上任意代理与法定代理,只是加上了法人代表权的发生。关于法人

三、代理权的范围

关于任意代理,《民法》第 103 条只规定了"未定权限的代理人的权限"。与此相对,"新"第 52 条分别按照任意代理人与法定代理人规定了代理人的一般权限。这贯彻了本民法修正案提高法律制度整体透视性的方针。

的代表人,《一般法人法》第 77 条第 1 款的代表适用上述第 1 款的文字,根据《一般法人法》第 77 条第 3 款、第 90 条第 3 款等,代表理事经选举产生的,缔结理事委托合同,还有理事互选或社员总会的决议等程序。另外,非既存法人,法人设立之际的代表人可以比照代表理事、代表董事考虑。一般社团法人设立之时,理事中选举代表理事(《一般法人法》第 21 条第 1 款),公司中设立董事的公司(除了设置委员会的公司)发起人在设立时选举产生代表董事(《公司法》第 38 条第 1 款、第 48 条第 1 款)。在这些情况中,代表人不是由本人选举产生,而是由设立时的理事或董事选任产生,与本人并没有缔结合同。另外,地方自治体等公法人的代表人有的是经选举产生的。

考虑到以上情况,上述草案由 3 款构成。但是其中第 2 款虽然从法律上看是正确的规定,但是也存在规范内容欠缺具体性和法律透视性的问题,所以民法改正研究会最终在条文中只规定了任意代理("新"第 51 条第 1 款)与法定代理(该条第 2 款)。

另外,在上述讨论中,矶村保教授介绍了德国民法学的状况,尤其是概括性介绍了拉伦茨与沃尔夫的《民法总则》,具体如下(Karl Larenz/Manfred Wolf, Allgemeiner Teil des Bugerlichen Rechts, 9. Aufl., 2004, S. 831 ff.):

代理权的产生存在两种方式:根据《德国民法典》第 167 条,本人依其意思表示授予代理人代理权;法律规定赋予代理人一定行为权限的法定代理(gesetzliche Vetretungsmacht)。《德国民法典》第 162 条第 2 款称前者为任意代理(Vollmatcht)。其实,法定代理也有必要进行区分,既有像父母的代理权这种基于法律产生的代理权,也包括基于权威化(hoheitlich)命令或者团体法公司法上的行为,代理人享有法律上规定的概括性代理权(具体来说,为了行为能力受到限制的子女,父母被赋予法律上的概括性代理权,这是本来意义上的法定代理)。与此相对,监护人的代理权虽然在内容以及范围上与父母的代理权一样,但是其发生根据在于监护法庭的选任)。

根据《德国民法典》第 26 条,法人的理事(Vorstand)与法定代理人视为相同。但是,代理权是由团体法上的选任行为,比如投票而产生的。股份公司、有限公司的代表人必须存在公司法上的选任行为,合名公司与合资公司亦是如此。

《德国民法典》第 26 条第 1 款规定:社团必须设立理事。理事在裁判上和裁判外代表社团,理事具有法定代理人的地位。通过章程限制代理权的权限可以对抗第三人。

从上可见,德国法中的任意代理与法定代理的区别与日本法存在重大差异,理由之一在于"Vollmacht"概念。在德国民法中,"Vollmacht"的代理权授予是单独行为,而且分为内部授权与外部授权。但是,法人代表不可能存在这种形式的代理权授予行为。

但是,必须注意的是法人的代表与法定代理人"视为相同"的含义。上述介绍中,"本来意义上"的法定代理的背景在于,父母的法定代理与法人代表人的法定代理权的性质是不同的。在代理权滥用的情形下,学说上也区分本来的法定代理与法人的代表人的代理权滥用。

由此可见,法人的代表人不能简单作为法定代理与任意代理进行对比。

初看《德国民法典》第 26 条第 1 款,章程似乎可以限制自由,但是即便是章程中限制了代理权并进行登记,也不能够对抗不知道该限制或者对于不知情没有过失的第三人(《德国民法典》第 68 条、第 70 条)。

(3)本民法修正案的条文

如前所述,《国民有志草》第 66 条有意识不规定法人代表。与此相对,矶村保教授建议,在"新"第 51 条第 1 款"任意代理根据委托或其他……合同的内容确定"的基础上加上"除法律另有规定"一语(2014 年 3 月 4 日意见书),理由如下:第一,关于法人的代表权,除了现行法上的一定限制,本民法修正案还加上了新的内容。第二,除了上述法人代表人的代理权之外法律上限制任意代理的还有像支配人的代理权等其他存在。最终我们采纳了矶村保教授的建议,这就是"新"第 52 条第 1 款的内容(2014 年 3 月 7 日全体会议)。

"新"第52条第1款规定了任意代理人的代理权由合同产生。这种"产生代理权的合同"指的是"新"第51条所说的"委托或其他合同",并不是德国法上的"授予代理权行为论",也不是日本过去的通说即无名合同说。

该条第2款稍加修改并沿袭了现行《民法》第103条"未规定权限的代理人的权限"的用语。

"新"第52条第1款"除法律有特别规定"是因为任意代理之中存在法人代表、支配人等代表权或代理权受到限制的情形,并不能完全交由私人自治(关于法人代表,参见《一般法人法》第77条第4款、第5款,第197条;《公司法》第349条第4款、第5款,第481款以下、第599条第4款、第5款等以及"新"第28条第2款但书。关于支配人,参见《商法》第21条、《公司法》第11条)。㉓

该条第3款新设了法定代理人的权限,是不言自明的条款。

四、代理行为的要件及效果

1. 显名主义原则

"新"第53条第1款和第2款规定了代理行为的要件和效果(主动代理与被动代理),以显名主义为前提。㉔ 除了文字上的修改,修正案基本上沿袭了《民法》第99条的内容,也没有什么特别需要说明的。

关于代理,还存在"意思表示代理还是法律行为代理"㉕的问题。《民法》第99条规定了"意思表示"的代理,基本上《德国民法典》第164条亦是如此。本民法修正案也沿袭了"意思表示"代理的观点。

㉓ 除了"新"第52条第1款的规定,关于法人代表的权限,《一般法人法》第77条第4款规定:"代表理事具有一切与一般社团法人业务相关的裁判上或裁判外的权限。"第5款规定:"前款权限限制不得对抗善意第三人。"《一般财团法人法》第197条准用上述规定。股份公司也是如此(《公司法》第349条第4款、第5款)。由上可知,法人的代表人的概括性权限由法律规定,个别章程或委托合同虽然可以加以限制,但是不能对抗善意第三人。但是,如果"新"第52条规定这一点,那么就与"新"第51条"代理权的产生"中没有规定法人代表失去平衡,所以在条文上没有规定。

㉔ 与目前的通说与判例一样,本民法修正案也采取了下述三面关系的基本构造:① 本人—代理人之间的代理权的授与;② 代理人—相对人之间的法律行为;③ 相对人—本人之间的法律效果。

对此,米勒·弗莱恩菲尔斯(Muller-Freienfels)的代理论有统一的要件论(该说以及该说对日本学说的影响,参见伊藤进:《代理法理的探究》,日本评论社2011年版,第157页以下、第253页以下)。其中,关于任意代理,有学说认为,本人的代理授权行为与代理人的代理行为共同形成一方的意思表示,各自不过是一个意思表示的要素而已。根据该说,一方的意思表示(本人的代理授权 + 代理人的行为)与他方的意思表示一致则合同成立。所以一般法律关系成立中本人与相对人的意思表示一致的模式同样适用于代理关系。根据该说,至少任意代理是包含在一般法律行为的框架之内的。但是,民法修改之际应当尽量避免给现有学说带来过多混乱,所以我们没有采纳该学说。

㉕ 参见伊藤进:《"代理,授权"草案规定的探讨——从代理的法律构成论出发》,载圆谷峻编著:《社会变迁与民法典》,成文堂2010年版,第67页以下。

2. 代理权的滥用

(1) 脱离心里保留论

"新"第53条第3款新设了代理权滥用的规定。目前的判例基本上是类推适用心里保留规定的《民法》第93条但书来处理这个问题。[⑳] 但是，在1967年的判例中，大隅健一郎法官指出，类推适用心里保留不过是假托理论。[㉑] 学说也认为，这样处理虽然是比较实际的做法，但不是心里保留的真正适用，这一点并无争议。

本民法修正案第53条第3款规定即便存在代理权滥用，原则上也是有权代理，因而是有效的，在但书中规定了例外情形下不得主张代理权的效力。比照目前的学说现状，但书"不能主张代理行为的效力"采纳了违反诚信原则说。

(2) 违反诚信原则说与无权代理行为论

上文(1)说道，本民法修正案的观点与目前学说主张的违反诚信原则说相近。虽然无权代理说也不支持没有效力的观点，但是代理权滥用从客观上说也是有权代理，所以根据第3款但书，依据代理人以及相对人的主观样态就认定为无权代理是不恰当的。

尽管如此，在案例中，也不是不能考虑使用无权代理的规定。比如说，滥用代理权中本人为了维持与相对人将来的关系，以追究代理人责任的方式，此时不会根据第3款但书向相对人请求，而是以"新"第64条追认的方式让法律关系确定有效。另外，"新"第66条规定，相对人恶意或重过失的，不能追究无权代理人的责任，但是这种代理权滥用在法定代理的情况下，即便是轻过失也不能助长代理行为的效力。此时，还是存在追究无权代理人责任的余地。

将上述考虑条文化，可以考虑新设"新"第53条第4款，"前款但书的情形准用'新'第64条以及'新'第66条"。但是设置如此规定可能造成代理权滥用也是无权代理的一种情形的误解，招致更多混乱。所以我们在条文上不明确规定这一点，但是存在类推适用无权代理的部分规定。

违反诚信原则的无权代理构成的好处是，受让人不能受到保护，但是受让人从代理权滥用的相对人通过法律行为得到取得物的，当然也可以受到保护。

(3) 任意代理权的滥用与法定代理权的滥用

"新"第53条第3款但书根据相对人的主观要件限制代理权效力的主张，但是任意代理与法定代理的要件存在区别。具体来说，对于任意代理的代理权滥用，在相对人恶意有过失的情形下，不能主张代理行为的效力；而对于法定代理的代理权滥用，则是恶意重过失的情况下不能主张代理行为的效力。

根据该规定的方式，同样是代理权滥用，任意代理中本人保护的范围较窄，是因为更加重视保护交易安全，与此相对法定代理本人保护的范围更广，则交易安全的保

[⑳] 参见最判1963年9月5日民集18卷8号，第909页。
[㉑] 参见最判1967年4月20日民集21卷3号，第697页。

护范围更窄。理由在于，任意代理中选任滥用代理权的代理人的是本人，而法定代理权的发生并不是基于本人的意思。[248]

五、未表明是为本人而为的意思表示

现行《民法》第99条以显名主义为原则，第100条规定了其例外，本民法修正案采用了相同的构成。与显名主义的"新"第53条不同，"新"第54条规定了"不表明为了本人"的非显名型代理行为。

在非显名代理行为的情况下，代理人的意思表示从相对人来看，就是代理人本身的意思表示。与此相对，代理人内心效果意思说到底也就是为了本人利益的意思表示，所以非显名代理人的意思表示中，就可能产生表示和内心效果意思不一致的现象。因此，此时不仅对本人不发生效力，相对人请求意思表示的代理人按照表示实施法律行为的，代理人可能对于发生该意思表示的效力存在争论。

《民法》第100条就是为了防止这种问题，本民法修正案"新"第54条规定这种情形下视为代理人所为，基本也是沿袭了民法的规定。

"新"第54条第1款规定的内容是，代理人一方是为了本人作出意思表示，而相对人则认为代理人是当事人作出意思表示，所以意思表示的内容并不一致。在此意义上，这是超越意思表示理论的法定责任，但是并不意味着可以主张错误无效（本民

---

[248]【关于代理权滥用的讨论经过】
关于"代理行为的要件及效果"的草案，最初由鹿野菜穗子教授提出（2007年2月18日总则分会），基本一直维持到本民法修正案。鹿野教授的草案中，第1款、第2款规定要件和效果，并提出第3款是否新设代理权滥用的规定的问题。
对于该问题，代理权滥用存在以下三个立场：
第一，上述1963年以及1967年两个判例都认定相对人存在恶意，着眼于代理行为效力的否定，代理权滥用导致代理行为失效要求相对人存在主观恶意或重过失（矾村保意见，2007年3月4日、5日总则分会）。这也是私法学会提出案与法曹提交案的内容。
与此相对，第二个观点重视上述两个判例中类推适用《民法》第93条但书的观点，不要求重过失，只以恶意、有过失为要件就可以认定代理行为无效。
第三，上述两个观点并不区分任意代理与法定代理，相对人的主要要件也是一样的，第三立场对此提出质疑。背景在于亲权滥用的1992年判例（最判1992年12月10日民集46卷9号，第2727页）。案情如下：法定代理人父母将子女从叔父处继承的财产为了叔父进行了担保，法院认为这不是代理权滥用。因此，虽然判例没有表明相对人的主观要件，只着眼于代理行为的话，给本人即子女造成不利益的亲权人的代理行为，由于考虑到了代理行为的背景，所以不认为是"代理权的滥用"，而认可代理行为的有效性。
上述案例中只是严格认定了"代理人的权限滥用"的问题，但是在不同的事件中，任意代理与法定代理是否可以统一地认定代理权滥用呢？实际上，还不得不考虑的背景在于，除了法人代表等，任意代理权的权限限制更多，而法定代理权的权限范围更广。另外，任意代理原则上由本人承担选任代理人滥用代理权的风险，而法定代理的本人不能选任代理人，所以是与任意代理设定一样的要件存在疑问。
如果考虑到相对人的主观要件，代理权滥用仅限于相对人恶意或重过失的情形，代理行为有效的范围就扩张，而无效的范围就缩小。任意代理是本人选任不合适的代理人而产生不利益，所以扩张了代理行为有效的范围，为了保护相对人，以相对人的恶意或重过失为抗辩事由。而法定代理不依本人的意思发生代理权，限缩代理行为有效的范围更恰当，所以以相对人的恶意或有过失为抗辩事由（2013年10月27日全体会议）。

法修正案是撤销）[248]，所以该条第2款规定了这一点。[249]

与此相对，《商法》第504条（商行为的代理）则规定了大量的显名主义例外，所以民法与商法就此问题应当进行调整。关于这个问题，商法学说中也认为商法规定本身存在问题[250]，但是民法改正研究会认为没有必要为此进行调整，而且明确规定"新"第62条适用于《商法》第504条的商行为，从而保持与现在法律的一致性。[251]

六、自我合同、双方代理以及利益相反行为

"新"第55条第1款规定了自我合同和双方代理，第2款规定了利益相反行为。[252]

---

[248] 参见我妻荣，前载注⑤，《新订民法总则》（民法讲义Ⅰ），第348页；山本敬三，前载注㉖，《民法讲义Ⅰ》（第三版），第354页等。

[249] 矶村保教授参考《德国民法典》第164条第2款提出了该条文草案，参见矶村保：《关于合同当事人的确定》，载《Law & Practice》2013年第7号，第91页以下，尤其是第102页以下。

[250] 参见西原宽一：《商行为法》，有斐阁1960年版，第123页。

[251] 主张民法原则与商行为代理的关联性的有平野裕之：《代理中的显名主义——民法第100条与商法第504条的横向考察》，载《法律论丛》2002年第75卷第2号、第3号，第49页。

[252] 【自我合同、双方代理等讨论经过】
关于本条，民法改正研究会最初的提案是鹿野菜穗子教授提出的维持《民法》第108条的方案（2007年2月18日总则分会）。同时，矶村保教授还提出了一个下述草案（2007年3月4日、5日总则分会）。其内容是将第108条改为无权代理构成，将民法中本文和但书分开，分别作为第1款和第2款，同时增设条文中难以涵盖的本人—代理人之间的利益相反的情形。我们向私法学会提出了这个方案，法曹提交案也维持了该方案。

（自我合同即双方代理等　过程草案　法曹提交案）

第六十六条　①代理人没有以自己为相对人实施法律行为的权限以及在同一法律行为中为双方当事人实施代理行为的权限。
②债务之履行及本人事先允诺的代理行为不适用前款规定。但是，代理人权限的性质不允许的，不在此限。
③代理人的法律行为与本人利益相反的，准用上述两款规定。

其后，在国民有志案公布之前的条文整理阶段，有人对无权代理的构成提出了下述疑问：上述《法曹提交案》第66条第2款中本人允诺产生效力的，并不是无权代理的追认，而是"再次允诺"，所以不能够维持无权代理构成。因此，国民有志案提出了下述草案，以封住下述传统本人的主张。

（自我合同即双方代理等　过程草案　国民有志案）

第六十六条　①代理人以自己为相对人的代理人为相对人实施的法律行为，或者在同一法律行为中为双方当事人的，本人可以主张对自己不产生行为效力。
②债务之履行及本人事先允诺的代理行为不适用前款规定。但是，代理人权限的性质不允许的，不在此限。
③代理人与本人利益相反的行为，或者同一代理人代理的与本人利益相反的行为，准用上述两款规定。

但是，在其后的讨论中，符合"自我合同、双方代理"形式之时，不存在类型化的代理权，但是事后承认的，视为无权代理行为的追认，如果存在"再次允诺"的话，即便形式上符合，实质上也可能是代理权的授予。因而，应当维持最初的提案。基本上采纳了下述法律形式：第1款是根据形式上的观点判断代理权之有无，第2款则从实质的观点进行补充。

以上诸提案的第2款但书的背景在于，不仅是自我合同、双方代理这种形式上的利益冲突情形，在债务履行中，本人许诺的，必须进行实质考虑。具体来说，首先关于后者，律师如果双方代理，即便有本人许诺也

现行《民法》第 108 条"不能担当代理人"的用语主要是自我合同、双方代理中代理行为没有效力,但是法理根据并不明确。传统上,其根据存在无权代理论、利益相反论、一个意思表示论㉒,《民法》第 108 条规定都可以如此解释。

其中,一个意思表示论不过是概念法学,目前日本无人支持该学说。另外,无权代理论与利益相反论虽然存在微妙的适用范围差异,但是大部分情况下是重叠的。

因此,"新"第 55 条第 1 款明确表明自我合同、双方代理的无效根据在于无权代理论,这也是通说的看法。㉓

另外,"新"第 55 条第 1 款但书中的"债务的履行"很多时候未必是法律行为,没有必要修改现行《民法》第 108 条的规定,所以本民法修正案沿袭了该规定。

在此基础上,"新"第 55 条第 2 款规定利益相反行为准用该规定。㉔ 该款前半段规定自我合同型的利益相反行为,同款后半段规定双方代理型利益相反行为。

七、代理人的行为能力等

1. 规定的适用范围——任意代理的限定

"新"第 56 条第 1 款基本沿袭了现行《民法》第 102 条,其适用范围限定为"任意代理"。

任意代理权是基于本人意思而产生的,本人故意选任限制行为能力人,代理人的

是不允许的。因为律师双方代理存在利益重大冲突,可能带来严重后果(企业法务研究会的成员大多属于大律所,日常会进行"利益冲突审查",故而对法曹提交案的利益相反事项发表了大量意见)。

另外,关于前者的债务履行,正如司法书士的登记程序,初看是一种简单的债务履行。在履行过程中,比如说为了出卖人利益应当转移登记,但是考虑到买受人的风险,进行登记程序可能是有疑问的。可见,以一方立场的专家承担顾虑义务,不能成为利益对立人的代理人。

在国民有志案公布之后,对于《国民有志案》第 66 条第 2 款但书的内容,有人认为包含在同款本文"本人事先允诺的行为"之中。因而删除了但书,统一了第 1 款和第 2 款,这就是本民法修正案的内容。

另外,关于双方代理型利益相反行为的用语,修改了"同一个人为两人以上代理的"用词。对此,矶村保教授认为,后半段双方代理型利益相反行为的用词可能包括一方当事人存在复数法律主体的情形,所以最终改为本民法修正案的用语(2013 年 12 月 26 日意见书)。

关于规定在法典中的位置,矶村保教授建议,"新"第 55 条自我合同、双方代理等规定应当规定在"新"第 52 条"代理权的范围"之后,"新"第 53 条显名主义规定之前(2013 年 10 月 27 日全体会议)。确实,从"代理权的范围"的含义看,上述两个条文具有连续性,但是之所以将"自我合同"从代理权范围剥离是因为这根本违反了"代理人是为了本人进行的"意思表示这种显名精神。从这个意义上来说,双方的规定方式都未尝不可,但是讨论的结果还是像最初方案一样,规定显名主义与非显名主义例外之后,设置本规定。

㉒ 德国过去在自我合同和双方代理的情况下只存在一个意思表示,两个意思表示不可能一致,所以概念上理论上合同不可能成立(参见高桥三知雄:《代理理论的研究》,有斐阁 1976 年版,第 121 页以下)。

㉓ 参见我妻荣,前载注⑤,《新订民法总则》(民法讲义Ⅰ),第 343 页。大判 1978 年 5 月 23 日民录 24 辑第 1027 页,最判 2004 年 7 月 13 日民集 58 卷 5 号 1368 页。

㉔ 还有一个问题是"新"第 55 条第 2 款的利益相反行为与"新"第 53 条第 3 款代理权滥用规定的关系。关于这个问题,利益相反行为如果采取实质判断说的话就会产生规定重复的问题,但是本民法修正案采纳了通说以及判例的形式判断说,"新"第 55 条第 2 款在形式上判断代理人是否具有权限,"新"第 53 条第 3 款代理权滥用则是形式上有代理权的,就会有代理人是否属于代理权滥用的问题。

为了不至于产生误解,该条该款在开头明确规定"外观上本人与代理人的利益相反的法律行为"。

判断能力给本人造成不利益的,并没有什么问题。另外,本人选任代理人可能没有认识到限制行为能力人,本人应当在选任代理人之时考虑合理性,而不是代理行为相对人选任代理人,所以本人遭受不利益并无不妥(关于没有认识到选任了限制行为能力人的错误的问题,参见注㉟。选任欠缺意思能力人做代理人的情形,参见注㉝)。

但是,原封不动地维持现行民法关于法定代理的规定也存在问题,下文将探讨这个问题,同时说明"新"第56条第2款。

2. 法定代理

(1) 问题之所在

现行《民法》第102条规定:"代理人不需要为行为能力人。"根据该规定,即便是限制行为能力人也可能成为亲权人[但是,《民法》第833条(替代子女行使亲权)的情形除外]。在这种情况下,作为亲权人的限制行为能力人本身就需要行为能力的种种规定加以保护,而限制行为能力人的子女却难以得到保护。

考虑到这个问题,有必要重新审视《民法》第102条规定的包括法定代理在内的一般代理的相关规定。在1999年成年监护制度修改之前,根据亲属法规定及解释,可以应对这个问题。

但是,成年监护制度修改之后却难以应对这个问题了。因此,本民法修正案采取下述(4)中所述方式防止该问题的发生。下面,首先梳理和说明修改前后的状况。

(2) 1999年成年监护制度修改之前的法律状况

在1999年成年监护制度修改之前的《民法》第846条规定,监护人欠缺资格的事由有:第1项未成年人,第2项禁治产人、准禁治产人。因此,修改之前的民法规定:"代理人不要求是完全行为能力人",基本上由于修改之前《民法》第846条的存在,《民法》第102条只适用于任意代理人的情形。

但是,即便在当时,关于禁治产人、准禁治产人的子女,也没有相当于关于未成年人生产的子女的《民法》第833条"替代子女行使亲权"的规定。因此,在法典文字上看,禁治产人、准禁治产人存在成为亲权人的可能性。

但是,当时的学说认为禁治产人难以行使亲权,解释论上便认为其配偶单独行使

㉟ 现行《民法》第102条规定了"代理人不需要为行为能力人",理由在正文中已经阐述。但是,本人没有注意到代理人是限制行为能力人或者欠缺意思能力人,委托合同可能存在错误的问题。本民法修正案"新"第49条第1款第3项规定错销不可以对抗善意第三人,所以代理行为的相对人只要是善意的,"新"第49条第1款第3项与"新"第56条第1款之间不存在矛盾。但是,代理行为的相对人恶意或有过失的,则两个条文产生矛盾。

考虑到正文中已经说明的"新"第56条第1款的基础,本人没有注意到限制行为能力人而选任其为代理人,且相对人是恶意或者有过失的,应当优先考虑"新"第56条第1款的宗旨。即便从形式上考虑,虽然不可否认的是这与典型的一般法特别法的关系有所偏差,但是"新"第49条第1款第3项规定的是一般意义上错误撤销的第三人效力,而"新"第56条则是选任代理人错误的问题。

亲权,或者开始"子女监护"的判决。㉘ 具体来说,虽然不存在民法典上明确的法条根据,但是解释论认为此时符合《民法》第 838 条第 1 项的"对未成年人,没有亲权行使人的"。

(3) 1999 年成年监护制度修改后的法律状况

1999 年修改,删除了《民法》第 846 条第 2 项"禁治产人及准禁治产人"作为监护人欠缺资格的规定。修改考虑到了限制行为能力人"正常化等现代理念"㉙,维持原来的规定有违时代潮流,一般来说家庭法院并不会主动选任成年被监护人、被保佐人的监护人,所以删除了该规定。

但是,基于删除该规定的出发点,成年被监护人、被保佐人对其子女:① 有亲权;② 其配偶没有行使亲权的,就符合《民法》第 838 条"没有亲权行使的",也就是监护开始的原因之一。对于能否维持(2)中所述的解释论存在疑问。

1999 年导入成年监护制度以及 2004 年民法现代语化修改之际都意识到了这个问题,但是都没有采取相应的措施。

(4) 本民法修正案的方向

为了克服民法的上述缺陷,"新"第 56 条第 2 款规定家庭法院不能选任限制行为能力人为法定代理人。第 3 款前半段规定成年被监护人、被保佐人、被辅助人本身具有亲权,后半段规定给予成年被监护人、被保佐人、被辅助人的子女与这些人相同的保护。

即便没有"新"第 56 条第 2 款的规定,家庭法院也几乎不会选任限制行为能力人为法定代理人。但是,限制行为能力人可能有子女,现行民法却只有关于未成年的规定(《民法》第 833 条、第 867 条第 1 款)。

从立法论来看,《民法》第 838 条应当追加如下立法:对于行使亲权的能力存在重大问题的被监护人,其子女可以独立开始监护(如第二章所述,本民法修正案废弃了"成年被监护人"的概念)。但是,全面封住成年被监护人的亲权行使,可能导致亲子关系的全面中断,成年被监护人自己可以做的(购买日常用品及其他日常生活上必须的法律行为),当然也可以代理子女,这更有利于亲子关系的维持。

另外,欠缺辨别事理能力程度较轻微的限制行为能力人(被保佐人、被辅助人,尤其是被辅助人),对其子女开始监护也是不恰当的。此时,作为被辅助人的亲权人基

㉘ 当时的学说如下:即便监护人有未成年的子女,禁治产人的监护人也不代行亲权(参照第 859 条)。如果配偶有子女,则配偶单独行使,除此之外,进行子女监护开始的审判程序(参见我妻荣:《亲属法》,有斐阁 1961 年版,第 377 页)。另外,学说还认为:"作为被监护人的禁治产人的姓氏的变更(第 791 条第 2 款),收养的代诺(第 797 条)等事宜,并没有适用的先例。"(本注前引书第 377 页)对于禁治产人的子女,未见其配偶的亲权行使的状况,没有监护开始程序的,根据"理论"推导,监护人代行亲权。

另外,学说并没有提及准禁治产人的情形。但是,民法"并不承认保佐的观念","也没有统一规定,仅仅在监护一章插入了几个条文,并未形成制度",强调民法的规定准用监护人或者与监护一样(本注前引书第 378 页以下),所以上述观点也适用于准禁治产人的情形。

㉙ 参见小林、大门编著,前载注㉒,《新成年监护制度的解说》,扉页第 1 页。

于亲权对子女行使代理权、同意权、撤销权，对于自己本身不能行使的问题，可以通过辅助人的同意权、撤销权，或者代理权加以保护。"新"第 56 条第 3 款正是基于这种观点的规定。[20]

(5) 未成年人子女的处理

"新"第 56 条第 4 款规定了未成年人的子女，现行《民法》第 833 条(替代子女行使亲权)、第 867 条(替代未成年被监护人行使亲权)也与此相关。根据"新"第 56 条第 3 款，法律行为的同意权、代理权、撤销权可以按照该规定处理。除此之外的亲权，即监护养育权等，依然根据《民法》第 833 条、第 867 条处理。因此，"新"第 56 条第 4 款规定了亲权代替行使。

另外，"新"第 56 条第 3 款前半段规定了未成年人以外的限制行为能力人的亲权行使，可能导致与未成年人的亲权全面受限失去平衡，但是就未成年人而言，考虑到以下两点，仍然规定在该条第 4 款之中，作为例外处理：第一，迟早会成年；第二，未成年人生产的子女可以得到祖父母等直系亲属人的保护。

(6) 限制行为能力人成为法定代理人的可能性

除了上述限制行为能力人产子的情况，现行法下限制行为能力人成为法定代理人的情况是极其有限的。在没有亲权人等法院选任法定代理人的情况下，一般法院避免选任限制行为能力人为法定代理人。另外，本民法修正案"新"第 56 条第 2 款、第 3 款基本也不会产生上述问题。

根据《民法》第 839 条第 1 款，对未成年人最后行使亲权的人在遗言中指定未成年监护人的，可能指定身边的限制行为能力人。因此，"新"第 56 条第 5 款规定，该情况准用第 3 款的规定。[21]

---

⑳ 1999 年成年监护制度修改之时，删除了之前的《民法》第 846 条第 2 项，而且对《民法》第 102 条没有作出处理。造成的结果是，对于限制行为能力人子女的未成年人没有任何法律上的规定，这敲响了修法后的警钟（参见加藤，前载注⑪，《新民法大系Ⅰ》，第 300 页）。自私法学会提出案以来，民法改正研究会一直留意到该问题。关于这个问题，参见加藤雅信:《债权法修改史(个人见解)》，信山社近期出版，第二章。

㉑【关于"代理人的行为能力等"与限制行为能力人的讨论经过】
现行民法允许限制行为能力人成为亲权人，因此尽管限制行为能力人本身需要通过撤销权、同意权得到保护，限制行为能力人成为亲权人的，如何保护其子女的利益便是一个值得讨论的问题。秘书处首先意识到这个问题。考虑到限制行为能力人的正常化，应当认可其法定代理权，但是需要限制其范围，秘书处提出下述草案(2007 年 2 月 18 日总则分会)。

(代理人的行为能力　过程草案　2007 年 2 月 18 日秘书处方案)
　　第 N 条　代理人不要求是完全行为能力人。但是法定代理人是限制行为能力人的，在可以撤销自身行为的范围内，法定代理人或者本人可以撤销其代理行为。

对此方案，民法改正研究会内部存在较强的反对，鹿野菜穗子教授主张维持《民法》第 102 条。另外，矶村保教授还提出下述建议(2007 年 3 月 4 日、5 日总则分会)：限制行为能力人成为法定代理人是否必要、是否恰当？比起承认其可能性并考虑如何保护不利于本人的利益，排除其可能性不是更加直接？按照这种观点，应当删除秘书处方案中的但书。

对于该反对论，秘书处认为，结婚的限制行为能力人对子女不能行使亲权的话，感觉是一种歧视。另外，根据《民法》第 833 条的规定祖父母可以对未成年孙子女代替行使亲权，所以对限制行为能力人也有必要规

八、与代理人相关的事由的效力

1. 导论——标题与规定顺序

"新"第57条沿袭了现行《民法》第101条,但是将第101条的标题"代理行为的瑕疵"改为"与代理人相关的事由的效力"。

《民法》第101条规定的内容之中,"意思的不存在、欺诈、胁迫"致使法律行为无效、撤销,所以与现行民法的标题"代理行为的瑕疵"是一致的。另外,"已知某事""存在过失",代理行为的效力给本人造成不利影响,称之为"代理行为的瑕疵"亦无问题。

但是,该条前半段规定,上述事项之"有无"由代理人决定。本条包括"意思的不存在、欺诈、胁迫"以及"过失",甚至包括"不知某事情"。这些都是对本人有利的,从规范内容上看,"代理行为的瑕疵"的标题并不恰当。即现行民法的标题只涵盖了《民法》第101条一半的内容。

因此,本民法修正案"新"第57条将标题改为"与代理人相关的事由的效力"。

另外,关于规定的顺序,现行《民法》第101条首先规定"代理行为的瑕疵",然后第102条规定"代理人的行为能力"。本民法修正案的顺序刚好相反,理由是这与民法总则的规定顺序相符。

定一般的法定代理制度。

另外,松冈久和教授建议将规定放在亲属法中而非代理之处(2008年5月5日全体会议)。为此秘书处提供了两种亲属法的修改方案,但是都没有得到研究会的多数同意(2008年5月5日全体会议)。

经过上述讨论,最初的方案是第1款继承民法的条文,并将民法但书作为第2款,并将此向私法学会提出,稍作修改之后成为法曹提交案的内容。其后,修改方案更加简明化,在市民法研究会上提出了具体的修正方案(2009年5月18日市民法研究会),这就是国民有志案的内容。

(代理人的行为能力等 国民有志案修正案)
第六十四条 ① 任意代理人不要求是完全行为能力人。
② 限制行为能力人为法定代理人的,其代理权的范围限于其可以单独实施的行为。
③ 前款情形下,该限制行为能力人的监护人、保佐人及辅助人为了其子女利益,可以对于该限制行为能力人行使同意权、代理权及撤销权。
④ 亲权人行使未成年子女亲权的,参照第八百三十三条(替代子女行使亲权)及第八百六十七条(替代未成年被监护人行使亲权)第一款的规定。

其后,矶村保教授还提出了该条文在法律体系上的定位问题,即在代理一款中规定该条文的话,不仅规定了法定代理权,甚至规定了同意权,另外还规定了一般亲权的问题(2012年1月22日全体会议等)。

虽然存在这样的问题,考虑到行为能力一款中平行规定代理权与同意权,这里只规定法定代理权,而在他处规定同意权,两者失去平衡。因此,最终本民法修正案在"新"第56条第3款同时规定了法定代理权与同意权(2013年12月1日全体会议)。

本文中(6)中所述的"新"第56条第5款是国民有志案公布后经过2012年1月22日全体会议讨论之后,由秘书处整理,新设的条款(2012年1月30日秘书处会议)。

2. 以代理人为标准判断"代理行为的瑕疵"的影响

(1) 规范内容

"新"第57条第1款无论是法律形式还是用语都更加通俗易懂，还大幅修改了《民法》第101条第1款的用语以及构成，但是(除了后述欠缺意思能力)在规范内容上还是沿袭了现行民法的规定。[20]

《民法》第101条第1款同时规定了无效、撤销事由与主观要件(善意、恶意以及有无过失)。与此相对，"新"第57条第1款分别规定了下述内容，其中第1项规定无效、撤销事由，第2项规定善意、恶意以及过失之有无等主观要件。然后，与现行民法一样，以代理人为标准判断。

另外，现行《民法》第101条列举了"意思的不存在、欺诈、胁迫"等无效撤销事由。但是，民法现代语化中采用的"意思的不存在"用语是否与以前"欠缺意思"对应不无疑问。这是因为"意思的不存在"是传统的心里保留、虚假表示、错误之外的类型，意味着并不存在意思。

因此，本民法修正案尽量避免"意思的不存在"的用语，而具体列举了无效撤销事由：欠缺意思能力、真意保留(现行民法中的心里保留)、虚假表示、错误、不真实表示、信息的不提供、欺诈、胁迫。

《民法》第101条第1款规定："知道某件事情或就不知存在过失而应当受到影响的，该事实的有无"，"新"第57条第1款第2项改为较为简明的表达："对于某情况是善意还是恶意或就不知该情况是否具有过失以及过失的程度"，同时在此还规定了过失的"程度"。因为代理关系中也存在错误、代理权滥用中的重过失等问题，所以增加了这方面的规定。

(2) 欠缺意思能力人的处理

另外，"新"第56条规定了"代理人的行为能力等"，"新"第57条第1款第1项在《民法》第101条的基础上增加了"意思能力欠缺"。

虽然不是限制行为能力人，但是欠缺意思能力的人也可以进行一定程度的行为。这些人知道欠缺意思能力的情况下选择了代理人，与"新"第56条第1款的处理一样，本人可以根据"新"第57条第1款第1项主张撤销。但是根据"新"第57条第1款第1项主张撤销权可能违反诚信原则。本民法修正案没有设置关于欠缺意思能力的定型化规定，所以以此解释为前提，"新"第56条也没有规定欠缺意思能力[21]，而只

---

[20] 从细节上看，现行《民法》第101条第1款规定"意思的不存在、欺诈、胁迫"的结果是，没有规定动机的错误。与此相对，"新"第57条第1款没有规定"意思的不存在"而是具体规定了"错误"，就解决了这个问题。

[21] 先撤开违反诚信原则的问题，这里先阐述选任欠缺意思能力人的一般论。在缔结发生代理权基础的委托合同时，如果欠缺意思能力的，委托合同当然是可以撤销的。但是，撤销的意思表示可能到最后都没有作出，或者缔结合同时具有意思能力。在这种情况下，如果是个别代理行为的，代理人具有意思能力的话，该代理行为对本人发生法律效果。反过来，个别代理行为，代理人欠缺意思能力的，根据"新"第57条第1款第1项，可以撤销该意思表示。

是规定了"新"第57条第1款第1项的内容。

另外,本人在选任代理人之际,不知其欠缺意思能力的,虽然违反诚信原则的程度较低,但还是存在违反诚信原则的余地。正如本章前文所述,判断代理人是否合格的应当是本人。

3. 以代理人为标准判断"代理行为的瑕疵"的影响的例外

2中阐述了以代理人为标准判断代理行为中"代理行为的瑕疵"[无效撤销事由与主观要件(善意、恶意以及过失之有无)]的原则。但是,也有例外。

关于这一点,现行《民法》第101条第2款规定:① 受委托实施特定的法律行为,且② 代理人按照本人的指示实施该行为时,本人对于自己知道的事情不能主张代理人不知。

与此相对,"新"第57条第2款将现行民法①与②的关系修改为"或者",同时规定即便是在更广范围的代理权情形下,② 代理人"根据本人的指示实施代理行为时",代理行为的瑕疵不是以代理人而是以本人为标准判断。理由是,本人指示代理人进行代理行为的情况下,不管委托的对象是否是特定的法律行为,由于本人可以控制代理人,因而其可以免于受到代理行为的"瑕疵"的影响。㉔

㉔ 【代理人相关事由的效力的讨论经过】
对于"新"第57条第1款的规定行使以及规范内容,民法修正案内部存在重大分歧。改变现行《民法》第101条第1款"意思的不存在、欺诈、胁迫"的立法,改为无效撤销事由的具体列举,这是私法学会提出案以来的一贯方针,法曹提交案、国民有志案也继承了这一点。之后,改变了列举的各项,增加了"欠缺意思能力"。
关于第2款,缓和现行《民法》第101条第2款的要件也是一贯方针,但是如何缓和存在争论。
对于这个问题,鹿野菜穗子教授提出下述观点(2007年3月18日全体会议)。
即便是"特定的法律行为的委托",没有具体"指示"的情况下,因本人已知情况,恰当控制代理人的,即便代理人存在错误或者受到欺诈,也没有必要认定为无效或撤销。另外,对特定法律行为存在委托与指示的,不仅是本人"已知的情况"以及"因过失未知的情况",意思的欠缺以及有瑕疵的意思表示的判断,都可以由本人斟酌。即便是没有"特定的法律行为的委托"与"指示",因为本人已知的情况,没有必要认定为无效或撤销。
接受鹿野教授的建议,私法学会提出案以及法曹提交案提出下述草案:

(代理行为的瑕疵　过程草案　法曹提交案)
第六十三条　① 意思表示的效力受到虚假表示、错误、欺诈、胁迫、不实表示及知情等过失有无及程度影响的,该事实之有无以代理人为标准决定。
② 委托特定法律行为的,代理人按照本人的指示实施法律行为的,本人不得以自己知悉的情况主张代理人不知晓。本人因过失不知晓的情况,亦是如此。
③ 本人通过指示防止代理行为瑕疵的,准用前款规定。

其后,在市民法研究会的讨论过程中,有人提出将"某事情的已知或不知"改为"善意、恶意"(2009年5月18日市民法研究会),国民有志案中上述第2款与第3款对换,以及删除了对应现行《民法》第101条第2款的条款。
在维持第1款的基础上,还有提案提出进一步缓和"新"第57条第2款的要件,草案宗旨如下:
本人在①存在"新"第57条第1款的代理行为瑕疵的情况下,也可以免于②该瑕疵的影响,而且③对于委托事务的处理,代理人按照本人指示的情况下,④遵从该恰当指示的话,代理人可以免于该瑕疵的影响的,不可以主张前款的规定。由于"新"第57条第1款第1项或第2项的事实而遭受不利益的,不能因委托了代理人而免于不利益。

另外,"新"第57条第2款将现行《民法》第105条第2款规定的"代理人"修改为"任意代理人"。既然以"本人的指示"为前提,解释论上也就只能限于任意代理。虽然与现行民法一样的"代理人"未尝不可,但是为了制定"一般国民通俗易懂的民法典",还是明确表明为"任意代理人"。

九、复代理

1. 基本构造与开头规定

关于复代理,现行民法有四个条文,但是读者直到最后一个条文第107条(复代理人的权限等)才能理解复代理全体构造。

因此,为了使复代理制度更加通俗易懂,本民法修正案在复代理的最初条文"新"第58条规定了现行《民法》第107条的内容,标题为"复代理人及其权限"。该条第1款定义了复代理人,第2款规定了复代理人的权利义务。除了设置第1款复代理的定义以及将民法中"代表"的用词改为"代理"之外,规定内容本身还是沿袭了现行民法的规定。

然后,"新"第59条规定了任意代理的复代理,"新"第60条规定了法定代理的复代理。

本民法修正案将民法条文重新组合,3个条文组成了复代理的规定,提高了透视性(此外,本民法修正案中复代理是代理的特殊形态,所以放在代理人权限的末尾)。

2. 任意代理的复代理

(1) 原则与例外的明确化

"新"第59条整合了现行《民法》第104条、第105条,规定了任意代理人的复任权及其责任。

"新"第59条第1款沿袭了《民法》第104条的规范内容,构成上与现行民法并无差异。现行民法规定:"委任的代理人除非经本人许可或有不得已的情况,否则不得选任复代理人。"与此相对,"新"第59条第1款正文明确规定了任意代理人不具有复任权的原则,在但书中规定了例外的"获得本人许可"或"不得已的情况"。正文和但书,原则和例外,更加明确区分规定。

此外,多少是细节性的内容,对于现行《民法》第105条第1款开头的"代理人",

【别案】
第N条 ② 代理行为存在瑕疵,存在下述情形的不适用前款规定:
(一) 本人自身免受该瑕疵影响的;
(二) 从本人与代理人之间的状况看,实施该代理行为之时,可以期待本人对代理人发出明确指示的;
(三) 如果本人指示恰当代理人就可以脱离该瑕疵的。

对于该别案,矶村保教授提出,应当尽量维持以代理人为基准的判断规则,例外情况下本人主张以代理人为基准违反诚信原则的,可以排除第1款的适用。故而,没有采纳别案(2012年1月21日全体会议)。

通说认为是任意代理人[25]，所以本民法修正案在条文上明确了这一点。

（2）归责事由的抗辩属性

"新"第59条第2款沿袭了现行《民法》第105条第1款的规范内容，构成上与现行民法有些差异。现行民法规定："代理人根据前条规定选任复代理人后，就其选任及监督，对本人负责。"选任及监督是"可归责的事由"，意思是在这种情况下需要承担责任，但是条文中并没有出现归责事由，也没有在文字上明确表明过失责任。

不仅如此，如果以该条文为前提按照法律要件分类说来考虑证明责任，那么本人追究选任了复代理人的代理人的责任时，应当证明"选任、监督"存在归责事由。

任意代理权是通过委托或其他合同产生的，而复代理人的选任监督存在过失产生《民法》第105条第1款的责任，同时还有第415条的债务不履行责任。根据判例以及通说，本人负债务不履行的证明责任[26]，而代理人承担没有归责事由的证明责任。

为了解决这个问题，"新"第59条第2款正文规定，任意代理人行使复任权的，对本人承担责任。但书规定，没有选任及监督的归责事由可以免责，明确了不存在归责事由是抗辩事由。而且，对于《民法》第105条的规范内容，按照原则、例外、正文、但书的形式，规定更加明确。

（3）"代理人与复代理人"与"雇主与雇员"的关系

上文（2）说到了原则与例外、正文与但书的规定方式。所以，"新"第59条第2款但书规定："代理人已经对复代理人的选任及监督给予了相当的注意义务，或者即使给予相当的注意也会产生损害的情况不在此限。"

但是，本条中的代理人—复代理人的关系与雇主—雇员的关系固然并不完全相同，但不可否认的是，代理人对于复代理人，与雇主对雇员一样，都负有"监督"义务。[27]

可见，两者的免责事由也存在一定的共通性。因此，"新"第59条第2款但书规定了与雇主责任相同的免责事由。

目前阶段，本民法修正案对于雇主责任尚无定论，所以参考的是非最终草案的《国民有志案》第666条第1款的雇主责任条款，该条款反映了目前的判例几乎不认可《民法》第715条第1款但书的免责，所以该条款没有沿袭《民法》第715条第1款

---

[25] 参见我妻荣，前载注[25]，《新订民法总则》（民法讲义Ⅰ），第355页以下；于保不二雄编：《注释民法(4)总则(4)》，有斐阁1967年版，第63页以下（太田武男执笔部分）。

[26] 本文中已经提到了学说的状况，从要件事实论角度提出异议的有潮见佳男：《实践债权总论》（第四版），信山社2012年版，第197页。

[27] 代理人与复代理人的合同是为了第三人（本人）的合同，具有为第三人的委托合同的属性。与此相对，现行《民法》第715条的使用人责任虽然并不限定为存在雇佣合同的情形，但不可否认的是，雇佣合同是其典型。与该典型层面相比，委托合同的裁量属性与雇佣合同的从属劳动属性的差异就更加明显了。但是，关于雇主责任，使用关系之有无并不是雇佣关系之存否，而是"根据是否存在事实上的指挥监督关系判断"[参见加藤雅信：《新民法大系Ⅴ》（第二版），有斐阁2005年版，第339页]。另外《民法》第105条第1款规定代理人对复代理人负有"选任及监督"的职责，所以两者会发生"监督"义务，存在相似性。

但书的免责事由。但是,《国民有志案》第666条第3款的代理监督人的规定,沿袭了现行《民法》第715条第1款的免责事由的用语,如下规定:"代理人已经对复代理人的选任及监督给予了相当的注意义务,或者即使给予相当的注意也会产生损害的情况不在此限。"因此,为了与此保持平衡,"新"第59条第2款也规定了类似于现行《民法》第715条第1款但书的免责事由。

(4) 本人指定复代理人的情形

"新"第59条第3款正文将现行《民法》第105条第2款的"代理人"修改为"任意代理人",同时在规范内容上沿袭了《民法》第105条第2款的内容,规定根据本人的指定代理人选任复代理人的,代理人对本人不承担责任。

仅从正文看,现行《民法》第105条第2款与"新"第59条第3款的框架是一样的,但是但书的内容却完全不同。现行《民法》第105条第2款但书规定的代理人责任要件是"不当怠于解任复代理人的除外","新"第59条第3款但书修改为:"若该代理人知道复代理人不合适或不诚实却不通知本人,或者该代理人被赋予了解任复代理人的权限,却不当地怠于解任的,不在此限。"现行民法没有规定解任权限之有无,所以追究的是解任懈怠责任。

本民法修正案之所以如此修改,理由在于:代理人按照本人的指定选任复代理人的,代理人知道复代理人不合适、不诚实,除了特别决断的情形,一般来说不具有解任权。那么,代理人只要承担通知本人的义务即可。例外情况下,只有代理人被赋予解任复代理人的权限的,代理人"不当"地行使解任权,才需要向本人承担责任。

在现行民法的制定过程中,在法典调查会上,矶部四郎主张,本人指定复代理人的,代理人应当是没有解任权的,所以应当删除"怠于解任"的用语。[20] 本民法修正案斟酌矶部四郎所论,选择既不同于现行民法也不同于矶部四郎的方案。

关于用词,"新"第59条第3款但书用了"怠于解任",表明了不行使解任权的不当性。尽管如此,但书中特意加上"不当"一词是因为代理人明知复代理人不合适或不诚实就必须行使解任权。

假如代理人知道复代理人不诚实之后,可以通过提醒指导等对应的,便无须行使解任权。解任权不过是最后的手段,"新"第59条第3款但书中的"怠于"包含极强的不当性,只有在此情况下代理人才承担责任,所以我们加上了"不当"一词。

3. 法定代理的复代理

(1) 法定代理人的复任权的范围

"新"第60条规定了法定代理的复代理。

一般情况下任意代理中自己履行义务是原则,复代理是例外,而法定代理中复任权是较为普遍的。理由在于,现行民法的起草人指出,法定代理大多是概括性的,一

---

[20] 参见《法典调查会民法议事速记记录》(第一卷),第151行(电子版第157/266项)以下;法务大臣官房司法法制调查部监修:《法典调查会民法议事速记记录》,商事法务出版社1983年版,第82页以下。

个代理人很难处理所有的事项。㉑ 另外,除了立法者的意思,即便需要选任其他代理人,本人也不可能通过自己的意思选任复代理人。

再回过来看民法起草者的立法理由,如果是具体性而非概括性委托事项的话,法定代理人复任权并不恰当。比如说,根据现行《民法》第25条第1款、第26条,家庭法院选任不在者的管理人(本民法修正案将其移至债权编,不在者的法定管理人),或者法定代理人存在与本人利益相反行为选任特别代理人,权限范围较窄且具体化,所以一般认为没有复任权。

如此,"新"第60条第1款规定:"法定代理人只要不违反其法定代理的性质,可以选任复代理人。"同时规定了原则与例外。现行《民法》第106条没有例外规定,关于现行民法的规定与本民法修正案草案的关系,出于叙述上的方便,放在(3)中阐述。

(2) 行使复任权的法定代理人的责任

"新"第60条第2款规定了法定代理人行使复任权的责任。

一般来说,法定代理人享有自由的复任权,原则上对复代理人的行为,即便没有选任监督上的过失也要承担无过错责任(但是,不承担复代理人无过失行为产生损害的责任)。㉒

虽然存在上述原则,但是法定代理人自己执行困难的情况下,对法定代理人科以无过失责任过于残酷。因此,法定代理人选任之时存在"不得已"的情况的,应当只承担对选任、监督存在过失情况下的责任。

"新"第60条第2款规定了上述无过失原则的例外。

(3) 现行民法的规定与本民法修正案的规定

如上述,"新"第60条第1款规定了:① 法定代理人的复任权,② 及其例外。在此基础上,③ 该条第2款正文规定了法定代理人的无过失责任,④ 以及但书规定了例外。

现行《民法》第106条有将性质不同的复数规范放在同一条中的嫌疑。《民法》第106条分为前半段和后半段,前半段规定了法定代理人的复任权与无过失责任(即①与③),后半段规定了无过失责任的例外(即④)(而且没有规定②的内容)。后半段的无过失责任的例外规定即便是前半段的无过失责任规定的例外,但是并不是复任权规定的例外。因此,对于现行《民法》第106条前半段与后半段的关系,部分是相反关系,部分是无关系,因而没有采用"但书"的形式。

因此,本民法修正案决定让条文的规范关系构造更加合理,改变了现行《民法》第

㉑ 参见梅谦次郎,前载注⑨,《补正增补 民法要义 卷一 总则编》,第272页。
㉒ 参见梅谦次郎,前载注⑨,《补正增补 民法要义 卷一 总则编》,第272页;我妻荣,前载注㉕,《新订民法总则》(民法讲义Ⅰ),第356页。

106条的构成,采用了开头所述的结构。㉗

㉗【复代理的讨论经过】
(1) 前提问题与体系定位
首先,关于复代理制度,其前提性问题是,何种情形下需要发挥复代理的作用,是否有必要让复代理相关条文继续存在。我们最终还是与现行民法一样保留复代理,在修正案中规定了复代理制度。
其次,关于复代理制度的定位,民法研究会内部讨论热烈,最终决定放在有权代理的后半部分,下面介绍讨论状况。
首先,民法复代理的内容错综复杂,复代理在整个代理中的地位并不明确,立法技术上也存在问题。特别是以代理人的名义选任的复代理人与本人有直接的权利义务关系(尤其是任意代理),与私法自治的大原则并不吻合,可以说是有权代理中一个特殊的制度。为了明确表明这种特殊性,秘书处提议,首先在有权代理内部由正文中所述草案组成,然后在个别构成之后规定复代理(2007年2月18日总则分会)。
对秘书处方案,冲野真已教授提出了下述意见:在代理权的范围内,以代理人的名义有权选任复代理人,在规定代理人权限的条文之后,再规定复代理的内容。根据冲野教授的意见,与现行民法一样,复代理规定在代理人的权限之后。另外,大塚直教授对于在有权代理内部处理复代理的问题提出了疑问。
结果,正如本文中所述,民法改正研究会不是在独立"目",而是在有权代理的末尾代理权的消灭之前规定了复代理的内容(2007年3月18日全体会议)。
(2) 条文草案的讨论
与此同时,鹿野菜穗子教授提出了下述方案。该方案的特征是在复代理的开头规定中首先定义复代理(尤其是以"自己的名义"选任复代理人),再分别从任意代理和法定代理规定复任权及其责任(第2款、第3款)。
第4款对应《民法》第107条。其中第1款是新设,第2款和第3款继承《民法》第107条第1款和第2款的内容。鹿野教授的最初方案中就将《民法》第107条的"代表"一词改为"代理"。

(复代理的定义 过程草案 2007年2月18日鹿野方案)
第N条 代理人以自己名义选任本人的代理人即为复代理人
     (第N条副案:复代理人的权限由代理人以自己的名义选任本人代理人而产生)
(代理人选任复代理人的责任 过程草案 2007年2月18日鹿野方案)
第N条之二 ① 任意代理人除非得到本人许诺,或者有不得已之事由,否则不得选任复代理人。
       ② 任意代理人根据前款规定选任复代理人的,就选任及监督事项对本人承担责任。
       ③ 任意代理人根据本人指示选任复代理人的,不负前款责任。但是该代理人明知复代理人不适格或不诚实,而怠于通知本人或解任复代理人的,不在此限。
(法定代理人选任复代理人 过程草案 2007年2月18日鹿野方案)
第N条之三 法定代理人可以在自己责任之下选任复代理人。存在不得已事由的,仅承担前条第二款之责任。
(复代理人的权限等 过程草案 2007年2月18日鹿野方案)
第N条之四 ① 复代理人的权限由代理人的委任而产生。但是,不得超越代理人的代理权范围。
       ② 复代理人就权限内行为代理本人。
       ③ (与《民法》第107条第2款相同)复代理人对本人及第三人享有并负担与代理人相同的权利与义务。

该提案之后,矶村保教授也提出了自己的条文草案。该草案并不设置复代理的总论性开头规定,继承现行法的条文构成,而且将《民法》第104条分为正文、但书——任意代理人不得选任复代理人,但是得到本人允诺或者不得已事由的除外——的形式重新整理了条文的构成(2007年3月4日总则分会)。
与两位教授的方案不同,秘书处提出,尽可能不区分任意代理与法定代理,首先规定复代理的共通规定,然后规定任意代理与法定代理的特殊规则(2008年4月19日总则分会。之后文字修改,2008年6月21日债权法分会)。具体来说,首先在开头规定的第1款规定复代理的意义,第2款统一《民法》第104条与第106条前半段,设定复任权的范围。其次,该条之2规定复代理人的选任中代理人的责任范围。最后,该条之3规定复代理人的权限与责任。可以说该方案大幅重组了《民法》第105条第1款、第2款,第106条的规定。

十、代理权的消灭

规定代理权消灭事由的"新"第61条基本上沿袭了现行《民法》第111条的内容。但是,对于代理权消灭事由在整个代理法的位置(现行民法是在表见代理的群规定之中),如"前注"所述,本民法修正案放在第一目"有权代理"的末尾,改变了无权代理、有权代理的规定位置。之所以这样规定是因为第一目"有权代理"是代理权的"发生、行使、消灭"大框架之内的规定。

关于"新"第61条的构成,第1款规定了任意代理权与法定代理权共通的原则性消灭事由。这一点沿袭了《民法》第111条第1款的内容,但是为了明文规定通说的解释,本民法修正案还新设了但书,明确分别规定了任意代理与法定代理的例外。"新"第61条第2款是对《民法》第111条第2款稍加修改后形成的。

讨论了上述三个方案之后,我们向私法学会提出草案,即将各方案末尾规定的内容作为复代理的开头规定。法曹提交案也大致继承了该草案。

这些方案中都首先规定复代理的一般规定,然后规定任意代理与法定代理的复代理的特殊规则。但是,在加藤学生讨论小组中,学生们表示难以理解开头一般规定的适用范围,所以在国民有志案阶段,我们提出下述方案,组合法定代理与任意代理的规定。

(复代理　过程草案　国民有志案)
第六十八条　① 法定代理人可以在自己权限范围内选任复代理人(代理人以自己名义选任本人的代理人,下同)。
② 任意代理人只有在代理权合同允许的情况以及存在不得已的事由的情况下才可以选任复代理人。
③ 复代理人在代理权赋予其的权限范围内,对本人及第三人享有并负担与代理人相同的权利与义务。

(选任复代理人的代理权的责任)
第六十九条　代理人就选任复代理人对本人承担责任。但是,存在下列各项事由的,按其规定承担责任。
（一）根据本人指示选任复代理人的情形;　　代理人明知复代理人不适格或不诚实而
　　　　　　　　　　　　　　　　　　　　　息于通知本人或解任复代理人的
（二）代理人因不得已事由选任复代理人　　　选任或监督复代理人存在过失的
　　　或者任意代理人根据代理权发生宗
　　　旨选任复代理人的情形

但是,《对国民有志案》第69条,川崎政司律师提出:"分款规定的方式比《民法》第105条以及第106条的规定更加难以理解,所以不应当设置分款规定的方式。"接受该建议,秘书处进行修改,代理一般是按照任意代理、法定代理的顺序,而复代理与此相反。即在"复代理"的开头规定中定义复代理人,规定权利义务,以及任意代理人与法定代理人的各自任权范围,然后在下一条规定行使复代理权的任意代理人与法定代理人的责任。

但是,该方案中复代理制度整体缺乏透视性,所以本民法修正案在开头设置复代理的总则规定,然后规定任意代理人选任复代理人及其责任,法定代理人选任复代理人及其责任。

另外,在民法改正研究会的讨论中,为了避免《民法》第105条第2款但书的问题(代理人明知复代理人不合适或者不诚实,"息于解任的",承担相应责任),条文上明确规定了代理解任权之有无,这就是"新"第59条第3款但书的内容(2014年3月7日全体会议)。

十一、商行为的代理

正如第三部第二章所述,本民法修正案决定将商事色彩的规范规定在商法之中,民法典中规定商法等其他法律的引致规范。

合同法分论中这种规定较多,民法总则中,在代理的末尾"新"第62条设置了关于"商行为的代理"的规定,规定了:"关于商行为的代理,除适用本法规定外,还适用商法(一八九九年法律第四十八号)第五百零四条(商行为的代理)至第五百零六条(因商行为的委托产生的代理权的消灭事由的特例)的规定"的特别规则。

特别是与"新"第61条第1款第1项的关系,虽然该款规定了"法律另有规定的"除外规定,但是"新"第62条还是明确规定了商行为委托代理的例外情形。

第二目 无权代理

【前注】

一、导论——无权代理的定位

在本民法修正案中,表见代理定位为无权代理的一种情形,首先规定无权代理,然后规定表见代理(理由本章前文已经阐述)。

二、是"合同"的无权代理还是一般"意思表示"的无权代理

现行民法中无权代理的构造相当微妙。《民法》第113条之下用了五个条文规定了"合同的无权代理",最后第118条规定"单独行为的无权代理"[实际上,民法中首次出现"合同"便是在无权代理之处(但是第108条最初的标题叫"自我合同")],首次出现"单独行为"也是在无权代理之处。但是,在无权代理之处只规定了合同和单独行为的无权代理,没有规定法人设立等所谓共同行为的无权代理。

关于无权代理之外的规定,民法总则第五章"法律行为"规定了一般法律行为,其中第三节"代理"第99条之下许多条文都是"意思表示的代理"的问题,第109条之下亦是如此。

为了改变这种状况,本民法修正案在开头规定了意思表示的无权代理的效果,无权代理行为对本人不发生法律效力,涵盖合同、单独行为、共同行为所有情形。因此,共同行为的无权代理行为以本条作为依据,对本人不发生法律效力(另外,不设置共同行为的无权代理条文的理由参见本章本节本款第二目无权代理中的"讨论经过")。

无权代理的规定方式有:① 合同的无权代理、单独行为的无权代理、共同行为的无权代理,三者分别规定的模式;② 设置三者共通规定,然后个别规定例外的模式。

现行民法采用了模式①,没有规定共同行为的无权代理。与此相对,本民法修正案采取了模式②,在通则中吸收共同行为的无权代理,其后分别规定合同与单独行为的无权代理。

三、合同的无权代理——民法的无序规定方法的整序

《民法》中用第113条至第118条6个条文规定了无权代理,除了最后的第118条,都是关于合同的无权代理的规定。但是,即便从"合同的无权代理"的角度看,现行民法的规定也没有规律。即,这些条文的内容是无权代理情形下:不对本人发生法律效果+本人的追认(第113条第1款)、追认与追认的拒绝(第113条第2款)、无权代理的相对人的催告权(第114条)、无权代理的相对人的撤销权(第115条)、本人追认的效果(第116条)、无权代理人的责任(第117条)、单独行为的无权代理(第118条)。

但是,无权代理存在三方法律主体:本人、相对人、无权代理人。按照三方主体整理上述条文,可以分为三方面的内容:本人的追认权(第113条与第116条)、相对人的权利(第114条与第115条)、无权代理人的责任(第117条)。

因此,本民法修正案中将合同的无权代理分为三个条文重新规定。

四、单独行为的无权代理——民法的无序规定方法的整序

现行《民法》第118条没有规定单独行为的无权代理原则上不对本人发生法律效力(即本人不可追认),而仅仅规定了例外情况下的本人追认。导致第118条不太容易理解。

关于单独行为的无权代理,本民法修正案中分为第1款与第2款,首先规定对本人不发生法律效力这一原则,然后规定例外情况下可以追认。

【条文案】

(无权代理)

第六十三条 无实施法律行为(包含意思表示,在本款中下同)的代理权的人(以下在本目中称为"无权代理人")作为本人的代理人实施的法律行为(以下在本目和下一目中称为"无权代理行为")对本人无效。

2 前款规定准用于相对人对无权代理人作出的意思表示。

本条第1款:《民法》第113条(无权代理)第1款移修
 第2款:新增

(本人的追认)

第六十四条 无权代理人签订的合同经本人追认后有效。本人拒绝追认的,确定为无效。

2 前款的追认只要本人没有经相对人同意而作出其他意思表示,溯及至合同签订时生效。但是,不得损害第三人的权利。

3 第一款的追认以及拒绝追认只要不对相对人作出,就不能以此对抗相对人。但是,相对人知道该事实的,不在此限。

本条第 1 款:《民法》第 113 条(无权代理)第 1 款移修
　　第 2 款正文:《民法》第 116 条(无权代理行为的追认)正文移修
　　　　但书:《民法》第 116 条(无权代理行为的追认)但书移动
　　第 3 款正文:《民法》第 113 条(无权代理)第 2 款正文移修
　　　　但书:《民法》第 113 条(无权代理)第 2 款但书移动

(相对人的权利)
　　第六十五条　与无权代理人签订合同的相对人可以对本人设定一定的期间,催告其在该期间内确答是否追认。于此情形,本人在该期间内未确答的,视为拒绝追认。
　　2　与无权代理人签订合同的相对人在本人尚未追认期间,可以自行撤回合同的要约或承诺。但是,该相对人在签订合同时对没有代理权具有恶意的,不在此限。

本条第 1 款前段:《民法》第 114 条(无权代理的相对人的催告权)前段移修
　　　　后段:《民法》第 114 条(无权代理的相对人的催告权)后段移动
　　第 2 款正文:《民法》第 115 条(无权代理的相对人的撤销权)正文移修
　　　　但书:《民法》第 115 条(无权代理的相对人的撤销权)但书移修

(无权代理人的责任)
　　第六十六条　作为代理人签订合同的人若不能证明本人和相对人之间存在有效的合同的,根据相对人的选择,应对相对人承担履行合同或赔偿损失的责任。但是,下列情况不在此限。
　　(一)　相对人知道是无权代理人作出的意思表示,或因重大过失而不知的;
　　(二)　无权代理人欠缺意思能力的[第八条(意思能力的欠缺)第三款正文规定的情况除外];
　　(三)　无权代理人为限制行为能力人的[第二十四条(限制行为能力人的欺诈手段)规定的情况除外]。

本条正文:《民法》第 117 条(无权代理人的责任)第 1 款移修
　　但书:新增
　　第 1 项:《民法》第 117 条(无权代理人的责任)第 2 款移修
　　第 2 项:新增
　　第 3 项:《民法》第 117 条(无权代理人的责任)第 2 款移修

> **（单独行为的无权代理）**
> **第六十七条** 对于无权代理人作出的单独行为,本人不得追认。
> 2 虽有前款规定,在有相对人的单独行为中,符合以下各项的任何一项的,准用前三条的规定。
> （一）单独行为的相对人同意无权代理行为的;
> （二）单独行为的相对人未就该单独行为无代理权提出争议的。
> 3 在相对人对无权代理人作出单独行为时,亦同于第一款。但是,相对人在获得无权代理人的同意后进行单独行为的,同于前款。

本条第 1 款:新增
  第 2 款主文:《民法》第 118 条(单独行为的无权代理)前段移修
    第 1 项:《民法》第 118 条(单独行为的无权代理)前段移修
    第 2 项:《民法》第 118 条(单独行为的无权代理)前段移修
  第 3 款正文:新增
    但书:《民法》第 118 条(单独行为的无权代理)后段移修

【修正理由】

一、因无权代理而不发生法律效果

1. 法律行为的无权代理

正如本章前文所述,无权代理的开头规定"新"第 63 条规定了合同、单独行为、共同行为三方面的内容,原则上无权代理行为的意思表示不对本人发生效果。

关于有权代理要件效果,"新"第 53 条第 1 款规定:"代理人在其权限范围内,表明为本人作出的意思表示直接对本人生效。"该条沿袭了民法代理开头规定的第 99 条。

有权代理的原则规定的反面解释是,"代理人超越权限或者非代理人作出为了本人的意思表示,不对本人发生效力",所以某种意义上来说,即便没有"新"第 63 条也可以推导出相同的结论。但是,通过有权代理的原则规定的反面解释推导出无权代理的基本,对于民法典的阅读者而言并不容易理解。民法也在无权代理的开头第 113 条规定了无权代理的原则。因此,"新"第 63 条也设置了无权代理的原则规定。

另外现行《民法》第 113 条合同中并不区分合同中的主动代理与被动代理,而第 118 条单独行为则区分规定。另外,有权代理的开头规定第 99 条第 1 款规定主动代理,第 2 款规定被动代理。

本民法修正案"新"第 53 条(代理行为的要件及效果)与"新"第 67 条(单独行为的无权代理)沿袭了主动代理与被动代理并行规定的模式,"新"第 63 条分别于第 1

款和第 2 款规定了无权代理中的主动代理与被动代理。㉒

2. 文字的新设与用语法的变更

(1) 定义文字的新设——无权代理人、无权代理行为

本民法修正案在无权代理开头规定的"新"第 63 条第 1 款规定:"无实施法律行为(包含意思表示,在本款中下同)的代理权的人(以下在本目中称为'无权代理人')作为本人的代理人实施的法律行为(以下在本目和下一目中称为'无权代理行为')对本人无效。"与现行民法不同,使用了"无权代理人""无权代理行为"的用语。㉓

首先,现行民法在无权代理的开头第 113 条第 1 款中规定了"没有代理权的人"。在民法中使用了"无代理权者签订的合同"(第 115 条)、"自称代理人的人"(第 118 条)等用语。条文复杂难懂,所以本民法修正案在无权代理的开头规定"新"第 63 条第 1 款设置了"无实施法律行为(包含意思表示,在本款中下同)的代理权的人(以下在本目中称为'无权代理人')"的用语,避免了现行民法中的反复。

其次,关于"无权代理行为",与无权代理人相同,为了避免无权代理一目的重复,以及下一目"表见代理"条文的简明化,无权代理行为的用语表明了表见代理与无权

㉒ 【"主动代理"与"被动代理"对置的讨论经过】

在国民有志案阶段,与现行民法一样,只规定了主动代理的无权代理,没有规定被动代理的无权代理。对于这个问题,"新"第 63 条追加了被动代理的规定(2012 年 1 月 21 日全体会议)。

其后,中野邦保教授指出,关于有权代理,"新"第 53 条第 1 款规定主动代理,第 2 款规定被动代理,单独行为的无权代理中,"新"第 67 条第 2 款规定了主动代理,第 3 款规定了被动代理。与此相对,如果"新"第 63 条不规定这两方面的内容显然是不平衡的(2014 年 1 月 7 日意见书)。因此,"新"第 63 条也采用了两款构成(2014 年 3 月 7 日全体会议)。

中野教授还指出,主动代理与被动代理的问题同样出现在表见代理中,除了有权代理与无权代理,表见代理中也需要规定(2014 年 1 月 7 日意见书)。

合同中表见代理的问题是,相对人要约的意思表示,无权代理人承诺的意思表示,表见代理的问题,所以没有必要设置被动代理的规定。但是,前段所例举的解除等单独行为,通过严格的文义解释都不能涵盖现行民法的表见代理规定以及本民法修正案的表见代理规定。

为了应对这个问题,要么五个条文都加上被动代理一款,要么设置一条共通的条文规定表见代理中的被动代理(具体来说,在"新"第 72 条之后设置一条题为"被动代理的表见代理"的条文,内容是:"相对人对无权代理人的意思表示准用第六十八条至第七十一条的规定。相对人对使用前条名义的人的意思表示准用前条规定。")。

五个条文都加上被动代理的内容显然过于繁杂,即便在表见代理最后设置题为"被动代理的表见代理"的条文,适用频度并不多,难免有浪费之感。因此,秘书处决定不向全体会议提交新条文(2014 年 1 月 9 日秘书处会议)。本民法修正案也决定将"新"第 68 条以下五个条文的被动代理类推适用交给解释论(现行民法也不得不类推适用,这一点与本民法修正案的处理方式一致)。

㉓ 【"无权代理人"与"无权代理行为"的讨论经过】

关于现行《民法》第 113 条,在最初的讨论过程中,我们将《民法》第 113 条"无代理权者……"修改为"无实施法律行为(包含意思表示,在本款中下同)的代理权的人(以下在本目中称为'无权代理人')……"(2007 年 3 月 4 日、5 日总则分会),即插入了定义的相关文字。私法学会提出案与法曹提交案都维持了这种称谓。国民有志案公布之后,为了厘清无权代理与表见代理的关系,插入了"无权代理行为"的用语(2011 年 12 月 17 日全体会议)。

本民法修正案继承了这些修改。这里"作为本人的代理人实施的法律行为"不具有法律效力,所以严格意义上来说与"法律行为"并不相同。

代理的关系。

（2）用语法的变更——"他人"vs."本人"

现行《民法》第113条规定："无代理权者作为他人的代理人而签订的合同,若本人未对其追认的,则对本人不产生效力。"引用条文中下划线中"他人"之后都使用"本人"的用语。初看可能有些混乱,所以本民法修正案统一了用语,从最开始使用了"本人"一词。但是一直使用"本人"的话,无权代理人也可能成为本人,所以我们用"无实施法律行为的代理权的人……作为本人的代理人实施的法律行为"的用语回避了这个问题。

3. 与现行民法的异同

现行《民法》第113条第1款规定,合同的无权代理原则上"对本人不产生效力",同时规定例外情况下"由本人的追认发生效力"。该条第2款规定了"追认以及追认拒绝的方法",第116条规定了"追认的溯及效力"。

上述规定缺乏体系性与透视性,为了确保体系透视性,本民法修正案将民法构成重新组合。㉔首先,在无权代理的开头规定"新"第63条中,规定了无权代理的原则,

---

㉔ 【无权代理的原则规定与本人追认权的统一、分离的讨论经过】
对于无权代理开头规定的"新"第63条与追认的"新"第64条,民法改正研究会内部存在不同声音。下文将尽量忠实介绍讨论的状况。
首先,鹿野菜穗子、矶村保以及秘书处分别提出了无权代理的草案。这些关于无权代理原则规定的草案基本都是沿袭了《民法》第113条的规定,统一规定合同无权代理中"对本人不发生法律效力"的问题与"本人追认权"的问题(2007年2月18日总则分会)。
另外,最初的三个方案包含了无权代理的其他规定,规定了《民法》第116条"追认的溯及效力"的问题,都在另外的条文中规定"本人追认发生法律效力"以及"追认的溯及效力"的问题。这与现行民法的框架是一样的。
不仅是框架,三个方案在规定内容上也基本沿袭了《民法》第113条与第116条。值得一提的是,鹿野的方案的特点是赋予溯及效力以"相对人的同意"为要件(2007年2月18日总则分会),下文将做介绍。

(无权代理行为追认　过程草案2007年2月18日鹿野方案)
第N条　除非本人在相对人的同意下作出特别的意思表示,否则追认溯及合同之时而发生效力。但是,不得损害第三人权利。

最初三个条文对于无权代理的原则规定("对本人不发生法律效力"与"本人追认发生法律效力")与"追认的溯及效力"是分两个条文规定的,在私法学会提出案之前,整合为一个条文(2008年8月16日全体会议)。这就是私法学会提出案与法曹提交案的内容。
另外,在私法学会提出案中没有采纳上述鹿野提出的以"相对人的同意"为要件的方案。理由是,如果统一无权代理原则规定的《民法》第113条与第116条,"相对人的同意"就变成了无权代理行为的"本人追认发生法律效力"以及"追认的溯及效力"两方面的要件(矶村保教授也明确提到了这个问题,2012年8月4日全体会议)。
但是,通说认为,赋予"溯及效力"以相对人的同意为要件(参见注㉔)。另外,最初鹿野方案也提到了这一点,但是当时研究会没有采纳鹿野意见。因此,为了确保明确性,本民法修正案对溯及效力进行了限制,重新复活了鹿野方案(2013年10月27日全体会议)。"本人追认发生法律效力"的问题规定在"新"第64条第1款,"追认的溯及效力"的问题规定在第2款,分开规定。
开头的两个条文经过了数次修改。有人建议,将法曹提交案之前合同的"无权代理"修改为包含单独行为、共同行为的意思表示,《国民有志案》第71条第1款规定："没有代理权的人(以下称'无权代理人')作为

即"对本人无效"。接下来,"新"第64条合同的无权代理中,第1款规定了"本人追认的效果与拒绝追认的效果",第2款规定了"追认的溯及效力",第3款规定了"追认以及拒绝追认的方法"。

二、从本人的立场看合同的无权代理

1. 追认及拒绝追认的效果

"新"第64条规定了无权代理中本人的权利,统一了《民法》第113条与第116条规定的内容。

合同无权代理的情形,本人享有追认权。即"新"第63条规定原则上对本人不发生法律效力,但是如果本人希望发生该效力的,"新"第64条第1款赋予本人追认权,得到追认的,无权代理行为相对人的预期将得到保护。

当然,本人也可能拒绝追认,"新"第64条第1款明确了这一点。学理上一般称之为"本人拒绝追认权"㉕,法典上也明确了这一点。拒绝追认的效果是追认权的丧失。无权代理法律行为中,由于拒绝追认,自然不发生法律效果的变动。这是因为无权代理本人不追认的,不对本人发生法律效果,所以拒绝追认后,不发生法律效果的变动。但是,拒绝追认的,之后的追认将不再可能,对本人不发生法律效果将变得确定无疑。

《民法》第113条第2款虽然规定了拒绝追认的方法,但是没有规定拒绝追认的效果。《民法》第114条("新"第65条第1款继承了该条)虽然规定了"本人在该期间内未确答的,视为拒绝追认",但是也没有规定效果。因而,本民法修正案"新"第64条第1款规定了拒绝追认的效果。㉖

2. 追认的溯及效力以及拒绝追认的方法

再回到追认的话题,相对人应当可以预期无权代理行为的效果。因此,"新"第64条第2款规定了本人追认的溯及效力的原则(但是,本人得到相对人的同意,追认可以不使合同的发生效力时间追溯到无权代理时)。另外,本人追认发生合同效力的,在无权代理行为的相对人之外,还可能涉及第三人的利害,所以"新"第64条第2

他人的代理人作出的意思表示对本人不发生效力。"

国民有志案中合同、单独行为、共同行为都包含无权代理的规定,但是本民法修正案删除了共同行为的无权代理规定(理由参见注㉘)。于是,无权代理的开头明确规定了法律行为的无权代理原则,对本人不发生所有类型的法律行为的法律效力(2013年10月27日全体会议)。这就是"新"第63条的内容。

法曹提交案以及国民有志案都在开头规定了无权代理的"本人追认发生法律效力"以及"追认以及追认拒绝的方法"(与无权代理原则"不发生法律效力"并列)。但是,本民法修正案将开头规定纯化为"不发生法律效力"的原则,上述内容就放在原则规定的下一条即"新"第64条"本人的追认"中规定,作为无权代理情形下"本人的权利"。

㉕ 参见于保不二雄编,前载注㉓,《注释民法(4)》,第199页(中川淳执笔部分)。

㉖ 国民有志案公布之后,研究会认识到了民法没有规定拒绝追认效果的问题(2012年1月21日全体会议),因而本民法修正案在"新"第64条第1款规定了这方面的内容。

款但书继承了现行《民法》第116条但书,设置了第三人保护条款。

虽然"新"第64条第2款的规范内容几乎来自现行《民法》第116条,但还是进行了以下若干修改。《民法》第116条规定了"未作出其他意思表示时"具有追认的溯及效力,所以文字上根据本人的意思表示可以变更溯及效力。但是,相对人应当考虑到缔结合同时具有效力,因此本人追认发生效力并不违反相对人的预期。但是,合同在不同时期发生效力可能违反了相对人最初的意思。因此,通说认为变更溯及效力的时期必须得到相对人的同意。㉗本民法修正案也以相对人的同意为要件。

"新"第64条第3款规定了第1款所规定的追认以及拒绝追认的意思表示的相对人。规范内容上沿袭了现行《民法》第113条第2款。

三、从相对人的立场看合同的无权代理

《民法》第114条、第115条分别规定了无权代理的相对人的"催告权"与"撤销权"。本民法修正案认为相对人享有这些权利,将其统一为一个条文"新"第65条,分别在第1款和第2款中规定。"新"第65条第1款沿袭了现行《民法》第114条的规范内容。与此相对,"新"第65条第2款沿袭了现行《民法》第115条的规范内容,并修改了以下两个方面:即将无权代理人的相对人"撤销""合同"修改为"撤回""合同的要约或承诺"。

关于第一点,本人追认之前,"合同"还没有成立㉘,所以不存在"合同的撤销"的问题,只能以自己的意思表示(具体来说是合同的要约或承诺)为对象,所以修改了用词。㉙

关于第二点,正如第二章所述,本民法修正案中"撤销"是指法律行为的撤销,撤销对象限于内在的撤销原因。可见,无权代理人的相对人作出的意思表示没有任何瑕疵是不可能撤销的。

另一方面,与无权代理人缔结的合同,在本人没有追认的阶段不对本人发生效力,但是假设本人将来追认的,将发生效果,从而处于一种不确定的状态。因此,对于经追认将成立的合同,相对人可能需要在本人追认前"撤回"潜在构成要素即要约或

㉗ 参见我妻荣,前载注⑤,《新订民法总则》(民法讲义Ⅰ),第378页;于保不二雄编,前载注㉕,《注释民法(4)》,第203页(中川淳执笔部分)。

㉘ 关于这一点,有见解认为,代理人与相对人之间要约承诺一致成立"合同",但是效果与本人无关,即所谓"效果不归属论"。但是,本书认为,在代理的三面关系中,代理人与相对人之间发生的法律行为其法律效果发生在相对人与本人之间,在无权代理的情况下,对本人不发生法律效力,所以没有必要认为成立了不归属于任何人的"合同"[另外,即便是效果不归属论者也认为,效果不归属的"效力与撤销性无效(无意思能力、错误)"几乎是一样的,所以也是无效的一种[参见四宫,前载注㉖,《民法总则》(第四版),第260页]。

㉙ 关于这一点,民法规定"撤销"是"不得不撤回",但是为了使得"合同"对象正当化,存在下述观点:"应当撤销行为的撤销是直接让法律行为构成要素的自己的意思表示的效力消灭,结果是法律行为失去效力。但是这里所说的撤销是直接让法律行为对本人不发生效力"[参见于保不二雄编,前载注㉕,《注释民法(4)》,第202页(中川淳执笔部分)]

但是,比起《民法》第116条采用的极其特殊的用语,本民法修正案的用词更加直接朴素。

承诺,从而防止对本人确定地发生合同效力。因此,这里使用"撤回"一词。[29]

四、无权代理人的责任

1. 无权代理人的责任的规定构造

"新"第 66 条规定了无权代理人的责任,首先本条沿袭了《民法》第 117 条的内容(文字有所修改),根据相对人的选择权,无权代理人承担履行责任或损害赔偿责任(现行法"损害赔偿责任"修改为"代替履行的损害赔偿责任",明确了填补赔偿)。

该条但书规定了免责的例外。具体来说,将《民法》第 117 条第 2 款改为各项列举的形式,"新"第 66 条第 1 项、第 3 项分别规定了各自内容,同时该条第 2 项规定了欠缺意思能力(不仅形式上发生了变更,规范内容上也将现行民法关于无权代理人免责的要件由相对人的轻过失改为重过失,具体后述)。

无权代理人责任的规定方式也存在复数选项。下述关于《民法》第 117 条的讨论也相当复杂。

2. 关于抗辩事由要件化的问题

现行《民法》第 117 条第 1 款规定无权代理人原则上对相对人负履行责任以及损害赔偿责任,第 2 款规定无权代理人的"免责事由"。这样的构成方式极为普遍。

但是,该条第 1 款规定法律效果的要件(基本原则)之中,规定了"不能证明自己的代理权,且未获得本人的追认的"内容。这里"自己的代理权证明"责任,即证明责任在于想要追究无权代理人的责任的人。现行《民法》第 117 条混合规定了要件与抗辩事由。

意识到上述问题,本民法修正案沿袭了这种要件与抗辩事由混合的构造,理由如下:

如果不问证明责任,《民法》第 117 条的要件效果如下:首先,作为原则规定,"作为他人的代理人签订合同的人若不能证明自己的代理权,且未获得本人的追认的,根据相对人的选择,应对相对人承担履行或赔偿损失的责任"。免责的抗辩事由有如下四点:① 从本人得到代理权授权;② 本人的追认;③ 相对人明知没有代理权或者因过失而不知;④ 代理行为之时是限制行为能力人。

---

[29] 【关于"相对人的权利"的讨论经过】

"新"第 65 条基本沿袭了《民法》第 114 条、第 115 条的内容。最初由鹿野菜穗子(2008 年 2 月 18 日总则分会)以及矶村保教授(2008 年 3 月 5 日总则分会)提出。两者都维持了《民法》第 114 条、第 115 条两个条文构成的结构。两方案都原封不动地维持了《民法》第 114 条的内容,但是对于第 115 条,矶村保方案中"撤销"一词尽可能限定于溯及性无效的情形,将第 115 条的"撤销"改为"撤回"。

其后,秘书处将两个条文统一到一个条文,作为"无权代理人的相对人的权利",第 1 款规定催告权,第 2 款规定撤回权(2008 年 8 月 16 日全体会议),这就是《私法学会提出案》第 70 条。该条第 2 款规定的是"意思表示的撤回",法曹提交案与国民有志案保持了这样的规定。其后,根据川崎政司律师的建议,将上述"意思表示"用语修改为更为具体的"合同的要约或承诺"的撤回与修正(2013 年 10 月 27 日全体会议),这就是"新"第 65 条第 2 款的内容。

单纯从证明责任规定规范内容来看,"新"第66条第1款设置了上段引用的用语,同时用列举各项的方式规定前段四点免责事由(准确地说,本民法修正案已经规定了"欠缺意思表示",所以算上这一点,应当是五项免责事由)。

但是采用上述规定方式的话,"新"第66条的内容将不再是"无权代理人的责任",而是不区分有权代理与无权代理的"作为代理人签订合同的人的责任",即应当变更规定的位置。此外,存在"作为代理人签订合同的人"的情况下,即便是有权代理,相对人也可以向本人或代理人请求,这可能导致代理制度的基础崩溃。

《民法》第117条第1款规定要件的同时还规定不存在抗辩事由的理由正是在此。理论上重视举证责任的方案虽然也不是不能考虑[21],最终我们还是沿袭了现行《民法》第117条的框架,这是因为如果过度重视证明责任,在有权代理的情形下,相对人可以向本人或代理人任何一方请求。我们力求避免这种情形。[22]

"新"第66条沿袭了现行《民法》第117条的大框架,但是将该条第1款"不能证明自己的代理权,且未获得本人的追认的"改为"不能证明本人和相对人之间存在有效的合同的"。即便如此规定,也不能消除证明责任扭曲的问题,而且"存在有效的合同",在有权代理的情况下需要得到本人的追认,所以并未变更规范内容(另外,"新"第66条以下表见代理被赋予"承担责任"的法律效果,与本人之间不存在"合同的成立"的法律效果,所以不包含在内[23])。

虽然与现行民法相比并没有规范内容的实质变更,但是改变用词存在下述两个好处。第一,"新"第66条明确在法条中规定,与本人之间不成立有效合同的,实施代理行为的人承担责任,这样规定比现行民法更接近"无权代理人"的标题本意。第二,与现行民法相比,法条明确规定了两种免责事由在性质上的差异。具体来说,现行《民法》第117条第1款规定,在与本人的关系上合同有效成立的要件为证明是:① 有权代理;② 存在本人追认。从现行民法的文字中看不出这两点与第117条第2款中的免责事由有何不同。

但是,现行《民法》第117条第2款的免责事由是,与本人的合同即便不成立,比较无权代理人与相对人的保护必要性,在相对人恶意或有过失的情形下否定相对人

---

[21] 参见五项抗辩事由的规定。
[22] 如本文所述,相对人对本人的请求是基于合同的履行请求(因此,根据现行《民法》第99条第1款,基于代理行为的合同的成立,需要主张并证明:① 代理权的授予 + ② 显名 + ③ 意思表示一致三点)。与此相对,相对人只能向代理人请求意思表示的一致,代理人作为抗辩证明现行《民法》第99条第1款的显名要件(相对人否认显名抗辩的,适用第100条的规定。代理人可以主张证明该条但书的内容作为预备抗辩)。
[23] 另外,我妻荣认为,表见代理的规定先于无权代理的规定适用,既然成立表见代理,则无权代理行为相对人不问无权代理人的责任[参见我妻荣,前载注㉕,《新订民法总则》(民法讲义Ⅰ),第381页]。站在该立场上,表见代理的性质也被视作免责事由处理。但是,之后的判例否定了我妻说(最判1987年7月7日民集41卷5号,第1133页)。存在无权代理行为的,在其与相关联的三方当事人之中,最终无权代理人承担责任。相对人请求最终责任人的无权代理人,该请求被否定的,相对人先向表见代理人请求,表见代理人再向无权代理人追究责任。相对人直接向无权代理人请求,我妻说这种迂回路线对当事人而言没有任何实际好处。因此,本民法修正案支持判例的立场,不认可表见代理的免责。

的保护必要性,而且无权代理人是限制行为能力人的,则保护无权代理人。与此相对,第117条第1款的免责事由是,既然"作为他人的代理人签订合同的人"代理行为的效果归属于本人,那么就没有追究无权代理人责任的理由,即规定了"无责性"。这种无责性来自"成立有效合同"。《民法》第117条第1款列举了上述①、②成立有效合同的原因,所以与第2款的差异就变得不那么明显了。

考虑到以上几点,我们修改了"新"第66条的用语。如果使用"不能证明合同成立的"用语,"有权代理成立的合同"以外,无权代理行为后,本人"追认成立的合同"将变得不够明显,所以我们选择了"不能证明本人和相对人之间存在有效的合同的"用语。

3. 其他修改

(1) 从"过失"到"重过失"

"新"第66条将《民法》第117条第2款的内容——相对人的"过失"——修改为"重大过失"。

《民法》第117条规定,相对人因"过失"不知无权代理的,不追究无权代理人的责任。关于这一点,下级法院的判决限定为"重过失"。与此相对,最高法院认为"民法中并没有明确区分规定过失与重大过失",所以应当忠实于民法的用语,并且以下述理由维持了"过失"要件[24]:"为了相对人的保护与交易安全以及代理制度的信用保证,《民法》第117条特别规定无过失责任。"

但是,《民法》第117条的无权代理人的责任虽说是无过失责任[25],但是在众多案例中,无权代理人应该是知道无权代理行为的。所以,不管相对人是否存在"过失",都可以认定无权代理人的责任,这样的想法更为自然。但是,恶意的无权代理、卑劣的无权代理、恶性不强的无权代理都是可能存在的。比如说,好意无因管理中,"为了他人的法律行为"不能得到本人追认的,便可以认定为无权代理。考虑到以上情况,"新"第66条第1项规定相对人存在"重过失"的,不得追究无权代理人的责任。

---

[24] 参见最判1987年7月7日民集41卷5号,第1133页。
[25] 在多样化的事例中,无权代理人对于自己没有代理权,有的时候是恶意的,有的时候是过失的,有的时候则是无过失的。学说以下述理由怀疑《民法》第117条的无过失责任性。即,得到授权的委托合同以第三人胁迫为理由被撤销的,无权代理人极可能是无过失的。对这种无权代理人科以无过失责任是否合理呢?[参见佐久间毅:《民法的基础1》(第三版),有斐阁2008年版,第292页]

在许多事例中,正如佐久间教授所指出的,对无权代理人科以无过失责任过于残酷。但是,在这些事例中,如果采取无过失责任否定论的解释论,与代理人进行交易的人,对本人还是对代理人都不能请求。考虑到社会中几乎所有的商业交易都用到了代理制度,所以正如前注引用1987年判例所述,《民法》第117条还具有"为了保证交易安全以及保持代理制度的信用,法律特别规定了无过失责任"的一面。根据《民法》第117条,通过代理制度的信用保持,为了交易的顺利进行,在不少案例中没有考虑到个别当事人的保护性的平衡。从这个角度看,应当维持现行民法采用的无权代理人无过失责任制度。

从重视交易安全的角度看,首先与代理人交易的相对人,可以追究本人或代理人任何一方的责任。在此基础上,再考虑本人与代理人之间的责任承担问题,更为恰当。

（2）关于"欠缺意思能力"一项的新设

关于新设的"新"第66条第2项，民法只规定了没有权利能力的情况，本民法修正案还规定了欠缺意思能力，对应的是"新"第8条欠缺意思能力撤销法律行为的规定。理由是，欠缺意思能力人(与限制行为能力人一样)对自己作出的法律行为行使撤销权的，不承担责任。既然如此，无权代理人的法律行为也有必要与限制行为能力人一样，不承担责任。这就是"新"第66条第2项的宗旨。㉘

五、单独行为的无权代理

单独行为的无权代理，可以分为以下四个阶段。

第一，大原则是单独行为的无权代理不对本人发生法律效力。

第二，不认可本人的追认。这是因为合同的无权代理中，如果本人追认的话，将保护相对人的预期，与此相对，单独行为的无权代理中，如果认可本人的追认，那么本人只会在有利的情况下才会追认，这显然过于偏重本人的保护。

实际上，单独行为分为存在相对人与不存在相对人两种。不存在相对人的单独行为只要贯彻以上两个原则即可。本民法修正案在无权代理的开头规定"新"第63条规定了法律行为(包括合同、单独行为、共同行为)的大原则(上述第一个原则)，所

㉘ 【关于无权代理人责任的讨论经过】

矶村保教授最初提出了无权代理人责任的方案(2007年3月4日、5日总则分会)。该草案基本继承了《民法》第117条的规定，考虑到无权代理人承担责任的原则与免除责任的例外不同的证明责任，分为第1款和第2款两款规定，将第117条第1款规定的本人追认问题移到第2款。

矶村保方案之后经过了若干修改，在私法学会提出案公布之前的阶段，冈孝教授指出，无权代理人通常是知道无权代理行为的，相对人轻过失便可免除无权代理人的责任似乎不妥(2008年9月15日个别提案)，所以建议将无权代理人免责要件的"有过失"修改为"重过失"。私法学会提出案、法曹提交案一直到本民法修正案一直持了"重过失"免责要件。

上述矶村保方案以及冈孝修改后的法曹提交案与现行民法一样，都由两款构成。秘书处还有方案是将两款合并，但书采取列举各项免责事由的方式进行规定，这成为国民有志案。

国民有志案公布之后，抗辩事由加上了欠缺意思能力，还附加了"新"第8条第2款本文中"原因中的自由行为"作为例外事由。

修改之后，本人、相对人、无权代理人的抗辩事由顺序是：① 本人的追认；② 相对人的恶意、重过失；③ 无权代理人欠缺意思能力；④ 无权代理人是限制行为能力人。

虽然顺序如此规定，但是上述草案第1款规定："作为代理人作出意思表示的人，除非证明自己的代理权，否则根据相对人的选择，应对相对人承担履行合同或赔偿损失的责任。但是，下列情况不在此限。"因此，这里采取了本文的原则与但书的免责构成，但是有权代理的免责依然是规定在本文中的。《民法》第117条采用了第1原则，第2款免责事由的构成，第1款原则中规定了有权代理的免责与本人追认的免责。这个阶段的草案只转移了本人追认部分。

当然，如果采取更加极端的态度，只是重视证明责任的话，"新"第66条正文"作为代理人签订合同的人若不能证明本人和相对人之间存在有效的合同，根据相对人的选择，应对相对人承担履行合同或赔偿损失的责任"，抗辩事由加上"欠缺意思能力"共列举了5项，这种方案在理论上也是可能的。

但是，正如正文中所述，如果将有权代理的免责从原则规定中去除的话，可能动摇代理制度的基础。因此，从证明责任的角度《民法》第117条有5个免责事由中的2项放在原则规定中，该2项免责事由依据在于与本人之间"合同的存在"这种根源无效性，因此本民法修正案也是这样设置原则规定的(2013年10月27日全体会议)，这就是"新"第66条。

以"新"第67条没有再次规定,"新"第67条第1款规定了第二个原则。

第三,第二原则存在例外。存在相对人的单独行为可能与合同的利益状况相似㉖,但是两者存在以下差异。合同中收到要约的相对人可以选择承诺或不承诺,但是存在相对人的单独行为分为有选择权和没有选择权两种情况。相对人同意无权代理人的意思表示,或者对意思表示人实际上没有代理权这点不存在争论的,就可以赋予相对人选择权,即与合同的无权代理做相同的处理。

"新"第67条第2款第1项、第2项考虑到上述利益状况,规定在符合这两项的情况下,合同无权代理的规定准用于存在相对人的单独行为。

现行《民法》第118条也规定了上一段所述内容。但是,现行《民法》第118条没有涉及第二原则,在第1款中规定了第三个规则,从条文的文字看,例外规则并不明显。这使得第118条的含义并不容易理解,本民法修正案首先在"新"第67条第1款规定了第二原则,然后在第2款开头设置了"虽有前款规定"的用语,明确表示了第2款规定的内容是第1款规定之第二原则的例外。

第四,关于单独行为的无权代理的被动代理的规定。即便是被动代理,对无权代理人而言意思表示也不发生效力。"新"第66条后半段规定了这一点。

"新"第67条第1款和第2款的规定是以主动代理为基础的。但是,即便是单独行为的无权代理的被动代理,单独行为的相对人知道无权代理人,对该无权代理人表示解除的意思表示的情形,并不妨碍与主动代理情形的并列处理。但是,无权代理人接受无关系人的意思表示,必须告诉无关系人没有代理权也应当说过于残酷。因此,"新"第67条第3款规定了单独行为的无权代理的被动代理,"新"第67条第2款第1项、第2项中只对应第1项的情形,与合同的无权代理做相同处理。㉘

㉖ 如果是没有相对人的单独行为,即便是无权代理,不存在需要追究无权代理人责任的当事人存在,所以没有必要追究无权代理人的责任。

㉘ 【单独行为的无权代理与共同行为的无权代理的讨论经过】
(1)最初摸索的两个方向
在本民法修正案的制定过程中,如何处理单独行为的无权代理与共同行为的无权代理一直是一个重大的理论问题。最初,存在下述两个方向。一个方向是,无权代理(之前规定的有权代理,之后规定的表见代理也是如此)规定一般法律行为,不设置合同、单独行为、共同行为的个别规定。还有一个方向是分别规定合同、单独行为、共同行为的无权代理。研究会内部的讨论迂回曲折,最终采用了两个方向的折中,大致过程如下。
首先,最初的方向是,明确难以贯彻单独行为的无权代理。这是因为:① 单独行为的无权代理原则上不对本人发生法律效力;② 一般来说,不认可本人追认;③ 现行《民法》第118条规定,相对人对单独行为的部分承认属于例外,该规范内容不可能在一般法律行为的无权代理的框架内规定[关于这个问题,详见下文(4)]。
还有一个方向是,规定现行民法中没有规定的共同行为的无权代理。在讨论的过程中,有的主张单独行为的无权代理与共同行为的无权代理相互分离,有的主张进行统一。下文按照时间顺序介绍讨论经过。
(2)关于单独行为的无权代理的最初草案
民法改正研究会中鹿野菜穗子教授最先提出单独行为的无权代理草案(2007年2月18日总则分会)。与此相对,矶村保教授提出维持现行法的方案(2007年3月4日、5日总则分会)。之后,鹿野教授本身对自己的方向进行了修改。下面简单介绍该修正案。

第三目 表见代理等

【前注】

一、新设表见代理一目

1. "目"的新设与标题的变更

《民法》第109条"因授予代理权的表示而产生的表见代理"、第110条"越权行为

(单独行为的无权代理 过程草案 2007年3月15日鹿野方案)

第N条 ① 没有代理权的人作为他人的代理人实施的单独行为对本人不发生效力。
② 但是,存在相对人的单独行为中,相对人同意自称代理人的人没有代理权而实施的行为,或者对其代理权没有争论的,准用第N条(无权代理)至前条(无权代理人的责任)的规定。
③ 相对人经无权代理人的同意实施的单独行为,亦是如此。

上述鹿野方案首先在第1款明确规定了《民法》第118条省略的原则(单独行为无权代理不发生法律效果);第2款作为例外,规定了有相对人的单独行为;第3款规定了被动代理。如此,该方案大大增加了现行《民法》第118条的透明感。

(3)"单独行为与共同行为的物权代理"

在私法学会提出案法律行为开头规定的第48条第1款规定"本法中法律行为指的是单独行为、合同、共同行为",共同行为成为民法典上的概念。因此,关于无权代理,《私法学会提出案》第72条在上述鹿野方案单独行为的无权代理规定基础上加上下述第4款,题为"单独行为与共同行为的无权代理"。

(单独行为与共同行为的无权代理 过程草案 私法学会提出案修正案)

第七十二条 ④ 共同行为准用第一款、第二款的规定。但是(私法学会提出案)第七十条(无权代理的相对人的权利)第二款的撤回仅在法院认可之时方可适用。

私法学会提出案中虽然没有在法条上确立法律行为的共同行为,但是还是以社团设立行为为基础的。因此,共同行为的无权代理基本上准用存在相对人的单独行为的无权代理规定,但是无权代理的相对人的撤销权[《私法学会提出案》第70条第2款(对应现行《民法》第115条)]将受到限制,确保社团设立行为的稳定性(参见民法改正研究会起草:《日本民法修正案 第一分册:总则、物权》,第74页解说)。《法曹提交案》第73条继承了该规定。

(4)"单独行为的无权代理"与"共同行为的无权代理"的分离

其后,在文字大幅修改之后,私法学会提出案、法曹提交案的4案构成在国民有志案中分为"单独行为的无权代理""共同行为的无权代理"两个条文。在接受川崎政司律师的意见之后加以修改,形成下述条文草案。

(单独行为的无权代理 过程草案 国民有志案修正案)

第七十四条 ① 无权代理人作为他人的代理人实施的单独行为没有相对人的,对本人不发生效力,且本人不得追认。
② 无权代理人作为他人的代理人实施的单独行为存在相对人的,相对人同意行为时该无权代理人没有代理权而实施的行为,或者对于该代理权没有争论的,准用前三条的规定。相对人对无权代理人得到其同意实施的单独行为,亦是如此。

(共同行为的无权代理 过程草案 国民有志案修正案)

第七十五条 ① 无权代理人作为他人的代理人实施的共同行为,对本人不发生效力。
② 前款的情形中,本人追认共同行为人之一(除无权代理人)的,溯及共同行为之时,代理行为有效。
③ 本人对无权代理行为的拒绝追认没有针对全部共同行为人的,不发生效力。

的表见代理"、第112条"代理权消灭后的表见代理"3个条文在学理上称之为表见代

---

④ 无权代理人作为他人的代理人实施共同行为的,共同行为之外的全部当事人同意行为时自称代理人的人没有代理权而实施的行为,或者对于该代理权没有争议的,准用(国民有志案)第七十一条(无权代理与本人的追认)至(国民有志案)第七十三条(无权代理人的责任)的规定。但是,(国民有志案)第七十二条(无权代理人的相对人的权利)第二款的撤回仅在法院认可的情况下适用。

(5)删除"共同行为的无权代理"规定

正如注⑱、⑲所述,国民有志案公布之后,我们放弃了法律行为处规定合同、单独行为、共同行为的方针。由此变更,仅仅在无权代理处规定"共同行为的无权代理"产生了违和感。另外,国民有志案"共同行为的无权代理"是以法人设立行为为基础制定的。但是,同样是共同行为,"大会决议"等如果直接适用该规范内容的话,追认导致大会决议内容发生变更。该规范内容可能仅仅在法人设立行为中才比较妥当。我们的结论是,"共同行为"中规定无权代理是困难的(2011年12月17日全体会议)。

(6)删除单独行为的无权代理方案的再检讨

国民有志案公布之后,在形成上一段的结论的过程中,我们还尝试了如下做法:不仅删除"共同行为的无权代理",还删除"合同的无权代理""单独行为的无权代理",通过规定"法律行为的无权代理"在法律行为与有权代理、表见代理之间保持平衡。

此时,《民法》第113条以下"合同"的无权代理规定,将"合同"换为"意思表示"也不会产生什么特别问题。研究会的意见达成一致。但是,问题是删除"单独行为的无权代理"规定的影响。期间具体情况如下:

首先,我们必须探讨上文所介绍的"单独行为的无权代理"《国民有志案》第74条第1款是否有必要存在的问题。从结论说,从一般国民通俗易懂的民法典的角度,删除该条第1款也无妨。

《国民有志案》第71条(无权代理与本人追认),不是在"合同"中,而是在"意思表示"中规定无权代理。结果是,第74条第1款前半段规定的单独行为的无权代理不发生法律效力包含在第71条第1款之中,不需要特别规定。

其次,第74条第1款后半段规定必须是"本人难以追认"。但是,立法技术上,第71条第3款规定了"追认……不是对意思表示的相对人作出的,不发生效力",所以既然没有相对人,也就没有追认的余地。另外,既然没有"相对人",也就没有"无权代理人的相对人的权利"(第72条)的问题,也不存在追究"无权代理人的责任"(第73条)的法律主体。由此得出,《国民有志案》第74条第1款规定的没有相对人的单独行为没有必要特别规定。

接下来,关于《国民有志案》第74条第2款规定的存在相对人的单独行为,当时的方案是将民法中"合同"一词修改为"意思表示"。由此,单独行为的无权代理也可以适用第71条(无权代理与本人的追认)、第72条(无权代理人的相对人的权利)、第73条(无权代理人的责任)的规定,没有必要设置准用规定。

问题是,对于无权代理人的单独行为,相对人是否具有撤销权(是否适用第72条第2款)?至少在相对人向无权代理人进行意思表示的被动代理中是可以适用的。

另外,第74条第2款规定"相对人同意行为之时自称代理人的人没有代理权而实施的行为"的,适用第73条(无权代理人的责任)则极奇妙。此时,由于符合该条第1项"相对人明知无权代理行为",不发生无权代理人的责任。

但是,初看现行《民法》第118条、《国民有志案》第74条第2款还是有意义的。假设删除第74条第2款,单独行为的相对人与自称代理人的人发生代理权纠纷的,本人具有追认的权利。此时,根据现行民法不可准用第113条第1款,所以本人难以追认。另外,如果删除《国民有志案》第74条,同样不能追认。但是,如果删除《国民有志案》第74条第2款则得到相反的结论。

关于这一点,虽然多少有些诡辩的色彩,但是可能从下述理论中得到支持。假设规定本人不得追认,本人希望无权代理行为发生的话,不用追认,可以授予自称代理人的人以代理权,使其发生单方行为的代理,同样是有效的代理行为。唯一的不同是,由于此时不适用追认的溯及效力,所以效力发生时间会有差异。基于以上考虑,结论是基本上不需要规定《国民有志案》第74条第2款的内容。

最后,关于《民法》第118条后半段、《国民有志案》第74条第3款[对应(4)中介绍的《国民有志案》第74条第2款后半段],这是单独行为的无权代理的被动代理,基本符合上述讨论的理由。

理规定群。但是,正如前文所述,在三个条文之间还规定了《民法》第111条"代理权的消灭事由",隔断了表见代理的规定,所以本民法修正案将三个条文作为一目加以规定。

另外还有一个小问题,这些条文的标题,本民法修正案将《民法》第110条"越权行为的表见代理"的标题改为"因越权行为产生的表见代理",将《民法》第109条的标题小改为"因授予代理权表示而产生的表见代理"。前者是为了更加正确地表示规范内容,后者则删除了经常出现的"的"。

2. 三种表见代理的规定顺序

如上文所述,现行民法关于表见代理的规定顺序,《民法》第111条与第112条可以理解为代理权的消灭及其对抗。如本章前文所述,现行民法起草之际,现在被称之为表见代理的规定并不是作为一个群体规定的,也没有考虑到规定的顺序。从这些规定的内容看,包括:①"越权行为的表见代理"(相当于《民法》第110条);②"代理权消灭后的表见代理"(相当于《民法》第112条);③"代理权授予表示的表见代理"(相当于《民法》第109条),这些本来就是处理没有代理权的人的无权代理问题的,表见代理中在一定的情况下赋予本人效力。从这三种表见代理与通常的有权代理的距离看,①、②、③就是离有权代理更近的顺序。

另外,表见代理中,法院实务中最多的是①"越权行为的表见代理"。㉙

下文二中也有阐述,这三种表见代理的本人归责性也是存在差异的,这将影响本人抗辩事由的内容。本人的抗辩事由中,①、②是一样的,③是不同。

考虑到以上三点,本民法修正案按照①、②、③的顺序规定表见代理。

综上所言,无权代理的规定中都无须设置合同、单独行为、共同行为的用语,只要规定意思表示或者法律行为的无权代理,为此我们制定了下述条文草案。

根据本民法修正案的规定说明该条文草案,首先对应"新"第63条的条文作为无权代理的开头规定,不设置对应"新"第66条的规定。"新"第64条第1款"无权代理人缔结的合同"修改为"无权代理人的法律行为","有效的合同"改为"有效的法律行为",将该条第1款、第2款中的"合同"改为"法律行为",将"新"第65条第1款、第2款中的"无权代理人缔结的合同"修改为"无权代理人的法律行为",将该条第2款中的"自己的合同的要约或承诺"修改为"自己的意思表示",将"缔结合同时"修改为"法律行为时",将"新"第66条中的"缔结合同"修改为"进行法律行为","合同的存在"修改为"法律行为的存在"。

(7) 本民法修正案的选择

如(6)中所述,不区分有权代理、无权代理、表见代理,按照一般法律行为规定整体代理法是可行的,代理法一部分的无权代理中规定合同、单独行为、共同行为没有必要。

但是,上述介绍的条文草案从一般国民通俗易懂的民法典的角度来看还是存在疑问的。另外,不仅是日本,《德国民法典》第180条也有单独行为的无权代理规定,法律适用也比较稳定。虽然从法律技术上来说确保代理法全体的统一性是可行的,但是从一般国民通俗易懂的民法典的角度看,删除条文并不见得是社会所希望看到的。

基于以上考虑,最终采用了本民法修正案无权代理一目的构成(先规定意思表示的无权代理,然后规定单独行为的无权代理)(2012年8月4日全体会议)。

㉙ 从公开的判例数目来看,关于《民法》第110条表见代理的判例数为589件,而第109条的是146件,第112条的是59件,可以说是压倒性多数(判例状况,参见加藤,前载注⑪,《新民法大系Ⅰ》,第431页)。

3. 表见代理的重叠适用的规定与名义借贷规定的新设

本民法修正案在表见代理一目还规定了"表见代理的重叠适用"与"出借名义者的责任"。

二、三种表见代理中保护程度的差异

1. 本人归责性的探讨

三种表见代理虽然都是无权代理,在本人接受法律行为的结果上存在共通之处,但是从本人、无权代理人、相对人三者的保护程度差异看,三者内容并不相同。

①、②都是代理人进行了无权代理行为(①是超越权限,②是权限消灭后),几乎所有情形中应当被指责的是无权代理人,而应当保护的是作为"受害人"的本人或相对人。

与此相对,③无权代理人也有归责性,没有实体却作出代理权授予表示的本人大多也有归责性,本人未必像相对人那样处于"受害人"地位。

如果仅从任意代理中考虑无权代理行为中本人的参与程度来看,那么①"越权行为的表见代理"、②"代理权消灭后的表见代理"都是本人选择了作出无权代理行为的无权代理人,即本人存在过失而不是故意。与此相对,③"代理权授予表示的表见代理"大多情况下本人实际上知道没有授予代理权一事,因此此时本人可能是故意的。

本民法修正案规定这三种表见代理之时,考虑了本人在参与程度上的差异。[29]

2. 现行民法的规定和修改的方向

现行民法中表见代理的三个条文形式极不统一,条文的体裁如实表现了这种不统一性。

具体来说,《民法》第 109 条规定,代理权授予表示的人承担责任,但书规定表示人应当证明"第三人"的恶意、有过失。《民法》第 110 条"越权行为的表见代理"规定了形式要件却"相信具有权限的正当理由",也意味着"第三人"的善意无过失。学说上虽然不统一,但是不少学说还是将此作为抗辩。[30] 与此相对,第 112 条"代理权消灭后的表见代理"形式上是代理权消灭后是否可以对抗第三人的问题,以"第三人"的善意为要件,但书中"第三人"的过失是免责事由,各自证明责任不同。

那么,这种不统一的规定方式是否恰当?三种表见代理的规定中,考虑到本人的归责性,如何规定抗辩等有必要根据个别规定具体讨论,所以这方面参见分论,这里只介绍规定框架。

---

[29] 在最近的讨论中,中舍宽树教授提出,与其他表见代理类型相比,代理权授予表示的表见代理在第三人保护的要求上存在差异(2009 年 3 月 30 日民法修改论坛学界说)。

[30] 学说多种多样,详见于保不二雄编,前载注[29],《注释民法(4)》,第 145 页(椿寿夫执笔部分)。

关于①"越权行为的表见代理"与②"代理权消灭后的表见代理"相对人保护范围与证明责任,多数案例中相对人很难知道代理行为是无权代理的事实,所以只要向相对人主张证明自己是善意的即可,本人应当承担相对人无过失的证明责任。

与此相对,③虽然没有赋予代理权,作出代理权授予表示的是本人。关于代理权授予的表示,(a)大多是本人明知没有授予代理权而故意进行的,但是(b)过失或无过失也是可能的。

在(a)故意的情况下,基本上是本人向相对人承担责任,但是相对人已知是无权代理行为的,相对人便无须保护。(b)过失或无过失的情况下,如果是过失的话,与①、②几乎是一样的。[202]

基于上述利益状况的差异,在①、②与③的情形,无权代理人与实施了法律行为的相对人应受保护范围并不相同,证明责任也不相同。本民法修正案以此为前提规定了三种表见代理的规范内容。

从这种观点看,本民法修正案中的规定顺序虽然与现行民法不同,详细参见"讨论经过"以及各自条文的解说。[203]

---

[202] 关于第109条表见代理中的故意和过失的内容,第109条表见代理存在两种故意,一种是对代理权授予表示的认识,一种是虽然进行了授予表示,但是现实上没有授予代理权的认识。本文中主要是后者的问题。

[203] 【关于表见代理规定顺序的讨论经过】
(1)从最初草案到国民有志案
关于表见代理的构成,与现行民法不同,最初方案便将三条表见代理规定整合为第三目"表见代理",私法学会提出案到本民法修正案一直如此(但是,正如正文中所述,名义借贷人的责任由另外条文规定,本民法修正案将标题修改为"表见代理等")。
鹿野菜穗子教授提出了三种表见代理的具体的最初方案(2007年2月18日总则分会、2007年3月18日全体会议)。虽然过程曲折,该最初方案的相当部分为本民法修正案所吸收。
该最初方案首先规定了相当于《民法》第109条的内容。其后,相当于《民法》第110条、第112条的规定采用准用开头条文的形式,体裁也统一。私法学会提出案以及法曹提交案都采取了这种形式,但是国民有志案变更为在各条文中分别规定规范内容的方式。理由是,相当于《民法》第109条的规定与相当于第110条、第112条的规定,在承担责任人的归责程度上存在差异,而且承担责任的主体,作出本人外观的人与本人(乃至曾经的本人)也不相同,所以不应该准用三个条文。
(2)表见代理单一条文的尝试
国民有志案公布后,为了使得表见代理的规定更加简明,秘书处提出了若干条文草案。其中之一,如下述条文所述,用一个条文规定,其中第1款中各项列举三种表见代理,但书中规定相对方恶意或者过失的抗辩,然后第2款规定表见代理的重叠适用。

(表见代理及其重叠适用 过程草案 2012年1月24日秘书处方案)
第N条 ①(国民有志案)第七十一条(无权代理及本人的追认)第1款的规定之外,本人或表示授予代理权的人符合下列情形之一的表见代理行为,对相对人承担责任。但是,相对人对无权代理一事存在恶意或者过失的,不在此限。
(一)越权行为的表见代理(超越被授予的基本代理权的范围,代理人实施的无权代理行为);
(二)代理权消灭后的表见代理(被授予的代理权消灭后,曾经的代理人实施的无权代理行为);
(三)代理权授予表示的表见代理(表示上被授予代理权的人实施的无权代理行为)。

三、从"第三人"到"无权代理行为的相对人"

《民法》在第 117 条等无权代理的规定中基本上使用了无权代理"相对人"的用词，与此相对第 109 条、第 110 条、第 112 条无权代理行为的相对人则使用了"第三人"的用语。为了避免用语混乱，本民法修正案基本使用了"本人""代理人""相对人"的用语。㉙

【条文案】

> （因越权行为产生的表见代理）
> 第六十八条 本人就代理人超越代理权限范围实施的无权代理行为，对善意的相对人负责。但是，相对人因其过失不知其为超越代理权限范围的无权代理行为的，不在此限。

② 本人或代理权授予表示者基于前款不负任的，符合下列情形之一，对相对人承担其责任。此时，准用前款但书规定。
（一）曾经有代理权的人在代理权消灭后，实施的超越基本代理权范围的行为；
（二）实施前款三项超越代理权授予范围的无权代理行为；
（三）实施前款三项表示上被授予权限消灭后的无权代理行为；
（四）实施前款三项表示上被授予权限消灭超越表示权限范围的无权代理行为。

该方案的宗旨是活用民法中规定的各种表见代理，在一个条款中规定三种表见代理，这样无须反复规定但书，条文更加简明。

对于上述方案，矶村保教授提出了批判，认为各种表见代理性质不同，统一证明责任是不可能的（2012 年 1 月 12 日全体会议）。川崎政司律师也提出了以下几点批判（2012 年 2 月 9 日意见书）：在没有规定定义的情况下使用"表见代理行为"是不合理的；条文开头的"表见代理行为"与各项列举"表见代理"的关系不够明确；但书（相对人的恶意或过失）的证明责任，既有规定表见代理三种类型的第 1 款，也有规定表见代理规定重叠适用的第 2 款，两者是一样的，授予代理权人对消灭的代理权范围之外的行为也要承担责任，所以就没有必要限定在第 1 款第 2 项的消灭代理权的范围内。受到这些批判之后，我们放弃了一个条文统一规定的方式。

另外，"新"第 71 条"表见代理的重叠适用"也是在这个时候首次提出的。但是，川崎政司律师从立法技术的角度提出了修改意见（2012 年 2 月 16 日意见书），讨论了表见代理本体规定相分离的草案，具体参见下文详述。

（3）三种表见代理的内容与顺序的变更

放弃一个条文统一规定的方式之后，我们回到了各种方式分别规定的道路，但是表见代理的内容发生了大幅变更。这种变更包括责任发生的规定以及但书中的免责事由两个方面。其中，按照免责事由[本人与相对人（或者第三人）的保护的平衡]变更了规定顺序。与现行民法不同，顺序为"越权行为的表见代理""代理权消灭后的表见代理""代理权授予表示的表见代理"（2013 年 10 月 27 日全体会议）。

另外，关于表见代理各条文的规定方式以及无权代理人责任的立法建议，参见难波让治：《无权代理以及表见代理应当如何规定》，载椿寿夫等编：《思考民法修改》，日本评论社 2008 年版，第 87 页。

㉙ 以《民法》第 110 条权限外表见代理为例，善意无过失的"第三人"得到保护。这里的"第三人"当然包括代理行为的"相对人"，也可能包括"受让人"。与此相对，"新"第 68 条只规定了本人对"无权代理行为的相对人"的责任。"无权代理行为的相对人"不主张证明"新"第 68 条"因越权行为产生的表见代理"的责任的阶段，又该如何保护受让人等？方法之一是，受让人直接根据"新"第 68 条主张证明保护。另外，如果是动产的话，也可能通过《国民有志案》第 116 条（善意取得），不动产的话通过本民法修正案"新"第 50 条（外观法理）主张证明保护。

本条正文:《民法》第110条(越权行为的表见代理)移修
　　但书:《民法》第110条(越权行为的表见代理)移修

(代理权消灭后的表见代理)
　　第六十九条　代理人在其代理权消灭后实施无权代理行为的,本人就代理权的消灭对善意的相对人负责。但是,相对人因过失不知代理权消灭的情况的,不在此限。

本条正文:对《民法》第112条(代理权消灭后的表见代理)正文的 修改
　　但书:对《民法》第112条(代理权消灭后的表见代理)但书的 修改

(因授予代理权表示而产生的表见代理)
　　第七十条　虽未授予代理权,却作出已对他人授予代理权的表示的人,对该他人实施的法律行为的相对人,在其表示的代理权范围内承担责任。但是,相对人知道没有授予代理权的情况,或因过失而不知的,不在此限。
　　2　明知未授予代理权却作出前款表示的人即使在前款但书的情形下,仅限于相对人就未授予代理权具有恶意,方可免除其责任。

本条第1款正文:对《民法》第109条(因授予代理权的表示而产生的表见代理)正文的修改
　　　　但书:对《民法》第109条(因授予代理权的表示而产生的表见代理)但书的修改
　　第2款:新增

(表见代理的重叠适用)
　　第七十一条　符合第六十九条(代理权消灭后的表见代理)规定的无权代理的行为有超越其在消灭前存在的代理权的范围的情况的,准用第六十八条(因越权行为产生的表见代理)的规定。
　　2　符合前条第一款规定的因授予代理权的表示而产生的无权代理的行为超越表示的代理权的范围的,准用第六十八条(因越权行为产生的表见代理)的规定。
　　3　符合前条第一款规定的因授予代理权的表示而产生的无权代理的行为在表示的代理权消灭后作出的,准用第六十九条(代理权消灭后的表见代理)的规定。于此情形,该代理行为超越表示的代理权的范围的,准用第一款的规定。

本条第1款:新增
　　第2款:新增
　　第3款前段:新增
　　　　后段:新增

> （出借名义者的责任）
> 第七十二条　允许他人使用自己的姓名、名称或其他名义的人，对相信该他人就是名义人本人而实施法律行为的相对人，就因此法律行为产生的债务，与使用其名义的他人承担连带责任。但是，该相对人知道出借名义的情况，或因重大过失而不知的，不在此限。

本条正文：新增

但书：新增

【修正理由】

一、由越权行为引发的表见代理

1. 何为"正当理由"

"新"第68条"因越权行为产生的表见代理"修改了《民法》第110条"越权行为的表见代理"的标题，继承了第110条的规范内容。

《民法》第110条规定了"第三人有正当理由应相信代理人有权限时"，要件是"正当理由"。但是，学说上对于"正当理由"的内容存在争论。

首先，传统通说认为"正当理由"为善意无过失。[23] 与此相对，最近有不少学者认为"正当理由"需要根据双方的情况综合判断。[24]

判例认为："《民法》第110条'正当理由'需要根据无权代理行为当时的诸多情况客观判断，通常人相信上述行为是基于代理权而发生的，即第三人相信代理权没有过失。上述诸多情况包含本人的言行。"[25]可见，判例认为"正当理由"指的是善意无过失。但是判例中也提到了诸多情况，以判断是否有过失，所以也可以理解为综合判断说。

其次，关于证明责任，从现行《民法》第110条的文字看，"正当理由"的证明责任在于相对人（但是，"正当理由"是一般条款，所以相对人承担评价根据事实的证明责任，本人承担评价障碍事实的证明责任）。

2. 证明内容的具体化——"善意"的证明与"过失"的证明

正如"前注"所述，越权行为的表见代理（代理权消灭后的表见代理亦同）的成立与否意味着无权代理人的行为带来的结果由受害人本人还是相对人来负担。那么，表见代理成立，本人承担责任之前，在受害人之间分配证明责任应当说是合理的。

---

[23]　下述学说状况参见于保不二雄编，前载注[25]，《注释民法(4)》，第145页（椿寿夫执笔部分）。

[24]　最近学说，参见山本，前载注[26]，《民法讲义Ⅰ》（第三版），第424页。

[25]　最判1969年6月24日判时570号，第48页。

因此，关于证明责任的分配，本民法修正案让相对人承担自己"善意"的证明责任㉘（现行《民法》第 110 条"正当理由"是一般条款，如果让评价根据事实与评价障碍事实的证明责任差异化的话，就可以实现证明责任的正当分配，但是在这种框架下各自当事人证明内容是不清晰的。与此相对，本民法修正案规定了具体化的证明对象）。

关于现行《民法》第 110 条与"新"第 68 条在诉讼中的运用，参见注释。㉙㉚

二、代理权消灭后的表见代理

"新"第 69 条"代理权消灭后的表见代理"沿袭了现行《民法》第 112 条的规定。

"新"第 69 条与"新"第 68 条"因越权行为产生的表见代理"的形式相似，规定本人向相对人承担责任。现行《民法》第 112 条规定了代理权消灭的"第三人"对抗问题，"新"第 69 条没有沿袭其形式，而更加重视与"新"第 68 条的平行性（为了避免"前注"所言混乱，不使用《民法》第 112 条"第三人"一词，而采用"相对人"一词）。

本民法修正案采用了以"相对人"的善意为要件，以过失为抗辩的条文形式。这

㉘ 关于这个问题，存在下述学说观点。《民法》第 110 条中的"正当理由并不是严格意义上的证明责任，而只是大致的方针，相对人如果证明基本权限以及外观的存在，本人一方则必须证明相对人恶意或者过失"。［参见山本，前载注㉖，《民法讲义Ⅰ》(第三版)，第 424 页］。关于"正当理由"与"善意无过失"的关系的学说，参见于保不二雄编，前载注㉕，《注释民法(4)》，第 145 页（椿寿夫执笔部分）。

㉙ 在诉讼中，现行民法与本民法修正案的诉讼如下展开。
【诉讼的展开】
［请求］　　相对人根据合同对本人提出履行请求（根据《民法》第 99 条第 1 款，基于代理行为的合同成立，需要主张证明三点：① 代理权的授予 + ② 显名 + ③ 意思表示一致）。
［否认］　　本人对相对人的请求中的①，以代理人没有该合同约定的"权限"为由，否认代理权。
（现行民法）
［预备请求］　相对人主张证明《民法》第 110 条"权限外行为"表见代理的成立。此时，相对人主张证明存在相信代理人具有权限的"正当理由"。
（本民法修正案）
［预备请求］　相对人主张证明"新"第 68 条"越权行为的表见代理"的成立。此时，相对人主张证明并不知道"超越代理权范围的无权代理行为"（主张证明自己的"善意"）。
［抗辩］　　本人主张证明相对人在不知上存在"过失"。

㉚ 【关于"越权行为表见代理"的讨论经过】
2004 年民法修改将《民法》第 110 条的标题改为"权限外行为的表见代理"。但是该标题范围过广，在修改之前就有人认为这一条不过是想表示"权限僭越的表见代理"的规范内容。因此，私法学会提出案以及法曹提交案都将标题回到过去的"权限僭越"，国民有志案之后，为了标题更加通俗易懂，将其修改为"越权行为的表见代理"。

另外，对于《民法》第 110 条"正当理由"，一般认为是善意无过失，研究会内部存在将其规定到但书中去的鹿野方案与维持民法"正当理由"的矶村保方案（2007 年 3 月 4 、5 日总则分会）。但是，正如正文所述，"正当理由"的证明对象比较混乱，所以采用了善意无过失的用语。对于鹿野方案中将其规定在但书中的建议，私法学会提出案以及法曹提交案都接受了该建议，但是国民有志案没有采用这种方式，而是将其规定在正文中。但是，之后考虑到证明责任的分配，再次回到但书形式，放弃了国民有志案之前一体化处理善意无过失的方针，相对人负善意的证明责任，本人负过失的证明责任（2013 年 10 月 27 日全体会议）。这就是"新"第 68 条。

种形式与前条"新"第68条"因越权行为产生的表见代理"是一致的。与注㉙所述"新"第68条的"诉讼展开"一样,"新"第69条也可以同样考虑。

从结果上说,以善意为要件以过失为对抗的形式与《民法》第112条是一样的。对于这个问题,通说㉚和判例㉛都认为本人应当证明"相对人"的恶意或者过失。但是考虑到代理权消灭后相对人大多不知本人与代理人之间的情况,相对人需要自己证明"善意",本人承担相对人"过失"的证明责任。现行民法的证明责任分配更为合理。

正如上文所述,"新"第68条与"新"第69条平行规定,因无权代理行为造成的结果,由受害人本人与相对人之间分配,当事人之间的利益状况相似。但是,本民法修正案改变了现行民法规定不统一的不足。

当然,上述两条并不是说利益状况完全一样。代理往往都有代理委托书,而且委托书往往不够详细(因为本人难以预料本人与相对人的交易交涉)。与此相对,在个别代理权授予的情况下,大多明确约定代理权授予的期间,比起使用人的职务变更,代理权消灭事项大多是明确的("新"第68条与"新"第69条——对应《民法》第110条与第112条——的适用频率问题,正如注㉘所言,前者占到压倒性多数)。只是这种差异不至于影响法律构成,而影响相对人"过失"的证明难易程度。㉜

三、通过代理权授予表示进行的表见代理等

1.《民法》第109条的性质——历史变迁

(1)导论

"新"第70条代理权授予表示沿袭了现行《民法》第109条的内容。但是,对于如何理解这个条文,包含若干复杂要素。从民法典起草之时到目前为止,该条文的性质一直在变化,民法起草者的立场也未见统一。结果适用该条文的情况也是各不相同。

因此,本民法修正案起草"新"第70条之前首先要搞清楚该条文的背景。

(2)民法起草者的观点——有权代理的一种情况

从现行《民法》第109条的文字看,头脑中难以浮现典型的情况,回看法典调查会

㉚ 参见佐久间毅:《代理交易的保护法理》,有斐阁2001年版,第274页以下;于保不二雄编,前载注㉕,《注释民法(4)》,第189页(椿寿夫执笔部分)。最近的学说参见山本,前载注㉖,《民法讲义Ⅰ》(第三版),第431页。

㉛ 参见大判1905年12月26日民录11辑,第1877页。

㉜ 【关于"代理权消灭后的表见代理"的讨论经过】
鹿野菜穂子教授提出,"代理权消灭后的表见代理"与其他两种表见代理的形式是完全不同的,因此建议变更为与其他表见代理相似的形式。但是,鹿野方案中以第三人证明自己的善意无过失为要件,矶村保教授则建议本人证明第三人恶意或过失规定在但书之中(2007年3月4日、5日总则分会)。私法学会提出案与国民有志案都采纳了矶村保方案。但是,最后考虑到证明责任的分配,与《民法》第112条一样,最终我们决定相对人负善意的证明责任,本人负过失的证明责任(2013年10月27日全体会议)。这就是"新"第69条。

之前的原草案,便可以一目了然。"某人向第三人表示委托他人以某事的,即使不存在委托合同,他人在委托范围的行为上承担履行责任。"这里的立法意图是,如果存在代理权授予行为(条文中的"委托某事的表示"),即便没有委托合同,本人也应当向代理行为的相对人承担责任。提案人富井政章希望将德国法中代理权授予行为论引入日本。但是在法典调查会的讨论过程中,多数人建议删除"即便没有委托合同"的表述。结果是,原来方案中已经明确的代理权授予行为与委托合同的双方存在的构成就变得模糊了(原案与修正双方都使用了"委托"一词,其后变更为"代理权",到了民法制定阶段,变为《民法》第109条中的"表示赋予他人代理权的意思")。

如此一来,由于法典调查会的修改,虽说代理权授予行为论变得不够鲜明,但该条文的出发点还是有权代理的情形。正因为如此,建议人富井政章才表达了赞成意见。[304]

既然《民法》第109条以有权代理为基础,本人当然应向代理行为的相对人承担责任。在民法起草当时,第109条并没有规定代理行为相对人的主观要件,因为本条是以有权代理为出发点的。与此相对,现行民法中本人向代理行为相对人承担责任是因为《民法》第110条规定代理行为的相对人"有正当理由应相信代理人有权限时",第112条限定代理行为的相对人是善意无过失。这反映了起草这三个条文的富井政章考虑到了这些条文性质上的不同。

(3)民法起草之初的混乱——民法起草委员间意见的分歧

在民法起草委员中,与起草现行《民法》第109条等的富井政章不同,梅谦次郎认为没有必要引进代理权授予行为论。这点从(2)中提案人富井政章开头说明之后的梅谦次郎发言中可见一斑。[305]但是在梅谦次郎的教科书中认为"本条是德国民法中类似于本人单独行为的授予代理权指示的规定",正面否定了代理权授予行为论。那么,第109条到底是为何而规定的?梅谦次郎认为这是为了保护第三人的公益规定。但是如果是第三人保护规定,就没有必要保护恶意人。但是,梅谦次郎认为区分恶意与善意实际上非常困难。既然本人已经通知,就有必要保护第三人,等等。[306]

(4)之后的学说状况

与民法起草委员富井政章的意见不同,代理权授予行为论并没有在日本扎根。注释民法将这种观点视作为"异说"。"过去本条被视作向第三人意思表示的代理权

---

[304] 富井政章对第111条(现行《民法》第109条)的开头说明。参见《法典调查会民法议事速记录》(第一卷),第192行以下(电子版第198/266项以下);前载注[28],《法典调查会民法议事速记录》,第104页;高木丰三修正提案,同书,第114页;富井政章发言,同书,第114页。

富井政章赞同该修正案,如正文中所述,修改后的本条已不是规定代理权授予行为论的条文了。穗积陈重反对该修正案,而富井政章未见统一态度。

[305] 参见梅谦次郎发言,前引注书,第105页;梅谦次郎,前载注[29],《补正增补 民法要义 卷一 总则编》,第277页以下。

[306] 民法起草当时起草委员的意见对立以及之后学说,参见佐久间,前载注[301],《代理交易的保护法理》,第92页以下。

授予(松岗,理由242—244)。但是,梅谦次郎详细反驳了这一点(梅279—282)……中岛说(中岛:《表见代理论》,载《京法》5卷2号;《民法论文集》181)等其他多数学者也赞同梅博士的意见(富井500,鸠山452,穗积改订版385—386等),这点在主流体系书中已经非常明确。"其后,虽然不能说该说从此无人主张[907],但是将代理权授予行为或者第109条视作有权代理的观点,无论在学界还是实务界都失去了影响力。

(5)代理行为的相对人的主观要件

认为《民法》第109条是有权代理的学说失去影响力之后,民法实施后的主流学说认为第109条的法意在于第三人保护,即以无权代理人与法律行为相对人的保护为目的,至于什么范围上保护相对人则是另外一个问题。以下简单介绍这方面的学说史。

在初期,民法起草者梅谦次郎、冈松参太郎认为《民法》第109条的责任不以"相对人"的善意无过失为要件。既然第109条没有规定相对人的主观要件,就应当忠实于原文解释,民法典制定后的该观点是可以理解的。但是,其后,中岛玉吉、鸠山秀夫等人主张必须以善意为要件,再后,我妻荣等主张以善意无过失为要件,这也可以说是"今日之通说"。[908] 判例方面,也基本与学说一致。对于代理权授予表示的表见代理的证明责任,"《民法》第109条所言代理权授予表示人负责主张证明代理行为相对人的恶意或者过失,由此可以免除该条责任"。[909]

(6) 2004年民法修改

在2004年民法修改之际,对第109条进行了现代语化修改。在此基础上,增加了但书:"但是,第三人知道该他人未被授予代理权,或因过失而不知的,不在此限。"

这不过是吸收了上文(5)中通说与判例的观点罢了。另外,通过修改,表见代理的三个条文的规范内容就变得更加接近了。虽然修改也无可厚非,但是没有考虑到鸠山秀夫等主张的仅以无权代理的相对人的善意为要件的学说。这也是一个遗留的问题。

2. 代理权授予表示的表见代理的典型事例

上述内容介绍了《民法》第109条立法背景,可以说第109条没有维持起草阶段

---

[907] 参见于保不二雄编,前载注㉖,《注释民法(4)》,第100页以下(椿寿夫执笔部分)。

引用文中将富井政章也视作代理权授予行为论的反对者。富井政章虽然在法典调查会中对修正意见表达了赞同意见,但是在其后的体系书中,鉴于日本民法难以容下代理权授予行为论中的授权概念,《民法》109条的规定初看是单独行为的代理权授予行为,但是从文字以及前段规定看,这是第三人保护规定,因此转变了原先起草时的态度[参见富井政章:《民法原论》(第一卷),有斐阁1904年版,第421页以下]。所以,富井政章在立法论层面支持代理权授予行为论,这与梅谦次郎立场不同,但是在《民法》第109条的解释论上,两者立场一致。

[908] 关于学说变迁,参见于保不二雄编,前载注㉖,《注释民法(4)》,第117页以下(椿寿夫执笔部分)。最近的学说,参见伊藤进:《代理法理的探求》,日本评论社2011年版,第710页以下;佐久间,前载注[900],《代理交易的保护法理》,第93页以下。

[909] 最判1966年4月22日民集20卷4号,第752页。

的立法意图。

那么,第109条具体在哪些情况下适用? 仅从第109条的文字上看并不明朗。即便以判例和学说为前提,也难以理解第109条的适用范围。因此,下文以一个典型事例为中心,考察如何适用第109条,以及在民法修正案条文之时,考虑其所解决的纠纷类型。下面例举四个适用类型。

① 第一种是外形容忍型事例。在众多教科书以及体系书中,关于第109条经常例举东京地方法院福利部案件。[⑩] 在该案件中,第109条规定的本人没有"向第三人表示授予他人代理权",但是存在本人容忍授予代理权的外形,因而追究了本人的责任。这样的案例不在少数。[⑪] 教科书中,这种情形是作为第109条的典型事例来处理的。

② 第二种是空白委托书的情形,代理人在授权内容之外补充该委托书的,该补充的代理权适用第109条。但是,此时也满足第110条的要件,并不是所谓表见代理的重叠适用,而是同时满足第109条与第110条的要件。[⑫]

③ 第三种是第110条的委托书交付型或者第112条的委托书放置型。

这种情况同时适用《民法》第110条以及第112条,而不是所谓表见代理的重叠适用。在不少事例中,委托书的交付可以适用第109条。在通常的有权代理中,交付委托书之际,一般具体交代了授权的范围。在这种情况下,委托书中授予代理权范围极广,权限外表见代理的第110条与委托书中没有实际上授予代理权的第109条可能发生重叠,这就是委托书交付型纠纷。

另外,委托书中没有表明授权期间,授权结束后没有回收委托书的,可以主张《民法》第109条与第112条的重叠适用。这就是委托书放置型纠纷。[⑬]

④ 第四种作为事实行为,由于错误交付委托书的,根据《民法》第109条文义解释,当然也可以根据该条进行处理。

3. 代理权授予表示的两种类型——故意型与过失型

对于如何修改《民法》第109条,本民法修正案认为必须考虑到①至④四种情形下本人归责性的问题。

首先,对于① 东京地方法院福利部类型的案件,本人属于沉默的形式,并没有意图的故意,类似于刑法上的间接故意。另外,② 空白委托书的情形也属于故意。

[⑩] 参见最判1960年10月21日民集14卷12号,第2661页。
[⑪] 参见最判1966年5月17日最高法院判例集(民事)83号,第531页。
[⑫] 参见最判1970年7月28日民集24卷7号,第1203页(但是本案中与正文所述略有不同,即没有补充空白委任书的情况下进行了无权代理行为)。
[⑬] 比如说以代理权授予为目的的委托以及其他合同无效撤销问题中,对第三人的效力,现行民法是通过第93条以下的规定进行调整,而本民法修正案通过"新"第49条进行调整。因此,委托合同等法律行为的无效撤销对第三人的效力主要通过这些法律行为关系的规定进行规制。但是,在这些事例中如果存在交付委托书的情形,本人对于该委托书的存续负有责任,相对人可能得到保护。对于这种情况,现行民法是通过第109条规制,本民法修正案通过"新"第70条规制。

③ 对于委托书交付型与委托书放置型,前者没有在委托书中明确授权范围大多是情有可原的,所以大多情况下本人没有归责性。后者的情形比较多,本人对于放置委托书存在认识的属于故意,遗忘的则是过失,不知委托书持有相对人所在何处而不能回收的,则是无过失。④ 因错误的事实行为而发出委托书的,应当属于过失。[014]

综上,修改《民法》第 109 条只是大致可能将其分为故意型与过失型两种(下面无过失的情形称之为非故意型)。

4. 代理权授予表示的表见代理的特殊性——故意型表见代理的存在

不得不说"新"第 70 条规定的代理权授予表示的表见代理是三种表见代理中特殊的一种。无论是越权行为的表见代理,还是代理权消灭后的表见代理,本人一般没有预期发生这种表见代理。但是,代理权授予表示的表见代理中,本人大多意识到代理权授予表示的行为,如果存在认识,那么对于表见代理的发生就存在一定程度的预期。此时,如果本人存在故意,那么本人、无权代理人与法律行为相对人三者之间保护的平衡就应当大幅向相对人倾斜。

与此相对,非故意的代理权授予表见代理的当事人保护的平衡,则与越权行为的表见代理、代理权消灭后的表见代理并无重大差别。

5. 两种规范与规定顺序

那么,具体的规范内容又该如何考虑呢?

在本人认识到虽作出了代理权授予表示却未实际授予代理的情形,现行《民法》第 109 条但书规定的抗辩事由中,即使相对人"因过失而不知"未被授予代理权,也没有让本人免责的必要。

本人没有授予代理权却作出似乎授予的表示,是"自己作出违反真实的权利外观的人",就是"新"第 50 条第 1 款规定的利益状况。"新"第 50 条第 1 款规定"不得以该权利不存在而对抗善意第三人"。故意的代理权授予表示也不得对抗善意人,本人的抗辩内容应当仅限于恶意。

但是,相信授予代理权,过失签署委托书等故意之外的情形下,本人与相对人的要保护性与上述情形不同,与现行《民法》第 109 条但书一样,在与恶意、有过失的人的关系上,可以请求免责。

综上,第 109 条涵盖的纠纷类型中故意型与过失型是存在差异的,那么顺序上又当如何安排?代理权授予表示的表见代理分为本人故意与非故意两种情形,其中前者所占比例较大。因此,一般来说,纠纷数目较多的故意型规定在先,数目较少的非故意型规定在后。但是,本民法修正案没有采取这样的顺序,这是因为在一般的诉讼

---

[014] 虽然与注㉒有重复之嫌,但是必须指出的是,现行《民法》第 109 条表见代理中的故意包含两方面要素。一个是对代理权授予表示的认识,还有一个是对虽有授予表示但实际上没有授予代理权的认识。第 109 条中的表见代理中的主要问题是后者。④因错误签署委托书的,虽然认识到了签署委托书的第一要素,但是缺乏没有实际授予代理权的第二要素的认识。因此,④的事例是过失型而非故意型。

中,不到诉讼最后阶段根本不知是否存在"故意性"。

6. 诉讼的展开

那么,诉讼过程如何?下文以"新"第 70 条为前提,介绍诉讼的展开。

【诉讼的展开】

[请求]　　　相对人根据合同提出履行请求。
　　　　　　(基于代理行为的合同成立需要主张和证明:① 代理权的授予 + ② 显名 + ③ 意思表示一致三点)。
[否认]　　　本人可以否认相对人请求中的①"代理权的授予"的事实。
　　　　　　(一般,相对人在证明①"代理权的授予"之时,往往会通过委托书以及其他授予代理权的"表示"证明。在证明存在授予代理权的"表示"之时,往往会利用授予代理权"事实上的推定",本人"否认"的,大多需要通过一些间接反证事实加以证明。)
[预备请求]　相对人根据"新"第 70 条第 1 款正文存在"代理权授予表示"证明本人有责任。
　　　　　　(一般情况下,这种预备性主张的要件事实的内容就是前述[否认]中的"间接反证事实",所以相对人无须再证明其他内容。)
[再抗辩]　　相对人证明:成立①的抗辩时,不存在再抗辩事由;对②的抗辩,依照"新"第 70 条第 2 款主张并证明本人"知道表示人没有授予代理权的事实"。
[再再抗辩]　本人主张并证明在抗辩阶段尚未主张证明的相对人存在"新"第 70 条第 2 款的"恶意"。

从上可知,本人的故意性直到"再抗辩"的阶段才会成为焦点,在此之前的"抗辩"阶段,一般诉讼过程中,不问纠纷类型是故意型还是非故意型,而是看相对人是故意或者有过失。因此,我们决定先在第 1 款规定非故意型,然后第 2 款规定故意型。

7. 与过去讨论的关系

如上所述,"新"第 70 条第 1 款基本上沿袭了现行《民法》第 109 条,本民法修正案新设了"新"第 70 条第 2 款。本民法修正案修改的中心是导入代理权授予表示人知道没有授予代理权的规范内容。

上文介绍了现行《民法》第 109 条的起草过程与学说变迁史,本民法修正案"新"第 70 条第 1 款参考了我妻说的第 109 条,第 2 款则参考了仅以相对人的善意为免责事由的中岛、鸠山说。

代理权授予表示的表见代理分为故意型与非故意型,在此之前的学说过于专注于一方。因此,本民法修正案本文在第 1 款和第 2 款规定了上述两种情况。⑬

---

⑬【关于"代理权授予表示的表见代理"的讨论经过】
从私法学会提出案到国民有志案,"代理权授予表示的表见代理等"虽然在文字上作了若干修改,但是基本上沿袭了《民法》第 109 条的规定。
但是,其后川崎政司律师建议大幅修改该条文,而且如正文所述,考虑到静态安全与动态安全的平衡,将第三人保护的范围修改为善意无重大过失。代理权授予表示往往是本人存在故意,所以扩张第三人保护的观点未为不可(2013 年 10 月 27 日全体会议)。

(代理权授予表示的表见代理　过程草案　2013 年 10 月 27 日向全体会议提出的秘书处方案)
第 N 条　没有授予代理权,向第三人表示授予他人代理权的人,该他人作为第三人就无权代理行为,在表示的代理权范围内承担责任。但是,第三人不知道未授予其他人代理权或者因重大过失不知的,不在此限。

但是,在同一天的研究会上,矶村保教授提出,代理权授予表示中未必都是本人故意,应当分情况规定,并提出了下述草案:

(代理权授予表示的表见代理　过程草案　听取矶村保教授后的秘书处方案)
第 N 条　没有授予代理权的,向第三人表示授予他人代理权的人,该他人作为第三人就无权代理行为,在表示的代理权范围内承担责任。但是,下述情形不在此限。
(一) 对于表示授予他人代理权存在故意或过失,第三人知道未向他人授予代理权,或者因重大过失而不知道的;
(二) 对于表示授予他人代理权没有过失,且第三人知道他人没有被授予代理权,或者因过失而不知道。

其后,经过数次修改。上述方案中根据本人是否具有归责性分为两款规定。但是,本人承担责任的范围,作出代理权授予表示的,分为:① 本人存在故意的情形,与② 存在过失+无过失的情形。
一直到本民法修正案,我们都维持了这种二分法,但是对于如何规定这两种类型,草案条文还是经过了若干次修改。其中最大的问题是,本人的故意这种内心问题,相对人是很难证明的。因此,我们考虑了让本人证明没有故意的方案,但是"本人没有故意"的证明在要件事实上是难以确定的,所以我们起草了下述条文,确立了"本人没有故意"="本人存在过失或者无过失"。

(代理权授予表示的表见代理　过程草案　2013 年 12 月 25 日秘书处方案)
第 N 条　① 没有授予代理权,表示授予他人代理权的人(以下简称"表示人")就该他人(以下简称"表示上的代理人")实施的法律行为在表示的代理权范围内对相对人承担责任。但是,表示证明表示人存在过失或者即便没有过失存在授予代理权的主旨的,或者证明相对人知道代理权不存在的,不在此限。
② 表示人存在过失,或者即便没有过失存在授予代理权的表示的,表示上的代理人与法律行为的相对人证明不知未授予代理权,或者因过失而不知的,表示人负前款正文之责任。

在上述草案中,第 1 款规定相对人追究代理权授予表示人的责任,第 1 款但书规定在证明下述之一的情况下可以免责:① 自己没有故意(=自己是过失或者无过失),② 相对人存在恶意。
在此基础上,证明②相对人恶意的,就不能追究相对人其他责任。但是如果证明①成立的,还可以追究相对人第 2 款的责任。
条文的形式上,第 2 款没有采取与第 1 款但书相关联的方式规定,理由是在诉讼过程中,虽然下述方式是可能的:即根据第 1 款相对人请求→第 1 款但书①的抗辩→第 2 款的责任追究,但是还存在直接根据第 2 款相对人追究表示人责任的方式。
上述草案相当复杂,之所以如此规定是因为不让相对人承担证明表意人"故意"的责任。但是,条文本身难以理解,我们最终采纳了"新"第 70 条的草案(2014 年 3 月 7 日全体会议)。

四、表见代理规定的重叠适用

本民法修正案"新"第71条规定了"表见代理规定的重叠适用"。

学说和判例都认为民法中的三种表见代理可能重叠适用。但是,像民法那样只规定三种表见代理,重叠适用可能是反面解释也可能是类推解释。在没有重叠适用无法保护相对方的案件中,根据反面解释可能导致本人或表示授予代理权的人不承担责任。

因此,为了从法条上便可以看出表见代理的重叠适用,本民法修正案规定了表见代理重叠适用的四种情形,以及各自本人的责任。

"新"第71条第1款规定了代理权消灭后越权行为的表见代理。虽然有必要在条文上规定两者的重叠适用问题,但是如果规定为"前条所规定的无权代理行为",那么也包含前条中"表示的代理权的范围内"的部分,所以我们采用了"前条规定的代理权授予表示的无权代理行为"的表达。此时,本人得到保护的便是两种表见代理共同规定的相对人的"恶意过失"。⑯

"新"第71条第2款规定了代理权授予表示与越权行为的表见代理的重叠适用,第3款前半段规定代理权授予表示与代理权消灭后的表见代理的重叠适用,该款后半段规定了三种表见代理的重叠适用。

实际上,表见代理的重叠适用规定相当程度上考虑了要件事实。这方面全面解说有些过于繁琐,所以以较为简单的"新"第68条越权行为的表见代理与"新"第70条的代理权授予表示的表见代理为例,介绍诉讼的展开。⑰⑱

---

⑯ 由于两个规范的框架共通,证明责任上,相对人证明自己的"善意",本人证明相对人的"过失"。但是,对于"关于怎样"善意与过失则是另外一个问题。

⑰ "新"第68条与"新"第70条的表见代理的重叠适用的诉讼展开如下:

[请求] 相对人根据合同提出履行请求(具体来说主张证明:① 代理权的授予 + ② 显名 + ③ 意思表示一致三点)。

[否认] 本人以没有代理权为由否认①(否认的方式有两种可能:以超越权限的代理权为基础,以不存在该意思表示相对应的基本代理权为由否认;以代理权授予表示的表见代理为基础,全面否认代理权的存在。这里以后者为例)。

[预备性主张] 相对人主张证明虽然没有被授予代理权但是存在代理权授予的表示("新"第70条的表见代理)。

[抗辩] 本人主张证明"新"第70条第1款的相对人的恶意或者过失。

[预备性抗辩] 即便上述抗辩不成立,本人作为预备性抗辩可以主张超越代理权授予表示中的基本权限而实施了代理行为,成立无权代理。

[再抗辩] 相对人可以对上述预备性抗辩进行再抗辩,主张证明自己的善意。

[再再抗辩] 本人可以主张证明相对人的过失。

⑱ 【关于"表见代理的重叠适用"的讨论经过】

如前注㉓中(2)所述,表见代理的重叠适用的规定,将三个表见代理统一为一个条款即第1款,然后第2款规定重叠适用(2012年1月24日秘书处会议)。但是,川崎政司律师认为这不过是立法技术问题,提出了下述条文草案。具体来说,将重叠适用的四种情况分为四项规定,根据《民事诉讼法》可知(该法第3条之3、第5条、第6条第1款、第104条第3款、第107条第1款等),上段为标题,下段为内容的方式(参见第三部第

五、名义借贷人的责任

"新"第72条的"出借名义者的责任"是新设的条文。对于名义借贷,判例往往以《民法》第109条为依据追究名义借贷人的责任。[⑪] 该判例准用第109条,只有本人

二章以下)。

(表见代理规定的重叠适用　过程草案　2012年9月1日秘书处方案)
第N条　下述各项规定之人,他人与第三人之间各项规定的无权代理行为,证明该第三人是善意且无过失的,对该第三人承担责任。

(一)代理权消灭前赋予代理权之人	代理权消灭后超越该代理权范围的无权代理行为
(二)未授予代理权,对第三人表示授予他人代理权之人	超越表示上代理权范围的无权代理行为
(三)未授予代理权,对第三人表示授予他人代理权之人	超越表示上代理权消灭后的无权代理行为
(四)未授予代理权,对第三人表示授予他人代理权之人	超越表示上代理权消灭后超越表示上代理权范围的无权代理行为

但是,川崎政司律师还提出了如下疑问:上述草案采用"表示上的代理权"的用词是否合适,是否可以采用"表示上的代理权的消灭"的表达,代理权消灭后超越代理权范围的表现是否合适,上述草案是否通俗易懂(2012年9月19日全体会议)。

因此,我们提出了表见代理的重叠适用的草案,将重叠适用的四种情况分四款规定,第1款"代理权消灭后的越权行为的表见代理"、第2款"代理权授予表示的越权行为的表见代理"、第3款"代理权表示的代理权消灭后的表见代理"、第4款"代理权授予表示的代理权消灭后的越权行为的表见代理"的顺序规定(但是,下述草案大幅变更了上述草案中的免责事由范围。关于免责事由,参见本章前文所述)。

(表见代理的重叠适用　过程草案　2012年9月19日秘书处修正案)
第N条　①代理人的代理权消灭后超越代理权范围的无权代理行为,本人对善意的无权代理行为的相对人承担责任。但是,相对人不知代理权消灭以及超越代理权范围的,不在此限。
②未授予代理权,对第三人表示授予代理权的人,就他人超越代理权范围的无权代理行为向第三人承担责任。但是,第三人知道该他人未被授予代理权以及超越表示的代理权范围,或者因重大过失不知的,不在此限。
③未授予代理权,对第三人表示授予代理权的人,就他人代理权消灭后的无权代理行为向第三人承担责任。但是,第三人知道该他人未被授予代理权以及表示的代理权已经消灭,或者因重大过失不知的,不在此限。
④未授予代理权,对第三人表示授予代理权的人,就他人代理权范围消灭后超越表示代理权范围的无权代理行为向第三人承担责任。但是,第三人知道该他人未被授予代理权以及表示的代理权消灭以及超越表示代理权范围,或者因重大过失不知的,不在此限。

但是,即便上述草案在基本方向上没有问题,但是条文本身难以理解。因此,矶村保教授认为没有必要设置特别规则,可以由解释论解决。但是,这样也存在证明责任转换的问题(2012年9月19日全体会议)。

另外,上述2012年9月1日方案基本上将四种表见代理的重叠适用分为 A + B、B + C、A + C、A + B + C 的模式规定,进一步可以归纳为两种: A + (B、C、B + C) 和 B + C,所以另外的方案采取两项例举而非4项例举的方式。

其后,中野邦提出将表见代理的重叠适用精炼为两种情况,在2012年9月19日方案的基础上进一步简明化,并得到研究会的首肯(2013年10月27日全体会议)。这就是"新"第71条。

⑪　参见大判1941年12月6日大审院判决判决全集9辑,第3页。

对该交易承担责任,而没有追究名义借贷行为人的责任。

但是,与《商法》第 14 条、第 537 条一样,"新"第 72 条规定"姓名或名称"借贷人("名义借贷人的责任")与行为人承担连带责任。

此外,名义借贷人的免责事由限于相对人存在恶意或者重大过失的情形。挂名借贷意味着赋予他人信用,也意味着对他人存在好意,与无因管理人的主观样态相近。但是,如果无因管理人进行了无权代理行为,且本人没有追认的话,除了"新"第 66 条第 1 款相对人的恶意或重过失,需要承担责任。考虑到与此平衡性,除了与名义借用人交易的相对人存在恶意或者重过失的情形,名义借贷人也要承担责任。

《商法》第 14 条没有规定特别的免责事由,但是判例认为在相对人为恶意重过失的情况下名义借贷人可以免责⑳,所以"新"第 72 条与《商法》第 14 条就名义借贷事项保持了平衡。㉑㉒

---

⑳ 参见最判 1966 年 1 月 27 日民集 20 卷 1 号,第 111 页。

㉑ 《商法》第 14 条名义借贷的法律关系主体问题,有学者指出(参见神作裕之:《名义借贷责任的要件》,载《法学教室》1998 年 216 号,第 16 页):"名义借贷中,名义借用人具有发生法律效果的意思,因此不管是否发生错误的问题,一般来说第三人与名义借用人就是合同的当事人。"

基本上,"新"第 72 条将《商法》第 14 条等的观点一般化,法律关系的主体是名义借用人,名义借贷人在担保上承担连带责任。

㉒【关于借贷人的责任的讨论经过】

鹿野菜穗子教授提出了在无权代理的关系中规定"名义借贷人责任"的方案。最初设想是将其规定在"代理权授予表示的表见代理"的第 2 款(2007 年 3 月 18 日全体会议)。私法学会提出案到国民有志案一直沿袭了该方案,但是国民有志案公布之后,由于性质上的差异,将其放在表见代理的最后,并得到全体会议的通过(2013 年 10 月 27 日全体会议)。这就是"新"第 72 条。

在以上讨论过程中,关于法定代理的情形以及代为署名的无权代理的情形,是否可以适用表见代理的规定,讨论的结果是交由解释论解决,条文中不作规定。

"新"第 72 条名义借贷人责任的规定是以名义借用人是法律关系的主体为前提的。但是,矶村保教授认为这种观点可能存在承认"冒充"的嫌疑,名义借用人也没有履行请求权,因此名义借贷人是法律关系的主体,名义借用人在担保意义上承担连带责任。以此为基础,矶村保教授提出了下述方案:

(名义借贷人的责任 过程草案 2013 年 12 月 1 日矶村保方案)

第 N 条 ① 允许他人使用自己的姓名、名称或其他名义的人,就他人实施的法律行为承担本人的责任。

但是,法律行为的相对人知道名义借贷行为,或者因过失而不知的,不在此限。

② 前款情形下,使用他人名义的行为人对法律行为的相对人承担连带责任。

这样的规定与《商法》第 14 条关于名义借贷人的责任是不同的。关于这点,矶村保教授认为,《商法》第 14 条规定本身存在问题,在合同当事人的确定问题上,名义人作为当事人当然承担责任,实际上进行法律行为的名义使用人主张自己是合同当事人本身就是有问题的(2013 年 10 月 27 日全体会议,2013 年 12 月 1 日全体会议)。

当日研究会讨论的结果是,包含《商法》第 14 条,关于名义借贷的通说性理解采用上注中神作裕之文章所述内容,最终我们采纳了"新"第 72 条的草案。

第四款　无效及撤销

【前注】

一、规定的分节化

现行民法典第五章"法律行为"第四节"无效及撤销"只规定了 1 条无效,7 条撤销的内容。这里只是条文的并列,所以为了提高一览性,我们将条文分为第一目"无效"、第二目"撤销"。同时修改了规定的内容,关于无效有 3 个条文,关于撤销有 4 个条文。

二、无效的基本构造

现行民法关于无效的条文只有第 119 条一个,而且"无效的追认"(第 119 条)不过是无效的特殊情况。关于无效的规范原则,现行民法并没有规定。

因此,本民法修正案首先在无效一目的开头规定中设置了何为"无效"的原则规定,再规定了部分无效,从而提高了法律制度整体的透视性。其次,新设了一种无效的特别情况"无效法律行为的转换"的规定,其后规定了"无效法律行为的追认"。

三、撤销的基本构造

现行民法规定了 7 条撤销的内容,其中第 120 条、第 121 条规定了撤销权人与撤销的原则效果。但是,现行《民法》第 120 条第 1 款的内容有些模糊,所以现行民法关于"撤销原因"的规定并不明晰。

因此,本民法修正案在开头规定了"撤销"的原则性效果,例举所有的撤销权人,规定了撤销原因的整体,同时规定了撤销的意思表示的方法。其次,本民法修正案规定了"撤销权的行使期间""追认的撤销权的消灭""撤销权的消灭事由"。

第一目　无　　效

【条文案】

（无效）

第七十三条　法律行为无效时,不得依据该法律行为请求履行。

2　已根据无效的法律行为进行了给付的,可以根据第 N 条(基于所有权的物权请求权)或第 N 条(不当得利)的规定,请求返还该给付之物。

3　法律行为部分无效时,仅就该无效部分适用前二款的规定。

本条第 1 款:新增
　　第 2 款:新增
　　第 3 款:新增

> **(无效法律行为的转换)**
> 　　**第七十四条**　即使在某法律行为无效时,若其满足发生法律上与该法律行为的效果类似效果的其他法律行为的要件的,不影响其具有该其他法律行为的效力。

本条:新增

> **(无效法律行为的追认)**
> 　　**第七十五条**　无效法律行为(包括意思表示,以下在下一款及第三款中亦同)虽经追认也不发生效力。
> 　　2　尽管有前款规定,当事人明知该法律行为无效却进行追认的,视为作出新的法律行为。
> 　　3　在前款规定的情况下,当事人可通过合意,使新的法律行为的效力溯及至作出最初的法律行为时生效。但是,不得损害第三人的权利。

本条第 1 款:《民法》第 119 条(无效行为的追认)正文移修
　　第 2 款:《民法》第 119 条(无效行为的追认)但书移修
　　第 3 款正文:新增
　　　　　但书:新增

【修正理由】

一、法律行为的无效

　　如"前注"所述,现行民法典没有规定无效的原则性效果。
　　因此,本民法修正案在开头的"新"第 73 条规定,法律行为无效的,不发生任何效力。具体来说,分为以下两点。首先,"新"第 73 条第 1 款规定如果法律行为尚未履行,则不可再请求履行。其次,"新"第 73 条第 2 款规定了法律行为已经履行情况下的返还请求权。该条第 2 款是给付返还的根据,同时在条文上明确规定了物权请求权或者不当得利返还请求权。
　　虽然现行民法典没有规定,但是"新"第 73 条第 3 款规定了学说以及判例中存在的部分无效。[102]《德国民法典》第 139 条规定,法律行为部分无效的,如不能认可除去

---

[102] 日本关于部分无效的学说状况,参见山本敬三:《部分无效的判断构造(1)(2)——合同中法律效果确定过程的构造化》,载《法学论丛》1990 年 127 卷 4 号,第 20 页以下。

无效的部分,该法律行为仍然会被实施,则整个法律行为无效。这是以推定当事人的意思为基础的观点,也是毋庸置疑的规范内容。但是,新设的本民法修正案条文没有包含这些内容。

这是因为,日本部分无效中存在种种类型的情况,其中最为著名的是违反价格管制法规的情形。在有关价格管制的买卖合同中,虽然买卖合同本身是有效的,但是判例认为超过管制价格的价格约定是无效的。[24] 在这些事例中,当事人(至少是出卖人)并没有按照管制价格买卖的打算,所以按照超越管制价格的价格进行买卖。如果仅仅以推定的当事人意思的框架来考虑这个问题的话,当然都是全部无效的事例。[25] 日本的地方法院判例中,租赁合同缔结之后,违反地方条例最低租金的案例中,该租赁合同"原则上是全部无效,并不是说在有效的范围内就可以继续存在"[26],关于违反地租房租管制法规的案例,下级法院的判断各有不同。[27]

总结上述违反价格管制法规的判例与下级法院案例,日本的实务一方面要尊重公共价格促进流通的经济政策,另一方面也重视推定的当事人意思,基准未见统一。如此分析可知,德国法将部分无效限定为极其有限的范围,实在也是无奈之举。

因此,本民法修正案"新"第73条第3款没有规定部分无效的要件论,而只是规定了效果。

另外,关于与部分无效相关的是部分撤销与部分追认的问题,"几乎没有什么人讨论"[28],学说还处于不成熟的阶段,所以本民法修正案没有规定。[29][30]

---

[24] 战争中违反价格管制的西装买卖合同,参见大判1945年11月12日民集24卷,第115页。违反临时农地价格的农地买卖,参最判1956年5月18日民集10卷5号,第532页。因此,学说以及判例都认为:"价格管制的情形中,违反合同按照有效(部分无效)处理"(参见川井健:《无效的研究》,一粒社1979年版,第26页)。另外,有观点认为,判例的观点虽然得到当时学说的支持,但是其后学说是采取批判性态度的(参见大村敦志:《从合同法到消费者法》,东京大学出版社1999年版,第183页)。

[25] 关于这一点,矶村保教授提出,《德国民法典》第139条的文字并不是绝对性基准,在违反强制性规定的情况下,全部无效相反对强行规定所要保护的人是不利的,所以不应该认可法律行为的全部无效[Medicus, Allgemeiner Tell des BGB, 10. Aufl.(2010), S. 213]。

[26] 参见甲府地判1951年6月30日下民集2卷6号,第840页。

[27] 判例研究参见平野裕之:《部分无效》,载椿寿夫编:《法律行为无效的研究》,日本评论社2001年版,第193页。

[28] 参见道垣内弘人:《部分追认、部分撤销》,载星野古稀:《日本民法学的形成与课题》(上),有斐阁1996年版,第295页。

[29] 在一个支持部分撤销的判例中,存在两种目的物的买卖合同,部分撤销一方目的物的买卖合同,认为存在可分性(大判1923年6月7日民集2卷,第385页)。解释论上同样可以得出相同的结论,所以没有必要特别规定。

[30] 【关于无效的开头规定的讨论经过】
在民法改研究会的初期,秘书处提出了无效的开头规定草案(2007年2月18日总则分会)。无效的原则性效果是:① 基于无效的法律行为不得请求履行;② 返还既已履行的给付。

矶村保教授还提出了部分无效的草案(2007年8月5日总则分会。矶村保方案包括下述各项内容:① 错误的效果为撤销,将欠缺意思能力条文化,效果为撤销;② 广义的"无效"存在许多变种,在多大范围内容加入这方面的内容? ③ 法律行为部分无效的情形下,是否导致法律行为全部无效?是否应当规定部分无效? ④ 是否有必要设置关于无效行为转换的规定? ⑤ 是否有必要设置逃脱行为的禁止规定? ⑥ 如何规定

二、无效法律行为的转换

本民法修正案在"新"第74条新设了"无效法律行为的转换"。学说上认为"无效法律行为的转换"指的是:"意思表示没有发生当事人希望发生的法律效果的情况下,该行为具备发生其他法律效果的要件。"[632]日本学说的多数说承认无效行为的转换[633],下述判例的态度亦是如此。考虑到这一点,本民法修正案明文规定了无效法律行为的转换。

虽然总则中没有相关条款,但是《民法》在遗言第971条规定,以密封证书订立的遗嘱,即便欠缺前条规定的方式,但只要具备了亲笔证书的形式,则具有作为自书证书遗嘱的效力。这就是民法明文认可无效行为转换的例子。

举个适用"新"第74条的具体例子,假设缔结了地上权设定合同,使用目的不是"工作物,或者所有的竹木"。此时,不符合《民法》第265条的要件,根据《民法》第175条物权法定主义的规定,地上权设定合同本身是无效的,但是多数认为存在利用土地的合意,由于符合土地租赁合同的要件,所以根据"新"第74条,具有租赁合同的效力。

只要不妨碍交易安全,转换非要式行为一般没有多大问题。但是,如果转换为要式行为,则需要考虑要求形式的法律宗旨以及当事人的意图,谨慎判断。

学说上对要式行为分为两类:① 不认可"以具备一定的方式本身为目的的"转换,但是②认可"为了确保确定的意思表示而要求方式"的转换。票据行为就是①,《民法》第971条从秘密证书遗言转换为自书证书遗嘱就是②。[633]

判例中,父与妾所生子女,以父与妻所生嫡出子身份登记户籍,认可该登记的认领效力。[634] 这便是肯定了②的宗旨。但是,考虑到所谓"芦苇上的养子",我们并不能断言判例全面认可②的宗旨。

由于判例的立场还不稳定,本民法修正案将无效行为的转换规定为不妨碍其作

撤销权的期间限制?撤销权本身的期间限制与因撤销发生的返还请求权的期间限制到底是什么关系?⑦ 如何考虑无效的主张乃至无效的效果而发生的返还请求权的期间限制? ⑧ 如何评价抗辩权的永久性的观点?)。

接受矶村保教授上述追加部分无效的建议,私法学会提案以及法曹会提案都规定了三款组成的条文草案(国民有志案中追加了无效行为转换的第4款。出于叙述方便,放在注[633]【关于无效法律行为的转换的讨论经过】)。

国民有志案公布之后,秘书处整理条文之际,还探讨了在开头规定中不仅有无效的效果,还应当规定何为无效的原则性内容,在作为无效开头规定的《国民有志案》第79条第1款加上"法律行为无效的,根据第N条(法律行为,对应'新'第39条)作出的意思表示内容不发生效力"的内容(2012年2月4日秘书会议)。因此,在某段时期,开头规定由四款构成。但是,研究会认为这是不言自明的内容,所以无须在民法中规定,最后删除了上述内容(2012年8月5日全体会议)。这就是本民法修正案的内容。

[632] 我妻荣,前载注㉕,《新订民法总则》(民法讲义Ⅰ),第391页。
[633] 参见于保不二雄编,前载注㉟,《注释民法(4)》,第240页(奥田昌道执笔部分)。
[633] 参见山本,前载注㉖,《民法讲义Ⅰ》(第三版),第326页。
[634] 参见大判1926年10月11日民集5卷,第703页。

为其他法律行为而有效,可能根据不同的情况得出不同的结论。[133]

三、无效法律行为的追认

"新"第 75 条第 1 款基本上沿袭了《民法》第 119 条正文,第 2 款沿袭了《民法》第 119 条但书,两者都稍微修改了用语表达。

但是,现行《民法》第 119 条规定了"无效行为"的追认,而"新"第 75 条第 1 款用了"无效法律行为"的追认的表达,所以也就是说明确规定了作为法律行为要素的"意思表示"。这是因为有必要明确规定,合同的要约存在无效事由,相对人没有作出承诺的意思表示之前,该无效的合同要约可以追认。

另外,在"新"第 75 条第 2 款视为"作出新的法律行为"的情况下,当初存在的瑕疵(比如违反公序良俗、强制性规定导致的无效等)没有"治愈"的情况下,新的法律行为也无效。法律解释可以得出相同的结论,所以无须特别规定。

"新"第 75 条第 1 款与第 2 款基本沿袭了现行民法的规定,与此相对,"新"第 75 条第 3 款是新设规定,规定追溯当事人之间的合意可以成立新的法律行为。这一点也考虑了串通虚假表示("新"第 44 条)或者真意保留("新"第 43 条)导致无效,当事人请求溯及效力的情况。但是该溯及效力不应当影响受让人等第三人,所以在但书中规定不得损害第三人的内容。[134]

---

[133] 【关于无效法律行为的转换的讨论经过】

在民法改正研究会上,矶村保教授提出了如何处理无效行为转换的问题(2007 年 8 月 5 日总则分会),但是并没有条文化。法曹提交案公布之后,小町谷育子律师提出,如果规定部分无效的话,也应当规定无效行为转换,这样可以提高无效制度整体的透明性(2009 年 7 月 21 日市民法研究会)。小町律师建议在《民法》第 971 条之上加上"无效法律行为的转换"一语,并建议:"密封证书的遗嘱,即便违反前条规定的方式,具备第 968 条的方式的,无效法律行为的转换,具有作为自书证书遗言的效力")。

受此启发,国民有志案在部分无效的第 4 款规定了下述内容:

(无效 过程草案 国民有志案)

第七十九条 ④ 某法律行为无效,满足其他类似法律效果的其他法律行为要件,发生其他法律行为的效力(以下称之为"法律行为的转换")。

本民法修正案认为,"无效法律行为的转换"无论是判例还是学理上都是普遍使用的概念,有必要在法典中规定。

但是,国民有志案公布之后,川崎政司律师从立法技术的角度出发,认为这样规定较为牵强,比起《民法》第 971 条重复该用语,不如在另外的条文中规定"无效法律行为的转换"更为自然(2010 年 8 月 16 日意见书)。因此,最终我们在独立的条文"新"第 74 条中规定了"无效法律行为的转换"。

另外,上文中介绍了要式行为转换的各种观点,但是在研究会的讨论过程中,从否定要式行为转换的立场出发,尝试在本条中加入下列但书内容:"但法律行为需要一定形式(下称'要式行为')的,不在此限"(2012 年 2 月 5 日秘书处会议)。但是由于正文中所述理由,删除了该内容。

[134] 【关于无效法律行为的追认的讨论经过】

实际上,关于无效法律行为追认是否发生效力,根据无效原因的不同而不同。在条文制定过程中,我们曾经构想了非常详细的条文草案,但是如果个别规定相反可以导致法律规范整体缺乏透明性,所以没有采用按照无效原因分别规定的方式。

关于"无效法律行为的追认",秘书处最初提出沿袭现行《民法》第 119 条(2007 年 3 月 4 日、5 日总则分

第二目　撤　销

【条文案】

> **（撤销）**
> **第七十六条**　当法律行为[包括意思表示,以下在本目(第三款及第七十八条[撤销权的消灭事由]除外)中亦同]被撤销时,视为该法律行为溯及至该行为作出时无效。
> 2　撤销法律行为的意思表示可以由以下可行使撤销权的人(下一条第一款中

会)。与此相对,矶村保提出将现行《民法》第119条正文,但书分别规定在第1款与第2款,鹿野菜穗子教授方案则按照无效原因进行规定(2007年3月18日全体会议)。

(无效行为的追认　过程草案　2007年3月18日鹿野方案)
第 N 条　①　对于心里保留及虚假表示的无效行为,当事人知道无效并追认的,除非存在特别的意思表示,否则溯及行为时发生其效力。但是不得损害第三人权利。
　　②　(第一方案)违反公共秩序规定的无效行为即便追认也不发生效力。
　　③　(第二方案)除了前款规定的情形,无效行为即使追认亦不发生效力。

关于该草案的理由,鹿野教授认为,心里保留、虚假表示等私益性无效的情况下具有溯及性追认(对于错误与意思能力,鹿野教授认为,如果错误的效果是撤销而不是无效的话,在这个限度内,不会发生无效的溯及追认的问题。另外,意思能力的无效也应该规定)。

关于如何规定无效原因,鹿野教授提出,应该探讨是否规定法定追认相当的内容。

其后,按照鹿野教授方案的方向性,向私法学会提出了下述方案。

(无效法律行为的追认　过程草案　私法学会提出案)
第七十七条　①　(私法学会提出案)违反第五十条(强制规定与公序良俗),除非无效原因消除,无效法律行为即便追认亦不发生效力。
　　②　无效法律行为符合以下情形的追认,除非存在特别的意思表示,视作新的法律行为。但是,溯及该法律行为时产生的效力不得损害第三人的权利。
　　　（一）欠缺意思能力的无效行为的,恢复意思能力的当事人知道该法律行为的内容,且知道无效并追认之时*。
　　　（二）心里保留的无效法律行为的,心里保留的当事人知道无效并追认的,最初的法律行为之时。
　　　（三）虚假表示的法律行为的,为了法律行为的全部当事人表示的行为有效,追认虚假表示之时。

＊该私法学会提出案中,欠缺意思能力导致法律行为无效(第8条),最终的草案"新"第8条(意思能力的欠缺)的效果则是撤销,因此这里提及了无效法律行为的追认。

其后,虽然我们分别探讨了每个无效原因,但是在国民有志案公布之前的秘书处会议上提出,这样规定过于详细,导致基本原则却难以理解,所以建议像现行民法以及最初方案那样,只规定基本原则(2009年9月16日秘书处会议),并得到全体会议的首肯(2009年9月27日全体会议)。结果,《国民有志案》第80条继承了现行《民法》第119条的内容。

其后,在探讨本民法修正案最终草案之际,有意见指出应当规定不得损害第三人的权利(2012年2月5日秘书处会议)。"新"第75条后半段规定了该内容,后来成为"新"第75条第3款但书(2014年3月2日秘书处会议),并得到全体会议首肯(2014年3月7日全体会议)。

称为"撤销权人")及其承继人作出。
  (一)第八条(意思能力的欠缺)规定的撤销权;
  (二)第十条(未成年人)第三款规定的撤销权;
  (三)第十四条(被监护人的法律行为等)第一款规定的撤销权;
  (四)第十七条(被保佐人的法律行为等)第四款规定的撤销权;
  (五)第二十条(被辅助人的法律行为等)第三款规定的撤销权;
  (六)第四十五条(错误)规定的撤销权;
  (七)第四十六条(不真实表示及信息的不提供)规定的撤销权;
  (八)第四十七条(欺诈)规定的撤销权;
  (九)第四十八条(胁迫)规定的撤销。
  3 尽管有第七十三条(无效)第二款的规定,当因行使前款第一项至第五项的撤销权而撤销法律行为的,意思能力欠缺者以及限制行为能力人仅以现存的由该法律行为获取的利益为限,承担返还义务。
  4 可撤销的法律行为的相对人确定时,撤销法律行为的意思表示应对该相对人作出。

本条第 1 款:《民法》第 121 条(撤销的效果)正文移修
  第 2 款主文:新增[参照《民法》第 120 条(撤销权人)第 1 款、第 2 款]
    第 1 项:新增
    第 2 项:《民法》第 120 条(撤销权人)第 1 款移修
    第 3 项:《民法》第 120 条(撤销权人)第 1 款移修
    第 4 项:《民法》第 120 条(撤销权人)第 1 款移修
    第 5 项:《民法》第 120 条(撤销权人)第 1 款移修
    第 6 项:新增
    第 7 项:新增
    第 8 项:《民法》第 120 条(撤销权人)第 2 款移修
    第 9 项:《民法》第 120 条(撤销权人)第 2 款移修
  第 3 款:《民法》第 121 条(撤销的效果)但书移修
  第 4 款:《民法》第 123 条(撤销及追认的方法)移修

(因追认引起的撤销权的消灭)
  第七十七条 撤销权在撤销权人或其承继人追认可撤销的法律行为时消灭。
  2 前款规定的追认若不在导致撤销的事由消灭后进行,则不发生效力。但是,意思能力欠缺者或被监护人进行的追认即使在导致撤销的事由消灭后作出,若上述人员不知该法律行为的内容的,则不发生效力。

3　前款规定在法定代理人或保佐人或辅助人追认时不适用。
4　可撤销的法律行为的相对人确定时,追认的意思表示应对该相对人作出。

本条第 1 款:《民法》第 122 条(对可撤销行为的追认)正文移修
　　第 2 款正文:《民法》第 124 条(追认的要件)第 1 款移修
　　　　　但书:《民法》第 124 条(追认的要件)第 2 款移修
　　第 3 款:《民法》第 124 条(追认的要件)第 3 款移修
　　第 4 款:《民法》第 123 条(撤销及追认的方法)移修

(撤销权的消灭事由)
　　第七十八条　自前条规定的可追认时起,可撤销的法律行为发生以下事实的,撤销权消灭。
　　(一) 请求履行;
　　(二) 通过可撤销的法律行为获得的全部或部分权利被转让;
　　(三) 全部或部分履行或相对人接受履行;
　　(四) 具有设定担保权或用益权的合意;
　　(五) 缔结更改合同;
　　(六) 强制执行。
　　2　在实施与同款各项规定的事实相关的行为时,若保留将来的撤销权的,不适用前款的规定。

本条第 1 款主文:《民法》第 125 条(法定追认)正文移修
　　　　第 1 项:《民法》第 125 条(法定追认)第 2 项移动
　　　　第 2 项:《民法》第 125 条(法定追认)第 5 项移修
　　　　第 3 项:《民法》第 125 条(法定追认)第 1 项移修
　　　　第 4 项:《民法》第 125 条(法定追认)第 4 项修改
　　　　第 5 项:《民法》第 125 条(法定追认)第 3 项移修
　　　　第 6 项:同《民法》第 125 条(法定追认)第 6 项
　　第 2 款:《民法》第 125 条(法定追认)但书移修

(撤销权的行使期间)
　　第七十九条　撤销权自可追认时起二年内不行使即消灭。自法律行为发生十年后亦同。
　　2　根据前款规定,限制行为能力人的法定代理人或无代理权的保佐人或辅助人的撤销权消灭的,限制行为能力人的撤销权也消灭。

本条第 1 款前段:对《民法》第 126 条(对撤销权期间的限制)前段的修改
　　　　后段:对《民法》第 126 条(对撤销权期间的限制)后段的修改
　　第 2 款:新增

【修正理由】

一、撤销的开头规定

1. 开头规定的整体构造

"新"第 76 条第 1 款规定"撤销的效果",第 2 款规定了"撤销权人",第 3 款规定了返还义务中"欠缺意思能力与限制行为能力人的特别规则",第 4 款为"撤销的方法"。

与现行民法相比,"新"第 76 条第 1、2、3、4 款分别沿袭了现行《民法》第 121 条正文、第 120 条、第 121 条但书、第 123 条的规定,但是都在用语上进行了大幅修改,同时新设了部分规定。

关于规定顺序的变更理由,现行民法撤销开头规定的第 120 条规定了撤销权人,第 121 条正文规定了撤销的效果,所以在看到撤销的开头规定之时,并不明白何为撤销。因此,本民法修正案反转了顺序,在撤销的开头规定"新"第 76 条第 1 款首先明确了何为撤销,然后规定撤销的效果。在此基础上,规定与此相关的第 3 款与第 4 款。

如上所述,本民法修正案将上述现行民法的三个条文中规定的"撤销的效果、撤销权人、限制行为能力人等特别规则、撤销的方法"通过一个条文整合加以规定。与无效的开头规定一样,撤销的开头规定首先明确了何为撤销。

2. 撤销的效果

"新"第 76 条第 1 款将现行《民法》第 121 条"撤销的行为视为自始无效"的用语改为"当法律行为[包括意思表示,以下在本目(第三款及第七十八条[撤销权的消灭事由]除外)中亦同]被撤销时,视为该法律行为溯及至该行为作出时无效"。规范内容虽然没有发生变化,但是法律效果更加直接明了。

3. 撤销权人

(1) 撤销原因、撤销权人的列举

现行民法在"行为能力"一节第 5 条之下规定了限制行为能力的撤销,第 96 条规定了欺诈、胁迫的撤销。这里只不过规定了"撤销"的效果,条文中并不能看出谁是撤销权人。只有将规定撤销原因的上述条文与《民法》第 120 条放在一起才能理解撤销权人的构造。现行民法分开规定撤销的要件及效果与撤销权人的构造给读者理解带来困难。

因此,本民法修正案决定明确规定撤销权的要件以及谁为撤销权人的内容。与此同时，与现行《民法》第 120 条对应的"新"第 76 条第 2 款作为引致规定，可以纵览所有的撤销权人规定，提高撤销制度整体的透视性。

当然，这不过是引致规定，也可以考虑第二目"撤销"中不规定"撤销权人"的内容。但是，这样就有必要在追认的规定中列举追认权人。基于此以及下述（2）中"承继人"的问题，所以决定在"新"第 76 条第 2 款中各项列举撤销原因与撤销权人。即便还有规定重复的嫌疑，但是这样规定更有利于民法典读者把握撤销的整体。㊿

（2）承继人

如上所述，现行民法关于个别的撤销原因（比如《民法》第 5 条）与撤销权人的规

㊿【关于撤销的开头规定的讨论经过】
（1）开头规定
现行民法关于撤销的规定包括开头第 120 条规定撤销权人，第 121 条规定撤销的效果。但是，民法改正研究会认为应当在各项撤销事由中规定撤销权人，所以没有必要继承现行《民法》第 120 条的规定。除此之外，还有继承现行民法的鹿野菜穗子方案，在撤销规定中提及不当得利规定的矶村保方案，这些方案都没有成为民法改正研究会的方案。最初，我们删除了现行《民法》第 120 条（2007 年 3 月 18 日全体会议）。

其后，对于《民法》第 121 条"视为自始无效"的用语，秘书处对该规范内容"视为"的用语提出了质疑，将其修改为"自始无效"（2008 年 8 月 16 日全体会议）。下面介绍私法学会提出案：

（撤销 过程草案 私法学会提出案）
第七十八条 ① 法律行为被撤销的，该法律行为自始无效。
② 尽管有前款及（私法学会提出案）第七十六条（无效）第二款的规定，但限制行为能力人仅以现存利益为限负返还义务。

（2）撤销权人的各项列举
法曹提案继承了上述规定内容。如（1）中所述，撤销中不规定撤销权人，结果是《法曹提交案》第 80 条追认的条文中不得不列举追认权人。理由是，在各种撤销权中规定撤销权人，但是在这些条文中不提及追认权人，所以有必要明确规定撤销权。

但是，学生在阅读法曹提案之时，感到列举追认权人的《法曹提交案》第 80 条的规定方式难以理解。因此，我们修改了在撤销规定中不规定撤销权人的方针，在国民有志案撤销的开头规定第 2 款中设置了撤销权人的引致规定，在追认的条文中规定"前条第二款追认权人追认之时"，这就是《国民有志案》第 81 条第 2 款。在此基础上，改变了单纯列举撤销权人的形式，改为在第 2 款列举（2011 年 7 月 26 日秘书处会议），其后民法改正研究会采纳了该方案（2012 年 8 月 16 日全体会议）。

（3）撤销权人 4 款构成
法曹提交案公布之后，在向刚设立的市民法研究会、企业法务研究会提出草案的阶段，关于追认，现行《民法》有第 122 条、第 123 条、第 124 条 3 个条文，法曹提交案建议将 3 个条文统一为一个条文，确保透视性。

与此同时，建议在撤销开头规定的第 2 款中设置撤销权人的引致规定。私法学会提出案以及法曹提交案将第 2 款关于限制行为能力人的返还义务范围缩减的规定放到第 3 款中。如此规定位置变更之后，缩减返还义务范围的对象除了限制行为能力人之外，还有建议加入欠缺意思能力人。

体系上整理好撤销与追认的规定之后，改变了《民法》第 123 条以及《法曹提交案》第 81 条"撤销以及追认的方法"这样混合规定的方式，二分为"撤销的方法"与"追认的方法"，各自定位为撤销与追认规定的一部分，其中"撤销的方法"放在第 4 款中规定。

以上三点建议（于 2009 年 1 月 12 日秘书处会议）得到全体会议的认可（2009 年 8 月 20 日全体会议），就成为国民有志案的草案。

对于国民有志案草案，川崎政司律师从立法技术角度进行了若干修改（2010 年 8 月 12 日交付修正案），然后经过全体会议的若干次讨论，就成为本民法修正案"新"第 76 条的最终草案（2012 年 9 月 19 日全体会议）。

定(《民法》第 120 条)是分离的,第 120 条规定了撤销权人为限制行为能力人、有瑕疵的意思表示人,以及"承继人"。

与此相对,本民法修正案在个别的撤销原因中明确规定了撤销权人,但是规定"承继人"是不自然的,所以作为引致规定的"新"第 76 条第 2 款规定了包含"承继人"在内的撤销权人。

学说认为,"承继人"包含概括承继人以及特定承继人,所以概括承继人当然享有撤销权。作为特定承继人,受让事业的人当然也包括在内。"新"第 76 条第 2 款的"承继人"基本上是按照上述思路规定的,还有一些特殊事例存在,参见注释。⑱

(3) 代理人

现行《民法》第 120 条第 2 款规定了"作出有瑕疵的意思表示者或其代理人或承继人"为撤销权人,这里提及了"代理人"。

但是,正如学说所言,"撤销是一种意思表示,所以原则上讲代理人当然可以作出撤销"⑲,所以本民法修正案删除了"代理人"一词。

(4) 欠缺意思能力人与限制行为能力人的特别规则

"新"第 76 条第 3 款继承了现行《民法》第 121 条但书。现行《民法》在第 121 条(撤销的效果)与第 703 条(不当得利)规定了既存利益的返还,虽然都是"既存利益",但是用词上并不见统一(第 121 条是"以目前得到的利益为限",第 703 条规定为"以存在该利益为限")。

因此,本民法修正案统一了"新"第 76 条第 3 款与债权编中不当得利的条款用语(《国民有志案修正案原案》第 653 条第 2 款第 1 项),统一规定为"以目前所存利益为限"。

另外,与现行民法不同,本民法修正案在"新"第 8 条规定了欠缺意思能力,所以"新"第 76 条第 3 款也提及了这一点。⑳

---

⑱ 鸠山说中还例举了一个事例,土地所有人被欺诈后设定了地上权,其后该土地转让给他人(参见鸠山秀夫:《法律行为乃至时效》,严松堂 1912 年版,第 406 页)。讨论虽然并没有错,但是这样的理解并不能普遍化,这是因为一般的问题与租赁权的问题应该区别对待。讨论上,撤销权原则是不转移的,例外租赁权的情况下地位是可以转让的,地上权的情况也可以类推。讨论多少有些复杂,简略介绍如下。

包含转让所有权在内,物权只要经过公告便具有绝对效力。因此,物权的取得人被欺诈后取得该物权的,其后的受让人即便取得物权本身,并不当然承继没有公告的前主的撤销权。撤销权的承继以转让标的物之际合同中明确表明连撤销权也转让为前提。

上段说到一般框架与租赁权、地上权等问题的不同,租赁标的物的所有人转让标的物之时,根据状态债务论等,租赁人的地位也可以转让。此时,受让土地的人继承解除权等形成权。《借地借家法》等法律中并不区别土地租赁权与地上权,所以地上权与租赁权可以同样思考。另外,《借地借家法》不能适用的租赁权、地上权不能适用上述观点多少也有些突兀感,所以可以如此考虑。鸠山说虽然有其正当性,但是该例子也不过是脱离一般框架的特殊事例而已。

⑲ 我妻荣,前载注㉕,《新订民法总则》(民法讲义Ⅰ),第 394 页。

⑳ 另外,按照川崎政司律师的建议,"新"第 76 条第 3 款修改了《国民有志案》第 81 条第 4 款的用语。

(5) 撤销的方法

"新"第 76 条第 4 款继承了现行《民法》第 123 条的内容。

现行民法关于撤销与追认的顺序规定为:① 撤销(第 120 条、第 121 条);② 追认(第 122 条);③ 撤销以及追认的方法(第 123 条);④ 追认(第 124 条、第 125 条);⑤ 撤销权的期间限制(第 128 条),缺乏规定的规则性。因此,本民法修正案的顺序为:① 撤销("新"第 76 条);② 追认("新"第 77 条);③ 撤销权的消灭事由("新"第 78 条);④ 撤销权的行使期间("新"第 76 条,起算点为追认可能之时)。这样现行《民法》第 123 条的内容分别规定在撤销与追认的"新"第 76 条第 4 款与"新"第 77 条第 4 款中。

另外,在本民法修正案中,"新"第 42 条题为"意思表示及其效力",该条第 1 款各项中分别规定"存在相对人的意思表示""没有相对人的意思表示""相对人不明确或者其所在不明情形下基于公示作出的意思表示",第 1 项规定:"存在相对人的意思表示"。这里以向相对人作出意思表示为前提。"新"第 76 条第 4 款有重复"新"第 42 条之嫌。但是,"新"第 76 条第 1 款规定了撤销的意思表示的溯及效力,以及"新"第 42 条第 1 款第 1 项到达主义的例外,所以综合该条第 1 款与第 4 款的规定,存在相对人的撤销意思表示是"新"第 42 条第 1 款第 1 项的例外。

二、追认致使撤销权消灭

"新"第 77 条合并删除了法定追认之外的现行民法中关于追认关系的 3 个条文,并在用词上进行了部分修改。

具体来说,"新"第 77 条第 1 款将现行《民法》第 122 条正文"此后不能再行撤销"修改为"撤销权在撤销权人或其承继人追认可撤销的法律行为时消灭",明确了撤销权的消灭。本民法修正案删除了现行《民法》第 122 条的但书。学说上认为"但书并没有适用的余地"㉞,并且"第三者是否取得权利可以通过对抗问题解决"。㉞㉞

"新"第 77 条第 2 款合并了现行《民法》第 124 条第 1 款和第 2 款,分为正文与但书两部分。而且"新"第 77 条第 2 款还加入了现行民法没有规定的欠缺意思能力的相关规定。

㉞ 参见我妻荣,前载注㉕,《新订民法总则》(民法讲义Ⅰ),第 401 页。
㉞ 我妻荣,前载注㉕,《新订民法总则》(民法讲义Ⅰ),第 329 页。
㉞ 关于该但书的机能,民法起草者梅谦次郎博士提到了保证的例子(参见梅谦次郎,前载注㉙,《补正增补 民法要义 卷一 总则编》,第 316 页)。以此为前提,主要债务被撤销的情况下,如果存在善意保证人的话,主要债务人以及保证人都享有撤销权。只是,主要债务人追认的,如果存在但书的话,保证人不会失去撤销权,如果删除但书,本人追认的话保证人就失去了撤销权。
但是,最近的学说认为,主要债务有撤销权的,保证人不能援用撤销权,而仅仅享有履行拒绝权[参见我妻荣:《民法讲义Ⅳ 债权总论》,岩波书店 1964 年版,第 483 页以下;奥田昌道:《债权总论》(增补版),悠悠社1992 年版,第 397 页以下]。因此,主要债务人如果可以追认的话,保证人就丧失了履行拒绝权。本民法修正案与最近的学说采取相同观点,删除了现行《民法》第 122 条但书。

"新"第77条第3款也沿袭了现行《民法》第124条第3款的规定,第4款参见一之5中关于"新"第76条第4款的阐述。⑭

三、撤销权的消灭事由

1. 从"法定追认"到"撤销权的消灭事由"

现行《民法》第125条的标题为"法定追认",但是该条列举的事由中,推定为撤销权人追认意思的行为,即所谓"追认的推定",也包括像相对人的行为引起的"法定追认"等与撤销权人的意思没有关系的存在。⑮ 考虑到同时存在"追认的推定"的属性与"法定追认"的属性,"新"第78条标题定为"撤销权的消灭事由"。

2. 各项的内容与现行民法的异同

"新"第78条第1款主文沿袭了现行《民法》第125条主文之正文的规定,与"新"第77条第1款一样,将"视为已经追认"修改为"撤销权消灭"。在追加一定事由的基础上,修改了该款各项的规定顺序。

首先,关于追加事由,"新"第78条第1款第1项、第2项及第6项与现行民法一致,第3项在现行《民法》第125条第1项"全部或部分履行"之上附加了"相对人接受履行"。理由是,通说和判例⑯认为撤销权人作为债权人即便受领了相对人的履行也是法定追认(撤销权的消灭事由),所以我们决定在条文上明确规定通说和判例的

---

⑭ 【关于"追认导致撤销权的消灭"的讨论经过】
私法学会提出案以及法曹提交案都继承了现行民法关于追认的规定(修改了部分用词)。但是,之后出于叙述上的方便,如注⑳【关于撤销的开头规定的讨论经过】(3)所述,统一了追认关系的规定,形成了下述国民有志案:

(可撤销的法律行为的追认 过程草案 国民有志案修正案)
第八十三条　① 可撤销的法律行为在第八十一条第二款规定的撤销权人追认之后不得撤销。
② 可撤销法律行为的相对人确定之后,追认必须向相对人作出意思表示。
③ 除非撤销原因消灭之后,否则第一款的追认不发生效力。
④ 即便成为完全行为能力人之后,除非在知道该法律行为的内容之后,否则限制行为能力人的追认不发生效力。
⑤ 法定代理人或者限制行为能力人的保佐人或辅助人追认的,不适用前款规定。

川崎政司律师从立法技术的角度对上述国民有志案进行了文字修改(2010年8月12日修改)。其后,在秘书处会议上,为了撤销权行使期间限制与撤销权的消灭构成保持平衡,从撤销权的消灭构成角度全面修改了追认以及法定追认。因此,国民有志案追认规定的5款构成,一部分统一,一部分删除,变为3款构成(2012年2月5日秘书处会议)。经过全体会议的若干次讨论以及文字上的轻微修改,最终成为本民法修正案的内容(2012年9月19日全体会议)。

⑮ 最近的研究指出,民法起草者梅谦次郎、富井政章认为本条是默认的追认,鸠山对此提出批判,认为是"法定追认"。在2004年民法现代语化修改之际,才变成本条的标题(参见大村,前载注④,《民法解读 总则编》,第428页以下)。

⑯ 参见我妻荣,前载注⑤,《民法总则》,第401页;于保不二雄编,前载注㉓,《注释民法(4)》,第289页(奥田昌道执笔部分)。大判1933年4月28日民集12卷11号,第1040页。

内容。⑰

另外，"新"第78条第1款第4项将民法中的"担保的提供"修改为"担保权或用益权的合意"。之所以加上"用益权的合意"是为了在"法定追认"事由（本民法修正案中称之为"撤销权的消灭事由"）加上用益物权的设定以及租赁合同的缔结。虽然用益物权的设定也可以理解为同款第2项的"部分权利被转让"，但是文字上看并不包括租赁权合同的缔结。但是，设定用益物权或者缔结租赁合同之时，也可以推定追认，所以有必要添加这方面的表述。

另外，"担保权的合意"包括后发设定的担保权以及保证人，这点与现行民法并没有什么不同。但是，"新"第78条第1款第4项将现行民法"担保的提供"修改为"设定担保权……的合意"。从现行民法"担保的提供"这一表述来看，通说认为①撤销权人作为债务人提供物的或者人的担保之时，一般理解为法定追认，但是②撤销权人作为债权人接受担保的提供之时也可认定为法定追认。⑱ 本民法修正案的条文中包含了上述①、②两方面的内容，因此修改为"担保权设定的合意"。

"新"第77条第1款第5项将现行民法的"更改"修改为"缔结更改合同"，这是为了与第4项"设定担保权或用益权的合意"保持一致，规范内容上没有发生变更。

其次，关于现行《民法》第125条各项"法定追认"事由的规定顺序问题，现行《民法》第125条第1项到第6项撤销权的法定追认事由的顺序并不明朗。因此，本民法修正案按照下述两个角度重新整合撤销权的消灭事由。

第一，撤销权的消灭事由中，只有撤销权人可以作出的情况，换言之相对人即便作出也不能成为撤销权的消灭事由的情形。具体来说，第1项和第2项规定了"请求履行"⑲、"通过可撤销的法律行为获得的全部或部分权利被转让"。接下来，第3项至第5项规定了撤销权人以及撤销行为相对人的撤销权的消灭事由。

本民法修正案也规定了"强制执行"，考虑到下述两大理由，我们在末尾的第6项规定了强制执行：①强制执行是民事执行法等其他法律的问题；②相对人的强制执行是否可以成为"撤销权的消灭事由"，这也存在"解释的余地"。⑳

---

⑰ 撤销权人因撤销的法律行为而产生的债务"全部或部分履行"的，撤销权即消灭。撤销的法律行为相对人"全部或部分履行"的，撤销权未必立刻消灭。这是因为后者还有撤销一方是否"受领"了相对人履行的问题。比如说，相对人通过银行汇款偿还金钱债务，撤销权人自己指示汇款的情况下，在撤销权人不知情的情况下银行汇款，虽然存在"履行的受领"，这不成为撤销权的消灭事由。另外，以消费者为对象的交易中，不良业者知道消费者的撤销权之后，应当撤销的法律行为产生的债务给撤销权人造成困惑的，也不是意思受领。

⑱ 参见我妻荣，前载注㉕，《新订民法总则》（民法讲义Ⅰ），第401页；于保不二雄编，前载注㉕，《注释民法（4）》，第289页（奥田昌道执笔部分）。

⑲ 判例认为，撤销权人接受履行请求不构成法定追认（大判1907年5月17日民录12辑，第837页）。

⑳ 关于"强制执行"，撤销权人作为债权人强制执行的，当然构成撤销权的消灭构成。但是，有力说认为即便撤销权人作为债务人受到强制执行，在诉讼上也不能主张异议，所以构成法定追认（撤销权的消灭事由）[参见我妻荣，前载注㉕，《新订民法总则》（民法讲义Ⅰ），第401页；于保不二雄编，前载注㉕，《注释民法（4）》，第289页（奥田昌道执笔部分）]。与此相对，在判例中，未成年人撤销行为相对人提起的诉讼败诉，基于该判决执行，判例认为这不构成法定追认（大判1929年11月22日新闻3060号，第16页）。民法改正研究

第二，按照行为时撤销意愿的强弱程度进行排列。上段第 1 项、第 2 项就是按照这个顺序排列的，但是第 3 项以下顺序则发生了变化（另外，从第二个观点出发，第 3 项"全部或部分履行或相对人授受履行"应该规定在开头，由于第一观点优先，所以规定在第 3 项中）。

3. 撤销权的保留

"新"第 78 条第 2 款将现行《民法》第 125 条但书设立为一个独立的条文。另外，现行《民法》第 125 条但书规定："但是，保留异议时，不在此限。"但是，撤销权人履行债务的同时"保留异议"可能是否定自己行为的表现，因此本民法修正案将其修改为"保留将来撤销权的行使"。⑬

四、撤销权的行使期间

1. 行使期间两年方案

关于撤销权的行使期限，现行《民法》第 126 条分为短期 5 年，长期 20 年。但是，正如下面第三节"时效"所述，考虑到一般债权时效期间的缩短，"新"第 79 条分别修改为 2 年、10 年。为了尽快安定法律关系，所以缩短了期限。

会基本支持有力说的观点，规定在第 3 项。考虑到根据案情不同也可能得出与判例相同的结论，我们避免改变现行民法的用语并表明明确的立场。

⑬【撤销权消灭时效的讨论经过】
关于撤销权的消灭事由，修改现行《民法》第 125 条的法定追认，形成了最终草案。
在民法改正研究会的初期阶段，现行《民法》第 125 条但书规定："但是，保留异议时，不在此限。"矶村保认为："符合法定追认中各种行为，在因错误、欺诈、胁迫等情况下，法定追认的效果存在问题。"（2007 年 3 月 18 日全体会议）受此启发，在私法学会提出案中，将其修改为："但相对人因欺诈或胁迫作出这些行为的，或者保留异议时，不在此限。"
法曹提交案也维持了相同的表述，对此井桁大介、岛村那生律师提出，但书的宗旨不明朗；不仅欺诈、胁迫的情况，错误也应包括在内；根据欺诈、胁迫的主体不同可能做不同处理。结果，主张法定追认的人的行为违反诚信原则这种灵活化的处理是有必要的，建议分两款加以规定（2009 年 7 月 21 日市民法研究会）。民法改正研究会采纳了上述建议，在国民有志案阶段，修改了现行《民法》第 125 条第 1 款，将其但书作为第 2 款的前半段，并在后半段增加违反诚信原则的规定。当然诚信原则的一般规定也可以适用，本规定不过是注意规定。但是，欺诈、胁迫等导致的法定追认不在少数，此前一般很少意识到这个问题，所以特别加以规定。
但是，原来问题提出人矶村保教授认为，以一般条款的形式加以规定并没有多大意义，而且时效的援用权放弃、债务承认等情况下也同样有必要规定，所以建议删除，因而删除了该宗旨的文字（2012 年 8 月 5 日全体会议议）。
其后，对于现行《民法》第 125 条第 1 项到第 6 项规定的法定追认事由的顺序，角度不同则顺序不同，有人建议应当进行整理。结果按照内容的发生频繁程度加以规定（2012 年 2 月 5 日秘书处会议）。
其后，松冈久和教授提出，这些法定追认事由中包括两个方面的内容：只有撤销权人行使的法定追认，相对人也可以提起的法定追认，松冈教授认为有必要注意到这种区分。对此，正如上文所述，关于强制执行的意见发生了分歧，矶村保教授对撤销权人相对人履行的受领是否一定是法定追认事由也提出了质疑，平林美纪教授认为有必要在消费者问题中也加以考虑，等等，研究会最终没有一个明确的立场选择（2012 年 8 月 5 日全体会议）。
但是，考虑了上述讨论之后秘书处方案的修正方案得到了全体会议的认可，成为本民法修正案的内容（2014 年 3 月 8 日全体会议）。

现行《民法》第126条规定,如果5年间不行使撤销权的,撤销权"因时效而消灭",20年期限"同样"如此,都具有消灭时效的性质。但是,裁判外可行使的一般形成权仅以意思表示便可致使法律关系发生变动,权利实现无须法院保护。权利人因期间经过担心权利消灭,没有必要请求时效中断。因此,裁判外可行使的一般形成权应当理解为除斥期间[但是,像债权人撤销权等只能在裁判上才可以行使的撤销权,有必要理解为相对人承认等时效的中断——如果以本民法修正案的用语为前提,则因权利的承认导致时效重新进行("新"第95条第2款),所以也可以将期间限制理解为消灭时效]。(352)

正如本章后文所述,本民法修正案中消灭时效与除斥期间因条文用语而分开规定,所以"新"第79条第1款删除了《民法》第126条中"因时效"一语。

2. 不采纳二阶段构成说

关于撤销权行使期间的限制,目前存在二阶段构成说与一体化构成说。目前判例采取二阶段构成说,即撤销权在其行使期间内行使之后,因此而产生的不当得利返还请求权具有独立的消灭时效。(353) 但是,有力说批判:"如此理解,有违使得撤销权提早消灭,从而确定法律关系的宗旨。"(354)

假设条文采纳批判意见,只需将行使期间对象由现行《民法》第126条的"撤销权"修改为"撤销权(包括因撤销而产生的请求权)",明确采取一体化构成说立场。

但是,如后文所述,本民法修正案中关于时效的规定中,债权的消灭时效期间原则上为5年("新"第91条第2款)。由于"新"第79条第1款规定撤销权2年消灭,所以如果采纳一体化构成说,撤销权及由此而产生的不当得利返还请求权与普通债权相比只有不到一半的期间,那么就产生了不平衡感。特别是如果采纳一体化构成说,在行使撤销权而不行使返还请求权的情况下,姑且不论不当得利返还请求权消灭,是否意味着所有权人的物权返还请求权也消灭?(355)

考虑到以上问题,既然撤销权的短期消灭时效规定为2年,那么现行民法以及本民法修正案自然是以判例中采用的二阶段构成说的情况为前提的。结果,撤销引起的法律行为不确定的有效状态在2年或者10年内消除,其后就根据一般债权的消灭时效的规定了。

---

(352) 参见加藤,前载注⑪,《新民法大系Ⅰ》,第414页。

(353) 参见大判1918年4月13日民录24辑,第681页。

(354) 我妻荣,前载注㉕,《新订民法总则》(民法讲义Ⅰ),第404页。

(355) 但是这个问题是双刃剑,即便采纳二阶段构成说,也存在下述问题:如果在期间内行使撤销权,之后是否可以永久行使物权返还请求权。当然,过度延后行使物权返还请求权可能构成权利滥用,但是此时就产生了同一个对象所有与占有分离的问题[为了避免这个问题,可以扩张将不法原因给付的反射性所有权取得的判例(最判1970年10月21日民集24卷11号,第1560页),此时视为反射性所有权取得]。另外,本注中所述反射性所有权取得的适用范围的扩张问题,如果采用一体化构成说,那么所有人的物权返还请求权则消灭。

3. 复数撤销权人

"新"第 79 条第 2 款是新设规定。在限制行为能力人与法定代理人各自享有撤销权等存在复数撤销权人的情况下,在大多时候,第 1 款"可以追认时"并不相同,所以各个撤销权人 2 年的"撤销权行使期间"的届满时间并不相同。为了避免混乱,条文上明确规定了这一点。⑳

---

⑳ 【撤销权行使期间的讨论经过】
(1) 行使期间
关于撤销权的行使期间,现行《民法》第 126 条规定了"对撤销权的期间限制"。研究会一致意见是有必要缩短现行民法 5 年、20 年的规定。矶村保教授建议改为 2 年、10 年,而鹿野菜穗子教授则建议改为 3 年、10 年(2007 年 3 月 18 日全体会议)。到了私法学会提出案阶段,确定为 2 年、10 年。该方案一直到最后都没有发生改变。如下文所述,如果最终采纳二阶段构成说,那么撤销权的行使期间设置更短较为妥当。
(2) 二阶段构成说与一体化构成说
关于如何处理撤销权的行使期间与行使撤销权发生的请求权的存续期间的关系,民法改正研究会很早便意识到了这个问题。首先,矶村保教授建议撤销权的行使期间为"可能追认之时起 2 年,法律行为之时起 10 年",而不当得利返还请求权的行使期间设定为"可能追认之时起 5 年"(2007 年 3 月 18 日全体会议)。这是以所有权不涉消灭时效为前提的观点,物权返还请求权也不适用行使期间的限制。但是,由于这种规范内容的错综复杂,所以从私法学会提出案到国民有志案,都没有确定规定撤销权期间限制与请求权存续期间关系的内容。
对于上述草案内容,矶村保教授支持二阶段构成说,而秘书处以下述理由支持一体化构成说。
在国民有志案公布之后,笔者曾经问讨论课的学生本条是否通俗易懂,学生是支持二阶段构成说还是一体化构成说。关于这个条文,决定在条文上明确规定"撤销权"以及"撤销权(包括因撤销产生的请求权)"的行使期间限制。虽然向全体会议提交了上述建议,但是矶村保教授以一般消灭时效期间更短的期间限制为由反对上述建议。结果,以二阶段构成说的判例为前提,条文中对此问题不加规定(2012 年 8 月 5 日全体会议)。
(3) 复数的撤销权人
关于这个问题,"新"第 79 条第 1 款在规定 2 年、10 年的撤销权行使期间之后,设置了如下规定,即"根据前款规定,撤销权人有一人撤销权消灭的,他人享有的撤销权亦消灭"。但是,矶村保教授提出上述规定的适用范围过宽,可能产生下述问题(2014 年 3 月 8 日全体会议)。
该规定不仅在包含亲权在内的共同代理的适用中存在问题,在共同继承等问题中也可能存在问题。具体来说,作为欺诈的受害人,享有撤销权的人死之后,该撤销被共同继承的情况下,共同继承人中只有一人知道欺诈事实可能追认,其他共同继承人可能被被继承人欺骗而不知道的情况下,撤销权的行使期间的起算点可能存在差异。此时,如果一人撤销权消灭其他人撤销权也消灭的话可能是不妥当的。
因此,就学说中所限制行为能力等相关问题,设置了"新"第 79 条第 2 款的规定[参见于保不二雄著,前载注㉓,《注释民法(4)》,第 294 页(奥田昌道执笔部分);山本,前载注㉖,《民法讲义Ⅰ》(第三版),第 332 页以下]。
(4) 抗辩权的永久性
正如本章后文关于时效的叙述中所言,本民法修正案最终没有规定抗辩权是否永久的问题。但是在过程中我们讨论了仅仅设置撤销权的抗辩权的永久性规定的问题。对此存在两种方案,一种是在事项中规定,还有一种是在撤销处规定。如后文所述,国民有志案采纳了后者的方案。在第 1 款撤销权的行使期间规定之后,如下规定:

(撤销权的行使期间 过程草案 国民有志案)
第八十二条 ② 对于法律行为相对人的履行请求,撤销权人可以在任何时间行使撤销权并免予履行。

第五款　条件及期限

【前注】

关于第五款"条件及限制",本民法修正案基本维持了现行民法的规范内容,但是为了提高这部分规定的体系一览性,分为第一目"条件"和第二目"限制"。

现行民法第五节"条件及限制"规定的各条文规范内容本身并不复杂,特别是条件部分,感觉是一些关系性不强的条文的罗列。因此,本民法修正案在开头中首先规定了包括定义在内的条件、期限的原则规定,更加简明设定相关规范内容,同时在各自一目中整理条文群。特别是条件部分,开头规定中设置了一般附条件的两个条文,其后设置了条件的特殊成就方式与条件内容特殊情况如何处理的特别规定。

第一目　条　件

【条文案】

> **(条件)**
>
> **第八十条**　可在法律行为中附条件(指不能确定将来是否会发生的事实,以下亦同)。但是,法律行为的性质不允许附条件的,不在此限。
>
> 2　附条件的法律行为的效力根据以下各项确定。
>
> (一)附停止条件的法律行为在条件成就[指发生作为条件的事实,以下在本条及第八十二条(条件成就的妨碍等)中亦同]时生效;
>
> (二)附解除条件的法律行为在条件成就时失效。
>
> 3　尽管有前款规定,当事人可通过合意,使条件成就的效果溯及至条件成就前发生。

本条第 1 款正文:新增
　　　但书:新增
第 2 款正文:新增
　　　第 1 项:《民法》第 127 条(条件成就时的效果)第 1 款移修
　　　第 2 项:《民法》第 127 条(条件成就时的效果)第 2 款移修
第 3 款:《民法》第 127 条(条件成就时的效果)第 3 款移修

> **(附条件的权利的保护和处分等)**
>
> **第八十一条**　附条件的法律行为的各方当事人在尚未确定该条件是否成就期间,不得损害条件成就时该法律行为产生的相对人的利益。
>
> 2　基于附条件的法律行为产生的各方当事人的权利义务在尚未确定该条件是否成就期间,可根据一般规定,进行保存、处分或为此提供担保。

本条第 1 款:《民法》第 128 条(尚未确定条件是否成就期间侵害相对人利益的禁止)移修

第 2 款:《民法》第 129 条(尚未确定条件是否成就期间权利的处分等)移修

(条件成就的妨碍等)

第八十二条 因条件成就受到不利影响的当事人故意妨碍条件的成就的,相对人可视为该条件已成就。

2 因条件成就获得利益的当事人违反第三条(诚实信用与禁止权利滥用原则)第一款的规定使条件成就的,相对人可视为该条件未成就。

本条第 1 款:对《民法》第 130 条(条件成就的妨碍)的修改

第 2 款:新增

(确定条件)

第八十三条 附有确定条件的法律行为的效力依照以下各项规定。

(一)作出法律行为时已确定停止条件成就的,则为无条件;

(二)作出法律行为时已确定停止条件不会成就的,则无效;

(三)作出法律行为时已确定解除条件成就的,则无效;

(四)作出法律行为时已确定解除条件不会成就的,则为无条件。

本条主文:新增

第 1 项:《民法》第 131 条(既成条件)第 1 款移修

第 2 项:《民法》第 131 条(既成条件)第 2 款移修

第 3 项:《民法》第 131 条(既成条件)第 1 款移修

第 4 项:《民法》第 131 条(既成条件)第 2 款移修

(不能成就的条件)

第八十四条 附不能成就之条件的法律行为的效力依照以下各项规定。

(一)作出法律行为时停止条件不能成就的,则无效;

(二)作出法律行为时解除条件不能成就的,则为无条件。

本条主文:新增

第 1 项:《民法》第 133 条(不能成就的条件)第 1 款移修

第 2 项:《民法》第 133 条(不能成就的条件)第 2 款移修

(任意条件)

第八十五条 法律行为中所附的停止条件是否成就为仅与债务人的意思相关的任意条件时,不得依据该法律行为向法院提出履行请求。

本条:《民法》第134条(任意条件)修改

【修正理由】
一、条件的开头规定

1. 何为条件

现行民法中条件的开头规定第127条,毫无铺叙地在第1款规定了停止条件,第2款规定了结束条件。立法技术上过于唐突,没有在条文中说明何为条件。

因此,本民法修正案首先规定了何为条件,即在条件的开头规定"新"第80条第1款中设置了定义规定。

2. 条件的附加及其界限

"新"第80条第1款正文规定了法律行为可以附条件的原则,同时在但书中也规定附条件的限制,条文中明确规定不许附加"与法律行为性质不符"的条件。具体来说,不许附加"与法律行为的性质"不符的条件最为典型的是"单独行为以及其他法律行为因附加条件导致相对人的地位不稳定的情况"。

过去的学说关于"与条件冲突的行为"的例子,往往是从公益的观点以及私益的观点两方面说明,说明如下[55]:

① 公益上不允许:附加条件违反强制性规定或者公序良俗的,绝对不允许附加条件。婚姻、收养、认知、继承的承认或者放弃等是例子。

② 私益上不允许:单独行为附加条件的,可能造成相对人地位的显著不利益,所以一般是不被允许的。抵销有明文规定(第506条)、解除(第540条以下)、撤销、追认、买回(第579条)、可选债权的选择(第407条)属于这一类。但是,此时相对人同意,或者条件的内容没有给相对人造成不利,可以附加条件。一周之内没有履行的,无须再次进行解除的意思表示而发生解除的效果。这种附停止条件的解除并不少见。

根据"新"第40条第1款前半段(相当于《民法》第90条),违反公序良俗的法律行为无效,这亦可推导出"公益上不允许",所以后者"私益上不允许"中的单独行为才显得重要。如前段所述,单独行为附加条件只要不给相对人造成不利益,在合理范围内都是被允许的。因此,本民法修正案以私益观点为基础规定了但书的内容。

3. 停止条件与解除条件

本民法修正案"新"第80条第1款首先规定了条件的大框架,第2款第1项规定停止条件,该款第2项规定解除条件。后者是现行《民法》第127条第1款和第2款所规定的内容。本民法修正案虽然在规定体裁上有所变化,但是规范内容上并没有

---

[55] 参见我妻荣,前载注㉕,《新订民法总则》(民法讲义Ⅰ),第409页以下。

改变。

现行民法中条文中有"条件成就"的用语,"新"第 80 条第 2 款设置了"条件成就"的定义,使得规范更通俗易懂。

4. 赋予溯及效力的合意

"新"第 80 条第 3 款规定,条件成就的效果原则上不溯及,但是合意可以赋予溯及效力。该规定继承了现行《民法》第 127 条第 3 款的规范,现行民法中是"意思表示的溯及效力",本民法修正案则是"合意的溯及效力"。这是以原则上不允许单独行为附加条件为前提的(另外,例外情况单独行为即便可以附加条件,也不认可单独行为这种单方意思表示的溯及效力)。

另外,《德国民法典》第 159 条规定:"根据法律行为的内容,与条件的成就相关联的后果应追溯至某一先前时点的,在条件成就的情形下,当事人有义务相互给予加入在该先前的时点发生这些后果他们所会拥有的一切。"与此相对,现行《民法》第 127 条第 3 款没有规定溯及效力是债权效力还是物权效力。现行《民法》第 116 条但书与第 122 条但书虽然都规定了"不能妨碍第三人的权利",但是条文的体裁并不相同。㊽ 因此,本民法修正案在条文中明确规定了溯及效力的债权效力,探讨了是否规定第三人效力的必要性。

一般来说,合意本来就难以拘束合同当事人之外的人,合意的溯及效力也应当只拘束合同当事人。当然,在物权变动附条件的合意的情况下,如果事先进行了临时登记的,条件成就的溯及效力当然具有第三人效力。但是,这也是从临时登记的一般理论中推导出的结论,并无须存在条文上的依据。㊾ 因此,"新"第 80 条第 3 款并没有规定第三人效力这一但书(对应现行《民法》第 122 条的"新"第 77 条第 1 款亦是如此)。

二、附条件权利的处理

"新"第 81 条标题为"附条件的权利的保护和处分等",规定了条件成就与否未知情况下附条件权利的处理。该条第 1 款继承了被称为期待权保护规定的现行《民法》第 128 条"尚未确定条件是否成就期间侵害相对人利益的禁止",第 2 款继承了现行《民法》第 129 条"尚未确定条件是否成就期间权利的处分等",并对表述进行了部分修改。

㊽ 但是对于现行《民法》第 122 条,学说认为"但书没有适用余地"[参见我妻荣,前载注㉕,《新订民法总则》(民法讲义Ⅰ),第 401 页],是无用的规定。如本章上文所述,对应现行《民法》第 122 条的本民法修正案"新"第 77 条第 1 款删除了这方面内容。与此相对,有判例认为现行《民法》第 116 条具有限制无权代理追认溯及效力的第三人效力的意义(大判 1930 年 3 月 4 日民集 9 卷,第 229 页)。与该判例相类似的案件中,关于条件的溯及效力问题,合意的条件成就溯及效力只是在合意当事人之间发生效力,所以扣押债务人与第三人债务人之间的债权消灭,但其效力不及扣押债权人。因此,对应现行《民法》第 116 条的"新"第 64 条第 2 款但书保留了"但是,不得损害第三人的权利"的规定。

㊾ 参见于保不二雄编,前载注㉓,《注释民法(4)》,第 331 页以下(金山正信执笔部分)。

另外,"新"第 81 条第 2 款删除了现行《民法》第 129 条规定的处分、继承、保存、提供担保四点中的继承。设置继承的用语仅意味着附条件权利也是继承的对象,但是继承是概括承继。因此,本条中加入继承的内容本身就存在异样感,所以我们删除了这方面内容。

实际上,围绕现行《民法》第 129 条,在现行民法起草阶段,争论较大,在法典调查会第六次和第七次两次会议就曾经热议。在第七次会议中,箕作麟祥建议删除草案中继承的内容。起草该条的穗积陈重也认为可以删除。[60] 草案表决时赞成与否决票数相同,最终议长决定保留"继承"。本民法修正案删除"继承"可以说是一个世纪之前民法起草阶段讨论的延续。

除了继承,现行民法的规定顺序是处分、保存、提供担保。提供担保的中心是限制物权的设立,而这不过是处分的一个形态而已。保存可以理解为登记等,本民法修正案首先规定了几乎不改变现状的保存,然后是处分,最后是与处分接近的提供担保。

三、条件的"视为成就、不成就"——"视为条件不成就"条款的新设

"新"第 82 条第 1 款沿袭了现行《民法》第 130 条"条件成就的妨碍"的规定,第 2 款新设了"条件不成就的妨碍"的规定。

该条第 1 款与现行民法的规范内容并无不同,规定了因条件成就而会受到不利的当事人故意妨碍其条件成就的,则视为条件已成就。

该条第 2 款可以说与现行民法"条件成就的妨碍"是相反关系,因条件成就而受到利益的当事人违反诚信原则而促进条件成就的,法律并没有规定。此时,判例一般以条件不成就处理。[61] 另外,在商事领域,《保险法》第 17 条第 1 款前半段规定:"对于因保险合同人或者被保险人的故意或者重大过失而发生的损害,保险人不负填补责任。"(《保险法》继承了 2008 年修改前《商法》第 641 条)

因此,本民法修正案在"新"第 82 条第 2 款在条文上明确了这一点。

此外,"新"第 82 条第 1 款条件成就的妨碍以妨碍人的"故意"为要件,第 2 款条件不成就的妨碍不以"故意"为要件,而是以违反诚信原则为要件,理由如下。附条件的情况下,因条件成就受到利益的人自然会为了成就条件而努力。比如说,"如果考试合格,就赠送某物"的,为了合格自然会努力复习。但是,如果通过作弊等达到合格目的的,虽然合格成就了条件,该成就方式违反了诚信原则,相对人自然可以视为条

---

[60] 参见箕作麟祥发言,载《法典调查会民法议事速记录》(第三卷),第 82 行(电子版第 85/166 项)。穗积陈重发言,同书,第 86/166 项。另外,表决结果参见同书,第 94/166 项。另外,宫下修一也提及了民法起草过程的讨论(2012 年 8 月 5 日全体会议)。

[61] 参见最判 1994 年 5 月 31 日民集 48 卷 4 号,第 1029 页。

件不成就。因此,条件不成就不是以故意而是以违反诚信原则为判断基准,乃是适当的。[962]

---

[962] 【关于条件的总论性规定的讨论经过】
(1) 最初的修改方针——沿袭现行民法
在民法改正研究会修改作业的最初阶段,并没有多少人认识到修改现行民法关于条件规定的必要性,所以最初的方针是基本沿袭现行民法的规定。具体来说,从私法学会提出案到国民有志案,现行民法变更包括:(a) 结构的变更(现行《民法》第五章"法律行为"第五节"条件以及期限"变更为第四章"权利的变动"第二节"法律行为"第五款"条件与期限");(b) 现行《民法》第128条标题的变更(将"尚未确定条件是否成就期间侵害相对人利益的禁止"修改为"期待权侵害的禁止");(c) 如下文所述,在现行《民法》第130条"条件成就的妨碍"的基础上增加"条件不成就的妨碍";(d) 在引用条文中附加标题等技术性修改。
(2) 新设条件不成就的妨碍的规定
民法改正研究会初期便决定增加条件不成就的规定,私法学会提出案的草案如下:

(条件的成就不成就的妨碍 过程草案 私法学会提出案)
第八十七条 ① (与现行《民法》第一百三十条相同)因条件成就而受到不利的当事人故意妨碍其条件成就的,相对人可以视其条件已成就。
② 因条件成就而受益的当事人故意成就条件的,相对人可以视其条件未成就。

这里无论是第1款条件成就的妨碍还是第2款条件不成就的妨碍,都是以"故意"为要件。法曹提交案亦是如此。但是,如前正文所述,"如果考试合格就赠送某物",听了这话之后努力学习,有意图("故意")地促成条件成就,第2款不应当以故意为要件,而应当以是否违反"诚信原则"为判断基准。《国民有志案》第88条第2款采纳了该建议。此后,经过文字润色,就是"新"第82条第2款的规定。
(3) 对现行民法的修改
但是,等到国民有志案完成阶段,民法财产法其他领域更加具有透视性,也更加通俗易懂,而这部分却是条文的无序罗列。因此,我们尝试整理这些条文,结果就提出了下述四个方案(2012年2月11日秘书处会议。第四方案参见注[964])。
(a) 本民法修正案第五款"条件及期限"细分为第一目"条件"、第二目"期限",该方案得到民法改正研究会的通过(2012年8月5日全体会议)。
(b) 现行民法在条件的开头规定中突然出现了停止条件、解除条件,应该增加如下条件的一般规定。

(条件 过程草案 2012年2月11日秘书处A方案)
第N条 ① 法律行为可以将未来不确定是否发生的事实设置为条件。但是法律行为性质不允许设置条件的,不在此限。
② 条件的效力如下:
(一) 附停止条件的法律行为自条件成就时发生效力;
(二) 附解除条件的法律行为自条件成就时失去效力。
③ 当事人可以协商将条件成就的效果溯及成就之前,但是不得损害第三人的权利。

对于上述第1款中"法律行为的性质不允许的",有方案提出了下述具体化的建议:

(条件 过程草案 2012年2月11日秘书处B方案)
第N条 ① 略(与前述秘书处A方案第一款正文相同)
② 前款附条件法律行为在以下各项的情形中无效:
(一) 因附该条件致使该法律行为违反(国民有志案)第五十条(法律行为的效力)第三款的公序良俗的,或者违反该条第二款的强制性法规的;
(二) 该法律行为为单独行为的。
③ 略(与前述秘书处A方案第二款相同)
④ 略(与前述秘书处A方案第三款相同)

但是,如本章上文所述,由于"新"第40条第1款前半段已经规定了公序良俗的内容,所以删除了秘书处

四、附特殊条件的法律行为的效力

1. 绪论

现行民法规定了四种特殊条件,即既成条件(第131条)、不法条件(第132条)、不能条件(第133条)、随意条件(第134条)。本民法修正案虽然没有规定不法条件(理由参见4),"新"第83条至第85条规定了其他三种条件,依次阐述如下。

2. 确定条件、不能条件

"新"第83条与"新"第84条分别沿袭了现行《民法》第131条"既成条件"与第133条"不能条件",但是在规定方式上进行了修改,下文一并介绍。

首先,从标题看,"新"第83条将现行《民法》第131条的标题"既成条件"修改为"确定条件",表达上更加通俗易懂。与此相对,"新"第84条则沿袭了现行民法的标题。

其次,从规范内容看,现行民法"既成条件"只不过在法律行为的时间点上条件是否成就已确定的情况下,"不能条件"只不过是在条件成就不能的情况下,将理论上可以推导出的结果确认性地规定为法律行为的无条件或者无效。因此,这些规定都具有提醒性规定的属性。本民法修正案为了确保规范的透视性以及提高法典可读性,"新"第83条与"新"第84条将现行民法的规定修改为各项列举的形式规定。

另外,与"新"第83条相关,本民法修正案删除了规定既成条件的现行《民法》第131条第3款。对于既成条件,该款规定"在当事人不知条件成就或者不成就的期间,准用第一百二十八条以及第一百二十九条",即准用期待权的侵害与附条件权利的处分。但是,既成条件的规定只能在法律行为无效与无条件之间二选一。从无效法律行为不会产生的权利,不可能是"侵害期待权"或者"处分"等。另外,无条件地发生了权利的情形,该侵害便是权利侵害本身,并非"期待权侵害",其"处分"也不可能是确定权利的处分之外的处分。因此,通说认为该条文是"没有意义的空文"。[63] 本民法修正案删除了该规定。

3. 随意条件

接下来是"新"第85条的随意条件。该规定的背景是"心血来潮,这个就给你了"等"停止条件的成否仅仅与债务人的意思相关"的附条件的法律行为。在这类案

B方案第2款第1项,并使得秘书处A方案第N条第1款但书的内容更加具体化。具体来说,上述第1款但书规定"单独行为等法律行为的性质不允许的,不在此限"。由于并不是所有的单独行为都不能附加条件,所以修改为"但是法律行为因附条件而致使对方的地位不稳定等,法律行为的性质不允许的,不在此限"(2014年4月20日全体会议)。最终,我们删除了画线部分,形成"新"第80条但书的内容。

(e) 统一现行《民法》第128条与第129条(尚未确定条件是否成就期间权利的处分等),并适当修改。该方案经过若干次文字上的修改之后,还是维持了基本的结构,之后就成为"新"第81条的规定。

[63] 参见我妻荣,前载注⑤,《新订民法总则》(民法讲义Ⅰ),第415页;于保不二雄编,前载注㊳,《注释民法(4)》,第327页(金山正信执笔部分)。

件中，相对人即便起诉，如果对方当事人表示"没有心血来潮"，相对人的诉讼请求也会被驳回。这种附条件的法律行为在社会上也广为存在，支持这种诉讼请求是没有意义的。因此，现行《民法》第 134 条规定这样的法律行为无效。

但是，这种法律行为的债务人"心血来潮"履行的情况下，该法律行为有效，是"法律上的原因"，因而不能请求不当得利返还。在这种情况下，这种法律行为视为有效。那么，附随意条件的法律行为发生的债务不过是自然债务。总而言之，债权人即便请求履行，债务人如果拒绝的话，并没有什么方法。虽然可以允许当事人私下请求（包含强行请求），但赋予裁判上的履行请求权是没有意义的。这样一来，现行民法"无效"的观点是不对的，所以"新"第 85 条将现行民法的"无效"修改为"不得向法院请求履行"。

4. 删除不法条件规定

关于"不法条件"，举个例子，"杀掉某人"就支付多少金额，这种附条件法律行为符合现行《民法》第 132 条前半段。"如果不杀我"就支付多少金额，这种附条件的法律行为符合第 132 条后半段。但是，即便不存在第 132 条，这些附条件的法律行为违反公序良俗也必然是无效的。可见第 132 条与第 90 条存在内容的重复。已经有一般原则规定的情况下再另行规定"不法条件"相反可能给读者带来混乱。

本民法修正案因而删除了不法条件的规定。[164]

---

[164]【关于特殊条件的讨论经过】

如注[162]所述，我们在国民有志案公布之后才开始正式讨论条件规定的修改。在设置条件的总论性规定的同时，整理了现行《民法》第 131 条以下的特殊条件，即将既成条件、不法条件、不能条件、随意条件的四个条文整理为如下一条规范内容。

（附特殊条件的法律行为的效力 过程草案 2012 年 2 月 11 日秘书处方案）

第 N 条 ① 法律行为时条件成就或不成就已经确定的，该法律行为的效力如下：
  （一）停止条件已经成就的，无条件；
  （二）停止条件不成就的，无效；
  （三）解除条件成就的，无效；
  （四）解除条件不成就的，无条件。
② 附不能条件、不法条件及随意条件（条件成就与否只取决于债务人的意思）的法律行为的效力如下列各项所定：
  （一）停止条件不能的，无效；
  （二）解除条件不能的，无条件；
  （三）条件内容包括不为不法条件或者不法行为的，无效；
  （四）停止条件仅取决于债务人意思的，无效。

其后，秘书处会议以及全体会议对上述条文进行了若干次文字上的修改。但是，矶村保教授认为，修改没有使得各项内容更加清晰，条件的分类也不够清晰。最终，我们接受矶村保教授的意见，分解了该条文，分为确定条件、不能条件、随意条件（2012 年 8 月 5 日全体会议）。

条文分解之后，我们将现行《民法》第 131 条的"既成条件"修改为"确定条件"。值得注意的是这里介绍的 2012 年 2 月 11 日秘书处方案的第 N 条第 1 款我们已经将"既成条件"修改为"确定条件"了。

另外，矶村保教授提出，随意条件与自然债务概念可能存在问题，所以应当规定为无要求可能性，而非无效，将现行《民法》第 134 条的"无效"修改为不得向法院请求履行（2012 年 8 月 5 日全体会议）。

第二目　期　限

【条文案】

(期限)

　　第八十六条　法律行为中可以附期限[指将来一定会到来的时间,以下本条、下一条以及第八十八条(期限利益的丧失)亦同]。
　　2　附期限的法律行为的效力或履行的时期依照以下各项规定。
　　(一)法律行为附开始期限的,自期限届至时起,可以主张该法律行为生效,或请求履行;
　　(二)法律行为附终止期限的,该法律行为的效力在期限届满时消灭。
　　3　期限不考虑届至的时间是否确定。

本条第 1 款:新增
　　第 2 款主文:新增
　　　　第 1 项:《民法》第 135 条(期限届至的效果)第 1 款移修
　　　　第 2 项:《民法》第 135 条(期限届至的效果)第 2 款移动
　　第 3 款:新增

(期限利益及其放弃)

　　第八十七条　期限应推定为为债务人的利益所设。
　　2　期限利益(指当事人因开始期限或终止期限未届至而获得的利益,下一条亦同)可以放弃。但是,因放弃给相对人造成损失的,应承担填补该损失的义务。

本条第 1 款:同《民法》第 136 条(期限利益及其放弃)第 1 款

删除不法条件的讨论经过如下。
　　如注⑧介绍的"条件　经过方案 2012 年 2 月 11 日秘书处副案"第 2 款经过修改,形成以下草案:
[条件 过程草案 2012 年 2 月 14 日秘书处 B 方案 (2 月 11 日秘书处 B 方案的修正版)]
　　第 N 条　① 2012 年 2 月 11 日秘书处 A 方案第一款相同(参见本章前文)
　　　　② 附前款条件的法律行为在下列情形下无效:
　　　　　　(一) 因附该条件,该法律行为违反(彼时条文草案)第四十九条(法律行为的效力)第一款公序良俗,或者该条第二款强制性规定的;
　　　　　　(二) 条件内容是不为不法行为的;
　　　　　　(三) 附单独中途及其他条件等。

　　在该副案的讨论过程中,第 2 款第 2 项不法条件(现行《民法》第 132 条)的内容与之前规定的违反公序良俗相重复。本民法修正案认为,既然已经有了公序良俗的一般规定("新"第 40 条第 1 款前半段),就没有必要在条件处再设置不法条件的规定,所以删除现行《民法》第 132 条(2012 年 2 月 16 日秘书处会议)。该观点最终得到研究会的认可(2012 年 8 月 5 日全体会议)。

第 2 款正文:对《民法》第 136 条(期限利益及其放弃)第 2 款正文的修改
但书:对《民法》第 136 条(期限利益及其放弃)第 2 款但书的修改

> **(期限利益的丧失)**
> 　　**第八十八条**　债务人在发生以下事由时,不得主张期限利益。
> 　　(一)债务人收到开始破产清算程序的裁定;
> 　　(二)债务人使担保灭失、损伤或减少;
> 　　(三)债务人在负有提供担保的义务时,不予提供。

本条主文:《民法》第 137 条(期限利益的丧失)主文修改
　　第 1 项:与《民法》第 137 条(期限利益的丧失)第 1 项相同
　　第 2 项:与《民法》第 137 条(期限利益的丧失)第 2 项相同
　　第 3 项:与《民法》第 137 条(期限利益的丧失)第 3 项相同

【修正理由】

一、期限的开头规定

　　期限的开头规定"新"第 86 条明确了期限的基本构造。首先,该条第 1 款规定了期限的内容,然后在第 1 项以及第 2 项规定了始期与终期。

　　"新"第 86 条基本沿袭了现行《民法》第 135 条的内容,但是规定的构成方式更加简明,新设了第 1 款部分以及第 2 款,特别是"新"第 86 条第 2 款第 1 项改变了现行民法的内容,下面重点介绍。

　　一般来说,"期限是法律行为效力的发生、消灭或者债务的履行,在将来到来的确定事实的发生相关的附款"。⑬ 但是,现行《民法》第 135 条第 1 款只是规定:"法律行为附开始期限的,在期限届至前不得请求该法律行为的履行",并没有规定"法律行为效力的发生"。该表述虽然可以涵盖"某月某日支付租金"这一约定,但是无法涵盖"租赁合同于某月某日开始"这一约定。现行民法遗忘了"法律行为效力的发生"的规范。因此,本民法修正案规定了作为始期的法律行为效力的发生:"法律行为附开始期限的,自期限届至时起,可以主张该法律行为生效,或请求履行。"

　　期限的开头规定"新"第 86 条第 1 款、第 2 款对应条件的开头规定的"新"第 80 条第 1 款、第 2 款,规定方式也采取各项列举规范内容的方式。

　　"新"第 86 条第 3 款以期限的下述两种分类为基础:确定期限与不确定期限。另外,参照现行《民法》第 412 条,在改变规范内容的基础上形成的《国民有志案》第 341 条就使用了确定期限与不确定期限的用词。

---

⑬　我妻荣,前载注⑤,《新订民法总则》(民法讲义Ⅰ),第 418 页。

二、期限利益及其放弃和丧失

"新"第87条第1款沿袭了现行《民法》第136条("期限利益及其放弃")第1款的规定。

此外,"新"第87条第2款则沿袭了现行《民法》第136条第2款,并追加了"期限利益"的定义。但是,"新"第87条第2款但书全面修改了现行《民法》第136条第2款但书的用语。现行《民法》第136条第2款规定:"期限利益可以放弃。但是,不得因此损害相对人的利益。"对于该条文,理论上存在下述观点:① 因放弃期限利益致使相对人利益受损,"不得放弃期限利益"自然是说得通的,过去也存在这样的学说。[59] 与此相对,目前的判例和通说认为,即便② 因放弃期限利益而致使相对人受损,但是"在赔偿相对人的损失之后也可以放弃"。[60] 本民法修正案反映了目前判例和通说的观点,排除了其他解释。

但是,用语上"因放弃给相对人造成损失的,应承担填补该损失的义务",回避了"赔偿"或者"损害赔偿"的用词。由于在放弃期限利益而进行清偿等情形缺乏侵权行为意义上的加害性,所以与"损害赔偿"在性质上有所不同,故而使用了"损害填补"的表达。[61]

"新"第88条虽然在文字上经过了若干修改,并附加了期限利益的定义,但是基本沿袭了现行《民法》第137条"期限利益的丧失"的规范内容,故而这里省略说明。[62]

---

[59] 参见鸠山秀夫:《增订改版 日本民法总论》,岩波书店1930年版,第571页;中岛玉吉:《民法释义 卷一 改订增补十八版》,金刺芳流堂1925年版,第791页。

[60] 参见我妻荣,前载注㉕,《新订民法总则》(民法讲义Ⅰ),第422页。

[61] 在现行民法中,也存在像第650条第3款一样,在缺乏加害性的行为而导致损失的情况下,使用了"损害"的"赔偿"这样的字眼儿。本民法修正案改变了这种规定,将其修改为:

第N条 ③受托人在处理委托事务中,非因自己的过失而受到损失的,可以请求委托人填补损失。

[62] 【关于时效的讨论经过】
从私法学会提出案到国民有志案,期限的规定基本上沿袭了现行民法的条文。但是,在国民有志案公布之后,我们曾经讨论过将现行民法的3条构成改为2条构成,即合并现行《民法》第136条与第137条。但是,最终我们放弃了该方案,在大幅修改期限开头规定"新"第86条的基础上(2012年2月16日秘书处会议),川崎政司律师对文字上进行了修正,这就是"新"第86条。
另外,秘书处还在轻微修改现行民法的基础上提出了"新"第87条以及"新"第88条(2012年2月16日秘书处会议)。其后,矶村保教授提出,"新"第87条第2款但书应当反映目前的判例与学说。经过研究会的讨论,条文上采取了"损失填补"的表达(2014年6月15日全体会议)。

第三节 时　　效

【前注】

一、本民法修正案的时效制度特色

1. 导论

关于时效制度的改革，存在各种争论。⑳ 与现行民法的时效制度相比，本民法修正案具有如下四大特色：① 时效制度的整体构成；② "当事人援用"与作为时效效果的"权利变动"之间关系的明确化；③ 消灭时效期间的改变；④ "时效中断"与"时效停止"概念的废除及其再构成。

2. 时效制度的整体构成

制度构成本身存在重大差异。现行民法时效制度由时效总则、取得时效、消灭时效三节构成，共 32 个条文，规范内容采取网罗式，但是缺乏法律制度的透视性。因此，本民法修正案追求整个时效制度的一体化，仅有 7 个条文组成。条文数目减少到 1/4 以下，但还是基本上涵盖了现行民法时效制度的内容。本民法修正案在重构时效制度的过程中，将现行民法中作为时效分论规定于时效后半部分的取得时效、消灭时效规定在时效制度开头规定的后面。

3. 明确"当事人的援用"与作为时效效果的"权利变动"的关系

（1）本民法修正案的立场——实体法说

时效效果的发生构造也存在差异。

现行民法一方面规定"时效未经当事人援用的，法院不得以此作出判决"（第 145 条）；另一方面关于时效的效果规定，时效期间的届满（时效的完成）当然地发生权利的"取得"（第 162 条、第 163 条）或者"消灭"（第 167 条）等权利变动。

以上述条文为前提，为了统一且无矛盾地说明"当事人的援用"与因时效期间届满导致的"权利变动"两个要件，学说早就存在对立。具体来说，存在裁判中重视援用程序的诉讼法说与重视实体法上权利变动效果的实体法说的对立。

最初，判例采取确定效果说，即时效期间届满确定地发生权利变动，认为《民法》第 145 条规定时效的援用是诉讼中攻防的方法。但是，此后判例采纳了不确定效果说中的停止条件说。㉑ 现在的判例采实体法说。

本民法修正案明文采纳了目前判例和通说中采用的不确定效果说中的停止条件说。这是因为之前的学说对立以及判例变迁中，该立场最为稳定。

---

⑳ 法务省方案之外，关于时效制度的全面修改，由时效研究会提出的修改方案参见金山直树编：《消灭时效法的现状与修改建议》，商事法务 2008 年版，该书还从详细的比较法角度探讨了这个问题。

㉑ 参见最判 1986 年 3 月 17 日民集 40 卷 2 号，第 420 页。

(2) 诉讼法说与实体法说的关系

本书不以分析学说对立为目的,但是为了明确时效在本民法修正案中的定位,下文做若干说明。

实际上,看似两分的诉讼法说与实体法说实际存在紧密的关联。

所谓纯粹诉讼法说一般指的是法定证据说[602],即所谓时效指的是时效期间完成后,其他证据即便可以证明不同的事实,也不能推翻。该说认为,《民法》第145条"时效的援用"是向法院提出证据的行为。[603] 但是,该说也存在不足,即在与现行民法的关系中,其与《民法》第162条、第167条的权利取得、消灭的规定存在正面的矛盾。如果废除本民法修正案的权利变动构成,可能解决这个矛盾,但是笔者认为变更并不能解决所有问题,所以没有根据法定证据说起草条文。

1986年之前的判例就采取了诉讼法说与实体法说的折中观点。根据该说,时效期间届满发生确定的权利变动,从这个意义上来说是实体法说。但是,从援用《民法》第145条的攻击防御的观点来看,又是诉讼法说。但是从辩论主义的角度把握第145条的观点存在以下两个弱点:① 在裁判之外不能援用时效;② 非时效援用人在攻击防御的过程中如果出现时效完成的应当如何处理。因此,本民法修正案也没有采纳折中说。

目前的判例和通说采纯粹实体法说(不确定效果说且是停止条件说)。该说与上述两学说不同,且没有特别问题,所以本民法修正案采纳了通说。

过去学说的对立并非纠纷解决方式的对立,而是如何整合民法的用语的问题,所以立法上并没有多少解释的余地。

具体来说,本民法修正案明确了时效制度的整体,即通过时效完成(= 时效期间的届满) + 当事人的援用,发生权利取得、消灭的效果。在此基础上,将现行《民法》第145条"裁判上的援用"中的"裁判"删除,并改为"当事人的援用",明确裁判外也可以援用时效,从而表明纯粹实体法说的立场。

4. 变更消灭时效期间

时效制度的第三大特征是时效期间的改变。本民法修正案并没有改变现行民法关于取得时效10年、20年的期间。但是,一般债权的消灭时效从现行民法的10年缩短为5年,而且废除了3年、2年、1年的短期消灭时效的特别规定,统一为5年。此外,债权之外的财产权消灭时效期间也从现行民法的20年缩短为10年。

关于债权消灭时效的短缩,在欧美立法中也能看见,这可以促进合同债权尤其是商业债权的快速解决。

反过来说,作为时效制度存在理由的永续事实关系的保护,或者从诉讼上救济证

---

[602] 参见川岛,前载注㉕,《民法总则》(法律学全集17),第446页以下。
[603] 参见吾妻光俊:《私法中时效制度的意义》,载《法学协会杂志》1930年第48卷第2号,第210页以下。

明困难的观点,在债权消灭时效的领域内,也存在转变的一面。

如上段所述,从商业短期解决的必要性出发,合同债权确实如此,法定债权则需要另行考虑。本民法修正案认为,法定债权中不当得利、无因管理等债权可以与合同债权保持一致,但是侵权损害赔偿债权可以维持现行民法 3 年、20 年的期限,另一方面故意侵害生命身体的侵权损害赔偿债权的消灭时效延长为 30 年(参见《国民有志案》第 669 条第 3 款)。

5. "时效的中断"与"时效的停止"概念的废除及其再构成

废除现行民法"时效的中断"与"时效的停止"概念,采用全新的命名。

首先,对于现行民法"时效的中断"的用语存在下述批判:"中断一词意味着行进过程中停止,然后再继续进行。因而行进之前的时效期间就失去了意义,再次开始时效期间的进行。从这个意义上,时效的中断的名称是不合适的。"[504]

现行民法"时效的中断"有两种效果。第一,时效中断之前的时效期间因中断而失去意义,之前的时效期间即便届满,也不能援用时效。第二,作为时效中断事由的事实终了之后,再次不行使权利的话,从时效中断事由存在之时开始,再次开始时效的进行。

本民法修正案废除了传统的"时效的中断"的概念,根据上述两种效果,分别在两个条文中规定了"时效援用的限制"以及"时效的再次进行"(前者与上述"时效的援用"存在效果要件上的关系)。

其次,对于现行民法"时效的停止"也存在如下批判。"停止一词具有进行暂时中止的含义。时效期间虽然进行了,但是即便到了时效本来应当完成之时时效却没有完成,而是延长到一定的时间点。制度名称也是不合适的。"[505]因此本民法修正案将"时效的停止"修改为"时效完成的推迟"。

二、时效制度的再构成——概况

1. 时效规定的开头 3 个条文

现行民法在时效"总则"中首先规定了"时效的效力"(第 144 条)、"时效的援用"(第 145 条)、"时效利益的放弃"(第 146 条)。在此之后,规定了"时效的中断"(第 147 条至第 157 条)与"时效的停止"(第 158 条至第 161 条)。

时效总则的开头 3 个条文("时效的效力""取得时效""消灭时效")是时效的原则规定,"时效的中断"与"时效的停止"则不是普遍的。

因此,本民法修正案在时效的开头规定中,将现行民法的两个条文第 144、145 条统一到一个条文中,作为时效的总论("新"第 89 条)。

另外,在现行民法时效分论中,"取得时效"一节共有 4 个条文,"消灭时效"一节

---

[504] 山本,前载注㉖,《民法讲义Ⅰ》(第三版),第 591 页以下。
[505] 同上注,第 592 页。

共有10个条文。这些规定,尤其是消灭时效的规定冗长而繁琐,极其细化。众多取得时效和消灭时效的条文规定在"总则"之后,造成总则规定中"时效的效力"的内容更加模糊。因此,本民法修正案关于"取得时效"与"消灭时效"都只有一个条文,并规定在开头规定之后("新"第90条、"新"第91条)。这种规定方式使得开头规定"新"第89条第1款中所言因时效"产生取得权利或权利消灭的效果"的印象更加具体,在开头的3个条文中就一览无余。⁵⁰⁹

2. 关于时效完成的法律行为的效力

享有时效利益的人的法律行为,可能事先不援用时效,或者以时效期间的延长为目的。"新"第92条规定了这种法律行为的效力(详见本章后文)。

3. "时效的中断"与"时效的停止"的再构成

如前述,现行民法"第一节 总则"关于"时效的中断事由"有11个条文,"时效的停止"有4个条文。

这些条文相当繁琐,本民法修正案将现行民法时效停止的4个条文整合到一个条文中,并将标题改为"时效完成的推迟"("新"第93条)。一个条文分若干款项。

现行民法按照"时效的中断"——"时效的停止"的顺序规定,本民法修正案将顺序反转。理由是,现行民法中"时效的停止"的内容属于时效完成期间的延长,延长期间内可能存在现行民法中所谓的"时效的中断"。

另外,现行《民法》从第147条到第157条规定了"时效的中断",本民法修正案将这些条文整合为两个,一个是着眼于裁判外私人间行为的条文,还有一个是利用法院程序等的行为的条文。关于裁判外私人间行为,现行民法只规定了"催告"(第153条),本民法修正案还增加了"交涉","新"第94条规定了"因催告或交涉引起的时效援用的限制"。关于利用法院程序的行为,"新"第95条规定了"因诉讼程序等引起

---

⑤⁰⁹ 【关于时效制度框架的讨论经过】
　　如注⑤所述,本民法修正案不打算将现行民法第七章"时效"作为独立一章,而是将其放在第四章"权利的变动"第三节"时效"之中。
　　首先关于时效的框架,矶村保教授建议将"第三节"的标题改为"期间经过导致的权利变动","第一款"时效","第二款"除斥期间"(2007年12月22日总则分会)。但是,最终我们决定不别规定"除斥期间",也不规定"抗辩权的永久性"(参见注㊾、㊿)。
　　关于时效制度,存在小规模修改草案与大规模修改草案两种方案。
　　小规模修改方案还分为主张修改民法中错乱的用词等同时整顿现行时效制度的秘书处案(2007年2月18日总则分会),与考虑德国民法等国际动向的冈孝案(2007年5月6日总则分会)。前者也就是私法学会提出案以及法曹提交案中的"研究会副案"。
　　秘书处提出大规模修改方案主张包括统一消灭期间,废除现行民法中的"时效的停止"以及"时效的中断"(2007年12月22日总则分会)。大规模修改方案经过若干次讨论以及修改(2008年1月13日总则分会等)就形成了私法学会提出案以及法曹提交案中的"研究会全案"(包括国民有志案是小规模改草案的详细分析、民法起草过程中的讨论,以及中国台湾地区"民法"、韩国民法典等时效制度的比较等,参见五十川直行:《时效法的修改》,载《法政研究》2010年第77卷第2号,第442页以下)。
　　本民法修正案中的时效草案虽然是以国民有志案为基础的,但是如注⑩所介绍,不仅删除了年度末时效,还大幅修改了国民有志案许多地方。

的时效援用的限制"。另外,现行民法中规定的内容基本都规定在本民法修正案之中,只不过采取各款项构成的方式,减少了条文数目。

另外,现行民法"时效的中断"规定包含两方面的效果:第一,经过上述程序的,该程序进行中不能援用时效的效果;第二,该程序中权利义务确定的,从该时点开始时效继续进行的效果。本民法修正案另外在"新"第96条规定了后者的效果,同时该条还规定了现行《民法》第156条的"承认"。另外,"新"第96条规定了现行民法中作为异类处理的第166条第2款的对附条件的权利的承认问题。

此外,"新"第97条规定了现行《民法》第148条的时效中断效力波及"承继人"的问题。

【条文案】

> **(时效)**
> 第八十九条 时效在本法或其他法律规定的时效期间届满时完成,在其完成后,经可享受时效利益的当事人(下一项称为"援用权人")援用,产生取得权利或权利消灭的效果。于此情形,时效的效果溯及至其起算日。
> 2 有多个援用权人的,其中一人援用时效的效果不对其他援用权人产生影响。

本条第1款前段:《民法》第145条(时效的援用)移修
　　　后段:《民法》第144条(时效的效力)移修
　　第2款:新增

> **(取得时效的完成)**
> 第九十条 所有权的取得时效在物的占有人连续二十年以所有的意思,平稳、公然地占有后完成。该占有人在开始占有时,对该物为他人之物是善意且无过失的,时效期间为十年。
> 2 所有权以外的财产权的取得时效在行使该财产权的人按照前款的区别,连续二十年或十年以为己而为之的意思,平稳、公然地行使该权利后完成。
> 3 第一款规定的取得时效在占有人任意中止该占有,或该占有被他人夺取时,该时效期间终止,此后占有人再次开始占有的,时效期间重新起算。但是,适用第N条(占有消灭的例外)规定时,视为该占有持续。
> 4 前款规定准用于第二款规定的所有权以外的财产权的取得时效。
> 5 与不动产或其他以登记或注册为对抗要件的物相关的第一款规定的取得时效在时效完成前,被占有之物由占有人以外的人登记或注册的,该时效期间终止,自该登记或注册时起计算新的时效期间。但是,所有权或财产权的取得时效的争议是在相邻土地之间发生的,不在此限。

本条第 1 款前段:《民法》第 162 条(所有权的取得时效)第 1 款移修
　　　　后段:《民法》第 162 条(所有权的取得时效)第 2 款移修
第 2 款:《民法》第 163 条(所有权以外的财产权的取得时效)移修
第 3 款正文:《民法》第 164 条(因占有中止等引起的取得时效的中断)移修
　　　　但书:新增
第 4 款:《民法》第 165 条[承继前条标题(因占有中止等引起的取得时效的中断)]移修
第 5 款:新增

(消灭时效的完成)
　　第九十一条　财产权的消灭时效因享有该权利的人十年未行使而完成。但是,所有权以及基于所有权发生的请求权不因时效而消灭。
　　2　虽有前款规定,债权的消灭时效因五年未行使该债权而完成。但是,未满政令规定金额的小额债权(因终局判决或裁判上的和解、调解或其他与终局判决有同等效力的诉讼程序等确定,且已至履行期的债权除外)的消灭时效因二年未行使该债权而完成。
　　3　前两款规定的消灭时效的时效期间自可行使权利时起算。

本条第 1 款正文:《民法》第 167 条(债权等的消灭时效)第 2 款移修
　　　　但书:《民法》第 167 条(债权等的消灭时效)第 2 款移修
第 2 款正文:《民法》第 167 条(债权等的消灭时效)第 1 款移修
　　　　但书:新增、括号内《民法》第 174 条之 2(经判决确定的权利的消灭时效)第 1 款、第 2 款移修
第 3 款:《民法》第 166 条(消灭时效的起算等)第 1 款移修

(与时效完成相关的法律行为的效力)
　　第九十二条　时效完成前作出的以下法律行为无效。
　　(一)时效完成后不援用时效的合意或单独行为;
　　(二)对本法或其他法律规定的时效期间进行延长的合意,或其他使完成时效变得困难的合意。

本条主文:新增
　　第 1 项:《民法》第 146 条(时效利益的放弃)移修
　　第 2 项:新增

(时效完成的推迟)

　　第九十三条　在以下各项规定的情况下,时效自该项规定的时间起六个月内不得完成。

(一) 未成年人或被监护人在时效完成前六个月内无法定代理人的;	上述人员成为完全行为能力人时,或在法定代理人选出时
(二) 时效与遗产相关时;	继承人确定时,或在管理人选出时,或作出开始破产清算程序的裁定时
(三) 发生天灾或其他无法避免的事件产生障碍的[仅限于不能进行下一条第一款规定的催告、同条第二款规定的交涉或第九十五条(因诉讼程序等引起的时效援用的限制)第一款各项规定的程序时,或不能请求第九十六条(时效的重新起算和权利的承认)第二款规定的承认时]。	在该事件引起的障碍消灭时

2　以下各项规定的权利的时效自该项规定的时间起六个月内不得完成。

(一) 未成年人或被监护人对法定代理人享有的权利;	上述人员成为完全行为能力人时,或在后任法定代理人选出时
(二) 夫妇一方对另一方享有的权利。	婚姻解除时

本条第1款主文:新增
　　　　第1项:《民法》第158条(未成年人或成年被监护人与时效的中止)第1
　　　　　　款移修
　　　　第2项:《民法》第160条(与继承财产相关的时效的中止)移修
　　　　第3项:《民法》第161条(因天灾等引起的时效的中止) 移修
本条第2款主文:新增
　　　　第1项:《民法》第158条(未成年人或成年被监护人与时效的中止)第2
　　　　　　项移修
　　　　第2项:《民法》第159条(夫妇间权利的时效的中止)移修

(因催告或交涉引起的时效援用的限制)
　　第九十四条　催告在时效完成前六个月内作出的,在时效完成后六个月内,在催告的当事人之间,即使援用时效,时效的效果也不能确定。
　　2　在时效完成前六个月内主张权利的人与相对人之间就该权利进行交涉的,在时效完成后六个月内或其后继续进行交涉时,自最后一次交涉时起六个月内,在交涉的当事人之间,即使援用时效,时效的效果也不能确定。但是,即使在此期间之后,在交涉的当事人之间,也不得违反第三条(诚实信用与禁止权利滥用原则)的规定,援用时效。
　　3　在进行前款规定的交涉的情况下,交涉的一方当事人通过文件或电磁记录宣布终止交涉,或通知即使继续交涉也不能产生本条规定的时效援用的限制的效果的,该宣布或通知的时间视为最后交涉的时间。
　　4　时效完成前六个月内进行的第二款规定的交涉的要约被拒绝的,视为第一款规定的催告。
　　5　在作出第一款规定的催告或第二款规定的交涉的情况下,自时效应完成时或其后六个月内继续进行的最后一次交涉时起六个月内,存在下一条第一款各项规定的程序的,视为该程序在时效完成前已开始。

本条第 1 款:《民法》第 153 条(催告)移修
　　第 2 款正文:新增
　　　　　　但书:新增
　　第 3 款:新增
　　第 4 款:新增
　　第 5 款:新增[参照《民法》第 153 条(催告)]

(因诉讼程序等引起的时效援用的限制)
　　第九十五条　自时效完成前起为行使或实现以下权利的程序持续存在的,在该程序的当事人之间,即使援用时效,时效的效果也不能确定。但是,在该程序中未能认定权利的存在,或支付督促根据民事诉讼法(一九九六年法律第一百零九号)第三百九十二条(支付督促因过期引起的失效)的规定失效,或扣押、临时扣押或临时处分被撤销的,不在此限。
　　(一) 诉讼程序;
　　(二) 支付督促;
　　(三) 法院的和解程序或调解程序、仲裁程序或关于促进利用法庭外纠纷解决程序的法律(二〇〇四年法律第一百五十一号)第二条(定义)第三项规定的认证纠纷解决程序;
　　(四) 参加破产清算程序、再生程序或重整程序;

(五)扣押、临时扣押或临时处分。

2 在前款第三项规定的程序中,即使法院的和解或调解不成,或因不存在达成和解的可能而终止认证纠纷解决程序,或有对上述申请的撤销的,在此后一个月内起诉的,视为在申请该项规定的程序时,该款第一项规定的诉讼程序已开始。

3 在第一款第五项规定的程序中,当扣押、临时扣押或临时处分为对享受时效利益的人以外的人作出时,只有在对享受时效利益的人作出通知后,才适用第一款的规定。

本条第1款主文正文:新增
  但书:新增
  第1项:《民法》第149条(诉讼请求)移修
  第2项:《民法》第150条(支付督促)移修
  第3项:《民法》第151条(申请和解及调解)移修
  第4项:《民法》第152条(破产清算等程序的参加等)移修
  第5项:《民法》第154条(扣押、临时扣押及临时处分)移修
第2款:《民法》第151条(申请和解及调解)移修
第3款:《民法》第155条[承继前条标题(扣押、临时扣押及临时处分)]移修

(时效的重新起算和权利的承认)

第九十六条 在时效完成前,在前条第一款各项规定的程序中对权利的存在予以承认的,在该程序的当事人之间,该权利的时效自以下各项规定的时间起重新起算。

(一)在诉讼程序中,确认权利存在的判决确定时;

(二)在支付督促、法院和解或调解、破产债权的确定或其他与确定判决有同等效力的程序中,该程序确定时;

(三)在扣押、临时扣押或临时处分中,该程序完结时。

2 在时效完成前,因时效完成而受益的当事人承认相对人的权利的,在该程序的当事人之间,自该承认之时起时效期间重新起算。虽为因时效完成而受益的当事人之代理人但对该权利无处分权的人,承认相对人的权利的亦同。

3 意思能力欠缺者、未成年人或被监护人进行前款规定的承认的,不产生效力。但是,未成年人获得法定代理人的同意进行该款规定的承认的,不在此限。

4 对他人占有之物享有附开始期限的权利或附停止条件的权利的人,随时可请求占有人在时效完成前予以承认。于此情形,在该承认作出时,视为作出第二款规定的承认。

本条第1款主文:《民法》第157条(中断后时效的计算)第1款移修
  第1项:《民法》第157条(中断后时效的计算)第2款移修
  第2项:新增[参照《民法》第157条(中断后时效的计算)第1款]
  第3项:新增[参照《民法》第157条(中断后时效的计算)第1款]
 第2款前段:《民法》第147条(时效的中断事由)第3项、第157条(中断后时效的计算)第1款移修
    后段:《民法》第156条(承认)移修
 第3款正文:《民法》第156条(承认)移修
  但书:新增
 第4款前段:《民法》第166条(消灭时效的计算等)第2款但书移修
  后段:新增

> **(时效援用的限制及适用时效重新起算的当事人的范围)**
> 第九十七条 第九十四条(因催告或交涉引起的时效援用的限制)第一款及第二款、第九十五条(因诉讼程序等引起的时效援用的限制)第一款及前条第一款及第二款规定的当事人中包括该当事人的承继人。

本条:《民法》第148条(时效中断的效力所及之人的范围)移修

【修正理由】

一、时效的一般原则

1. 明确时效制度的基本框架

  时效的开头规定,即现行《民法》第144条规定:"时效的效力溯及至其起算日。"该条规定过于唐突,因时效到底发生什么效力本身并不明确。可以说,这是民法典不利于国民阅读的典型法条。

  因此,本民法修正案首先在开头规定的"新"第89条第1款明确规定时效制度是因"时效期间届满(=时效的完成)+当事人的援用"而发生权利取得和消灭的效果的制度("前注"中已作说明。判例⑰以及通说也认为条文上应当明确表达不确定效果说中的停止条件说)。

2. 时效的援用与援用人

  如1中所述,时效因"时效期间的届满(=时效的完成)+当事人的援用"而发生效力。以当事人的援用为要件乃是因为可以期待,有良心的人在知道自己是无权利人的情况下不会援用取得时效,在知道自己本来就承担义务的情况下不会援用消灭

---

⑰ 参见最判1986年3月17日民集40卷2号,第420页。

时效这种绅士式的行为。反过来说,如果仅仅以"时效期间的届满(=时效的完成)"为要件的话,还可以防止有良心的人接受自己不愿意接受的利益。

但是,我们不能期待所有人是有良心的人。时效一旦完成,既然时效制度是一个"一刀切"的制度,那么一定程度上援用不同的实体权利义务也是无可厚非的。只是,有些判决认为,时效制度的"最终存在意义需要依靠正义才能限制。在显著违反正义的情况下,援用时效构成违反诚信原则或者权利滥用"。[78] 这样的案例不少,当然案例的情况也各有不同,所以没有把案例的观点反映到条文草案中。

关于援用权人,"新"第 89 条第 1 款只规定了"可享受时效利益的当事人"的"援用",并没有规定谁是"援用权人"。

现行《民法》第 145 条规定"当事人不援用"时效的,法院不能依据时效进行裁判。关于"当事人"的解释,就是关于划定援用权人的范围的讨论。明治时期的大审院判例采取限制性解释,即当事者限定为取得时效的权利取得人以及消灭时效的义务免除人等"因时效而直接受益的人",抵押权人不能援用被抵押债权的消灭时效。[79]对于判例的观点,学说上进行了强烈的批判。战后最高法院虽然维持了"直接受益人标准"的用词,但是相当程度上扩大了受益人的范围。

虽然不少判例提及了援用人的范围[80],但是判例规范几乎是不可能定型化的。学说还是对判例中"直接受益人标准"的用词采取了批判态度,取而代之提倡用"一般标准的内容多种多样,并不见其收缩"[81],"学说异彩纷呈,通说的地位并不稳固"。[82]但是,"之前判例上承认的援用范围几乎得到了学说上压倒性的支持,今后估计也将得以维持"。[83]

本民法修正案希望"援用权人"可以定型化。但是,判例的个别判断得到了学界压倒性的支持,加之不可能制定一条可以涵盖所有个别判断的法条,所以定型化的尝试可能相反会带来混乱。因此,"新"第 89 条第 1 款只是规定了"可享受时效利益的当事人的援用",避免了无意义的定型化。这个问题同样应当交由判例与学说解决。

另外,可能涉及细微的用语问题,本民法修正案基本沿袭了现行《民法》第 145 条使用的"当事人"一词。由于现行《民法》第 145 条规定"时效未经当事人援用的,法院不得以此作出判决",与法院相对,使用"当事人"的用词自然也是没有问题的。但

---

[78] 松元克美:《时效与正义》,日本评论社 2002 年版,第 7 页。另外关于判例的详细分析参见该书第 143 页以下。

[79] 参见大判 1910 年 1 月 25 日民录 16 辑,第 22 页。

[80] 参见山本丰:《民法第 145 条(时效援用的意义以及援用人的范围)》,载《民法的百年 II》,有斐阁 1988 年版,第 276 页以下。

[81] 判例详解,参见山本丰,同上注,第 297 页。

[82] 参见松久三四彦:《时效制度与构造的解释》,有斐阁 2010 年版,第 181 页。

[83] 山本丰,前载注[80],《民法第 145 条(时效援用的意义以及援用人的范围)》,第 297 页。但是,学说并不是完全支持判例的观点。比如说,如果认可抵押物的第三取得人援用时效取得的话,结果就是得到了意外的利益。因此,也有学说反对通说(认可第三取得人的时效取得援用)(参见星野英一:《判例研究》,载《法学协会杂志》1966 年第 83 卷第 1 号,第 60 页以下,特别是第 68 页以下)。

是,如"前注"所述(本章前文),本民法修正案避免在时效制度中使用"裁判"一词,所以有人认为"时效受益人"比"当事人"的用词更为自然。

但是,如果本条使用"时效受益人"的话,援用权人便有扩大之感。比如,债务人的一般债权人如果也可以援用时效的话,通过责任财产的恢复可以受益,但是就不能让其享有时效援用权。上述一般债权人可以因消灭时效受益,但是对时效对象即权利义务缺乏"当事人"属性。因此,"当事人"概念可以通过排除一般债权人等限制援用时效人的范围。因此,"新"第89条第1款"当事人"一语并不是与现行《民法》第145条中"法院"相对应的用语。

3. 时效的溯及效力

"新"第89条第1款后半段规定了时效的溯及效力。该条该款后半段沿袭了现行《民法》第144条,其中时效的"起算日"的规定,关于取得时效规定在"新"第90条第1款至第4款,消灭时效规定在"新"第91条(消灭时效)第3款中。

4. 时效援用的相对效力

"新"第89条第2款规定,存在复数援用权人的情况下,一人的援用不影响其他援用权人的援用,这就是时效援用的相对效力。

判例[884]以及学说[885]对时效援用的相对效力都没有异议。尽管现行《民法》第148条规定了时效中断的相对效力,却没有规定作为前提的时效援用相对效力,存在不平衡性。

因此,本民法修正案首先在条文上明确加入了时效援用的相对效力。当然,《民法》第439条规定了连带债务人之间时效的绝对效力,这属于例外。因此,"新"第89条第2款援用效果的相对效力是一般规定,而《民法》第439条则是特别规定,这不存在问题。

二、取得时效

1. 取得实效的完成

如"前注"所述,本民法修正案对取得时效之规定的体系定位进行了重大变更,但是规范内容上,在继承现行《民法》第162条至第165条的基础上将其整理为一个条文。

现行《民法》第162条至第165条规定了取得时效的效果,因时效期间的届满而"取得权利"。"新"第89条第1款规定因"时效期间的届满(=时效的完成)+当事人的援用"而发生权利取得、消灭的效果。在这种框架之下,"新"第90条将焦点放

---

[884] 参见大判1919年6月24日民录25辑,第1095页。
[885] 参见川岛武宜编:《注释民法(5)总则(5)》,有斐阁1967年版,第54页(川井健执笔部分)。

在了"取得时效的完成"。⑱

2. 所有权的取得时效

下面分别说明各款内容。

---

⑱【关于时效的一般原则的讨论经过】
关于时效的开头规定,最初秘书处方案阶段,由两条构成(2007 年 12 月 22 日总则分会)。其后,字句以及结构上稍微修改之后,就是私法学会提出案。

(时效的要件及效果 私法学会提出案修正案)
第九十五条　① 时效期间届满后,获得时效利益的当事人援用时效时,在当事人之间发生时效效力。
　　　　　　② 时效的效力溯及起算日。
(时效利益的放弃及时效特别约定的效力)
第九十六条　① 时效利益不得事先放弃。
　　　　　　② 增加时效完成难度的约定条款无效。

其后的国民有志案并没有大幅修改该规范内容。
国民有志案公布之后,时效讨论颇为热闹,开始摸索在时效的开头规定中明确规定权利取得、权利消灭。即,在开头规定中规定三点:① 时效期间届满导致时效完成 + ② 时效的援用,以及作为结果 ③ 权利的取得或者消灭的效果。但是到了讨论的最终阶段,秘书处提出了正案和副案两个方案(2014 年 6 月 15 日全体会议),下面介绍其中的副案(虽然在文字上有些许差异,但是正案与时效的开头规定与"新"第 89 条在规范内容上是一样的)。

(取得时效　过程草案　2014 年 6 月 15 日秘书处副案)
第八十九条　① 根据本法及其他法律规定的时效期间届满,获得时效利益的当事人通过援用发生权利取得或消灭的效果。
　　　　　　② 略
　　　　　　③ 略
　　　　　　④ 略
第九十条　　① 所有权的取得时效为二十年,其因以所有之意思平稳且公开地持续物之占有而完成。占有人通过援用时效取得该物之所有权。占有人在占有开始之时对于该物非自己之物善意且无过失的,期间为十年。
　　　　　　② 以为己之意思,平稳并公开占有的,根据前款区分二十年或十年之状况,完成所有权益外的财产权取得时效的,该准占有人可以援用时效取得该财产权。
　　　　　　③ 与本民法修正案相同。
　　　　　　④ 同上
　　　　　　⑤ 同上

(消灭时效　过程草案　2014 年 6 月 15 日秘书处副案)
第九十一条　① 财产权的消灭时效因享有该权利之人十年未行使权利而完成,该权利消灭的受益当事人援用时效的,该财产权消灭。但是,所有权及基于所有权发生的请求权不因时效而消灭。
　　　　　　② 与本民法修正案相同。
　　　　　　③ 同上

无论是取得时效还是消灭时效都明确规定了权利得丧的法律效果,所以条文本身易于理解。只是副案第 89 条与第 90 条都规定了"援用条款",存在重复。此外,第 90 条规定了占有人援用时效时,占有人为登记簿上的名义人的,与其设定限制物权的人为了维持自己的限制物权,援用占有人的取得时效的,根据法条是副案第 89 条。

为了回避规定重复以及援用根据法条分裂的问题,我们没有采纳副案而是采用了正案。本民法修正案"新"第 89 条规定了时效的基本框架,"新"第 90 条、"新"第 91 条之规定各自的取得时效与消灭时效。

"新"第 90 条第 1 款前半段规定了 20 年取得时效的要件,该款后半段规定了占有开始之时善意无过失人 10 年的取得时效。现行《民法》第 162 条第 1 款和第 2 款以重复的文字规定了长期和短期的取得时效,与此相对,本民法修正案使用了更加简略的表达。⑯

另外,现行《民法》第 162 条将取得时效的对象限定为"他人之物",但是判例认为"自己之物"同样适用取得时效。⑰ 学说上对此并无异议,本民法修正案也将判例中的宗旨规定到法条中来,并使用"物的占有人"的表述,从而未排除自己之物的占有人。

符合"新"第 90 条第 1 款要件的占有人为登记簿上的所有人的情况下,与其设定限制物权的人也可以根据"新"第 90 条第 1 款主张占有人的取得时效,以该占有人时效取得的所有权为前提,可以使得自己的限制物权正当化。我们可以通过以下解释得到这个结论,即设定限制物权人包括在"新"第 89 条第 1 款"可享受时效利益的当事人"(援用权人)之中。

3. 所有权之外的财产权的取得时效

"新"第 90 条第 2 款规定了所有权之外的财产权的取得时效。虽然一定程度上修改了现行《民法》第 163 条的用语,但是基本上还是沿袭了现行民法的内容。

4. 占有丧失导致时效期间的进行的终了

"新"第 90 条第 3 款将现行《民法》第 164 条"因占有中止等原因引起的取得时效的中断"变更为占有丧失之时的时效期间的进行的终了。如"前注"所述,这弥补了现行民法"时效的中断"一词与实际情况脱节的问题。在此基础上,新设了"新"第 90 条第 3 款但书,在占有回收之诉(本民法修正案中的"基于占有的物权返还请求权")的情况下,由于物权编中打算规定的"占有的消灭的例外",这是表明时效期间继续的提示条款。⑱

---

⑯ 另外,还有一个有力的立法选择项是采用德国民法上的不动产取得时效中登记簿取得时效制度。但是,我们在很早的阶段就放弃了该选择项(2007 年 12 月 22 日总则分会)。理由是民法修改中这种激进的方式并不是我们乐于看到的,而且现实中时效纠纷主要是相邻土地的取得时效问题。因此,这个问题可以通过后述"新"第 90 条第 5 款应对。

另外,导入登记簿取得时效制度的话,就可以解决日本长期存在的取得时效与登记的问题。但是,对于该问题,几代说认为可以通过现行《民法》第 94 条第 2 款共谋虚假表示规定的类推适用加以解决[参见几代通:《法律行为的取消与登记》,载于保还历;《民法学的基础课题》(上),有斐阁 1971 年版,第 53 页]。根据本民法修正案"新"第 50 条第 3 款,即便不导入登记簿取得时效,至少也可以解决这个问题。因此,我们决定不导入登记簿取得时效,而是在"新"第 90 条第 5 款规定了登记导致"时效重新进行",用现行民法的用语来说,即"登记导致时效中断的,时效重新进行"。

⑰ 参见最判 1967 年 7 月 21 日民集 21 卷 6 号,第 1643 页;最判 1969 年 12 月 18 日民集 23 卷 12 号,第 2467 页。

⑱ 在国民有志案公布之后的讨论中,作为《国民有志案修正案原案》第 133 条之 2(占有的消灭的例外),如下规定:

(占有的消灭的例外 过程草案 2011 年 6 月 7 日秘书处草案)
第 N 条 (国民有志案修正案原案)第一百三十二条(直接占有的消灭)及前条第三项规定之外,占有人基于占有行使物权返还请求权,且取回遗失占有物的,占有视为一直持续。

另外,"新"第 90 条第 4 款虽然在文字上作了若干修改,但是内容还是沿袭了现行《民法》第 165 条。一般认为,这就是权利行使的准占有被中止,然而是否可以掠夺根据财产权的内容而有所不同。如此,便存在可以适用第 3 款但书与不能适用第 3 款但书的两种情形。因此,该条第 4 款但书便有存在的必要了。但是,不能适用"新"第 90 条第 3 款但书的情况下,实际上也不可能准用该但书,所以没有如此规定。⑳

5. 二重让与中不动产的取得时效与登记的优劣

"新"第 90 条第 5 款是新设规定,用以应对过去数十年间学说中提出的问题。

按照现在的通说与判例,在二重让与中,A 在未登记的情况下 9 年间占有,B 是第二受让人,即便其登记之后经过 1 年,A 的取得时效完成,仍然优先于 B(判例认为,对于 B 所有的不动产,A 的取得时效完成⑳)。在不动产取得时效的案例中,许多情况下已经登记的受让人败给持续占有人,但是这是否妥当还是一个值得探讨的问题。⑳ 这个问题我们打算通过新设的"新"第 90 条第 5 款加以解决。⑳

---

⑳ 【关于取得时效的讨论经过】
时效的最初方案由"总则、取得时效、消灭时效"三部分组成,其中取得时效基本沿袭现行《民法》第 162 条、第 163 条(2007 年 12 月 22 日总则分会)。从私法学会提出案到国民有志案一直如此。
但是,以现行民法为基础的上述方案在下述方案的出现而被彻底改变。

(取得时效 过程草案 2012 年 8 月 5 日秘书处修正案)
第 N 条 ① 物的占有人在二十年间,基于所有之意思,平稳且公开地持续占有该物的,其因时效而取得该物之所有权。占有人在占有开始之时对于该物非自己之物善意且无过失的,其因十年间持续占有而可以援用时效。
② 占有所有权之外的财产权,并依照国民有志案第一百三十四条(准占有)行使该财产权的,准用前款规定。

以此草案为契机,取得时效不作为独立的"款",而设为一个条文。在此基础上,时效总论条文也归纳为一个条文,在此之后设置取得时效的条文。上述草案在此后经过若干次修改,同时矶村保教授还提出了追加的第 5 款(2014 年 4 月 20 日全体会议)。在经过川崎政司律师的用语检查之后,便成为最终的"新"第 90 条。
⑳ 参见大判 1924 年 10 月 29 日新闻 2331 号,第 21 页。
⑳ 本段落叙述参见我妻荣著、有泉亨补订:《新版物权法》(民法讲义Ⅱ),岩波书店 1983 年版,第 117 页以下。另外,学说也参照了该书。
⑳ 另外,"新"第 90 条第 5 款还规定了时效完成之前转移登记的情形。至于时效完成之后转移登记的情形,虽然这是另外一个与登记相关的问题,下文简单加以说明。
对于这个问题,目前的判例认为,时效完成后从原所有人受让不动产的第三人与时效取得人之间的关系是对抗问题,先登记的人取得完全的所有权(大判 1925 年 7 月 8 日民集 4 卷,第 412 页)(但是,如物权法修改理由书所详述,学说中也有观点认为——现行《民法》第 177 条登记对抗问题的适用范围限于《民法》第 176 条的意思表示引起的物权变动——可以通过现行《民法》第 94 条第 2 款的类推适用解决这个问题。本民法修正案认为法律修改不用表明态度,也没有必要排除上述的学说。下面以判例的立场为前提展开)。
如前所述,判例认为,时效完成后受让人取得登记的,其取得完全的所有权,占有人之后继续占有时效完成所必须的时间的话,即便没有登记也可以以时效取得对抗受让人(最判 1961 年 7 月 20 日民集 15 卷 7 号,第 1903 页)。根据该观点,时效完成后设定了抵押权,也取得了登记,如果持续占有期间达到时效取得必要的时间的,同样如此[最判 2012 年 3 月 16 日民集 66 卷 5 号,第 2327 页。但是,该抵押权登记之后,时效取得人进行所有权转移登记的,就不能再次主张时效取得(最判 2003 年 11 月 30 日判时 1846 号,第 7 页)。理由是,抵押权登记后,时效取得人转移登记所有权的结果是,这里的占有继续容忍了抵押权的存在(后载,石田文章)]。

在边界纠纷型时效中,让登记比占有更加优先也是存在问题的,所以通过设置但书,在此类案件中规定占有优先于登记。

三、消灭时效

1. 消灭时效的体系

在时效制度的整体中,"前注"已经谈到了消灭时效规定的体系定位,因此下文仅谈论消灭时效内部的体系。

从体系来看,现行民法关于消灭时效的规定方式相当奇妙。首先,在消灭时效的开头,现行《民法》第 166 条第 1 款就规定了消灭时效开始的时间,这本身并没有那么不自然。但是,该条第 2 款的规定与消灭时效并没有关系,只能发挥作为取得时效中断事由的功能。在法典调查会时期,就有人建议删除该规定,但是结果还是保留下来这一没有放对位置的条文。㉝

在此基础上,现行《民法》第 167 条第 1 款规定了债权的消灭时效,然后第 2 款规定了"债权或所有权以外的财产权"的消灭时效。但是,财产权一般同时包括所有权和债权,却没有规定所有权,所有权与消灭时效无关的宗旨并不容易让人理解。

因此,本民法修正案首先在"新"第 91 条第 1 款规定了一般财产权的消灭时效,然后在但书中规定所有权的处理。其次,在第 2 款中规定债权的处理方式。以此为顺序,下面依次说明。

2. 财产权的消灭时效

"新"第 91 条第 1 款正文沿袭了现行《民法》第 167 条第 2 款,规定了一般财产权的消灭时效。消灭时效的对象在比较法上不一而足,包括一般权利、诉权、请求权、债权,等等,多种多样。㉞ 消灭时效的对象我们还是继承了现行法。

但是,时效的期间从现行法的 20 年缩短为 10 年,其理由如下。

如下文 4 中所述,当今社会变动剧烈,债权尤其是合同债权的消灭时效在比较法上存在缩短的趋势。社会变动的激烈不仅体现在债权中,同样体现在知识产权、围绕法人的社员权等其他财产权之中。即便是在财产权中,像用益物权有必要保持权利存续的安定性(按照现行民法的说法,不采取"时效中断"的措施),也没有必要长时间保护不行使的状态。地役权的长期不行使状态也不应当得到保护。但是,考虑到

另外,根据"新"第 90 条第 1 款,可以像判例一样解决上述情况,所以本民法修正案没有特别规定再度时效取得的主张[另外,关于时效取得人与从原所有人受让抵押权的人之间的对抗问题,学说上也有各种讨论,2012 年判例也在补充意见中提及,但是本民法修正案并不设特定立场(学说参见五十川直行:《判例解说》,载《2012 年重要判例解说》,第 69 页以下;石田刚:《判例评论》,载《私法判例 Remarks》2013 年第 46 号,第 18 页以下)]。

㉝ 参见横田国臣、井上正一、矶部四郎发言,载《法典调查会民法议事速记记录》(第五卷),第 155 行(电子版第 158/228 项)。前载注②,《法典调查会民法总会议事速记记录》,第 532 页以下。

㉞ 参见金山编,前载注㉘,《消灭时效法的现况与修改建议》,第 196 页(松久三四彦执笔部分)。

现行民法中财产权的时效期间是一般民事债权期间的两倍,财产权的内容也较多样,为了不过度阻碍用益物权等权利人的行使或者不行使权利的自由,本民法修正案决定期间为一般债权的两倍,即 10 年。

3. 所有权的消灭时效

所有权以及由所有权产生的物权请求权与消灭时效无关。但是现行《民法》第 167 条第 2 款规定:"债权或所有权以外的财产权二十年未行使则消灭。"仅从文字上看,容易产生如下误解:一般财产权消灭时效是 20 年,债权、所有权与消灭时效无关。因此,本民法修正案在"新"第 91 条第 1 款但书明确规定所有权以及基于所有权而产生的请求权与消灭时效无关。⑨⑨

4. 债权的消灭时效

(1) 消灭时效期间的统一

现行《民法》第 166 条至第 174 条之 2 共 10 个条文规定了债权的消灭时效。具体来说,第 170 条之下,根据债权的属性,分别规定了 3 年、2 年、1 年的短期消灭时效。这些规定继承了旧民法典关于消灭时效的规定,该法典根据债权种类设置了差异化的消灭时效期间。旧民法的规定是"以法国民法为基础而起草的"。但是"法国民法的规定是以敕令、习惯法为基础的。即,第 2277 条规定的定期给付债权的时效始于 1510 年的路易十五的敕令,关于医生等债权的第 2271 条第 1 项始于巴黎的习惯,关于商人诉权的第 2273 条则是路易十二的敕令以及巴黎的习惯,关于劳动者以及工匠债权的第 2272 条是巴黎的习惯,各有所出。与此相对,日本民法在立法上继受了法国民法的规定,在规定短期时效之际,几乎没有考虑交易习惯[虽然也不见得完全不考虑,参见《法典调查会速记记录》(第 5 卷),190—191]","但是,现在是否还需要这样差异化的短期时效制度? 学者指出,该制度存在以下缺点。首先,规定的形式极其复杂,容易产生各种问题。法国对于本国民法极其复杂的规定也存在极强批判,这些批判同样适用于日本民法"。⑨⑨

因此,本民法修正案"新"第 91 条第 2 款对于消灭时效期间将不设差异,不管债权属性如何,统一时效期间。故而,现行民法 10 个条文的消灭时效规定统一为一个条文(现行《民法》第 168 条以及第 169 条的定期金债权等问题,将在 5 中阐述)。

---

⑨⑨ 另外,在现行法之下,所有权与消灭时效无关,仅存在取得时效的反射效力的消灭问题。与此相对,过去的泰国土地法曾经规定了不利用土地导致的所有权消灭,收为国有,相关内容参见加藤雅信:《新民法大系 II 物权法》(第二版),有斐阁 2005 年版,第 251 页。

⑨⑨ 以上参见川岛编、前载注⑨⑨,《注释民法(5)》,第 332 页以下(平井宜雄执笔部分)。同时参照以下表述:"历史上看,比如商人等被认为是'卑贱之人'。不认可小酒馆酒费的诉权,理由是这些场所脏乱,债务原因也不为人所认可。根本上来说,存在对这些阶层人士的不信任以及轻蔑的看法。换言之,这些规定反映了债权人社会阶级地位直接给债权带来的差异,是时代的产物。因此,从债权平等处理的原则出发,这种差异不存在正当性。"(金山直树:《时效的理论与解释》,有斐阁 2009 年版,第 7 页以下)

（2）5 年的消灭时效期间

那么统一为几年呢？答案并不容易。世界各国的潮流是消灭时效期间的短期化。[798] 从比较法上看，时效期间有 10 年、6 年、5 年、4 年、3 年等，"从模范法上看，多数为 3 年"。[799] 不过，时效的起算点的计算方式并不一致，知道可以行使权利或者应当知道可以行使权利，加入了这些主观要素，即所谓"时效的二重期间"。[800] 但是，也有人指出，"如果缩短时效期间的话，可能限制债权人的权利，所以不可过分限制"。[801]

基于以上考虑，实务中并没有要求主观化的复数规定方式，所以与现行民法一样，本民法修正案采纳了客观的起算点，"新"第 91 条第 2 款正文规定了 5 年的债权时效期间。[802]

另外，如第二部中所述，民法之外，商事债权方面，《商法》第 522 条规定了 5 年的消灭时效，按照《会计法》第 30 条以及《地方自治法》第 236 条，国家与地方政府的金钱债权债务也是 5 年的消灭时效，所以本民法修正案中的民事债权消灭时效与商事债权、私人债权债务、上述公共债权债务并无区别。[803]

（3）小额债权的特别规则

在企业等组织中，债权管理往往是有组织进行的，但是债权管理还是需要消耗成本，所以一般希望小额债权可以快速处理。另外，一般市民的家庭生活中，考虑到债权清偿之时的受领证书的保管等事项，所以在债权管理中小额债权的保管很少能达到 5 年。因此，在一般债权 5 年消灭时效之外，对于小额债权，本民法修正案"新"第

---

[798] 参见平野裕一：《消灭时效——世界的单纯化与短期化》，载圆谷峻编著：《社会变迁与民法典》，成文堂 2010 年版，第 79 页。

[799] 参见金山编，前载注[?]，《消灭时效法的现状与修改建议》，第 199 页（松久三四彦执笔部分）。

[800] 比较法的详细探讨，参见金山编，前载注[?]，《消灭时效法的现状与修改建议》，第 23 页以下、第 196 页以下（平野裕之、松久三四彦执笔部分）。

[801] 山本，前载注[?]，《民法讲义Ⅰ》（第三版），第 565 页。另外，还有反对时效期间短期化、同一化的意见，参见松元克美：《续·时效与正义》，日本评论社 2012 年版，第 283 页以下。

[802] 矶村保教授基于以下理由，反对消灭时效期间的短期化。

首先，教授认为日本社会实务界并不存在时效期间短期化的迫切要求，而且如果银行存款债权适用于 5 年消灭时效的话，可能存在重大问题。另外，与西欧国家不同，应当考虑到日本社会起诉之前往往经历了漫长的时间这种特殊情况。

其次，在个别问题上，像不当得利返还请求权等，即便存在法律上的权利行使可能性，但是债权人可能没有注意到这种可能性。又比如在合同债权中的瑕疵担保责任等，也可能没有注意到瑕疵的存在。时效期间的一律短期化存在种种问题（2014 年 6 月 15 日全体会议）。

但是，在民法改正研究会内部，多数意见认为应当消除短期消灭时效期间的差异，如正文中所言，民法、商法、行政法中的时效期间应当一致化，所以最终采纳了"新"第 91 条第 2 款的规定。

[803] 过去认为，民事债权消灭时效 10 年，商事债权消灭时效 5 年，这是企业交易快速化的要求。但是，即便是民事债权，第 169 条之下消灭时效分为 5 年、3 年、2 年、1 年等。如此看来，民事债权长期化商事债权短期化的命题是存在疑问的。另外，以退休金债权为例，企业退休的情况下采民事债权，消灭时效为 10 年。如果是公务员退休，按照《会计法》第 30 条，消灭时效为 5 年。但是，这样真的合理吗？因此，为了民事债权中众多的短期消灭时效规定与一般债权消灭时效规定的平等化，民事债权、商事债权、公法上的债权不应该就消灭时效区别规定。

91 条第 2 款但书规定了 2 年的消灭时效期间。[404]

具体来说，小额债权的数额到底是多少的问题可以通过政令解决。《民事诉讼法》第 368 条"小额诉讼的要件等"中的 60 万日元[405]以及从家庭日常支出的 10 万日元可以作为参考。[406] 民法改正研究会认为后者更为妥当。

（4）判决等中确定的权利的消灭时效

虽然现行民法原则规定了债权的消灭时效期间为 10 年，但是还存在许多 5 年以下的短期消灭时效期间。根据现行《民法》第 174 条之 2 的规定，这些债权通过判决确定的，时效期间为 10 年。这是由于短期消灭时效债权通过裁判这种公众纠纷解决方式变为更加安定的权利。

本民法修正案也考虑沿袭这种观点，在"新"第 91 条第 2 款但书规定了小额债权由判决等确定的例外情形。[407] 由于现行民法规定了众多短期消灭时效期间，所以第 174 条之 2 发挥了一定的功能。但是，本民法修正案规定除小额债权外的所有债权都统一适用 5 年的消灭时效期间，所以"新"第 91 条第 2 款但书的适用范围就变小了。

（5）定期金债权等问题

本民法修正案删除了现行《民法》第 168 条的定期金债权与第 169 条的定期给付债权的规定。

关于定期金债权消灭时效的现行《民法》第 168 条前半段规定了作为基本权的定期金债权的消灭时效为 20 年，作为支分权的债权则适用一般的消灭时效。

与现行《民法》第 168 条定期金债权的消灭时效相关的判例只有 6 个[408]，数目并不多。再看这些判例，可以发现该规定的意义并不大。而且裁判外适用该规定的频率也不高。因此，社会需求上看，并不存在定期金债权的消灭时效比一般债权更长的问题。

如此，没有必要像现行《民法》第 168 条那样，对作为基本权的定期金债权与作为

---

[404] 另外，有人还故意利用小额债权的特殊之处，将原本的概括性交易分割为个别商品的债权，作为小额债权，由于小额债权在短时间内债务因时效而消灭，便可以免予清偿。对于人为性使得债权小额化这种情况，我们可以通过诚信原则与权利滥用原则解决。

[405] 考虑到民事诉讼法中简易裁判的管辖，《民事诉讼法》第 368 条适用于金钱债权，所以民法的小额债权也可以根据债权内容的价值，扩张到金钱债权之外。

[406] 另外，已经发生的债权本来是小额债权，但是根据现行《民法》第 405 条"利息的原本滚入"[相当于《国民有志案修正案原案》第 354 条（利息债权）第 3 款]，"本息"可能超过小额债权的边界。对于这个问题，有必要在政令中加入下述注意条款。

民法施行令
（目的）
第一条　内阁根据民法委托事项以及其他法律实施必要事项，制定本政令。
第 N 条　① 第九十一条第二款政令规定的数额为 N 万元。
　　　　　② 前款数额不包括（国民有志案）第三百五十四条（利息债权）第三款加入本金的利息。

[407] 即便是判决或者裁判和解中确定的小额债权，没有到清偿期的，也不符合"新"第 91 条第 2 款但书括号内的除外情形，时效期间也不是 2 年。

[408] LEX/DB 网（2014 年 11 月 1 日访问）。

支分权的定期金债权规定两个消灭时效。这是因为,在作为最初的支分权的债权清偿期到来阶段,如接下来所介绍的"新"第91条第3款所言,不仅是作为支分权的债权,作为基本权的定期金债权也来到了"可以行使权利之时"。⑩ 如果作为最初的支分权的债权在清偿期到来之后5年不行使的话,那么无论是作为支分权的债权还是作为基本权的定期金债权,同时因时效而消灭。

以此构造为前提,就没有必要在时效一处规定"定期金债权的消灭时效"。

另外,即便是从现实社会中的具体事例来看,定期金债权的典型是养老金。公共养老金按照《国民年金法》第102条的规定,消灭时效为5年,也没有适用民法定期金债权的余地。还有一个典型是民法中的典型合同中的一种,即《民法》第689条之下规定的终身定期金合同,但是日本基本上都没有终身定期金合同的适用先例。

以此为前提,本民法修正案删除了现行《民法》第168条规定的"定期金债权的消灭时效"。

另外,该条第2款规定:"定期金的债权人为取得时效中断的证据,可以随时要求其债务人出具承认书。"但是该规定也基本没有适用的先例,几乎不存在社会需求,所以删除也没有问题。

与此相对,现行《民法》第169条"定期给付债权的短期消灭时效",虽然数目也不多,但是存在数倍于第168条的相关案例,所以不能说不存在社会需求。但是,现行民法对此规定了5年的短期消灭时效,所以"新"第91条第2款可以吸收这种情形,也就没有必要就此问题专门设置规定了。

5. 消灭时效的起算点

如上文所述,对于消灭时效的起算点,在比较法上存在综合考虑客观起算点与主观起算点的复线观点。

但是,这主要是学界的建议,日本社会在实务上并不存在消灭时效起算点复线化的需求。

因此,规定消灭时效起算点的"新"第91条第3款没有采用该制度,而是沿袭了现行《民法》第166条第1款的规定,采用了客观起算点。但是,作为例外,在侵权行为之中,受害人(债权人)难以把握债权的存在,或者难以行使债权之时,有必要考虑债权起算点的复线化(现行《民法》第724条、《国民有志案修正案原案》第699条第1款)。另外,像瑕疵担保责任那样,请求权发生的原因是"隐藏的瑕疵"等,请求权人一般难以知道瑕疵的情形,有必要考虑从"买主知道瑕疵时"起算等主观起算点(现

---

⑩ 定期金债权中的"作为基本权的定期金债权"是一种抽象权利,其具体化必须依靠支分权。"作为基本权的定期金债权"的行使职能依靠现实中发生的"作为支分权的定期金债权"的行使。因此,"作为基本权的定期金债权""可以行使权利之时"与最初发生的"作为支分权的定期金债权"的"可以行使权利之时"是一致的。

行《民法》第570条准用第566条第3款、《国民有志案》第499条第3款)。⑩

---

⑩ 【关于消灭时效的讨论经过——消灭时效期间的统一与年度末时效】
(1)"消灭时效期间的统一"的建议
如注⑩所述,民法改正研究会从2007年开始考虑时效制度的改革。彼时,冈孝教授参照国际动向,提出将消灭时效期间缩短为3年(2007年5月6日总则分会)。冈孝教授的建议之后,研究会还讨论了迪奥多西敕令以来,30年时效期间为主流的欧洲各国民法,德国法改为3年,法国法草案也是3年,短期化倾向明显(2007年8月5日总则分会)。民法改正研究会注意到了上述国际动向,考虑到现行法中杂乱的短期消灭时效规定的问题以及与商事时效、会计法以及地方自治法中时效的协调,建议统一为5年。5年的期间主要考虑了民事债权消灭时效短期化的观点,以及商事、地方自治法中5年消灭时效(《商法》第522条、《会计法》第30条、《地方自治法》第236条第1款)。
(2)"年度末时效的导入"的建议
如(1)中所述,在统一短期消灭时效的建议同时,秘书处还建议导入矶村保教授所介绍的德国法上的年末时效制度(2007年8月5日总则分会)。
该制度的宗旨如下:
在现行民法之下思考债权的消灭时效,首先为了确定债权的消灭时效期间需要搞清楚该债权是什么种类的债权,然后记录消灭时效起算点的各种债权的发生年月,在此基础上再考虑1年、2年、3年、5年、10年等不同的期间的债权管理。
与此相对,德国法上,债权的消灭时效基本上在债权成立之时就开始进行(修改后的《德国民法典》第199条第1款)。结果,时效的起点就变成了一年的开始,时效期间的计算更为容易,所有的债权管理按照一个时间点就可以(另外,德国民法采用了请求权时效的构成,本文介绍法律制度时暂时忽略这一点差异)。
民法改正研究会建议在日本导入相同的制度,为了避免过于繁忙的年末债权管理,将每个会计年度开始的4月1日作为时效的起算点。这样每年度末消灭时效完成可以对债权进行概括式管理,根据必要,可以采取"时效的停止"或者"催告时效完成的推迟"。此外,如(1)中所述,债权的消灭时效统一为5年之后,个别的债权种类也无须注意发生的年月日,这将大幅减少债权管理的成本。所以通过民法修改,债权管理将进行重大改革,不问私人还是企业,新制度不需要现行民法中费时费力的安排,减少社会整体的成本。
(3)私法学会提出案
对于上述统一消灭时效期间以及导入年度末时效的建议,研究会内部存在赞否两方面的意见,此外谨慎论的学者也不在少数(2007年8月5日总则分会)。在上述两点意见的基础上,我们提出了大幅修改现行民法时效制度的方案(2007年12月22日总则分会,修正方案在2008年1月1日总则分会)。上述内容在没有重大修改的基础上,我们向私法学会提出了草案。

(消灭时效的计算等 过程草案 私法学会提出案)
第一百零五条 ① 消灭时效自权利可以行使之时时开始计算。
② 出于占有附始期权利或附停止条件权利的标的物的第三人考虑,前款规定不妨碍自占有开始之时计算取得时效。但是,权利人任何时候可以请求占有人的承认,并否定在此之前进行的时效期间的效力。

(消灭时效期间 过程草案 私法学会提出案)
第一百零六条 ① 十年期间不行使的,财产权消灭。
② 物权不行使的,也不消灭。但是用益物权,不在此限。
③ 在五年期间届满后的最初的年度末不行使债权的,在年度末债权消灭。(私法学会提出案)第九十七条(权利行使的时效停止)及(私法学会提出案)第九十八条(交涉的时效停止)规定的时效停止期间及(私法学会提出案)第九十九条(催告的时效完成的推迟)及"新"第一百条(权利行使障碍的时效完成推迟)导致的时效完成推迟期间不算入五年期间。
④ 本金未达到政令(省令)规定的额度的债权,前款期间为二年。但是,判决及与判决具有同等效力的文书确定之时清偿期已经到来的债权,(私法学会提出案)第一百零一条(时效的重新计算)第一款第一项及第二项规定重新计算时效的,不在此限。

四、有关时效完成的法律行为的效力

"新"第 92 条主文及其第 1 项规定,"时效完成前作出的""时效完成后不援用时效的合意或单独行为"无效。

这方面沿袭了现行《民法》第 146 条的规定。该条规定:"时效利益不得事先放弃。"但是,在作为事实放弃时效的情况下,这种事实如何进行法律评价?学说上对于这个问题有如下理解:"时效完成之前,约定即便时效完成也不接受该利益的,不发生法律效力。"[11]因此,如下规定更为恰当:"时效完成前事先约定不援用时效的合意无效。"

合意无效的话,那么单独行为又如何?放弃权利一般认为是单独行为,在一般框架之下,有可能将事先放弃援用权作为有效。但是,如果时效援用权放弃的合意无

与本民法修正案不同,在私法学会提出案阶段消灭时效在时效内部只有一个"款"。此后,经过文字上的检查,构成内容上虽然有所变化,但是一直到国民有志案,一直按照这个方向进行讨论。

现行民法中,财产权的消灭时效的适用,除去了债权与所有权。但是,现实中所有权之外的物权也有不少与消灭时效无关。具体来说,我妻荣认为,占有权是一种事实状态,与消灭时效无关。另外,物权请求权、相邻权、共有物分割请求权等,在一定的法律关系存续期间,必定是与此相伴的权利,所以与消灭时效也没有关系。而且,不管债权是否存在,担保物权也与消灭时效无关[参见我妻荣,前载注㉕,《新订民法总则》(民法讲义Ⅰ),第 500 页]。因此,只有剩下的用益物权,根据私法学会提出案作为例外处理。用益物权根据第 106 条第 1 款适用 10 年的消灭时效。

(4) 不采纳"导入年度末时效"的建议

在国民有志案之后,中野邦保教授建议废除年度末时效的制度安排(2012 年 7 月 14 日秘书处会议),理由如下:

从最初制定民法典的角度看,年度末时效的想法有利于债权的概括管理,是一种很好的选择。但是,目前是"修改"民法,而非"制定"民法。目前的债权消灭时效期间可以是可以行使债权之时计算的框架为前提,是否有必要导入全新框架,值得重新考虑。民法修改之际,存在修改法与旧法并行的阶段。考虑到该阶段债权管理可能的混乱,即便修改法存在更多优点,但是从为了国民而修改民法典的角度出发,应当尽可能避免这种混乱。总而言之,修法应当尽可能保持谦卑的态度。

受此建议启发,我们提出了不采纳"年度末时效"的想法,并得到全体会议的通过(2012 年 9 月 19 日)。

(消灭时效 过程草案 2012 年 9 月 19 日秘书处方案)

第 N 条 ① 权利人十年间不行使财产权的,因消灭的受益人援用时效,财产权消灭。但是,所有权不适用消灭时效。

② 在下列各项规定的期间内不行使债权的,债务人可以援用时效,债权消灭:
(一) 一般债权,五年;
(二) 小额债权,二年(小额债权的金额由政令规定);
(三) 确定判决及裁判上的和解、调停及其他与确定判决具有同等效力的裁判程序确定的小额债权,五年(确定清偿期尚未到来的小额债权除外)。

③ 前两款规定的消灭时效自权利可以行使之时计算时效期间。

上述草案,之后经过文字修改,最终成为"新"第 91 条的内容。

另外,关于因故意侵害生命、身体的侵权行为损害赔偿请求权,预定规定 30 年的除斥期间。但是在国民有志案中,该规定放在侵权行为处(《国民有志案修正案原案》第 669 条第 3 款)。但是,冈孝教授建议放在时效处(2007 年 5 月 6 日总则分会)。

⑪ 我妻荣,前载注㉕,《新订民法总则》(民法讲义Ⅰ),第 452 页。

效,而单独行为却有效的话,将会产生更多在对方当事人的实际压力下选择单独行为的人,时效制度可能发生崩塌。因此,事先放弃时效援用权的单独行为也应当规定为无效。[412]

设置上述规定确实需要考虑恶意利用的可能性。无论是合意还是单独行为,存在事先放弃援用权的意思表示的情况下,相对人不会中断时效(本民法修正案"新"第94条称之为"因催告或交涉引起的时效援用的限制","新"第95条称之为"因诉讼程序等引起的时效援用的限制")。其后,既然时效援用权的放弃没有效力,那么相对人的预期就可能受阻。如果不当侵害相对人预期,而自己又主张放弃时效援用权的意思表示无效,这种主张违反了诚信原则。

时效完成后放弃时效援用权的意思表示又该如何处理?"新"第92条虽然没有规定这种情形,但是根据本条的相反解释,时效完成后不援用时效的合意是有效的,这一点自不待言。另外,时效援用权人将在时效完成后不援用时效的意思表示以单独行为作出的,援用权人知道时效完成的话,与一般权利放弃的意思表示没有区别,该意思表示当然有效。

与此相对,即使是不知时效已完成的情况下减少债务或者请求期限推迟的,从违反诚信原则的观点出发,判例认为已经不能够行使时效援用权。[413]根据本民法修正案"新"第3条第1款的诚信原则同样可以推导出这一结论。因此,"新"第92条对于时效完成后的意思表示不作规定。[414]另外,这个问题说到底是诚信原则的问题,所以有必要根据具体情况判断。诚信原则的问题,参见第四章所述。

此外,该条第2项也禁止延长时效期间以及其他致使时效完成陷入困难的合意。反之,致使时效完成更加容易或者缩短时效期间的合意则为有效。现行民法并没有规定这些内容,这些可以说是新设规定,但也不过是将学说中的定论明文化而已。[415]

规定这些内容"新"第92条还要求该合意是"时效完成前作出的"。反之,时效完成之后作出的延长时效期间的合意(根据合意部分放弃时效利益)有效。另外,

---

[412] 当然,即便如此规定,相对人在事实上的压力之下,如果"承认债务"("新"第96条第2款),这种规定可能也存在崩塌的危险。
虽然不否认这种可能性,但是本来无论是合意还是单独行为,"事先放弃时效利益"为无效的规定宗旨为:① 在债权发生之时封住这种意思表示。只是,规定债权发生时的意思表示的话,因援用时效而受到不利益的人;② 存在相对人错开时间的意思表示的可能性,所以一般来说规制"事先放弃时效利益"。也就是说,"事先放弃时效利益"无效的规定主要规制:① 这种核心情形;② 这种情形则是周边规制对象。
与此相对,本注在开头所言"债务承认"并不发生于债务发生时,只发生在从债务发生之后经过一定期间(前段②)的时期。可见,周边规制对象时期的脱离行为是无可避免的了。
[413] 参见最大判1966年4月20日民集20卷4号,第702页。
[414] 不规定时效完成后的意思表示,可以考虑规定下述内容:"时效完成后,不知该事实而作出不援用时效意思表示的人不可以在此之后行使时效援用权。"但是,如前注所言,判例中从诚信原则可以得出相同结论,称之为"时效援用权的丧失"。即便该结论本身并无不妥,既然判例可以推导出该结论,自然也就没有特别规定的必要了。
[415] 参见川岛编,前载注⑱,《注释民法(5)》,第56页(川井健执笔部分)。

根据现行《民法》第 146 条的反面解释,通说认为时效完成后放弃时效利益是有效的。⑭⑯

五、从"时效的停止"到"时效完成的推迟"

"新"第 93 条将现行民法关于"时效的中止"的第 158 条至第 161 条整合为一个条文,将各自内容放在各款项之中(采用各项构成的同时,为了确保视觉上的一览性,采用了表格的形式,具体参见第三部第二章)。另外,将标题从"时效的中止"变更为"时效完成的推迟",理由参见"前注"。

虽然在构成以及名称上都做了变更,但是基本上本条还是沿袭了现行民法的规定,所以下文仅就变更之处进行说明。

现行民法规定时效的停止期间一般为 6 个月,天灾等情形则为两周。但是,天灾可能各有各的情形,在比如东日本大地震等大灾难的情况下,确认亲属或者相关人死亡需要不少时间,联络手段等的恢复也需要时间,所以两周的时效完成推迟时间显然不利于救济受害人。另外,在小规模的事变等情况下,遭遇者首先想到的肯定不是时效管理,要等到稍微缓过神来才可能管理时效。总而言之,现行民法两周的时间过短,有必要延长。因此,"新"第 93 条第 1 款第 3 项规定天灾等情形与其他事由一样,也是 6 个月。

另外,"新"第 93 条由两款构成,第 1 款规定了天灾等情形的推迟期间,第 2 款规定了夫妇之间权利等的推迟期间。⑭⑰

---

⑭⑯ 参见我妻荣,前载注㉕,《新订民法总则》(民法讲义Ⅰ),第 453 页。
⑭⑰ 【关于"时效完成的推迟"(时效的中止)的讨论经过】
如本章前文所述,现行民法关于"时效的中止"一共有 4 个条文(第 158 条至第 161 条),秘书处将这些条文整整为"时效完成的推迟"一个条文,采取各款构成的方式,并形成了下述私法学会提出案[下述第 5 项天灾等情形的"时效完成的推迟"在现行《民法》第 161 条中规定为两周。冈孝教授认为,两周时间在比较法上属于特例,PECL14-303 条规定的这个时间为 6 个月,所以主张修改(2007 年 5 月 6 日总则分会)]。

(权利行使障碍倒置时效完成的推迟 过程草案 私法学会提出案)
第一百条　在下列各项规定的情形下,自各项规定的时间起六个月内,不完成时效。
　　(一) 未成年人或者成年被监护人没有法定监护人的,其享有的权利的消灭时效以及对其(私法学会提出案)第一百零三条(所有权的取得时效)及(私法学会提出案)第一百零四条(所有权益外财产权的取得时效)的取得时效,其成为完全行为能力人之时或者后任法定代理人就任之时;
　　(二) 未成年人或成年被监护人对法定代理人享有权利的,权利的消灭时效自其成为完全行为能力人之时或者后任法定代理人就任之时;
　　(三) 夫妇一方对他方享有权利的,自婚姻消灭之时;
　　(四) 涉及继承财产的时效的,自继承人确定之时,管理人选任完成之时,或者破产清算程序开始的裁定之时;
　　(五) 天灾等不可抗力导致(私法学会提出案)第九十七条(权利行使的时效停止)或(私法学会提出案)第九十八条(交涉的时效停止)的时效期间停止或者(私法学会提出案)第九十九条(催告的时效完成推迟)的时效完成推迟困难的,自该不可抗力事由消灭之时。

六、"时效中断"的再构成——"时效援用的限制"与"时效的再次进行与权利的承认"

1. 导论

现行《民法》第 147 条至第 157 条规定了"时效的中断"的相关内容。与此相对,本民法修正案将这些内容放在以下条款中规定:"新"第 94 条"因催告或交涉引起的时效援用的限制","新"第 95 条"因诉讼程序等引起的时效援用的限制","新"第 96 条"时效的重新起算和权利的承认"。

"新"第 94 条规定了私人间行为对时效援用的限制,"新"第 95 条则规定了利用裁判等程序的行为对时效援用的限制。

另外,现行《民法》第 148 条规定了"时效中断"的相对效力。本民法修正案在"新"第 94 条第 1 款的"催告的当事人之间"、"新"第 94 条第 2 款的"交涉的当事人之间"中规定了"时效的援用限制",明确表明了相对效力。[110]

下面详细说明以上三个条文。

2. 催告或交涉限制时效的援用

(1) 导论

"新"第 94 条第 1 款沿袭了现行《民法》第 153 条"催告"的规定,第 2 款至第 4 款则是新设规定,规定了"交涉"对时效援用的影响。

另外,现行《民法》第 153 条规定催告 6 个月之内必须采取"裁判上的请求"等其他措施,这是催告与交涉的共同规定,而且如(4)所述,起算点也有所不同。"新"第 94 条第 5 款规定了这些内容。

(2) 催告

"新"第 94 条第 1 款规定,时效完成之前 6 个月内催告的,相对人在时效完成后 6 个月内不得援用时效。

上述"催告"当然包括"为了行使权利的催告",但是判例认为,起诉等属于"裁判上的催告",是诉讼程序中持续进行的催告(起诉后,驳回起诉或者诉讼请求被驳回,根据现行《民法》第 149 条"不发生时效中断的效力",但是到诉讼结束之前,这仍然

法曹提交案也维持了上述方案。但是到了国民有志案阶段,文字上进行了修改,并缩短了推迟期间。在此之前,维持了现行民法的顺序,即首先规定时效的中断,然后规定时效的停止。另外,现行民法规定的"时效的中止"事由的顺序也没有改变。

其后,在本民法修正案中,修改了文字,中北裕士检察官(当时为司法研修生)建议修改标题(2009 年 9 月 3 日市民法研究会)。另外,川崎政司提出只要列举 5 项即可(2012 年 7 月 6 日意见书)。从推迟时间长期化是否为通常做法的观点出发,分为第 1 款和第 2 款(2012 年 8 月 4 日全体会议)。这样就改变了现行民法的规定顺序。

[110] 具体来说,"新"第 94 条与"新"第 95 条在条文文字上,援用权受限主体限定为催告、交涉、诉讼等程序的"当事人",而且"新"第 97 条中规定的"承继人"也受到限制。反之,其他主体不受"时效援用的限制"。

是催告)。另外,诉讼防御性主张中存在的"权利主张"也含有"催告"的意思。在现行民法的判例中,对物权返还请求权提出的留置权抗辩也被视为被担保债权的催告,在诉讼程序中一直就在持续性催告。[19]

"新"第 94 条第 1 款维持了这种解释。"新"第 94 条第 1 款本来打算适用更为明确的概念"为了权利行使的催告",但是最终还是使用了"催告"一词,不过这样也可以推导出上述解释。

另外,通说和判例认为,在现行民法之下,催告的效果仅限于一回,"一次催告之后的 6 个月内再次催告,其后 6 个月内又催告,如此反复催告没有效力"。[20] 但是,本民法修正案认为,时效期间是固定的,时效完成之前有必要进行催告,而且时效完成之时起 6 个月内不得援用时效,所以失去了仅限一回的意义。因此,本民法修正案没有规定这一点。

(3) 交涉

现行民法中"交涉"并不是中断事由,但是本民法修正案"新"第 94 条第 2 款规定了交涉。

在现行民法之下,时效完成前,债务人与债权人,或者占有人与所有人开始交涉,在事实上阻止了相对人行使权利的情况下,时效完成后 6 个月以上持续交涉之后,可以援用时效。即便法院认定"交涉"中存在持续性"催告",但是根据现行《民法》第 153 条时效的中断还是不可能的。关于救济对交涉作出反应的权利人,只能通过该时效援用违反诚信原则加以解决。

因此,"新"第 94 条第 2 款规定,不仅是进行中的交涉,交涉终了之后一定期间的时效援用,都是不被认可的。

但是,当事人之间哪些行为才是"交涉"?这存在微妙的情形。因此,当事人之间的行为即便被认定为"催告"或者"交涉",法律效果也没有差异,两者的依据分别是"新"第 94 条第 1 款和第 2 款。

此外,以往学说和判例关于催告的观点如下。[21] "问题在于以下这种情况,即对于催告,为了调查相对人是否存在请求权,需要有一定的推迟期间。这虽然不是对请求权的承认,但是 6 个月自推迟期间届满之时起算才更为妥当。这也更符合立法宗旨[大判 1928 年 6 月 28 日民第 519 页(判民五一事件小町谷评释)]。"判例以及学说的问题可以通过立法上"新"第 94 条第 2 款前半段交涉对时效援用权限制的规定加以解决。

另外,交涉期间,可能是持续的,也可能是间断的,在许多情况下难以判断交涉是

---

[19] 参见最大判 1963 年 10 月 30 日民集 17 卷 9 号,第 1252 页。
[20] 我妻荣,前载注㉕,《新订民法总则》(民法讲义Ⅰ),第 465 页。大判 1919 年 6 月 30 日民录,第 1200 页。
[21] 参见我妻荣,前载注㉕,《新订民法总则》(民法讲义Ⅰ),第 465 页。

否是持续性的。[22] 基于此,"新"第 94 条第 2 款前半段规定,时效完成前交涉已经结束的,在时效完成后 6 个月内,即便时效完成之后(没有设置超过 6 个月的空白期间)进行了交涉,最后交涉之时起 6 个月内也受到援用的限制。

"新"第 94 条第 2 款后半段规定,即便存在最后交涉之时起超过 6 个月的空白期,根据案情,也可能禁止时效援用,所以这就需要交给法院根据诚信原则加以判断。

本民法修正案将"交涉"作为援用时效的限制事由的同时,封住了想要摆脱援用时效而遭受不利益的人的断断续续的交涉,"新"第 94 条第 3 规定了"宣布终止交涉"以及"通知即使继续交涉也不能产生本条规定的时效援用的限制的效果的"情况。"新"第 94 条第 4 款规定了"拒绝交涉请求"的效果,即视为"催告"。

另外,修改后的《德国民法典》第 203 条如下规定消灭时效:"在债务人与债权人之间,关于请求权或使请求权成立的情事的磋商正在进行的,消灭时效停止,直到任何一方拒绝继续磋商为止。消灭时效最早在停止的状况结束后三个月内完成。"[23]

与此相对,"新"第 94 条第 2 款规定,不仅是消灭时效,取得时效同样具有"交涉限制时效援用"的效果。

另外,本民法修正案"新"第 94 条并列规定了"催告"与"交涉"。如前所述,有些情况下"催告"还是"交涉"存在微妙关联。当然,当事人之间的来往可能被双方当事人都理解为"交涉"。但是也存在一方认为是"交涉",而另一方并不这样认为的情形。日本人的潜在意思中很少存在像德国民法中规定的"拒绝继续交涉的意思表示"(或者"新"第 94 条第 3 款、第 4 款规定的"宣布终止交涉"以及"拒绝交涉")。但是,即便是在这种模糊不清的状况下,也存在认定一方当事人"催告"的余地,所以"新"第 94 条赋予"交涉"与"催告"同等的法律效果。

(4) 作为"前一阶段行动"的催告与交涉、推迟期间的"起算点"

"新"第 94 条规定的"催告"以及"交涉"都是为了确保"新"第 95 条第 1 款规定的利用法院程序等行为的推迟期间,也意味着这是前一阶段的行为。现行《民法》第 153 条规定的催告也是以此为出发点的。

但是,对于推迟期间的"起算点",现行民法与本民法修正案观点存在差异。现行《民法》第 153 条规定,催告从"催告的时间点"开始 6 个月之内发生时效中断的效力,如果在此期间存在利用法院程序等行为的话,才真正产生时效中断的效力。与此相对,"新"第 94 条第 1 款规定,从"时效完成时"开始 6 个月内不能援用时效,在此期间可以利用法院程序等行为。

简言之,现行民法推迟期间的"起算点"始于"催告的时间点",而本民法修正案则是"时效完成时"。这是为了确保时效完成之后诉讼程序等行为具有法律意义,现

---

[22] 另外,根据是否存在文书催告等认定,催告的有无是比较容易判断的。与此相对,交涉的有无既可以明确认定,也可能难以认定什么时候开始交涉,什么时候交涉结束。因此,持续性交涉可以分为书面合意的情况和事实上持续交涉的情况。但是,最终法院的认定事项只能由法官判断,所以在条文上不作区分。

[23] 冈孝编:《合同法中的现代化课题》,法政大学出版局 2002 年版,第 185 页。

行民法除了证明现行民法中"催告"的事实,还需要证明"催告的时间点",但是本民法修正案则不需要证明后者(本民法修正案虽然无须证明催告的时间点,但是仍需证明"在时效完成前 6 个月内存在催告行为")。

另外关于交涉,在时效完成之前 6 个月内的交涉:① 在时效完成前终了的,以"时效完成时"为推迟期间的起算点,推迟期间在时效完成时 6 个月届满。但是,② 时效完成之后继续交涉的,以"最后交涉之时"为起算点,在此之后 6 个月存在通过起诉等法院程序的行为的,就满足了"新"第 94 条第 5 款的要件。

3. 利用诉讼程序等行为限制时效援用

"新"第 95 条规定了现行民法规定的中断事由中的"通过诉讼程序等限制时效援用"。本民法修正案将现行民法 6 个条文规定的内容整理到 1 个条文之中,采用各项构成的方式。

具体来说,"新"第 95 条第 1 款第 1 项规定"诉讼程序"(现行《民法》第 149 条),第 2 项"支付督促"(现行《民法》第 150 条),第 3 项"和解以及调解程序"等(现行《民法》第 151 条)[124],第 4 项"参加破产清算程序"等(现行《民法》第 152 条),第 5 项"扣押、临时扣押及临时处分"(现行《民法》第 154 条)[125]。

另外,现行《民法》第 149 条使用了"裁判上的请求",而"新"第 95 条第 1 款第 1 项更改为"诉讼程序",理由如下:

传统"裁判上的请求"是因为"作为诉讼标的提起的诉讼","中断是判决既判力的效力"[126]。该立场与所谓诉讼法说[127]相近,但是采用实体法说的观点批判了该立场,其认为"并不限于被中断的权利相关的诉讼,还应扩张解释到以该权利为当然基础之诉讼判例的观点过于狭隘了"[128]。"正如过去的判例过于严格,但是从某个时期开始靠近学说"[129],现在判例也相当程度放宽了与诉讼标的的关联性要求(如下下段所述,判例对于部分请求还是维持了是否为诉讼标的的基准)。

本民法修正案反映了条文的现状,将现行民法"裁判上的请求"改为"诉讼程

---

[124] 现行《民法》第 151 条只规定了民事调停与家事调停,但是"新"第 95 条第 1 款第 3 项追加了仲裁程序以及所谓的 ADR 法(促进裁判外纠纷解决法)中规定的民间机构进行的和解中介(所谓斡旋、调停)。如下文所述,既然"新"第 94 条第 2 款已经作出规定,所以可以删除 ADR 法第 25 条第 1 款。

[125] 【关于"扣押"的讨论经过】
"新"第 95 条第 1 款第 5 项是以民事执行法为前提的规定,问题是《国税征收法》规定的扣押是否包含在内(2009 年 9 月 3 日市民法研究会)? 但是,如果认为需要国税债权停止时效的,本民法修正案认为,《国税征收法》准用"新"第 95 条第 1 款第 5 项的规定即可。

[126] 学说状况,参见川岛编,前载注[86],《注释民法(5)》,第 83 页(冈本坦执笔部分)。

[127] 参见川岛武宜,前载注[25],第 476 页以下。

[128] 我妻荣,前载注[25],《新订民法总则》(民法讲义Ⅰ),第 459 页。

[129] 大村,前载注[4],《民法解读 总则编》,第 502 页。

序"。㉚如果在诉讼程序中主张的话,那么即便仅仅是判决理由中的判断,也可以限制时效援用。比如说,作为抗辩而非反诉在诉讼程序中主张所有权的㉛,以及对占有人诉争基于所有权的物权返还请求权的㉜,"所有权"之有无并不是在诉讼标的而是在判决理由中的判断。但是这些也是"诉讼程序"中的权利主张,所以占有人不能援用取得时效。

对于部分请求,判例认为,以诉讼标的为基准,部分请求可以致使时效中断。具体来说,在1959年明确部分请求的判例中,"在明确提出部分请求的诉讼之时剩余部分的时效中断"。㉝但是,在1970年的判例中,诉讼提起阶段,没有明确部分请求,之后请求即便扩张,包含扩张部分在内,"在债权的同一性范围之内,全部发生时效中断效力"。㉞

但是,上述1959年判决中藤田八郎法官的反对意见指出:"同一个债权,作为诉讼标的存在纠纷,诉讼尽管在进行之中,但是部分时效却已经消灭,这是明显违反常识的","之后随着请求主旨的扩张,扩张请求部分也随着起诉而产生时效中断的效力"。笔者认为,比起目前的判例按照部分请求是否明确而采用不同处理的方式,上述以债权同一性为基础的反对说更加令人信服。因此,"新"第95条第1款第1项的解释遵循反对说的观点。

另外,"新"第95条第1款第5项的"扣押"既包括强制执行中的扣押,也包括作为抵押权等担保权的实现的拍卖程序的扣押。㉟

如"新"第95条第2款所规定,现行民法关于时效中断事由的表达是不合规则的,也不易让人理解。比如现行《民法》第149条规定了裁判上的请求为时效中断事由:"诉讼请求在起诉被驳回或撤回时,不产生时效中断的效力。"如果按照通常法条的书写方式重新编写的话,应当是"时效因裁判上请求而中断,但此后诉讼被驳回或撤回的除外"。显然,现行《民法》第149条的规定方式更加难懂。另外,现行民法所有关于时效中断的事由都采用了这种不合常规的规定方式,从这一点来说这些条文是晦涩难懂的。

现行《民法》第151条"申请和解及调停"采取了比其他条文更加不规则的书写方式:"在申请和解,以及依据《民事调停法》(1954年第222号法律)或《家事案件程

㉚ 【将"裁判上的请求"改为"诉讼程序"的讨论经过】
本研究会在最初阶段就意识到了修改的必要性(2007年12月22日总则分会)。私法学会提出案以及法曹提交案中使用了"诉讼继续中",从国民有志案开始使用"诉讼程序"。

㉛ 参见最判1968年11月13日民集22卷12号,第2510页。另外,在另外一个非所有权争议案件中,判例认为,提出答辩书的时间点为时效的中断时间,大判1939年3月22日民集18卷,第238页。

㉜ 本文中以物权返还请求权为例,在另外一个请求撤销登记的案件中,判例认为,撤销所有权转移登记的请求是以土地的"所有权为基础","所有权确认请求具有取得时效中断的效力",大判1938年5月11日民集17卷,第901页。

㉝ 最判1959年2月20日民集13卷2号,第209页。

㉞ 最判1970年7月24日民集24卷7号,第1177页。

㉟ 参见下注所引判例。

序法》(1948 年第 52 号法律)申请调停,相对人不到庭或者和解、调停不成立,在一个月以内没有提起诉讼的,不发生时效中断的效力。"去掉法律号码,按照一般条文构成,该条应当是这样规定:"时效因和解申请或者根据民事调停法、家事事件过程法的调停申请而中断,但相对人不到庭或者和解、调停不成立的除外。"还有,作为该但书的例外,"如果一个月之内起诉的话,不适用该但书"的内容也包含在现行《民法》第151 条之中。也就是说,现行民法采用了原则——例外——例外的例外的规定方式。

现行民法条文采取两层构成比较常见(三层构成虽然是例外,但是在税法等法律中也存在前段、中段、后段三层构成的条文)。本民法修正案对现行《民法》第 151 条实质三层构成进行分解,在"新"第 95 条第 1 款及其但书分别规定原则以及例外,然后在"新"第 95 条第 2 款规定"例外的例外"。

最后,在文字稍微修改的基础上,"新"第 95 条第 3 款沿袭了现行《民法》第 155 条的规定。⑬

4."时效再次进行"与"权利的承认"的再构成

"新"第 96 条第 1 款首先规定了现行《民法》第 157 条的内容,第 2 款规定了承认的效果,接下来第 3 款沿袭了现行《民法》第 156 条的内容,然后第 4 款规定了现行《民法》第 166 条第 2 款但书的内容。整体上,上述规定是在"时效再次进行"以及"权利的承认"框架下的统一规定。

首先,"新"第 96 条第 1 款沿袭了现行《民法》第 157 条的规定。但是,还是与现行《民法》第 157 条存在些许差异,本民法修正案的规范内容更加具体化,按照各种程序的特性,最开始规定判决等确定之时时效再次进行的情况(首先,第 1 项规定典型的确定判决,第 2 项规定除此之外的程序),第 3 项规定扣押等程序终了之时时效再次进行的情况。

其次,"新"第 96 条第 2 款规定了承认。"新"第 96 条第 2 款前半段规定了时效完成前承认的效果。关于这个问题,现行《民法》第 147 条第 3 项列举了承认为中断事由。

如本章前文所述,现行民法"时效的中断",如若存在中断事由,便存在以下两种效果:① 不能援用时效的效果;② 如果再次回到不行使权利的状况,从时效中断事由存在之时开始,时效再次进行的效果。

另外,"新"第 96 条第 2 款前半段只规定了时效完成前的承认,而没有规定时效

---

⑬ 在对物上保证人拍卖申请的案件中,判例指出:"比起债权人,对于物上保证人,申请被担保债权任意拍卖的,拍卖法院决定开始拍卖,向作为拍卖程序利害关系人的债务人送本决定正文的,债务人根据《民法》第 155 条请求该被担保消灭时效中断。"(最判 1975 年 11 月 21 日民集 29 卷 10 号,第 1573 页)
考虑到基于抵押权的拍卖程序,基本上可以适用对不动产的强制拍卖的规定(《民事执行法》第 188 条)。决定拍卖开始之时,"执行法院必须宣布为了债权人扣押不动产的宗旨",包含该宣布的开始决定就视为送达了(《民事执行法》第 45 条第 1 款、第 2 款)。
如果以此拍卖程序的构造为前提,判例所言"向债务人送达开始决定的正文"的,这里包括"扣押不动产的通知",所以现行《民法》第 155 条、"新"第 95 条第 3 款规定的物上保证人扣押的通知是同一时间的。

完成后的承认。下面阐述关于时效完成后承认的观点。

时效完成后也存在两种承认：① 知道时效完成事实的承认；② 不知的承认。如上文"新"第92条所述，① 明知道时效完成事实的承认者也只能被视为放弃了援用权，这一点即便不作规定，从诚信原则来看，此后不能援用时效也是理所应当。

另一方面，② 不知时效完成事实的承认者就不能视为放弃了时效的援用权。但是，即便如此，一旦承认相对人的权利之后，援用时效也可能被认为是违反诚信原则的，判例认为此时不可以援用时效。⑬ 这种观点被称之为"时效援用权的丧失"。

但是对于上述不知时效完成的承认，"时效援用权的丧失"是否合理，还需要根据案情判断是否违反诚信原则，所以我们没有在修正案中规定"时效援用权的丧失"。⑱

"新"第96条第2款后半段规定了没有处分权限仅具有管理权限的代理人的承认。现行《民法》第156条对于承认如下规定："作出应产生时效中断效力的承认，不需要就相对人权利的处分具有行为能力或权限"，在此仅规定了权限的问题。

关于此规定，学说认为，代理人即便没有处分权限，只要具备管理权限即可，现行《民法》第28条中不在者的财产管理人，《民法》第103条中没有约定权限的代理人也可以承认。⑲

一旦存在承认，将丧失将来时效完成后的援用权，所以一般认为没有处分权限的代理人的承认不发生法律效果。但是，时效完成前代理人承认的，这被认为是对权利义务的存在的一种确认，因此，即使赋予只具有管理权限的代理人的承认以法律效果，也不会产生问题。⑭ 因此，"新"第96条第2款后半段规定，具有管理权的代理人在时效完成前作出的承诺与本人承诺具有同等的效果。

"新"第96条第3款规定了限制行为能力人的"承认"的问题。现行《民法》第

---

⑬ 最大判1966年4月20日民集20卷4号，第702页。在此之前的判例概况，参见我妻荣，前载注⑤，《新订民法总则》（民法讲义Ⅰ），第454页以下。

⑱ 【关于"时效完成后的承认"的讨论经过】
在前注判例中，不知道时效完成的事实而请求期限推迟等导致承认债务的存在之后，援用时效被认为是违反诚信原则的。但是，对于这种观点，研究会内部存在正反两种观点。
时效本来就是为了救济过去事实存在证明困难而发挥作用的，明知非所有人而援用取得时效，或者明知负担债务而援用消灭时效是时效制度的乱象，而不是时效制度之出发点。从这种观点看，判例的判断是妥当的。秘书处也主张在"新"第96条加入该判例的宗旨：不知道时效完成事实而请求期限推迟之后，援用时效违反了诚信原则，不应支持。
但是，也有人认为，如果认为时效完成后主张时效是一种权利的话，那么过于宽泛地认定违反诚信原则也存在问题。矶村保教授认为，在债务人请求期限推迟阶段，债务人不知道时效完成的事实，而债权人知道的情形中，此后债务人援用时效不应当被认定为违反了诚信原则。根据矶村保教授的观点，是否违反诚信原则应当根据案情判断，没有必要将上述判例的宗旨规定在条文中。另外，矶村保教授提出，在德国法中，不知道消灭时效完成而进行给付的，不可以返还该给付之物（《德国民法典》第214条第2款）。
研究会讨论的结果是，上述判例宗旨还存在问题，故而不应当规定在本民法修正案之中（2014年4月20日全体会议）。

⑲ 参见川岛编，前载注㊳，《注释民法(5)》，第124页（川井健执笔部分）。

⑭ 在只赋予妻子管理权限的案件中，妻子对债权请求交易对方推迟的，该请求推迟的行为被视为对债务的承认（大判1935年10月10日判决全集1辑23号，第4页）。

156 条只规定了行为能力问题,"新"第 96 条第 3 款追加了欠缺意思能力人的情况。如多数学说所言,"承认"这种观念的通知是一种准法律行为,而不是法律行为。㊷ 但是,即便是准法律行为,如前所述,一旦承认,将丧失将来时效完成后的援用权,所以需要具备与处分能力相同层面的"行为能力"。但是现行民法认为只要具备"管理能力"即可。因此,无论是学说㊸还是判例㊹都以"至少管理能力是必要的"为前提,并认为"未成年人没有法定代理人同意的承认"以及 1999 年民法修改之前"禁治产人的情形"下,承认不发生时效中断的效力。

更进一步来说,"新"第 96 条第 3 款正面规定了,欠缺意思能力人、未成年人(得到法定代理人同意的除外)以及被监护人的承认不发生承认的效力。但是,被保佐人存在若干问题,参见注释。㊺

"新"第 96 条第 4 款前半段沿袭了现行《民法》第 166 条第 2 款但书的规定。现行《民法》第 166 条第 2 款规定,前款消灭时效的进行的规定,"在第三人占有附始期的权利或附停止条件的权利的标的物的,不妨碍取得时效自其占有之时其进行。但是,权利人为了中断该时效,随时可请求占有人予以承认"。

如上文三中所述,在民法典起草之初有人就认为该条的正文没有意义,因而建议删除。但是由于但书规定的必要性,所以同时也保留了正文。因此,本民法修正案删除了现行《民法》第 166 条第 2 款正文㊻,而仅仅保留了但书。另外,从条文位置看,即便是正文,也是"与消灭时效的起算点没有直接关系,而是关于取得时效的进行的规定",并不像现行民法一般是消灭时效的开头规定。㊼ 而且但书只是与现行民法所谓"时效的中断"(本民法修正案称之为"时效的重新进行")有关系,所以变更了条文的位置。㊽

㊷ 参见川岛编,前载注㊳,《注释民法(5)》,第 119 页(川井健执笔部分)。
㊸ 同上注,第 123 页以下(川井健执笔部分)。
㊹ 参见大判 1924 年 2 月 4 日民集 17 卷,第 87 页。
㊺ 关于被保佐人(过去称之为准禁治产人),判例认为时效完成前的承认具有法律效果(大判 1918 年 10 月 9 日民录 24 辑,第 1886 页)。本民法修正案赞同该观点,被保佐人的承认具有法律效力,但是也可能存在异议,即改变判例的观点,被保佐人(保佐人同意的除外)不发生"新"第 96 条第 2 款的效果。这是因为在现行民法之下,被保佐人"进行不动产或其他重要财产权利的得丧为目的的行为"(《民法》第 13 条第 1 款第 3 项)、"进行借债或者承担保证"(同条同款第 2 项),没有保佐人的同意的可以撤销。本民法修正案"新"第 17 条第 1 款第 1 项与第 4 项也沿袭了该规定。关于时效,"不动产等其他重要财产"之外也可能存在取得时效,"借债或者承担保证"之外产生的债务的消灭时效也可能完成,但是从上述规定的精神出发,时效完成后的承认只要没有保佐人的同意,便不产生法律效力。上述观点存在分歧,本民法修正案最终还是采纳了判例的立场。
㊻ 现行《民法》第 166 条第 2 款规定:"在第三人占有附始期的权利或附停止条件的权利的标的物的,不妨碍取得时效自其占有之时其进行。"但是,第三人即便具有附始期的权利或者附停止条件的权利,也不可能排除取得时效规定的适用,所以本民法修正案没有规定像第 2 款正文这种没有意义的条文。
㊼ 参见川岛编,前载注㊳,《注释民法(5)》,第 280 页(森岛昭夫、平井宜雄执笔部分)。
㊽ 【关于"时效的援用限制"(时效的中断)的讨论经过】
(1)修改的方向
如正文中所述,本民法修正案① 将现行民法"时效中断"的标题修改为"时效援用的限制";② 援用限制

5. 当事人的"承继人"

现行《民法》第 147 条是时效中断的总论性规定,其后第 148 条规定了"时效中断事由(传统的说法是中断事由)加上了德国民法上的"交涉";③ 将现行民法 11 个条文整理为 3 个条文[关于这一点,参见本章前文。另外,冈孝教授建议将现行民法中每个条文规定一种中断事由的方式修改为集合到一个条文规定的方式(2007 年 5 月 6 日总则分会)]。

按照上述三个方向,我们向私法学会提出了建议案[但是之后删除了《私法学会提出案》第 101 条第 1 款第 3 项,将第 4 项提前作为第 3 项。另外,现行民法"失效的中断"标题在私法学会提出案中修改为"时效的停止"(现行民法中作为其他概念使用),为了避免混乱,到了国民有志案中修改为"时效完成的推迟",其后最终修改为"时效援用的限制"]。

(权利行使的时效停止 过程草案 私法学会提出案)
第九十七条 ① 下列各项规定的权利行使的期间内,不计算时效:
  (一)诉讼过程中;
  (二)督促程序中;
  (三)法院或者认证纠纷解决机构主导的和解程序或调停程序之中,或者仲裁程序过程中;
  (四)破产清算程序参加中,再生程序参加中或更生程序参加中;
  (五)强制执行或保全处分实施中。
② 前款第五项的强制执行或保全处分是对时效利益人之外的人实施时,在通知时效利益人之前,不发生时效停止的效力。

(交涉的时效停止 过程草案 私法学会提出案)
第九十八条 ① 关于义务的履行,权利人与相对人存在持续交涉合意的期间内,时效不计算。该合意在三个月内无任何协议行为的,失去效力。
② 前款合意导致交涉持续期间届满或失效在时效届满前一个月内发生的,该届满时效时间自三个月后时效期间届满。

(催告的时效完成推迟 过程草案 私法学会提出案)
第九十九条 ① 时效期间届满前三个月内催告行使权利的,自催告起三个月间不计算时效。
② 催告导致时效完成推迟的效果仅限一回。

(时效重新计算 过程草案 私法学会提出案修正案)
第一百零一条 ① 在下列各项规定之时时效重新计算:
  (一)确定判决认定权利之时;
  (二)(私法学会提出案)第九十七条(权利行使的时效停止)第二项、第三项、第四项规定的支付督促、裁判和解、调停、破产债权的确定及其他与确定判决具有同等效力的程序确定权利之时;
  (三)相对人承认权利之时。此时不需要求承认者的行为能力或者处分权限。
② (私法学会提出案)第一百零三条(所有权的取得时效)所规定的时效在占有人任意中止占有或者他人掠夺占有的情形,自占有人再度开始占有之时重新计算。
③ 所有权以外的财产权的占有或者(私法学会提出案)第一百三十三条(准占有)的情形,准用前款规定。

法曹提交案维持了上述草案,但是桥本阳一等律师、中北裕士检察官等对问题提出了修改(2009 年 9 月 3 日市民法研究会)。

(2) 关于交涉的讨论等
冈孝教授最初提出了关于交涉的方案,内容如下:

(交涉的时效停止 过程草案 2007 年 5 月 6 日冈孝方案)
第 N 条 债务人与债权人之间就请求权或者给予请求权的情况持续交涉的,当事人一方拒绝持续交涉之时起一年内,不计算时效。

的效力所及之人的范围",具体来说包括:①"发生中断事由的当事人";②"及其承继人"。

其后,现行《民法》第149条至第157条是时效中断的分论性规定,这些内容经过整理规定在本民法修正案"新"第94条至"新"第97条之中。但是,如上段所述,这三个条文只规定了现行民法:①"产生中断事由的当事人",却没有规定②"承继人"。因此,"新"第97条规定了"承继人"。当然,也可以在"新"第94条之下的条文中加入"某某的相对人及其承继人"或者"相对人(包含其承继人)",但是这需要在11个条文中加入类似规定,为了避免繁琐,统一规定在"新"第97条之中。

七、未被采纳的时效修改建议案

本民法修正案关于时效的规定相当程度沿袭了现行民法的规定,但是将现行民法的32个条文精简为7个条文,另外,现行民法由3节构成,本民法修正案没有进行

这就是上述私法学会提出案的第98条,此后的国民有志案根据交涉的不同状况做了不同的处理。如下述微调整方案,没有书面形式的交涉难以认定交涉之有无,所以赋予法院广泛的裁量权。

(交涉的时效完成推迟 过程草案 国民有志案修正案)
第一百条 ① 关于义务之履行,权利人与相对人存在书面持续交涉的合意的,不计算时效。该合意没有约定期间的,三个月间没有任何协议行为的,该合意可以视为终了。
② 权利人与相对人之间没有明确合意但是事实上持续交涉的,法院可以考虑当事人的诸多情况,认定存在前款合意。
③ 持续交涉的一方当事人通过书面向相对人表达持续交涉不具有时效完成推迟的效果的,自通知之时经过三个月的,前两款规定的时效完成推迟效果消灭。

但是,上述方案关于没有书面的交涉的规范内容过于暧昧,所以本民法修正案没有采纳。
其后,我们还讨论了将催告、交涉、承认归结为"私行为的时效援用限制与权利的承认",将除此之外诉讼程序等归结为"公行为的时效援用限制"(2012年7月6日秘书处议案)。但是矶村保教授批判道:"'公行为'容易理解为'公法性行为'"(2012年7月6日意见书),所以最终采用了本民法修正案的标题。
(3) 关于现行《民法》第148条时效中断的相对效力
现行《民法》第148条规定的是时效中断的相对效力,与此相对应的是《私法学会提出案》第102条、《法曹提交案》第105条第2款、《国民有志案》第103条。但是,在此后的讨论中,时效援用权的限制波及当事人,如注418所述,放进条文里面(2012年9月19日全体会议)。
(4) 关于时效完成后的承认
现行《民法》第147条以及第156条规定"承认"是时效的中断事由,但前提是在时效完成之前,时效完成之后没有相关规定。针对这个问题,秘书处提出了几个方案规定这种"时效完成后的承认",其中之一如下:

(时效对象的权利的确定与时效的重新计算 过程草案 2011年7月26日秘书处方案)
第N条 ① 时效完成前,时效援用权人承认相对人的权利的,两者之间确定权利的存在,并从此时重新计算时效。此时,承认不要求是完全行为能力人或者具有处分权限。
② 时效完成后知道事实,相对人的权利被承认的,视为时效援用权的放弃。承认相对人的权利,时效援用权人不知时效完成的事实的,根据"新"第三条(诚信及禁止权利滥用原则)不得行使时效援用权。

该方案明确指出时效完成之前的承认与时效完成之后的承认存在法律属性的差异。但是第2款后半段明确规定了法律根据,难以行使援用权的根据存在上述第2款后半段以及"新"第3条两种可能,最终就形成了"新"第96条第2款的规定(2013年12月1日全体会议)。

分节化,采取了更加单纯的合理化的立法方式。

因此,没有大幅修改的时效修改草案也存在一个"副案",日本私法学会提出案以及法曹提交案都有该规定。我们尽量沿袭现行民法的规定内容,将现行民法中艰涩难懂的部分进行整理并简明化(但是,消灭时效采用了年度末时效,这一点与现行民法存在重大差异)。第三部第二章已经做了介绍,详细参见本注释。⑭

---

⑭ 【时效制度副案的讨论经过】
以现行的时效制度为基础,经过文字上的修改,内容如下:

(时效制度 过程草案 法曹提交案副案)
第一节 总则
(时效的要件及效果)
第九十六条 ① 时效期间届满后当事人援用时效的,发生时效的效力。
② (与现行《民法》第 144 条相同)时效的效力溯及至其起算日。
(时效利益的放弃)
第九十七条 (与现行《民法》第 146 条相同)时效利益不得事先放弃。
(裁判请求)
第九十八条 时效因裁判上的请求而中断。但是之后诉讼被驳回或撤诉的,不在此限。
(支付督促的申请)
第九十九条 时效因支付督促的申请而中断。但是,债权人在民事诉讼法(1996 年 6 月法律第 109 号)第三百九十二条规定的期间内没有申请临时执行的宣言而失去效力的,不在此限。
(和解及调停的申请)
第一百条 时效因和解的申请或者民事调停法(1951 年法律第 222 号)或《家事审判法》(1947 年法律第 152 号)的调停申请而中断。但是,相对人不出庭或和解、调停不成立的,如果没有在一个月之内起诉的,不在此限。
(参加破产清算程序等)
第一百零一条 时效因参加破产清算程序、再生程序、重整程序而中断。但是,债权人撤回其(债权)申报或申报被驳回的,不在此限。
(扣押、临时扣押及临时处分)
第一百零二条 ① 时效因扣押、临时扣押及临时处分而中断。但是,因权利人请求或者没有遵守法律规定而被撤销的,不在此限。
② (与现行《民法》第 155 条相同)扣押、临时扣押及临时处分,非对时效利益人作出的,则未将此通知该人之前,不发生时效中断的效力。
(催告)
第一百零三条 时效因催告而中断。但是,时效未在三个月以内用前五条的规定而中断的,不在此限。
(承认)
第一百零四条 ① 时效因承认而中断。
② (与现行《民法》第 156 条相同)在作出将发生时效中断效力的承认时,对于相对人的权利处分,无须具有行为能力或权限。
(中断的效果)
第一百零五条 ① 时效中断后,已经进行的时效期间失去效力。
② 前款时效中断仅在中断事由发生的当事人及其承继人之间发生效力。
③ (与现行《民法》第 157 条第 1 款相同)中断的时效自其中断事由终了之时起重新开始计算。
④ (与现行《民法》第 157 条第 2 款相同)因裁判上请求而中断的时效自裁判确定之时起重新开始计算。

下面从第 106 条开始的"时效的停止"、"取得时效"的条文与现行民法是一样的,另外"消灭时效"与法曹

另外，本民法修正案没有规定除斥期间[149]以及抗辩权的永久性[150]，但我们在讨论的

提交案正案也是一样的，在此省略。
此外，现行《民法》第149条以及《法曹提交案副案》第98条规定了撤回起诉的情形。但是大西一成律师认为，如果以《民事诉讼法》第262条第1款为前提，那么上述规定就是无用的用语（2009年4月27日企业法务研究会）。民法与民事诉讼法存在规定重复本就是事实，但是从国民通俗易懂的角度出发，我们还是保留了"撤回起诉"的表达。

[149]【关于不规定"除斥期间"的讨论经过】
如第三章所述，判例以及学说对于除斥期间并没有形成一个统一的理解，所以本民法修正案在民法总则中没有规定，而是将现行民法中规定的条文分别规定在各自部分中（2007年12月22日总则分会）。但是，平林美纪教授建议，学界以及实务界都认为除斥期间是权利的存续期间，所以应当明确规定这一点，并得到研究会的首肯（2008年1月13日总则分会）。
平林教授建议的框架是：① 除斥期间与时效是根据权利或者请求权"消灭"与"因时效消灭"分开规定；② "请求权"消灭还是"权利"消灭，前者消灭后的义务履行是一种"自然债务的履行"，而后者根据是否成为不当得利返还请求的对象加以区别。对于这一点，大塚直教授认为，不仅是因时效的权利消灭，除斥期间届满后的权利消灭也是一种自然债务，任意履行不构成不当得利，研究会认可该观点（2008年8月16日全体会议）。
基于上述讨论，以现行民法为基础，修改后的国民有志案具体如下：

（因侵权行为的损害赔偿请求权的期间限制　现行民法）
第七百二十四条　因侵权行为发生的损害赔偿请求权，自受害人或其法定代理人知道其损害及加害人时起三年内不行使，则因时效而消灭。自侵权行为时起，经过二十年，亦同。
（因侵权行为的损害赔偿请求权的期间限制　过程草案　国民有志案）
第六百六十五条　① 因侵权行为发生的损害赔偿请求权，自受害人或其法定代理人知道其损害及加害人时起三年内不行使，则因时效而消灭。
② 侵权行为损害赔偿请求权自损害发生时起经过二十年消灭。
③、④ 略

[150]【关于不规定"抗辩权的永久性"的讨论经过】
关于抗辩权的永久性，民法改正研究会最终决定不规定，其讨论经过如下：
首先，矶村保教授介绍，《意大利民法典》中规定了抗辩权的永久性，提出应当讨论是否规定抗辩权永久性的问题。但是，也有意见认为直接规定抗辩权的永久性过于生硬，可以用权利滥用加以灵活应对。其中，后者的意见占到了多数（2007年8月5日总则分会）。
鹿野菜穗子教授也认为不一定要规定抗辩权的永久性，但是如果要规定的话，可以如下规定：

（抗辩权的永久性　过程草案　2008年4月19日鹿野方案）
第N条　作为抗辩主张权利的，相对人不得援用该权利的消灭时效。

对于该草案，鹿野教授意见如下：作为抗辩的主张，其涵盖范围本身是不明确的，上述草案可能存在范围过广的问题。另外，根据权利的性质不同，抗辩权永久性的妥当性也存在差异，因此设置上述条文存在危险性。根据抗辩权永久性而否定时效的效果是一种例外的情形，这种情况相反交给诚信原则的适用来解决更加合理。因此，还是不规定抗辩权的永久性为佳（2008年4月19日总则分会）。
另外，矶村保教授也对上述草案提出了以下意见（2008年4月21日意见书）。
在发挥预防性功能的场合下，不发生消灭时效的效果肯定是有问题的。比如，买卖合同中标的物存在瑕疵，买受人发现了瑕疵，瑕疵发现1年之后向出卖人请求支付金额，买受人主张防御性减额请求权，行使损害赔偿请求权，或者以合同目的不能达成为理由而解除合同，这显然是不行的。在这种案件中，接受权利救济的买受人应当在1年之后积极行使自己的权利。对买主的支付请求的抗辩，即便经过了权利行使的期间，也可能行使权利，相对人的权利消灭主张也是可能的。
与此相对，关于以意思表示瑕疵或者行为能力的限制为理由的撤销权，在合同没有被撤销，权利行使期间已经经过的情况下，相对人突然以合同有效为前提请求履行合同的，那么是否有必要应对这个情况？除了自己给付的情形，既然相对人没有请求积极履行，那么没有必要改变现状，即便不表示撤销的意思表示，有必

过程中进行了深入探讨,也提出了草案,具体参见注释。

要阻止履行请求。

第 1 的瑕疵担保事例,买受人从出卖人受领标的物,第 2 的撤销的事例是关于合同已经缔结而双方的债务尚未履行的情形。

对于矶村保教授的上述意见,鹿野教授从将抗辩权的永久权限定为撤销权的角度出发,提出了下述条文草案:

(抗辩权的永久性 过程草案 2008 年 4 月 21 日鹿野修正案)
第 N 条 撤销权在其消灭时效期间届满之后,也不妨碍撤销权人为免于履行未履行的债务行使撤销权。

但是,提出上述草案之际,鹿野教授对于"过于宽泛"的问题如下阐述(2008 年 4 月 21 日意见书):

比如说,A 从 B 处购入某物并签订了买卖合同,但是 A 的意思表示存在瑕疵。A 从 B 处接受了标的物(在追认状态之前,不产生法定追认),但是没有支付金钱,在这种状态下经过了 A 行使撤销权的行使期间。其后,B 再次向 A 请求支付金额的,A 是否有必要响应,或者可以行使撤销权?

此时,A 为了免除自己的未履行债务而行使撤销权,虽然是追认可能的状态前,但是自己却从 B 处得到对待给付。此时,(由于不是单纯的现状维持)期间既然已经经过,原则上 A 已经不能行使撤销权。

针对鹿野草案,矶村保提出附加下述但书的内容(2008 年 4 月 21 日意见书):"撤销权人基于双务合同受领部分或者全部反对给付的除外。"

虽然存在上述讨论(实际上这也不是积极规定抗辩权的永久性),但是与私法学会提出案、法曹提交案的阶段不规定抗辩权的永久性正案相比,矶村保、鹿野菜穗子起草的副案如下:

(抗辩权的永久性 过程草案 私法学会提出案副案)
第 N 条 撤销权在其消灭时效期间届满之后,也不妨碍撤销权人为免于履行未履行的债务而行使撤销权。但是,撤销权人基于双务合同部分或全部受领对待给付的,不在此限。

另外,该草案放在时效规定的末尾。对此,条文的范围限于撤销,所以秘书处建议将规定放在撤销之处而非时效之处,国民有志案在时效处还是没有规定抗辩权的永久性,在撤销处设置一些规定:

(撤销权的行使期间 过程草案 国民有志案)
第八十二条 ① 自可以追认之时起两年内不行使的,撤销权因时效而消灭。自法律行为之时起经过十年的,亦同。
② 对于法律行为相对人的履行请求,撤销权人可以在任何时候行使撤销权而免于履行。

但是,最终我们还是依靠权利滥用处理这个问题,本民法修正案也没有采纳上述草案。

第五章 权利的实现

【前注】

按照序章所述,本民法修正案民法总则编按照权利的主体、客体、变动、实现的构成,最后一章便是第五章"权利的实现"。《德国民法典》第一编"总则"中就设置了第六章"权利的行使、自我防卫以及自力救济",所以下文首先阐述本章与德国民法的异同。

《德国民法典》第六章的开头规定了相当于日本权利滥用的规范:"如权利的行使专以加损害于他人为目的,则不得行使权利"(第 226 条),正面规定了权利滥用的禁止。其后规定了自我防卫(具体来说包括正当防卫和紧急避险),以及自力救济。

与此相对,本民法修正案在总则编第一章"总则"规定了权利滥用的禁止,债权编的侵权行为一章规定了正当防卫与紧急避险,与《德国民法典》总则编最后一章的基本构成存在内容差异。[63] 理由是,禁止权利滥用的规定意味着权利行使的边界,所以与现行民法一样,应当规定在总则编中的通则中。接下来,正当防卫与紧急避险的法律效果的规定仅仅是划定侵权行为效果范围的规定,不应当规定在一般性的总则编中,而应当规定在侵权行为处。如本部分注释③所述,相比《德国民法典》,本民法修正案总则编的章节构成更加纯粹。第五章"权利的实现"的内容也仅仅在"自力救济"规定上与其一致,其他规定并不相同。

【条文案】

> (权利的实现)
> **第九十八条** 权利或基于该权利的请求权在该权利的义务人或该请求权的相对人履行时消灭。只要不违反该权利或请求权的性质或当事人的意思,即使是权利的义务人或请求权的相对人以外的人履行,亦同。

---

[63] 除此之外,德国民法中诚信原则规定放在债权编中,这也是与日本民法以及本民法修正案不同。另外,在债权法修改过程中,提出总则编中增加诚信原则的同时,在债权编也加入诚信原则,参见《基本方针》,第 90 页以下。

> 2 权利或基于该权利的请求权未能任意履行的,权利人可以根据民事执行法或其他法律的规定,向法院请求根据该权利的性质进行强制履行。但是,权利的性质不允许强制履行的,不在此限。
> 3 权利人未经法律规定的程序,不得以自力实现权利。但是,存在紧急、不得已的情形,且未超过必要的限度的,不在此限。
> 4 形成权,不适用前三款的规定。

本条第 1 款前段:新增
    后段:新增[参照《民法》第 474 条(第三人的清偿)第 1 款正文、但书]
  第 2 款正文:《民法》第 414 条(强制履行)第 1 款正文移修
    但书:《民法》第 414 条(强制履行)第 1 款但书移修
  第 3 款正文:新增
    但书:新增
  第 4 款:新增

【修正理由】

一、规定的整体构造及与现行民法的关联

"新"第 98 条规定了现行民法中没有规定的"权利的实现"。首先,该条第 1 款规定了义务人等的任意履行;第 2 款规定没有任意履行的,允许通过国家强制实现。之后,第 3 款规定没有第 1 款任意履行的也不允许自力救济,同时但书规定了例外。

从与现行民法的关联看,"新"第 98 条第 1 款基本是新设规定(现行《民法》第 474 条"第三人救济"的规定只是"新"第 98 条极其有限的一部分,关于这一点见后述)。

另外,"新"第 98 条第 2 款也是新设规定(但是,现行《民法》第 414 条规定了债权"强制履行"的一般性内容,而"新"第 98 条第 2 款包括了现行《民法》第 414 条之外的权利,并转移到总则编中)。

与上述两点不同,"新"第 98 条第 3 款禁止自力救济的规定是现行民法完全不存在的规定,是通过后述判例法理的条文化形成的。

如后文所述,"新"第 98 条第 4 款规定的形成权要么与上述规范没有关系,要么是其例外,我们明确了这一点。

二、因任意履行导致的权利和请求权消灭

1. 基于履行的权利消灭与债权的消灭

首先介绍"新"第 98 条第 1 款的情况。

债权因清偿而消灭,其理由不言自明。现行《民法》第 474 条规定,"第三人清偿"的,债权消灭。债权通过清偿当然消灭。不仅是债权,物权法上的物权请求权的请求内容也因履行而消灭。亲属法上"认领之诉"(《民法》第787条)的认领请求权也因认领而消灭。此外,《民法》第941条的继承债权人或者受遗赠人的分割遗产的请求权也因财产分割履行而消灭。

基于此,义务一旦履行,那么与义务对应的权利或者请求权随之消灭,所以民法中不应该仅仅规定债权的消灭[62],而应该在民法总则中规定相应内容。

2. 义务人的履行与第三人的履行

如上文所述,"新"第98条第1款将现行《民法》第474条的债权清偿规定一般化。现行《民法》第474条只规定了债务清偿中的第三人清偿的情形。然而,债务由债务人清偿才是常态。现行民法中有不少地方规定例外而不规定常态,第474条便是典型。因此,规定"清偿"的《国民有志案》第378条第1款正文同时规定了"债务人的清偿"与"第三人的清偿"。[63]

不可否定,第三人履行也是义务履行的一种方式。以物权返还请求权为例,在主张返还请求权的阶段,被请求权人之外的人将目的物带到请求权人处的话,物权返还请求权也因目的的达到而消灭。

因此,"新"第98条第1款后半段规定了"只要不违反该权利或请求权的性质或当事人的意思表示,即使是权利的义务人或请求权的相对人以外的人履行,亦同",该权利或者请求权亦消灭。

3. 权利与请求权的关系

"新"第98条并列规定了权利与请求权,下文简单阐述两者的关系。

权利是以义务人的作为为目的,并且除了像租赁权等包含许多内容的复合型权利之外,权利与请求权的内容几乎是重叠的。基于侵权行为的债权与基于侵权行为的损害赔偿请求权都是以金钱的支付为目的,两者并无差异(但是,关于名誉损害的《民法》第723条除外)。

但是,如果债权的内容具有复合性特点的话,由此派生的个别作为义务相应地大多会产生请求权,而债权则是个别请求权的集合体。比如说,租赁权这种承租人的权利包含:对作为所有人的出租人就租赁标的物的:① 使用忍受请求权(《民法》第601条);② 修缮请求权(《民法》第606条第1款);③ 费用偿还请求权(《民法》第608

---

[62] 总则编中规定基于履行的权利消灭并不意味着在债权编中不规定"基于清偿的债权消灭",实际上《国民有志案》第378条第1款还是规定了这方面内容。一旦如此规定,那么该规定与"新"第98条第1款就存在重复之嫌。债权编中关于清偿的相关规定,清偿的场所(《国民有志案》第379条)、清偿的时间(《国民有志案》第380条)、清偿的费用(《国民有志案》第381条),等等,共有十多条,所以在开头的《国民有志案原案》第378条还是有必要加以规定。

[63] 另外,《国民有志案》第378条第1款规定了债务人的清偿,第2款规定了第三人的清偿,但是目前该修正案将两个款项统一为一个款项。如果原封不动地沿袭该规定的话,"新"第98条第1款前半段、后半段与本民法修正案债务清偿的规定就能保持一种平衡。

条);④租金减额请求权(《民法》第609条、第611条),是一种概括性的权利。

以上权利内容是作为义务情况下的阐述,但是如果权利内容是不作为义务的话,基于违反具体的不作为义务将产生个别的请求权。比如说,所有权等物权是对所有人的不作为请求权。㉞物权的不作为义务在得以履行情况下,"物权请求权"始终是一种潜在的请求权,只有违反上述不作为义务之时,具体个别的"物权请求权"才会外显。这种"具体的物权请求权"因义务人等具体的作为(返还、去除或者停止妨碍、预防)而消灭。同样,权利在不作为义务的情况下,也有类似构造,比如夫妻之间的贞操义务等。㉟

在不作为义务的场合下,权利人的权利主张以义务人的义务违反为契机而产生,所以不能说履行导致权利消灭,大多数情况是个别的请求权因履行而导致消灭的外在化。

因此,考虑到因权利或者义务的内容而产生的个别请求权,所以我们在"新"第98条并列规定了权利和请求权。

三、履行的强制

1. 权利的履行强制与债的履行强制

"新"第98条第2款规定了履行的强制,与履行导致权利等消灭一样,"履行的强制"不仅存在于债权债务之中,同样存在于物权请求权、亲属继承法上的某些权利,需要国家来强制实现。㊱

如上文二中所述第1款的内容,现行民法只规定了债务的清偿,欠缺一般权利的规定。关于第2款规定的履行的强制,如序章所述,石坂音四郎很早就意识到了这个问题:"强制执行并不只是债权的问题,物权请求权以及其他一般请求权的实现同样

㉞ 参见奥田昌道:《请求权概念的产生与发展》,创文社1979年版,第92页。另外,与所有权等物权是针对所有人的不作为请求权这种手段性权利相对应,根据耶林的权利利益说,物权等是受到实质保护的利益。对于上述两种学说对峙,参见川角由和:《物权请求权的独特性绪论——Windscheid请求权论的"光与影"》,载原岛教授伞寿:《市民法学的历史、思想的展开》,信山社2006年版,第403页以下。

㉟ 本人认为物权请求权是"潜在的",Windscheid本身认为"所有权具有针对所有人的一般请求权的性质",但是这种针对所有人的请求权"因所有权侵害而转化为针对特定人的特别请求权"(参见川角由和,同上注,《物权请求权的独特性绪论——Windscheid请求权论的"光与影"》,第412页)。

上面谈到了一般请求权与特别请求权,如正文中所言,潜在的请求权因违反作为义务而使得个别请求权外显化,两者皆是如此。但是,有必要注意这种构造针对的是一般的不作为义务。比如说,夫妻间的贞操义务是一般的不作为义务,一旦违反行为,那么个别的请求权,比如损害赔偿请求权、缺乏强制履行力的停止侵害请求权,也就外显化了。另外,如果缔结了防止噪音的协议,根据协议,约定期间内噪音在某个数值之下便履行了一般的不作为义务,约定期间经过之后,一般的"权利"就消灭了,但是如果存在违反行为,那么个别请求权(损害赔偿请求权或者停止侵害请求权)便随之产生。

㊱ 更准确地说,"履行的强制"造成人权类权利侵害的,即便是国家机关的强制实现也是不允许的,只要通过私人意思就可以实现的形成权等,也无须借国家机关之手。因此,并不是所有的权利都可以通过国家机关的强制实现。

适用。然而目前规定在债权法中债权实现方法之中,实为不妥。"㊿因此,本民法修正案将现行《民法》第 414 条的内容一般化,并迁移到民法总则编中。㊽

2. 民法典与民事执行法

按照通说的理解,现行《民法》第 414 条只就"履行的强制"规定了直接强制与替代强制,没有规定间接强制,而《民事执行法》第 172 条规定了间接强制,而且民法与民事执行法关于强制履行的规定并不统一。

因此,本民法修正案尽量在民法中规定可以强制履行这一总规定,明确不同的权利性质的不同强制履行方法,在此基础上规定民事执行法中强制履行的具体内容,从而消除目前民法与民事执行法的冲突。

四、禁止自力救济规定的新增

"新"第 98 条第 3 款完全是新设规定,但这也不过是判例㊾中确定的禁止自力救济规范内容的法条化。判例认为,自力救济是被禁止的,但是符合以下两个条件可以例外允许:① 存在通过法定程序不可能或者明显难以对抗违法侵害并维持现状的"紧急而不得已的特殊情况时";② 自力救济"在没有超过必要限度的范围之内"。㊿

㊿ 石坂音四郎:《日本民法 第三编 债权》(第一卷),有斐阁 1911 年版,第 76 页。
㊽ 如注㊾所述,不仅是"新"第 98 条第 1 款的规定,因清偿的债权消灭规定也放在债权编,但是该条第 2 款的履行强制的规定没有必要放在债权编中,所以打算从债权编中删除[参见国民有志案修正案原案(加藤雅信:《迫在眉睫的债权法修正完整版》,信山社 2015 年版,第 463 页)]。
㊾ 最判 1965 年 12 月 7 日民集 19 卷 9 号,第 201 页。
㊿ 【关于"权利的实现"的讨论经过】
(1) 从复数条文到单一条文
如注⑤所述,关于总则编的最后设置"权利的实现"一章的经过,在最初的私法学会提出案中就已经设置了"权利的实现"一章,由"任意履行"与"履行的强制"两条组成,并不是单一条文。法曹提交案沿袭了私法学会提出案的"权利的实现"规定,但是国民有志案却对内容进行了大幅修改[具体条文以及变更内容参见下文(2)]。但是,相关内容在国民有志案中也由两个条文组成。在 2009 年 10 月 4 日召开的"民法修改国际研讨会"中,矶村保教授建议"权利的实现"一章增加禁止自力救济的规定,结果导致该章条文增加为 3 条(但是该建议在国民有志案之前,所以设应在反映到国民有志案中)。
将自力救济的禁止转移到第五章"权利的实现"之后,中野邦保教授提出,"任意履行""履行的强制""禁止自力救济"的规定在内容上是存在关联的,即在"任意履行"难以实现的情况下,可能需要借助国家的强制("履行的强制"),而且原则上禁止权利人自己的强制("禁止自力救济")。所以,中野教授建议将这些条文整合为一个条文(2012 年 9 月 1 日秘书会处议)。民法改正研究会首肯了该建议(2012 年 9 月 19 日全体会议),这就是"新"第 98 条的规定。
(2) 民法履行强制条文的总论化
"新"第 98 条第 2 款规定的是履行的强制,与此相对应的现行《民法》第 414 条只规定了直接强制与替代强制(通说的理解),没有规定间接强制,这方面的内容规定在《民事执行法》第 172 条之中。民法与民事执行法关于强制履行的规定存在冲突。故而,在民法改正研究会的最初阶段,为了解决上述问题,并且在民法中规定间接强制,在私法学会提出案、法曹提交案中就强制履行设置了 5 个款项(如下所示),第 1 款规定了间接强制。出于叙述方便,"任意履行"与"履行的强制"介绍的是私法学会提出案中的条款)。

(任意履行 过程草案 私法学会提出案)
第一百零七条 权利或者基于权利的请求权因义务人的履行而消灭。但是,法律另有规定的,不妨碍义

五、形成权的规定

"新"第 98 条第 4 款是关于形成权的规定。形成权与义务的履行无关,所以与本条第 1 款以及第 2 款没有关系。另外,形成权的行使往往是"通过自力而实现权利",形成权通常是法定的,"按照法定程序进行",所以是禁止自力救济的对象之外。因此,这是本条第 3 款的例外。

务人之外的人的履行。

(履行的强制 过程草案 私法学会提出案)
第一百零八条 ① 义务人不履行义务的,权利人可以在其认为合理的期限内没有出现履行时,向法院请求让义务人支付合理的金钱给权利人。但是,以金钱支付为目的的义务,不在此限。
② 义务人不任意履行义务的,权利人可以请求法院直接强制履行。但是权利性质不允许的,不在此限。
③ 在前款但书的情形下,权利人以义务的代替作为为目的的,可以请求法院让第三人支付义务人的费用。但是,以法律行为为目的的义务,可以通过裁判代替义务人的意思表示。
④ 对于以不作为为目的的义务,权利人可以请求法院让义务人支付费用去除义务人的行为结果,或者为了将来而作出适当处分。
⑤ 前四款规定不妨碍损害赔偿请求。

但是,冲野真已教授提出了另外一个问题,即如此规定之后,民法与民事执行法的矛盾确实消失了,但是规定在民事执行法之中应当比规定在民法中更加妥当(2009 年 5 月 13 日企业法务研究会)。受此启发,《国民有志案》第 109 条只规定了一个款项,条文如下:

(履行的强制 过程草案 国民有志案)
第一百零九条 因权利或者基于权利的请求权而发生的义务没有被任意履行的,权利人可以请求法院强制履行。

该条文经过细微修改之后就成了"新"第 98 条第 2 款的内容。

(3) 自力救济的禁止

虽然现行民法没有明确规定禁止自力救济,但是秘书处一开始就建议在本民法修正案中规定禁止自力救济(2006 年 11 月 23 日全体会议)。在最初阶段,考虑到该条文具有宣示法治国家的属性,所以放在第一章"总则"的末尾(2006 年 11 月 23 日全体会议)。

对于该规范内容以及定位,下述从私法学会提出案到国民有志案基本维持了最初的秘书处方案,没有大幅修改。

(禁止自力救济 过程草案 私法学会提出案)
第五条 禁止自力救济。但是存在紧急而不得已的情况,且没有超过必要限度的范围内,不在此限。

但是,根据川崎政司律师以及矶村保教授(2011 年 2 月 5 日全体会议)的建议,稍微修改了用词。国民有志案中的规定是:"权利人未经法律上之程序不得自力实现权利。"

自私法学会提出案提出以来到国民有志案,禁止自力救济的规定一直放在第一编"总则"第一章"通则"的末尾。但是矶村保教授建议将其规定在总则编末尾第五章"权利的实现"之中。在民法修改学际研讨会之后,我们讨论了任意履行、履行的强制、禁止自力救济 3 个条文组成的第五章"权利的实现"的方案,最终如(1)中所述,3 个条文合并为一个条文(2012 年 9 月 19 日全体会议),成为"新"第 98 条第 3 款的规定。

在这些规定确定之后的最终阶段,矶村保教授指出形成权的规定是例外规定,就成了"新"第 98 条第 4 款的规定(2014 年 6 月 15 日全体会议)。

第六章 "附表 定义用语一览"的新增

【前注】

法律有时是以专业性、技术性的用语为前提的,所以在不少法律的开头设置了定义规定。比如,2005年公布2006年施行的《公司法》第2条"定义"总共设置了34个用语的定义。

但是考虑到民法是法律初学者最初接触的法律,在法典的开头罗列与规范内容脉络无关的定义可能造成学习法律是依靠背诵的错觉。

因此,本民法修正案针对定义本身希望通过条文本身的脉络去理解"定义"。但是,没有定义规定一览多少有些不便,所以在民法典末尾按照五十音图(日语发音——译者注)设置了定义一览(另外,本次公布的是民法总则的修改草案,所以只登载了民法总则中规定的定义,没有物权编、债权编等的定义)。[61]

---

[61] 【关于导入定义附表的讨论经过】

最初,本民法修正案并不打算加入定义规定,规定定义的条文也不多。但是,法曹提交案公布之后,彦坂浩一律师指出,善意、恶意等法律用词与日常用语的含义并不相同,出于制定一部国民通俗易懂的民法典的修改基本方针,建议设置定义规定(2009年5月19日市民法研究会)。研究会采纳了该建议,国民有志案将"善意""恶意"的定义规定在了第7条第2款(最终本民法修正案将善意、恶意的定义分别规定在第7条第3款与第30条第5款)。

上一段的讨论之中,有人建议为了保持法典的整体可视性,应当设置定义一览表,民法改正研究会采纳了该建议。但是考虑到像公司法那样在法典开头罗列与规范内容的脉络没有关系的定义可能给学习者造成学习法律依靠死记硬背的误解,研究会决定不在法律的开头规定定义。

基于上述讨论,我们准备了两个方案:在总则末尾设置定义规定一章;在法典末尾附表形式规定定义(2011年5月4日秘书处会议)。具体来说,前者是在总则编第六章"法律适用的一般规定"分别规定第一节"法律适用的定义规定"、(规定住所之后)第二节"法律适用的期间计算"、第三节"公告意思表示",这样住所和期间计算的规定就不需要迁移到民法之外了。

但是,此后川崎政司指出,从立法技术的观点看,将定义规定定位为"与法律适用相关"的观点,无论是从理论上还是从立法技术上都是有问题的(2011年5月17日意见书)。因此,建议在第一章"通则"末尾加上第四条"定义","第四条 本法中用词的定义,除了法条中规定的用语,参见附表定义一览"。但是,川崎政司指出,六法全书中的法律,最开头的地方都有法条的目录,可以清楚看到"附表定义"的存在,所以设置第4条的意义不大。最后,我们删除了第4条,改在附表设置定义(2013年10月27日全体会议)。

另外,在本书出版的阶段,本民法修正案唯一确定的是总则编的条文,所以"定义用语一览"放在总则编之后,但是实际上应当是在民法五编之后(关于住所和期间计算的处理方式,参见注[302])。

附表　定义用语一览

本法中出现的下表左列所示的用语含义如中间列所述。

用　语	含　义	相关条文
恶意	知道一定的事实	第三十条(法人的登记)第五款
意思能力	辨识事理的能力	第八条(意思能力的欠缺)第一款
期限	将来一定会到来的时间	第八十六条(期限)第一款
期限利益	当事人因开始期限或终止期限未届至而获得的利益	第八十七条(期限利益及其放弃)第二款
权利能力	能成为权利义务主体的地位	第四条(人的权利能力)第一款
行为能力	单独实施确定而有效的法律行为的能力	第十一条(可单独实施的法律行为)第二款
(时效的)援用权人	可享受时效利益的当事人	第八十九条(时效)第一款
条件	不能确定将来是否会发生的事实	第八十条(条件)第一款
条件成立	发生作为条件的事实	第八十条(条件)第二款第一项
限制行为能力人	未成年人、被监护人、被保佐人及被判赋予同意权的被辅助人	第二十三条(限制行为能力人的相对人的催告权)第一款
善意	不知一定的事实	第七条(撤销失踪宣告的判决及其效果)第三款
赋予代理权的判决	为被辅助人就特定法律行为赋予其辅助人代理权的判决	第十九条(辅助开始的判决等)第三款第二项
赋予同意权的判决	被辅助人在实施第十七条(被保佐人的法律行为等)第一款各项所规定行为中的部分行为时,应当征得其辅助人同意的判决	第十九条(辅助开始的判决等)第三款第一项
电磁记录	电子方式、磁力方式或其他仅凭人的知觉无法识别的方式制作的记录,是一种专供电子计算机信息处理用的、法务省令中所规定的记录	第二十七条(法人的设立)第二款
任意性规定	无关于公共秩序的规定	第四十条(法律行为的效力)第二款
被监护人	受到监护开始判决的人	第十三条(监护开始的判决)第二款
被保佐人	受到保佐开始判决的人	第十六条(保佐开始的判决)第二款
被辅助人	受到辅助开始判决的人	第十九条(辅助开始的判决等)第二款
表意人	作出意思表示的人	第八条(意思能力的欠缺)第二款

(续表)

用 语	含 义	相关条文
复代理人	代理人以自己的名义选任的本人的代理人	第五十八条(复代理人及其权限)第一款
不在者	离开以往的住处或居所的人	第七百零二条之二(受托管理人及家庭法院的参与)第一款
无权代理行为	无权代理人作为本人的代理人作出的意思表示或实施的法律行为	第六十三条(无权代理)第一款
无权代理人	无实施法律行为的代理权的人	第六十三条(无权代理)第一款
物	有体物	第三十二条(权利的客体)第一款

　　本"定义用语一览"是将"日本民法典修正案"各条文中规定的定义按照日语五十音图的顺序整理而成的,是为了方便人们阅读民法典而编写的。用语的定义本身是"日本民法典修正案"中规定的内容,本表归根结底只具有索引表的意义(至于为什么避免采取许多法律中常见的在法律开头部分列出表示定义一览的条文的做法,而仅仅采用这样的形式,请参考注㊿)。这里刊载的表只收录了民法总则编中规定的用语定义,但在最后,收录民法五编中规定的全部用语定义并附在民法典的末尾。此外,"日本民法典修正案"规定的定义中,凡是缺乏一般意义的用语,在该表中未收录,敬请谅解。

　　此外,"日本民法典修正案"中给出"定义"的方式,则遵循一般规则,即仅对此后条文中会反复出现的文字进行"定义"。这样一来,比如本表中有关于"任意性规定"的定义,却没有与其相对应的关于"强制性规定"的定义。

附论　日本民法典修正条文案及修正理由

第一章　序论：伴随民法总则编修正的法律修正
——债权编的修正以及"法令通则法"的制定

一、导论

以上阐述了从第一章到第五章的"日本民法典修正条文案修正理由　总则编"。但是，如本书序章基本方针所述，本民法修正案还存在从现行民法总则编删除或者迁移的条文。

当然，这并不意味着这些条文是无用的。从民法总则编删除之后，这些条文又该规定在什么地方？这里首先阐述如何处理这些条文，然后叙述修改草案以及修改理由。

关于删除条文，最初存在两种方向，一者是在民法其他编规定，还有就是将部分删除条文规定在新法"法令通则法"，各自内容在二、三中阐述。

二、"不在者的财产管理"的修正提案

首先，将现行民法总则编第二章"人"中"不在者的财产管理"移至第三编"债权"之中。

现行民法"不在者的财产管理"之后关于"失踪的宣告"的规定，本民法修正案放在第一编"总则"第二章"权利的主体"第一节"人"第一款"权利能力"中。但是，"不在者的财产管理"规定的内容与权利能力并无直接关系，所以规定放在此处并不妥当。那么，这些规定放在哪里更合适？

债权编中规定的无因管理可以追溯到罗马法。彼时的法律规范，"在罗马法中，官吏以及军人因公务、商人因商用而不在之时，管理这些财产的人称之为无因管理人（negotiorum gestor），不管是基于本人的委托还是基于法律上的义务"。[⑩]

根据包含"基于法律上的义务"在内的情形，现行民法"不在者的财产管理"与罗马法上的无因管理人制度的部分内容存在重叠。因此，现行民法规定的、家庭法院参

[⑩] 松坂佐一：《无因管理、不当得利》（新版），有斐阁1973年版，第3页。

与的不在者的财产管理规定在与其相似的私人等的无因管理之中,从沿革上来看也是极其自然的。

因此,本民法修正案将"不在者的财产管理"从总则编中删除,迁移到债权编(具体来说是在无因管理之后)。现行民法第三编"债权"的第三章"无因管理"的标题改为第三章"无因管理等",由第一节"无因管理"、第二节"法定财产管理"构成,后者就包括了现行民法总则编中关于"不在者的财产管理"的规定。当然,不仅是规定位置的改变,规定内容也将全面修改。[463]

详见第二章。

三、"法令通则法"的制定提案

住所(《民法》第22条至第24条)、"基于公示的意思表示"(《民法》第98条)、"期间的计算"(《民法》第138条至第143条)的规定不仅存在于民法,还和其他众多法律有关,所以本民法修正案将这些规定从民法典中删除,规定在更加一般的法律中。

当然,我们也不仅是简单地将一些条文迁移至其他法律,同时大幅修改了规定的内容,在"法令通则法"中规定了法律公布以及实施的一般原则,关于这个问题下文稍作具体说明。

在明治宪法之下,根据日本帝国宪法的规定,存在天皇的行为而制定的文书样式、基准的敕令,即所谓的"公式令"(1907年1月31日敕令第6号,包含法令公布的一般规定)。[464] 1947年5月3日日本国宪法实施当日废除了"公式令"。在此之前,当时的政府希望制定取代"公式令"的"公文方式令"。但是,联军司令部因"从各条文看,与天皇的地位相关联,有旧宪法残余的味道"而强烈反对,最终没有制定"公文方式法"(另外,此时因为联军司令部的反对,"元号法案"也"破产"了)。[465]

结果,目前的法律体系一直没有关于法令公布的规定,因此也发生了法律上的纠纷,存在若干判例。但是,在很早之前的判例中,虽然目前已经不再引人注意,但是判例本身还是存在许多问题,具体稍后再述。为了完善目前的立法不足,所以我们建议

---

[463] 本书阐述与"不在者的财产管理"相当的修改条文草案以及修改理由已经于"日本民法典修改草案 第三编 债权"公布,介绍现阶段的民法改正研究会的最终草案。当然,今后还存在再评价的可能性。

另外,公布"日本民法典修改草案 第三编 债权"之际,"不在者的财产管理"的条文号码也与无因管理的最终条文草案相连。但是,公布"日本民法典修改草案 第一编 总则"的阶段,还是以现行民法为前提,条文编号亦同。

[464] 关于明治宪法下的公布法制,参见佐藤达夫:《关于法律的公布》,载《自治研究》1950年26卷10号,第4页以下。另外,简要的介绍,参见大石真:《法令的公布》,载《宪法的争点》(新版),1985年版,第256页;本多泷夫:《政令的公布》,载《行政判例百选Ⅰ》(第六版),2012年版,第101页。包含法令的公告方法在内,关于日本以及世界的"法律的认识"方法的变迁史,参见穗积陈重:《法律进化论》(第二册),岩波书店1924年版,第69页。

[465] 关于此间经纬,参见佐藤达夫:《立法批评:"公式法"制定的要求》,载《Jurist》1955年75号,第34页;佐藤达夫:《公文方式方案的废弃》,载《Reference》1945年72号,第2页以下。

制定法令公布法制等的"法令通则法"。

虽然目前已经存在《法律适用通则法》,但是该法第 2 条"法律的实施日期"以及第 3 条"与法律具有相同效力的习惯"这两个条文,与第 4 条之下的 40 个关于国际私法的条文明显性质不同。[60] 这些规定,尤其是关于"法律的实施日期"的规定,与法律的"公布"相关,但是却与国际抵触法无关。另外,习惯法也与国际抵触法无关。

因此,修改《法律适用通则法》需要将该法分为两部分,将该法第 4 条之下的与国际私法相关的内容制定一部新法(法律名称可以叫"国际私法"或者"涉外私法"),而将该法"法律通则"性质的规定放在"法令通则法"中。

如三的开头所述,现行民法中规定了许多公私法通用的概念以及程序,我们建议将其规定到"法令通则法"中。

---

[60] 《法律适用通则法》是由《条例》修改而来的法律。该《条例》第 1 条规定法律的实施日期,第 2 条规定了习惯法,第 3 条之下是国际私法方面的内容。现行《法律适用通则法》正是沿袭了上述条例中将两种不同性质的法条群混合在一起的做法。

第二章 债权编"第三章 无因管理等：第二节 法定财产管理"的新增

【前注】

一、现行民法"不在者的财产管理"制度的问题及其无因管理的属性

现行民法是为了应对不平等条约而匆忙制定的法典，即便如此，整体上现行民法典还是一部值得称道的法典。但是，《民法》第 25 条之下"不在者的财产管理"制度是个例外，作为法律制度并没有做到精炼，存在以下问题。

第一，现行民法将不在者的条文放在住所与失踪之间规定，从法律制度的内容看，如此规定似有不妥。现行民法总则编第二章"人"第四节"不在者的财产管理及失踪的宣告"一共有 8 个条文，从内容上来看，其中包含了两种不同性质的事物。理论上，"失踪"意味着在失踪者原居住地丧失了权利能力，所以应当规定在权利能力处。但是，"不在者的财产管理"与权利能力完全没有关系。现行民法典按照"住所、不在者、宣告失踪"的顺序规定，乃是沿袭旧民法的做法。⑰ 然而，现行民法典的起草者梅谦次郎也认为：该节"不仅是纯粹失踪的规定，既与失踪有关，也是关于不在者的规定……不在者与失踪者并列规定有唐突之感……"⑱

另外，从比较法上看，德国是在失踪法这一单行法中规定不在者的制度，并在民

---

⑰ 除了正文中所论，冈孝教授还补充了下述内容（根据 2011 年 12 月 17 日全体会议冈孝教授的发言，以及 2014 年 2 月 20 日书面意见书）。

起草失踪相关内容时，博瓦索纳德并没有参考日本的习惯，而是采用了法国式的失踪法（参见大谷美隆：《失踪法论》，明治大学出版部 1933 年版，第 173 页）。查阅博瓦索纳德民法人事编的章与节的构成可知，按照"住所、失踪、不在者"的顺序展开。但是，"失踪"处规定了"失踪的推定"与"失踪的宣告"，前者是现行民法不在者相对应的内容，民法起草者模仿了博瓦索纳德法典，在总则编的第一章规定了不在者相关的内容（本注引用上书第 176 页以下提出，不在者的财产管理沿袭了旧民法，而之后的失踪则采用了德国民法的观点）。2004 年民法现代语化之际，该标题修改为"第四节　不在者的财产管理及失踪的宣告"。

⑱ 梅谦次郎：《民法原理　总则编　卷一》，日法法律学校明法堂 1903 年版，第 144 页以下。

法第四编"亲属法"的末尾规定了监护的内容。⁶⁹ 法国民法在第一编"人"中的住所一章以及婚姻一章之间规定了不在者的制度。由德国法以及法国法可知,日本现行民法典中的不在者的位置属于例外。

第二,该制度无视与无因管理之间的亲近性,上文已述。

因此,本民法修正案将上述现行民法典"第四节"的内容二分为"不在者的财产管理"与"宣告失踪",前者放在债权编的无因管理一章,后者放在总则编"权利主体"的人的"权利能力"一款之中。这样民法典体系上更具透视性,整体上也更易于理解。

二、不在者的财产管理制度与无因管理的关联性与差异性——一章中两节构成的背景

在上文中提到了"不在者的财产管理"与无因管理的亲近性,但是不得不说这两种制度并非完全同质。这里补充两点。

第一,《民法》第697条以下的无因管理是"没有义务为他人管理事务"。但是,现行民法的"不在者的财产管理"如果理解为"无因管理"的话,那么其"无因管理者"是家庭法院本身,或者家庭法院选任的"管理者"。但是无论是家庭法院还是家庭法院选任的"管理者",家庭法院都有必要对不在者的"财产的管理进行必要的处分"(现行《民法》第25条第1款)⁷⁰,家庭法院选任的"管理者"也需要履行民法规定的各种义务,所以并不符合"没有义务"的要件。

第二,根据多数说,《民法》第697条之下的无因管理要求无因管理人没有代理权,而"不在者的财产管理"中,家庭法院选任的"管理人"具有代理权,所以两者存在差异。

虽然存在上述差异,但是《民法》第697条以下的无因管理与法院参与的"不在者的财产管理"在规范内容上也存在类似之处。两者都是类似于委托的规范,法律制度的规范内容上也存在平衡的一面。

因此,本民法修正案正视两者之间的同构型与差异性,认为在同一章分两节规定比较合适。⁷¹⁷²

---

⁶⁹ 在民法起草过程中虽然参考了《德国民法典》第一草案第1740条[前载注㊲,《法典调查会民法主查会议事速记记录》(第三卷),第194行(电子版第197/282项);前载注㊲,《法典调查会民法主查会议事速记记录》,第344页],但是实际上颁布之后的《德国民法典》规定在亲属编的末尾监护一节的第1911条(参见大谷美隆,前载注㊺,《失踪法论》,第276页以下)。

⁷⁰ 《民法》第25条第1款规定"可以就其财产的管理作出必要的处分命令",但是这里"可以"意味着赋予权限,并不是赋予家庭法院裁量权。在必要的情况下,家庭法院如果不能裁量性地管理不在者的财产,那么本法律制度的存在意义也就减半了。

⁷¹ 【规定的位置——关于"不在者"的规定迁移到债权编无因管理一章的讨论经过】
不在者的规定迁移到债权法的建议实际上与其他规定位置的变动有着紧密关系。
详细如本书附论第三章所述,我们很早就讨论了是否可以删除民法总则编第三节"住所",将其移至民法典之外的法律(2006年11月23日全体会议),一年半之后我们决定从民法典中删除(2008年4月19日总则分会)。另外,秘书处最初便提出,作为权利能力的终期,第五节"同时死亡的推定"规定也应当规定在本民法

三、在哪里规定不在者财产管理的核心规范——民法典还是家事程序法

"不在者的财产管理"的核心问题是管理者如何管理财产的问题。但是,现行民法

修正案"人"一节的第一款"权利能力"中(2006年11月23日全体会议),本民法修正案一贯坚持这一点(参见注㊾)。

与此相对,我们并没有讨论民法"人"一章的第四节"不在者的财产管理及失踪的宣告"的位置变更,从私法学会提出案到国民有志案,作为一款规定在第一节"自然人"(目前改为第一节"人")中。但是,国民有志案公布之后,宣告失踪的规定与权利能力的终期相关,所以我们决定移至第一款"权利能力"处(2011年2月6日全体会议)(参见注㊴)。

但是,民法中删除"住所"规定之后,"同时死亡的推定""宣告失踪"都迁移至第一款"权利能力",只留不在者的规定在总则"自然人"或者"人"的规定处未免有些不自然。

因此,考虑到上文所述罗马法以来的传统,秘书处建议,民法债权法第三章"无因管理"分为两节,现行的无因管理放在第一节"自发的无因管理",不在者相关的条文规定在第二节"法定无因管理",研究会采纳了该建议(2011年12月17日全体会议)。此后,上述两节的标题发生了变更,详见下注末尾。

㊷【规定的内容——关于法定财产管理一节的讨论经过】
(1)国民有志案之前
关于不在者制度,最初秘书处计划修改部分用语以及条文的位置,但是不打算大幅修改现行民法典关于不在者规定的第25条至第29条(2007年2月18日总则分会)。其后,虽然也修改了部分用语(2008年5月5日全体会议上松冈久和教授提出修改用语的建议),基本上从私法学会提出案到法曹提交案维持了该方案的第26条至第30条。

但是,法曹提交案公布之后,山本晋平律师提出,当时的《家事审判法》第16条(现行《家事案件程序法》第125条第6款)准用民法的部分[现行《民法》第644条(受托人的注意义务)、第646条(受托人的受托物的交付等)、第647条(受托人对金钱消费的责任)以及第650条(受托人的费用偿还请求权)]都应该规定在民法之中,统一现行《民法》第28条管理人的权限规定与当时的《家事审判法》第16条最初部分的规定(2009年3月2日市民法研究会。该规定的内容相当于下述《国民有志案》第28条的内容)。因此,在不在者的关联规定中应当规定善管注意义务以及其他实体性规范内容。

以上述修改建议为前提,川崎政司律师建议,将现行民法的"管理人"区分为不在者的选任与家庭法院的选任,前者称之为"管理人",后者称之为"管财人"(2009年8月19日全体会议)。受此启发,在国民有志案公布之前的条文整理阶段,秘书处大幅修改了规定顺序,建议同时修改条文的标题。市民法研究会、企业法务研究会以及民法修改研究会都接纳了该意见,下面就是《国民有志案》第26条至第30条的规定。该方案的目标是:①区分"管理人"与"管财人",以"管财人"为不在者制度的中心;②第28条明确规定了"管财人"的职务。

第五款　不在者的财产管理及宣告失踪(过程草案 国民有志案)
(不在者的财产管理)
第二十六条　① 不在者没有设置财产管理人(本款简称"管理人")的,为了财产之管理,家庭法院可以根据利害关系人或者检察官的请求,进行设置财产管理人(本款简称"管财人")之判决。本人不在中,管理人权限消灭的,亦同。
② 前款规定的判决之后,本人设置管理人的,根据管财人、利害关系人或者检察官的请求家庭法院应当作出前款命令失效的判决。

(管理人的权限及解任)
第二十七条　① 不在者生死不明的,在超越不在者限定的权限的法律行为是必要的情况下,得到家庭法院许可,管理人可以进行该代理行为。
② 不在者生死不明的,根据利害关系人或检察官的请求,家庭法院可以解任管理人,设置管财人。

(管财人的义务)
第二十八条　① 管财人应以善良管理人之注意,承担管理不在者财产的义务。

没有规定任何内容,而作为程序法的《家事案件程序法》规定了管理人的善管注意义

② 为了履行前款义务,管财人具有(国民有志案)第六十六条(代理人的权限)第二款规定的权限。如果超越权限的代理行为是必要的,管财人应当得到家庭法院的许可。
③ 管财人准用(国民有志案)第五百七十三条(受托人的受托物的交付等)、(国民有志案)第五百七十四条(受托人金钱消费的责任)以及(国民有志案)第五百七十七条(受托人的费用偿还请求权等)的规定。

(财产目录的制作等)
第二十九条 ① 不在者生死不明的,根据利害关系人或检察官的请求,家庭法院进行制作财产目录判决之时,应当要求管理人制作目录。
② 管财人应当制作所管理财产的目录。费用从不在者的财产中支付。
③ 家庭法院可以对管理人或管财人作出保存不在者财产的处分。

(管财人的担保提供及报酬)
第三十条 ① (与现行《民法》第29条第1款相同)家庭法院可以责令管财人就财产的管理及返还提供相当的担保。
② (与现行《民法》第29条第2款相同)家庭法院根据管财人与不在者的关系及其他事由,可以从不在者的财产中支付给管财人相当的报酬。
③ 不在者生死不明的,管理人准用前两款规定。

(2) 国民有志案公布之后的情况

其后,在本书出版准备阶段,在整理条文之际,由于国民有志案没有彻底区分管理人与管财人,所以秘书处再次重组了不在者的条文(2010年11月21日秘书处会议)。此后,秘书处一直不断尝试重组条文,一年半之后的秘书处方案如下(2012年8月4日第二十七次研究会秘书处方案)。

该方案的特色是,按照不在者管理的三阶段顺序规定,在开头规定① 委托财产管理,然后是② 家庭法院对管理人的监护参与,再是③ 家庭法院选任管财人以及上述的规定,最后是④ 管理人与管财人的共同规定,如财产目录的制作、提供担保以及报酬的规定等。

如果仅仅着眼于规范内容的话,下述条文几乎已经是本民法修正案的条文原型了。

第五款 不在者(过程草案 2012年8月4日第二十七次研究会提出秘书处方案)
第一目 不在者的财产管理

(管理人管理不在者财产)
第二十五条 设置了不在者财产的管理人(本款简称"管理人")的,管理人按照委托相关规定,管理不在者的财产。

(家庭法院对管理人的监督)
第二十六条 ① 管理人根据前条委托处理事务之时,难以追求本人或者协议的指示的,家庭法院可以根据管理人的请求,赋予不在者财产保存上必要的处分权限。
② 不在者生死不明的,在超越不在者限定的权限的法律行为是必要的情况下,得到家庭法院许可,管理人可以进行代理行为。

(管财人的选任及终了的判决)
第二十七条 ① 不在者没有设置财产管理人的,为了财产之管理,家庭法院可以根据利害关系人或者检察官的请求,进行设置财产管理人(本款简称"管财人")之判决。本人不在中,管理人权限消灭的,亦同。
② 不在者设置了管理人的,该不在者生死不明的情况下,根据利害关系人或检察官的请求,家庭法院可以解任管理人,设置管财人。
③ 前两款规定的判决之后,本人设置管理人的,根据利害关系人或检察官的请求,家庭法院应当进行终了该判决的判决。

(管财人的职务)
第二十八条 ① 管财人应当以善良管理人之注意管理不在者的财产。
② 管财人在第六十六条(代理人的权限)第二款规定的范围内享有管理不在者财产的权限。

务。而且《家事案件程序法》第 146 条第 6 款规定："家庭法院选任管理人准用《民法》第六百四十四条、第六百四十六条、第六百四十七条以及第六百五十条"，不在者的管理人准用委托合同中受托人的善管注意义务的《民法》第 644 条。

在现行法之下，关于不在者的财产管理，实体法民法并没有规定善管注意义务等不在者的财产管理制度核心，而作为程序法的《家事案件程序法》中却规定了准用规定，因而不在者的财产管理制度的构造以及框架并不清晰。

因此，本民法修正案打算改变这种现状。

四、不在者财产管理的三阶段构造——法定管理人与受托管理人

上文一、二中阐述了不在者的"财产管理"与无因管理之间的关联性。换一种视角，下面以合同法的角度考虑这个问题。

---

③ 管财人认为超越前款规定权限的行为是必要的，可以请求家庭法院赋予必要行为的权限。

④ 管财人准用(国民有志案)第五百七十三条(受托人的受托物的交付等)、(国民有志案)第五百七十四条(受托人金钱消费的责任)以及(国民有志案)第五百七十七条(受托人的费用偿还请求权等)的规定。

(管理人及管财人的财产目录的制作)
第二十九条 ① 不在者生死不明的，根据利害关系人或检察官的请求，家庭法院径可以要求管理人制作财产目录。

② 管财人应当制作所管理财产的目录。

③ 前两款所必要的费用由不在者财产中支出。

(管理人及管财人的担保提供及报酬)
第三十条 ① 家庭法院对于管理人[仅限适用第二十六条(家庭法院对管理人的监督)规定]及管财人就财产的管理及返还提供相当的担保。

② 家庭法院对于管理人[仅限适用第二十六条(家庭法院对管理人的监督)规定]及管财人，根据管理人与不在者的关系及其他事由，可以从不在者的财产中支付给管理人相当的报酬。

第二目 宣告失踪
(以下略)

(3) 从"不在者的财产管理"到"法定财产管理"

如前注所述，第二目"宣告失踪"是与权利能力的终期相关的规定，所以将其移至第一款"权利能力"(2011 年 2 月 6 日全体会议)。由此，第二章"权利的主体"第一节"自然人"由第一款"权利能力"、第二款"意思能力"、第三款"限制行为能力"、第四款"意思表示的受领能力"、第五款"不在者的财产管理"构成，不在者关联规定与第一节"自然人"整体上存在差异。因此，中野邦教授建议，再次审视不在者的制度，将民法债权法第三章"无因管理"分为两节，现行的无因管理作为第一节"自发的无因管理"，将不在者相关条文规定为第二节"法定无因管理"，研究会接受了该建议(2011 年 12 月 17 日全体会议)。

此后，矶村保教授认为，使用"管理人"与"管财人"区分委托合同的财产管理与法院选任财产管理人容易混同，所以改为现在的"受托管理人"与"法定管理人"(2013 年 12 月 1 日全体会议)。

另外，中野邦教授建议，关于国民有志案的条文顺序，开头两个条文规定"受托管理人"与"法定管理人"，然后是两者的共同规定，如"财产管理""财产目录的制作""提供担保及报酬"(2014 年 2 月 26 日秘书处会议)。此后，该建议得到民法研究会的首肯，但是标题从第二节"法定无因管理"修改为"法定财产管理"，这就是本民法修正案的标题。随之，第一节的标题也修改为单纯的"无因管理"(2014 年 4 月 20 日全体会议)。

该框架之下,不在者的"财产管理"存在下述三种不同的类别:① 依赖纯粹的"私人自治"(委托合同)管理财产;② "私人自治"+"家庭法院参与"的财产管理;③ 完全依靠"家庭法院参与"的财产管理。其中①是私的财产管理,②是公的财产管理,③ 是两者的混合或者中间形态。从①到③,从私人自治到公的管理,下文分阶段阐述。

首先,① 的第一阶段,在私人自治之下,当事人之间的关系全部通过委托合同规制,所以没有家庭法院参与的余地。这是纯粹的合同关系,所以无须特别说明。

其次,② 的第二阶段,不在者与管理人之间虽然缔结了委托合同,之后不在者生死不明,本人已经难以给财产管理人等以任何指示。此时,应当尊重当事人之间的私法自治,维持受托管理人对财产的管理,也需要家庭法院对监护方面的补充性参与。

再次,③ 的第三阶段,分为两种:A. 不在者没有设置管理人的情形;B. 设置了管理人,不在者生死不明,之前受托的财产管理人已经被解任,不能通过私法自治解决问题,再次由家庭法院选任财产管理人更为妥当的情形。这就是法定财产管理的核心部分。

第一阶段由于存在合同所以不算无因管理,但是第二阶段以及第三阶段家庭法院都发挥了一定的作用。如前所述,第二阶段以受托管理人,也就是以私法自治为前提,然后家庭法院参与监护,所以家庭法院发挥的公的财产管理也只是部分的。在第三阶段"A. 不在者没有设置管理人的情形",由于不存在不在者本人的预期,而是公的财产管理。接下来,在"设置了管理人,不在者生死不明,之前受托的财产管理人已经被解任"的情形下,不能违反不在者本人最初的意思,应当解除私人自治的财产管理交由公的财产管理。两种情况都是全面的公的管理。

现行《民法》关于不在者的第 25 条至第 29 条中,第二阶段与第三阶段的规定是混同的。也就是说,现行民法不区分第二阶段(私人自治的财产管理,家庭法院参与监护)与第三阶段(家庭法院选任管理人的公的财产管理),两者都是"管理人"管理财产。因此,现行民法"不在者的财产管理"规定混杂了不同性质的规定。

为了改变这种状况,本民法修正案区分两种财产管理,将不在者选任的财产管理人称之为"受托管理人",家庭法院选任的财产管理人称之为"法定管理人",规定了两种财产管理制度。

五、明确"判决"性

关于不在者的现行《民法》第 25 条至第 29 条规定全部都有家庭法院的参与,家庭法院参与的内容极其宽泛:

第 25 条第 1 款:"家庭法院……可以就其财产管理作出必要的处分"。

第 25 条第 2 款:"家庭法院……须将其命令撤销"。

第 26 条:"家庭法院……可以改任管理人"。

第 27 条第 2 款:"家庭法院……可以命令制作目录"。

第 27 条第 3 款:"家庭法院……可以就其认定对不在者财产之保存有必要的处分,命令管理人为之"。

第 28 条:"管理人……得到家庭法院许可后为之"。

第 29 条第 1 款:"家庭法院……可以责令提供担保"。

第 29 条第 2 款:"家庭法院……可以支付管理人相当的报酬"。

关于这个问题,从《家事案件程序法》上看,该法第 145 条以及该条提到的附表第一之 55 项规定了"民法第二十五条至第二十九条"的"关于不在者的财产管理处分""属于家庭法院管辖"的"判决案件"。

在现行法之下,作为实体法的民法典中使用了命令、撤销、改任、命令制作目录、许可、命令提供担保、赋予报酬等多种多样的用词,而从作为程序法的《家事案件程序法》上来看,才首次明确了"判决"的构造。

为此,在本民法修正案中也在条文上明确了以上内容的"判决"性。

【条文案】

第三编　债　　权

第三章　无因管理等

第一节　无因管理

第二节　法定财产管理

(受托管理人及家庭法院的参与)

第七百零二条之二　离开以往的住处或居所的人(以下简称"不在者")设置了其财产管理人(以下在本节简称"受托管理人")时,受托管理人依照与委托有关的本法规定,实施不在者的财产管理。

2　不在者已经生死不明或者不在者难以向受托管理人发出指示的情况下,当必须变更委托合同中规定的受托管理人的权限时,家庭法院根据受托管理人、利害关系人或检察官的请求,为了对不在者的财产进行适当管理,可以在受托管理人原权限基础上作出追加新权限的判决、限制原有权限的判决,以及实施其他必要处分的判决。

本条第 1 款:新增

第 2 款:《民法》第 28 条(管理人的权限)后段移修

(法定管理人的选任及其权限)

第七百零二条之三　不在者未设置受托管理人时,或在无法得到本人指示期间受托管理人的权限已消灭时,家庭法院根据利害关系人或检察官的请求,为了管理其财产,可以作出设置管理人(以下在本节简称为"法定管理人")的判决及实施其他必要处分的判决。

2 不在者设置了受托管理人,但该不在者已经生死不明时,或者不在者难以采取适当措施时,家庭法院根据利害关系人或检察官的请求,可以作出解任受托管理人并设置法定管理人的判决及实施其他必要处分的判决。

3 按照前两款规定由家庭法院选任的法定管理人的权限消灭时,家庭法院应当根据利害关系人或检察官的请求或根据职权,作出判决选任新的法定管理人。

4 法定管理人在第五十二条(代理权的范围)第二款规定的权限范围内,有权管理不在者的财产。

5 家庭法院认为必要时,可对法定管理人作出判决,责令其为不在者的财产保管进行必要的处分。

6 法定管理人需要处理超出第四款规定权限的事务时,家庭法院根据法定管理人、利害关系人或检察官的请求,可作出判决授予法定管理人处理该事务所需的新权限。

7 作出第一款或第二款所述的判决后,当发生如下事由时,家庭法院应当根据曾经的不在者、法定管理人、利害关系人或检察官的请求,作出让法定管理人停止管理不在者财产的判决。

(一) 曾经的不在者已返回住所地时,或出现其他诸如其本人已经可以自己管理财产等情况时;

(二) 不在者设置了受托管理人时;

(三) 关于不在者,其死亡已明确或根据第六条(因失踪宣告判决作出的死亡拟制)第一款或第二款规定作出了失踪宣告的判决时。

本条第 1 款:《民法》第 25 条(不在者的财产管理)第 1 款前段、后段移修

　　第 2 款:《民法》第 26 条(管理人的改任)移修

　　第 3 款:新增

　　第 4 款:《民法》第 28 条(管理人的权限)前段移修

　　第 5 款:《民法》第 27 条(管理人的职务)第 3 款移修

　　第 6 款:《民法》第 28 条(管理人的权限)前段移修

　　第 7 款主文:新增

　　　　第 1 项:新增

　　　　第 2 项:《民法》第 25 条(不在者的财产管理)第 2 款移修

　　　　第 3 项:新增

(由受托管理人及法定管理人进行的财产管理)

第七百零二条之四 受托管理人及法定管理人应尽善良管理者的注意义务,管理不在者的财产。

2 受托管理人及法定管理人准用第六百四十六条(由受托人进行的接收物转交等)、第六百四十七条(受托人的金钱消费相关的责任)及第六百五十条(受托人提出的费用等的偿还请求等)的规定。

3 不在者与受托管理人之间的委托合同中另有规定时,则不适用前两款。但是,按照第七百零二条之二(受托管理人及家庭法院的参与)第二款的判决所赋予的新权限进行的事务处理,不在此限。

本条第 1 款:新增[参照《家事事件过程法》第 146 条(管理人的改任等)第 6 款]
  第 2 款:新增[参照《家事事件过程法》第 146 条(管理人的改任等)第 6 款]
  第 3 款:新增

(受托管理人及法定管理人编制财产目录)

第七百零二条之五 根据第七百零二条之二(受托管理人及家庭法院的参与)第二款的规定,当利害关系人或检察官有请求的情况下,家庭法院认为必要时,可以判决并责令受托管理人编写其应管理财产的目录。

2 法定管理人应当对其应管理的财产编写目录。

3 按照前两款规定编写财产目录所需的费用从不在者的财产中支付。

本条第 1 款:《民法》第 27 条(管理人的职务)第 2 款移修
  第 2 款:《民法》第 27 条(管理人的职务)第 1 款前段移修
  第 3 款:《民法》第 27 条(管理人的职务)第 1 款后段移修

(受托管理人及法定管理人的担保提供及报酬)

第七百零二条之六 根据第七百零二条之二(受托管理人及家庭法院的参与)第二款的规定,当利害关系人或检察官有请求的情况下,家庭法院认为必要时,可要求受托管理人就财产的管理及其返还提供与之相当的担保。

2 家庭法院可要求法定管理人就财产的管理及返还提供与之相当的担保。

3 家庭法院对于根据第七百零二条之二(受托管理人及家庭法院的参与)第二款的判决而被赋予了新权限的受托管理人或法定管理人,在考虑了与不在者的关系及其他情况的基础上,可判决从不在者的财产中支付相应的报酬。

本条第 1 款:《民法》第 29 条(管理人的担保提供及报酬)第 1 款移修
  第 2 款:《民法》第 29 条(管理人的担保提供及报酬)第 1 款移修
  第 3 款:《民法》第 29 条(管理人的担保提供及报酬)第 2 款移修

【修正理由】

一、导论

1. 本节的基本构造

本民法修正案将现行民法总则编中规定的"不在者的财产管理"移至债权编第三章"无因管理等"之中的第二节"法定财产管理"。

首先,开头"新"第702条之2规定了不在者选任的"受托管理人",然后规定了家庭法院在必要的情况下被赋予委托合同中没有约定的新权限。这就是"前注"中所述的,基于私法自治的家庭法院对受托管理人的监护方面的补充性参与。

其次,"新"第702条之3规定了家庭法院选任法定管理人以及法定管理人的代理权限。

上述两条明确了"法定财产管理"存在两种情形:① 委托合同的私人财产管理之外还有法院的补充性、监护性公的财产管理;② 家庭法院全面的公的财产管理。

在此基础上,"新"第702条之4规定了受托管理人以及法定管理人在管理不在者的财产之时的权利义务。"新"第702条之5规定了受托管理人以及法定管理人制作财产目录,"新"第702条之6规定了受托管理人以及法定管理人提供担保的义务和报酬请求权。

2. "不在者"的财产管理的内容——"必要处分"的具体化

在说明修改草案之前,首先阐述现行法下不在者的财产管理,家庭法院实务概况。

不在者制度的开头规定,即现行《民法》第25条只是规定:"家庭法院可以根据利害关系人或检察官的请求命令就该财产的管理实行必要处分。"对于该规定,何为家庭法院的"必要的处分",并没有一个具体的印象。

关于"必要的处分"的内容,秘书处曾经调研家庭法院关系人士,实际上几乎所有都是"财产管理人"的选任,除此之外还有现行《民法》第27条第3款的"于保存不在者财产上所必要的处分",第28条"超越第一百零三条所规定权限的行为"的许可。

除了上述情形之外,还有"法院进行管理处分的财产查封等的判决",但是在法院实务中,这是极少的例外,有不少人甚至从来没有进行上述"查封"。

鉴于上述实务现状,本民法修正案在将现行民法的不在者管理制度作为"法定财产管理"规定之际,为了具体化家庭法院进行"处分"的内容,例举了"设置'法定管理人'的判决"等具体情况。另外,在条文具体化之际,虽然实际例子极少,但是也不能不规定现行民法上的"查封"等"其他必要处分的判决"(具体内容参见二之3)。

二、管理人及家庭法院的参与

1. 导论

"新"第702条之2第1款规定了委托合同的财产管理。如"前注"所述,该规定本身与无因管理并无关系,本来应当规定在合同法中的"委托合同"之中。但是,作为本节中的核心概念"受托管理人",有必要规定"受托管理人"的定义。[63]

因此,该条第2款只规定了其与家庭法院的公的财产管理的关系。以委托合同"受托管理人管理财产"的补充为前提,规定了家庭法院如何参与。

2. 补充性、监护性的公的财产管理的开始要件

最典型的形态是受托管理人在不在者本人的指挥监督之下采取行动。但是,"新"第702条之2第2款也规定了家庭法院的补充性、监护性的参与要件。

第一个要件是实体性要件,即家庭法院参与的必要性。关于这个要件,该款规定了两点:① "不在者已经生死不明或者不在者难以向受托管理人发出指示的情况";② 有必要变更委托合同约定的受托管理人的权限的情形。

第二个要件是程序性要件,即存在"受托管理人、利害关系人或检察官的请求"。

3. 家庭法院进行的三种审判

满足上述2的要件的,家庭法院"为了不在者的财产的适当管理",可以进行如下三种判决。

第一,只根据委托合同的授权权限不足以"适当地管理不在者财产"的,家庭法院可以进行"赋予受托管理人以新权限的判决"。

第二,在不在者生死不明等"不在者难以给受托管理人指示"的情况下,即在欠缺不在者的监督的状况下,受托代理人继续行使既存的委托合同赋予的代理权不合适的,家庭法院可以进行"限制受托代理人既存权限的判决"。

第三,除了上述代理权的扩张或者限制为问题之外,该条第2款规定,家庭法院为了恰当地管理不在者的财产,"可以进行必要处分的判决"。这是为了代理权增减之外预留采取"必要处分"的可能性。前述"查封"等便是其中之一,不在者生死不明或者难以给予指示的情况下,限制不在者设置的受托管理人管理财产的范围或者管理人随意处分,此事后必要"查封"一定范围的财产。

具体来说,不在者与受托管理人之间缔结的委托合同中并没有买卖管理不动产的授权,但是在不在者生死不明的情况下,以某种理由需要卖出不动产,家庭法院可以授予买卖权限。此时,不动产变成了流动财产,法院如果认为有必要进行财产保

---

[63] "新"第702条之2规定了"不在者"指的是"离开以往的住所或居所的人"。在此之前的民法总则编"新"第6条第1款使用了相同的术语。因此,本来应当在"新"第6条第1款规定。但是从立法技术上来看,将"不在者"放在使用更加频繁的"新"第702条之2中也未为不可。

全,就可以查封买卖不动产的资金账户,这就是"其他必要处分的判决"。另外,不在者生死不明等"难以给受托管理人指示的",对受托管理人管理之下的银行账户,也可以进行查封。

如上所述,"新"第702条之2第2款规定了家庭法院对于受托管理人的三种判决:① 附加权限的判决;② 限制权限的判决;③ 其他必要处分的判决。

4. 与现行民法的比较

现行民法只是规定了上述规范内容中的附加权限的判决(第28条后半段)。

仅仅如此规定显然是不够的,"新"第702条之2第2款新设了限制权限的判决以及其他必要处分的判决。

三、法定管理人的选任及其权限

1. 法定管理人的选任

"新"第702条之3的标题为"法定管理人的选任及其权限"。

首先是实体要件,以下三种情形家庭法院可以选任法定管理人:① 不存在受托管理人的情形;② 解任既有受托管理人,设置法定管理人的情形;③ 家庭法院选任的法定管理人的权限消灭的情形。

关于情形①,该条第1款规定了两大要件"不在者未设置受托管理人""无法得到本人指示期间受托管理人的权限已消灭"。

关于情形②,根据该条第2款的规定,本人选任的受托管理人行动不恰当的情况下,因本人生死不明等难以采取恰当措施的,家庭法院可以根据利害关系人或者检察官的请求,解任受托管理人,同时设置法定管理人。

关于情形③,无须过多解释。

其次在满足上述实体要件的同时,程序要件上如果存在利害关系人或者检察官的请求,那么家庭法院就可以选任法定管理人。另外,"新"第702条之2的程序要件中请求权人包括"受托管理人",但是"新"第702条之3并不包括受托管理人。这是因为该条第1款"不在者未设置受托管理人的",受托管理人自然不可能成为请求权人,而"受托管理人权限消灭的",或者即将消灭的,受托管理人可以作为"利害关系人"请求。另外,该条第2款受托管理人也不可能请求解任受托管理人(当然这也不是禁止受托管理人自己请求解任)。如上所述,"新"第702条之3第1款、第2款中受托管理人的请求相对来说是一种例外,所以没有规定在条文中。

此外,"新"第702条之3第3款规定了除了利害关系人或者检察官的请求,还可以根据职权选任。

2. 法定管理人代理权的范围

"新"第702条之3第4款至第6款规定了法定管理人的代理权范围。

首先,"新"第702条之3第4款规定,法定管理人的代理权范围原则上限定为保存行为以及在不改变代理目的的物或者权利性质的范围内的利用或改良的法律行为(参照对应现行《民法》第 103 条的"新"第 52 条第 2 款)。该制度不基于作为本人的不在者的意思,却介入到不在者的财产中。故而,管理人的权限极其有限,所以代理权的范围应当限定为保存行为等。

当然,许多情况下仅仅这样难以充分管理财产,所以"新"第 702 条之 3 第 5 款以及第 6 款规定了家庭法院可以扩张法定代理人的代理权范围。具体来说,该条第 5 款规定,在不在者财产"必要的保存"范围内,家庭法院(无论来自谁的请求)可以依职权[124]"责令其为不在者的财产保管进行必要的处分"。与此相对,该条第 6 款与不在者财产的"保存"无关,赋予法定管理人必要的新权限可以管理不在者的财产,但是这是以"法定管理人、利害关系人或检察官的请求"为程序上的前提的。

此外,这里所说的法定管理人执行职务的内容除了代理行为之外,还包括事实行为(后述财产目录的制作便是典型例子),因此"新"第 702 条之 3 第 6 款单纯使用了"行为"一词,而非"法律行为"。

最后,"新"第 702 条之 3 第 7 款规定了法定管理人可以申请终结不在者财产管理的判决。终结的事由包括以下三种:① 不在者恢复,或者出现其他自己可能管理财产的情形;② 不在者设置了受托管理人的情形;③ 法院认定不在者死亡,或者宣告失踪。

3. 与现行民法的对比

本民法修正案涵盖并整合了现行民法中的若干规定(而且不区分是受托管理人还是法定管理人)。

关于草案与现行民法的关联,"新"第 702 条之 3 第 1 款统一规定了现行《民法》第 25 条第 1 款前半段与后半段的内容,该条第 2 款沿袭了现行《民法》第 26 条的内容,但不仅规定了现行民法"管理人的解任"的内容,还追加了可以采取"其他必要处分"的内容(比如需要查封等情形的处分)。接下来第 3 款则是新设规定。

另外,"新"第 702 条之 3 第 4 款沿袭了现行《民法》第 28 条前半段的规定,第 5 款和第 6 款则分别继承了现行《民法》第 27 条第 3 款和第 28 条前段的内容。与之相对,该条第 7 款中第 1 项和第 3 项是新设规定,而第 2 项则沿袭了现行《民法》第 25 条第 2 款的规定。

四、受托管理人与法定管理人的财产管理

1. 法定管理人的财产管理

与"新"第 702 条之 3 规定的顺序相反,这里首先介绍法定管理人的财产管理。法定管理人的职务内容中比较重要的有:① 法定管理人如何管理不在者的财产;

---

[124] 在现行民法中,第 27 条第 2 款以"利害关系人或者检察官的请求"为要件,该条第 3 款却不以此为要件。"新"第 702 条之 3 第 5 款沿袭了第 27 条第 3 款的做法。

② 为此应当赋予法定管理人哪些法定管理权；③ 为了防止不在者财产的散落，制作财产目录。

首先来看①，如"前注"所述，现行民法没有规定"不在者财产管理"制度的核心，作为程序法的《家事案件程序法》第146条第6款只是规定："家庭法院选任管理人准用民法第六百四十四条、第六百四十六条、第六百四十七条以及第六百五十条的规定。"在欠缺核心规定的情况下，只看现行民法第一章"总则"的条文，想要理解第四节中的"不在者的财产管理"制度几乎是不可能的。

因此，本民法修正案规定了这方面的内容，"新"第702条之4第1款规定了善管注意义务，除此之外第2款规定了准用《民法》第644条（受托人的注意义务）、第646条（由受托人进行的接收物转交等）、第647条（受托人的金钱消费相关的责任）、第650条（受托人提出的费用等偿还请求等）的规定。

另外，"新"第702条之3第4款、第5款以及第6款规定了②，"新"第702条之5规定了③。内容上对应了现行《民法》第27条和第28条。

2. 受托管理人的财产管理

在家庭法院授予受托管理人新权限的场合下，本人与受托管理人之间的委托合同继续存在，所以两者之间自然由委托合同规制。因此，除非特别约定加以排除，当然适用第644条（受托人的注意义务）、第646条（由受托人进行的接收物转交等）、第647条（受托人的金钱消费相关的责任）、第650条（受托人提出的费用等偿还请求等）的规定。

如此，当事人之间合意授予的权限，适用委托合同的规定，但是法院追加的权限当然也就不适用委托合同的条文。因此，"新"第704条之4规定了家庭法院可以根据"新"第702条之2第2款追加权限。

只是从规定体裁上看，"新"第702条之4第1款和第2款规定的受托管理人以及法定管理人具有共通的内容，第3款规定了当事人之间的委托合同排除民法任意性规定的情形。[163]

从这些准用委托合同规定的规范内容看，与第一节"无因管理"一样，第二节的"法定财产管理"制度也具有准委托（更宽泛地说是准合同[164]）的性质。

五、财产目录的制作义务

"新"第702条之5的规范内容基本沿袭了现行《民法》第27条的规定。

---

[163] "新"第702条之2第2款规定了三种"其他必要处分"的判决：赋予新权限、限制既有权限、与代理权无关的"查封"等。值得注意的是，其中只有"赋予新权限"才有必要适用委托合同的条文，所以"新"第702条之4第3款规定仅限于此。

[164] 偶尔使用的"准合同"概念在不当得利中未必恰当，但是在"无因管理"（因"模糊的要约"以及"模糊的承诺"而成立，且规制内容与合同类似）可能是妥当的，参见加藤雅信《新民法大系Ⅴ 无因管理、不当得利、侵权行为》（第二版），有斐阁2005年版，第6页以下。

首先介绍条文的具体内容，"新"第702条之5第2款规定了法定管理人负有制作财产目录的义务。通过不在者财产状况的确认，可以防止将来财产的散失，并确保法定管理人正确行使职务。

另一方面，"新"第702条之5第1款规定，不在者生死不明或者本人难以指示受托管理人的，"利害关系人或者检察官请求"的，家庭法院可以根据裁量对受托管理人科以财产目录制作义务（此时，家庭法院无须根据"新"第702条之2第2款进行判决，可以令其制作财产目录）。之所以将是否进行判决交由家庭法院裁量，是因为即便不在者生死不明或者难以指示，不在者信赖并选任管理人的，不需要家庭法院的干预，制作财产目录并不是必要的义务。另外，即便在本条中不作规定，以"新"第702条之2第2款"其他必要处分的判决"为根据，也可以对其科以制作财产目录的义务。"新"第702条之5第1款不过是一个定型化的条款。

此外，关于规定顺序，现行《民法》在最初的第27条先规定管理人的职务，在接下来的第28条规定管理人的权限。但是，本民法修正案从职务内容的体系性出发，更换了规定顺序，首先规定受托管理人以及法定管理人的一般职务内容，然后规定财产目录制作义务。

关于与现行民法的关系，"新"第702条之5第1款和第2款分别沿袭了现行《民法》第27条第2款和第27条第1款前半段的规定。另外，"新"第702条之5第3款沿袭了现行《民法》第27条第1款后半段的规定。

六、受托管理人和法定管理人的担保提供及报酬

1. 导论

"新"第702条之6第1款规定了管理人的提供担保义务，第2款规定了报酬请求权的内容。这部分沿袭了现行《民法》第29条的规范内容。

2. 提供担保义务

"新"第702条之6第1款、第2款规定了家庭法院可以裁量性地让受托管理人以及法定管理人提供担保。

两者之间存在程序性要件的差异。"新"第702条之6第1款规定受托管理人的提供担保义务以"利害关系人或者检察官的请求"为前提。与此相对，该条第2款规定，法定代理人的提供担保义务是由家庭法院依职权决定。

现行《民法》第29条第1款中的提供担保义务对受托管理人和法定代理人不区分裁量还是依职权。对此，学说上认为"本条不适用于委托管理人（过去的多数说）。有力说认为，在本人生死不明的情况下，如果有必要提供担保的，根据利害关系人的申请，可以根据本条、家审规第34条、第35条命其提供担保"。[57] "新"第702条之6

---

[57] 前载注46，《新版注释民法(1)》，第461页（田山辉明执笔部分）。另外，关于学说状况引文之后还有具体学说的展开，敬请参照。

第 1 款、第 2 款反映了最近学说的观点。

"新"第 702 条之 6 第 3 款是关于报酬的规定。根据"新"第 702 条之 2 第 2 款可以赋予受托管理人新权限,只有在此时可以裁量性地进行赋予报酬的判决。[60] 关于受托管理人的报酬,基本上交由不在者与受托管理人之间的委托合同进行规范,而家庭法院尽可能不予干涉。

此外,虽然是裁量性判决,但是可以赋予法定管理人报酬。虽然一般认为可以赋予法定管理人报酬,但是考虑到"与不在者的关系以及其他情况",所以也可能是无报酬更为合理,所以这方面就交由法院裁量。

---

[60] 关于报酬请求权,《注释民法》如下介绍学说:"根据委托合同的内容决定报酬之有无。没有约定的,根据委托合同的原则(无偿)应当是没有报酬的。但是,在有些职业中一般是有偿的话,那么委托财产管理也应当原则上有偿。因此,本人与委托管理人的关系可以适用委托合同以及关于任意代理人的规定。"[前载注 ㊻,《新版注释民法(1)》,第 462 页(田山辉明执笔部分)]

如果将上述学说原封不动地反映到本民法修正案中来的话,那么"新"第 702 条之 6 第 2 款只要规定法定代理人适用的规则即可。但是,家庭法院根据"新"第 702 条之 2 第 2 款赋予受托管理人新权限的情况下,不可否认的是存在与最初委托合同中约定的不同报酬的可能性,所以本民法修正案如上文所述进行规定。

第三章 "法令通则法"的制定提案

【前注】

一、"法令通则法"的制定目的

如前述附论第一章所述,制定"法令通则法"的目的主要有以下三点。即,① 继承明治宪法中"公式令"的机能中公布"法令"的一般规定;② 纯化国际私法中《法律适用通则法》的内容,将其中作为异物存在"关于法律通则的规定"吸收到法令通则法中来;③ 将现行民法中超越私法的众多法令共通的概念规定到法令通则法中来,将民法纯化为私法的基本法。

"新法"集合了① 明治宪法下的"公式令"的一部分;②《法律适用通则法》的一部分;③ 现行民法的一部分,由于是看似没有关系的三部分,所以多少会有些惊讶,下文分别介绍。

二、"法令"的公布与实施

1. 宪法的规定

宪法中多处规定了法令的制定。国会是法律的唯一立法机关(《宪法》第 41 条),法律草案的成立由国会决议通过(《宪法》第 59 条)。另外,政令由内阁制定(《宪法》第 73 条第 6 项)。这些法律与政令(以下简称"法令"[479])需要国务大臣的签字与内阁总理大臣的共同签字(《宪法》第 74 条)。同时,法令的公布还是天皇的国事行为之一(《宪法》第 7 条第 1 项)。[480]

以上宪法规定的内容无须规定在新法之中。

---

[479] 另外,本书中出现的"法令"除了法律和政令之外,还可能包含府省令。

[480] 关于这一点的程序性意义,参见田中祥贵:《法律成立的时期》,载《宪法判例百选Ⅱ》(第五版),2007 年版,第 464 页以下。

2. 法律空白的状况

宪法中规定了"法律、政令……的公布"，但是没有规定任何关于公布形式的内容。[481]

明治宪法规定公式令"法律经上谕公布"（第6条），敕令也规定了相同宗旨的内容（第7条）。其次，还规定了程序方面的内容，公式令"……公布公文见诸官报"（第12条）。

但是，在现行法制之下，法律上没有规定法令"公布"的形式，这可能存在下文所述的问题。[482]

3. 判例法及其问题

（1）1957年判例及其问题

目前官报公布法令的实质根据在于公式令废止之后法令公布的方法[483]，这是1957年的判例（以下简称"1957年判例"）中提出的。该判例认为"公式令废止之后实际的处理是，像过去一样法令公布是通过官报进行的"，"只要国家没有明确提出一种取代这种方法的法令公布方式，那么像过去一样，法令还是通过官报公布"。1957年判决宗旨在现行法之下就成了官报公布法令的根据。

那么，该判例的具体案情又是如何？在该判例中，新法令上成为犯罪的争议行为如何进行处罚的问题。具体来说，法令的成立以及内容在官报公布之前已经在全国的报纸上登载报告，NHK新闻等也进行了报道。多数意见认为，即便在官报公布之前通过报道等形式法令的内容已经为一般国民所周知，但是"到目前为止法令尚未公布"，所以可以得出无罪的结论（另外判决书中还附有几位法官的反对意见）。[484]

如前段所述，笔者并不认为判决的结论以及之前介绍的判例抽象论存在问题。但是，判决理由中的多数意见的理论在该案件中的适用还是有问题的。该判例的事实关系稍微有些复杂，脱离该判例的案情，旧法令中的犯罪行为在新法令中不是犯罪

---

[481] 有些国家的宪法中规定了法律的公布。比如，《奥地利宪法》第49条第1款如下规定："联邦法律由联邦首相通过联邦官报公布。法律另有规定之外联邦法律自公布之日起实施，在全国范围内有效。"[国会图书馆电子版,《各国宪法集（3）奥地利宪法》，载 http://dl.ndl.go.jp/view/download/digidepo_348 7776_po_201101c.pdf? contentNo=1]

[482] 另外，在法国、德国等大陆法系国家，法令的公布对国民具有约束力。但是，在英美法系国家，除了部分，并没有采用法律公布的制度（参见佐藤，前载注[460]，《关于法律的公布》，第8页以下）。另外，可以参照八木欣之介：《政令的公布》，载《行政法判例百选Ⅰ》（第四版），1999年版，第109页。

[483] 参见最大判1957年12月28日刑集11卷14号，第3161页。

[484] 1957年判例的案情如下：禁止并处罚公务员争议行为的政令自内阁决定的翌日，被告等人就发出争议行为的指令。发出指令之日的官报公布该政令，实际上该官报印刷完毕并结束发行程序是在政令发布的两日之后。但是，该政令得到全社会的注目，所以NHK也在发出政令当天播放新闻。检察官认为，在新闻播放结束的时间点上，国民已经知道政令的内容，所以那一天应当被视为公布之日。但是最高法院不同意该观点，在官报上登载的日期，该官报实际上并没有印刷完毕，而且没有着手发行，所以在该政令公布之前，被告是无罪的。但是在反对意见中斋藤悠辅法官、池田克法官指出，即便被告在官报发送之前发出了脱离职场指令本身，但是现实的职场脱离行为是在官报发送之后，所以反对检察官的上诉。

的情形,是否也可以适用该判决的理论呢?假设国民通过报道已经周知废止旧法令以及新法令的内容,按照新法令采取合法行动。即便如此,此后官报公布了新法令,也可以根据旧法令处刑。这可能导致"类似于欺骗偷袭国民的结果"。⁴⁸⁵

结果是,1957年判例解决问题避免破绽是因为新法令新设了犯罪类型与刑罚,反过来说如果新法令废止了犯罪类型以及刑罚的话,1957年判决的理论可能对国民有害,导致不利的结果。

在1957年判决中,适用了解决眼前事例的权宜之理论。不问新法令新设或废止刑罚,媒体等发布新法令的报道可以说是实质"公布",但是其后以官报的形式公布新法令,所以法律总有必要规定官报"公布"法令的事宜。

(2) 1958年判决及其问题

在上述1957年判例之后,次年有判例对官报的法令公布时期作出了判断(以下简称"1958年判例")。⁴⁸⁶

1958年判例的案情如下:随着禁毒法的修改,法定刑加重,官报在广岛市发行之前有人存在违法行为,争论在于是否可以适用新法。多数意见是,此时在东京零售店以及印刷局官报科都可以查阅以及订阅官报,所以应当适用新法加以处罚。

对此,池田克、河村大助两位法官发表了反对意见,"对于地方上的人民而言,官报如果没有到达该地方也就难以达到公布的目的",所以"原审对被告的违反行为适用修改后的法律是错误的"。另外,反对意见认为,法律在不同地区存在"异时施行"的可能性。

1958年判例还是在旧法下的量刑范围之内,因而避免了破绽。但是,多数意见的理论作为一般论还是存在相当大的问题。正如少数意见所指,在国民难以阅读官报的状况下,法令"公布"之后,基于该法令进行处罚无异于"公布"制度的"自杀"。法令"公布"的目的是为了确保民众可以广泛知晓法令。

另一方面,笔者也不赞同1958年判例的少数意见中法令因地域不同的"异时施行"。因地域不同当事人之间存在不同的法律关系就会产生抵触法的问题。⁴⁸⁷

4. 立法解决的必要性

基于上述两个判例的内容以及问题,即便在公式令被废除之后,也不意味着1957年"判决已出,没有必要急着制定所谓公式法"。⁴⁸⁸仔细阅读两则判例的内容,自然会

---

⁴⁸⁵ 该说法并非引自本判决,而是下面介绍的最大判1958年10月15日刑集12卷14号第3313页中藤田八郎的补充意见。

⁴⁸⁶ 参见最大判1958年10月15日刑集12卷14号,第3313页。

⁴⁸⁷ 异时施行主义是为了确保法律的现实周知可能的观点,但是《拿破仑法典》第1条是根据与皇帝所在之地的距离计算时日。日本1872年太政官布告第17号规定,如果没有特别规定,根据距离施行日期也不同,由此计算远到各地方的时日。原本来说,到达埼玉县是当日,京都府4日,高知县8日,鹿儿岛县12日(参见佐藤,前载注⁴⁶⁴,《关于法律的公布》,第4页以下)。

⁴⁸⁸ 林修三:《行政法闲谈》,第一法规1972年版,第30页以下。同时,本书认为,1958年判例"大法庭判决的观点是妥当的"(前载书,第32页)。

感到"不制定取代公式令的法律,而单纯地废止乃是不合理的"。[409]

其实,很早就有人指出了立法的必要性。战后,法制局长官佐藤达夫退休之后(也就是公式令废止8年之后),在发表于《立法批评》中的《"公式法"制定的要求》中指出:"日本国宪法制定以来已经10年,但是至少还有两个立法课题尚未解决。其一,关于宪法修改的国民投票的立法,其二是关于'公式令'的立法","这已经不是'公式法'了,而是'法令通则',笔者希望有朝一日制定称之为'关于法律的法律'"。[410] 对于公式令废止之后,佐藤还对法律附则"自公布之日起施行"中的"公布之日"是什么时候,是登载于官报之日,还是官报实际发行之日[411]等问题作出了阐述。

此后的学说也认为,"官报公布法律(乃至法令)"有必要在法律中规定。田中二郎对1957年判例的评论:"公式令废止后,法令的公布也由官报公布,这是一条不成文的规定",但是"习惯法也认可由官报公布法令",同时引用了该判例。[412] 与此相对,杉村敏正在前文中引用了1957年判例的判词,认为该判例"否定了仅仅由官报公布法令的习惯法"。[413] 从该判例的内容看,以习惯法为根据引用该判例是不可能的,所以笔者认为杉村的评价是合理的。另外,还有人认为,该判例与是否习惯法根据的讨论无关,1957年判例"之后已经50年之久,但是官报公布的习惯法仍然在继续"。[414]

但是,存在众人所知的确定形态(可能有很大问题)光靠判例或者部分学说中的习惯法并不能解决问题,因此有必要立法解决。

5. 法令通则法的提案

借用佐藤达夫的话,该法律具有"关于法律的法律"的性质。按照《维也纳条约法公约》的说法,上述"关于法律的法律"的表达也未尝不可,但是我们还是使用了"法令通则法"的命名。《法律适用通则法》第二章名为"关于法律的通则",但是"法令通则法"并非仅限于法律,也包括政令、省令等规制对象,所以如此命名。

三、《法律适用通则法》与国际私法的纯化

2006年公布了《法律适用通则法》,第二年的2007年开始施行。该法继承了1898年公布并实施的《法例》。

"法例"一词来自中国古代(晋代),最初意为"关于法律适用的通则","日本最初在1880年的刑法总则中首次使用了法例一词,此后在1890年97号法律一般法律适用通则中也使用了法例一词"[415](另外,引文中1890年的"法例"也与旧民法的命运一

---

[409] 田上穰治:《法令的公布》,载《行政判例百选(新版)》,1970年版,第66页。
[410] 佐藤,前载注[403],《立法批评:"公式法"制定的要求》,第34页以下。
[411] 参见佐藤,前载注[403],《公文方式方案的废弃》,第12页。
[412] 参见田中二郎:《新版行政法》(上)(全订第二版),弘文堂1974年版,第64页。
[413] 参见杉村敏正:《全订行政法讲义:总论(上)》,有斐阁1969年版,第28页。
[414] 八木欣之介,前载注[402],《政令的公布》,第109页。
[415] 山田镣一:《国际私法》,筑摩书房1982年版,第26页。

样,结果没有实施。该旧法令设置了"数条关于法律公布、效力、解释的规定"。[94] 这里的"解释"规定包括第 2 条法律不溯及既往、第 15 条公序良俗、第 16 条身份或能力的规定等,并没有后述法律适用通则法的规定内容)。

"法例"具有法律适用通则的含义。1980 年"法例"之后,1898 年公布实施的《法例》第 1 条"法律实施日期",第 2 条"习惯法"规定之后,第 3 条之下是关于国际私法的规定。可见,第 1 条是法例＝法律适用通则的相关内容,第 2 条也可以这么看,但是第 3 条之下是特殊情况下国际法律适用的规定,不具备"通则"的属性。自中国古代以来,法例便具有通则的属性,但是日本 1890 年的法例以及 1898 年的法例都是"法律适用通则规定"＋(国际抵触法)"特殊法律适用规定"的合体。

另外,继承上述法律的法律适用通则法采用了以下构成:第一章"总则"(第 1 条"宗旨"),第二章"法律通则"(第 2 条"法律实施日期"、第 3 条"与法律具有相同效力的习惯"),第三章"准据法通则",其中第三章有 40 个条文,与前端所言合体属性并无二致。

国际私法研究者也意识到了这些与法例属性不同的规范合体。即,1980 年的旧法例"全部 17 个条文中除了法律的公布、效力、解释等几个条文之外,其他都是国际私法的规定",1898 年法例"全部 31 个条文除了最初的 2 个条文之外,全部是国际私法的规定"。[95] 这里没有说法例存在与国际私法无关的规范,但是还有其他国际法学者指出,法例是"日本国际私法成文法法源的根干","法例的规定几乎都是抵触法规"[96],将开头的几个条文视为例外,回避了实质问题。

2006 年法例全面修改了上述不同属性的两个规范群,有意识地制定了法律适用通则法。具体来说,法例修改过程中,最初的法律大臣咨询提出应当将其限定为"关于国际私法的法例规定的现代化"。[97] 因此,2005 年 9 月法制审议会总会通过的"国际私法现代化纲要草案"也是从"自然人能力的准据法"的规定开始的。但是纲要"前注"指出:"本纲要没有新设或修改的规定也要现代语化。"[98]法务大臣咨询对象之外的条文也在新法中命名为"法律的实施日期""与法律具有相同效力的习惯",用语也更加现代语化。

基于此,笔者认为,应当证明承认现在的法律适用通则法第二章"法律通则"和第三章"准据法通则"具有异质性,应当放在不同的法律之中更为恰当。

上文考察了立法的应有之义,现在的《法律适用通则法》第二章"法律通则"应当移至法令通则法之中,从第 1 条宗旨看法律通则法应当仅包括第三章"准据法通则",

---

[94] 山田镣一:《新版 国际私法》,有斐阁 2003 年版,第 25 页。
[95] 山田,前引注,第 25 页。
[96] 池原季雄:《国际私法(总论)》,有斐阁 1973 年版,第 31 页以下。
[97] 2003 年 2 月 5 日法务大臣咨询第 61 号。
[98] 以上内容,包含法务大臣咨询,参见《法律适用通则法资料与解说》,商事法务出版社 2006 年版,第 2、67 页。

纯化为国际私法规定。此时,国际私法规定是国家法领域不同的"法律适用"的问题,而不是"法律适用的一般"问题,所以法律适用通则法的标题并不恰当。因此,法律名称应当修改为"国际私法"或者"涉外私法"更为恰当。⑩

四、删除部分现行民法规定——"住所""基于公示的意思表示""期间的计算"

如上文所述,本民法修正案删除了民法典中"住所""基于公示的意思表示""期间的计算"的规定,将其移至法令通则法。

我们认为这些规定不应规定在民法中,而应规定在法令通则法之中,因为这些规定超出了民法的通则或者私法的通则的属性,而是横跨公法私法的一般规范(此外,"住所"以及"期间的计算"超越司法领域适用的具体情形,以及"公示送达"必要性并不仅限于意思表示,行政机构行为同样如此,这些内容参见下文各处详解)。

法学是私法尤其是以市民法为源头的民法为中心发展而来的,从这种历史渊源来看,民法典是法律全体的核心,这种观点本身是自然得体的,因此将这种规定放在民法典之中也未为不可。另外,如果像《普鲁士一般邦法》一样,将民法定位为法律整体的综合性法典的话也就另当别论了。但是,现代社会法律体系分化是大趋势,民法只是私法的核心,因此本民法修正案遵循了这种思路。

基于此,我们将贯穿诸多法律的"住所""基于公示的意思表示""期间的计算"规定到法令通则法之中。⑩

---

⑩ 另外,伴随法律修改,该法第一条"宗旨"规定的内容明确修改为国际私法或者国际抵触法,将现在第三章"准据法通则"第一节"人"改为第二章"人",下文阐述将节改为章的必要性。

⑩ 【"住所"通过公告作出的意思表示""期间的计算"规定的讨论经过】
(1) 导论
这些规定基本上经历了下述四个阶段:① 从民法修正案中删除;② 将这些规定移至《法律适用通则法》;③ 移动的同时,全面修改条文内容;④ 将这些规定移至新法即法令通则法中。下文具体阐述各种法律制度的讨论经过。
(2) 住所
过去关于住所的判例极为有限,《民法》第 23 条住所的只有 1 件,《民法》第 24 条临时住所的也只有 3 件[LEX/DB 数据库,截至 2014 年 11 月 1 日。另外,其他住所条文的判例参见加藤雅信:《新民法大系Ⅰ民法总则》(第二版),有斐阁 2005 年版,第 431 页以下]。但是,即便数目不多,也应当注意到以下几点。第一,"居所"是《民法》第 25 条的"不在者"的前提概念;第二,"住所"是债务履行地(《民法》第 484 条)等之中的重要概念;第三,"临时住所"在民事诉讼法的送达上具有重要意义。基于此,民法改正研究会在最初的秘书处草案中建议维持民法中住所的规定(2006 年 11 月 23 日全体会议)。
但是,与该草案不同,最开始就有人提出了不同的方案:① 秘书处建议在民法之外规定住所以及期间计算的意见(2006 年 11 月 23 日全体会议);② 其后,山野目章夫教授提出将这些内容放在《法律适用通则法》的建议(2007 年 12 月 17 日物权法分会)。受此启发,矶村保教授提出了民法典中删除这些规定,将其移至《法律适用通则法》的提案(2008 年 4 月 19 日总则分会)。最终研究会接受了该提案,成为私法学会提出案,然后国民有志案也得以维持(建议③、④后述)。
(3) 期间的计算
现行民法总则基本上按照权利的主体、客体、变动的形式构成(本民法修正案明确提出了该构成),但是第六章"期间的计算"(《民法》第 138 条至第 143 条)却是技术性规定,明显游离于民法总则编体系之外。只不过时效需要期间计算,所以还是规定在总则处。

【条文案】

法令通则法
第一章 总　　则

（宗旨）
第一条　本法针对与法令有关的通则以及法令中一般使用的用语含义及一般必要程序作出规定。

本条：新增

即便有此意识，但是最初的秘书处草案第六章"期间的计算"还是维持了现行民法的构成（2007年2月18日总则分会）。但是，此后在物权法分会中，虽然这是分科会之外的话题，但是①这个问题也是会议的讨论对象；②山野目章夫教授提出，与上述住所建议一样，期间的计算在民诉的其他法律中也经常出现，所以建议将其移至《法律适用通则法》（2007年12月17日物权法分会）。

因此，在接下来的总则分会上，研究会接受了民法总则删除期间计算的规定将其移至《法律适用通则法》的建议（2007年12月22日总则分会）。这也就是私法学会提出案的方案，并且在国民有志案中得以维持（建议③、④后述）。

（4）公告的意思表示
①关于"公告的意思表示"，矶村保教授在较早的阶段就提出删除《民法》第98条的建议，但是没有详细讨论（2006年11月30日全体会议）。

因此，在私法学会提出案阶段，删除了现行《民法》"住所"一节和"期间的计算"一章，在私法学会提出案之前的秘书处会议中建议，将《民法》第98条第1款放在私法学会提出案第二款"意思表示"开头规定的一部分，②只是将第2款以下的规定移至《法律适用通则法》（研究会于私法学会提出案之后的全体会议上通过了该提议，2008年11月2日全体会议）。

（5）条文内容的修改
如上文所述，在国民有志案之前，我们①从民法典中删除这些条文，②并将其移至《法律适用通则法》，③在法律修改之时，非常有必要考虑这些法律制度，所以秘书处集中制定了这三大制度的条文草案（2011年7月15日秘书处全体会议）。此后，以原草案为基础，经过2011年至2012年期间矶村保与川崎政司的修改，民法改正研究会讨论并通过了关于这三大制度的详细条文草案（2012年8月5日全体会议）。

（6）法令通则法的立法提案
如前文所述，矶村保教授提出三大制度的内容具有与《法律适用通则法》的属性不可调和的问题（2014年6月15日全体会议）。在此阶段，提议将这三个制度附加到《法律适用通则法》的第二章"法律通则"中规定。因此将第二章的构成修改如下：将现行法第2条和第3条的条文名修改为"法律的实施"和"习惯法"，然后第二节至第四节设置"住所""期间的计算""公告的意思表示"三节。

针对矶村保教授提出的问题，④川崎政司提出将所有前段所述内容规定到新法即法令通则法中，同时现行的《法律适用通则法》中作为异质存在的"法律的实施""习惯法"也移至新法（2014年6月15日全体会议）。

基于此方针，秘书处起草了六章构成的法令通则法草案，经过川崎政司律师的若干文字修改之后，最终在全体会议上通过了该草案（2014年7月20日全体会议）。

第二章 法令的公布及施行

（法令的公布）
　　第二条　法令通过官报公布。
　　2　法令在刊载该法令的官报发行时公布。

本条第1款：新增
　　第2款：新增

（法令的施行）
　　第三条　法令自公布之日的次日起经过十日[行政机关的休息日(指关于行政机关休息日的法律[一九八八年法律第九十一号]第一条第一款各项所述之日)天数不计算在内]后开始施行。

本条：《法律适用通则法》第2条(法律的施行日期)正文移修

（法令施行的例外）
　　第四条　尽管有前条规定，若法令规定了施行日期时，该法令的施行依照该规定执行。但是，对于设定罚则，或者科以义务，或限制国民权利的规定，不可缩短同条的期间。

本条正文：《法律适用通则法》第2条(法律的施行日期)移修
　　但书：新增

第三章 习　惯　法

（习惯法）
　　第五条　不违反公序良俗的习惯，只要是法令规定认可的或法令未规定的事项，则具有与法律同等的效力。

本条：同《法律适用通则法》第3条(与法律具有同等效力的习惯)(但标题有变更)

第四章 住　　所

（住所）
　　第六条　所谓住所，除了法令有特别规定外，是指各人生活的基本住处。
　　2　以下所述的居所均视为住所。

(一) 住所不明时的居所;
(二) 无论是日本人还是外国人,在日本没有住所的人在日本的居所(按照指定准据法的法律,应依照本人住所地法的规定者除外)。
3　针对某种行为,通过合意而选定的临时住所,视为与该行为有关的住所。

本条第 1 款:《民法》第 22 条(住所)移修
　　第 2 款主文:新增
　　　　第 1 项:《民法》第 23 条(居所)第 1 款移修
　　　　第 2 项:《民法》第 23 条(居所)第 2 款正文、但书移修
　　第 3 款:《民法》第 24 条(临时住所)移修

第五章　期间的计算

(期间计算通则)
　　第七条　关于期间的计算方法,若法令或判决命令中有特别规定时,除了合意另有规定或存在不同的习惯之外,均依照本章的规定。

本条:《民法》第 138 条(期间计算通则)移修

(按照小时计算期间)
　　第八条　按照小时规定期间时,期间从实时起算,经过该小时数后即为到期。

本条:《民法》第 139 条(期间的起算)移修

(按照天数计算期间)
　　第九条　按照天数规定期间时,期间的始日不计算在内。但是,若该期间从凌晨零时开始,则不在此限。
　　2　前款情况下,期间以最后一天结束之时作为到期。但是,合意另有规定或存在不同的习惯时,可按与此不同的时刻作为到期时刻。
　　3　当前款期间的最后一天为周日、国民节假日有关的法律(一九四八年法律第一百七十八号)中规定的节假日或其他节假日时,仅限这一天有不交易的习惯时,该期间的到期日顺延至次日。

本条第 1 款正文:《民法》第 140 条[承继前条的标题(期间的起算)]正文移修
　　　　　但书:《民法》第 140 条[承继前条的标题(期间的起算)]但书移动
　　第 2 款正文:《民法》第 141 条(期间的到期)移修
　　　　　但书:新增[参照《商法》第 520 条(交易时间)]

第 3 款:《民法》第 142 条[承继前条的标题(期间的到期)]移修

(按照日历计算期间)
第十条 按照周、月或年规定期间时,该期间按照日历计算。
2 前款情况下,当不是从周、月或年的最初日起算期间时,期间以最后的周、月或年中与起算日对应日期的前一天作为到期日。但是,如果以月或年规定了期间时,而且最后的月中没有相应的日时,则以该月最后一日作为到期日。
3 前两款准用前条的规定。

本条第 1 款:《民法》第 143 条(按照日历计算期间)第 1 款移动
　　第 2 款正文:《民法》第 143 条(按照日历计算期间)第 2 款正文移修
　　　　但书:《民法》143 条(按照日历计算期间)第 2 款但书移修
　　第 3 款:新增

第六章　通过公示传达
第一节　行政程序中的公示送达

(行政处分及其他的公示送达)
第十一条 因行政机关的处分或其他行为而须送达给相对人的文件,该行政机关无法知道相对人是谁,或无法知道相对人的住所时,可用公示的方法送达。但是,从其行为性质上不允许采取公示送达的,则不在此限。
2 进行前款的公示时,应当注明应送达的文件名称、应接受该送达的人的姓名,以及该行政机关随时要将该文件交付给应接受该送达的人等内容。
3 第一款的公示,应刊登在行政机关事务所的公示栏中,而且应在官报或其他公报或报纸上至少刊登一次声明,陈述已在行政机关事务所的公示栏刊登。但是,考虑该行为的性质或其他情况后,如被认为具有相当效果的,则不需要在官报及其他公报或报纸上刊登。
4 行政机关进行处分或其他行为时,当无法知道相对人的住所时,考虑该行为的性质及其他情况,可刊登在相对人最后住所所在地或其他适当地区的市政府、区政府、乡镇村政府或此类设施的公示栏中,以此替代前款规定的程序。
5 行政机关进行前款规定的公示送达后,从最后刊登在官报或其他公报或报纸之日(第三款但书所述情况时,则为按照同款正文规定的开始刊登之日)起经过二周后即视为已送达相对人。但是,若行政机关对于不知相对人是谁或不知相对人住所存在过失,则不发生送达效力。

本条第 1 款正文:新增
　　　　但书:新增

第 2 款:新增
第 3 款正文:新增
　　　但书:新增
第 4 款:新增
第 5 款正文:新增
　　　但书:新增

第二节　基于公示的意思表示

(基于公示的意思表示)
第十二条　有相对人存在时的意思表示,表意人无法知道相对人是谁或无法知道相对人在何处时,可通过公示的方法进行。
　2　前款公示应根据关于公示送达的民事诉讼法(一九九六年法律第一百零九号)的规定,刊登在法院的公示栏,而且应在官报上至少刊登一次声明,陈述法院的公示栏中已刊登过该内容。但是,若法院认为等效,作为在官报上刊登的替代方式,也可责令在市政府、区政府、乡镇村政府或与此类似设施的公示栏上刊登。
　3　基于公示的意思表示,从最后刊登在官报之日起,或以其他等效方式进行的刊登之日起,经过二周后即视为已送达相对人。但是,若表意人对于不知相对人是谁或不知相对人住所存在过失,则不发生已到达的效力。
　4　有关公示的程序,当无法知道相对人时,归表意人所在地的简易法院管辖;当无法知道相对人住所时,则归相对人最后住所所在地的简易法院管辖。
　5　法院应当让表意人预缴公示相关的费用。

本条第 1 款:《民法》第 98 条(基于公示的意思表示)第 1 款移修
　第 2 款正文:《民法》第 98 条(基于公示的意思表示)第 2 款正文移动
　　　但书:《民法》第 98 条(基于公示的意思表示)第 2 款但书移动
　第 3 款正文:《民法》第 98 条(基于公示的意思表示)第 3 款正文移动
　　　但书:《民法》第 98 条(基于公示的意思表示)第 3 款但书移动
　第 4 款:《民法》第 98 条(基于公示的意思表示)第 4 款移修
　第 5 款:《民法》第 98 条(基于公示的意思表示)第 5 款移动

【修正理由】

一、关于第一章"总则"

第 1 条是"法令通则法"的宗旨。
第 1 条中"关于法令的通则"实际上指明了第二章和第三章的内容(继承了明治

宪法之下"公式令"中的"法令的公布"以及现行的《法律适用通则法》的内容)。另外,"法令中一般使用的用语含义及一般必要程序"一语则指出了第四章以下的内容(从现行民法中移至本法的"住所""期间的计算"的规定,在现行民法基础上增加若干内容的"公示送达")。

二、关于第二章"法令的公布及施行"

1. 法令的公布

现行"法令通则法"第2条规定了1957年判决所称的"由官报公布法令"。如前文所述,即便是在公布同时实施的法律之中,法律明确规定公布时期,同时有必要明确规定:因新法而废除既存刑罚的,新法的效力不及在官报公布之前通过其他手段知道新法之人,既有的刑罚依然适用。

2. 法令的公布日期

即便官报被视为法令公布的基准,关于公布的时间点也存在下述若干学说。

主要的学说包括:① 登载法令的官报日期当日凌晨零点;② 官报对外发送程序结束的时点;③ 官报到达最初阅览场所的时点;④ 官报最后到达地方的时点;⑤ 各地方的官报售卖点可以阅览官报的时点(异时实施主义)。[603] 按照民法的观点,②是发信主义,④和⑤是到达主义。

但是,这些学说存在不区分公布与实施的问题。然而,"公布"是法令"实施"从而约束国民的前提,是让国民知道法令内容的程序,是"实施"的前提概念,两者是完全不同的两个概念。考虑到法令对国民的约束力,到达主义更为重要,但是这个问题是"法的实施"层面问题。如果将"公布"从"实施"中分离,把公布看做将法令的内容公布于众的行为,那么发信主义的观点更为自然。

因此"法令通则法"第2条只规定了从"实施"中分离出来的"公布",以记载法令内容的官报的发送之时作为基准时。目前官报发行的实务中,官报发行在发行日早上8点30分之前,所以以发送时点为基准。

但是官报的号外也可能在上述时间之外发送,此时以实际发送的时点为"公布"时间。假设官报记载的日期与发送的日期不同,那么以发送日期为法令公布日期(在目前的实务中,与官报发送同时,还有网上公布,如2中所述,在目前阶段来说,印刷媒体应当优先于因特网,故而网上公布不存在多大问题)。

此外,如"法令通则法"第3条所规定的,如果公布之时与实施之时日期不同,那么"公布"的日期并不是那么重要。但是,目前还有不少法令是公布即实施的(根据消息人士透露,上述1958年判例之后,有关于刑罚的法令都会避免公布即实施的处理方式)。即便在"法令通则法"之中,第4条认为"科以刑罚等对国民不利的规定"

---

[603] 具体学说参见高见胜利:《法例公布的日期》,载《宪法判例百选Ⅱ》(第二版),1988年版,第417页。

之外才可以公布即实施,所以此时公布的时间点就变得非常重要了。

从慎重考虑的观点来看,公布即实施这种方式中"公布"的时点应当贯彻到达主义。但是由于"法令通则法"第4条规定对国民科以不利益的规定不允许公布即实施。而法令可能存在给国民以利益的可能性,所以关于公布也可以采用②发信主义。

此外,根据1966年公布的文件,①说"在行政内部广为采用"。但是,也正如该文件所言,"如果公布与实施之间存在相当的推迟期间,那么该说也未为不可……官报在该日期之后发行的……具有行政上的形式整齐划一主义乃至方便主义的色彩"。[⑭]现实中还没有向国民发布的法律显然不能认为已经"公布",所以没有采纳①说。

3. 法令的实施日期

（1）基本观点

法令实施之后,国民将受到该法令的约束。如2中所述,之前的公布实施问题是一体看待的,但是按照2中的①至③说,国民可能受到不知情的法律的约束。1958年判例虽然采取了③说,但是对于国民有利的规范内容暂且不论,关于权利义务的法令则并不支持该说。因此,关于法律实施,立法上应当在确保④说的实质的基础上,避免⑤说异时实施有害于国民生活统一性的情况。

（2）官报发送的实际情况与最短的实施期间

从现在官报的状况来看,除了行政机构休息日之外每日发行。在早上8点30分之前送到各都道府县的官报贩卖场所,各场所再向读者贩卖。如果读者允许翌日配送的,便会翌日配送(此外,东日本大地震之时,由于地震各订阅者即便是翌日也没有送达,但是各都道府县的官报贩卖地还是能翌日送达的)。因此,即便是翌日配送,在官报发行日两日之后,一般也可以知悉官报上记载的法令(另外,在发行当日,国立印刷局以及官报贩卖处的板报上也会张贴,以及每日早上8点30分之前网上也可以阅览。但是考虑到并不是所有人都能利用因特网,以及中央政府网站也发生过被人篡改的情况,所以"官报"还是优先使用印刷媒体[⑮])。

考虑到官报发送现状,即便是在东日本大地震等极端的情况下仍然确保官报贩卖处的配送,即便是最慢也可以在发行日两日之后知晓法令,所以官报发行日两日之后可以视为法令的实施日期。更为准确地说,可以考虑如下规定：

"法令自公布之日三日后实施。但是公布之日翌日至第三日行政机关休息的,除去休息日从三日后开始实施。"(另外,该规定中公布之日不算初日)。

（3）立法实务的现状

上述短期间实施的法制化虽然未为不可,但是从立法现状看,短期间的需求并不强。

---

⑭　作间忠雄:《法令公布的日期》,载《宪法的判例》,有斐阁1966年版,第177页。

⑮　本文还是考虑到了目前的情况,不排除未来因特网的高度利用且网站篡改防御得当的可能性,如果通过因特网可以直接知晓法令的话,也可能变为"公布即实施"法制。

当然,不少法律附则中规定"自公布之日实施",《法律适用通则法》第 2 条规定如果官报没有公布的,"自公布之日起经过二十日后开始实施",有些冗长。虽然不少法律是公布即实施的,但是考虑到法令的公布就是为了国民知晓相关内容,所以公布即实施作为实施的原则并不恰当。

那么,设置多长的实施期间较为合适呢? 当然,根据法令内容的不同时间也有所长短。有不少法律需要花费较长时间才能够让国民周知。此外伴随法律制定,政省令调整也需要花费些时间。因此,有必要根据法令性质,灵活确定实施期间。

以此为前提,原则上应当如何规定实施期间呢? 从前述官报的发行送达状况看,现行的《法律适用通则法》第 2 条文本"法律自公布之日起算经过二十日开始实施"的规定没有反映目前官报的配送状况。⑥ 上述规定虽然继承了《法例》第 1 条,但是与法例制定之时相比,目前官报配送制度已经极其完备,故而也可以考虑缩短 20 日的期间。

以前段所述内容为基础,在新宪法通过后的立法活动中,曾经调查过是否可以将《法律适用通则法》第 2 条规定的 20 日缩短到 10 日以下。结果显示,现有立法例中短期间的例子并不多(10 日以内的,不存在 2、3、4、6、8、9 日的例子)。⑩

表 7　实施期间 10 日之下的法律数目

实施期间 10 日	36 件
实施期间 7 日	7 件
实施期间 5 日	5 件

(4) 自公布 10 日后实施

考虑到目前的立法现状,"法令通则法"第 3 条原则上以 10 日为实施期间。而且《法律适用通则法》第 2 条"法律自公布之日起算经过二十日开始实施"的规定排除了初日不计算的原则。另外,在许多法律附则中规定的"本法自公布之日起算经过 N 日开始实施"的规定也是排除了不计算初日的原则。考虑到这些立法实务,"法令通则法"第 3 条也不得不考虑排除初日不计算的原则。但是,"法令通则法"在第 9 条规定了初日不计算的原则,所以在同一部法律中如果没有特殊理由排除该原则显然是不自然的,所以还是加入了初日不计算的原则,在"法令通则法"第 3 条文本规定了

---

⑥　如前所述,在公式令被废止的阶段,日本政府曾经想要制定"公文方式法案",但是受到联军司令部的强烈反对,因而没有制定。结果在 1947 年 5 月 3 日新宪法实施的前两天 5 月 1 日,次官会议上通过了下述临时措施:"政令、总理厅令以及省令应当规定实施日期","法令及其他公文在以往的官报上公布"(参见大石,前载注⑥,《法令的公布》,第 256 页)。其后,基本上法律会在附则中规定实施日期,基本上无须再适用《法律适用通则法》第 2 条,所以实务中也没有多大问题。

⑩　表 7 搜索了第一法规的 D1-Lwa.com 从宪法实施的 1947 年至 2014 第 186 次国会公布的法律,表格所示是实施期间在 10 日以内的法律。有不少法律存在数次修改,上述数据库显示为数个法律,本条按照 1.5 倍左右作平均值加以修改。根据该表格,实施期间 10 日的为 42 件,7 日的为 6 件,5 日的为 5 件。其中,实施日期在各项中分别规定的情况,表示的是修正后的数值。

"公布之日的次日起经过十日后开始实施"。

(5) 行政机关休息日的考虑

在上述规定的基础上,"法令通则法"第3条规定10日期间的计算应当去除行政机关的休息日。

对于10日的实施期间来说,由于并不是一个短期的期间,所以即便遇上周末或国民节日等情况也不会发生特别实质的问题。但是,如前所述,行政机关的休息日包括12月29日至1月3日。因此,在此期间如果再碰上前后是周末的话,行政机关可能达到9日连续休息,所以可能发生与该法有关的行政机关、民间团体以及国民难以应对的事态。虽然出现这种事态的频率并不高,但是出于谨慎考虑,还是规定了但书的内容。

4. 法令实施的例外

如前所述,最近有不少法律规定了"本法自公布之日起实施"。包含这种情形,"法令通则法"第3条规定的10日期间可能根据不同法令需要变长或变短,一律10日可能使得立法实务变得过于僵硬。因此,该法第4条正文规定前条10日期间存在变更可能性。

但是,法令公布与实施的立法过程中,关于国民权利义务的法令,尤其是"包含刑罚法规在内的法令如果公布即实施的话,是极其不当的,应当极力避免这种立法形式"。[68] 因此,参考《国家行政组织法》第12条第3款,"法令通则法"第4条但书对于"设置刑罚或者科以义务、限制国民权利的规定",该法第3条的10日期间不得缩短。

5. 溯及效力的禁止

最终没有实施的1890年旧《法例》第1条规定了法律的公布与实施(没有使用"实施"一词),第2条规定了法律不溯及既往。

与此相同,"法令通则法"第4条之后,也设置了法律不溯及的原则。但是,对于最为迫切需要规定法律不溯及既往原则的刑罚规定,《宪法》第39条前半段已经作出规定,此外《刑法》第6条、《刑事诉讼法》第337条第2项、第383条第2项也有相关规定。

对于给予国民利益的法令而言,显然是没有必要规定法律不溯及的原则的。另一方面,对国民不利益的法令,法律不溯及应当作为原则,所以一般法令都应当规定不溯及的原则,只需在但书中规定给予国民利益的例外即可。但是,如此规定的话,"国民不利益"也存在各种可能性,所以有必要考虑有损立法裁量的问题。

在裁判中,根据人事院劝告,4月溯及既往实施公务员工资的增减,但是关于减额劝告确实存在不利益溯及的问题。东京高等法院考虑到法制整体,肯定了这种合理性,指出:"在12月的期末补贴中,对自同年4月起至修改实施之日的前一天之间

---

[68] 最大判1958年10月15日刑集12卷14号第3313页中入江俊郎法官的补充意见。

的工资进行必要的调整","自调查时点的四月期开始的一年之内是否需要采取措施保持均衡,最终应当交由立法政策的选择"。⑨

规定了法令不溯及原则之后,就可以避免这种立法裁量的现象,所以我们决定"法令通则法"中不予规定,仅规定类似于《宪法》第39条的内容。

三、关于第三章"习惯法"

第三章规定的习惯法仅仅是改变了标题,除此之外与现行《法律适用通则法》第3条"与法律具有同等效力的习惯"的内容完全一样。

众所周知,《法律适用通则法》第3条的规定是《法例》第2条的现代语化的结果,规范内容上也没有变更。该规定与《民法》第92条"与任意性规定不同的习惯"的关系,一直是过去学说热议的话题,目前学说还比较混乱。以法律修改为契机,应当消除这种混乱。

古典学说认为,《法例》第2条(即现行的《法律适用通则法》第3条)是"关于习惯法的规定",《民法》第92条是"作为事实的习惯"的规定,作为事实的习惯优先于任意性规定,而习惯法劣后于任意性规定。结果是"按照通说,如果说作为事实的习惯与习惯法是同一范畴概念的话",那么就会发生一种"奇异的现象":即法律确信支持的习惯(=习惯法)劣后于法律确信不支持的习惯(=作为事实的习惯)。⑩

如末弘严太郎的著作所言,过去的部分学说比较混乱,但是即便从法律文字上看,《法律适用通则法》第3条中的习惯与《民法》第92条中的习惯显然不是"一个范畴的概念"。《法律适用通则法》第3条中的"习惯"限于"法令中没有规定的事项",所以任意性规定中规定的事项的习惯并不适用《法律适用通则法》第3条。与此相对,《民法》第92条"与公共秩序无关的规定"(=任意性规定)的规定中,这里的习惯是不同种类的习惯。因此,某种习惯不可能既是《法律适用通则法》第3条的习惯又是《民法》第92条的习惯。此外,对于现行《民法》第92条的规定,本民法修正案"新"第41条修改为:"当存在与任意性规定不同的习惯时,若法律行为的当事人无排除该习惯的适用的意思表示,则推定为其具有根据该习惯产生的意思",明确推定当事者的意思表示内容。总而言之,对应现行《民法》第92条的"新"第41条规定了意思表示优先于任意性规定的一般框架。另外,这里的习惯与"法令通则法"第5条的习惯不存在重叠的可能性(这与现行法制并无差异,只是不少学说没有意识到这一点)。

本民法修正案通过"新"第41条的规定等避免了过去学说的混乱状况,所以即便"法令通则法"第5条的规定与《法律适用通则法》第3条的用语一模一样,也并无问题。

---

⑨ 东京高判2015年9月29日判时1920号,第146页。
⑩ 参见末弘严太郎:《民法杂记账》(上卷),日本评论社1953年版,第58页以下。

四、关于第四章"住所"

1. "住所"规定的适用事例及其普遍性、技术性

现行民法的"住所"是之后规定的不在者、失踪等规定的前提,与"清偿的地点"(《民法》第484条)等问题也有关。但是,民法之外的比如国籍法中归化的要件、诉讼法上的裁判管辖、公职选举法等众多法律也涉及住所的问题。因此,住所并不是民法特有的规定,而是横贯公法与私法的一般技术性规定。

对此,有人认为"住所是技术性的概念",与众多法律相关,还与裁判管辖决定相关,"民法上的住所在实务中的争论并不多见",有人甚至批判"民法典中的此处规定……甚至是毫无意义的存在"。作为背景,当时萨维尼尚未完成私法中的裁判关系、国际私法相关的住所的定位,请求权概念尚未确立,实体法与程序法的分化未确立,国际私法到了比较晚近仍存在于私法体系。另外,19世纪的"潘德克顿法学的总论部分也具有在其他诸法中适用的法学意义",故而私法体系中的住所也是一般法学中"未分化的存在","其他法学领域特别是行政法领域也以民法中的'住所'为基准"。[511]

2. 民法起草过程中的讨论

尽管存在1中所述背景,但是为何在现行民法典总则中设置住所规定,还需要从民法起草过程中的讨论来探讨这个问题。

在制定民法典的法典调查会上,民法起草者也认为住所"比起民法,与其他的行政法上关系更紧密,所以将其从民法中删除也是有道理的","但是如果放在民法典之内的话,那断无规定在总则之外的道理"[512],所以最终决定在民法典总则中规定住所。从该发言可知,民法典中是否规定"住所"在最初的起草过程中便是一个微妙的问题。

3. 如何规定"住所"

考虑到"住所"规定的适用范围以及民法起草过程中的讨论,"住所"的规定并不仅限于民法典,而是贯穿公法、私法与众多法律相关的规定,所以在民法之外的通用法之中规定住所更为恰当。因此,考虑到规范内容的属性,住所规定移至法令通则法之中。

至于如何规定,现行《民法》第22条至第24条的住所规定不过是些技术性规定,关于"住所""居所""临时住所"各自一个条文。因此,"法令通则法"第6条分别在第1款、第2款和第3款规定了"住所""居所""临时住所",统一为一个条文。

如此,规定的形式便发生了变更,而规范内容本身与现行民法并无差异。

---

[511] 本段引用皆来自川岛武宜:《民法体系中"住所"规定的地位》,载《民法解释学的诸问题》,弘文堂1949年版,第228页以下、第241页以下。

[512] 富井政章发言,载《法典调查会民法总会议事速记录》(第一卷),第62行(电子版第66/291项);前载注②,《法典调查会民法总会议事速记录》,第34页。

五、关于第五章"期间的计算"

1. "期间的计算"的规定及其普遍性、技术性

现行民法"期间的计算"规定是时效的功能前提,所以规定在时效一章之前。当然,民法除了时效之外还规定了许多"期间",这些也涉及"期间的计算"。但是,民法之外,公职选举法、行政诉讼法等众多行政法规也会涉及"期间的计算"。此外,《民事诉讼法》第 95 条、《刑事诉讼法》第 55 条等也分别有"期间的计算"的规定(只是《民事诉讼法》第 95 条第 1 款规定"期间的计算从民法期间规定")。

可见,"期间的计算"的规定并不是民法特有的对象,而是贯穿公法、私法的一般性的技术性的规定。

2. 现行民法起草过程中的讨论

在民法制定过程的讨论中,与"住所"的讨论不同,这个问题在主查会与总会上根本就没有讨论。起草者梅谦次郎在法典调查会上作如下宗旨说明:

旧民法中期间的规定只有时效规定中的一个条文,除此之外没有其他规定,而商法、民事诉讼法、刑法、刑事诉讼法等法律中也规定了部分期间计算的内容,这并不是一般性的规定,所以民法中专设了期间一章。[513] 同时,不得不留意的是梅博士本身认为"这些条文也不是必须规定"[514](关于期间的计算,此后结合时效也有若干讨论[515],但是梅博士的草案理由并没有特别提及其与时效的关系。但是这个问题其实超越了民法总则的属性,应当注意到其跨部门法这一点)。

3. 如何规定"期间的计算"

民法起草者之一的梅博士在开头说明指出,"期间的计算"涉及众多法律。因此,关于期间的计算的规定不应当规定在民法中,而是法令通则法之中。

但是,仅仅将现行民法中期间的计算的规定移至法令通则法是不够的。

现行民法在"期间的计算"一章开头的第 138 条规定了"期间的计算的通则",第 139 条与第 140 条规定了"期间的起算",第 141 条与第 142 条则是"期间的到期",第 143 条规定了"按照日历计算期间"。

学理上,这 6 个条文分为"自然计算方法"的以实时为起算点的第 139 条,与"初日不算入"的以日、周、月、年为单位的计算方法。以月、年为单位的期间,不换算为日,根据日历计算。[516]

---

[513] 参见梅谦次郎:《第五章 期间的开头说明》,载《法典调查会民法议事速记记录》(第四卷),电子版第 61/229 项以下;前载注㉘,《法典调查会民法议事速记记录 1》,第 360 页。

[514] 参见梅谦次郎:《第 139(现行民法第 138 条)开头说明》,载《法典调查会民法议事速记记录》(第四卷),电子版第 63/229 项以下;前载注㉘,《法典调查会民法议事速记记录 1》,第 361 页。

[515] 参见前注引用《法典调查会民法议事速记记录》(第四卷),电子版第 71/229 项以下中长谷川乔、梅谦次郎的发言;前载注㉘,《法典调查会民法议事速记记录 1》,第 365 页中长谷川乔、梅谦次郎发言。

[516] 参见我妻荣,前载注㉕,《新订民法总则》(民法讲义Ⅰ),第 427 页以下。

如此可将期间的计算分为下述三种方式：① 以时为单位的期间计算；② 以日为单位的期间计算；③ 按照日历进行计算，其中②和③不算入初日。

为了更加简明地表示上述规范内容，"法律通则法"规定"期间的计算"一章，开头设置"期间计算通则"规定，接下来规定"按照小时计算期间""按照天数计算期间""按照日历计算期间"，将现行民法的6个条文减少到4个条文。

"法令通则法"第7条"期间计算通则"的规定沿袭了现行《民法》第138条，第8条"按照小时计算期间"沿袭了现行《民法》第139条(期间的起算)，跳过一条第10条规定了"按照日历计算期间"。中间的第9条"按照天数计算期间"的规定则是合并了"不算入初日"的现行《民法》第140条、第141条和第142条。此外，现行《民法》第141条规定"期间以其末日的结束为届满"，第9条第2款但书则规定："但是，合意另有规定或存在不同的习惯时，可按与此不同的时刻作为到期时刻"。另外，《商法》第520条规定："依据法令或习惯确定商人交易时间的，仅限于交易时间内，可履行或请求履行债务"，但是上述但书规定的内容更为普遍。

第9条"按照天数计算期间"设置了3个比较详细的款项，这些款项都可以准用于第10条"按照日历计算期间"。

通过上述规定方式，现行民法的"期间的计算"的条文群将变得更为简明和体系化。

六、关于第六章"通过公示传达"

1. 导论——"公示"必要性的普遍性与诉讼法中的公示送达制度

现行《民法》第98条第2款规定："按照民事诉讼法关于公示送达的规定"，即将民事诉讼法的公示送达作为其基本依据。

因此，《民事诉讼法》第110条之下的公示送达规定可以作为公示传达的原型。另外，《刑事诉讼法》第54条规定："文书的送达，除非法院存在特殊规则，准用民事诉讼相关法令的规定(公示送达规定除外)"，也就是不承认公示送达。当然从刑事程序法上人权保护的重要性来说，这一点也是可以理解的。

此外，《非诉事件程序法》第四编"公示催告事件"(该法第99条至第118条)规定了"法令规定没有申请，该权利失去效力的"情况下的公示催告事件的程序。比如，新股预约权证券的丧失(《公司法》第291条第1款)、公司债券的丧失(《公司法》第699条第1款)、有价证券丧失时权利行使方法(《商法》第518条)、证券性债权的丧失(《民法实施法》第57条)等依据《非诉事件程序法》的程序进行。

这些诉讼法中规定的"公示送达"都是各自独立的内容，所以也没有特别必要放在新法中规定。

但是，"公示送达"的必要性并不仅限于诉讼程序，还存在于众多法律制度之中。行政法规领域存在个别规定，但是没有涵盖全部法律的一般规定，因而部分内容存在法律缺失。因此，新法规定了涵盖行政法以及民法的问题。

2. 行政程序中"公示送达"的必要性

(1) 行政法规中"公示送达"的个别规定

如 1 中所述,在行政处分的通知等行政法领域内对于"公示送达"存在较大需求,但是这也只是个别法律中的规定。

具体来说,《国税通则法》第 14 条、《地方税法》第 20 条之 2、《反垄断法》第 70 条之 8、《特许法》第 191 条、《道路交通法》第 51 条之 4 第 7 款等都设置了公示送达条款,此外还有规定"代替文书交付的公告"的法律(《土地规划整理法》第 133 条第 1 款)、单纯的"公告"(《关税法》第 134 条第 2 款)。另外,其他法律还规定了可以准用上述规定(比如《护理保险法》第 143 条准用《地方税法》第 20 条之 2,《健康保险法》第 183 条、《福利养老金保险法》第 89 条、《劳动保险征收法》第 30 条等保险费的征收也被视为"国税征收的例子",适用《国税通则法》第 14 条的公示送达)。

但是,上述都是针对个别人问题的规定,实际上并不存在所有行政机关行为的一般性的公示送达规定。因此,如果不存在根据规定,但是却有必要进行公示送达的话,比如"命令书的送达/命令书类推适用民事诉讼法第一编第五章第四节的规定,然后确实想要送达被处分者"[517]等,通知或传达的过程中类推适用民事诉讼法的公示送达规定,也就是小聪明的应对手段。

(2) 行政程序中"公示送达"一般规定的必要性

本来行政程序法中应当设置公示送达的规定,但是到目前为止却没有相关规定。那么,"法令通则法"第六章有必要规定涵盖范围较广的行政上的公示送达规定。行政机关的行为中确认、通知、受理等各自的规范内容各有不同,但是"公示送达"则是一般必要的状况。

现行民法中的"公示的意思表示"并不是民法典最初的条款,而是在 2001 年修法过程中参考德国民法而追加上去的。[518] 因而该条规定多少有迟到之感,同时行政法的领域也可以同样考虑法律的修改。如前段所述,我们需要改变以通知、传达等不那么透明的行政程序来进行的事实上的公示送达这一现状。具体来说就是本法第 11 条第 1 款至第 5 款的条文。

(3) 不支持公示送达的情形——关于第 11 条第 5 款

如 1 中所述,出于尊重人权的考虑,刑事诉讼法领域内并不认可公示送达。那么,行政法领域虽然不如刑事程序中那么严重,但是极可能出现侵害人权的行政处分。基于此,行政法整体是否需要设置单一的公示送达规定,这个问题需要审慎考

---

[517] 这个例子来自大臣对地方公共团体依据《地方自治法》第 245 条之 4 第 1 款进行的"技术性建议",环境大臣官方废弃物循环对策部产业废弃物课向各都道府县、各政令市产业废弃物行政主管部门发送的《行政处分的指南(通知)》(2013 年 3 月 29 日环废产发第 1303299 号),第 24 页。

[518] 立法过程参见小林一俊:《意思表示的公告的适用法规——兼论清晰的立法见解》,载《亚细亚法学》2001 年第 36 卷第 1 号,第 287 页以下(《意思表示的知晓到达研究》,日本评论社 2003 年版,第 162 页以下收录)。

虑。因此,在行政程序中,行政机关不知行为的相对人或者不知住所的,第11条就规定了公示送达的一般规定。同时,行政机关进行的不利益处分(《行政程序法》第2条第4款)的,以及其他由于行政机关的行为性质不允许公示送达的,规定不允许公示送达(第11条第1款但书)。

如最初所述,行政法规中也有关于公示送达的条文。这些规定是本法第11条的特别规定,特别法优先于一般法,所以这些规定也就没有必要修改。另外,国税通则法、地方税法、保险费征收程序等各种社会保险法等规定"不利益处分"的法律也没有适用本法第11条的余地。

但是,最初引用的众多行政法规中,有不少公示送达的条文并不完善,所以借本次立法契机,可以以本法为依据,再次完善上述法规。

(4) 具体的公示送达程序

第11条明确规定了具体的公示送达程序,下面进行若干说明。

"行政处分即其他行政机关的行为"很多情况下是在相对方所在不明的情况下作出的,但是是否存在相对方本身是存在疑问的(第11条第1款相关)。但是,在嫌疑人不明的搜查阶段,检察官或者警察返还扣留物的情况下(根据《刑事诉讼法》第221条、第222条第1款准用第123条),有可能不知道相对方。

程序上,该行政机关不知道行政行为或者其他行为的相对方所在的,原则上在行政机关的公告处公示(第11条第3款)。但是,在相对方最后住所地的地方共同团体公告处公示之后,可能出现与相对方取得联系的人。考虑到这一点,我们加上了在最后住所地行政机关的公示处公示的规定(第11条第4款)。此时,接受委托的行政机关等可能为其他机关进行公示。关于这一点,接受委托一方可能存在违和感,所以部分地方公共团体通过电话进行听证调查。

此外,现行《民法》第98条第2款规定,公示意思表示的情况下,在官报登载进行了"该公示","法令通则法"第12条第2款也沿袭了该规定。民事上并无问题,但是行政程序中的公示送达可以在地方共同团体进行。因此,模仿《行政复议审查法》第51条第3款,第11条第3款规定了在"官报及其他公告栏或报纸"中登载。

另外,现在所有人不明的土地越来越多,据推算30年之后全国有大约4个静冈县也就是300万公顷所有人不明的土地。[519] 对于这个问题,"公示的所有者等的确认"程序可以一定程度解决这个问题。在起草本法之时,也加入了上述法律制度的内容,但是条文有45个之多,所以最终还是从本法草案中剥离了。[520]

3. 现行民法"基于公示的意思表示"规定的技术性

规定"基于公示的意思表示"的现行《民法》第98条第2款以后的规定并不是实

---

[519] 参见读卖新闻2014年7月25日朝刊第1页,东京财团:《国土的不明化的危及——丧失的国土Ⅲ》(2014年3月)(http://www.tkfd.or.jp/files/doc/2013-06.pdf)。

[520] 参见加藤雅信:《激增的所有人不明的土地与国土的有效利用——〈国土有效利用促进法〉的立法草案》,载《星野英一教授追悼论文集》,有斐阁2015年版,第297页以下。

体规范,公示的程序色彩浓厚。

基本来说,民法整体属于实体规范。比如,《民法》第 177 条规定了不动产物权变动对抗要件的"登记",而登记的具体程序则规定在不动产登记法中。与此相同,《民法》第 240 条规定了"拾得遗失物",程序性内容则规定在遗失物法中。另外,《民法》第 494 条之下规定了提存,程序性内容规定在提存法之中。《民法》第 739 条规定了婚姻登记,程序性内容则规定在户籍法中。可见,一般都是民法规定实体规范,而为实现这一规范的程序则规定在特别法之中。

以此为前提,规定"基于公示的意思表示"的现行《民法》第 98 条规定程序性内容就与民法的其他规定的规定方式失去了平衡。因此,本民法修正案不规定"基于公示的意思表示"的程序性内容,而将程序性内容移至法令通则法。这就是本法第 12 条的规定,规范内容上还是沿袭了现行《民法》第 98 条。

另外,本民法修正案"新"第 42 条第 1 款第 3 项设置了"法令通则法"第 12 条的引致规定,这样民法与法令通则法就关联起来了。